菩萨蛮

黄山归来·一九八四

隔山犹有青山在，
影云更在群山外。
寻路到云边，
山高亦等闲。

问君何所志，
纵论人间事。
寄愿笔生花，
香飘亿万家。

居汉宁

走向繁荣的战略选择

博雅塔下的思考与求索

武亚军 著

图书在版编目(CIP)数据

走向繁荣的战略选择:博雅塔下的思考与求索/武亚军著.—北京:北京大学出版社,2020.9
(光华思想力书系)
ISBN 978-7-301-31599-6

Ⅰ.①走… Ⅱ.①武… Ⅲ.①体制改革—研究—中国 Ⅳ.①D61

中国版本图书馆 CIP 数据核字(2020)第 165618 号

书　　　名	走向繁荣的战略选择:博雅塔下的思考与求索 ZOUXIANG FANRONG DE ZHANLÜE XUANZE: BOYATAXIA DE SIKAO YU QIUSUO
著作责任者	武亚军　著
责 任 编 辑	徐　冰
标 准 书 号	ISBN 978-7-301-31599-6
出 版 发 行	北京大学出版社
地　　　址	北京市海淀区成府路 205 号　100871
网　　　址	http://www.pup.cn
微信公众号	北京大学经管书苑(pupembook)
电 子 信 箱	em@pup.cn
电　　　话	邮购部 010-62752015　发行部 010-62750672　编辑部 010-62752926
印 　刷　者	北京市科星印刷有限责任公司
经 　销　者	新华书店
	730 毫米×980 毫米　16 开本　31.25 印张　556 千字 2020 年 9 月第 1 版　2020 年 9 月第 1 次印刷
定　　　价	92.00 元

未经许可,不得以任何方式复制或抄袭本书之部分或全部内容。
版权所有,侵权必究
举报电话: 010-62752024　电子信箱: fd@pup.pku.edu.cn
图书如有印装质量问题,请与出版部联系,电话: 010-62756370

谨以此书

献给厉以宁教授和中国的改革开放事业

丛书序言一

很高兴看到"光华思想力书系"的出版问世,这将成为外界更加全面了解北京大学光华管理学院的一个重要窗口。北京大学光华管理学院从1985年北京大学经济管理系成立,以"创造管理知识,培养商界领袖,推动社会进步"为使命,到现在已经有三十余年了。这三十余年来,光华文化、光华精神一直体现在学院的方方面面,而这套"光华思想力书系"则是学院各方面工作的集中展示,同时也是北京大学光华管理学院的智库平台,旨在立足新时代,贡献中国方案。

作为经济管理学科的研究机构,北京大学光华管理学院的科研实力一直在国内处于领先位置。光华管理学院有一支优秀的教师队伍,这支队伍的学术影响在国内首屈一指,在国际上也发挥着越来越重要的作用,它推动着中国经济管理学科在国际前沿的研究和探索。与此同时,学院一直都在积极努力地将科研力量转变为推动社会进步的动力。从当年股份制的探索、证券市场的设计、《证券法》的起草,到现在贵州毕节试验区的扶贫开发和生态建设、教育经费在国民收入中的合理比例、自然资源定价体系、国家高新技术开发区的规划,等等,都体现着光华管理学院的教师团队对中国经济改革与发展的贡献。

多年来,北京大学光华管理学院始终处于中国经济改革研究与企业管理研究的前沿,致力于促进中国乃至全球管理研究的发展,培养与国际接轨的优秀学生和研究人员,帮助国有企业实现管理国际化,帮助民营企业实现管理现代化,同时,为跨国公司管理本地化提供咨询服务,从而做到"创造管理知识,培养商界领袖,推动社会进步"。北京大学光华管理学院的几届领导人都把这看作自己的使命。

作为人才培养的重地,多年来,北京大学光华管理学院培养了相当多的优秀学生,他们在各自的岗位上作出贡献,是光华管理学院最宝贵的财富。光华管理学院这个平台的最大优势,也正是能够吸引一届又一届优秀的人才的到来。世界一流商学院的发展很重要的一点就是靠它们强大的校友资源,这一点,也与北京大学光华管理学院的努力目标完全一致。

今天,"光华思想力书系"的出版正是北京大学光华管理学院全体师生和全体校友共同努力的成果。希望这套丛书能够向社会展示光华文化和精神的全貌,并为中国管理学教育的发展提供宝贵的经验。

厉以宁

北京大学光华管理学院名誉院长

丛书序言二
PREFACE

"因思想而光华。"正如改革开放走过的40年,得益于思想解放所释放出的动人心魄的力量,我们经历了波澜壮阔的伟大变迁。中国经济的崛起深刻地影响着世界经济重心与产业格局的改变;作为重要的新兴经济体之一,中国也越来越多地承担起国际责任,在重塑开放型世界经济、推动全球治理改革等方面发挥着重要作用。作为北京大学商学教育的主体,光华管理学院过去三十余年的发展几乎与中国改革开放同步,积极为国家政策制定与社会经济研究源源不断地贡献着思想与智慧,并以此反哺商学教育,培养出一大批在各自领域取得卓越成就的杰出人才,引领时代不断向上前行。

以打造中国的世界级商学院为目标,光华管理学院历来倡导以科学的理性精神治学,锐意创新,去解构时代赋予我们的新问题;我们胸怀使命,顽强地去拓展知识的边界,探索推动人类进化的原动力。2017年,学院推出"光华思想力"研究平台,旨在立足新时代的中国,遵循规范的学术标准与前沿的科学方法,做世界水平的中国学问。"光华思想力"扎根中国大地,紧紧围绕中国经济和商业实践开展研究;凭借学科与人才优势,提供具有指导性、战略性、针对性和可操作性的战略思路、政策建议,服务经济社会发展;研究市场规律和趋势,服务企业前沿实践;讲好中国故事,提升商学教育,支撑中国实践,贡献中国方案。

为了有效传播这些高质量的学术成果,使更多人因阅读而受益,2018年年初,在和北京大学出版社的同志讨论后,我们决定推出"光华思想力书系"。通过整合原有"光华书系"所涵盖的理论研究、教学实践、学术交流等内容,融合光华未来的研究与教学成果,以类别多样的出版物形式,打造更具品质与更为多元的学术传播平台。我们希望通过此平台将"光华学派"所创造的一系列具有国际水准的立足中国、辐射世界的学术成果分享到更广的范围,以理性、科学的研究去开启智慧,启迪读者对事物本质更为深刻的理解,从而构建对世界的认知。正如光华管理学院所倡导的"因学术而思想,因思想而光华",在中国经济迈向高质量发展的新阶段,在中华民族实现伟大复兴的道路上,"光华思想力"将充分发挥其智库作用,利用独创的思想与知识产品在人才培养、学术传播与政策建言等方面作出贡献,并以此致敬这个不凡的时代与时代中的每一份变革力量。

北京大学光华管理学院院长

前言
PREFACE

这是一本致敬之作，是一个刚过知天命之年的作者以学术方式向指导自己30年的导师、年届九秩的厉以宁教授致敬。

1991年，时值中国改革与发展的关键时期，厉以宁教授同他的三个学生孟晓苏、李源潮、李克强合著了《走向繁荣的战略选择》一书，从战略的高度对20世纪90年代中国的经济改革与经济发展道路进行探讨，寻求一条符合中国国情的社会主义经济改革与发展新道路。在这本书中，他们重申了中国经济改革战略研究的重要性，提出坚持企业改革特别是股份制改造为中国经济改革的主线，改革国有资产管理体制、提升国有资本配置效率，增加科技投入、促进市场繁荣，加快农村工业化发展及协调三元经济结构，从长期动态观点改革优化计划与市场结合方式等重要观点，并明确指出"只要经济改革与经济发展的战略选择得当，(20世纪)90年代内中国经济的繁荣是可以期待的"(厉以宁等，1991)。

重温历史，启示良多。其中，最重要的启示就是：**战略选择是走向繁荣的关键，不论是对国家还是个人、企业或者大学，莫不如此。**

回顾往昔，作者从清华园里的一名工科学子，转变为未名湖畔的管理科学研究生，进而成为一名燕园教师跟随厉以宁教授进行经济管理教学与战略管理研究，转眼已经30年。1986年，作者参加高考进入清华大学工程力学系工程热物理专业学习，学习期间猛然发现自己的兴趣不在自然科学和工程机械应用领域，而在"隔壁"的经济管理与社会科学领域，于是通过自修厉以宁的《社会主义政治经济学》《国民经济管理学》等著作复习备考。1991年，作者考入北京大学管理科学中心跟随厉以宁老师学习，1994年硕士研究生毕业后留任新成立的北京大学光华管理学院担任专职教师，并在1991—2002年期间跟随厉以宁教授等前辈从事中国自然资源定价与环境经济政策改革研究，其间又师从厉以宁教授攻读经济学博士学位(1996—1999年)，并专题研究环境税收经济理论及对中国的应用分析，后于2002年出版同名研究著作。1999年开始，作者在北京大学光华管理学院从事了一系列企业战略管理方面的英文书籍译介工作,包括主持翻译《公司战略经济学》(1999)、述评《90年代企业战略管理理论的发展与研究趋势》(1999)等。2003年以后,作者的研究兴趣更多地聚焦在本土企业的战略管理研究领域,并开始对自己在北京大学工作及相关研究中感受到的一系列重要问题进行学术性探讨。例如,2004—2006年期间,作者对以北京大学为代表的中国大学人事政策改革与大学发展战略产生了兴趣,研究并撰写了《面向一流大学的跨越式发展:战略领导的作用》《面向一流大学的跨越式发展:战略规划的作用》,这两篇论文在《北京大学教育评论》发表,作者在随后几年也因而得以参与"北京大学战略规划"及"北京大学章程起草与修正"等院校战略管理实践工作,对中国大学的战略管理实践有了更多、更深入的体会与认识。再如,2005—2015年,作者对华为、联想和海尔等本土新兴企业的战略发展模式产生了浓厚的兴趣,相继撰写并发表了《国际化背景下的中国本土企业战略:一个理论框架与应用分析》《战略规划如何成为竞争优势:联想的实践及启示》《中国本土新兴企业的战略双重性:基于华为、联想和海尔实践的理论探索》《"战略框架式思考"、"悖论整合"与企业竞争优势:任正非的认知模式分析及管理启示》(2013)等标志性论文。又如,在2018年开始,作者结合自己的研究兴趣和知识结构,在承担的学院"光华思想力"子项目"新时代中国卓越企业战略经营模式及成功之道"与国家发改委项目"2035年远景目标和2050年展望研究"中,又相继探究并撰写了《转型发展经济中的业务领先模型:HW-BLM框架及应用》《互联网时代的国家竞争优势:修正波特钻石框架及中国应用前瞻》《迈向2035中国愿景:新发展理念驱动的经济现代化战略构想与核心政策》等实践相关性论文或政策研究报告。

　　回顾自己近二十年的研究主题、基本方法和学术发展路径,作者体会到自己所受厉以宁教授的深层且重大的影响。这主要体现在以下三方面:第一,从研究主题看,作者近二十年来的研究涵盖了企业战略、大学战略与区域及国家可持续发展战略等,而企业发展与改革、教育经济、环境经济与可持续发展等都是厉老师所关注的重要研究领域。事实上,除了倡导股份制改革外,厉以宁教授还是中国教育经济学、环境经济学领域的早期开创者,并且在20世纪80、90年代就在中国教育经济与环境经济政策研究方面做出了重大贡献,比如提出了"提升我国教育投资强度使之达到GDP4%"的重要政策建议。第二,从研究方法论来看,作者遵从了**"因问题,而学术;因学术,而思想;因思想,而光华"**的基本治学路径,而这恰是厉以宁教授带给学生与光华管理学院的宝贵精神财富。事实上,在1991—2002年作者跟随厉以宁教授从事中国自然资源定价与环境经济政策改革研究的过程中,就不断地为厉老师根据实践需要所提出的研究课题如"北京水资源定价政策""中国环境税收理论与改革政策"等所惊叹,虽然当时对其重要意义和应用性感受不深,但厉老师从中国实践出发、以服务中国经济改革为要旨、做世界一流的中国学问的治学风格却深深影响了当时包括作者在内的一批青年学者。因此,当作者日后在工作和研究中碰到一些与己有关的现实问题时,便往往尝试从学术研究角度对其进行系统分析和学理探究,提出有理论支持的政策设计或管理思想,并且力图将其实践化、操作化,从而真正由实践驱动知识生产、用知识推进实践改进。时至今日,每当我在光华管理学院1号楼和2号楼前看到厉以宁教授题写的**给青年学子的"敢当"寄语和"团结、博采、实践、创新"八字院训时**,就不由自主地为他的大师风范和学术精神所感动。第三,从细分的研究领域看,厉老师把主要研究精力放到了宏观经济管理学、金融发展和中国企业股份制创新等领域,虽然他自己没有对战略领域进行深入的研究,却对中国经济改革战略与发展研究高度重视,特别是1991年出版的这本他与三名学生的合著《走向繁荣的战略选择》就是例证。

如上所述,受厉以宁老师及前辈师长的影响,以及自己对战略研究的重点关注,在过去的二十年里,作者在企业战略、大学与学术战略、国家可持续发展战略等方面进行了一系列研究,撰写了不少学术论文。为了感谢厉以宁教授对作者的培养,将它们统一汇编为上、中、下三篇,并命名为《走向繁荣的战略选择:博雅塔下的思考与求索》结集出版。本书的正题与1991年厉老师及学生合著的书同名,是为了表达对厉以宁教授及前辈师长的尊重与敬意,感谢他们在关键时点聚焦并拓展了这一重要研究主题,也希望在这一重要研究领域不断深耕下去。书的副标题取名"博雅塔下的思考与求索",一是想说明自己受到中国传统文化和以厉以宁为代表的北大学者们学术创新精神的影响,二是想说明本书里的观点也仅代表作者的一隅之见,并非放之四海而皆准或者能自称正确无误。

从内容上看,这本书的上、中、下三篇,汇集了作者从2005年到2019年所撰写的16篇学术论文,包括已公开发表的12篇专题论文、2018年的1篇工作论文以及2019年撰写的3篇研究报告。**上篇名为"本土新兴企业战略",是考虑1978年改革开放以来本土新兴企业是中国经济转型发展的核心推动力量,其战略发展模式与经验涵盖了本土成长型企业战略经营与变革管理的精粹。**本篇内容包括5篇文章。其中,关于华为的观点贯穿了多篇论文,并且涉及领导人任正非的战略思维与领导模式和企业战略经营与管理两个层次,代表了作者对中国本土新兴企业战略模式实质与精髓的学术理解与认识。

中篇名为"大学与学术战略",是考虑大学与学术机构及学者的发展是中国

思想市场发展的根本力量,也是中国文化传承创新的关键因素。大学与学术战略——包括学术机构与个人,对经济和社会发展都有重大而深远的影响,因此,在本书中将其置于中枢位置。此篇内容包括 5 篇文章。中篇的主旨是为中国研究型大学的卓越发展提供战略管理启示,并为中国研究型大学中的社会科学学者(尤其是本土管理学者)做有世界水平的中国学问提供哲学范式与方法论工具。

下篇名为"国家与区域可持续发展战略",是考虑在国家与区域层次上如何利用绿色制度创新、生态建设战略以及以人力资本和创新为核心的国家经济现代化政策,来促进国家及区域的长期可持续发展,这是中国进入高质量发展阶段保持长期稳定发展的关键要素,也是实现 2035 中国愿景与 2050 中国梦的体制性保障。结合作者 2019 年在山西、浙江等地的实地调研和所进行的深度案例研究,本篇涵盖国家税制、区域发展战略与中国经济现代化战略架构与政策三个层次,内容包括 6 篇文章。下篇的要旨是在国家与区域层次上为中国可持续发展体制的构建与政策改革,尤其是实现 2035 中国愿景和中国经济现代化战略,提供总体框架和核心政策建议。**本篇最后两篇文章的研究表明,在蓬勃发展的信息文明新阶段,中国数字经济的快速发展与国家的和平崛起将迎来千年一遇的战略机遇,创新共享等新理念驱动的中国经济现代化战略架构与核心政策体系将在其中扮演决定性力量。**

需要指出的是,由于本书不少篇章是已发表论文的汇集,考虑本书的主旨和出版时间上的要求,在编辑成书时作者未对论文的内容特别是数目字及相关数量计算进行修改或调整,而是尽量保持发表时的原貌。一方面,作者认为这样处理不妨碍这些论文基本观点的呈现,另一方面也可以反映作者在探讨和发展这些学术观点时的真实甚或曲折过程。不过,考虑到读者在阅读时的整体感受,本次汇编时在三篇的篇首和各章前面均添加了格言式引语,以突显该篇章的主旨要义。

最后要强调的是,本书能够汇集出版是众多老师、朋友及机构帮助与支持的结果。第一,是厉以宁教授及陈良琨老师的培养和帮助,使得作者能够走上经济管理学术研究之路,厉以宁教授学术人生所体现出的科学追求、人文关怀和创新精神,是作者毕生学习的榜样与不断追求进步的力量源泉。第二,作者要感谢书中一些论文的合作者,他们是张莹莹教授、曲红燕博士、杜胜楠硕士、胡威博士后,他们与作者共同完成了书中的 6 篇文章的内容,并允许作者把它们编入本书。第三,感谢作者的学生齐宝鑫、叶强生、郭珍、高红敏、张文、范云静、吕增望、毛立云、谢勇鹏,是他们在北京大学读书时的协助使得本书中的论文得以顺利完成。第四,感谢作者在北京大学光华管理学院的同事张国有、刘俏、王辉、董小英、彭泗清、王铁民、武常岐、张一弛、张建君、张志学、刘学、马力、周黎安、陈玉宇、张闫龙、李琦、王亚平、姜国华、于鸿君等诸多教授的帮助和协助,这种良好的学术氛围与工作环境,使得作者在近期能够集中精力尽快完成本书的编写。第五,感谢北京大学出版社的林君秀编审和徐冰编辑,是她们的努力和尽责使得本书能够及时出版面世。

参考文献:厉以宁,孟晓苏,李源潮,李克强.1991.走向繁荣的战略选择[M].北京:经济日报出版社.

目录

上篇 本土新兴企业战略

第一章 联想战略规划的实践经验 …………………………………… 003
第二章 中国本土新兴企业的战略双重性 …………………………… 027
第三章 任正非的战略思维与领导模式 ……………………………… 060
第四章 转型发展经济中的业务领先模型：HW-BLM 框架及应用 …… 104
第五章 迈向"以人为本"的可持续型企业：海底捞模式及理论启示 …… 150

中篇 大学与学术战略

第六章 迈向世界一流大学的战略领导 ……………………………… 183
第七章 迈向世界一流大学的战略规划 ……………………………… 207
第八章 战略创业、制度创新与学术组织可持续发展 ……………… 229
第九章 管理研究范式与中国管理学者定位 ………………………… 260
第十章 互联网时代中国本土管理研究与知识创新策略 …………… 284

下篇 国家与区域可持续发展战略

第十一章 绿化中国税制：若干理论与实证问题 …………………… 329
第十二章 转型、绿色税制与可持续发展 …………………………… 348
第十三章 "两山"理论、生态建设战略与区域可持续发展探源 …… 365

第十四章 右玉精神、绿色战略与区域可持续发展 ………………… 390

第十五章 互联网时代的国家竞争优势：修正波特钻石框架及
 中国应用前瞻 …………………………………………… 416

第十六章 迈向 2035 中国愿景：新发展理念驱动的经济现代化
 战略构想与核心政策 …………………………………… 446

后　记 ……………………………………………………………… 483

本土新兴企业战略

劳动、知识、企业家和资本创造了公司的全部价值。我们是用转化为资本这种形式,使劳动、知识以及企业家的管理和风险的累积贡献得到体现和报偿;利用股权的安排,形成公司的中坚力量和保持对公司的有效控制,使公司可持续成长。知识资本化与适应技术和社会变化的有活力的产权制度,是我们不断探索的方向。

——《华为基本法》

没有正确的假设,就没有正确的方向;没有正确的方向,就没有正确的思想;没有正确的思想,就没有正确的理论;没有正确的理论,就不会有正确的战略。

——任正非

第一章　联想战略规划的实践经验*

　　战略规划研究的中心问题是差距分析，即弄清我们所处的位置，界定我们的目标，明确为实现这些目标而必须采取的行动。

　　　　　　　　　　　　　　　　——伊戈尔·安索夫（H. Igor Ansoff）

A plan is nothing, planning is everything.

　　　　　　　　　　　　　　　　——佚名

一、导　言

　　战略规划是公司系统地且较为正式地确立其意图、目标、政策和战略，同时制定详细的规划来实施，最后实现公司目的和基本目标的一种行为/活动（斯坦纳，2001）。作为大中型企业制定战略和取得竞争优势的一种重要手段，正式战略规划从20世纪70年代开始在欧美企业中流行。但80年代中后期以来，人们对于正式战略规划的作用产生了激烈争论（Ansoff，1991；Mingtzberg，1990，1994），企业战略规划职能也经过了兴衰交替的摇摆式发展。近年来，越来越多的学者认识到，在日益复杂和动态变化的环境下，大中型企业所需要的并非是抛弃战略规划，而是根据特定环境要求和自身特点设计战略规划体系，在战略思维和战略流程之间达成平衡，使战略规划系统更有效地对企业战略的制定和绩效提高产生作用（Grant，2003；Brews and Hunt，1999）。

　　正式战略规划在新兴转型经济中的大中型企业能发挥作用吗？它如何才能有效地发挥作用，并使企业取得竞争优势？这是转型经济中战略管理研究必须回答的紧迫问题。有研究表明，在中国经济转型时期，中国企业在战略规划方面存在很多不足，但正式战略规划对企业绩效仍具有重要价值（武亚军，吴剑峰，2006）。然而，较深入地探讨中国环境下正式战略规划与竞争优势的作用机制的

---

* 原文刊载于《管理世界》2007年第4期，原标题为《战略规划如何成为竞争优势：联想的实践及启示》。此次收录时增补了篇首引语，内容未做修改。

研究仍然存在空白。本章试图弥补这个空白。具体地说,本章关注如下问题:(1)在中国经济转型中,影响本土企业正式战略规划有效性的关键要素有哪些?(2)中国本土企业的战略规划系统应如何设计才能避免"谬误"而成为竞争优势?

分析中国企业战略规划成为竞争优势的作用机制,案例研究是必要的,这已被研究新兴经济的战略管理学者所倡导(Hoskisson, et al., 2000;周长辉,2005)。案例研究要求样本选择具有重要性或极端性(Yin,1994)。联想公司为研究本土企业战略规划提供了一个很好的案例。一方面,联想是中国经济改革开放四十多年来本土企业发展的一个典型和范本;另一方面,它的战略规划体系在发展过程中积累了正反两方面的经验教训,还包括与国际著名咨询公司的合作经验。众所周知,从1984年到1999年,联想快速发展并取得了良好业绩;1999年年末在麦肯锡公司帮助下进行的"三年战略规划"被认为是一个挫折;而2004年的战略调整和随后兼并IBM的PC业务又标志着其国际化战略发展到一个新阶段。透视和反思联想的战略规划实践,对于理解动态环境下中国企业正式战略规划有效性的机制,有重要的理论与实践意义。

本研究中资料获取主要通过三个途径:(1)公司原始文件,包括2000年及2005年公司战略规划和管理体系规划的文件、公司高管的重要讲话、公司网页资料等;(2)对联想内部人员的访谈,2005—2006年,作者对联想战略规划工作人员、管理人员等进行了深度访谈;(3)公开报道和二手资料,包括主要媒体对联想战略规划事件的报道及对联想高层的访谈报道等。我们采取解码、内容分析、模式匹配、课堂案例讨论等多种方式对资料进行分析,并强调多种来源和分析方式的相互印证。

本文的贡献有三点:(1)基于典型事件,系统描述了一个中国本土标志性企业战略规划体系的特征,分析其失误原因、企业的反思与改进,以及对其竞争优势的影响;(2)基于理论与案例经验,提出了转型经济中本土企业提高正式战略规划有效性的一个系统框架;(3)针对中国本土企业提升战略规划能力及与咨询公司合作的效果提出了建议。

文章安排如下:第一部分为导言;第二部分是文献回顾与基本理论框架;第三部分是对联想2000年战略规划系统特征和失误深层原因的分析;第四部分是对联想2004年以后战略规划的反思与改进行动及其对竞争优势影响的透视;第五部分是基于联想经验的战略规划体系设计的一个框架模型;第六部分是结论与建议。

二、文献回顾与基本理论框架

战略管理中的规划学派(Ansoff,1991;乔治·斯坦纳,2001)、资源基础观点(Barney,1991;Powell,1992)和学习学派(Mingtzberg,1990,1994)都对正式战略规划的理论发展做出了贡献。本研究从战略规划系统设计要素、影响系统设计的因素、对竞争优势的影响等方面对文献进行概括。

(一)系统设计的多维要素

Ramanujam 和 Venkatraman(1987)提出了战略规划系统设计的六个要素：①对企业内部因素的关注；②对外部环境因素的关注；③各种企业职能的覆盖与整合；④使用的规划技巧；⑤实施规划系统的阻力；以及⑥投入的资源。其中，①②③是"做什么"？④⑤⑥是"怎样做"？他们认为，这两大类因素会显著地影响战略规划的绩效，包括特定能力的建立、目标的实现和相对于竞争者的业绩。Boyd 等人总结了过去的战略规划研究，提出了战略规划的多维测量模型，包括：①宗旨陈述；②趋势分析；③竞争者分析；④长期目标；⑤年度目标；⑥短期行动计划；⑦持续评估(Boyd and Reuning-Elliot,1998)。规划学派的代表人物之一乔治·斯坦纳(George Steiner)认为，战略规划系统的设计要考虑以下九个方面：系统的完整性、分析的深度、正式性的程度、规划与预算的联系、规划的时间尺度、计划人员的角色、系统的出发点、员工的参与和 CEO 的角色(乔治·斯坦纳,2001)。他还特别强调了规划的四种组织方法：自上而下、自下而上、上下结合和团队制定。

另一些学者强调了战略规划的目标或侧重点。Veliyath 和 Shortell(1993)强调了战略规划的侧重点可以是战略的形成，也可以是战略的执行。Lorange 和 Vancil(1977)最先指出战略规划系统有两种主要的功能：(1)内部整合功能，即开发一个整合的、协调性的、一致性的长期行动计划；(2)环境适应功能，即促进公司对外部环境变化的适应。随后的一些文献强调在产业环境变化时，前瞻性的战略意图和以塑造核心竞争力为焦点的战略规划，可以帮助企业实现战略创新和取得竞争优势(Hamel and Prahalad,1994)。这种战略规划的创新或突破功能，即所谓的重塑情境的规划方式(Peterson,1999)，应该被视作战略规划的第三种目标或侧重点。

本研究认为，虽然正式战略规划有一些标准的程序和工具(如 SWOT)，但由于正式战略规划是一个多要素、多目标、可使用多种工具的系统，这增加了企业合理利用战略规划的难度，但同时也为企业通过战略规划获得竞争优势提供了空间和可能性。

（二）影响系统设计的情境因素

学者们认为,有效的战略规划系统设计应该反映企业所面临的特定情境(Kukalis,1991;Ansoff,1991)。这些因素包括环境复杂性或扰动性(Kukalis,1991;Ansoff,1991;Chakravarthy and Lorange,1991)、企业独特能力(Chakravarthy and Lorange,1991)、管理者的认知风格,以及价值观念和价值体系等(斯坦纳,2001)。Chakravarthy and Lorange(1991)特别指出,战略规划系统的设计应和企业特定业务的需要相适应,即考虑战略意图、外部市场环境的复杂性和企业独特能力的影响。他们指出,当组织环境复杂性高时,要强调系统的外部适应性功能;而当复杂性较低时,要强调内部整合功能;当组织的独特能力较多时,需要强调内部整合功能。结合对产业变动情形下战略规划模式的研究(Hamel and Prahalad,1994;Peterson,1999),本研究认为,在产业环境快速变化的情形下,战略规划体系的侧重点应强调战略创新或突破。

Kukalis(1991)指出了环境复杂性与规划柔性的关系:环境复杂性高(包括动态变化大)时,战略规划系统的灵活性应增大,反映在规划的时间尺度上就短,并且需要经常性地重新评估。他还指出了其他影响系统设计的因素,包括企业产品的市场生命周期、组织结构、资本密集度等。

（三）战略规划："谬误"还是竞争优势？

亨利·明兹伯格(Henry Mintzberg)提出了战略规划无效的"三重谬误"问题。Mintzberg(1990,1994)认为,正式战略规划的失效源于预测性谬误、分离性谬误和正式性谬误。预测性谬误是指战略规划假定未来外部环境趋势可以预测,而环境趋势并非总能预测;分离性谬误是因战略制定者(公司的战略规划职能人员)与战略实施者(业务管理者)分离而造成的;正式性谬误是指战略规划把重点放在战略分解、细化或程序化上,而妨碍实质性的战略思考或战略的形成。而战略规划的倡导者则认为(Ansoff,1991;乔治·斯坦纳,2001;Grant,2003):分离性谬误可以通过加强直线领导者(战略实施者)的参与和合理确定参谋人员职责而加以改进甚至克服;正式性谬误则可以通过处理好规划的目标或侧重点与分析深度的关系,而把战略思维与程序化加以平衡[①];预测性谬误则可以通过设计滚

[①] 合适的分析深度可以把未经过细致调查和分析的管理者的明智判断包容进来。一个典型例子是,杜邦公司在第二次世界大战后投资汽车业的战略的形成。其高管当时提出的说服性理由如下:"战争结束后经济最强大的国家将是美国,最强大的产业将是汽车业,最强大的公司将是通用汽车公司。"(乔治·斯坦纳,2001)。

动性计划、情景方案、侧重于战略方向或目标等方法加以改进或克服。

Grant(2003)对世界最大的8家石油企业的案例研究发现,与20世纪70年代相比,企业正式战略规划的性质和角色已经发生了根本性的改变,但仍然在大型企业的管理系统中发挥着核心作用。大企业的战略规划已经从侧重资源配置转向目标设定,规划非正式程度在增加,责任人也主要从公司、计划人员转向业务部门和直线经理。Kaplan and Beinhocker(2003)对30多家大公司战略规划的研究发现:学习性的战略规划流程可以创造出管理层"有准备的头脑",从而成为竞争优势的真正来源。这些研究表明,经过审慎的设计与实践,明茨伯格所说的"三重谬误"并非是必然的,合理的目标和设计能够使战略规划成为竞争优势的来源。

资源基础理论的倡导者杰伊·B.巴尼(Jay B. Barney)认为,在西方较完备的市场经济环境下,正式战略规划本身不能成为竞争优势来源,但规划过程中所发现的独特资源或能力能够成为企业持续竞争优势的来源(Barney,1991)。依据企业资源基础观,Powell(1992)将战略规划看成一种生产要素,根据各企业该要素的可得性可以判断它对企业的战略价值。其实证结果表明,如同多分部(M型)组织结构给企业带来的效率提高所需要的条件一样,在"规划均衡"行业,即在战略规划普遍流行和被采用的行业,正式战略规划与财务绩效不相关,但在战略规划要素市场不完善的行业内,两者呈正相关关系。按照资源基础观,本研究认为,在中国经济转型时期,由于战略规划经验与人才的不足,战略规划有其价值和一定的稀缺性。为了使它成为企业竞争优势的来源,在进行正式战略规划时需要对行业中其他企业的战略规划一般状况和模式进行必要的评估,以确定本企业战略规划在战略思维和工具方面需要的创新程度。

(四)一个初步的理论框架

根据以上的文献与讨论,我们可以把战略情境、战略规划系统设计与规划绩效关系的一般逻辑概括为图1.1。其中,我们以 Ramanujam and Venkatraman(1987)对战略规划系统设计要素的两分法思想为基础,对战略规划系统设计的"做什么"和"怎样做"两类要素进行区分,具体来说,本研究以侧重点、柔性、分析深度、创新性来表征规划的内容特性(做什么),以战略规划流程、规划模型/工具、直线领导者的参与、规划部门的作用来表征规划的运作环境(怎么做)。本研究把战略规划系统设计的目的或侧重点置于突出位置,是因为它直接关系到战略规划的性质。在规划内容的侧重点中,我们还特别强调了在外部环境剧烈变化情况下企业新型战略规划方式的创新突破功能,从而补充传统战略规划的外部适应和内部整合两大功能。此外,我们吸收 Powell(1992)关于战略规划作为行业要素的资源基础观点,把规划相对于行业对手的创新性作为影响企业战略规划绩效和取得竞争优势的关键要素之一。

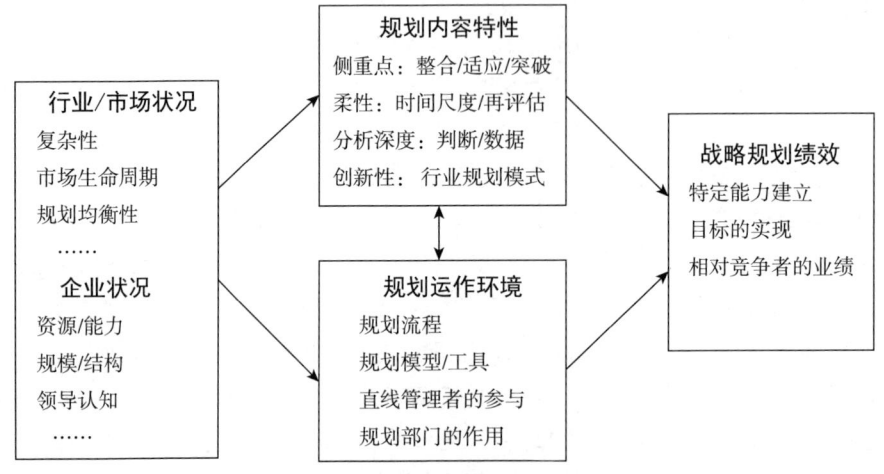

图 1.1　战略情境、战略规划系统与规划绩效的一般框架

三、 联想 2000 年战略规划:系统特征与失误深层原因

(一) 背景与规划基础

联想在创业初期,就非常重视战略的作用,认为战略是事关企业存亡的大事。① 早期的联想有所谓"拉条子"的习惯,即管理人员及企划人员一起从正反两方面逐条讨论公司重大决策问题,这种"拉条子"的习惯以及对跨国公司规划方式的学习,逐渐形成了联想正式规划系统的雏形,包括公司宗旨(为什么做)、职责(做什么)、目标(做到什么程度)、策略(怎么做)、组织(谁来做)、预算(用什么来做)以及考核(做得怎么样)。在这个初步的战略规划过程中,联想开始对公司目标、现状、优势和劣势进行分析,通过参与式的讨论形成策略并加以有力执行。这种规划体系后来发展成为联想著名的管理三要素(搭班子、定战略、带队伍)中的"定战略"体系。② 在"定战略"过程中,联想高层强调要"提高站

---

①　1989 年,联想在柳传志的领导下,制定了著名的早期 PC 海外发展策略:"瞎子背瘸子"的产业发展策略、"田忌赛马"的产品研发策略,"茅台与二锅头"的产品经营策略。这表明联想开始摸索出一套战略制定的有效原则,即优势互补、集中资源、追求相对竞争优势(迟宇宙,2005:174-177)。

②　"管理三要素"是柳传志 1999 年 12 月在联想成立十五周年大会上讲话时正式提出的,这表明联想通过 15 年的发展,初步形成了对企业战略管理的规律性理解。参见迟宇宙(2005:101)。

位,总揽大局,把握发展,实施优势战略",其"定战略"的主要步骤和内容则包括:确定中长期目标;制定达到目标的战略路线;制定当前的目标;确定采取什么方式,进行战术动作与分解;在实施中进行调整。这已经和现代战略规划的内容接近,主要区别在于联想还没有把趋势分析和竞争分析作为规划的重要任务(Boyd and Reuning-Elliot,1998)。

1994年后联想在国内PC市场连续几年的超速增长,是联想2000年战略规划的一个重要背景。1994年开始,联想PC销量连续4年平均增长100%,利润年均增长超过180%。1995年,联想PC第一次登上国内品牌机第一,年底联想定下了未来的发展目标:第一是要做一个长久性的公司;第二是要做一个有规模的公司;第三是要做一个高技术的公司。1996年,柳传志和他的管理班子为联想制定了2000年完成30亿美元营业额的中期战略目标,并确定了1996年到2000年的5条战略路线:①在信息产业领域内的多元发展;②以中国市场为主;③奠定工业基础,在此基础上开展研发工作;④加强子公司在研发中的推进作用,以国外风险投资公司作为媒介,开展优势互补的科研开发工作;⑤充分利用股市作为融资渠道。联想以企业战略目标和战略路线为指导,抓住国际竞争对手在国内水土不服的弱点,通过降价和发展渠道等手段,坐稳了中国PC业第一的位置。到1999年年底,联想的中期战略目标接近实现,联想也初步完成了从"蒙着打"到"瞄着打"的转变。

这些情况表明,联想在进行2000年的三年战略规划之前,已经积累了一定的正式战略规划经验,特别是在确定企业宗旨、战略目标以及战略分解和实施方面。由于中国国内市场的快速增长特别是竞争相对还不激烈,凭借较合理的战略目标、路线和强有力的战略执行,联想取得了令人瞩目的业绩。一方面,联想非常重视战略分解和实施,即所谓的"带队伍"和强调执行的文化,这在随后进行的三年战略规划过程中也得到了体现。另一方面,联想在规模和利润方面的连续超速增长,为联想制定新的增长性战略目标奠定了起点,但随之引发的盲目乐观和过分关注规模的弊端,也给联想新的战略规划和战略的制定埋下了隐患。

(二)联想2000年战略规划运作环境

1. 规划流程

联想集团的战略规划分为两个基本层次,一是集团层面,主要是确定目标和规划指导原则;二是公司层面,包括杨元庆领导的电脑公司(即2000年分拆后的联想集团公司,以下简称为联想公司或联想)和郭为领导的渠道公司(即神州数码)。下面以联想公司为例说明其战略规划过程。

联想公司制定三年战略规划的时间跨度为1999年9月到2000年1月,整个制定过程分为三个阶段。第一阶段主要是确定业务范围,修改并确认公司使命和远景,包括对公司多种业务的重要性排序。第二阶段进行业务组合方案及战略性组织框架设计,主要是确定业务群组合方案、对组织架构提出建议,并进行优劣势分析。第三阶段进行战略方案设计,主要是确定公司和业务群战略,以及人力资源、研发、兼并联合和服务的职能发展战略原则。其基本流程和时间安排如图1.2所示。

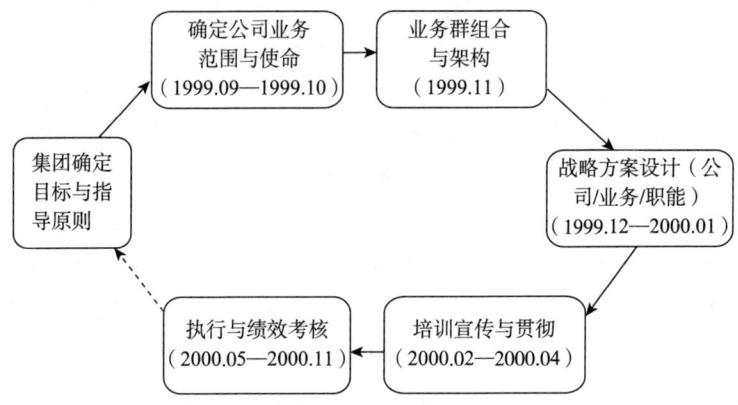

图1.2 联想公司2000年战略规划的流程与时间安排

从联想公司制定战略的层次看,包括公司、业务和职能三个层次,但其中核心层次是公司,采用的流程基本上是"瀑布式",即自上而下的顺序。具体来说,首先是制定规划纲要,包含公司年度规划的指导思想、主要目标、体系模型、内容分类、组织分工、方法建议等纲领性文件。其次是制定公司级规划,即制定阐述公司某一专项业务或管理发展的指导思想、主要目标、总体策略及资源分配的指导性文件。最后形成部门级规划,用于阐述部门年度业务及管理发展的指导思想、主要目标,以及实现目标所需要的策略、措施、组织保障及资源投入的具体性文件。

2. 四个主要规划工具

联想的战略规划,主要采取了四个较正式的规划工具:①业务优先性排序;②二维规划模型;③四层次目标体系设计;④多业务组织结构协调。

业务优先性排序模型是联想在公司层战略制定中采取的一个主要工具,其核心是对多业务吸引力和联想竞争力进行评估,进而决定公司资金和管理人才在多个业务之间的配置,从而提高资源配置效率。该模型和 BCG 矩阵的原理是类似的。其中,业务吸引力和联想竞争力评价指标中各分指标的内容和权重由企业和咨询公司根据经验加以确定。联想采用的二维规划模型,即从业务线和职能两个维度对业务和职能进行规划。业务线分为成熟业务、发展业务和新兴业务三类;职能分为直接增值职能和间接增值职能两类,其中前者包括产品、供应链和市场;后者则包括企业规划、人力资源、IT 建设和财务监控。[①] 通过二维规划矩阵,联想对公司多个不同发展阶段的业务的主要价值活动进行了较细致的年度目标规划,对战略目标的分解和执行有较大的促进作用。但应该指出,该模型的增值职能结构(价值链构成)是联想在 PC 业务发展中所形成的,符合联想在 PC 产业中的定位和竞争力要求,而不加区别地将它移植于其他业务,可能与其他产品的关键价值增值环节不相符。联想采用的四层次战略目标体系,是在整体经营目标、业务目标、客户满意度目标和核心竞争力发展目标四层次的基础上形成的详细的年度目标体系规划。其中,联想所谓的"核心竞争力发展目标"主要是指在职能方面的发展规划。这一战略目标体系体现了联想战略规划强调目标分解和以年度目标/职能运营为主的特征。最后,联想还利用二维规划矩阵对多种业务的主要价值活动进行组合和协调配置,试图通过多部门结构配置在多业务之间协调或共享其主要职能活动,进而提高运营效率。

3. 公司规划职能的角色

联想进行战略规划时,在组织上采取项目指导小组、综合支持小组、业务支持小组相结合的方式。项目指导小组由高层管理人员组成,作为三年战略规划的最高决策机构,其主要任务包括指导项目方向,定期听取项目组汇报,调动相关业务资源,以及对项目成果进行评价。综合支持小组由企划部及相关价值链职能部门人员组成,负责项目的日常管理与监控。其中,企划部人员投入 100%精力参与规划工作,职能部门人员投入 50%精力。综合支持小组的主要职责包括谈判、计划、组织、策划、协调、控制、宣传和贯彻。

联想的综合支持小组相当于西方企业的公司战略规划部的设置,其角色有如下特征:①它并非专职的战略规划部门,而是临时性的任务小组;②它主要为

---

① 业务线的划分主要依据该业务的利润贡献、市场地位和市场份额。直接增值功能主要是为满足客户的产品功能需求,容易获取的需求,以及售前、中、后得到关怀的需求;四个间接增值职能则主要是企业内部人、财、物、信息资源的组织管理。

规划提供行政支持,缺乏技术性支持(如对规划模型和工具的选择与培训等);③对于外部市场预测、竞争分析和评估等几乎没有进行较正式的分析;④缺乏内部咨询功能,即无法对主要领导人的战略直觉提供独立专业意见。从这个角度看,联想缺乏战略规划职能部门从而无法承担其分析、咨询、技术支持职能,是联想 2000 年战略规划失误的一个重要原因。

4. 直线管理者的参与

联想战略规划中业务管理者的参与,主要体现在参加业务支持小组和专题研讨会两个方面。

(1)业务支持小组。它由各业务部门派出业务主要负责人(之一)组成,和咨询公司共同制定公司战略,包括参与涉及本业务单元的研究分析,参与本业务的战略方案的设计,参与项目组的研讨,以及确认涉及本业务范围的战略规划成果。

(2)专题研讨会。联想战略规划的主要推进方式包括阶段性访谈、项目通报会、研讨会和决策会。部门高层管理人员和主要直线管理人员参加分业务专题研讨会,对涉及业务的有关内容进行分析和论证。在每次决策会前,均安排一系列分业务的专题研讨会。另外通过项目通报会定期向一定层级以上管理人员通报项目进展情况。最后为了达成全员共识,从总裁室工作会到干部培训班,直至年度誓师大会,全面宣传和贯彻(宣贯)公司的战略规划;并通过总体公司规划、事业部规划和员工业绩合同的一致性来保证战略规划的落实。

从上述过程可以看出,联想主要业务(如台式机、服务器、IT 服务等)的管理者,虽然在规划过程中参与了与本业务有关的业务支持小组及分业务专题研讨会等相关决策环节,但并未成为其业务战略制定的主要力量,相反主要是公司的领导人在主导其决策。从这个角度看,联想的战略规划在一定程度上确实存在明茨伯格所谓的"分离性谬误",只不过制定业务战略或目标的主要是公司高管人员,而非公司层的专职规划人员。

(三)联想战略规划体系的内容特征

1. 规划重点与环境匹配性

联想的战略规划有较强的完整性,包括成熟业务、成长业务和新兴业务,同时,联想的战略管理也强调从目标、战略路径、战略分解到执行和调整的闭环。

但是,联想的战略规划体系在侧重点上存在明显的不足:

(1)侧重于内部整合,而非长期适应能力或战略突破。其表现是:①公司在进行战略规划时,侧重于确定年度目标和职能目标及其分解,而对外部环境趋势、自身核心能力、战略路径与战略重点等缺乏足够的关注和深入分析。②侧重于运营效率。以电脑公司为例,当时的"笔记本""服务器""软件""应用方案"等业务与IBM、DELL、HP等一系列跨国巨头存在竞争,各个行业和市场均处于快速变化之中,此时,这些业务所需要解决的战略问题首先应是适应竞争和差异化定位的问题,其次才是运营效率的问题;在手持设备等产业融合或技术变化剧烈的领域,其重点也应首先瞄准创新性要求,以把握行业机遇。而联想当时的战略规划类似于以运营目标和预算为出发点的年度规划。

(2)侧重于公司战略而非业务战略。公司在规划中注重公司总体目标的指导和分解,忽视业务战略制定的自下而上的过程。在案例中,公司所制定的战略资源配置、年度业务目标虽然也吸收了直线部门的经理参加(体现在业务支持小组和推进过程中的专题研讨会),但是缺乏各业务部门的战略开发及协商过程,而主要体现为自上而下的目标预定和分解。① 现代战略规划理论认为,事业战略规划的主体应该是业务部门自身,而非参谋人员或公司总部。而联想2000年规划中业务部门的直线管理者在战略目标、路径制定方面的主体地位并未得到确立。这在某种程度上形成了明茨伯格所谓的"分离性谬误"。在这个过程中,联想公司层面重视的是"沟通和宣贯",而非"审核和协商"。

2. 规划分析深度和创新性

明茨伯格提出的"正式性谬误"认为战略规划过于注重分析而忽略了综合和创新。事实上,在本案例中,联想对外部市场需求和竞争对手的分析并未达到应有的深度,是分析不足而非分析过度阻碍了有效战略的形成。其主要表现是:①联想在战略规划中,对外部市场需求和竞争情境、自身优势并未进行独立而有针对性的分析,从而在战略制定中主要侧重于目标而非定位和战略途径。②多业务的市场发展和目标,更多地来自公司领导人的经验和直觉,并未辅之以系统、客观的市场数据分析和验证。因此,联想表现出的是分析深度和战略综合的

---

① 在典型的多分部企业战略规划流程中,公司管理层通常在当年末提出公司面临的战略挑战,然后由事业部开发各自的战略,接着在下年中报公司总部进行审核,最后就公司资源和事业部的短期目标、预算进行审核,在年末形成新一年的预算。在这个过程中,业务战略和年度目标都由公司和事业部双方协商审定。

双重不足,而非分析过度。

从 Powell(1992)所谓的"规划的行业竞争均衡"条件来看,联想战略规划的逻辑也存在创新性不足的问题。由于联想战略规划所采用的工具主要集中于内部整合或提高运营效率,这种战略规划的逻辑在于行业内竞争贫乏,或者竞争对手离生产率边界还很远时,可以保证企业更好地满足顾客需求(Porter,1996)。但是在竞争兴起,特别是强势竞争者出现时,企业的营运改善并不足以使企业在不断强化的商业竞争中保持优势,反而会使其逐渐失去优势,甚至爆发危机。遗憾的是,联想在 2000 年战略规划中所采用的战略工具主要侧重于运营效率和内部整合,对自身能力和市场竞争的忽视和误判,让联想陷入战略跟随和盲目多元化的陷阱。2000 年的联想开始向六大群组的竞争领域进发。消费 IT 群组要与 IBM、DELL、HP 展开竞争;手持设备群组要与诺基亚、摩托罗拉、索爱、波导展开竞争;企业 IT 群组要与 EDS、BULL、IBM 展开竞争;IT 服务群组要与 IBM、HP、艾森哲、KPMG 展开竞争;就连企业 ERP 实施服务也要与 BAAN、ORACLE 展开竞争。① 在每个领域都有比联想强大数倍、数十倍的竞争对手虎视眈眈,而联想的能力和人才禁不起这样处处树敌。因此,其战略规划的实施结果不佳是必然的。当然,联想 2000 年战略规划中所采用的规划工具与其咨询顾问麦肯锡所起的作用是分不开的,这在下节中将有更详细的分析。

表 1.1 总结了联想 2000 年战略规划系统的主要特征及对其的评价。

表 1.1 联想 2000 年战略规划系统的主要特征及对其的评价

	目标/侧重点	柔性	分析深度	创新性	规划流程	规划模型/工具	规划人员作用	业务管理者的参与
特点	侧重于公司层次和职能层次;侧重于内部整合和运营效率	三年战略规划;每年进行修订	在市场环境、竞争情境和自身能力方面分析不够深入	与国际竞争对手相比,缺乏战略创新	自上而下和团队相结合的方式;4 个月时间	业务优先性排序;二维规划矩阵;四层次目标体系;多业务结构协调	主要是行政支持;缺乏技术支持;对市场和竞争没有正式分析;缺乏内部咨询功能	部分参与了业务战略和公司战略的制定,但缺乏主导性

---

① 还有一个群组是 FM365 门户网站。

(续表)

	目标/侧重点	柔性	分析深度	创新性	规划流程	规划模型/工具	规划人员作用	业务管理者的参与
合理性	对业务战略重视不够、对环境适应能力强调不足	适合环境变化的动态程度	战略分析深度和综合程度的双重不足	存在一定程度的"正式性谬误"	自下而上过程的分量不足	侧重于内部整合、战略分解和执行	缺乏合格的公司规划职能人才	存在一定程度"分离性谬误"
竞争优势影响	大	中等	较大	较大	中等	大	较大	较大

（四）失误的深层原因

至2003年，联想没有达到三年规划的预定目标，其间营业额和利润的年均增长率分别为8%和14.6%。虽然在同期的全球和国内市场上，联想是国内PC企业中表现最好的一个，但是231亿元的年销售收入与规划的600亿相去甚远；并且，营业额虽然一直呈上升态势，但与跨国巨头HP、DELL相比，其PC主业在亚太市场的相对市场份额却在下降。此外，联想的多元化努力也受到挫折。[①] 联想战略规划失误的一个客观原因是，随着中国加入世界贸易组织（WTO），国内市场环境变化加快，国际竞争加剧，联想相对国际巨头而言的"沼泽地优势"减弱甚至开始消失（柳传志，2004）。当然，这只是表象，深层原因还需要从咨询顾问和自身方面寻找。

1. 麦肯锡模型的影响

麦肯锡的"三层面发展模型"认为，企业要保持长期生存和发展，必须规划好三个层面的成长阶梯，即在"核心业务"获得利润的基础上，致力于发展"新业务"（来日核心业务）并为"未来事业"（来日新业务）开创出机会。这个模型与BCG矩阵在本质上是类似的，因为它们关注的层面（多业务公司层）和基本思路

---

① 以IT服务业务为例，通过收购汉普、智软、中望等公司，联想经营规模及份额在增长，但经营出现较大亏损，2002年与2003年分别亏损6 140.5万元、5 800.9万元；而信息运营业务则因经营不善和缺乏信心而清算解散。

(集中于资金和管理人才的配置)是一致的。在具体业务层面,麦肯锡的做法是将重点放在发展新业务上,根据市场吸引力选择目标领域,研究得出行业的关键成功因素,结合企业实际能力设计新业务的运营,特别是确定运营目标。就表层流程看,该做法也不无合理性。但该模型在分析行业成功要素和评价企业能力时,主要考虑的是价值链各个环节的运营基础和能力,如企业欠缺则建议通过合作或购并弥补,这是依赖运营效率而非竞争战略定位的方法。[①] 在实际运用中,麦肯锡会首先强调企业要给出明确的目标,包括愿景和规模预期,作为战略制定流程的起点和最终战略指向的结果。如果企业在起始目标上不够清晰,麦肯锡则协助企业对使命、愿景进行梳理,并启发企业的期望,直至得出一致的认定。这样,一方面大致圈定了企业增长所需要的业务领域,一方面知道了增长的总量,接下来才可以按模型评估业务选择和设计业务运营。最后,又往往将业务运营分解为财务指标,以及相关人员的关键业绩指标(KPI),以确保业务成功和总体目标的实现。因此可以看出,"三层面发展模型"主要是一种公司层面的目标实现规划和资源配置规划,它不以向企业提供创新性的差异化战略定位为重点。

麦肯锡的公司层模型对联想2000年战略规划的主要工具产生了很大影响。在麦肯锡的帮助下,联想利用"业务优先性排序"工具,确定了三种业务发展的选择和内部资源(资金和管理人才)的配置;而利用"二维规划矩阵",规划了三种不同成熟度业务发展的总体目标、各业务价值链上各环节的年度目标及相关部门/人员的KPI。这两个工具和麦肯锡的三层面发展模型一脉相承。像我们前面所分析的,联想的其他两个主要战略工具"四层次目标体系"和"多业务组织结构协调"也主要强调内部运营和战略分解,这也和麦肯锡擅长的咨询重点相一致。

可见,麦肯锡在联想2000年战略规划的工具选择上起了关键性影响,该模型的重点与联想面临的战略情境不匹配是导致规划绩效不佳的原因之一。柳传志在2002年国际管理科学学会上的讲话也佐证了麦肯锡对联想规划方法的影响(柳传志,2002)。[②]

2. 超速增长带来的主导思维模式

联想1995—1999年在PC产业所取得的超速成长,是与该时期中国快速增

[①] 其他一些咨询公司的研究者指出了麦肯锡方法这一缺陷及其在中国企业咨询实践中的负面效果。参见特劳特(中国)战略定位咨询公司(2006:41)。

[②] 他说:"在学习制定战略的时候,很多西方企业都给我们做了榜样,和我们接触最多的是英特尔和微软。我们认为这两家公司最成功的地方是公司战略设计的成功。在具体设计战略的方法上,我们的顾问麦肯锡公司给了我们非常大的帮助。"

长的市场需求（所谓"天时"）与跨国公司竞争受限的格局（所谓"地利"）相对应的，当然，也是缘于联想在此阶段对机会的快速把握和强执行力（所谓"人和"）。但是，由于过分看重自己相对于国内企业的机制和管理优势（柳传志，2004），连续几年的超速成长带来的一个负面后果是盲目乐观的情绪及做大规模的冲动。联想过去的成功使得它在舆论和业界都被视为中国 IT 业的第一品牌和本土优秀企业代表，它所背负的责任太重：不但肩负着中国 IT 业的希望，也背负着走向国际的重任，渴望成为"中国的 IBM"，并早日进入世界五百强。在这样的境况下联想选择扩大规模的多元化道路也就不足为奇了。于是，战略规划很容易成为诠释领导意图和目标的工具，成为习惯性思维模式（主导逻辑）的复制品。正如一位观察家所评论的：

> 联想一路顺风顺水，一直保持高速增长，所以杨元庆才会在 2000 年履新之初，放言 3 年内营业额要达到 600 亿港元。联想过去的成功曾一度让不少人包括联想自己相信，联想没有实现不了的既定目标——只要你想。PC 市场的巨大机会和联想在分销体系上的超强能力确保了梦想的实现。那时，联想习惯于超额完成目标（庞瑞锋，2004）。

此外，联想在 PC 和其他领域把握市场机会及强调执行所取得的快速增长，也使企业的战略规划能力发展出现滞后：一方面，联想并未设立专门的战略规划部门；另一方面，现有的少量规划人员（企划办）又缺乏进行创新性的深度分析和内部咨询的能力。在 2000 年，拥有台式机、笔记本、IT 服务、手持等多个业务的联想公司总部仅有 5 名企划办的人员参加战略规划过程，其间还要承担大量的谈判、组织、保障、宣传等工作，数量和质量明显不足，而且其下属的多个部门/业务中合格战略规划人才也大大不足。

3. 战略观念和战略意识局限

联想 2000 年的战略聚焦于目标、业务范围和对目标的分解与执行。事实上，有效的竞争战略包括企业在市场上的竞争定位、实现定位的价值活动的配置，以及这两者之间的配合（Porter，1996）。应该说，当时的联想对战略及战略目标的理解过于简单，在规划中把规模、财务与职能目标——而不是顾客价值定位和竞争优势——作为核心，这导致了战略规划中的诸多偏差。

此外，当时的联想未能树立"战略跟随环境"的动态战略意识。转型经济中，随着环境变动特别是制度环境和竞争环境的变化，企业战略需要进行前瞻性的调整，即随着法规的完善和市场竞争的不断加剧，主导战略逻辑需要从市场机会或关系驱动过渡到竞争能力驱动(Peng,2003)。事实上,中国的 IT 产业是国内率先进入相对充分市场竞争阶段的产业之一。在这种环境转变中,企业的战略目标需要由做大转向做强、做久,公司战略的焦点应该是核心能力的构建和利用(归核化或相关多样化),竞争战略的重点也应该是建立差异化的竞争定位和优势而非内部运营的改善。①

四、 迈向竞争优势的战略规划:联想的反思与改进

(一)联想高管层的反思

值得肯定的是,联想的管理层具有很强的反思与学习能力,这可以从联想三年战略规划实施期间和随后的调整与改进中得到反映。2002 年年初,在联想三年规划实施第一年失利之后,杨元庆认识到自身市场分析能力不足和盲目乐观带来的问题。他反思说:"作为一个行业的领导者,一要判断好形势,二要稳定好市场,这两点联想都没有做好。"(吴茂林、张鹏,2002)在 2003 年业绩进一步呈现以后,柳传志、杨元庆等高层都进行了反思。柳传志认为三年规划未达标的原因包括:对 IT 行业在 2000 年后发生的急剧变化欠考虑;在正式进入 WTO、中国企业完全没有环境屏障后,对国外企业的竞争能力考虑不足;对开展多元化业务后企业所需的全方位资源考虑不足。柳传志认为,在制定战略路线时将二三线项目(指未来项目和种子期项目)战线拉得过长,不仅影响了当前主营项目的发展,而且不能对二三线项目的发展提供足够的全方位资源,致使规划未能按照预想完成。杨元庆也认为对实现长期目标的追求和经验上的原因造成目标定得过高(陶然,2004)。事实上,联想高层在 2003 年年末已经明确认识到联想管理层过分强调了其机制和管理优势(所谓"人和"),而忽视了行业增长(所谓"天时")和跨国公司的竞争障碍(所谓"地利")(柳传志,2004)。

根据联想战略规划过程的特征,以及对失误的原因剖析及学习过程,可以将联想 2000—2003 年三年战略规划的主要影响因素归纳如图 1.3 所示。

三年战略规划的教训使杨元庆认识到,战略规划中领导人的作用不仅是制定数字目标,更重要的是领导人是否能为企业未来的发展找到方向、是否能真正带领企业不断成长。"对于远景规划、行业引导方面的欠缺恰恰是这三年给我

---

① 人们可能会提出疑问,认为发展中国家企业在缺乏核心技术情形下采取低成本战略是合理的。其实,以低成本作为基本竞争优势并无错误,错误的是以运营改善取代差异化定位和内部配置调整,并长期回避差异化策略。

们的教训。这次做新三年规划时,对战略路线的把握甚至胜过了数字指标,这是我们在认识上非常大的转变。战略路线走对了,数字是很容易达到的。"(林木,2004)

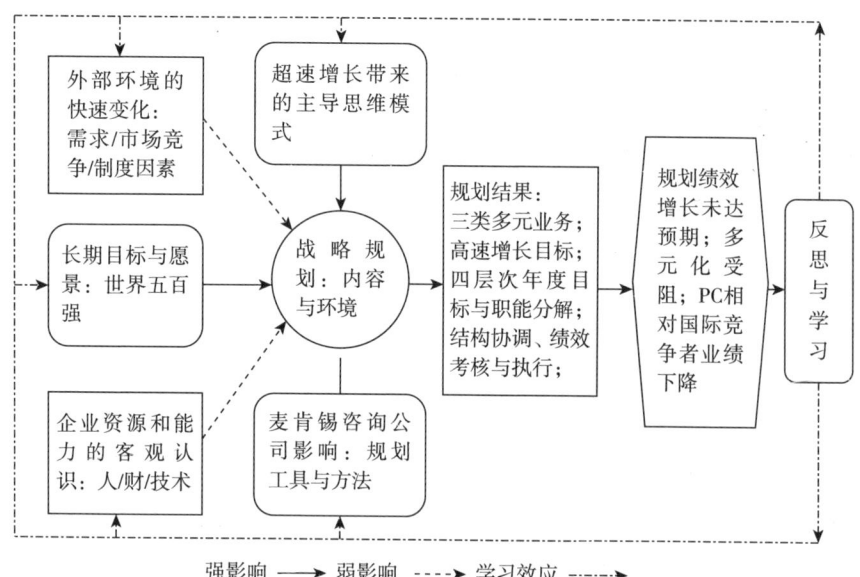

图 1.3 联想 2000—2003 年三年战略规划的主要影响因素

(二)新一轮战略规划的改进

联想的这种总结、反思和学习能力在 2004 年以后的战略规划体系发展中起到了积极作用。具体来说,它在以下五方面有改进:

(1)设立专职的更有专业能力的公司战略规划职能部门。事实上,在 2003 年,联想已经意识到了缺少一个战略部门的支撑。联想在 2004 年成立了由高级副总裁领导的中央规划职能部门,下辖战略研究室、企划部、业务拓展部、知识管理部四个分部门,并且充实具有管理咨询能力的经理人担任部门领导,这些规划职能的高管,包括其首席战略官(CSO)和部分部门总监,来自为联想服务或被联想收购的咨询公司的高级经理人。联想成立和强化战略部门是联想真正走向科学决策、科学管理的开始。

(2)在新一轮的战略规划中,联想的规划部门加强了对外部市场环境和竞争的分析。其 2005 年年初进行的战略规划就包括了整体市场分析、细分客户市场分析、地域市场分析、竞争分析、自身分析等多个内容,并且强调了自身的竞争定位和差别优势战略路线,突出了战略侧重点和创新性。

(3) 在新的规划中联想为了发挥下属业务部门管理者的作用,采取了下发规划模板的方式,既对下属业务进行指导和规范,又给它们以自由度和创新空间。规划模板包括上年回顾、环境分析、战略意图、年度目标、主要策略、组织平台与资源需求、年度预算七个部分,形成一个完整而科学的战略规划循环。在规划模板和流程的指导下,联想的部门经理经历了"从排斥做规划,到加班加点赶规划,到最后思路和打法了然于心"的转变。从实际效果看,这一做法鼓励了部门中的骨干员工参与其部门的战略设计,并提高了员工的执行热情。

(4) 根据 PC 主业发展的实际需要,结合咨询公司的咨询方案,联想发展和形成了独具特色的"双业务模式"。这一模式是在联想传统的产品营销优势的基础上,针对 PC 的交易型用户和关系型用户的差异要求,设计不同的顾客价值命题和价值链解决方案,以期获得不同于 DELL 等竞争对手的优势。

(5) 在对 IBM 的 PC 业务的并购战略决策中,联想综合了战略思考、内部研究和专题分析及咨询等多种形式,来提高该战略的成功率(吴威,2005)。联想在高层的战略思考的基础上,内部规划部门研究了九个月,并请了几家咨询公司和投资公司的研究部门进行专题分析,最后做出了并购决策。这体现了一种进步。应该说,正是联想对于以前战略规划失误的较客观的反思与改进,为联想进一步改进其战略规划系统设计、提高企业战略发展的效果提供了一条重要途径。

(三) 战略规划改进对竞争优势的影响

仔细剖析联想的改进行动,可以发现联想的战略规划体系在内容和运作环境设计两大类要素方面都进行了一系列的调整,内容方面包括侧重点、分析深度、创新性的变化,运作环境设计方面包括规划流程、规划模型/工具、公司规划人员角色和业务直线管理者作用的调整,它们分别通过①与业务情境匹配,②关注战略思维和相对于竞争者的业务模式创新,③搜集有效战略信息,④促进战略制定与执行的协调等途径,改进了联想的战略规划质量与执行绩效,促进了联想竞争优势的形成(其基本机制见表 1.2)。从结果来看,它主要体现在 PC 主业"双业务模式"的形成和执行初见成效——联想 PC 有效地阻击了 DELL 并使市场占有率稳步上升[①],以及联想基于国内低成本优势的国际化并购扩张按预期有计划地执行。当然,联想并购 IBM PC 业务后的国际化发展对其战略规划系统又提出了新的挑战,如有国际经验的规划人才增加、全球市场信息的搜集与处

---

① 据权威的 Gartner 调查公司数据,联想 PC 的中国市场占有率从 2003 年的 21% 上升为 2004 年的 25%,2005 年达到 33%。

理、全球规划系统的融合等,这是国际化的联想在战略规划系统方面需要解决的新问题。①

表 1.2 联想战略规划系统改进及对竞争优势的影响

规划维度	调整与改进	竞争优势影响	例证
内容侧重点	从公司战略转向业务战略;从执行转向竞争定位	有针对性地确立各业务的竞争模式与战略路线	"明确战略路线比数字更重要""制定业务模式"
分析深度	系统、客观的市场数据与对比分析	客观、翔实的行业与竞争对手信息/知识	"采用市场公司的数据","与对手进行对比"
创新性	强调结合自身优势和对手情况进行思考与设计	突出差异定位和差别优势	"我们要做创新者""双业务模式是独特的"
规划流程	由自上而下和以外为主转向上下结合、以内为主	更符合业务情境的信息/更好的执行承诺	"自下而上的流程越来越被重视,骨干员工也可以参与"
模型/工具	从一种模型和全盘接收转向多种模型和定制化	战略制定模型更符合业务情境	"我们有多种模型可选择""我们修正了咨询公司方案"
规划人员作用	引进专业人才,重点围绕战略信息搜集、业务分析、内部咨询和支持	高水平的规划技能指导、专业信息搜集和执行监控	"规划总监来自咨询公司""下发规划模板""进行特定业务分析"
直线管理者作用	强调其主体地位和规划的高投入	业务管理者战略思维加强/更高的执行承诺	"从排斥做规划,到加班加点赶规划,到最后思路与打法了然于心"

资料来源:例证内容来自内部访谈。

五、 基于联想经验的一个改进框架

联想战略规划的教训与经验对本土企业具有标本意义。第一,我国本土企业,包括优秀的大中型本土企业,在快速增长期往往没有战略规划部门,缺乏系统分析能力,从而容易受国际知名咨询公司所影响,并可能盲目地采用一些咨询公司所擅长的规划工具或模型,导致与企业实际业务的战略需求不符。第二,在

---

① 2006 年,联想中央规划部门调整为市场信息、战略、业务分析和流程管理等部门,其中国区总人数达到 30 人左右。

规划中,由于经验和人才限制,本土企业往往很难认识到不同的战略规划模型有不同的逻辑和适用条件,并非普遍适用或应用效果显著。第三,本土市场需求旺盛和企业的快速增长,可能导致企业的主导思维模式、领导风格和战略目标上的偏差,从而引起战略规划的失误。第四,在转型发展环境下,环境的动态变化使得高管层的直接领导以及高管层的学习和系统反思能力变得十分重要,这应该是本土企业需要具备的一种动态能力。

基于以上启示,结合战略规划系统设计的基本理论,以及联想战略规划改进经验,本文提出一个转型环境下本土企业战略规划系统设计的改进框架,突出显示了"战略情境(Strategy Context)——战略规划流程(Strategy Process)——战略内容(Strategy Content)——战略学习(Strategy Learning)"之间的紧密联系,其基本内容与关系如图1.4所示。具体地说,该框架强调以下三个核心观念:

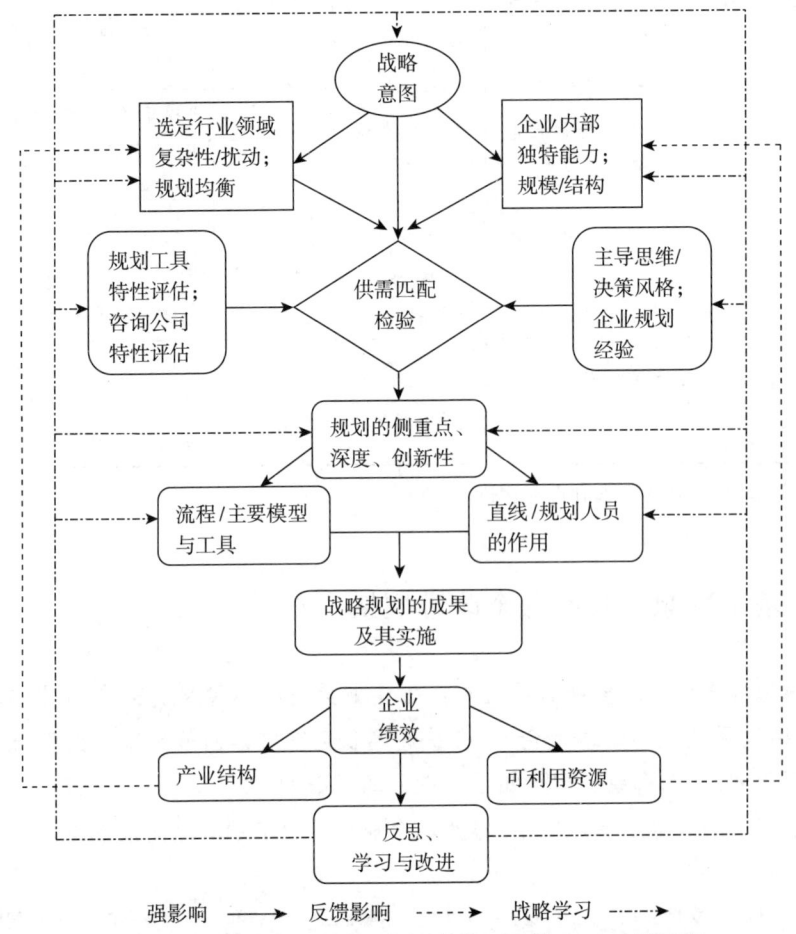

图1.4 转型环境下企业战略规划的体系设计:一个改进框架

第一，供需匹配检验，即分析企业战略情境需求和战略规划体系供给之间的匹配状况。从需求看，要考虑特定产业环境的复杂性、动态性、产业规划的均衡状况以及企业资源的特性对战略规划的要求，概括而言：①产业环境复杂性越高，越需要将侧重点安排在战略适应或创新，而不是营运效率提升或内部整合上；产业内有实力的竞争对手（如跨国公司）越多，企业战略规划越需要创新性，而不能仅依靠行业"最佳实践"为主要规划工具。②企业在价值链上的独特能力越少，越需要强调战略规划的适应或创新导向；企业的独特能力越多，则越需要强调战略规划的整合导向。③规模越大，结构越复杂（多样化业务部门），越需要注意使规划工具与特定业务状况相适应，而不能不加区别地采用某一模型或工具。从供给看，要考虑特定模型和企业规划经验的影响：①咨询公司所擅长的战略规划工具有其特定的假定和适用条件；②本土企业特定的成长过程导致的主导思维或决策风格、企业过去习惯的规划经验，可能以惯性方式发挥作用。因此，在企业战略规划中，需要对各种战略规划模型/工具的特性、企业规划经验及主导思维或决策风格等进行必要评估，并根据企业自身需要明确战略规划系统的目标或侧重点、柔性、分析深度和创新性要求。

第二，注重三类规划流程设计要素，即从"规划内容特性——采用模型/工具——规划参与者"三方面改进规划的质量：首先，明确规划内容的"侧重点""分析深度""创新性"等；其次，根据内容要求确定合理的规划流程并选择合适的模型/工具；最后，要使直线管理者和战略规划职能人员各自发挥其不同作用，特别是公司规划人员的支持/指导和直线管理者的参与和投入。

第三，提升企业的战略学习能力，特别是高管层的系统反思与总结经验教训的能力，可以使企业在出现挫折或失误时，及时地对战略目标、内外部因素、战略逻辑、规划工具与组织体系进行调整，从而保证规划系统的升级和内容的调整甚至重大变革。

六、结论与应用含义

联想2000—2003年战略规划的失误，并非是正式战略规划本身的问题，而主要是在逻辑、工具和流程设计方面存在欠缺。出现这些问题的深层原因，在于战略规划体系设计中不正确的战略观念、超速增长带来的主导思维模式和盲目乐观情绪，以及咨询公司战略规划工具对本土企业的影响。由于本土企业战略规划组织与能力不足，特别是未能将业务的战略需要与战略规划工具和流程相匹配，导致企业战略规划的侧重点、创新性和企业战略挑战的性质不符，从而导致整个规划的绩效不佳。联想高管层较强的反思与学习能力使其可以在战略规划的职能、人员、方法和流程等方面进行调整与改进,从而明显改善了新一轮战略规划的效果,对竞争优势产生了积极影响。联想进行的国际化拓展使其战略规划体系面临了新的挑战。

联想正反两方面的经验表明:①战略规划系统的设计,必须在最高管理者的直接领导下,辨别企业业务层战略需要、明确规划内容的侧重点和创新性,并合理选择所采用的规划模型/工具及流程,同时使规划人员和业务管理者发挥其各自不同的作用。②设立战略规划部门并提高其能力,在大中型企业正式战略规划设计中具有重要的作用。一方面,可以客观地评价各种战略规划工具或咨询公司的特性,选择合理的战略规划工具和流程设计;另一方面,对公司战略规划提供相对独立的意见,避免领导人的主导逻辑偏离实际并左右公司战略规划。联想重视战略规划并提升战略规划职能的方法,包括提高战略规划主管的级别,聘用有管理咨询经验和能力的经理人,以及设置专业化的组织部门等,这些可以为其他大型本土企业所借鉴。③中国企业在进行战略规划的时候,要避免盲从咨询公司所提供的战略规划工具或方案,而要注意根据战略逻辑的基本原理,使企业选择的战略规划模型及最终选择的战略方案与公司业务的战略需要及自身特点相匹配,真正做到"内外结合"。④在动态环境下和企业自身规划能力有限的情况下,强化企业领导人的系统反思与学习能力,对企业战略规划体系的改进和战略规划的长期效果有重要的影响。

需要指出,本文的结论主要适用于本土大中型企业或其发展阶段,此外,对于大中型企业正式战略规划中如何促进战略思维和流程程序化的平衡仍需要进一步研究。本文的案例研究方法限制了结论的应用范围,但作者相信,审慎的战略规划系统设计及其适时改进的确可以帮助本土大中型企业将正式战略规划转化成自身的竞争优势。

参考文献

Ansoff H I. 1991. Critique of Henry Mintzberg's "The design school: Reconsidering the basic premises of strategic management"[J]. Strategic Management Journal, 12(6): 449-461.

Barney J. 1991. Firm resources and sustained competitive advantage[J]. Journal of Management, 17(1): 99-119.

Boyd B K, Reuning-Elliott E. 1998. A measurement model of strategic planning[J]. Strategic Management Journal, 19(2): 181-192.

Brews P J, Hunt M R. 1999. Learning to plan and planning to learn: Resolving the planning school/learning school debate[J]. Strategic Management Journal, 20: 889-913.

Chakravarthy B S, Lorange P. 1991. Adapting strategic planning to the changing needs of a business [J]. Journal of Organizational Change Management, 4(2): 6-18.

Grant R M. 2003. Strategic planning in a turbulent environment: Evidence from the oil majors[J]. Strategic Management Journal, 24: 491-517.

Hamel G, Prahalad C K. 1994. Competing for the Future[M]. Boston, MA: Harvard Business School Press.

Hoskisson R E, Eden L, Wright L M. 2000. Strategy in Emerging Economies[J]. Academy of Management Journal, 43(3): 249-267.

Kaplan S, Beinhocker E D. 2003. The real value of strategic planning[J]. MIT Sloan Management Review, 44(Winter): 71-76.

Kukalis S. 1991. Determinants of strategic planning systems in large organizations: A contingency approach[J]. Journal of Management Studies, 28(2): 143-160.

Lorange P, Vancil R F. 1977. Strategic Planning Systems[M]. Englewood Cliffs, NJ: Prentice-Hall.

Mintzberg H. 1990. The design school: Reconsidering the basic premises of strategic management[J]. Strategic Management Journal, 11(3): 171-195.

Mintzberg H. 1994. The Rise and Fall of Strategic Planning[M]. New York: Free Press.

Peng M W. 2003. Institutional transitions and strategic choice[J]. Academy of Management Review, 28(2): 275-296.

Peterson M W. 1999. Using Contextual Planning to Transform Institution[M]//Peterson M W. ASHE Reader on Planning and Institutional Research. Boston, MA: Pearson Custom Publishing: 60-78.

Porter M. 1996. What is Strategy? [J]. Harvard Business Review, 11-12: 61-78.

Powell T C. 1992. Strategic planning as competitive advantage[J]. Strategic Management Journal, 13(7): 551-558.

Ramanujam V, Venkatraman N. 1987. Planning system characteristics and planning effectiveness[J]. Strategic Management Journal, 8(5): 453-468.

Veliyath R, Shortell S M. 1993. Strategic orientation, strategic planning system characteristics and performance[J]. Journal of Management Studies, 30(3): 359-381.

Yin R K. 1994. Case Study Research: Design and Methods[M]. Beverly Hills: Sage Publications.

迟宇宙. 2005. 柳传志说:做正确的事[M]. 深圳:深圳报业集团出版社.

联想电脑公司. 2000. 公司战略规划宣贯[A]. 公司内部资料.

联想集团公司. 2005. 稳健经营,积极变革[A]. 公司内部资料.

林木. 2004. 联想回归PC并非再起步,而是大联想战略选择[EB/OL]. (2004-02-28)[2020-

06-08]. https://tech.sina.com.cn/it/2004-02-28/1256298749.shtml.

柳传志. 2002. 在丹佛国际管理科学会年会上的讲话[M]//臧云鹏,贾鹏云. 顶级歧途:中国巅峰企业家必读. 北京:中华工商联合出版社:330-338.

柳传志. 2004. 在联想集团2004财年誓师大会上的讲话[C],公司内部资料.

庞瑞锋. 2004. 不须过分责问联想[EB/OL].(2004-08-19)[2020-06-08]. https://tech.sina.com.cn/it/2004-08-19/1640408508.shtml? from=wap.

乔治·斯坦纳. 2001. 战略规划[M]. 北京:华夏出版社.

陶然. 2004. 柳传志发表讲话:三年规划未达标原因有三点[EB/OL].[2020-06-08]. http://www.newsmth.net/nForum/#!article/CorpStrategy/1082.

特劳特(中国)战略定位咨询公司. 2006. 中国企业如何定战略:兼论麦肯锡战略之误[A]. 公司内部资料.

吴茂林,张鹏. 2002. 杨元庆的磨难[J]. IT经理世界,9:47-50,53-58,7.

吴威. 2005. 柳传志揭秘:我们是如何决定收购IBMPC的[EB/OL].(2005-05-09)[2020-06-08]. http://biz.163.com/05/0910/09/1T9FDO5B00020QEE.html.

武亚军,吴剑峰. 2006. 转型经济中的战略规划与企业绩效:基于中国制造企业的实证分析[J]. 南开管理评论,2:58-63.

杨元庆. 2004. 积极变革,向胜利进发——在2004财年誓师大会上的讲话[C]. 公司内部资料.

周长辉. 2005. 中国企业战略变革过程研究:五矿经验及一般启示[J]. 管理世界,12:123-136.

第二章 中国本土新兴企业的战略双重性[①]

> 对于主要的矛盾和非主要的矛盾、主要的矛盾方面和非主要的矛盾方面的研究,成为革命政党正确地决定其政治上和军事上的战略战术方针的重要方法之一。
>
> ——毛泽东
>
> 将矛盾的对立关系,转化为合作协调关系。使各种矛盾关系结成利益共同体,变矛盾为动力。
>
> ——任正非

导 言

近十年来,随着新兴经济在全球竞争中越来越具有战略意义,中国本土企业的战略模式及绩效引起越来越多的国内外学者的重视(Peng,2001;Davies and Walters,2004;Tan and Tan,2005;武亚军等,2005;曾鸣,威廉姆斯,2008)。特别引人关注的问题是:中国本土新兴企业的战略行为与西方发达经济中的企业是否有所不同?如果是的话,它们与中国转型期的制度和文化因素有何关系?中国优秀的本土新兴企业能否应对来自世界级企业的战略挑战?正是朝着回答这些重要问题的目标,我们进行了这项研究。

在转型经济研究中,国际学者主要从资源基础观(Sinha,2005)、制度基础理论(Peng and Health,1996;Khanna and Palepu,1997;Peng,2001,2003)、组织经济学(Peng,2004)、战略领导(Tsui et al.,2004)、环境—组织共同演化(Tan and Tan,2005)等视角对中国企业的战略问题进行研究,并呼吁把制度理论、组织经济学(特别是交易费用理论)和资源基础观加以综合(Hoskisson et al.,2000;Wright et al.,2005;Meyer and Peng,2005)。事实上,近期一些研究正朝着这个方

[①] 原文刊载于《管理世界》2009年第4期,原标题为《中国本土新兴企业的战略双重性:基于华为、联想和海尔实践的理论探索》。

向发展。例如,彭维刚(Peng,2001)指出,中国转型经济中的财富创造型企业需要同时采取探索性竞争战略、非正式关系网络和边界模糊策略①,以应付市场竞争与制度空缺并存的转型环境特征;李明芳等(Li and Wong,2003)则利用资源基础理论和制度理论探讨了中国企业多元化战略及其绩效;Davies and Walters(2004)则综合利用资源依赖、动态战略匹配理论对中国转型环境、企业战略和业绩关系进行了理论和实证分析,并且推论转型环境中的中国企业战略与波特式竞争战略模式并不相同。我们的研究则沿此方向更进一步,即试图把资源基础观、制度基础理论和动态战略观等理论视角有效综合起来,以分析中国本土新兴企业的战略行为及模式。

本文把研究对象界定为竞争性行业中的本土新兴企业,即在改革开放后成立、在竞争性行业中经过了数十年快速增长、目前已经在国内市场具有竞争优势并在国际市场具有一定地位的本土企业,其典型代表是联想、华为和海尔三家企业。这三家企业在相对竞争性环境下进行了长期的较快增长并有效地提升了竞争能力(成立20年以上,连续十多年保持年均30%以上的销售额增长率,并占有行业前三位的市场份额,是中国500强企业前50名中仅有的3家非国有控股企业),它们的经验代表了中国本土企业的战略发展,是中国本土新兴企业战略研究的首选对象。其基本情况见附录A2.1。

本研究的基本思路是这样的:较完备的市场经济下的企业战略集中在市场范围与竞争优势等少量核心维度就可以了,而中国是一个转型经济体,其复杂和动态的制度环境、新兴企业的能力局限和中国独特的文化背景使得本土新兴企业的战略必须考虑更多的挑战。它们需要应对一系列转型期特定的制度、产业和文化因素,如产权及治理的转变、发展型政府和制度/政策的不完备等,这使得本土企业的战略维度更为"复杂"。同时,中国经济转型发展中的巨大动态性及传统文化因素要求本土企业战略具有"简练性"特征,它有助于企业在一些简单的战略规则约束下进行快速适应和变革。因此,在综合组织经济学、制度基础理论、资源基础观和动态战略观等多种理论视角和实地调研的基础上,本文了提出本土新兴企业的战略复杂—简练双重性综合框架("五角形"框架),用以反映本土新兴企业对制度转型期的复杂战略情境的应对及动态适应。我们相信:优秀的本土新兴企业不仅能发展独特的市场竞争能力以整合企业内部资源与能力,也能很好地将转型期制度环境的应对和利用能力整合进来,并且能

---

① 非正式网络是指企业与政府官员、其他企业的个人关系;边界模糊策略是指介于正式/地下经济和公共/私有产权之间的"灰色"或"模糊"行为。

很好地结合中国文化背景提升并强化组织能力建设;同时,它们又能形成一些简单有效的战略规则,从而使企业融入一组用以明确方向但又不限制其发展的"铁律"框架内。一些初步的证据表明,这样的复杂—简练双重性战略塑造了本土新兴企业的国内市场竞争力,并且为其取得一定的国际竞争地位奠定了基础。

本文的结构安排如下,第一部分是理论基础,探讨了转型期中国的产业、制度及文化特征对企业战略的影响;第二部分集中探讨了转型中本土新兴企业战略复杂性的五个基本维度和内涵;第三部分讨论战略简练性的两类基本法则及其作用;第四部分是模型的引申,并提出了一个战略复杂—简练双重性的整合式框架;第五部分探讨了模型的应用;最后是结论和展望。

一、理论基础

国际学者主要从组织经济学、资源基础理论和制度基础理论三个理论视角对转型/新兴经济中的企业战略进行研究,其中针对本土企业战略研究的主要问题可概括如表 2.1。

本研究综合了组织经济学理论、资源基础理论、制度基础理论的视角。其中,本文所说的制度基础理论是指建立在新制度经济学和国家文化视角上的方法,而不涉及社会学视角上的制度理论。在本研究中,我们遵照 North(1990)、Peng(2006)的观点,把正式的政治体系、法规称为"制度",而把社会心理、认知等因素归为"文化",并分别讨论转型中正式制度转变和深层文化因素对本土企业管理者和企业战略行为的影响。

表 2.1 转型经济中本土企业战略研究的基本问题和理论方法

理论/问题领域	本土企业国内竞争战略	进入发展中国家战略	进入发达国家战略
组织经济学 代理理论 交易费用理论 产权理论	交易成本如何影响企业重组? 公司治理结构对企业绩效的影响如何? 不同的改制方法的效果如何? 合理治理结构应是怎样的?	这些企业在进入时是否比发达经济的企业有更低的交易成本? 利益相关者或代理理论在多大程度上更合理?	企业在进入时是如何选择合作伙伴或并购对象的? 经营中会采取哪些控制机制? 需要改变哪些治理因素以提升在发达经济中的竞争能力?

(续表)

理论/问题领域	本土企业国内竞争战略	进入发展中国家战略	进入发达国家战略
制度理论 新制度经济学 社会学制度理论 文化理论	不同的制度因素及变化到底对战略有何影响？当制度深化时，企业是否从重视网络关系转向重视市场能力？如何转变？ 国家文化对企业战略有何影响？它是如何演化的？	制度差异将在多大程度上使其改变商业模式？ 转型经济中企业进入其他转型经济是否比发达经济企业更有优势？	不同的制度环境如何限制它发挥"网络化能力"？ 是否来自特定经济的企业比来自其他国家的企业更易成功？为什么？
资源基础理论 资源基础观/动态能力知识基础观 组织学习理论	在变动环境中企业如何重构其资源配置？"战略柔性"的内在机制是怎样的？ 哪些资源和能力可以成为企业的战略资源？它们是如何产生和发展的？	在多大程度上多元化集团公司会利用其在国内的优势？ 企业"旧的社会资本和关系"如何影响其进入和学习？	多元化业务对其进入有何影响？ 社会资本的作用如何？需要进行哪些调整？ 它们是如何获取关键资源的？

资料来源：根据 Wright et al.（2005）、Meyer and Peng（2005）和 Kim and Mahoney（2005）整理。

（一）转型期制度与产业环境的战略影响

根据企业与环境关系的动态战略匹配观点（Zajac et al.，2000），中国目前经历的经济转型和发展，要求中国企业必须扫描、检测和设计战略来应对一系列主要的制度环境特征及其变化（Peng，2003）。这些特征包括：①向市场经济的持续转型[①]；②经济法律和规制的空缺或不完备；③各级政府部门在经济活动中仍旧发挥重要的作用（发展型政府）；④向世界开放和加入WTO；⑤地理多样性和地区经济发展不平衡等（武亚军等，2005）。

从制度观点看，中国的产品市场、资本市场、人力资源市场的不完备和市场法律法规的缺失，将显著地影响企业战略行为，因为企业必须应对这些市场的低效率和制度空缺（Khanna and Palepu，1997）。本土新兴企业在面对这些制度环境中的重要限制时，必须发展比市场竞争要求更多的能力，即不仅要发展新产品

[①] 从总体上看，这意味着产权由国有和集体向个人转移，以及国民经济调节手段从行政向市场的转移。

开发、营销和运营能力,还要发展非正式关系,特别是与政府官员的关系,采取所谓的"网络战略"(Peng and Health,1996;Peng,2003)或将一些外部市场功能内部化——如通过集团化创造内部资本市场、内部劳动力市场或内部产品市场(Li and Wong,2003)。

更重要的是,不同层级的政府部门继续在企业经营环境(如税收)和生产要素(如土地、资金/信贷等)获取等方面施加关键影响。政府官员会直接或间接地干预企业经营;政府的宏观控制进一步增加了外部环境的复杂性,而不同的政府部门具有不同的目标并且相互交织,这些部门包括中央政府、银行、地方政府、产业部门、不同的行政区(如开发区)等。在这种环境下进行经营需要辨别和平衡不同政府部门的资源、利益和影响。因此,企业必须辨别不同政府部门的权力和影响,并且开发有效的方法来应对相应机构或部门,这构成了本土企业战略制定的一个重要方面,即所谓的"政治"策略(田志龙等,2003)。与前面所辨识的制度环境局限及制度对策相结合,我们可以得到如下的**转型期企业双重能力及动态优化命题**:

命题 1 在市场化转型环境下,中国的本土新兴企业一方面必须有效地建立市场竞争能力,另一方面也必须建立起应对外部制度环境不完备的制度管理能力——采取网络战略(包括与政府官员建立非正式关系)、建立内部市场或平衡不同政府部门的影响等,并且要使企业市场竞争能力和制度管理能力与制度的转型保持动态匹配。

从产业组织理论视角出发,一系列特定的产业与竞争环境特征也将对新兴企业战略产生重要影响,这些因素包括:①庞大人口和工业化、城市化带来的众多产品市场的快速发展;②新兴技术如 IT 技术带来的新产品市场的涌现;③开放性行业内的广泛竞争。事实上,除了金融、电信、电力、石油等产业国有(控股)公司仍具备十分强大的市场地位以外,很多分散性行业的快速增长给本土中小企业带来很多发展机会。IT 新技术的产生对于中国的高技术企业来说,意味着很多新的创业机会或技术的跳跃式发展。一个典型产业就是信息技术和通信产品,很多中国企业抓住这个重要的产品市场发展新的消费产品,包括手机、USB 设备、计算机硬件、软件和新信息设备等。然而,另一方面,加入 WTO 和向世界市场的进一步开放也使更多外国企业进入中国,它们不仅带着资本、技术和获取市场份额的野心,而且带着新的竞争方式和管理体系。因此,本土企业面临着复杂的竞争者集合,它们有各种不同的动机和竞争机制。这引发越来越多的竞争,迫使中国本土新兴企业提高把握市场机会和提升竞争力的能力。在这样复杂和变化的环境中,本土新兴企业要取得可持续发展,就需要审慎把握成长机会,反映在经营领域的选择上,即企业既需要关注外部市场带来的机会,也需要关注自己的内部竞争能力(Barney,1991),并且,要随着环境竞争的加剧而更重视内部竞争能力对机会利用的影响。与发达经济有所区别,近20年的快速工业化和遭遇信息化浪潮使得中国新兴企业在面临的机遇、威胁和自身能力方面的变化速度都远快于西方发达经济体中的企业,因此对企业经营领域的动态调整能力产生了更高的要求。于是,我们有如下的**转型期企业经营领域选择双重视角及动态优化命题**:

命题2 中国转型发展环境下,本土新兴企业要保持持续增长必须合理选择经营领域,即既需要重视外部市场机会,也要重视企业资源和竞争能力及其潜力,并且要根据市场吸引力与竞争能力保持动态匹配的原则,在发展中不断优化经营领域的选择。

需要指出,转型中的制度环境和产业环境之间存在显著的相互影响。一方面,中国的制度环境及其变化对产业与竞争格局带来非常大的影响。例如,法规、知识产权保护等方面的制度不完善导致产业与竞争环境中的非秩序(如假冒伪劣产品出现);政府在产业准入、土地等关键生产要素的配置权极大地影响产业竞争格局和盈利状况,进而影响企业对经营机会和盈利潜力的预期(宝贡敏,2002)。另一方面,产业与竞争格局的演进也要求政府进一步规范或改革经济政策法规。这种制度与产业之间的相互影响增加了经营环境的复杂性和不确定性。

通过上述中国转型发展时期产业与制度环境及其特征的讨论,我们已经辨别出一些本土成长型企业必须面对的挑战,如市场不完备和法规变化的挑战,与不同的政府部门目标和利益冲突的挑战,对国内市场和国际市场中的跨国竞争对手的挑战,辨别新市场/新产品发展机会并取得快速发展的挑战等。即使这些挑战是相互独立的,它带给企业的管理挑战和负担也是巨大的。事实上,这些挑战可能是相互联系和交织甚至是矛盾的。结合上面的命题1(企业双重能力及动态优化命题)、命题2(经营领域选择双重视角及动态优化命题),我们可以得出**转型期本土新兴企业战略的复杂性推论**:

推论1 在转型发展的复杂动态环境下,中国本土成长型企业必须开发创造性的战略,以**同时**应对经营领域选择、企业能力建设等多重关键因素及其内在悖论(或双重视角)动态平衡的挑战,这带来所谓的战略复杂性(strategic complexity)。

（二）中国文化因素对本土企业战略的影响

在产业竞争与制度环境之外，中国文化也是理解本土新兴企业战略形成和实施的一个重要因素。多年来，已经有众多学者就中国文化的特质进行过描述和研究，但距离成功和统一仍有距离。在本文中，为了研究中国文化对企业战略行为的影响，我们主要聚焦于下述四类关键性的中国文化特征：①长期导向；②重视权威及"关系"支配性；③"阴阳"系统辩证思维；④实用理性或适应性。①

管理学者普遍认为国家文化对企业战略与管理有重要影响（Hofstede，1991）。除了普遍认可的 Hofstede 的国家文化四要素外，学者们提出了儒家主义（confucian dynamism）作为中国文化的一个补充要素。最初的儒家主义侧重于把多个中国文化要素联系在一起，而学术研究者更关注于长期导向方面（Hofstede，1991）。这个维度主要强调坚定、坚持、牺牲短期利益获得长期繁荣。因此，长期导向被认为是中国文化的一个重要特征。

强调权威（或者高权力距离），被认为是中国文化——特别是儒家文化的另一个重要特征。一方面，它有助于形成强有力的领导，另一方面，这种文化教育下的员工倾向于尊重和服从领导，这有助于实施由这些领导所制定的战略。事实上，在我们的实地调查中，发现几乎在每一个成功的中国本土企业背后都有一位强有力的 CEO。已有研究也表明强有力的领导是中国成功企业的一个重要特征（陈春花等，2004）。此外，一些学者也明确指出，中国儒家文化对人情、关系或差序格局的重视（费孝通，2009；梁建、王重鸣，2001），导致企业的成长倾向于依赖个人或家族关系——如血缘、亲缘、乡缘、学缘等，从而使得制度化或职业化等难以广泛实施，这在某种意义上会对组织的持续成长造成障碍（肖知兴，2006）。

中国文化表现出强烈的"阴阳"统一的系统辩证思维特征（Chen Ming-Jer，2002）。"阴阳"被看作一体双面，它们是相互对立的，但都是对方所缺乏的，"阴阳"互补和"和谐"统一构成了事物的整体。这种"阴阳""和谐"的观念是如此强烈，以至于管理学者陈明哲认为中国式折中方法——悖论式整合（paradoxical

---

① 根据"全球领导力和组织行为效率"（Global Leadership and Organizational Behavior Effectiveness，GLOBE）研究项目的界定，国家文化可以以下九个维度加以测量：权力距离、群体集体主义、公共集体主义、不确定性规避、未来取向、性别平等、决断性、人本取向、绩效导向。文中①②两个特征涉及上述"权力距离""群体集体主义""未来取向""决断性"等维度。

integration）是超越悖论的一种独特方法（Chen Ming-Jer,2002）。这种整体思维也被社会心理学家认为是中国及东亚人思维的一个重要特点（Nisbett,2003）。此外,我们需要指出,中国文化具有很强的开放性和适应性,有不断接受和内化新的观念和方法的显著能力,这被一些学者称为"实用理性"（李泽厚,1994）。一方面,它将有用性悬为真理的标准,认定真理在于其功用、效果;另一方面,它强调一种伦理和审美观点,而不是思辨和科学。实用理性作为中国人文化心理活动的结构原则,重视的是变化、扩展、更新和发展。从这种意义上看,实用理性的观念有助于中国企业管理者接受并融合西方发达经济的多种管理方法。

上面关于中国制度环境和产业环境的讨论集中于环境的复杂和动态性,以及中国本土新兴企业有必要发展一种战略,以应对复杂的、双重的甚至是悖论式的要素（命题1、2）,我们相信关于中国文化特征的讨论指向另一个方向——中国文化的深层要素可能是协助中国优秀本土企业制定和执行包含复杂和悖论式要素的综合战略的一种稳定和促进力量。在中国文化的背景下,长期导向和辩证系统思维有助于形成所谓的"悖论式整合",而强调权威、高权力距离有助于产生强有力的战略领导,"实用理性"则会使企业决策者追求有实际效用的目标和采取"中西结合"的管理方法。

实际上,国际战略学者已经发现,在复杂动态的环境下,企业战略往往体现为一些"简单的规则"（Strategy as simple rules）（Eisenhardt and Sull,2001）;另一些学者还发现,战略决策的"命令式"（体现为一个统领目标和特别设计的战略）以及"象征式"（强有力的价值观指导经营）的结合会形成米勒所说的"战略的简单性"（Miller,1993;Hart,1992;Lumpkin and Dess,1995）。由此看来:①中国企业的产业和制度环境是动态和复杂的——主要是由于市场、技术和政策的快速变化及其不易预测——在这种情形下企业战略会体现为一些"简练规则",它可以使企业在一些战略规则的约束下进行快速的适应和变化。②中国传统文化中的重视领导权威和强有力领导容易导致战略决策的"命令式"模式。③中国企业外部环境的动态变化和新兴企业的增长性要求企业确立强有力的价值观或愿景,以指导企业成长。在以上三种内外部因素的作用下,我们相信本土企业（或企业家）会形成一些简洁的规则（或法则）来指导其对复杂动态环境下战略要素的选择和协调。因此,我们可以得出如下的**转型期本土新兴企业战略简练性命题**:

命题3 在中国经济转型发展时期的复杂动态环境下,本土新兴企业的战略设计中会形成一些简练的指导规则或法则,以使企业融入一组用以明确方向但又不限制其发展的铁律框架内。此外,中国传统文化(重视"权威""阴阳"思维)有助于本土企业发展一些这样的简练规则,用于指导复杂和动态环境下的多维战略要素及其内在悖论(或双重视角)的协调与整合。这带来了所谓的战略简练性(strategic simplicity)。

需要指出,本文所说的"战略简练性"与米勒所说的"战略的简单性"是有差异的。我们所说的简练性是以少量核心的原则、价值观或逻辑来统领企业战略多维度的发展,即"战略简练整合规则",而非国外学者所谓的"战略越来越趋向集中于狭窄的目标、活动或竞争能力"(Miller,1993)。此外,本文所说的战略复杂—简练双重性与 Eisenhardt 等人所谓的"战略作为结构性混沌"(Strategy as structured chaos)(Brown and Eisenhardt,1998)在本质上是类似的,不同的是西方情境下的"混沌"在这里转为中国转型发展情境下的"复杂多维性"。在本研究中,我们期望转型期的产业与制度环境是形成本土企业战略复杂性的主要因素,而环境动态性、中国传统文化及战略决策风格则在促进本土企业进行战略简练整合方面起到作用。换句话说,受中国文化浸染较深的本土企业(特别是其高管层)比外资企业或合资公司更易于发展出战略简练性。综合以上关于转型发展时期产业、制度和文化环境及其影响的讨论,我们可以得到如下的转型期本土企业**战略复杂—简练双重性推论**:

推论 2 转型期的中国本土新兴企业,相对外资企业更有可能发展出一种具有战略复杂—简练双重性的战略模式。

二、 本土新兴企业的战略复杂性

本土企业的战略复杂性,是指本土企业在中国转型发展环境下生存和发展需要同时应对多个战略性维度及其内在矛盾性冲突(或悖论)。我们已经指出,这个概念在本质上是动态的,复杂性战略应对中所包括的战略维度主要依赖于企业的发展阶段和外部产业与制度环境——如市场竞争条件的演化。基于目前中国本土企业经营的制度、产业与文化环境——中国正处于转型发展中期或过渡阶段,而且这一状态还将持续相当长一段时期(比如数十年),本文从所选择的三个案例中,归纳出如下五个基本的战略维度及内含的悖论要素,用于描述转型期本土新兴企业应对复杂动态环境的基本向度(见图 2.1)。

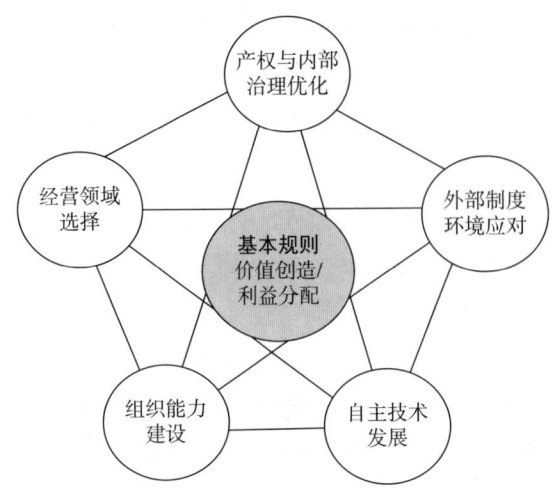

图 2.1　本土新兴企业的战略复杂—简练双重性：一个五角形框架

（一）经营领域选择：产业吸引力和资源基础的平衡

中国的庞大人口和快速的工业化、城市化及新技术产业的发展，为本土企业特别是民营企业成长提供了巨大的机会。事实上，本土企业在成长机会把握上往往表现出两种特征：①以外部市场机会为导向；②以企业家或经营者个人远见/直觉为主要决策方式。一些学者或观察家认为，中国绝大部分企业目前的成功是机会性成功，而不是制度性成功；这些本土企业家往往是"机会经营者"或机会导向的"产品经营者"，其思路是"机会导向，整合资源，巧妙运作"，而新的竞争环境要求企业必须走"战略导向，能力培养，系统管理"的道路，才能真正成为世界一流企业（曾鸣，2004）。事实上，战略管理文献明确指出了成长机遇管理的另一视角：①以资源和能力为导向（Barney, 1991; Grant, 2002）；②以正式战略规划为主要决策方式（Hart, 1992）。我们的理论思考和实地调查也表明，随着竞争加剧、全球化整合和企业生命周期变化，中国本土企业在度过生存期以后，在成长机会选择和决策模式上必须增强后一类管理，甚至使之成为主要模式。这是因为，在改革开放初期，市场存在很多的空白，"率先模仿"国际企业抢占市场可以快速取得明显的优势。但是，随着中国对外开放的加大（如 2001 年正式加入 WTO）和各个产业市场竞争的加剧，资源基础和独特能力对竞争优势的影响迅速加大，采取内部资源和能力驱动的业务领域选择或成长机遇管理方法就是必需的，而且需要于优先位置。

一个典型例子就是联想集团。它从 20 世纪 90 年代专注国内市场 PC 制造和销售,到 2000—2003 年间 IT 产业的多元化实践,再到 2004 年后集中于 PC 及国际化并购扩张,其战略逻辑就呈现出"能力主导——市场吸引力主导——独特竞争力主导"的转移和螺旋式上升,联想的战略形成方式也逐步由领导人决策走向领导人战略远见和理性战略规划相结合的综合型模式(武亚军,2007)。

(二)产权与内部治理优化:私人所有和公共所有的混合

从战略管理的角度看,将产权和内部治理的调整与优化作为转型期本土企业战略的一个重要组成部分或维度,在于它涉及企业长期竞争优势的产生问题,这对于处于非完备竞争性市场环境下的中国企业来说尤其重要。在西方相对稳定的市场经济制度环境下,产权是给定的或不言而喻的(主要是基于个人的私有产权),因而往往只是作为战略的一个必要前提或隐含条件。而对于从计划经济向市场经济转轨来说,其制度环境是动态调整的,企业利益相关者的认识和利益要求也是动态变化的,企业家人力资本市场的缺失、不完备以及政府政策的变化,都使得企业的产权与内部权威安排(或剩余索取权与剩余控制权)需要比西方发达市场经济有更多的变化和调整,才能达到一个较稳定的状态和更有利于企业生存或价值创造最大化的状态(张军、王祺,2004;李自杰、陈晨,2005)。相对于其他变量来说,产权及内部治理结构通常会通过管理者的选择和激励机制而对企业绩效产生一个基本或长期的影响(冯飞等,2006)。无论如何,对中国的所有制成分多样的企业来说,进行产权和内部治理结构的动态调整与优化是非常重要的——特别是在转型环境下企业变为公共所有(国有股、公众股、法人股、内部员工股)和私有(企业家或少数个人股东)相结合,是企业获得机构投资者/政府的战略资源(资金、政策等),同时兼顾企业经营者及核心员工的人力资本投入的一种重要途径,甚至是唯一途径。在转型环境下,公有产权可以使企业较易获得政府的政策支持(如土地、资金、税收优惠等或上市资格)或者使得大量技术员工的人力资本得以持续投入,私有产权则较易使企业家人力资本等得以积累和有效投入。公有和私有的合理配置(混合式产权结构)及其动态优化,是新兴企业成长的一个关键动力机制。

这方面的一个典型例子,是联想持续了 8 年之久的产权改革。在 1984 年创立之时,联想是由中国科学院出资的国有企业,但一直采用民营企业的经营机制。经过十多年的发展和积累,1993 年在以柳传志为代表的核心高管层的运作下,在分配留存利润时,采用 65∶35 比例使之在中国科学院和集团公司之间分配,其中,归中国科学院的 65% 部分的 70% 则留在联想,集团分到的 35% 的部分则按 35∶20∶45 比例在公司创业员老、早期贡献者和后进入员工之间进行分享。2001年后,公司将1995年以来净资产增量的35%正式转为产权并量化到个人,同时引进了期权,分配给核心员工。通过这些产权安排及其动态优化,联想公司很好地解决了出资机构(中国科学院)、联想集团、创业元老、领导层与核心员工的利益协调,为企业的长期发展奠定了基础(凌志军,2005)。柳传志曾经这样叙述并评论联想的产权改革事件:

> 联想实现了股份制改造,这个对我们联想是非常重要的一个事情。股份制改造是当年科学院投了20万以后,这个企业百分之百属于国家所有,但是联想的员工希望在产权机制上进行改革,所以在1993年的时候,我们和中科院的院长周光召先生进行了讨论,怎么样让员工持股……科学院同意把每年利润中的35%奖励给员工,……(我们把分给员工的35%的奖励)一直存到了2001年,中央领导非常重视在高技术领域内一些企业的股份制改造问题……所以我们就用那个钱把净资产的35%买了回来,所以我们现在是名正言顺的股东。这个股东的意义极其重大,今天联想的顺利发展和现在在第一线的年轻领导人有极大的关系,他们无论在德才方面都表现得十分突出;如果是和我一起创业的老同志,依然在今天担负着这样的工作的话,肯定吃不消……如果是企业的股东,我就对他们说,我们现在让年轻同志到了第一线,摘了苹果之后,第一筐就送给大家。大家各得其所,都非常高兴。(柳传志,2007)。

(三) 外部制度环境应对:制度替代和创新的平衡

倡导制度观点的战略管理学者一直关注制度转型与战略选择的关系(Peng,2003),并认为在转型中本土企业需要以网络关系/市场竞争能力的合理配置和动态平衡来实现其能力转型(Peng,2003;曾鸣,2004)。不少国内研究者则从企业"政治"策略或非市场策略的角度进行了研究,指出能否处理好企业与政治、政府的关系是对中国企业家的一个考验,也是中国企业的一种重要策略选择(田志龙等,2003;张建君、张志学,2005)。事实上,由于中国转型期政策法规的不完备和政府掌握大量资源并且直接参与经济发展中(即发展型政府),中国的制度环境和企业战略选择处于一种相互作用的共同演化过程(Krug and Hendrischke,2008)。基于制度环境和企业策略共同演化的视角,我们认为,在中国转型发展制度环境下,企业对外部制度环境的应对可以概括为两大类行为:一是制度替代,即利用替代方式应对政策法律不完善及执行不力和市场不完善的影响;二是制度创新,即通过影响政府进而建立新的制度与法规。

具体来说,本文所说的制度替代包括:①以个人网络关系替代正式法规缺失;②通过集团化建立内部市场来对付外部市场不完善。针对中国市场制度不完备(所谓的"制度空缺")的情形,很多中国企业家采取了以个人(非正式)关系替代正式制度的方法,其典型做法包括:雇用和政府有密切联系的前政府官员甚至现职官员;与政府官员保持紧密联系;通过担任"人大代表""政协委员"等方式参政议政。① 一些实证分析表明,在转型初期中国本土企业管理者与政府官员的关系与企业的绩效正相关,并且这样一种关系比管理者与其他企业的关系对绩效的影响更大(Peng and Luo,2000)。一批学者指出了制度替代的另一种方式,即企业通过无关多元化或集团化来克服正式制度不完善,从而提高经营效率,这里的制度不完备是指资金市场及管理人才市场等不完备(Khanna and Palepu,1997;Li and Wong,2003)。有国际学者曾特别指出,在中国新兴转型环境下,企业的多元化战略逻辑至少有两个维度:一是企业必须寻求关键资源的辨别、培养和杠杆式利用;二是需要集团化对付制度性缺陷或失效(Li and Wong,2003)。国内学者的实证研究也证实了这一假设(肖星、王琨,2006)。②

本文所说的制度创新主要包括两种形式:①经营者成为"制度企业家";②企业协助政府建立行业标准。企业家通常在现有政治、经济与法律规则等制度环境的约束下经营企业。但是,当外部环境发生变化时,敏锐的企业家可能会发现,出现了新的利润增长点,而现有制度(如有关企业的法律法规、政策、行业监管)正妨碍着新利润的获取。在权衡改变制度的成本与收益后,如果有利可图,企业家就有动力打破现有的游戏规则,成为第一个吃螃蟹的人,从新制度中掘得第一桶金。这种行为被称为"制度企业家"(田志龙、高勇强,2005)。事实上,随着改革开放和中国经济的发展,这种"制度企业家"创新行为一直在中国发生。一个典型例子是民营的吉利集团进入轿车生产行列并获得国家批准。从1989年到2001年,其创始人李书福一直以坚忍不拔的毅力行进在制度破冰之旅上,最终使得吉利获得生产轿车的许可,开民营企业进入这一领域的先河(田志龙、高勇强,2005)。③ 本土企业特别是领先企业还展现出另外一种制度企业家创新行为,即游说政府以自己已经采用的技术模式作为行业标准,这一方面填补了国家的制度空白,另一方面也强化了自己在该领域的领先地位。这方面的一个典

---

① 事实上,这些做法也有其另外一面,即可能形成官商之间的共谋关系、灰色甚至是腐败行为。
② 事实上,中国资本市场的发展初期,上市企业大量的非相关多元化就代表了这一趋势;随着中国资本市场的逐步开放和完善,这种现象将越来越少,因为它所能提供的资本、人才、信息优势会越来越小。
③ 其主要步骤包括:一是意识到新的商业机会,发现制度的过时与漏洞;二是构建新制度逻辑,游说政府允许造车;三是半公开地实践新制度;四是动员所有支持力量——社会舆论、政府部门与官员、利益相关者;五是企业做法得到政府默许,进而获得进入新行业的合法性。参见田志龙、高勇强(2005)。

型例子是海尔的电热水器防电墙技术设计,海尔通过推动其防触电设计成为国家标准而形成在国内电热水器市场的局部竞争优势(胡坎,2006)。

(四)自主技术发展:利用式研发和开发式研发的平衡

长期以来,利用(exploitation)与开发(exploration)之间的悖论被认为是组织学习和技术创新理论中的一个重要问题(March,1991),然而,在战略管理领域对这一矛盾进行协调的研究并不多见(Lewin et al.,1999),针对中国转型环境和市场条件的研究就更少了。按照组织学习理论,在环境较稳定的情况下,企业会更有耐心和长远眼光,从而更容易进行开发式的学习,反之则更容易进行利用式的学习(Hitt,Li and Worthington,2005)。基于这个逻辑,在经济快速发展和变化迅速的中国市场,大部分本土企业倾向于重视利用式研发。这里存在的矛盾是:过多的利用式研发,即利用成熟技术为主的研发,会使公司难以建立适应未来激烈市场竞争的核心技术。利用式研发在市场增长期和企业初创阶段无疑是重要的,甚至是生存所必需的;但是,对于那些已经发展的市场和度过初创期的企业来说,平衡两类研发的关系就显得十分重要。

国际学者Kwaku(2005)指出,中国市场上那些将复杂多变的市场和顾客信息更多地看作机遇而不是威胁的跨国经营者,会采取进取型的研发而不仅仅是适应性研发,他认为这里最主要的是"勇气"。我们发现,对本土公司而言,这种"勇气"来自其本土化创新洞察基础上的宏大愿景和长期战略观。例如,华为从20世纪90年代中期就树立了成为世界级高技术通信公司的愿景,这在某种程度上是任正非看到了中国通信市场的巨大潜力和作为本土公司的天然优势,以及使企业成为人们事业平台的抱负及"梦想"。在1997年年末访问了美国休斯公司、IBM公司、贝尔实验室与惠普公司后,任正非在公司内部发表了如下的讲话:

> 寻找机会,抓住机会,是后进者的名言。创造机会,引导消费,是先驱者的座右铭。十年之内通信产业将面临一场革命。这场革命到来时华为在哪里?……也许在2005年,真正会产生一次网络革命,这是人类一次巨大的机会。计算技术的日新月异,使人类普及信息技术成为可能……现在实验室的单芯可传送2 000G,将来会变成现实,那时候,通信费用会呈数百倍地降低,那么用户的迅猛增长、业务的迅猛增长,难以预计。……抓住机会与创造机会是两种不同的价值观,它确定了企业与国家的发展道路。(任正非,1998a)

正是基于这种宏大的创业报国理想,1998年,任正非明确地指出了必须从"抓住机会到创造机会",并且强调要在了解顾客需求基础上进行"思想创造"(任正非,1998a),这引导华为朝着更注重独特技术和自主技术的方向迈进。与此同时,华为在组织结构(在相当长时期内,采取了"哑铃式"结构,其中,研发人员、销售与技术支持人员分别占40%和35%,行政管理人员和生产制造人员分别占12%、13%)、研发强度(每年销售额的10%用于研发)、人员配置、流程设计等方面采取了一系列措施,使其进取性的研发得以实现(程东升、刘丽丽,2005)。

在2006年任正非在回顾华为技术研发策略时曾这样说:

> 我们有一款全球领先而且份额占据第一的产品,在功能、性能上超越竞争对手的一个关键技术,这是我们通过购买某外国公司的技术而获得的。我们寻找并选择了一家超长光传送技术和在产品解决方案研究上非常领先的厂家,该公司累计投入已经超过7 000万美元,其技术主要应用在骨干长途光传送系统中,网络地位非常重要。经分析我们认为其产品和技术具有很高的市场价值,最后决定购买该技术。经过技术转移和二次开发,以及必要的法律手续,在短短的9个月时间内完成了集成开发,成功推出应用了新关键技术的产品,实现了大容量、长距离(4 600千米)无电中继的光传输。2003年推出该解决方案以来,在相关市场上得到快速发展,从最初的全球名不见经传的长途传输厂家,到2005年就已经快速成长为全球在长途传输市场第一的厂家,并保持稳固的地位。特别值得一提的是:依靠优异的性价比,我们在拉美最大的固定运营商Telemar的653光纤系统上,依靠比其他厂家更强的带宽传送能力实现了市场突破性应用。(任正非,2006)

上述的典型事件说明华为在自主技术上的发展,是通过有效结合利用式研发(主要通过购买专有技术)和开发式研发(集成开发/二次开发)实现的,并且进一步通过与市场的良性互动而使其自主技术研发能力得到更大程度的提升。我们的实地调查也发现,中国本土新兴企业的发展与其在共性技术/独特技术之间的平衡之道有非常大的关系。一方面,作为世界范围内的后发企业,中国本土企业需要根据市场机遇大量地、低成本地吸收已有的共性技术(更多地体现为利用);另一方面,必须把独特个性技术(更多地体现为开发)与共性技术加以有效结合形成自主技术(虽然大部分企业还未获得原创性核心技术),以服务于目标市场的顾客需求,并且在此基础上形成有竞争力的核心技术,才能真正在世界市场上持续发展。

(五) 组织能力建设：特殊主义和制度化的平衡

中国与西方的不同文化背景，也使得中国本土企业在组织能力构建上与西方发达国家的企业有所不同。此处的组织能力是指企业通过管理获得和整合员工技能的能力。多年以来，中国本土心理学和社会学研究者试图探讨中国人的文化特征以及它对领导风格和组织模式的影响，并提出一系列有中国特色的组织管理概念，如"家长式领导"（Farh and Cheng，2000）、"面子"（黄光国，1987）、"关系取向"（何友晖、彭泗清，1998）等。然而，一些学者认为，中国文化传统中的"人情"或"圈子"文化，倾向于利用特殊关系（如血缘、亲缘、哥们、朋友等）建立起人们之间的信任和合作，会阻碍正式规则的建立，从而使中国企业出现组织能力的瓶颈，导致"难以长大"（肖知兴，2006）。从文化对价值观念的深层影响来看，中国文化中"关系取向"或"特殊主义"对组织行为的影响是难以避免的，也是本土新兴企业发展不能回避的。从地方企业发展为全国性组织以至成为全球化公司，要求本土新兴企业必须随着企业的发展阶段在"关系取向"和"制度化"（或"专业主义"）之间达成平衡，即一方面企业要正视"人情"或"关系"的存在甚至利用其好处，另一方面要着力避免其负面影响，并且逐步在企业内部建立完善的制度和公平的程序，才能真正建立超越地域的大规模企业的组织能力。

一个典型的例子是联想的制度和文化建设。2007年柳传志在谈论联想的领导力时这样说：

> 刚才我讲到了（联想）发动机文化……就是要做同步的发动机，如果不同步的话，那比齿轮糟糕多了，大家的积极性都很高，各做各的事情，那就要出事。怎么样能做到同步呢？从文化和制度方面都要有特殊的强调。联想突出强调的所谓"德才"的"德"的标准在我们这儿就是把企业利益放在第一位，这就是联想的一个唯一的标准。然后像制度上，我们坚决对出现的宗派苗头进行打击……另外一个，还有一个不成文的制度，就是像我们这样的企业，肯定会有一些大客户还有领导部门介绍来的人，对这些同事，我们也有考试等。但是进来以后，我们会特别注意两件事，第一个，我们绝对要保密，不说这个人是哪儿介绍的，有什么背景。为的是什么呢？为的是管理上一视同仁……另外还有一条，在这个人进来的时候，会和他的家里说得比较清楚，就是背景说清楚，进来以后他的升迁工作，再说任何话都没用了，完全要看他自己。这样做使得公司管理就能够都比较顺利地进行。（柳传志，2007）

上述例子生动地说明联想在管理中能比较巧妙地达成特殊主义和制度化的协调,克服了本土企业中"关系"或"特殊主义"的负面影响,从而有效地提升了组织能力。

三、本土新兴企业的战略简练性

应对多重战略维度及其内在悖论是本土成长型企业必须面对的挑战,同时,要有效地处理这些挑战,企业必须具备战略整合能力,这种战略整合能力体现为**本文中的"战略简练性"**,即企业能够在塑造竞争优势和协调利益相关者两方面确立少量重要的、内部自恰而一致的理念或规则,用以指导战略复杂反应所涉及的维度及其内在悖论的整合和协调,具体来说,它包括两类相互作用的基本(元)规则:一是基于企业愿景和独特能力的价值创造规则;二是基于企业核心价值观的利益分配规则。

(一) 基于企业愿景和独特能力的价值创造规则

从有限理性出发,高阶层理论认为企业战略选择是其高管价值观和认知的反映(Hambrick and Mason,1984)。同样基于有限理性,现代战略学者提出在动态环境下企业战略的"简单规则观",即在动态(荡)环境下企业战略演变成一些简单规则,它能够使企业发展在遵循明确的方向或规则的同时又能适应动态环境的变化(Brown and Eisenhardt,1998;Eisenhardt and Sull,2001)。基于有限理性假设和中国新兴企业经营环境的动态复杂特征,本文推论,中国本土新兴企业在这样复杂动态的环境下生存和发展,企业高管需要确立或者逐步形成一套经济上合理的价值创造规则或理念,这些规则/理念能够阐述企业的存在目的、提供的顾客价值及其独特能力,以指导企业实现市场竞争下的生产力职能。这些价值创造规则类似于德鲁克所谓的"经营理论"①,或者所谓的"主导逻辑",即企业高管头脑中的经营理念及配置关键资源的方式(Bettis and Prahalad,1995)。从本质上看,这些价值创造规则从生产力方面规定了企业存在的理由及经济租金产生方式。

通过案例研究,我们发现中国成长型企业的价值创造规则通常包括两方面:①一个长期性的明确的使命。例如,联想在 20 世纪 90 年代初就确定做一个"高

---

① 即高层管理者把企业所实行的一组战略编织成具有内在一致性的整体理念或构想,它包括企业愿景、目标顾客、竞争优势、独特能力或关键资源,以及这些要素之间的协调匹配。

科技、国际化的有规模的大公司",要成为中国IT产业的旗帜;华为在20世纪90年代初就确定"成为世界级通信企业"的战略愿景(后来成为《华为公司基本法》第21条);海尔在20世纪90年代初则提出"成为世界名牌家电企业"的愿景。②简练的"战略路线"或"经营重心法则"。例如,华为在创业初期,强调"农村包围城市""贴近顾客"和"低成本地提供同样性能的产品",以"一流的市场,二流的服务,三流的产品"以及"最优性价比"站稳市场(张贯京,2007);1998年,作为"公司宪法"的《华为公司基本法》第21—25条则明确规定了包括经营方向、经营模式和资源配置原则等在内的"经营重心法则"。其中,第22条规定:"**我们的经营模式是,抓住机遇,靠研究开发的高投入获得产品技术和性能价格比的领先优势,通过大规模的席卷式的市场营销,在最短的时间里形成正反馈的良性循环,充分获取'机会窗'的超额利润**";第23条则规定了资源集中配置的"**压强原则**",即集中大量资源于关键技术的研发以求得突破。可以看出,在业务方面贯穿华为公司竞争战略的是"**高研发投入——最优性价比优势——席卷式市场营销——正反馈循环**"这样一条简明的逻辑主线。它和"成为世界级通信企业"的愿景、"压强原则"一起成为华为企业价值创造方面的基本指导规则,使得华为在快速变化的复杂环境中具有了战略方向和资源配置焦点。

1997年1月,任正非在内部刊物《华为人报》曾这样评论华为基本法对公司战略和管理者行为的指导作用:

> 我们正在贯彻公司的基本法,它将牵引我们从企业家管理走向职业阶层管理……公司的基本法归纳了过去八年的经验,也是规划公司未来十年发展的纲领性的文件……基本法是我们企业文化的精髓,是公司上下形成最佳合力的基础。不领会基本法的深刻内涵,不会潜移默化地引导自己工作的干部,不允许进入高中层,我们决不允许管理层出现"夹心饼干"。同时,我们坚决反对机械地照搬条文、形左实右的作风,这是不尽心尽责的表现。(任正非,1997)

企业的"愿景""战略路线"和"经营重心法则",均来自企业战略决策过程,其具体方式可以是领导者直觉、正式的战略规划、员工的参与,或者是它们的结合(Hart,1992)。在华为案例中,《华为公司基本法》是由企业高层推动、各级管理者和几千员工广泛参与、在外部管理顾问协助下经过两年多时间"八易其稿"而形成的,并且成为"华为公司在宏观上引导企业中长期发展的纲领性文件,是华为公司全体员工的心理契约"(任正非,1998b)。从华为公司案例中我们可以看到,本土企业确立的"愿景""战略路线"和"经营重心法则"的确成为指导企业资源配置方向和重点、竞争力塑造的基本法则,是企业统领多个战略维度选择及其内在矛盾协调的基本原则。

(二) 基于企业核心价值观的利益分配规则

企业契约理论认为,企业是生产要素所有者之间的契约的集合,是利益相关者激励关系网络的体现(Hart and Moore,1990)。根据动态的战略观,在复杂和动态环境下战略变成了一些"简练规则"(Eisenhardt and Sull,2001);这些规则中的一类就是简练的利益分配规则,它们决定了企业内部激励体系的基调和与外部利益相关者之间的利益协调的基础。可以推论,企业核心价值观和简练的利益分配规则成为动态环境下企业内部生产关系整合或协调的重要机制。其中,企业核心价值观是形成企业各种要素所有者关系整合的基础,简练的利益分配规则通过企业激励体系直接影响各利益相关者的利益协调。这里的"激励体系"指企业作为生产关系集合的载体,它包括物质(外在)、精神(内在)等多种激励要素,对象涉及企业的重要利益相关者,如管理者、员工、股东、供应商、渠道商甚至当地政府等。①

我们的初步研究发现,中国优秀的成长型企业往往形成了良好的利益分享、合作共赢型核心价值观及建于其上的较合理的利益分配法则。一个典型的例子是华为,其 1998 年的《华为公司基本法》第 1—7 条用来阐述"核心价值观",包括企业追求、员工、技术、精神、利益、文化、社会责任;第 16—20 条来阐述企业的"价值分配法则",包括价值创造来源、知识资本化、价值分配形式、分配原则、合理性等。例如,第 16 条规定:"**我们认为,劳动、知识、企业家和资本创造了公司的全部价值。**"第 17 条规定:"**我们是用转化为资本这种形式,使劳动、知识以及企业家的管理和风险的累积贡献得到体现和报偿;利用股权的安排,形成公司的中坚力量和保持对公司的有效控制,使公司可持续成长。知识资本化与适应技术和社会变化的有活力的产权制度,是我们不断探索的方向。**"

华为的任正非曾这样论述华为处理各种利益关系的基本法则:

> 将矛盾的对立关系,转化为合作协调关系。使各种矛盾关系结成利益共同体,变矛盾为动力……华为主张在顾客、员工与合作者之间结成利益共同体。公司努力探索企业按生产要素分配的内部动力机制,使创造财富与分配财富合理化,以产生共同的、更大的动力。我们决不让雷锋吃亏,奉献

---

① 企业内部的利益关系问题——委托代理和治理问题——可以称为"生产关系"问题,定位和经营理论属于组织的能力或"生产力"问题。

者定当得到合理的回报。这种矛盾是对立的,我们不能把矛盾的对立绝对化。改革开放前总是搞矛盾绝对化,不是革命者就是反革命,不是社会主义就是资本主义。而我们是把矛盾的对立转化为合作协调,变矛盾为动力……公司的竞争力成长与当期效益的矛盾,员工与管理者之间的矛盾……在诸种矛盾中,寻找一种合二为一的利益平衡点,驱动共同为之努力……我们实行了员工股份制。员工从当期效益中得到工资、奖金、退休金、医疗保障,从长远投资中得到股份分红,避免了员工的短视。(任正非,1998c)。

华为公司不仅是这样说的,也是这样做的。事实上,"华为授予员工股权、几乎100%全员持股""它一方面凝聚和激励团队,另一方面就是积累资本"(张贯京,2007)。① 可以看出,在华为公司,**"知识资本化"**和**"变矛盾为动力"**是其处理利益分配的两条简明的基本法则,它们深刻影响了华为公司二十多年的战略发展(参见附录 A2.2)。

(三)价值创造与利益分配规则的相互影响

企业的价值创造和利益分配规则共同构成了动态复杂环境下企业战略"简单规则"的核心要素,并且反映了企业作为生产力(企业能力理论)和生产关系(企业契约理论)的双重性。从长期看,企业利益分配规则与价值创造规则是相互影响、相辅相成的关系,即企业在动态环境下要保持长期的增长,必须要有合理的价值创造规则——它能很好把握企业长远方向、利用环境中的机会并坚持以特定资源配置方式来塑造竞争优势;另一方面,这些价值创造规则是由关键利益相关者(特别是企业中的管理团队和技术骨干)来实现的,必须使之满足相应的"激励相容"约束,才能使这些核心生产要素在企业内有效凝聚,否则,价值创造规则(或逻辑)再好也难以使企业持续成长。例如,华为通过"员工股份制"很好地协调了公司竞争力成长和当期效益、员工和管理者之间的矛盾,虽然全员持股方法仍然存在不少问题,但由于它来自激励性配股(公司奖励或员工低价购买)以及公司严守信誉兑现分红等配套措施,使得华为公司能在较长时期内凝聚一批高素质人才,进而能有效实施其高强度的技术研发投入和最优性价比竞争策略,从而实现了较快速的成长(张贯京,2007)。这表明了华为利益分配法则对价值创造法则的良性支持。与之相反,一些企业通过一些激励不相容的做法可能为企业创造了短期利益,但却损害了核心员工、合作者的利益或合作型组

---

① 华为目前的产权和激励方式也有明显的弊端,它仍在进一步改进中,但其作用是客观的和巨大的。参见张贯京(2007:17—23)。

织文化,使得企业长期发展受到损害甚至难以为继(张志学等,2006)。

四、 迈向本土新兴企业战略的一个框架式理论

(一) 本土新兴企业战略的"五角形"框架

综合前面对于本土企业战略复杂性(第二部分)和战略简练性(第三部分)的讨论,我们尝试提出一个转型发展环境下本土新兴企业战略复杂—简练双重性的整体框架。在这个框架中,战略复杂性涉及的五个一般性战略维度分别对应中国经济转型期外部环境的性质和重要特征:①产业与竞争环境之机会和竞争并存及其快速变化——经营领域选择维度;②制度环境之向市场化转型——产权和内部治理优化维度;③制度环境转型期的发展型政府及正式法规及市场之不完善——制度环境应对维度;④竞争环境之本土新兴企业的后发和技术能力局限——自主技术研发维度;⑤文化环境之"关系导向"——组织能力建设维度。战略简练性涉及的两类基本规则(或元规则),则体现了高度动态环境下企业战略的两类"简单规则":价值创造规则("愿景""战略路线"和"经营重心")与利益分配规则(核心价值观、利益协调)。战略简练的两类基本规则形成对五个一般战略维度及内在张力的统合和协调。

需要强调,战略复杂性涉及的五个一般性战略维度并非相互独立的,它们之间呈现出多种复杂的相互联系。例如,企业的产权和内部治理状况会影响企业经营领域选择、政府关系处理和技术能力的发展;同时,企业与政府关系的协调、自主技术等的发展则要求企业进一步优化产权和内部治理结构——如同我们在联想公司所看到的曲折和漫长的改制过程;更重要的是,第三部分所述的两类战略简练法则规定了企业的愿景、价值创造模式和利益分配规则,它们处于这些联系的中心位置,对企业成长与经营领域选择、产权与内部治理优化、外部制度环境应对、自主技术发展以及组织能力建设等因素起到联结和协调作用。例如,在华为公司,"**成为世界级通信企业**"的愿景、"**高研发投入——最优性价比优势——席卷式市场营销——正反馈循环**"的竞争战略逻辑,以及"**知识资本化**"和"**变矛盾为动力**"两条基本利益分配法则,就很好地统领了华为公司二十多年的战略发展(见附录 A2.2)。这里以两类元法则为核心的多种相互联系,使战略复杂性的五个要素和战略简练的两类规则之间呈现复杂的五角形网络联系形态,因此,我们可以把本文提出的模型即图 2.1 形象地称为一个"五角形框架"。

(二)战略复杂—简练双重性的认知基础

中国本土新兴企业所展现的战略复杂—简练双重性,需要从企业高管的认知或战略思维方面溯源。事实上,高管认知是战略管理研究中的一个重要内容(Barr et al.,1992),对于成功企业的管理者的思维特性研究更有意义(Martin,2007)。然而,战略学界对其内在机制的认识一直很有限。近来,Smith and Tushman(2005)提出的"悖论式认知模型"(paradoxical cognition model)指出,企业高管的"悖论式认知"可以将两种相反的力量并列并予以包容和协调,并通过辨别两者之间可能的联系而在一个更高的层次加以整合,从而对战略矛盾进行平衡,进而实现高水平的企业绩效。[①] 他们指出,悖论式认知可以通过以领导为中心的团队和成员本位的团队两种方式实现——这两种团队各有不同的结构和成员角色(Smith and Tushman,2005)。由于中国文化中存在丰富的"系统辩证"思维特征,我们设想在中国优秀成长型企业中可以发现 CEO 或高管团队中体现出典型的"悖论式认知"思维模式或决策过程。

事实上,在中国本土成长型企业的战略发展中,我们确实发现一批强有力的领导人及其有特色的战略认知特征,比如"认知复杂性""悖论式整合"和"系统性整合"等。这里所谓的"认知复杂性"是指能辨认一个事物的不同范畴的多种影响因素,并对有关的信息加以挖掘和利用(张文慧等,2005);"悖论式整合"是指能把两种不同的或矛盾的战略要素加以吸收,从而发展出一种包含了两种相反因素、在更高组织层次实现了协调的战略规则(Smith and Tushman,2005);"系统性整合"是指企业领导人把企业的一系列战略要素,组合成一个有意义的协调的整体或明确的战略逻辑/路线图。[②] 这方面的一个典型例子是华为公司的领导人任正非,他在 1994—2004 年期间众多的内部讲话体现出显著的"认知复杂性""悖论整合""系统性思维""前瞻与权变"等卓越的战略思维特征(高红敏,2008)。[③] 正如我们在前面所引证的,任正非在利益分配方面强调"知识资本

[①] 悖论式认知包括"悖论框架"和"认知处理"。前者指行为人在认知中将两种相反的力量并列并予以包容和协调,而不是避免它或否定其存在;后者则包括了差异化和整合两个过程,差异化流程确定了不同要求的存在必要性,整合流程通过分析层次的上升(如从产品开发层次上升到组织层次)实现两者之间可能的联系或统一。

[②] 一些国际学者也注意到优秀的美国企业领导人具有"整合式思维"的认知方式,并认为这些领导人在确定问题的影响因素、因果关系分析、感悟决策架构、提出解决方案四个过程中表现出与众不同的特点,参见 Martin(2007)。

[③] 关于中国企业 CEO 战略领导行为的大样本实证研究也发现:他们是通过任务型领导行为(设定愿景、开拓创新、监督运营)和关系型行为(关爱下属、协调沟通、展示威权)两大类行为显著地影响企业绩效,展现了"行为复杂性",并且领导风格受到中国文化的影响(Tsui et al.,2004;王辉等,2006)。需要指出,上述研究并未探讨战略领导者的思维特性和具体的战略内容,而这恰好是本研究所关注的内容。

化""变矛盾为动力";在价值创造方面坚持"压强原则""高研发投入——最优性价比优势——席卷式市场营销——正反馈循环"等,就很好地体现了任正非在战略思维上的卓越特质。

(三)新兴成长型企业的竞争优势与可持续性

一些学者把竞争优势与超群的财务业绩相联系,一些把它等同于超过竞争者的特征,另外一些则把它解释为长期的活力。本研究把竞争优势界定为长期(5年以上)来看企业超过竞争者而快速成长的能力。与跨国公司不同,中国新兴的成长型企业主要是在一个市场制度不完善的环境下发展起来的,它们在国际化经营中则需要进一步开发相关的竞争能力,以适应发达或其他新兴国家不同的要求。因此,需要区分本土新兴企业竞争优势在空间上的三种不同情况:国内市场、其他新兴经济,以及发达经济。在国内市场,战略复杂—简练双重性使得本土优秀企业可以获得竞争优势;同时,由于这种竞争优势是建立在企业多维度战略应对及其协调之上的,战略发展的多要素及系统复杂性使之具有一定的难模仿性;另外,考虑中国转型过程的长期性,可以预期这些企业的竞争优势在国内市场将有中期(如3—5年)的可持续性。在其他发展中国家,考虑到制度环境不完备带来的相似性,可以预期这种战略能力也能获得竞争优势和中期可持续性,例如本土企业在北非、中亚、东南亚等国的发展。但是,当中国成长型企业进入发达经济国家,如欧洲、北美、日本时,其战略复杂—简练双重性模式将面临不少挑战,这些挑战包括:发展更高超的市场竞争的技能、吸纳高水平的跨国经营管理人才和跨文化管理等,其成功与否一方面与其在国内市场积累的核心技术与管理能力有关,另一方面还取决于其学习能力和吸收国际化人才的能力,甚至是重塑其深层文化观念的能力。因此,可以预期新兴企业在国际市场的竞争中成功和失败/挫折将是混杂的,并且依具体情境而定。

(四)高阶层视角的战略整合框架

组织高阶层理论认为,企业战略选择是企业高管团队对内外部客观环境的认知和价值判断性选择的结果,企业绩效是由企业战略选择、企业高管特征和内外部环境共同决定的(Hambrick and Mason,1984:198)。以此为基础,综合本文第一部分对中国经济转型发展时期战略环境及其性质的描述,第二部分对本土新兴企业战略复杂性五个维度及其内容的归纳,第三部分对本土新兴企业战略简练性两类规则与作用的分析,以及第四部分对高管认知基础及战略绩效在不同空间上的表现的分析,我们可以从高阶层视角将本土优秀成长型企业的战略行为模式概括为一个总体框架,它包括"转型期环境特征——高阶层特征——战略选择——绩效"四个部分和其中若干基本概念与特征,其基本逻辑框架如图2.2所示。

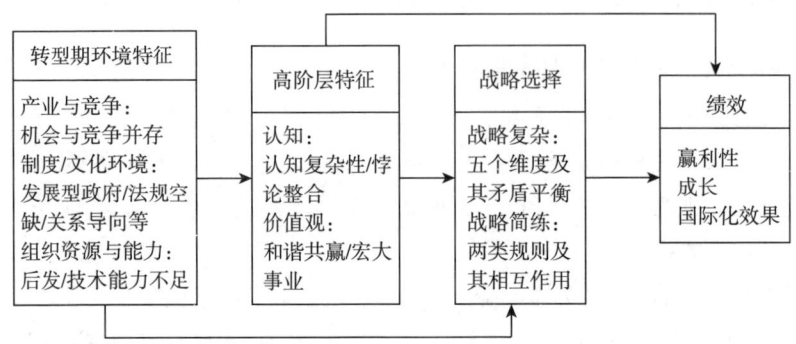

图 2.2　中国本土新兴企业的环境-战略-绩效基本框架:高阶层视角的整合观点

在图2.2所示的整合框架中,高阶层的认知和价值观特征居于中枢位置,它对转型期内外部客观环境因素起到感知和判断性选择等作用(包括信息过滤、解读、判断和综合)[①],并通过影响战略复杂—简练双重性等战略选择,以及直接影响和监督员工行为等,进而影响企业绩效。

五、本土新兴企业战略双重性框架应用探讨

(一) 战略形态及转型挑战

根据本文提出的战略复杂—简练双重性框架各要素的状态,可以构造出本土新兴企业的不同战略类型或战略形态。其中,比较典型的两种形态是:

(1) 创业期形态,即企业是机会导向、制度替代为主导、侧重利用式技术研发、家族化的组织、私有或家族产权,企业愿景是短期性的,经营重心是形成低成本优势,利益分配是内向的且偏重于少数创业者。很多本土中小企业或企业发展初期属于这一类形态,可称其为"一次创业"型企业战略形态。

(2) 成长期形态,即企业在战略的多个维度上具备了协调或创新的形态,如

---

① 战略双重性的形成有两个理论路径:一是环境特征直接影响形成(可以称之为"功能性来源"),二是通过高管决策形成(可以称之为"认知性来源")。Miller and Toulouse(1998)进行的实证研究区分了"战略简单性"的这两类来源,并且发现认知来源为主要来源,这支持了战略决策的高阶层理论及战略家是"准理性"(quasi-rational)的观点。

采用行业吸引力和能力动态平衡的业务选择,结合多个关键利益相关者的混合式产权,制度替代和创新并用,强有力的利用式研发及适度的开拓性研发,成体系的制度化建设,具有较长期的共享愿景,形成了完整的战略路线/商业模式,经营重心是以性价比或差异化为重点的,利益分配是开放的并覆盖多个利益相关者,等等。这一类企业包括联想、华为等本土新兴成长型企业。

中国创业型企业(第一类)正面临着战略转型的挑战或所谓的"二次创业",它们需要由创业期形态向成长期形态转变,即从市场机会导向、制度替代、产权单一、利用式研发和特殊主义(家族化)走向资源能力导向、制度创新、产权优化、拓展性研发、更强的制度化(规则导向),同时也需要确立更加普适的核心价值观和更精准的战略路线或竞争定位。需要强调的是,那些已经具有成长期形态的优秀新兴企业虽然比其他国内企业产生更大的优势,但与国际对手相比,目前仍然处在战略发展或转型之中,成为世界一流企业需要它们在一系列战略要素上改进或优化——本文称之为"世界级企业挑战"或"三次创业",这些挑战包括产权与内部治理的改革及优化、市场机遇与资源能力的协调、制度化组织能力建设、自主技术能力发展,以及业务模式的完善和核心价值观的调整甚至重塑等。事实上,本研究中的几个核心案例企业正处于这一新的战略发展阶段。例如,2005年以后,联想在成长机遇把握和技术改进方面进一步合理化和集中资源,并且协调全球范围内的业务模式和资源配置(柳传志,2009);2005年以后,海尔在制度化建设(组织流程再造)和核心技术发展方面加大探索发展,并进一步改进其全球化竞争简练规则——例如提出"人单合一"战略(张瑞敏,2005);2005年以后的华为,则在核心价值观与企业文化、产权与内部治理、核心技术研发、决策与授权等方面加大优化力度(任正非,2006;2009)。

(二)以战略决策为重点提升管理能力

本土新兴企业需要进一步完善其战略简练性基本法则,即在"二次"或"三次"创业中不断精准和系统化其战略规则,包括长期方向、经营模式及资源配置原则等"经营重心法则"或"战略路线",以及核心价值观和合理的价值分配法则。需要指出,目前大部分的中国企业开始注重确立愿景和独特能力的价值创造法则,但是对确立核心价值观和合理的价值分配法则的重要性认识不够,这将损害企业长期成长所需要的核心资源获取能力和凝聚力。正如我们在联想和华为案例中所看到的:"**建立顾客、员工、管理者、企业的利益共同体**""**把矛盾的对立转化为合作协调,变矛盾为动力**"这样一些基本利益分配法则及其因势导入的员工股份制(或准股份制)对两个企业的持续发展产生了极其重要的作用。

事实上,真正建立这类整合能力需要企业在核心价值观方面确立"尊重个人""分享""共赢"等共享价值观,并使之在具体的产业环境和企业资源条件下体现为特定的利益相关者整合法则,同时真正加以实施。这样才能真正做到"从优秀到卓越"与"基业长青"。事实上,中国一些流传甚广的经营秘诀,如"大企业做人,小企业做事""小胜靠智,大胜靠德"等就说明了这样一些利益整合法则及核心价值观的重要性。惠普、麦肯锡等西方优秀企业的长期发展经历也说明了这一因素的重要性。

需要强调,转型发展环境下的本土企业战略发展对企业高阶领导人的思维和战略决策提出了挑战:既要发展"复杂性认知",又要形成"悖论整合"和"系统与前瞻"思维。这需要企业领导人在两个方面进行改进:一是对领导人和高管团队认知模式的审视甚至是重构;二是利用高管团队建设或正式战略规划来克服个人认知局限和对复杂环境的认知盲点,进而达到创造性的"悖论整合""系统与前瞻"思维的高度。从可持续发展观点看,对于那些 CEO 已经具备较高战略思维能力的企业来说(例如华为),发展高管团队基础上的"悖论整合"和"系统与前瞻"思维能力将是非常重要的——这对于习惯于权威或个人决策的中国本土企业而言,无疑是个巨大的挑战。[①]

六、 结论与展望

中国经济转型发展时期的制度、产业和文化环境特征,要求本土成长型企业面对多重战略维度及悖论式挑战,也需要企业进行基于价值创造和价值分配两类战略规则的简练整合,这对中国本土企业领导人/高管团队的认知和战略思维能力提出了巨大挑战。在综合制度理论、资源基础理论和组织的高阶层理论等视角的基础上,本文提出的中国转型发展情境下本土新兴企业的战略复杂—简练双重性的框架,迈向了揭开本土新兴成长型企业的战略发展机制的重要一步。

从辩证系统思维出发,本文把转型环境下不确定性引起的企业战略反应视为一种动态的系统现象(Li,1998),即战略复杂—简练双重性不是简单的静态选择,并从华为、联想和海尔案例中归纳阐述了战略复杂性的五个基本维度和战略简练性的两类基本规则,提出了一个高阶层视角的整合框架。应该指出,本文仅是一个初步的探索成果,关于本土新兴企业战略维度及相互影响、战略复杂—简

---

① 在这方面,联想是一个较成功的范例,它在领导人团队建设("搭班子")和利用正式战略规划体系("定战略")方面都取得了较好的成绩。参见武亚军(2007)。

练双重性的具体模式、本土优秀企业领导人或高管团队的战略思维特性、战略双重性概念的操作性测量及对企业绩效的影响等,都需要进一步的理论和实证研究。

近年来,由一些欧洲学者推动的"战略作为实践"观点和研究进路引起了越来越多学者的关注和倡导(Wilson and Jarzabkowski,2004)。它强调回到战略管理者的具体实践中去研究战略的含义和行动,而不是把注意力集中在若干简化的抽象变量及其绩效含义上。本文的研究也可以看作对这一思想的回应和尝试,虽然本文强调理论推理和分析,但从实践出发来发展本土理论是作者所认同和坚持的理念(黄宗智,2005;徐淑英、张志学,2011)。当然,本文仅是对中国环境下企业战略模式的探索性研究,在理论和研究方法上仍然很不完善,我们期待出现更多高质量的本土化研究,推进中国情境的战略理论构建并对世界管理知识的丰富做出贡献。

附录 A2.1　本文主要研究对象及其基本情况

企业名称	成立时间	行业	2007年销售收入(亿元)	主营业务地位	2008年中国企业500强排名
联想控股	1984	计算机/其他	1 462.0055	亚太第一,全球市场前五位	26
海尔集团	1984	家电制造/通信/金融/其他	1 182.2731	中国家电市场领导,全球家电前五位	34
华为技术	1988	通信设备制造	920.1206	中国市场第一,全球局部市场领先	49

资料来源:中国企业联合会等,2008年中国企业500强排行。

附录 A2.2　中国本土新兴企业战略双重性及高管思维的若干典型行为与表现[a]

战略要素		联想	华为	海尔
战略复杂性	市场范围选择	能力主导——市场吸引力主导——竞争力主导	独特竞争力主导	能力主导——市场吸引力主导
	产权及内部治理优化	从国有民营到混合型股份制	员工股份制及其动态调整	NA
	外部制度管理	集团化+政府关系策略+"灰色行为"[b]	网络联盟+政府关系+建立行业标准	集团化+政府关系策略+建立行业标准
	自主技术研发	利用式为主	利用式+开发式	利用式为主
	组织能力建设	"大家庭"+制度化	"土狼"+制度化	"赛马"+流程化

（续表）

	战略要素	联想	华为	海尔
战略简练性	愿景	世界一流计算机企业	世界级通信企业	世界一流家电企业
	经营重心法则	"贸工技战略路线""双业务模式"	"压强原则""最优性价比"	"市场链流程再造""人单合一"
	核心价值观	"求实"（说到做到）、"团结"（发动机）	"共赢"（不自私）、"奋斗"（土狼）	"创新""竞争"（赛马）
	利益分配法则	"前人栽树,前人乘凉""名正言顺,各得其所"	"知识资本化""变矛盾为动力"	"业绩导向"
高阶团队思维	核心人物	柳传志	任正非	张瑞敏
	典型战略语录	"管理三要素""屋顶模型""拐大弯""退出画面看画""复盘思维""不把长跑当短跑""毛巾挤水""听大多数的,与少数人商量,一个人决定"	"华为的冬天""不让雷锋吃亏""先僵化、后优化、再固化""繁荣的背后都充满着危机""变矛盾为动力""不断地自我批判""民主集中制"（大民主、大集中）	"无形胜有形"（观念创新）、"三只眼"理论、"东方亮了亮西方""吃休克鱼""人单合一""斜坡球体论""相马不如赛马""思方行圆"（既有原则性,又不失灵活性）^c

注：a.仅扼要举例,而不求完备；b.来自凌志军(2005)；c.来自胡泳、秦劭斐(2008)。

参考文献

Barney J B. 1991. Firm resources and sustained competitive advantage[J]. Journal of Management, 17(1)：99-120.

Barr P S, Stimpert J L, Huff A S. 1992. Cognitive change, strategic action, and organizational renewal[J]. Strategic Management Journal, 13(S1)：15-36.

Bettis R A, Prahalad C K. 1995. The dominant logic：Retrospective and extension[J]. Strategic Management Journal, 16(1)：5-14.

Brown S L, Eisenhardt K M. 1998. Competing on the Edge：Strategy as Structured Chaos[M]. Boston：Harvard Business School Press.

Chen Ming-Jer. 2002. Transcending paradox：The Chinese 'middle way' perspective[J]. Asia Pacific Journal of Management, 19(2)：179-199.

Davies H, Walters P. 2004. Emergent patterns of strategy, environment and performance in a transition economy[J]. Strategic Management Journal, 25(4): 347-364.

Eisenhardt K M, Sull D N. 2001. Strategy as simple rules[J]. Harvard Business Review, 79(1): 106-116.

Farh J-L, Cheng B-S. 2000. A cultural analysis of paternalistic leadership in Chinese organizations[M]//Li J, Tsui A, Weldon E. Management and Organization in the Chinese Context. London: Macmillan Press Ltd: 84-130.

Grant R M. 2002. Contemporary Strategy analysis: Concepts, techniques, applications, Fourth edition[M]. Oxford: Blackwell Publishing Ltd.

Hart S L. 1992. An integrative framework for strategy-making process[J]. Academy of Management Review, 17(2): 327-351.

Hart O, Moore J. 1990. Property rights and the nature of the firm[J]. Journal of Political Economy, 98(6): 1119-1158.

Hambrick D C, Mason P A. 1984. Upper echelons: The organization as a reflection of its top managers[J]. Academy of Management Review, 9(2): 193-206.

Hitt M A, Li H, Worthington W J. 2005. Emerging market as learning laboratories: Learning behaviors of local firms and foreign entrants in different institutional contexts[J]. Management and Organization Review, 1(3): 353-380.

Hofstede G. 1991. Cultures and Organizations: Software of the Mind[M]. London: McGraw-Hill.

Hoskisson R E, Eden L, Wright L M. 2000. Strategy in Emerging Economies[J]. Academy of Management Journal, 43(3): 249-267.

Kim J, Mahoney J T. 2005. Property rights theory, transaction costs theory, and agency theory: An organizational economics approach to strategic management[J]. Managerial and Decision Economics, 26(4): 223-242.

Khanna T, Palepu K. 1997. Why focused strategies may be wrong for emerging markets[J]. Harvard Business Review, 75: 41-51.

Krug B, Hendrischke H. 2008. Framing China: Transformation and institutional change through co-evolution[J]. Management and Organization Review, 4(1): 81-108.

Kwaku A-G. 2005. Resolving the capability-rigidity paradox in new product innovation[J]. Journal of Marketing, 69: 61-83.

Li M, Wong Y-Y. 2003. Diversification and economic performance: An empirical assessment of Chinese firms[J]. Asia Pacific Journal of Management, 20(2): 243-265.

Li P P. 1998. Toward a geocentric framework of organizational form: Aholistic, dynamic and paradoxical approach[J]. Organization Studies, 19: 829-861.

Lewin A Y, Long C P, Carroll T N. 1999. The coevolution of new organizational forms[J]. Organization Science, 10(5): 535-550.

Lumpkin G T, Dess G G. 1995. Simplicity as a strategy-making process: The effectives of stage of organizational development and environment on performance[J]. Academy of Management Journal, 38: 1385-1407.

March J G. 1991. Exploration and exploitation in organizational learning[J]. Organization Science, 2(1): 71-87.

Martin R. 2007. How successful leaders think[J]. Harvard Business Review, 6: 60-67.

Meyer K E, Peng M W. 2005. Probing theoretically into central and eastern Europe: Transactions, resource and institutions[J]. Journal of International Business Study, 36(6): 600-621.

Miller D. 1993. The architecture of simplicity[J]. Academy of Management Review, 18(1): 116-138.

Miller D, Toulouse J M. 2009. Quasi-rational organizational responses: Functional and cognitive sources of strategic simplicity[J]. Canadian Journal of Administrative Sciences, 15(3): 230-244.

North D. 1990, Institutions, institutional change and economic performance[M]. Cambridge: Cambridge University Press.

Peng M W. 2001. How entrepreneurs create wealth in transition economies[J]. Academy of Management Executive, 15: 95-108.

Peng M W. 2003. Institutional transition and strategic choices[J]. Academy of Management Review, 28: 275-292.

Peng M W. 2004. Outside directors and firm performance during institutional transitions[J]. Strategic Management Journal, 25: 453-471.

Peng M W. 2006. Global Strategy[M]. Mason, OH: South-Western Educational Publishing.

Peng M W, Health P S. 1996. The growth of the firm in planned economies in transition: Institutions, organizations and strategic choice[J]. Academy of Management Review, 21: 492-528.

Peng M W, Luo Y. 2000. Managerial ties and firm performance in a transition economy: The nature of a micro-macro link[J]. Academy of Management Journal, 43(3): 486-501.

Nisbett R E. 2003. The Geography of Thought: How Asians and Westerners Think Differently… and Why[M]. New York: Free Press.

Sinha J. 2005. Global champions from emerging markets[J]. McKinsey Quarterly, 2: 27-35.

Smith W K, Tushman M L. 2005. Managing strategic contradictions: A top management model for managing innovation streams[J]. Organization Science, 16(5): 522-536.

Tan J, Tan D. 2005. Environment-strategy co-evolution and co-alignment: A staged model of Chinese SOEs under transition[J]. Strategic Management Journal, 26(2): 141-157.

Tsui A S, Wang H, Xin K, et al. 2004. "Let a thousand flowers bloom": Variation of leadership styles among Chinese CEOs[J]. Organizational Dynamics, 33(1): 5-20.

Wilson D C, Jarzabkowski P. 2004. Thinking and acting strategically: New challenges for interrogating strategy[J]. European Management Review, 1: 14-20.

Wright M, Hoskisson R E, Peng M W. 2005. Strategy research in emerging economies: Challenging the conventional wisdom[J]. Journal of Management Studies, 42(1): 1-33.

Zajac E, Kraatz M, Bresser R. 2000. Modeling the dynamics of strategic fit: A normative approach to strategic change[J]. Strategic Management Journal, 21: 429-453.

宝贡敏. 2002. 孤波寻租多角化:转型背景下的企业成长战略[J]. 科研管理,23(3):32-40.

陈春花,赵曙明,陈然. 2004. 领先之道[M]. 北京:中信出版社.

程东升,刘丽丽. 2005. 华为经营管理智慧[M]. 北京:当代中国出版社.

费孝通. 2009. 乡土中国[M]. 北京:北京出版社.

冯飞,张永生,张定胜. 2006. 企业绩效与产权制度:对重庆钢铁集团的案例研究[J]. 管理世界,4:138-147.

高红敏. 2008. 认知复杂性、悖论整合与战略领导:基于华为的案例研究[D/OL]. 北京:北京大学. [2020-04-25]. http://www.wanfangdata.com.cn/details/detail.do?_type=degree&id=Y9051028.

何友晖,彭泗清. 1998. 方法论的关系论及其在中西文化中的应用[J]. 社会学研究,5:36-45.

胡坎. 2006. 电热水器新国家标准将于明年7月实施[J]. 家电科技,12:19.

胡泳,秦劭斐. 2008. 张瑞敏管理日志[M]. 北京:中信出版社.

黄光国. 1987. 人情与面子:中国人的权力游戏[M]. 台北:巨流图书公司.

黄宗智. 2005. 认识中国——走向从实践出发的社会科学[J]. 中国社会科学,1:83-93.

李泽厚. 1994. 再谈"实用理性"[M]//陈明.原道(第1辑).北京:中国社会科学出版社.

李自杰,陈晨. 2005. 市场环境、控制能力与企业产权制度的变迁[J]. 管理世界,8:143-148.

梁建,王重鸣. 2001. 中国背景下的人际关系及其对组织绩效的影响[J]. 心理学动态,2:173-178.

凌志军. 2005. 联想风云[M]. 北京:中信出版社.

柳传志. 2007. 企业核心管理层的领导力问题[EB/OL]. (2007-05-20) [2020-04-25]. http://finance.sina.com.cn/hy/20070520/16133610467.shtml.

柳传志. 2009. 联想迎来转折点,复元取决于两个因素[EB/OL]. (2009-02-28) [2020-04-25]. https://business.sohu.com/20090228/n262524937.shtml.

毛泽东. 1991. 矛盾论(一九三七年八月)[M]//毛泽东. 毛泽东选集(第一卷). 北京:人民出版社,326-327.

任正非. 1996. 再论反骄破满,在思想上艰苦奋斗——在市场庆功及科研成果表彰大会上的讲话[N/OL]. 华为人,1996-07-18[2020-04-25].https://ishare.iask.sina.com.cn/f/auRCmArw7BU.html.

任正非. 1997. 不要忘记英雄——在来自市场前线汇报会上的讲话[N/OL]. 华为人,1997-01-

30[2020-04-25]. http://app.huawei.com/paper/newspaper/newsPaperPage.do? method = showSelNewsInfo&cateId = 9399&pageId = 12148&infoId = 27086&sortId = 1&commentLanguage = 1&search_result = 1.

任正非. 1998a. 我们向美国人民学习什么[N/OL]. 华为人,1998-02-20[2020-04-25]. http://app.huawei.com/paper/newspaper/newsPaperPage.do? method = showSelNewsInfo&cateId = 9344&pageId = 12039&infoId = 26668&sortId = 1&commentLanguage = 1&search_result = 1.

任正非. 1998b. 要从必然王国,走向自由王国[N/OL]. 华为人,1998-04-06[2020-04-25]. http://app.huawei.com/paper/newspaper/newsPaperPage.do? method = showSelNewsInfo&cateId = 3684&pageId = 4251&infoId = 7553&sortId = 1&commentLanguage = 1&search_result = 1.

任正非. 1998c. 华为的红旗到底能打多久——向中国电信调研团的汇报以及在联通总部与处以上干部座谈会上的发言[N/OL]. 华为人,1998-07-27[2020-04-25]. http://app.huawei.com/paper/newspaper/newsPaperPage.do? method = showSelNewsInfo&cateId = 3682&pageId = 4245&infoId = 7524&sortId = 1&commentLanguage = 1&search_result = 1.

任正非. 2006. 实事求是的科研方向与二十年的艰苦努力——在国家某大型项目论证会上的发言[N/OL]. 华为人,2006-11-30[2020-04-25]. http://app.huawei.com/paper/newspaper/newsPaperPage.do? method = showSelNewsInfo&cateId = 8450&pageId = 9748& infoId = 18773& sortId = 1&commentLanguage = 1&search_result = 1.

任正非. 2009. 让听得见炮声的人来决策——《IT时代周刊》摘引华为总裁任正非在销售、服务体系奋斗颁奖大会上的讲话[J]. 企业科技与发展:上半月,8:56-56.

田志龙,高勇强,卫武. 2003. 中国企业政治策略与行为研究[J]. 管理世界,12:98-106,127.

田志龙,高勇强. 2005. 勇敢者游戏:向政策掘金[J]. 北大商业评论,4.

王辉,忻榕,徐淑英. 2006. 中国企业CEO的领导行为及对企业经营业绩的影响[J]. 管理世界,4:87-96,139.

武亚军,高旭东,李明芳. 2005. 国际化背景下的中国本土企业战略:一个理论框架与应用分析[J]. 管理世界,11:109-119,152,180.

武亚军. 2007. 战略规划如何成为竞争优势:联想的实践及启示[J]. 管理世界,4:124-135.

肖星,王琨. 2006. 关于集团模式多元化经营的实证研究——来自"派系"上市公司的经验证据[J]. 管理世界,9:85-91.

肖知兴. 2006. 中国人为什么组织不起来[M]. 北京:机械工业出版社.

徐淑英,张志学. 2011. 管理问题与理论建立:开展中国本土管理研究的策略[J]. 重庆大学学报:社会科学版,17(4):1-7.

曾鸣,彼得·J. 威廉姆斯. 2008. 龙行天下:中国制造未来十年新格局[M]. 北京:机械工业出版社.

曾鸣. 2004. 略胜一筹:中国企业持续发展的出路[M]. 北京:机械工业出版社.

张贯京. 2007. 华为四张脸:海外创始人解密国际化中的华为[M]. 广州:广东经济出版社.

张建君,张志学. 2005. 中国民营企业家的政治战略[J]. 管理世界,7:94-105.
张军,王祺. 2004. 权威、企业绩效与国有企业改革[J]. 中国社会科学,5:106-116.
张瑞敏. 2005. 海尔模式就是"人单合一"[J]. 中外管理,11:19-23.
张文慧,张志学,刘雪峰. 2005. 决策者的认知特征对决策过程及企业战略选择的影响[J]. 心理学报,37(3):373-381.
张志学,张建君,梁钧平. 2006. 企业制度和企业文化的功效:组织控制的观点[J]. 经济科学,1:117-128.

第三章　任正非的战略思维与领导模式*

> 任何事物都有对立统一的两极，管理上的灰色，是我们的生命之树。
>
> ——任正非

> 一个领导人重要的素质是把握方向和节奏，他的水平就是合适的灰度。一个清晰方向，是在混沌中产生的，是从灰色中脱颖而出，方向是随时间和空间而变的，它常常又会变得不清晰。并不是非黑即白，非此即彼。合理地掌握合适的灰度，是使各种影响发展的要素，在一段时间和谐，这种和谐的过程叫妥协，这种和谐的结果叫灰度。
>
> ——任正非

在转型经济和传统文化背景下，中国企业 CEO 的战略决策能力与领导行为是与企业绩效紧密相关的（王辉等，2006；贺小刚、李新春，2005）。然而，中国优秀的企业领导人是如何通过战略思维和战略领导而实现"创新"的？他们的认知模式有什么典型特征？这些特征又是通过什么机制显著影响到企业的长期绩效？能否学习优秀企业家的战略认知模式进而提高企业领导人的战略决策与领导能力？这些问题一直是中国管理学者希望探讨的关键课题，也是理解中国本土新兴企业战略模式及其长期绩效的基础（张文慧等，2005；武亚军，2009）。但是，到目前为止，中国管理学界对此的深入研究却很鲜见，管理者认知与战略决策关系的"黑箱"尚未打开。例如，王辉等（2006）的实证研究发现，企业领导人通过战略上开拓创新和对下属关爱双重行为来共同影响企业绩效，但并未探讨这些行为背后的思维模式与认知基础；张文慧等（2005）利用实验研究验证了领导人认知需要和认知复杂性对信息搜寻和机遇及威胁辨识的影响，但未探讨战略思维的具体模式及对企业竞争优势的影响。

---

* 本章缩减版刊载于《管理世界》2013 年第 12 期，原题为《"战略框架式思考""悖论整合"与企业竞争优势：任正非的认知模式分析及管理启示》。

本研究尝试从中国优秀企业家的战略思维模式入手,通过搜集原始资料并对其进行系统分析,提炼出中国经济转型发展环境下优秀企业家战略思维的核心特征,进而揭示其对企业长期绩效的影响与作用机制。为此,本文选择了中国优秀企业家的代表华为任正非为标本进行案例研究。选择任正非和华为公司作为研究对象主要是基于以下三个原因:一是华为公司是中国改革开放后成立的民营企业,已经成长为通信设备领域有一定规模和技术实力的世界级企业,任正非作为企业创始人和核心领导人,代表了中国本土新兴企业优秀领导者的典型特征和成功经验。二是华为公司所处的通信设备行业是中外企业激烈竞争的技术密集型产业,任正非与华为公司的经验具有较广泛的市场应用性和较大借鉴价值。三是关于任正非的思维与华为公司的发展有大量的基础资料和研究素材可供分析和比对印证,这将增加研究资料的丰富性与深入性,并且为高效度的理论概括提供基础。因此,本研究在广泛搜集任正非内部讲话和华为公司有关资料的基础上,遴选了任正非在华为成长时期企业战略问题上的重要讲话,利用认知心理学的认知地图分析(Eden et al.,1992;Cossette and Audet,1992)和质性研究中的扎根分析(Strauss and Corbin,1998;卡麦兹,2009),对任正非的认知特征进行了深入分析,发现其具有"战略框架式思考""认知复杂性""灰度思维"(悖论整合)等特征;其次,进一步的研究发现,这些特征特别是任正非的"战略框架式思考""悖论整合"以及"超越性价值观",显著地促进了华为的经营战略发展、企业共享产权或分享型激励制度创新以及有效的差异化领导行为,进而推动了企业可持续竞争优势的产生。最后,以案例研究为基础,文章进一步探讨了中国转型经济中企业领导人的"战略框架式思考""悖论整合"和"超越性价值观"影响企业战略发展、制度创新及领导行为的内在机制和管理命题,并以高阶层理论视角为核心,提出了一个中国转型背景下整合战略发展、制度创新和领导行为的战略领导系统框架,并对其理论启示和管理应用进行了探讨。

文章的结构安排如下:第一部分是对管理者认知与战略管理的文献回顾,以及对中国战略管理认知研究进展及局限的简要评述;第二部分概述整体的研究设计、认知地图分析和扎根研究方法、资料收集和遴选,以及基本的分析过程;第三部分是对任正非的认知地图分析和扎根分析的结果;第四部分是对领导人"战略框架式思考""悖论整合"对企业竞争优势作用机制的探讨;第五部分发展了领导人"悖论整合"认知模式和"超越性价值观"对企业长期发展作用的若干命题,并提出了一个基于中国转型情境的战略领导整合框架;最后是结论及对中国企业管理的启示。

一、管理者认知与战略管理研究：简要回顾

在过去 20 年中,管理者和组织认知(managerial and organizational cognition,MOC)在战略管理研究中获得了越来越多的重视和发展(Walsh,1995;Huff,2005;杨迤等,2007;Kaplan,2011)。简要地说,MOC 有三个主要研究领域:一是行为决策理论研究,它主要关注认知偏见、简化规则等在战略决策中的应用及调整(Schwenk,1984;1985);二是认知地图和认知结构研究,它主要关注管理者的认知分析方法(Huff,1990;Eden et al.,1992);三是认知结构与战略管理过程的联系,包括战略形成和实施过程(Walsh,1995;Finkelstein and Hambrick,1996;Nadkarni and Barr,2008;Kaplan,2011)。管理者认知研究可分为四个层次:领导者个人(CEO)、高管团队(TMT)、组织层次和行业层次(Porac and Thomas,2002)。关于领导者认知的一个基本观点是:领导者的认知,包括其认知内容、结构和方式,会显著地影响其战略决策和领导行为;而领导者的认知,会受到组织内外部信息以及领导者背景、经历和个性等的影响(Finkelstein and Hambrick,1996;Porac and Thomas,2002;Nadkarni and Barr,2008)。

(一) 管理者认知研究基本概念

管理者的"认知内容"包括"他或她所知道的、假定的和相信的事情";"认知结构"是关于"经理人头脑中的内容是如何安排、联接或研究"的;认知风格指的是"一个人的头脑是如何工作的——他或她如何获取和处理信息"(Finkelstein and Hambrick,1996);"认知模式"是指人们依赖于以往的经验而形成的对特定事物相当稳定的看法和理解。管理者的认知模式,不仅包括管理者的知识结构,还包括管理者运用相关知识思考问题的方式以及据此做出取舍的考量(尚航标、黄佩伦,2010:71)。[①]

"认知复杂性",是指"在认知语义空间的整体或部分中差别化和整合的程度"(Streufert and Streufert,1978)。其中,差别化程度是指认知主体在感知物理和社会环境时涉及的维度的数量及维度内部涉及的范畴的数量;整合是指个人将两个或更多维度相联系并产生一个满足涉及的每个维度、系统或子系统需求的结果(Streufert and Swezey,1986)。

---

① 本文的管理者认知特指高层管理者在长期经营活动中所形成的认知模式。这种认知模式,有时也被称为认知图式、因果图式、心智模式等。参见尚航标、黄佩伦(2010:71)以及杨迤(2007)。

"社会复杂性"是指领导人辨别、区分社会情境中的人事和人际关系方面因素并且把它们加以整合,从而增强对社会情境的理解或改变其行动意图。领导者的"行为复杂性"是指领导人具有多种不同的领导角色类型,并且根据与其他人行为互动的情境差别化地选择相应的行为角色(Hooijberg et al.,1997:387)。

(二)国际上战略领导研究的认知与行为视角

基于认知心理学视角,Donald C. Hambrick 提出的高阶层理论认为,企业战略选择是企业高阶层对客观环境的理解和建构,即他们对内外部信息的有限视野、选择性感知、特定解释的结果,这些处理受高阶层的心理因素,包括价值观、认知模式、认知风格和个性的影响(Hambrick,2005;Hambrick and Mason,1984),可观察的外显因素则为领导人年龄或任期、正式教育背景、工作职能背景等。在本质上,这一理论流派把战略选择看作有限理性的领导人或高管团队对环境信息进行感知、解读和选择性解释的过程。Hambrick(2007)进一步回顾了高阶层理论的进展,从管理裁量权、管理工作需要、高管团队权力配置与行为整合、国家背景等方面概括了影响高阶层视角理论解释力的因素和未来研究方向。

遵循高阶层视角,Smith 和 Tushman(2005)提出了"悖论式认知模式"(paradoxical cognition model)概念,即高层管理者"将两种相反的力量并列并予以包容和协调,并通过辨别两者之间可能的联系而在一个更高的层次加以整合,从而对战略矛盾进行平衡",进而实现高水平的企业绩效。他们指出,悖论式认知可以通过领导为中心的团队和成员本位的团队两种组织方式实现。Nadkarni and Barr(2008)则从认知学派战略视角出发,探讨了管理者认知在产业情境和企业战略反应之间的中介作用。他们利用行业配对比较、因果图(causal map)等分析方法发现,产业变化确实直接影响了高管对环境的注意力焦点,进而影响企业对环境事件的反应速度。因此,他们倡导一种结合"经济视角"和"认知视角"的整合性企业战略行动观,以及一种以管理者信念和意义感知为核心的企业理论。

从领导角色的权变与复杂性视角出发,Quinn 及其合作者(Quinn,1988;Dension,Hooijberg and Quinn,1995)根据稳定性和灵活性、内部和外部导向两个维度,将领导行为划分为四个象限中的八种角色——创新者、经纪人、协调者、生产者、指导者、监控者、促进者、导师,并指出那些具有丰富的领导行为模式且能同时展示冲突性领导角色的人应该是更有效的领导者。在领导复杂性概念基础上,Hooijberg et al.(1997)提出了一个将认知和行为加以整合的领导行为模型,他们认为有效的领导者能够系统地把握认知、社会和行为因素,进而在动态的复杂情境下,根据情况探寻各种信息并充分感知组织内外利益相关者的期望,并根据与其互动的人的组织角色采取相应有效的领导行为。更进一步地,Boal and Hooijberg(2001)以领导人认知复杂性、社会复杂性和行为复杂性为前因变量,以吸收能力、变革能力和管理智慧为中介因素,并以愿景式领导、魅力和变革型领导为调节因素,整合了战略领导研究的认知和行为等新旧理论,提出了一个战略领导有效性的整合框架。这一研究,结合多视角(认知视角、领导行为及其交互作用)和多因素(中介因素与调节因素)探讨战略领导的关键因素与核心机制,代表了战略领导研究的整合趋势。

(三)国内学者的相关研究

近十年来,认知视角的战略管理研究逐步引起国内学者的关注,开始尝试进行初步的理论和实证研究。陈传明(2002)在讨论企业战略选择与调整行为时指出,企业家的价值观念和偏好影响企业的战略选择与调整行为,而且会通过影响企业文化而对企业员工行为乃至企业长期绩效产生影响。孙海法、伍晓奕(2003)综述了国际上高阶层理论的发展,提出了一个高层管理团队运作效率的研究模型。张志学、张文慧(2004)利用心理学实验,从认知动机的角度,研究了认知需要与战略决策过程中分析环境和判断战略形势的关系。更进一步地,张文慧等(2005)采用情境实验法发现,决策者的认知复杂性和认知需要与他们对企业内外环境的周密分析具有显著的正向关系,并通过后者影响到环境中蕴含的机会的判断,最终影响是否进入某项业务的决策。王辉等(2006)通过定量研究发现,任务导向的CEO领导行为(包括"设定愿景""监控运营"和"开拓创新")与企业业绩直接相关,而人际关系导向的CEO领导行为(包括"关爱下属""协调沟通""展示威权")与员工态度直接相关并通过员工态度影响企业的经营业绩。罗必良、李孔岳(2006)在战略选择影响因素研究基础上,利用历史案例方法,构建了一个"价值观——控制权——战略选择"的分析框架。杨迤等(2007)对战略管理认知学派的基本模型、与其他学派的异同、研究主题、挑战及未来研究方向进行了简要评述。武亚军(2009)基于中国本土新兴企业的多案例研究,发现了领导人认知和价值观直接影响企业战略形态与模式的证据,倡导迈向一个以高管认知和价值观为中枢的中国转型经济下高阶层视角的战略管理整合框架。尚航标、黄培伦(2010)通过万和集团的案例研究,利用因果图等分析方法发现,动态环境下,高层管理者是有限理性的,其管理认知对企业战略行为与组织能力演化有直接和关键性的影响,并进而影响企业竞争优势和绩效。石盛林、陈圻(2010)实证研究了中国企业管理者认知风格与企业战略类型之间的关系。周晓东、王启敏(2011)基于理论分析,提出了一个高管战略信念对企业战略的影响机制的多层次概念模型。

从文献回顾可以看出,管理者认知已经成为近十年来中国战略管理研究的一个重要领域和发展方向,已有研究在基本理论框架、逻辑关系和实证等方面取得了初步进展。但是,目前这方面的研究仍然存在两个局限:一是我们对中国企业家或领导人认知的典型特征及模式仍缺乏深入和客观的了解;二是我们对这些特征及模式影响企业长期绩效的机制所知有限。本文认为造成这一困境的原因主要来自两个方面:一是管理者认知研究在工具和分析方法方面存在一定难度,目前也不统一;二是管理者认知研究存在资料难以获取且客观性不高等约束性问题(杨迤等,2007;Nadkarni and Barr,2008)。因此,本研究针对企业家认知模式及其影响机制,利用多种渠道搜集研究资料,并尝试将多种分析方法相结合,以提高研究资料的可靠性和分析方法的有效性,从而推进中国情境下的认知视角的战略管理研究。

二、 研究设计及分析过程

(一) 研究设计

首先,由于本文研究的基本问题——本土优秀企业家战略思维和战略领导对企业竞争优势的影响机制属于"如何"和"为什么"的问题,因此,研究在总体上需要采用案例研究方法(Yin,1994)。基于导言部分所说的三个原因,本文选择任正非和华为公司作为案例研究对象。此外,前面的文献回顾也表明,中国转型经济中企业家认知模式和战略领导研究还处于非常初期的阶段,因此,本研究需要对典型现象及其背景因素进行深入描绘与理论解释,这使得本研究采用跨层次的案例研究设计是较为适宜的(Yin,1994)。具体地说,研究将包括"任正非认知模式与价值观——华为的战略行为与竞争优势——华为长期绩效"三个核心层次。

其次,由于本研究涉及的领导人认知现象、概念和机制尚不明确,研究搜集的大量实地资料(特别是领导人的讲话)需要归纳提炼,因此,本文在研究中不采用实验法或其他已有成熟理论的研究方法,而采用具有概念与理论建构优势的"扎根研究方法"(Galsser and Strauss,1967;卡麦兹,2009)。同时,考虑到企业家战略思维研究需要详细分析领导人的认知特点和战略逻辑,本研究特别借鉴了管理者认知领域发展起来、在隐性和复杂知识显性化方面具有优势且已得到广泛应用的"认知地图"分析方法(Huff,1990;张凌,2011)。从分析目的和方法效率角度看,认知地图的分析方法在分析领导人的认知焦点、战略逻辑和过程方面更有效率,而扎根方法对于领导人认知核心范畴的归纳和提炼、基于核心范畴的理论建构更加有效。针对研究资料和分析目的的不同,本文有选择地综合利用这两种分析方法,可以比较有效地提炼企业家认知的核心范畴、主要内容与基本逻辑。① 这两种研究方法的简要概括见本节第二部分。

最后,在运用认知地图和扎根方法辨别任正非战略认知模式和价值观特点之后,本研究将在对华为原始文档、访谈资料和前中高层管理者的论著进行内容分析和事件分析的基础上,比对现有概念和理论,对任正非认知因素影响企业优势的方式进行归纳、模式匹配和模式发现,并在借鉴相关理论的基础上对中国情境下战略领导理论进行拓展和引申。最后是研究结论与启示。研究的总体流程和主要方法见图 3.1。

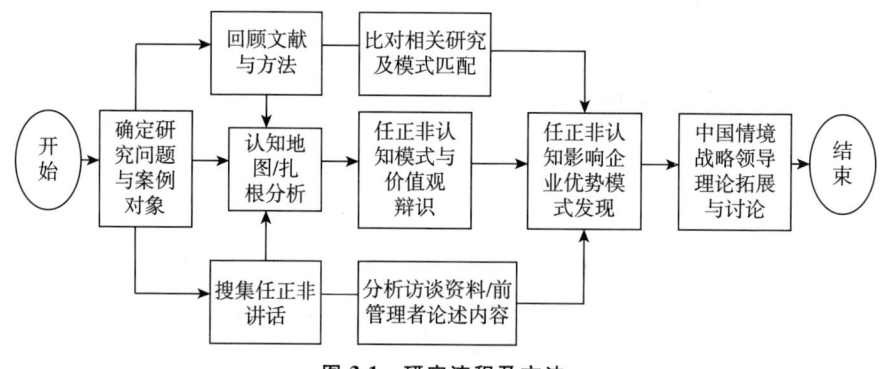

图 3.1　研究流程及方法

（二）认知地图分析及扎根研究方法

在管理者认知研究中,"认知地图"是指研究者对特定主体在一个特定背景下关于特定事物的一系列代表性言论的图形呈现,它可以用自然逻辑、图式化、情境、表征、知识和图式等加以刻画(Cossette and Audet,1992:327)。所谓自然逻辑是指主体利用自己的日常语言且听众能明白的话对特定事情所做的有一定逻辑的阐述。图式化是主体所采取的一系列认知和发表活动。情境化是对主体发表言论的特定背景的复原——因为这些特定背景因素会影响内容。主体的言

---

① 作为质性研究方法,扎根研究和认知地图分析在应用范围和有效性上是有差异的。前者是社会学领域发展出来的,适用范围较广,可以对很多类型资料进行分析;后者是认知心理学领域发展出来的,适用范围较窄,主要用于讲话等资料的分析。但两种方法又存在一致性或互补性,例如,将被研究者讲话资料进行扎根研究得到的核心概念/范畴之间的关系用图形加以表示就可以变成某种形式的认知地图。

论按照其自然逻辑规则所组织和发表就成为其表征,它是主体对特定事情的意义建构。研究者在主体图式化过程中产生的资料的基础上构造地图,用图形来代表研究主体在特定情境下针对客体的言论背后的认知图式。作为一种管理认知分析方法,认知地图的运用可以分为五大类(Huff,1990):①评估决策者对概念的注意、联想和重要性评价;②揭示不同的认知类别;③显示影响、原因和系统的动态过程;④披露论据的结构和结论;⑤明确不同的感知编码、框架和图式。

一般地讲,对认知地图的操作过程包括(Cossette and Audet,1992):①根据主题选择材料,用于进行认知地图分析。②对资料进行转换,变成认知地图中可以表示的"变量"(variables)及其"联系"(links)。③把变量之间的关系用"箭头"等加以表示,其中,"箭头"表示一个变量(或概念)对另外一个变量产生了影响;"箭头"边上的正负号分别表示正或负向影响;变量之间的从属关系用"∈"(包括)加以表示。④将变量和关系呈现在一张地图上。管理认知的研究者认为,认知地图分析需要考虑一般特性分析、被影响因素和影响因素分析、回路分析(loops analysis)等,并探讨其内容、过程、核心概念、核心逻辑/主导逻辑等(Eden et al.,1992;Cossette and Audet,1992)。

所谓"扎根研究",是一种质性研究方法,它是一个不断比较、思考、分析、将资料转化成概念进而建立理论的过程,该理论最早是由两位社会学者 Galsser 和 Strauss 在1967年发展起来的(Galsser and Strauss,1967)。[①] 扎根研究强调理论的构建,并使之根植于所搜集的现实资料以及资料与分析的持续互动。扎根研究方法的核心是资料分析过程,该过程以理论归纳为主、文献演绎为辅;对资料的分析称为编码(coding),是指将所搜集或转译的文字资料加以分解、指认现象、将现象概念化,再以适当方式将概念重新抽象、提升和综合为范畴以及核心范畴的一系列操作过程(Strauss and Corbin,1998)。扎根方法对资料的分析过程可以分为三个主要步骤或三级编码,依次为开放性编码、主轴编码和核心(选择性)编码。[②] 作为扎根分析的重点,发现核心范畴是一个关键,它一般需要具备中心性、广泛覆盖、自然、明显和最大解释性(Strauss,1987)。一般认为,扎根研

[①] 扎根研究方法的两位创立者在发展该方法的具体运用时出现了不同的倾向,Galsser 偏向概念或理论发现性,Strauss 偏向证实性,参见卡麦兹(2009:11)。

[②] 由 Strauss and Corbin 开发的扎根方法对程序进行了较严格的规定:开放性编码的程序为"定义现象(概念化)——挖掘范畴——为范畴命名——发掘范畴的性质和性质的维度";主轴编码是指通过运用"因果条件——现象——脉络——中介条件——行动/互动策略——结果"这一典范模型,将开放性编码中得出的各项范畴联结在一起的过程;核心(选择性)编码是指选择核心范畴,把它系统地和其他范畴予以联系,验证其间的关系,并把概念化尚未发展完善的范畴补充完整的过程。参见 Strauss and Corbin (1998)。

究的目的是为了产生新的理论或概念性命题,而扎根研究方法主要应用于研究那些尚未被很好理解的现象(Lee,1999)。事实上,本文进行扎根研究的基础,恰恰就是战略管理研究中常用的田野研究方法——公司文档分析(Snow and Thomas,1994)。①

(三)研究素材搜集及遴选

从华为创立开始,任正非就是华为公司的创始人和实际领导人。因此,本研究通过两种途径收集了任正非从 1994—2011 年的内部讲话共 76 篇(其中 1994—2001 年 44 篇,2002—2005 年 8 篇,2006—2011 年 24 篇),作为认知分析的基本素材。这两种途径是:①发表在华为内刊上的任正非讲话(《华为人报》及《管理优化》或选编自前两者的《华为文摘》);②通过网络和期刊发表的任正非讲话资料。研究者对两种途径获得的资料进行了比对,并通过与华为员工核实,确认了这些基本素材的真实性。

由于本研究的第一部分聚焦于任正非的战略思维特征及华为公司的战略发展,因此将选择与此主题紧密相关的素材进行重点分析。从发展阶段看,华为公司从 1988 年创立至今,经过了一次创业(1988—1997)、二次创业(1998—2005)和国际化全面发展(2005 年开始)三个阶段②,其中二次创业期间是华为发展壮大的关键时期,这一时期是华为从"人治"向制度化管理转变的关键时期,也是经历"华为的冬天"并加以扭转而实现增长和赢利性并重回"上升通道"的关键时期(吴建国、冀勇庆,2006:167),该时期的战略决策和管理方针对华为的成长至关重要,其管理经验也特别值得重点研究(周君藏,2011:110)。因此,本文针对这一时期的战略与持续发展主题对相关资料进行重点分析。首先,通过时间和主题筛选,任正非 76 篇讲话中发表在 1998—2005 年的有 28 篇,其中有 9 篇是直接针对企业持续发展与总体管理的,这其中又有 8 篇发表在华为二次创业中前期(1998—2001),考虑华为二次创业期持续发展、创新与核心竞争力培养的前瞻性要求,本文最后选择了这一时期(1998—2001)任正非分别以华为持续

---

① Snow and Thomas(1994)总结了战略管理研究中田野研究的四种主要方法:直接参与式的调查研究、访谈、问卷调查和文档分析。他们认为,观察法、访谈法、公司文档分析更适用于理论的构建,而问卷调查和模拟实验方法更加适合理论的检验。

② 本文将 1998 年作为华为二次创业阶段起点,是基于华为内部的认识和总结,其标志是 1998 年完成的《华为基本法》开始实行,目标是公司的可持续发展并且使各项工作与国际接轨。参见《要从必然王国,走向自由王国》(任正非,1998a)。本文将华为全面国际化发展阶段的起点定在 2005 年,是因为该年华为国际市场销售额首次超过国内市场,标志着华为成为国际化企业的开始。参见吴建国、冀勇庆(2006:第 8 章)。

发展、战略和创新为主题的3篇篇幅较长的讲话作为认知地图和扎根分析的核心资料,这三篇讲话分别是:①"不做昙花一现的英雄"(任正非,1998c);②"创新是华为发展的不竭动力"(任正非,2000);以及③"创业创新必须以提升企业核心竞争力为中心"(任正非,1999)。其次,考虑到扎根分析中概念或理论成熟度的要求,以及对任正非的价值观特征及其来源的探讨,本研究增加了④"华为的红旗到底能打多久"(任正非,1998b),⑤"华为的冬天"(任正非,2001b),以及⑥"我的父亲母亲"(任正非,2001a)三篇讲话,作为补充分析资料。① 最后,为了验证扎根分析中所获概念的集中性和成熟度,我们对任正非2002—2011年讲话的标题进行了分析,并且与其他资料进行三角检验,以保证分析的效度和信度(见附录A3.1)。

在研究的第二部分,为了探究任正非认知模式和价值观对华为持续竞争优势的影响机制,本研究从以下三个方面搜集了大量的其他资料,它们包括:①作者对华为管理人员的深度访谈②和一些公司文档(如年报、公司网站资料等);②6位华为以前的中高层管理者关于华为和任正非的论著(汤圣平,2004;吴建国、冀勇庆,2006;张贯京,2007;李信忠,2007;张利华,2009;周君藏,2011);③产业界(包括咨询业)对华为和任正非的观察和学术界的研究(彭剑锋、文跃然,2002;吴春波,2009,2011;黄丽君、程东升,2010;王育琨,2011;武亚军,2009)。研究从上述三个方面搜集资料,一方面可以提高案例研究素材的丰富性和准确性,另一方面也便于进行多方印证或比对,提高资料分析的可靠性和可信度。

(四)资料分析过程

在研究的第一部分,我们把任正非作为基本分析层次,其认知和价值观作为基本分析单位。研究首先对选取的任正非的讲话进行内容分析,即分别对讲话①和②进行逐段的文字编码、概念和范畴归纳,以及将关键概念之间联系予以记录,然后对讲话①和②所代表的认知特点用图形加以展示。基本过程按照前述的认知地图分析方法,为了简单起见,对相关的分析方法进行了简化,即所有概

---

① 这里总共分析了任正非1998—2001年关于公司持续发展、战略与总体管理的5篇讲话,占此期间相同主题(8篇)讲话的60%以上,其内容也是其中较全面和详细的。1998—2001年相同主题的讲话还包括"向美国人民学习什么""要从必然王国,走向自由王国(任正非,1998a)""狭路相逢勇者胜"。需要说明,任正非的一些讲话公开发表时可能经过了润饰,但本文采用的多文本和深层结构分析可以避免或减弱这一局限,作者感谢审稿人提醒注意对讲话资料进行认知分析可能带来的局限性。

② 作者2008年以来对华为4位中高层管理者的访谈超过12小时(包括一位轮值CEO成员),并对华为深圳总部进行了数次参观访问。

念编码采取正向关系处理法,这可以将地图上的(正或负)符号都简略,从而用箭头代表正向影响关系,双箭头代表相互影响(见图3.2和图3.3)。按照经典的认知管理研究的观点(Huff,1990),本文对这两篇以战略与持续发展为主题的重要讲话进行认知地图分析,力图展示被研究者的战略认知的因素、原因和动态过程,从而分析其战略思维特征和战略逻辑。

本文将扎根分析方法用于任正非的另一篇创新主题的讲话(即讲话③),目的是对任正非创新认知特征的归纳和理论构建提供基础。具体来说,我们对讲话③进行内容分析,即逐段进行文字编码、概念和范畴归纳,提炼出核心范畴。与前面分析不同的是,对讲话③的分析结果不采用图形的呈现方法,而是将其主要范畴、维度及逻辑予以列表展示。① 此外,为了保证对任正非认知的核心范畴的辨别及概念成熟度,研究补充分析了讲话④和讲话⑤,对核心范畴的成熟度进行了检验。采用这一方法,可以较系统全面地展示被研究者关于创新及持续发展问题的认知范畴、维度分化与整合特征,以及便于对其认知的复杂性及典型特征(即核心范畴)进行归纳和提炼。然后,我们对讲话⑥进行了简要的扎根分析,用于探讨其价值观和个性的特征及其来源。

在研究的第二部分,任正非的认知模式和价值观对企业竞争优势的影响机制是我们的分析重点,在这一部分,我们以前述的认知地图和扎根分析为基础,针对搜集的三方面的研究资料,通过内容分析和模式匹配,归纳任正非的认知因素对华为二次创业期竞争优势的主要影响方式。同时,结合相关的竞争优势理论,形成了一些关于领导人认知模式和价值观影响企业长期绩效的管理学命题。结合引申性讨论和已有研究,我们最后提出了一个中国转型期以领导人认知和价值观为核心的战略领导的整合框架,并对其理论边界及应用含义进行了讨论。在分析中,为了保证研究的效度和信度,本研究对主要资料的处理采取了多方验证法,即以公司文档分析(任正非讲话、公司年报、其他公司资料等)为基础,以访谈资料和华为前中高层管理者的论著的内容分析和事实/事例分析为重点,从模式归纳、典型事实匹配和旁证资料三方面进行相互印证,从而提高研究结论的可靠性。具体分析示例参见附录A3.2。

---

① 值得指出的是,这里对不同主题的讲话采取扎根分析或认知地图分析是基于不同的分析目的和效率考虑,对讲话③进行扎根分析可以更有效地提炼任正非创新认知模式的核心范畴,对讲话①和②进行认知地图分析则可以更清晰地展现其战略认知的主要概念、概念间的逻辑关系,两者具有一定的互补性。

三、任正非的战略思维模式：认知地图与扎根分析

（一）二次创业期任正非的战略认知地图

经过对讲话①和②的认知地图分析，分别画出图 3.2 和图 3.3。

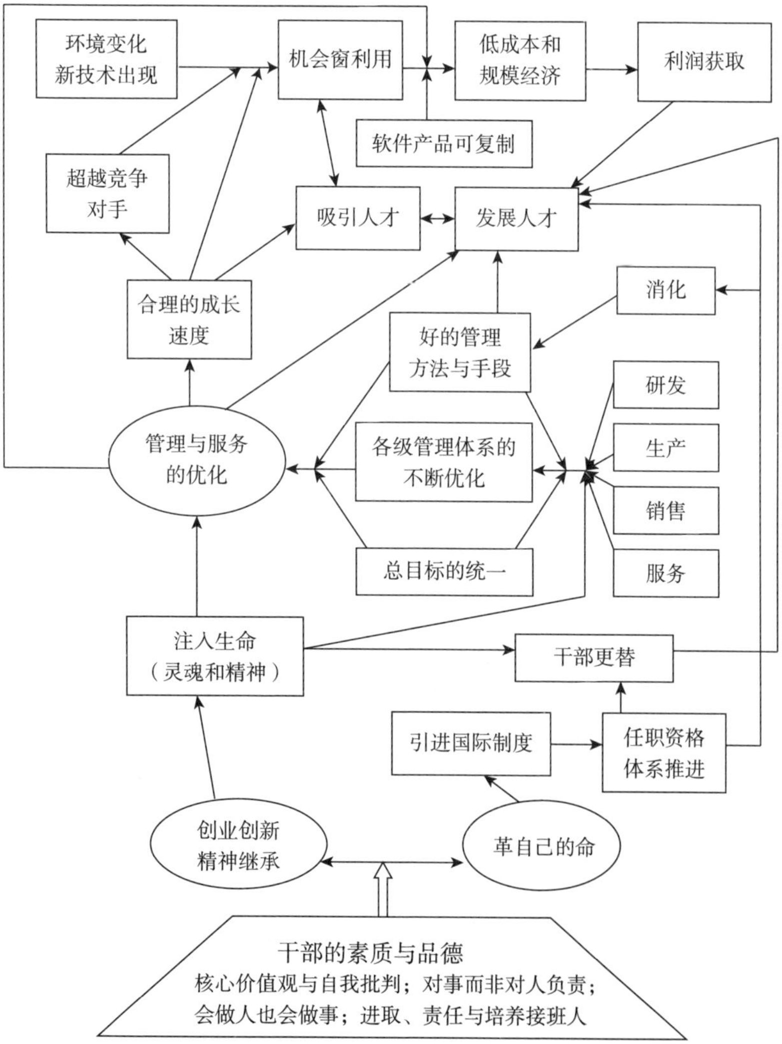

图 3.2　1998 年任正非的认知地图与战略逻辑（认知地图一）

资料来源：任正非（1998c）。

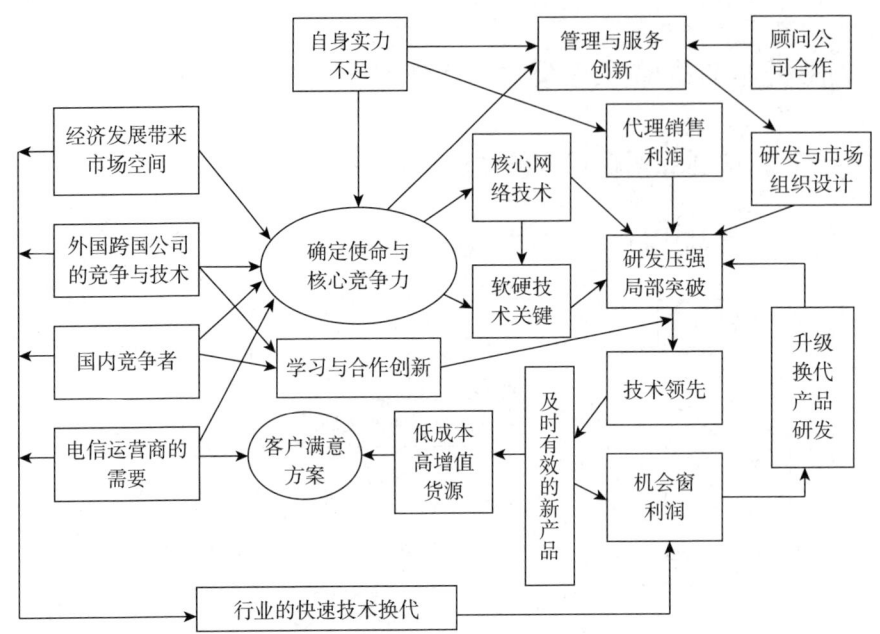

图 3.3　2000 年任正非的认知地图与战略逻辑（认知地图二）

资料来源：任正非（2000）。

（二）认知地图中的核心变量及关键回路分析

对图 3.2 和图 3.3 中关键概念的重要性和联系的分析，见表 3.1。

表 3.1　华为持续发展与创新的核心变量*

持续发展（核心变量）	联系数量	创新（核心变量）	联系数量
管理与服务的优化	7	华为的使命与核心竞争力	8
发展人才	6	研发压强、局部突破	7
机会窗利用	5	行业的快速技术换代	5
低成本和规模经济	4	管理和服务创新	4
合理成长速度	4		
注入生命（灵魂和精神）	4		
好的管理方法与手段	4		

* 核心变量指图 3.2 和图 3.3 中与 4 个以上变量有直接联系的变量。

在图 3.2 中，一个关键的回路是"机会窗利用——低成本和规模经济——利润获取——吸引和发展人才——机会窗利用"（这代表了此时华为的基本竞争战略）。与此紧密联系的驱动路径是"干部的素质与品德——创业创新精神继承——注入生命——管理与服务的优化——合理的成长速度——机会窗利用"（可称为"管理优化驱动路径"），以及"干部的素质与品德——革自己的命——引进国际制度——任职资格体系推进——发展人才"（可称为"管理创新驱动路径"）。这三条路径，分别代表了任正非的竞争战略逻辑和通过管理优化、管理创新推进战略的驱动逻辑。其中，对干部的素质和品德的要求是两条驱动路径的关键点。在图 3.3 中，利用类似的方法可以发现一条关键回路，以及技术创新和管理创新两条驱动路径，其具体要素见表 3.2。

从图 3.2 到图 3.3 来看，任正非对这一时期华为的竞争战略的认识更加成熟，即在原来强调快速、低成本和规模优势的基础上，进一步强调实现研发局部突破和技术领先，而快速把握市场机会、循环滚动发展的动态战略观则始终贯穿其中。而且，他明确地强调利用管理和技术创新等两（多）条驱动路径来强化战略发展。任正非的认知地图中所体现的战略逻辑及其特征概括在表 3.2 中。

表 3.2　二次创业期任正非的战略逻辑：主要特征

战略逻辑	认知地图一（1998）	认知地图二（2000）	基本特征
基本战略回路	机会窗利用——低成本和规模经济——利润获取——吸引和发展人才——机会窗利用	研发压强、局部突破——技术领先——及时有效的新产品——机会窗利润——升级换代产品研发——研发压强、局部突破	强调动态竞争、形成竞争优势与正反馈效应
战略驱动路径	**管理优化驱动**：干部的素质与品德——创业创新精神继承——注入生命——管理与服务的优化——合理的成长速度——机会窗利用 **管理创新驱动**：干部的素质与品德——革自己的命——引进国际制度——任职资格体系推进——发展人才	**技术创新驱动**：确定使命与核心竞争力——核心网络技术——软硬技术关键——研发压强、局部突破 **管理创新驱动**：确定使命与核心竞争力——管理与服务创新——研发与市场组织设计——研发压强、局部突破	确定核心竞争力，辨别内部管理和（或）技术方面的瓶颈，利用管理和（或）技术创新双重驱动战略回路关键要素
战略基础	以干部的素质与品德为基础取得市场领先	市场导向型的使命与核心竞争力	市场导向型企业的核心资源与可持续发展
关键竞争优势	速度、低成本	速度、技术领先	快速、高性价比

根据表 3.2,可以发现任正非的战略逻辑有两个基本组成部分:一是动态化的基本战略回路,这一战略回路以一个基本竞争战略(如波特的低成本或技术领先)为基础,同时明确相对竞争优势及其前导因素,并且在活动的因果逻辑链上形成一个正反馈强化循环;二是基于突破战略瓶颈的战略驱动路径,即确定战略推进的瓶颈,并利用双(多)重方式(管理优化与创新、技术创新与管理创新)形成战略驱动路径,这使得推进战略实现的关键因素和管理措施清晰明确。

这里我们把任正非确定企业长期目标(战略意图)[①]与相应的动态战略逻辑所体现出的思维特征称为"战略的框架式思考"[②],它包括三个相互联系的要素:一是回答"我是谁? 向哪儿去?"即确定企业长期的使命,并且明确企业需要具备的核心竞争力或核心资源(见表 3.2 第 3 行内容);二是回答"如何去?"即从高处俯瞰战略系统的整体架构("战略大画面"),找出关键因果链和关键点(见表 3.2 第 1 行及第 4 行内容);三是回答"怎么做?"即在掌握战略系统和关键点后,对内部关键因素(管理和技术)进行剖析,找到瓶颈和突破瓶颈的方法(见表 3.2 第 2 行内容)。[③] 这些内容可概括为图 3.4。

(三)任正非的认知与价值观的扎根分析

对任正非关于创新创业讲话的扎根分析表明,任正非具有典型的"悖论整合"思维模式(见表 3.3):一方面,他体现出典型的"认知复杂性"的特征,即能够对某一事物的多个侧面进行认知和探索(如表 3.3 中的创新的多个维度/范畴),同时又能对每一范畴中的矛盾或对立的两种影响因素进行分析;另一方

---

① 任正非对华为长期战略目标的设定参见《华为基本法》第一条:"华为的追求是在电子信息领域实现顾客的梦想,并依靠点点滴滴、锲而不舍的艰苦追求,使我们成为世界级领先企业。为了使华为成为世界一流的设备供应商,我们将永不进入信息服务业。通过无依赖的市场压力传递,使内部机制永远处于激活状态。"这一市场导向的理想型宗旨规定了华为长期努力的方向和追求的目标,是依靠市场竞争能力为顾客创造价值并成为"世界级领先企业",而不是追求利润最大化。参见任正非(1998b)以及周君藏(2011)对任正非"理想型企业家"特质的讨论。

② 事实上,曾做过华为管理顾问的彭剑锋早时指出,"市场环境的变化、竞争格局的重塑要求企业摈弃机会主义时代的随意性决策,逐步建立起基于战略的系统性思维,同时要将战略构思同企业具体运作有效结合起来,使战略能够落地生根,使战略思想能够被战术化执行",参见彭剑锋、文跃然(2002)。一些国际学者也注意到优秀的美国企业领导人具有"整合式思维"的认知方式,并认为这些领导人在确定问题的影响因素、分析因果关系、感悟决策架构、提出解决方案过程中表现出与众不同的特点,参见 Martin(2007)。

③ 有日本学者将"从整体思考"称为"框架式思考力","从结论思考"称为"假设思考力","单纯地思考"称为"抽象化思考力",参见细谷功(2010)。

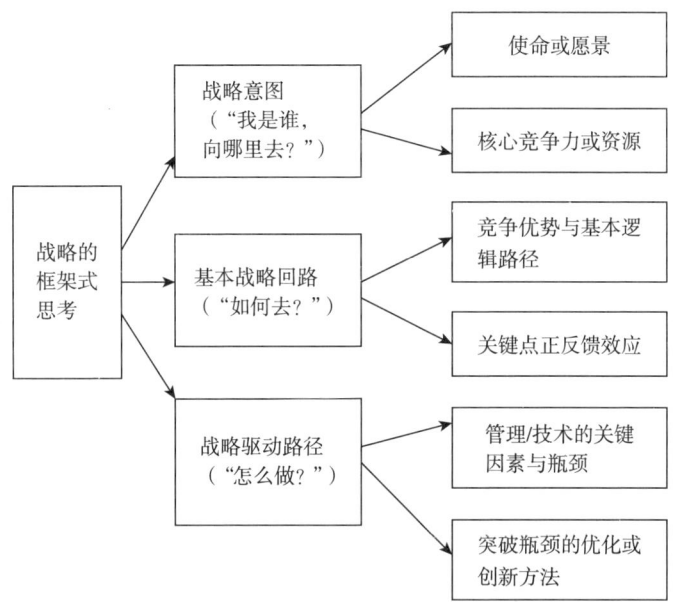

图 3.4 战略框架式思考：基本问题与关键要素

面，他能够在这两种矛盾因素中形成统一的对策，并且将相关的多侧面的范畴因素整合到对事物的整体认识和把握中（如创业创新必须以提升企业核心竞争力为中心）。

表 3.3 任正非的认知复杂性与悖论整合：以创业创新为例

维度	范畴	悖论整合	具体例证
技术研发	继承或创新	对产品负责，提升公司核心竞争力	"我们提出了在新产品开发中，要尽量引用公司已拥有的成熟技术，以及可向社会采购的技术，利用率低于70%，新开发量高于30%，不仅不叫创新，而是浪费。它只会提高开发成本，增加产品的不稳定性。"
研发者职业前景	机会多、经验少	以自我批判的创新精神坚持下去	"从今天开始，在座的青年和没有在座的青年们，如果你们用规范化的工作方法和开放性的新的思维来进行科技开发，那么，在五至十年后的中国大地上，在世界的科技舞台上，你们将有什么样的地位是可想而知的，至少在座的有相当一些人在世界上是可以排得上名次的专家、学者和商人。"

（续表）

维度	范畴	悖论整合	具体例证
研发人员年龄	年轻是优点或缺点	认真学习他人，要站在前人的肩膀上	"如果从80岁倒着长，人们将非常珍惜光阴，珍惜他们的工作方法和经验。当然，从80岁倒着长这是不可能的，但学习方法上是有可能的，我们如今有如此庞大的知识网络和科技情报网络，充分利用它们也就跟倒着长一样，只不过要有谦虚认真学习他人的精神才行。从这一点上讲，年轻是缺点，但也是优点。——因此我们要站在巨人的肩膀上，站在世界发达国家先进公司已经走过的成功的经验、失败的教训的基础上前进，这样我们就占了很大便宜，我们的生命就能放射光芒。"
创新的价值	冷门的或大众化的	以商业价值和公司核心竞争力提升为标准	"当前，我们的创新是有局限性的，就是提高华为的核心竞争力。有些人很不理解，我做出的东西，明明是最新的爆冷门的东西，他做出来的是大众化的东西，却要给他评出一个创新奖。我认为你做出的东西没有商业价值，就由人类来给你发奖吧。"
创新的程度	小发明或大创造	神奇化易是坦途	"伟大的发明并不一定稀奇古怪。故弄韵律的歌总唱不长。——我讲的这些小发明，都是一个时代的伟大创造。大家变着花样编软件，把软件精简了再精简，优化了再优化，就是贡献。"
研发的组织	规范或创新	有规范的创新	"不断优化的结果用毛泽东主席的八个字来总结是'团结、紧张、严肃、活泼'。若太严肃了，就会向英国靠拢；活泼是创新，规范化的创新，就是向美国学习，效益将会大幅地增加。"
创新的知识要求	知识渊博或敏锐	达到整体认识上的深刻	"一个人知识不是越渊博越好，一定要看破这个红尘。发明往往并不是知识渊博的发明，而是对事物敏锐认识的发明。一个老产品如果99.99%的软件是很好的，只有一点不稳定，一个人如果能做出这一点稳定，说明他对那99.99%了解得很透彻明白，否则他是找不出来这点的。"
创新的必要	发展或危机	大力加速改变现状	"麒麟山庄会议精神已传达了，但会后我们发现这个会议具有局限性，会议预测公司的危机可能在三年以后出现，而实际上，比这个估计更提前。既要发展，又要避开危机，唯有的办法就是要大力加速改变现状。"

(续表)

维度	范畴	悖论整合	具体例证
市场创新	国内市场或国际市场	全力争取市场机会	"第一个问题要寻找新市场,像哥伦布一样。市场部不就高歌'雄赳赳,气昂昂,跨过太平洋'嘛,他们现在不仅跨过了太平洋,而且还跨过了大西洋、印度洋,真的是在很艰苦的条件下生活,当导弹袭击伊拉克的时候,他们就在地下室,冒着炮火,不屈不挠地争取市场机会。"
产品创新	已有产品优化或增加新产品研发投入	两者都要,而且要围绕提高核心竞争力的目标	"正如我在QCC动员大会上的讲话,我们小改进如果不围绕提高核心竞争力这个大目标来做,我们做的也是无益的工作,如果我们的这个创新不跟随大目标,就会有很大的盲目性。危机可能到来,我们力求避开危机,我认为要加大投入,不加大投入,我们就会很危险。"
创新的外界环境	反对不利言论或自我改进	不公开应对而内部自我改进	"华为公司没有必要做出回答,因为时间将自然回答一切。不要分散我们狠抓内部管理的力量,同时,也要从别人的批评中,寻找自己的问题,加强自我批判。"

资料来源:任正非(1999)。

表3.3的分析表明,"悖论整合"(或所谓"灰度思维")可以作为任正非创新创业管理认知的核心范畴之一。实际上,在2000年以后,任正非就开始明确提出所谓的"灰色"理念。

> "灰色"就是黑与白、是与非之间的地带;灰色的定义就是不走极端,在继承的基础上变革,在稳定的基础上创新,在坚持原则和适度灵活中处理企业中的各种矛盾和悖论。(吴建国、冀勇庆,2006:89)

近年来,任正非本人的一篇讲话"管理的灰度"[①]则更加明确地体现了这一范畴的基础性和重要性。在这篇讲话中,任正非明确地指出:

> 一个领导人重要的素质是把握方向和节奏,他的水平就是合适的灰度。——一个清晰方向,是在混沌中产生的,是从灰色中脱颖而出,方向是随时间和空间而变的,它常常又会变得不清晰。并不是非黑即白,非此即彼。合理地掌握合适的灰度,是使各种影响发展的要素,在一段时间和谐,

---

① 即任正非(2010),曾用题是"开放、妥协与灰度"。事实上,早在2001年,任正非就提出管理变革必须以适用为目的,并提出了管理变革的"七反对"原则,即坚决反对完美主义、坚决反对繁琐哲学、坚决反对盲目创新、坚决反对没有全局效益提升的局部优化、坚决反对没有全局观的干部主导变革、坚决反对没有业务实践经验的人参加变革、坚决反对没有经过充分论证的流程。这些原则可以视作"灰度思维"在华为管理变革中的具体应用。参见任正非(2001b)。

这种和谐的过程叫妥协,这种和谐的结果叫灰度。(任正非,2010)

需要指出的是,任正非的这种"灰度思维"(或称"矛盾对立统一"),即我们所谓的"悖论整合",除了被任正非应用于华为的研发政策与管理外,它还被任正非广泛地应用于华为的战略目标、市场政策、组织设计(人员培养与文化建设),以及华为的产权与激励制度等诸多方面(见表3.4)。这表明,从更大的组织管理范围来看,基于"灰度思维"(或悖论整合)的"企业灰度管理"可以被认为是华为的核心管理特征之一。"灰度思维"(或悖论整合)作为任正非认知的核心范畴,运用例证见表3.4。

表3.4 任正非的"灰度思维"在企业管理中运用范例

维度	"灰度思维"(悖论整合)
战略目标	单一贡献/企业成长:解决短板,均衡的发展 质量/成本:有质量的低成本 竞争力成长/当期效益:寻找合二为一的利益平衡点
市场策略	国内/国际市场:相互联系的资源能力循环,寻找新市场 困难/顺利:冬天是可爱的,抓队伍建设"练兵";"居安思危" 胜/败:胜则举杯相庆,败则拼死相救
研发策略	继承/创新:对产品负责 新技术/成熟技术:及时变换队形(压强原则或扁平化) 自主开发/引进:在自主开发基础上广泛开放合作 基础技术研究/市场和系统集成牵引:深度和方向的协调
组织设计 (人员培养 与文化建设)	高层无为而治/基层英雄:建立规范的组织能力 组织:"团结,紧张,严肃,活泼",英式规范,美式创新 员工:年轻是缺点,也是优点,实行思想导师制 干部:承认核心价值观,并能进行自我批判 决策:提问题时尖锐,提意见时和风细雨 君子取之以道,小人趋之以利:提倡精神文明,但以物质文明去巩固资源 枯竭/文化生息:坚持以精神文明促进物质文明的方针
产权与激励制度	员工/管理者:寻找合二为一的利益平衡点(员工股份制) 顾客、员工和合作者:结成利益共同体,变矛盾为动力(合作合资等)

资料来源:根据任正非(1998b;1999;2001b)归纳整理。

为了进一步确认"灰度思维"(或悖论整合)作为任正非的认知核心范畴,本研究又从任正非自我认知、2002年以后任正非讲话主题分析、华为以前管理者及产业界的观察三个角度进行了三角验证,分析结果支持本文将"悖论整合"作为任正非认知核心范畴以及"企业悖论整合"作为华为管理核心范畴之一的观点。验证性分析的情况见附录 A3.1。

在分析任正非的认知模式的同时,我们试图探究任正非的背景及经历对其认知与价值观的影响。从扎根分析的角度,本文选择了任正非的(2001a)作为基本资料,我们认为这篇文章可以部分地凸显任正非的价值观及其来源,而任正非的价值观又影响甚至决定了华为的价值观和战略选择范围。因此,本文对这篇文章中涉及任正非价值观和个性因素的内容进行了开放式编码和主轴编码。简略地说,有以下几个主要发现:①父母的一生及其在"文化大革命"期间被思想改造的痛苦经历(让任正非看到大多数普通人被过高要求会带来个人痛苦,社会会付出代价)形成了任正非的"宽容"性格(对高级干部以外的员工)。②青少年时代,"大跃进"和自然灾害时期家庭的困苦生活经历和父母的不自私(通过自己的日常体验及父母的行为示范)塑造了任正非"不自私"的价值观。③"文化大革命"期间在大学和部队的经历,以及父亲等老干部在"文化大革命"结束后不计得失、全身投入的奉献精神(通过自身习惯与父母言传身教)塑造了任正非"不争荣誉"、对奖励"热不起来"的低调风格和"忠于事业"的价值观。需要指出,任正非的"不自私""宽容""忠于事业"等价值观与其认知模式共同影响了华为的战略发展、制度创新与领导行为(详见第五部分和附录 A3.1),它们应该被视作任正非认知分析的重要组成部分。

四、"战略框架式思考""悖论整合"与企业竞争优势

在前面的分析中,我们发现了任正非的"战略框架式思考"和"悖论整合"两个典型认知模式。在本节中,我们将进一步探讨这两个认知模式对华为的战略行为和竞争优势的影响及其作用机制。Liedtka(1998)归纳了战略思维的五个特性:系统性视角(systems perspective)、意图性(intent focus)、时间思维(thinking in time)①、因果(假设)驱动(hypothesis driven)和机智性(intelligent opportunism)。② 我们将根据这些特性来分析这两个模式的特征。然后,我们将根据竞

---

① 所谓的"时间思维"是指过去、现在和未来的相关关系,即为了实现未来的目标,需要对过去做哪些扬弃,现在又需要创造什么新事物。参见 Liedtka(1998)。
② 中国一些学者认为,战略思维是针对广阔的事物格局做出宏大深远的决策,以期按照目的支配事物现实格局的演变;战略的机制在于通过某种行动诱导整体形势向战略目标演化;其主导内容是具体的因果关系链条而非抽象的理论概念;战略思维包含着主观能动的因素,怎样构造一个对策环节,以及怎样把握和应付进一步的现实反应,都有相当的自由性和灵活性,需要机智来创造性地在动态思维取向中完成战略思维。这些看法与西方学者的看法是很类似的。参见韩沛伦、崔平(2006)。

争优势的资源基础观（Barney，1991）——战略性能力或资源必须是有价值的（value）、稀缺的（rare）、难模仿的（inimitable）、难替代的（nonsubstitutable）——分析在中国经济转型期的复杂动态环境下，领导人的"战略框架式思考"和"悖论整合"认知模式为何具有产生持续竞争优势的潜力，换言之，它们如何成为转型经济中企业的一种战略能力。

分析图3.4中"战略框架式思考"的三个基本要素，我们可以发现它体现了战略思维的典型特征。首先，战略意图是一系列战略选择的出发点，战略使命和核心竞争力/资源的确定使企业具有明确的意图焦点，解决了"我是谁？向哪里去？"的战略本质和目标定位问题，使得企业努力和资源配置有了方向；其次，基本战略回路则在确定基本竞争战略（即波特所说的一般竞争战略）的基础上，明确竞争优势产生的前因后果及正反馈效应，使战略具有明确可行的路径和逻辑，体现了系统视角和因果驱动等特征；最后，战略驱动路径则进一步明确了战略系统在现实中的瓶颈和解决推进方法，体现了系统性、时间思维和因果驱动等特性。这三个要素及其结合，系统地回答了"我是谁？向哪里去？""怎么去？""如何做？"等企业基本问题，而它们被认为是企业生存和持续发展的关键（德鲁克，1987）。在案例中，任正非从创业早期就树立了"使华为成为世界级企业"的梦想，并且一直强调："'为客户服务是华为生存的唯一理由；客户需求是华为发展的原动力。'这是华为公司一直以来的认识，也是华为企业战略的核心。"（任正非，2011a）事实上，正是任正非对这种"市场导向型世界级企业"的理想图景的坚持，才使得华为在数十年的发展中展现出一种与众不同的决绝与坚定："从早期简单客户关系的朴素性，到'普遍社会关系'的全面融入，再到《华为基本法》中提出的'为了使华为成为世界一流的设备供应商，我们将永不进入信息服务业'的决然，再到'为客户服务是华为生存的唯一理由'的理念化"（周君藏，2011：63）。作为任正非"战略框架式思考"的出发点和落脚点，"为顾客创造价值的世界级企业"反映了其战略意图的长远性和理想本质，而强调高性价比的动态竞争战略和强调内部管理与技术能力突破的战略推进回路（见图3.3）突显了任正非对华为优劣势的认识及有效利用，体现了战略思维的系统性、竞争性、动态性和可操作性的有效结合，从战略思维上保证了华为在坚持理想的前提下，发展和利用企业的相对竞争优势，提升企业的内在竞争能力。由此，我们假设，在中国转型经济中这种战略思维和构架能力，是一种有重要价值而又稀缺的能力。利用竞争优势的资源基础观，我们可以对"战略框架式思考"对企业持续竞争优势的影响进行更加系统的理论分析，相关结果见表3.5的概括。

对"悖论整合"认知模式及其对华为竞争优势的影响,可做类似的分析。首先,从表3.4中,我们可以发现:任正非把"悖论整合"认知模式广泛地应用于华为的战略目标、市场策略、研发策略、组织设计、产权与激励制度等诸多关键领域的管理指导,形成本文所谓的企业领导人"悖论整合"的主要维度/范畴。其次,我们发现这些"(企业)悖论整合"具有一系列的战略思维特征。例如,对企业长短期目标的协调具有典型的意图性和时间思维特性,成本/差异化(质量)的统一、技术利用与开发的平衡、员工与管理者的利益整合等具有典型的系统性、意图性和机智性特性。更进一步,我们可以利用竞争优势的资源基础观,对"悖论整合"对企业持续竞争优势的影响进行系统的理论分析。不难发现,在这些企业关键领域,"悖论整合"是有重大价值的,因为它可以促进企业在具体策略上的合理化与创新。例如,"悖论整合"被用于华为的长短期目标协调(通过"员工股份制+年度分红"来平衡竞争力成长与当期效益的冲突),竞争战略或手段的整合(通过实现有质量的低成本及良好服务等),技术核心竞争力的形成(通过平衡继承与创新、引进与自主开发的冲突),员工、管理者和合作者的利益协调(推行员工股份制及合作合资制度),企业文化的建设(强调"英式规范+美式创新",干部既要承认华为核心价值观又能自我批判等),以及对人员的领导(强调组织能力而达到高层无为而治与基层英雄的统一)等。同时,"悖论整合"(灰度思维)的具体运用又是独特的、情境化的,需要根据具体情况而把握,这使得它具有相当的创新性(稀缺性)和难模仿性、难替代性。[①] 从这个意义上讲,基于任正非"灰度思维"的"企业悖论整合"体现了战略思维的系统性、意图性、机智性和创新性[②]的统一,是华为作为一个企业组织的"灵魂之魂",是华为战略管理的一个核心认知范式。[③] 正如任正非所说的,"任何事物都有对立统一的两极,管理上的灰色,是我们的生命之树。"(任正非,2009)这句话准确地表达了"悖论整合"在华为管理中的基础地位。

---

① 例如,一位曾在华为担任中层以上管理者的前华为人描述华为的高薪水为"一半是现金,一半是股份",员工往往需要把新发的薪水(工资+分红)的大部分——甚至通过再贷款——投入到公司购买股票,从而形成了"不离开就一直欠华为的钱"的局面。这种员工股份制和年终分红方式"创造性"地把员工和公司结合成为一个长期利益共同体,形成"一荣俱荣,一损俱损"。参见张利华(2009:72-94)。

② 一些西方学者明确地指出战略思维最根本的要素是策略性创造力,"由于策略性思维处理的主要是复杂的问题、不确定性和含糊性,并且涉及发现被别人忽视了的解决方法,因此,实践者在方法上应该具备创造性这一点是极其重要的。"参见克雷格·勒尔(2001:3)。

③ 任正非认为,"坚持因地制宜、实事求是的管理进步"是华为组织的两个"活的灵魂"。我们进一步提出,基于认知复杂性的"悖论整合"(即任正非所说的"思想上艰苦奋斗"与"灰度思维")是"因地制宜、实事求是的管理进步"的前提条件,因此,这里称其为"灵魂之魂"。参见任正非(2009)。

事实上，任正非的"战略框架式思考"和"悖论整合"认知模式确实对华为的竞争优势和持续发展产生了显著的影响。我们针对华为公司文档和华为以前中高层管理者的论述及访谈资料的内容/事件分析也支持了上述观点。附录A3.2（上半部分）概括了本研究归纳的任正非"战略框架式思考"和"悖论整合"影响华为长期发展的主要途径和一些事实证据。

根据表3.2、表3.4的归纳和附录A3.2（上半部分）的经验事实，我们认为任正非的"战略框架式思考"和"悖论整合"认知模式促进华为形成了合理的（或创新的）——符合一般战略思维特性，又适应独特的环境和自身条件的——经营战略[①]，以及产生了任正非所谓的"因地制宜、实事求是的管理进步"（包括员工股份制、干部和企业文化培养等）。同时，结合以上对企业领导人"战略框架式思考""悖论整合"认知模式主要维度/范畴的界定及其对转型经济中企业竞争优势影响的理论分析（见表3.5），我们可以更一般地认为：企业领导人的"战略框架式思考""悖论整合"认知模式或思维方式，体现了战略思维的要求，并且可以作为转型经济中企业的一种战略能力，对持续竞争优势产生积极作用。由此，我们在利用已有概念，特别是"悖论式认知"（Smith and Tushman，2005）概念内涵的基础上，提出如下两个正式命题：

命题1 在转型经济中，企业领导人的战略框架式思考通过对企业长期目标、动态竞争逻辑和内部技术与管理能力瓶颈及其关系的构思或谋划，可以促进企业形成合理或创新的经营战略，从而对企业持续竞争优势产生促进作用。

命题2 在转型经济中，企业领导人的悖论整合思维通过对企业目标、市场竞争方式、技术研发、利益分配、人员领导和文化培育领域的矛盾要素的包容与平衡，可以促进企业形成合理/创新的经营战略或管理进步，从而对企业持续竞争优势产生促进作用。

值得强调的是，上述的企业领导人"战略框架式思考"和"悖论整合"思维的作用和价值，在转型经济中的动态复杂经营环境下，才能更好地体现出来。在相对静态和简单的环境中，其作用非常有限甚至无法体现（如在垄断性或弱竞争的产业领域）。事实上，华为所在的通信设备制造和服务产业正是中外企业（包括跨国公司）激烈竞争的竞争性产业，同时也是一个技术密集型产业，其经营环

[①] 这里所谓的合理的（或创新的）经营战略，包括明确的长期目标、适应性的竞争战略和形成核心竞争能力等相关要素。具体到华为案例，包括其成为世界一流市场型企业的宗旨、整合低成本/差异化的竞争战略，以及注重形成核心竞争力的技术研发策略等。参见表3.5的相关内容以及吴春波（2009）对华为2005年战略定位的讨论。

境是复杂的,技术变化是快速的,并且处于中国制度环境不完善与经济转型发展的大背景下(武亚军,2009),正是这种复杂动态环境使得任正非所具有的这两种思维模式的价值得以充分发挥出来。

表 3.5 领导人"战略框架式思考"与"悖论整合"作为转型经济中企业的一种战略能力

思维模式	主要范畴	战略思维特性	转型经济中价值贡献	转型经济中稀缺性、模仿和替代性[a]	持续竞争优势潜力[b]
战略框架式思考	战略意图	意图性、因果驱动	明确最终价值与核心资源	基本出发点,相对稀缺,难替代	较高
	基本战略回路	系统性、时间思维、因果驱动	确定企业竞争优势及其基本生成机制	相对稀缺,正反馈的强化效应难模仿,难替代	较高
	战略驱动路径	时间思维、因果驱动、机智性	明确需突破的战略瓶颈	相对稀缺,针对具体情景不易模仿,有一定替代性	中度
悖论整合	企业长期、短期目标协调	意图性、时间思维	长期竞争力与短期效益协调,可持续发展	稀缺性高,难替代	较高
	低成本/差异化竞争手段	系统性、意图性、因果驱动	形成综合的高性价比竞争优势	稀缺性高,难替代	较高
	技术研发中的利用与探索	系统性、意图性、机智性	适应市场的技术创新,提高顾客价值	稀缺性高,不易模仿,难替代	较高
	员工、管理者和合作者利益	系统性、意图性、因果驱动、机智性	多种利益相关者满意和资源获取	不易模仿,难替代	较高
	领导行为(领导复杂性)	系统性、因果驱动、机智性	针对下属的差异性领导,人力资本培养	有一定模仿性,有一定替代性	中度
	企业文化(多元文化融合)	系统性、因果驱动、机智性	培养适应市场经济的规范和创新精神	不易模仿,难替代	较高

注:a.稀缺性、模仿和替代性是与转型经济中其他企业相比较而给出的评价;b.系统某一要素可能具有一定模仿性或替代性,整个系统由于要素相互作用产生持续竞争优势的潜力较高。

五、迈向一个基于中国情境的高阶层视角的战略领导整合框架

(一)"超越性价值观"与企业长期绩效

在前面的分析中,我们发现了任正非的"不自私""宽容"和"忠于事业"的价值观及其家庭、经历的影响。正像任正非所说,他的不自私是从父母身上看到的,华为这么成功与他不自私有一点关系。事实上,任正非"不自私"和"不计个人荣辱,忠于事业"的价值观影响了华为很多重要战略选择。比如,任正非的"不自私"(尊重员工利益)和"忠于(远大)事业"促进了华为很早就在员工中推行股份制和"知识资本化"政策,并且把股份制和知识资本化作为"宪法"写进《华为基本法》,促使"在顾客、员工和合作者之间结成利益共同体""不让雷锋吃亏,奉献者定当得到合理回报"成为公司的核心价值观,促使"知识资本化"和"变矛盾为动力"成为华为核心利益分配原则(武亚军,2009)。一个重要的事实就是,任正非作为创始人和实际最高领导人,其个人名下的公司股份比例非常低,仅占1.42%,而原本其个人在华为创建时拥有1/6的股份(张利华,2009),在华为二十多年的发展中任正非主动地将其个人股份比例稀释到上述水平(到2010年,公司约有6.15万员工持有公司98.58%股份)。① 如果没有任正非"不自私"和"忠于事业"价值观的支持,上述股份比例的调整是不可能的,任正非所拥有的个人"绝对财富"和"股份比例"也会比现在大很多(张利华,2009)。事实上,通过员工股份制,一方面,华为在早期发展时期可以获得相对稀缺的资金;另一方面,公司员工每年可以获得不少分红,这显著地增强了公司知识型员工的工作积极性(张贯京,2007)。同时,通过员工股份制,华为可以在长期竞争力和短期效益之间、员工和管理者之间形成平衡(武亚军,2009)。据此,我们可以认为,华为创新性的"员工股份制"产权制度及激励体系就是任正非"不自私""忠于事业"价值观和"悖论整合"思维(员工和管理者利益、短期利益和长期竞争力的矛盾整合)等因素结合的产物。事实上,按照经典的价值观理论(Bilsky and Schwartz,1994),"不自私""宽容"和"忠于事业"的价值观可以归为"自我超越"(self-transcendence)价值观,它包括普遍主义(universalism)和仁爱(benevolence),它与"自我加强"(self-enhancement)价值观(包括权力和成就等)形成

---

① 任正非和华为员工持股比例来源于华为(2010)。从总体上看,华为公司的股份状况及公司治理仍有透明化和改进的空间。

鲜明对比①。由此,结合任正非和华为的案例,我们可以提出如下的命题:

命题3 在转型经济中,那些具有超越性价值观("不自私""忠于事业")的企业领导人,更可能由于其远大事业追求和尊重员工利益而创立共享型企业产权或利润分享型激励制度。

此外,我们发现,任正非的超越性价值观(对高级干部以外的员工"宽容")、社会复杂性认知和悖论整合思维共同影响了其对下属采取差异化的领导行为。正如任正非所说:

> 我主持华为工作后,我们对待员工,包括辞职的员工都是宽松的,我们只选拔有敬业精神、献身精神、责任心、使命感的员工进入干部队伍,只对高级干部严格要求。这也是亲历、亲见了父母的思想改造的过程,而养成了我宽容的品格。(任正非,2001)

"宽容"价值观使任正非可以更好地感知不同层次、不同类型员工的特点和需要,并在条件许可的情况下予以满足。② 比如,在1998年以后的二次创业期间,任正非强调对高层干部严格要求,同时建立制度规则,实现高层的无为而治,而对于基层员工,则鼓励他们努力工作,展示英雄行为。这体现出任正非在领导行为上采取一种根据对象而差异化的复杂领导行为。事实上,任正非在与员工的直接接触中,时常因其不经意间的"仁爱"或"人性"行为而让员工感受到其人格魅力,进而对员工产生长期而深远的影响(汤圣平,2004:286;周君藏,2011:6)。因此,我们认为,这种基于超越性价值观的、差异化的复杂领导行为满足了不同层次企业成员的特点和需要,使其得到有效激励,同时有利于企业不同类型人力资本的培养和人本型企业文化建设,与企业持续发展的要求相一致,因而其长期效果也会更好。按照此种逻辑,我们提出如下的命题:

命题4 在转型经济中,那些具有超越性价值观("宽容""忠于事业")的企业领导人,更可能展示对企业员工的复杂性领导行为,进而增强人力资本和企业文化培育,从而对企业长期绩效产生正面影响。

---

① 个人价值观的另外一个主要范畴涉及对变革的开放性(openness to change)或传统性(conservation),前者包括自我定向、激励,后者包括安稳、遵从等,参见 Bilsky and Schwartz(1994)。任正非"勇于自我批判"可被认为是变革开放性价值观的体现。在员工和产业观察家眼中,任正非也被认为是"华为进步最快的人",参见周君藏(2011:130)。此处,我们尚未对任正非的变革开放性价值观及其作用进行分析和探讨。

② 对一般员工"宽容"而对高级干部"严格要求",并不意味着否定任正非的"宽容"价值观。作者认为,对高级干部"严格要求"恰恰是任正非"忠于事业"价值观的体现,因此,这种差异对待可以看作任正非超越性价值观(包括"不自私""宽容"和"忠于事业")系统作用的结果。

高阶层理论已经指出,领导人或高管的认知和价值观等影响领导人的选择性认知、解读和战略选择(Hambrick and Mason,1984;Hambrick,2005)。本文对任正非的认知研究已发现,在中国转型经济中的复杂动态环境下,企业领导人的这些认知模式与超越性价值观会通过影响企业战略合理化/创新(途径1)、产权或激励制度创新(途径2)和领导行为的有效性/人力资本与企业文化(途径3)等对企业长期绩效产生影响。前面的分析已经表明,华为的分享型企业产权或激励制度是任正非的超越性价值观和悖论整合等因素的产物。从理论上讲,在一个动态复杂环境或技术密集型产业中,类似华为的这种分享型产权或激励制度创新至少可以产生如下几种作用:①它可以强化有效的企业战略对企业长期绩效的正面影响。这是因为,分享型的企业产权或分享型激励制度,可以提高企业员工的战略执行承诺,或者减少战略执行的成本,从而增加企业当前效益(盈利性);同时,这种制度性安排使企业的长期增长战略与员工的利益相一致,从而增强企业增长性战略的效果。②由于利益一致性,它可以增加中基层管理者和员工的工作自主性和主动性,这种主动性行为可以使中基层管理者/员工根据实际工作问题而采取具有针对性的及时的解决方案,从而提高企业的当前效益或增长性。③它可以强化差异性的复杂领导行为的正面效果。由于在复杂动态环境或技术密集型产业中,有效的高层领导往往涉及变革型领导或魅力型领导,这种领导行为会因为企业的分享型产权或激励制度而被下属认为是可信的和真实的,因而会增加其可信度和领导的有效性,从而增强人力资本和企业文化培育,促进企业的效益或长期增长。事实上,虽然华为的"员工股份制"仍存在相当程度的"灰色"和"不规范性",但其积极作用已经被观察家、企业员工和研究者广泛指出(汤圣平,2004;张贯京,2007;张利华,2009;黄丽君、程东升,2010;周君藏,2011;武亚军,2009)。由此,我们可以提出如下的命题:

命题 5 在转型经济中,企业的分享型产权或利润分享型激励制度,通过提高经营战略的执行力、激励员工采取主动行为或增强人力资本和企业文化培育,可以对企业长期绩效产生正面影响。

(二)迈向一个基于中国情境的战略领导整合框架

以高阶层理论为基本视角(Hambrick,2005),结合前面案例研究提出的转型经济复杂动态环境下企业领导人的"战略框架式思考""悖论整合"认知模式和"超越性价值观"对企业战略和产权制度创新等的作用(命题1—5),以及战略领导的认知和行为复杂性理论(Hooijberg,Hunt and Dodge,1997),我们尝试提出一个以中国经济转型为背景的本土优秀企业的战略领导系统框架(见图3.5)。这一框架以转型经济的动态复杂环境为背景,以华为任正非为案例原型,将企业领导人的战略思维模式、超越性价值观和企业战略发展、产权和激励制度创新以及领导行为整合成一个包含三类基本要素的系统,即领导人认知模式与价值观——企业战略领导要素(制定经营战略/产权制度创新/领导行为)——企业长期绩效。形成整合框架的基本过程如下:①将命题1—5展示的概念与逻辑关系用一系列关联的方框图加以展示。②在图上增补认知复杂性对悖论整合的正向作用,超越性价值观对悖论整合的正向作用,社会复杂性对领导行为复杂性及企业分享型产权或激励制度创新的正向作用(图3.5中的虚线关系,这四者未在命题中加以阐述,但在任正非案例中都有体现,如"忠于事业"可以为"悖论整合"提供高阶原则,见表3.3和附录A3.2)。③考虑命题发挥作用的背景和边界条件,将整个框架限定在中国转型经济的复杂动态情境下。这一框架描述了以任正非为案例的优秀企业领导人的战略领导的关键要素、认知基础及其与企业长期持续发展的关系,与其对应的基本构念、主要关系和支持性证据,详见表3.5和附录A3.2的概括。

这里,我们可以借用一位对任正非有过近距离观察的前华为人的思考来加深对图3.5中的关键要素及其关系的理解。正如曾做过《华为人》12年主编的周君藏在讨论任正非的独特能力时所指出的:

> 若问任正非最擅长的是什么?答曰:是打铁,是打压,是打造平台,是打造没有任何明显优势或任何因素都不构成支配力量的平台。这就是我们所说的任正非与一切竞争的事理基础。打铁是锻打华为人,把一种不错的材料锻造为堪当大任的真材实料;打压是打压惰性和不思进取的行为模式,如形式主义、教条主义、官僚主义、江湖习气、唯命是从、个人英雄主义等,这些都是打造平台的内在组成部分。(周君藏,2011:106)

他所谓的"锻打华为人""打压不良行为模式"可归于图3.5中的"领导行为(复杂性)"和"人力资本和企业文化(培育)"的范畴,"打造平台"则泛指任正非所推动的华为的企业制度化建设(包括我们这里特别强调的员工分享型产权与激励制度)。这表明,"华为人/文化""企业制度(平台)"两个要素和经营战略合理化/创新构成了华为长期发展的三条重要影响途径。同时,我们从图3.5中也可以清晰地看出"悖论整合"在任正非企业管理认知体系中的核心地位,这构成了任正非所说的"管理上的灰度是我们的生命之树"命题的认知基础。事实上,正如周君藏所指出的:

任正非有两项独特的发明,一项是知本主义(任正非的认知能力指在实际中获得真知,同时也在实践中运用、履行这种真知①),一项是华为平台……一个务虚,一个务实……知本主义和华为公司这个企业组织,两者是紧密关联的,正是务虚的知本主义成就了华为这个组织实体。很可能,正是从这个角度,任正非在一定程度上重新定义了中国企业家的内涵和中国公司的概念。(周君藏,2011:127)

应该说,作为与任正非有过长期接触的前华为人和离开华为后的产业观察家,周君藏的描述和概括是较全面和贴近实际的,他的描述从"素描画"或"内部人"视角为图3.5以任正非为案例所提出的系统框架提供了支持。

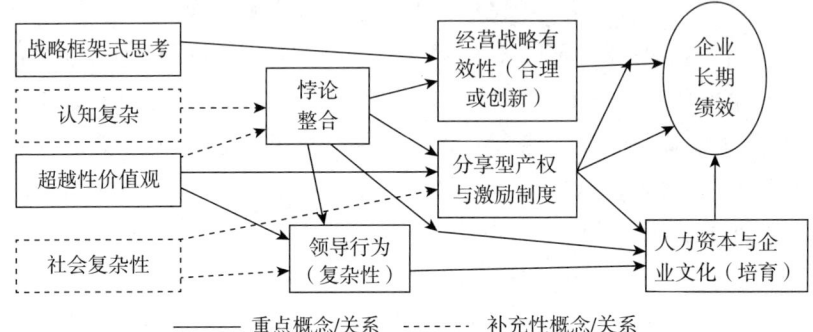

图 3.5　复杂动态环境下领导人认知、价值观与战略领导:以任正非为案例的一个系统框架

(三) 对整合框架的进一步讨论与延伸

1. "悖论整合"、中西思维融合与战略创新

"悖论整合"作为任正非的基本思维模式之一发挥了重要作用:第一,它促进了华为战略中的长期与短期或探索与利用的平衡(吴春波,2009;March,1991);第二,它与任正非的超越性价值观一起促进了华为分享型的企业产权制度创新(汤圣平,2004);第三,它促进了任正非的复杂性领导行为和企业文化的培养。事实上,任正非自己认为华为成功的基因就是"中庸之道"(王育琨,

---

① 括注为作者根据周君藏的概括所加。周君藏对于任正非的认知能力,即他所谓的"知本主义",并未形成一个明确的看法,但他在不同的地方指出,"知本主义"是任正非的认知—实践思维模式,是"在思想上艰苦奋斗",是"思想开放""实事求是",是一种高境界的"言行一致",它以任正非"自我批判"精神为前提,是华为"内源性的力量",而且"其必然会带来创新"。这和我们提出的任正非的"认知复杂性""悖论整合""战略框架式思考""超越性价值观"等特征及其作用有高度的一致性。参见周君藏(2011:115-140)。

2011)。这里所谓的"中庸"并非是无原则地"和稀泥",而是**在坚持原则和方向（理想）的前提下,将矛盾的双方创造性地加以平衡和融合,从而形成对立中的统一、动态中的平衡、有原则的妥协**,即任正非所谓的"灰度管理"。①

华人学者陈明哲教授（Chen, 2002）从中西方思维的特点出发,认为西方的思维倾向于分类和分析,而中国的思维倾向于整合和包罗万象。在面对矛盾问题时,西方思维典型的解决方案是逃避、面对或者超越,而东方的思维大多是折中的思维,倾向于矛盾的整体性（Nisbett, 2003）。因此,陈明哲提出了"悖论整合"或"悖论超越"的观点,倡导在东西方思维方式之间建起桥梁,即既承认矛盾双方的对立性,同时又利用其统一性。② 事实上,任正非的思维就是典型的"悖论整合"或"悖论超越"思维,用任正非的话讲就是"灰度思维",即"并不是非黑即白、非此即彼,而是使各种影响发展的要素在一段时间和谐"。具体到华为二次创业时期的动态化高性价比竞争战略,其本质就是一种创新性地将速度、低成本与差异化相结合的战略（见表3.2）。③ 应该说,这种"悖论（矛盾）整合"思维在中国经济转型发展时期是可以产生比较大作用的,因为转型发展中充满了大量复杂而快速的制度转变与利益矛盾,同时,中国经济的开放与发展要求中国企业在国际化竞争中提供高性价比的产品及快速的反应,这都是"悖论整合"可以发挥重要作用的领域。实际上,近年来,国际上著名的华人战略学者就基于中国一些企业（包括华为）的实践,提出了若干有影响的企业战略新概念,如"低成本创新"（曾鸣、威廉姆斯, 2008）、"竞合超越"（Chen, 2008）、"双元战略"（Luo and Rui, 2009）。因此,我们相信,中国优秀的企业领导人在传统思维方式（如"中庸"和"阴阳"辩证系统思维）的基础上,吸收西方分析性和竞争性思维的精华,结合中国的实际,是有可能发展出世界范围内具有优势的战略思维与战略创新模式的。

---

① 一些任正非和华为的近距离观察者可能在此点上发生不同的判断,例如,周君藏认为任正非绝不中庸,绝不"和稀泥",而且坚决反对下属干部无原则地"和稀泥"。抱怨与中庸,是中国文化之中类似基因似的负面因素。而王育琨（2011）则认为,"以这样对中庸有所偏颇的理解来判断,显然过于急促和草率。"他援引任正非的话指出"中庸之道"正是任正非和华为的成功密码。吴春波（2009）也明确指出"均衡是华为管理的最高哲学"。本文作者认为,以上两个观点并无本质上的差别,只不过前者更强调任正非思维的原则性或理想性,后者更强调其理想性对现实的妥协。事实上,周君藏就曾用"正向经营+灰色哲学"或"务实的理想主义"来概括任正非的认知模式,参见周君藏（2011: 80）。

② 简单地说,西方分析性思维强调一分为二（either/or）,东方系统性思维强调两者合一（both/and）。陈明哲倡导的中西融合的超越性思维,是指既一分为二,又合二为一（either/or-both/and）,在这一系统中矛盾的双方可以呈现"独立的双方""相联系的对立""相依赖的对立"三种状态,参见Chen(2008)。

③ 在华为全面国际化发展阶段,任正非要求管理层在海外市场拓展时根据市场情况采取"乱中求治"或者"治中求乱"。他强调"市场不是绘画绣花,不光是精细化管理,一定要有清晰的进取目标,要抓得住市场的主要矛盾与矛盾的主要方面……要敢于胜利,才能善于胜利"。这体现了任正非悖论整合思维的新运用。参见任正非(2007)。

2. 中国传统价值、超越性价值观与"传统的创造性转化"

这里需要对中国传统价值观在本土企业发展中的作用做进一步的讨论。显而易见,在中国经济的转型发展过程中,市场经济制度是与企业家、企业组织的发展共同演进的。中国传统文化(包括传统思维方式和价值观)会通过各种方式影响到中国企业的组织与管理。在21世纪多元现代性、互联网技术革命和全球化竞争背景下,中国企业的发展需要强有力的文化和价值观核心,才能在国际化竞争中处于不败之地。事实上,我们常听到中国优秀企业家谈到"小小企业做事,大企业做人"及"小胜靠智,大胜靠德"等经营秘诀①,其道理正在于此。毫无疑问,日益激烈的全球化竞争要求中国企业家有选择地对传统文化进行"扬弃",在吸收西方优秀文化因素的同时,实现"传统的创造性转化"(林毓生,1988),才能创造融合东西方文化的"双元文化管理模式"(Chen and Miller,2011)。正如任正非所言:

> 我们20年来,有自己成功的东西,我们要善于总结出来,我们为什么成功,以后怎样持续成功,再将这些管理哲学的理念,用西方的方法规范,使之标准化、基线化……只有这样我们才不是一个僵化的西方样板,而是一个有活的灵魂的、管理有效的企业。(任正非,2009)

我们的案例研究表明,任正非的超越性价值观(如"不自私""宽容""忠于事业"),一方面直接受到自身家庭和经历的影响,另一方面也潜在地受到中国传统文化的影响(如儒家的"和""仁"文化)②,同时也在其追求有终极意义的事业中得到强化和升华(如"不争荣誉""低调")。在中国企业成长过程中,企业领导人能否以超越性价值观为基础,吸收传统文化的精华(如儒家的"和""仁"),塑造"敬业""奋斗""分享""创新"等市场经济普适性企业文化,并且通过制度加以固化,将影响中国企业的国际化成长与长期发展(武亚军,2009;吴春波,2011)。显而易见,中国企业包括华为、联想、阿里巴巴等本土优秀企业,要真正做到"基业长青"(Collins and Porras,1994),仍需要经受企业核心价值观的挑战与考验(柳传志,2007)。在这种挑战面前,采取"传统的创造性转化"和"中西融合

---

① 事实上,任正非让人在华为公司培训中心前立了一块石碑,上面刻着"大胜在德,小胜靠智"。参见周君藏(2011:88)。

② 中国传统文化对任正非的思维方式和价值观的影响途径仍需要进一步研究。除了前面讨论的家庭背景和成长过程对其价值观的影响外,对中国近代历史的反思、对毛泽东思想的学习、部队经历和早期在国有企业工作受的挫折对其思维方式和价值观都可能产生过影响。参见周君藏(2011:39-52)对任正非"以市场为领地"思想来源的讨论。

创造"的态度与方法,既是需要的,也是必要和可行的(Chen and Miller,2011)。

3. 中国转型环境下企业战略、制度与文化的关系

在中国转型发展的复杂动态环境下,企业的战略、制度和文化对企业长期发展有着重要作用。正像我们在任正非案例中所看到的那样,一方面,企业领导人通过"战略框架式思考""悖论整合"等来确定有效(合理或创新)的企业战略,从而为企业长期绩效奠定基础;另一方面,企业需要解决持续发展的动力问题和中基层管理者的创新能力问题,而它们需要企业产权或激励制度的支持以及高层的有效领导(王辉、忻榕和徐淑英,2006)。可见,在转型经济的复杂动态环境下,制度(平台)与领导行为对企业长期绩效会产生不容忽视的重要作用。因此,本文将有效的企业战略、产权或激励制度创新和差异化人本型领导视为经济转型期中国企业战略领导的"三大要素"(见图 3.6)①。在案例中,"用规则的确定来应对环境风险和结果的不确定性"(任正非,2009),就是任正非对制度及其创新在动态复杂环境下重要性的认知体现。事实上,任正非推动制订的《华为基本法》既是对创业期华为企业战略和文化的系统总结,也是华为在二次创业期打造一系列制度平台的基石和开始(周君藏,2011)。此外,在动态环境下经营的中外著名企业家有"人先策后"(韦尔奇,2001)或"班子领导力"的提法(柳传志,2007),其核心在于组建合适的管理团队并且通过差异化人本型(或变革型)领导行为——通过培养人和培育企业文化——影响组织成员为企业长期目标而努力。从本质上说,领导人设计战略相当于"报时",而建立制度和文化相当于"造钟",卓越的企业领导人不仅要"报时",更要善于"造钟"(Collins and Porras,1994)。这意味着处于转型环境中的中国企业必须系统看待战略、制度和文化的相互关系,特别是其互补性和(或)替代性,并且需要根据环境变化做出配置调整,以利于系统的整体优化。显然,图 3.5 所示的系统框架可以为此提供了一个基本的参照。

结合案例分析及前述对中国转型期外部环境与文化背景的讨论和已有的高阶层视角的战略理论,我们尝试给出一个基于中国转型情境的新兴成长型企业的战略领导整合框架。形成该框架的基本逻辑过程如下:①将图 3.5 中领导人

---

① 这里,我们所做的一个引申是,差异化复杂性领导除了可以培养直接下属的人力资本(包括动机和能力),也会通过领导示范行为及次一级管理者对其下属的领导行为促进企业形成特定的人本型企业文化,从而为企业长期发展提供精神动力。如任正非所言:"在这 20 年的痛苦磨难中,我们终于确立了'以客户为中心,以奋斗者为本'的企业文化,它使公司慢慢走出了困境。"参见吴春波(2009)对于华为企业核心价值观特征及作用的讨论。

的认知和价值观因素整合到一个方框图中,将企业层面的三个行为要素整合为一个系统,其间的基本逻辑关系保持不变。②以高阶层视角为依据,将转型期企业内外部环境、领导人背景和中国文化背景作为前置因素放入系统中,并补充高阶层战略理论中环境对企业战略行为的选择作用、企业领导人认知因素对企业绩效的直接影响两条作用途径(Hambrick and Mason,1984)。③结合从高阶层视角对华为、联想等本土新兴成长型企业战略发展模式的研究(武亚军,2009),本文将整合后的框架推广到转型期新兴成长型企业的一般范围内。经过整合、简化和推广之后的框架如图3.6所示,它包括"转型期客观环境、领导人背景和中国文化——领导人认知和价值观——企业战略领导要素——企业长期绩效"四个相联系的内容模块。

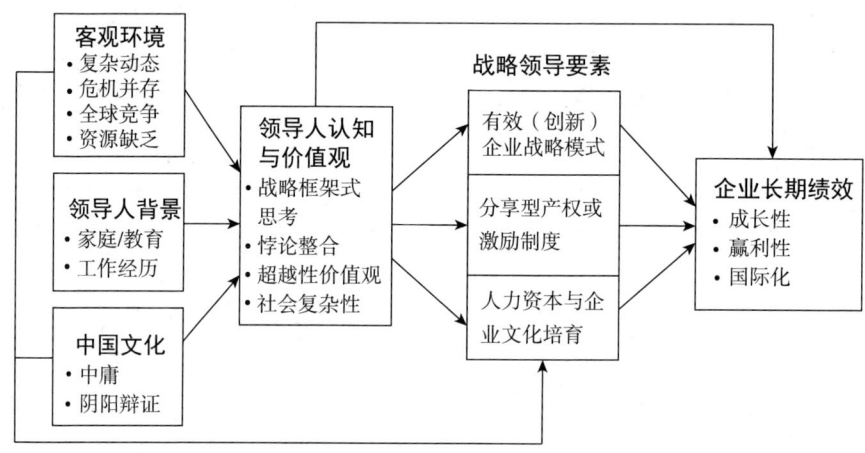

图3.6 转型期中国新兴成长型企业的战略领导:一个高阶层视角的整合框架

需要强调的是,前面的命题和整合框架主要是基于二次创业期任正非和华为的案例研究得出的,实际上华为的行业特性、企业发展阶段和企业基础制度(创立时就是纯民营企业)等都可能影响上述观点的普适性或应用性。比如,华为所处的信息通信产业属于技术密集型产业,在这类性质的产业内上述命题或框架会更加适用。本研究主要聚焦于华为的二次创业阶段(或持续成长阶段),而在全面国际化阶段(或成熟阶段)部分结论可能需要修正。华为的纯民营性质和任正非的创业领导人身份也为任正非发挥战略领导力提供了空间或自由度,而这种条件在国有(或控股)企业中并不存在。当然,还有不少重要问题值得进一步研究,例如:如何测度企业家的悖论整合认知模式?中国本土企业发展中存在哪些"核心悖论",它们又是如何被"有效整合"的?企业家的价值观与悖论整合等认知模式存在怎样的关系?中国本土新兴企业发展中企业家、企业组织和企业成员的高度一致性，是否意味着高阶层视角是一个值得优先考虑的理论发展方向（Hambrick，2007）？或者至少应该把认知学派观点看作一个同产业组织观、资源基础观或制度基础观同等重要甚或更具包容性的战略视角（Nadkarni and Barr，2008）？抑或中国战略管理研究也需要像欧洲一样转向更加关注战略家及其行动的实践导向研究（Whittington，2004）？显然，面对这些重要研究问题和理论潮流，华为、联想等中国本土优秀的成长型企业的实践已经并正在为我们提供丰富的素材，并可以对中国转型经济中的战略理论发展提供富于启发性的洞见。

六、结论与启示

本研究通过对任正非关于华为发展重要讲话的认知地图和扎根分析，发现"战略框架式思考"和"悖论整合"是其思维的两个重要模式，前者包括"战略意图""基本战略回路"和"战略驱动路径"三个要素，并具有鲜明的目的性、系统性、竞争性和动态性；后者将"灰度思维"特征，应用于"长短期目标协调""竞争战略""技术创新""利益相关者协调""人员领导"和"文化培养"等企业发展的重要方面，成为华为企业管理的基础范式。本文的研究表明，在中国转型发展的复杂动态环境下，任正非的这种"战略框架式思考"和"悖论整合"思维模式具有有价值、稀缺、难模仿、难替代等特征，是华为可持续竞争优势的一种重要来源。研究还表明，任正非的"战略框架式思考""悖论整合"与"超越性价值观""认知/社会复杂性"等因素，通过影响华为战略发展的有效性（合理化或创新）、共享型产权或激励制度创新和人力资本及企业文化培养等关键要素，显著地影响了企业的长期绩效。

本文提出了转型经济中企业领导人的"战略框架式思考"和"悖论整合"思维模式及超越性价值观作用的若干命题，并以任正非为案例发展了一个适用于中国转型情境的高阶层视角的战略领导整合框架。这些理论发展，呼应了近年来国际战略学界所倡导的"管理者认知"研究（Huff，2005），扩展和丰富了高阶层视角的战略管理理论（Hambrick，2005），特别是加深了我们对转型环境下中国本土优秀企业领导人认知模式和价值观对企业发展作用机制的理解（武亚军，2009）。显然，关于中国经济转型和传统文化背景下本土优秀企业领导人的战略思维与领导及其作用机制，还需要更多更系统的研究，本文的研究仅仅是一个开始。值得注意的是，中国"阴阳辩证"和"整体思维"的传统，为中国企业领导人发展"战略框架式思考"和"悖论整合"战略思维提供了丰富的文化资源，它表明以中国思维传统为基础,吸收西方的分析性和竞争性思维,可以形成融合创新的战略思维模式,并对企业战略与管理模式创新发挥重要的影响作用(Chen and Miller,2011)。

需要指出的是,本文基于案例研究所提出的管理命题及整合框架,仍待进一步验证或修正,未来还需要基于中国经济转型和文化背景下的企业战略管理实践提出更系统深入的扎根理论。无论如何,本研究所揭示的优秀企业领导人战略思维和价值观对企业持续竞争优势的作用机制,意味着中国企业领导人在转型发展的动态复杂环境下,需要不断发展和强化战略框架式思考和悖论整合思维,并且倡导以终极事业为目标的超越性价值观,进而发展有效的竞争战略,实现产权或激励制度创新,激发下属主动创新行为,才有可能实现企业的长期发展。简言之,开发有效的创新型竞争战略、实施产权或激励制度创新和实施差异化人本型领导,是中国企业领导人需要面对的重要挑战,而培养企业领导人的复杂性认知、战略框架式思考、悖论整合及超越性的价值观,则是中国企业家领导力修炼的基础。

附录 A3.1 "悖论整合"(灰度思维)作为任正非的认知核心范畴:一个三角验证

来源	事实依据	引证举例
任正非的自我认知	在数十年中的多个场合(私人谈话、内部讲话、短信、公开刊物)谈到"灰度思维"的重要性	"1996年,有一次在保加利亚雪山脚下散步,任正非忽然问刚回到华为不久的梁国世:'你知道华为公司为什么能成功吗?'梁国世心中一喜,赶紧回应:'我刚来华为,怎能悟出这般深奥的道理。您说,为什么呢?'任正非答道:'中庸之道。'"(王育琨,2001) "企业永续发展的秘密就在于创新和变化。然而,创新则意味着破坏,变革亦伴随着动荡。所以,如何把握创新与秩序的均衡,如何拿捏变革的节奏与分寸,恰恰是企业管理的真正难点。"(周君藏,2011:130)
2002年以后任正非讲话题目分析	在2002—2011年的32篇讲话中,16篇以上(超过50%)采用了"悖论整合"式标题,范围涉及产品研发、海外市场拓展、财经变革、干部培训、企业文化建设、员工生活等众多领域	"认知驾驭客观规律,发挥核心团队作用"(任正非,2004) "鼓励自主创新更要保护知识产权"(任正非,2005) "要快乐地度过充满困难的一生"(任正非,2006) "上甘岭是不会自然产生将军的,但将军都曾经是英雄"(任正非,2006) "以生动活泼的方式传递奋斗者为主体的文化"(任正非,2007) "将军如果不知道自己错在哪里,就永远不会成为将军"(任正非,2007) "从泥坑里爬起来的人就是圣人"(任正非,2008) "从汶川特大地震一片瓦砾中,一座百年前建的教堂不倒所想到的"(任正非,2008)

（续表）

来源	事实依据	引证举例
华为前管理者、管理顾问、产业观察家的认识	在数十位前华为管理者、咨询顾问及产业观察家眼中，几乎都认为"灰度思维"是其核心范畴，它被描述为"否定之否定""均衡""动态均衡""中庸之道""正向经营+灰色哲学"等	"2000年之后，任正非开始明确地提出了所谓灰色的理念……永远都在进行的否定之否定，贯穿了任正非的所有思想，也成了他哲学思维的关键核心"（吴建国、冀勇庆，2006：89-91） "华为公司任正非总裁的经营管理可归结为均衡的思想。自2001年起，在任正非总结的华为'十大管理要点'中，不管内外部环境发生了如何的变化，'坚持均衡发展'一直放在第一条。可以讲，任正非的经营管理思想的核心就是均衡，均衡是其最高的经营管理哲学。"（吴春波，2009） "一如走钢丝的平衡，任正非的'中庸之道'就是一个诀窍。它不是按照既定的模式或套路，而是在混沌、颤抖中把握节律和平衡的实际体验，是很多尝试和失败的精华。"（王育琨，2011）

附录 A3.2 任正非认知因素对华为长期发展的影响：主要途径与证据举例

认知因素	主要影响途径	典型事实[a]	旁证举例[b]
战略框架式思考	在坚持远大目标的前提下根据实际合理选择目标市场和竞争优势类型	创业早期就树立了"建立世界级企业"理想；开拓国内市场从"农村包围城市"；从20世纪90年代中后期就积极开拓国际市场；坚持高性价比和相对技术优势	"任正非创造性、建设性、制度性地解决问题的总体'策略'，是'世界级'，辅之以'压强原则'和'均衡管理'。'世界级'既是方向也是驱动力，'压强原则'负责处理轻重缓急，'均衡管理'负责'修筑城池'。"（周君藏，2011：147）。 "2005年，伴随着华为国际化步伐的加快，华为重新梳理了自己的使命愿景和发展战略。其战略定位于：①为客户服务是华为存在的唯一理由，客户需求是华为发展的原动力；②质量好、服务好、运作成本低，优先满足客户需求，提升客户竞争力和赢利能力；③持续管理变革，实现高效的流程化运作，确保端到端的优质交付；④与友商共同发展，既是竞争对手，也是合作伙伴，共同创造良好的生存空间，共享价值链的利益。"（吴春波，2009）
	坚持压强型研发形成高性价比优势，提高企业核心竞争力	华为的研发和营销人员占80%以上；研发费用占销售额多年超过10%；2002年发明专利申请居国内首位	
	加强管理与服务，突破瓶颈，推动企业成长	引入顾问协助制定《华为基本法》，传承管理经验；引进IBM、Hay等国际咨询公司改造企业研发流程、人力资源管理体系	

（续表）

认知因素	主要影响途径	典型事实[a]	旁证举例[b]
悖论整合（灰度思维）	研发战略中应用和探索的平衡	在研发中坚持市场竞争力导向，善于"拿来"，从管理结构上改进对核心技术、关键技术、成熟技术和合作技术的开发和利用	"任正非曾在中研部掀起了'创业与创新的大讨论'，并提出'新开发量高于30%不叫创新，叫浪费'，号召研发人员研发一个新产品时应尽量减少自己的发明创造，而应着眼于继承以往产品的技术成果，以及对外部进行合作或购买。"（张利华，2009：202）
	市场竞争手段中质量、服务与低成本配合	强调发挥"职业化"和"服务好"；早期强调靠"质量、价格、服务"三者取胜，后来加上快速及时响应需求	"我们的目标是以优异的产品、可靠的质量、优越的终生效能费用比和有效的服务，满足顾客日益增长的需要。质量是我们的自尊心。"（《华为基本法》）
	变革管理中稳定和创新的平衡	在引进IBM的集成产品开发系统（IPD）中采取了"先僵化、后优化、再固化"；任职资格推行中，"先推行、后平冤、再优化"	"他要求管理者在处理矛盾的过程中要更加成熟。成熟不是不敢冒风险，也不是意味着失去激情，衡量成熟的重要标志就是不走极端，多一些危机之前的未雨绸缪和循序渐进的持续变革。"（吴建国、冀勇庆，2006：91）
	员工和管理者的利益矛盾整合产生了员工持股制	1990年开始的员工持股与工资、年终奖金等构成华为薪酬体系的一部分；2003年大额度配股，将员工持股转换为"虚拟受限股"，并实行期权制度	"尝过了高分红比例的不少华为人每年都想方设法地想多挣一些股票，而多挣一些股票的唯一办法就是多给公司创造价值！因此大家一心都放在工作上，一心想公司的发展、部门的发展以及个人在华为的发展。"（张利华，2009：79）
	干部培养中需要经受磨难，从逆境中产生"将军"；坚持原则与"自我批判"结合	推动"市场部集体大辞职"等；树立毛生江为"凤凰精神"的典范；培养各级领导人要认同"核心价值观"，也要"自我批判"	"毛生江是华为公司干部能上能下的代表……好个毛生江同志，后来他通过智慧、奋斗以及'泼辣'的作风，在山东办事处打下一片天地，创建了一个明星办事处，再次成就了自己的伟业，从而荣登华为副总裁之列，他随即也成了如暴风雨般内部宣传上的华彩篇章。"（汤圣平，2004：208）

（续表）

认知因素	主要影响途径	典型事实[a]	旁证举例[b]
悖论整合（灰度思维）	企业文化建设的中西观念、竞争与合作精神结合	号召"实事求是""思想上艰苦奋斗""狼与狈"；引进"职业精神"等价值观；确立"以客户为中心，以奋斗者为本"的企业文化	"2000年之后，特别是从IBM引入集成产品开发、集成供应链之后，华为传统的狼性文化和西方规范的商业文化开始交织在一起，在渐渐向西漂移的变革过程中，任正非开始体现出高层管理者的'走钢丝'艺术。"（吴建国、冀勇庆，2006:90）
超越性价值观（"不自私""宽容""忠于事业"）	"不自私"促进自我股份稀释和利益分享型员工激励制度	1990年员工持股制建立，1997年至2003年等多次进行员工股份制的扩充和调整；至2010年任正非个人持股为1.42%	"20多年来，华为造就了几千个收入过1000万元的高管，造就了几万个收入过500万元的主管，造就了10万个收入过100万元的员工。任正非的成功得益于他对员工的尊重。华为实行全员持股计划，普惠了为华为做出贡献的员工。"（王育琨，2012）
	"忠于事业"促进"使华为成长为世界级企业"成为自我与企业理想	将华为建设成为世界级企业写入《华为基本法》第一条；将"事业"作为核心理念引入员工培训宣誓口号	"企业家为了这种事业的追求也可以舍弃其他任何东西，包括个人的财富和安逸的生活。"（吴建国、冀勇庆，2006:91）"在华为，只要你跟任正非打交道——直接地或间接地都行，最好是直接地——就会感受到一种久违的理想主义。"（周君藏，2011:72）
	对中基层员工的"宽容"和关爱，使其获得尊重和自我激励	事情出现错误时"只惩罚一把手"；对各类中基层员工（包括秘书）表达自己真实的关爱	"1996年我到人力资源部不久，晚上在办公室写东西……我永远忘不了他的眼神，他并不是在分辨你写什么，也不是在审查你是否在加班，就是关注、温和、爱护。就像父母看着自己的孩子，是从内心深处透出来的欣赏和随意，不为什么，他就是来看你几眼。"（汤圣平，2004:286）

(续表)

认知因素	主要影响途径	典型事实[a]	旁证举例[b]
社会复杂性	理解企业中知识员工的多种需求(人事)并通过行动予以满足	满足员工的衣、食、住、行、养家糊口;承认员工的知识劳动,将"知识资本化"写入《华为基本法》,并使之参与价值分配	"华为将知识劳动与一般劳动分开,将其作为企业价值创造的源泉之一,强调员工的智力劳动在企业发展中的关键作用,这与经济学家所提出的人力资本理论不谋而合。——杨杜教授在与任正非的讨论中,就对任正非关于'知识也是资本'的提法印象深刻,并由此提出了'知本论'的概念。"(吴建国、冀勇庆,2006:145)
	理解人际交往中的关系性因素,并通过自己行动改变员工愿望与行为	在日常接触中对普通员工进行鼓励;开会时对领导层的"自嘲";开会时对大家长时间鼓掌欢迎自己说"你们再鼓掌,我就回去了"	"那天在电梯里,他的声音还是和平常一样大,那不仅仅是高亢的嗓门,而是透着快乐的大嗓门,仿佛华为来了个了不起的大人才,仿佛来了个汤圣平,华为就能更上一层楼。"(汤圣平,2004:33) "人情味、不教条、合理性以及没有江湖味,是任正非身上最有魅力的人际关系特征,再加点冷幽默,就构成了他的凝聚力。"(周君藏,2011:74)
	理解人性的弱点,并采取行动推动、自我反思和制度约束	在上千人的公司会议上主动承认失误,在全公司开展"自我批判"大会以及推进《华为基本法》等"制度约束"[c]	"任正非的自我批判精神处处可见,他的这种精神和工作作风也影响到整个组织,形成了批判与自我批判的精神。"(李信忠,2007:120) "任正非在《华为基本法》中就把接班人给制度化了,我觉得与其说是他高瞻远瞩,不如说是他把自己置于制度的监督之下。"(汤圣平,2004:285)

注:a.典型事实是作者对华为前管理者的著作、访谈和公司文档资料的多方印证后所做的简要列举;b.旁证来自华为前管理者及管理顾问的直接论述;c.从某种意义上讲,任正非在华为所推行的"轮值CEO制度"可看作对领导人进行制度约束的实践与新发展,参见任正非(2011b)。

参考文献

Barney J. 1991. Firm resources and sustained competitive advantage[J]. Journal of Management, 17(1): 99-119.

Bilsky W, Schwartz S H. 1994. Values and personality[J]. European Journal of Personality, 8: 163-181.

Boal B K, Hooijberg R. 2001. Strategic leadership research: Moving on[J]. Leadership Quarterly, 11(4): 515-549.

Chen M-J, Miller D. 2011. The Relational Perspective as a Business Mindset: Managerial Implications for East and West[J]. Academy of Management Perspective, August: 6-18.

Chen M-J. 2008. Reconceptualizing the competition-coperation relationship: A transparadox perspective[J]. Journal of Management Inquiry, 17: 288-304.

Chen M-J. 2002, Transcending paradox: the Chinese 'middle way' perspective[J]. Asia Pacific Journal of Management, 19: 179-199.

Collins J, Porras I J. 1994. Built to Last: Successful Habits of Visionary Companies[M]. New York: Harper Business.

Cossette P, Audet M. 1992. Mapping of an Idiosyncratic Schema[J]. Journal of Management Studies, 29: 3, 325-347.

Dension D R, Hooijberg R, Quinn E R. 1995. Paradox and Performance: Toward a Theory of Behavioral Complexity in Managerial Leadership[J]. Organization Science, 6(5): 524-540.

Eden C, Ackermann F, Cropper S. 1992. The analysis of cause maps[J]. Journal of Management Studies, 29: 3, 309-324.

Finkelstein S, Hambrick D C. 1996. Strategic leadership: Top executives and their effects on organizations[M]. St. Paul, MN: West Educational.

Galsser B G, Strauss A L. 1967. The Discovery of Grounded Theory[M]. Chicago: Aldine.

Hambrick D C, Mason P A. 1984. Upper Echelons: The Organization as a Reflection of Its Top Managers[J]. Academy of Management Review, 9: 193-206.

Hambrick D C. 2007. Upper Echelons Theory: An Update[J]. Academy of Management Review, 32(2): 334-343.

Hambrick D C. 2005. Upper echelons theory: Origins, twists and turns, and lessons learned[M]// Smith G K, Hitt A M. Great Minds in Management: The Process of Theory Development. Oxford: Oxford University Press: 109-127.

Hooijberg R, Hunt G J, Dodge E G. 1997. Leadership complexity and development of the leaderplex Model[J]. Journal of Management, 23(3): 375-408.

Huff A S. 2005. Managerial and Organizational Cognition: Islands of Coherence[M]// Smith G K,

Hitt A M. Great Minds in Management: The Process of Theory Development. Oxford: Oxford University Press: 331–354.

Huff A S. 1990. Mapping Strategic Thought[M]. New York: Wiley.

Kaplan S. 2011. Research in cognition and strategy: Reflections on two decades of progress and a look to the future[J]. Journal of Management Studies, 48: 3, 665–695.

Lee W Thomas. 1999. Using Qualitative Methods in Organizational Research[M]. Thousand Oaks, CA: Sage Publications. Inc.

Liedtka M J. 1998. Strategic thinking: Can it be taught? [J]. Long Range Planning, 31(1): 120–129.

Luo Y, Rui H. 2009. An Ambidexterity Perspective Toward Multinational Enterprises From Emerging Economies[J]. Academy of Management Perspectives, Nov.: 49–70.

Lyles A M, Schwenk R C. 1992. Top management, strategy and organizational knowledge structures [J]. Journal of Management Studies, 29: 2, 155–174.

March J G. 1991. Exploration and exploitation in organizational learning[J]. Organization Science, 2: 71–87.

Martin R. 2007. How successful leaders think[J]. Harvard Business Review, 6: 60–67.

Nadkarni S, Barr S P. 2008. Environmental context, managerial cognition and strategic action: An integrated view[J]. Strategic Management Journal, 29: 1395–1427.

Nisbett R E. 2003. The Geography of Thought: How Asians and Westerners Think Differently and Why[M]. New York: Free Press.

Porac F J, Thomas H. 2002. Managing Cognition and Strategy: Issues, Trends and Future Directions[M]//Pettigrew A, Thomas H, Whittington R. Handbook of Strategy and Management. Thousand Oaks, CA: Sage Publications. Inc.: 165–181.

Quinn R E. 1988. Beyond Rational Management: Mastering the Paradoxes of Competing Demands of High Performance[M]. San Francisco, CA: Jossey-Bass Inc.

Schwenk C R. 1984. Cognitive simplification process in strategic decision-making[J]. Strategic Management Journal, 5: 111–128.

Schwenk C R. 1985. Management illusions and biases: Their impact on strategic planning[J]. Long Range Planning, 18(5): 74–80.

Smith W K, Tushman M L. 2005. Managing Strategic Contradictions: A Top Management Model for Managing Innovation Stream[J]. Organization Science, 16: 522–536.

Snow C C, Thomas J B. 1994. Field research methods in strategic management: Contributions to theory development and testing[J]. Journal of Management Studies, 31(4): 457–480.

Strauss A, Corbin J. 1998. Basic of Qualitative Research: Grounded Theory Procedures and Techniques (2nd ed)[M]. Thousand Oaks, CA: Sage Publications. Inc.

Strauss A L. 1987. Qualitative Analysis for Social Scientists[M]. New York: Cambridge University

Press.

Streufert S, Streufert S C. 1978. Behavior in the Complex Environment[M]. Washington DC: Winston.

Streufert S, Swezey R W. 1986. Complexity, Managers and Organizations[M]. Orlando FL: Academic Press.

Walsh J P. 1995. Managerial and organizational cognition: Note from a trip down memory lane[J]. Organization Science, 6: 280-321.

Whittington R. 2004. Strategy after modernism: Recovering practice[J]. European Management Review, 1: 62-68.

Yin K R. 1994. Case Study Research: Design and Methods[M]. Thousand Oaks, CA: Sage Publications. Inc.

彼得·德鲁克. 1987. 管理:任务、责任、实践[M]. 北京:中国社会科学出版社.

陈传明. 2002. 企业战略调整的路径依赖特征及其超越[J]. 管理世界,6:94-101.

韩沛伦,崔平. 2006. 战略思维与实践智慧[J]. 江西社会科学,11:58-60.

贺小刚,李新春. 2005. 企业家能力与企业成长:基于中国经验的实证研究[J]. 经济研究,4(10):101-111.

华为. 2010. 华为技术有限公司2009年年度报告[R/OL]. [2020-04-26]. https://wenku.baidu.com/view/b405994a2e3f5727a5e9623c.html.

黄丽君,程东升. 2010. 资本华为[M]. 北京:当代中国出版社.

凯西·卡麦兹. 2009. 建构扎根理论:质性研究实践指南[M]. 重庆:重庆大学出版社.

克雷格·勒尔. 2001. 策略性思维[M]. 沈阳:辽宁教育出版社.

李信忠. 2007. 华为的思维:解读任正企业家精神和领导力DNA[M]. 北京:东方出版社.

林毓生. 1988. 中国传统的创造性转化[M]. 北京:三联出版社.

柳传志. 2007. 企业核心管理层的领导力问题[EB/OL]. (2007-05-20)[2020-06-06]. http://finance.sina.com.cn/hy/20070520/16133610467.shtml.

罗必良,李孔岳. 2006. 价值观、控制权与战略选择——对第二次世界大战前福特与通用的战略比较[J]. 经济理论与经济管理,10:58-63.

彭剑锋,文跃然. 2002. 系统战略思维——中国企业的发展瓶颈[J]. 中国营销,10(上):24-26.

任正非. 1998a. 要从必然王国,走向自由王国[N/OL]. 华为人,1998-04-06[2020-04-25]. http://app.huawei.com/paper/newspaper/newsPaperPage.do? method = showSelNewsInfo&cateId = 3684&pageId = 4251&infoId = 7553&sortId = 1&commentLanguage = 1&search_result = 1.

任正非. 1998b. 华为的红旗到底能打多久——向中国电信调研团的汇报以及在联通总部与处以上干部座谈会上的发言[N/OL]. 华为人,1998-07-27[2020-04-25].http://app.huawei.com/paper/newspaper/newsPaperPage.do? method = showSelNewsInfo&cateId = 3682&pageId = 4245&infoId = 7524&sortId = 1&commentLanguage = 1&search_result = 1.

任正非.1998c.不做昙花一现的英雄[EB/OL].(2018-07-15)[2020-06-06].https://max.book118.com/html/2018/0715/7010166113001140.shtm.

任正非.1999.创业创新必须以提升企业核心竞争力为中心[EB/OL].[2020-06-06].https://wenku.baidu.com/view/6d8e881bff00bed5b9f31d53.html.

任正非.2000.创新是华为发展的不竭动力[EB/OL].[2020-06-06].https://max.book118.com/html/2018/0715/7011002113001140.shtm.

任正非.2001a.我的父亲母亲[EB/OL].(2014-06-15)[2020-06-06].https://www.guancha.cn/RenZhengFei/2014_06_15_236656.shtml.

任正非.2001b.华为的冬天[EB/OL].[2020.06.06].http://www.360doc.com/content/16/0818/05/1774781_583994343.shtml.

任正非.2007.任总在英国代表处的讲话纪要[EB/OL].[2020-06-06].https://wenku.baidu.com/view/9e0dc857804d2b160b4ec02b.html.

任正非.2009.深淘滩,低作堰——任总在运作与交付体系奋斗表彰大会上的讲话[EB/OL].[2020-06-06].https://wenku.baidu.com/view/bea3fcdbce2f0066f53322a0.html.

任正非.2010.管理的灰度[J].商界评论,4:48-50.

任正非.2011a.为客户服务是企业生存的唯一理由:谈谈华为公司的企业战略[J].秘书工作,5:13-15.

任正非.2011b.一江春水向东流:为轮值CEO鸣锣开道[EB/OL].(2011-12-26)[2020-06-06].http://it.sohu.com/20111226/n330187945.shtml.

尚航标,黄佩伦.2010.管理认知与动态环境下企业竞争优势:万和集团案例研究[J].南开管理评论,13(3):70-79.

石盛林,陈圻.2010.高管团队认知风格与竞争战略关系的实证研究[J].科学学与科学技术管理,12:149-155.

孙海法,伍晓弈.2003.企业高层管理团队研究的进展[J].管理科学学报,6(4):82-89.

汤圣平.2004.走出华为[M].北京:中国社会科学出版社.

王辉,忻榕,徐淑英.2006.中国企业CEO的领导行为及对企业绩效的影响[J].管理世界,4:87-96,139.

王育琨.2011.华为的中庸密码[EB/OL].[2020-06-06].http://wangyukun.blog.sohu.com/173190483.html.

王育琨.2012.成就大业,从不自私开始[EB/OL].[2020-06-06].http://wangyukun.blog.sohu.com/[EB/OL].[2020-06-06].202636248.html.

韦尔奇.2001.杰克·韦尔奇自传[M].北京:中信出版社.

吴春波.2009.华为:均衡发展模式的成功[EB/OL].[2020-06-06].http://www.chinahrd.net/blog/20/570755/19454.html.

吴春波.2011.对两个企业文化问题的思辨[EB/OL].[2020-06-06].https://www.cyzone.cn/article/85706.html.

吴建国,冀勇庆. 2006. 华为的世界[M]. 北京:中信出版社.

武亚军. 2009. 中国本土新兴企业的战略双重性:基于华为、联想和海尔实践的理论探索[J]. 管理世界,12:120-136.

细谷功. 2010. 锻炼"地头力":打造你的黄金思考力[M]. 北京:金城出版社.

杨迤,贾良定,陈永霞. 2007. 认知学派:战略管理理论发展前沿[J]. 南大商学评论,4:178-194.

曾鸣,彼得·威廉姆斯. 2008. 龙行天下:中国制造未来十年新格局[M]. 北京:机械工业出版社.

张贯京. 2007. 华为四张脸[M]. 广州:广东经济出版社.

张利华. 2009. 华为研发[M]. 北京:机械工业出版社.

张凌. 2011. 基于认知地图的隐性知识表达与共享[M]. 武汉:武汉大学出版社.

张文慧,张志学,刘雪峰. 2005. 决策者的认知特征对决策过程及企业战略选择的影响[J]. 心理学报,37(3):373-381.

张志学,张文慧. 2004. 认知需要与战略决策过程之间的关系[J]. 心理科学,27(2):358-360.

周君藏. 2011. 任正非这个人[M]. 北京:中信出版社.

周晓东,王启敏. 2011. 高层管理者的战略信念及其对企业战略的影响[J]. 南华大学学报(社会科学版),12(2):37-39.

第四章 转型发展经济中的业务领先模型：HW-BLM 框架及应用*

> 我们20年来，有自己成功的东西，我们要善于总结出来，我们为什么成功，以后怎样持续成功，再将这些管理哲学的理念，用西方的方法规范，使之标准化、基线化，……只有这样我们才不是一个僵化的西方样板，而是一个有活的灵魂的、管理有效的企业。
>
> "以客户为中心，以奋斗者为本，长期坚持艰苦奋斗"，是我们的胜利之本。
>
> ——任正非

一、引 言

以"入世式学术"（engaged scholarship）生产实践相关的管理知识是十多年以来国内外管理学界有识之士的迫切倡议（Van de Ven,2007；Van de Ven and Jing,2012；井润田和卢芳妹,2012）。所谓的"入世式管理学术"[①]，是指管理学者面对复杂的现实世界的问题，充分考虑了复杂情境中实践者或政策制定者等利益相关者的观点和需求，以某种合作方式所生产的解释性理论、干预性政策框架或行动方案，它包括：获悉参与者信息的基础研究、与知情者的共同知识生产、政策评价科学、企业行动研究等四类基本方式（Van de Ven,2007）。近年来，随着中国等新兴经济体的发展，越来越多的国际管理学者认识到，结合本地重要利益相关者参与的"入世式管理学术"可以对本土管理知识的生产产生很大的促进作用（Van de Ven,et al.,2018）。

实际上，随着华为、阿里巴巴、腾讯等一批世界级企业的兴起与发展，中国管

---

* 本章删减版刊载于《经济科学》2020年第2期，发表时题为《转型发展经济中的业务领先模型：HW-BLM框架及应用前瞻》，郭珍为期刊文章的共同作者。

① 也有华人学者在早期称之为"投入式学术"或"参与式学术"，参见井润田和卢芳妹（2012）。

理学界已经越来越深刻地认识到进行"入世式本土学术"的重要意义,并开始了一系列艰苦的努力(黄卫伟等,1998;井润田、卢芳妹,2012;黄卫伟,2014;陈威如、王诗一,2016;吴春波,2018;曾鸣,2018)。[①] 作为一个本土新兴企业的典范,华为一直是一系列重要的入世式管理学术的研究对象。它在1987年成立,经过20多年的发展成长为全球通信设备产业的领先企业,目前也已经成为信息与通信技术领域(ICT)的全球领先企业之一。[②] 华为的业务领先靠的是什么?华为具有何种整体经验或模式?它又是否具有某种普适性或借鉴意义?对于第一个问题,中国管理学界已经从企业制度与公司基本法(黄卫伟等,1998)、华为研发(张利华,2009)、均衡发展模式(吴春波,2009)、企业战略模式(武亚军,2009)、战略领导(武亚军,2013)、人力资源管理(黄卫伟,2014)、管理哲学(田涛、吴春波,2015;周留征,2015;王育琨,2019)、管理变革(吴晓波等,2017)、双元能力与知识管理(董小英等,2018)等视角进行了不同学术领域及侧重点的研究与探讨。事实上,早在1998年,以黄卫伟等"人大六君子"为主要著作者的《走出混沌》,就是一本基于华为的入世式管理学术研究的经典著作,华为方面的直接参与者则是其总裁任正非[③],它也代表了当时管理学术界对华为的综合性研究的最高水准。然而,20多年后,针对华为经验的系统研究,特别是针对华为业务领先模式所进行的一种综合性的战略管理学术探究,在中国管理学界还比较缺乏[④]。本文尝试基于华为最高领导层特别是任正非的总结、公司近20年电信业务发展重大历史事件、大量华为内部文件和华为内部人与管理顾问的观察及作者对华为战略管理的跟踪研究的基础上,对华为的战

---

① 虽然这些中国学者并没有使用"入世式本土学术"(engaged indigenous scholarship)这样一个词语,但他们都以多种不同方式深入参与了与这些典范企业有关的重要管理知识生产,包括企业现场观察、承担咨询项目、进入企业任职(所谓"卧底")和投身企业操盘实践(所谓"卖身")等。

② 华为2018年营业收入为7 212亿元(约合1 052亿美元),比2017年增长19.5%。其中,运营商业务、企业业务、消费者业务分别约占41%、10%和49%,中国市场收入占比51.6%,企业净利润593亿元,2004—2018年公司营业收入和营业利润的年均复合增长率分别达到26%和21%。参见华为公司2018年年报。

③ 值得注意的是,任正非的参与是以吴春波归纳整理的任正非《华为基本法》谈话录的方式出现的,即"为华为公司设计未来"一文。此文收录在《走出混沌》(黄卫伟等,1998)一书,该书可以看作针对华为公司成为世界级业务领先企业的行动研究,《华为基本法》则是其核心研究成果。

④ 战略管理的学术研究试图回答影响企业长期绩效的关键因素及其作用机制,综合性的战略管理学术研究,则试图把多种重要影响因素综合进一个整体框架,形成战略大师迈克尔·波特所说的"框架式理论"。目前,中国管理学界对华为的研究虽然很多,但是综合性的战略管理学术研究还比较少。最近的一个探讨华为如何延长寿命的综合性研究,来自华为内部人士殷志峰(2019)从"熵减"角度对华为保持活力根源的探讨。董小英教授及其团队(2018)所做的一个综合性研究,从领导人思维模式、战略、企业文化、管理体系、人才与组织、组织学习与变革、研发创新与市场竞争等十个方面总结了华为从追赶到领先的经验,提出了一个"雄鹰模型",它应该被视作近来不多的来自学术界的系统性努力。

略经营与管理模式进行一种全景式描绘和解释，它试图回答如下一系列重要的研究问题：在取得全球通信设备（CT）业务领先的实践中，华为的战略经营与管理是怎样的一种模式？它是否可以用华为引进的 IBM 业务领先模型（business leadership model，BLM）来加以描绘？作为本土新兴的世界级企业的成功经验，它有什么不同于 IBM-BLM 模型的特质？修正后模型的有效运用又需要遵循哪些重要的原则？修正模型的前景与适用条件又将是怎样的？

为了回答上面的问题，我们遵循了如下的步骤和流程：第一，从理论来源上了解所谓"IBM-BLM"的来龙去脉；第二，描述华为引进 BLM 模型的实践经验及其改进；第三，在此基础上，利用修正的 BLM 模型，对华为的战略经营与管理模式加以归纳提炼，对其创新特征和有效性要求进行分析；第四，对修正后的华为业务领先模型（HW-BLM）的应用方式和条件进行揭示；第五，对与修正后模型相关的实践问题及战略理论发展启示进行探讨；第六是总结与展望。

二、IBM-BLM 模型及其理论溯源

IBM"业务领先模型"是 20 世纪初 IBM 公司联合哈佛商学院迈克尔·L. 塔什曼（Michael L. Tushman）教授等联合开发的一套战略管理和领导力发展工具，它基于 IBM 的战略转型的经验，并结合了动态能力和组织模型等学术成果，2004 年在公司内部行动学习项目中出现并得到运用，2007 年由 IBM 战略副总裁和哈佛商学院塔什曼教授等联合发表在美国实践类管理期刊《加州管理评论》（Harreld，et al.，2007）上。在 IBM 内部，BLM 既是由战略管理部门开发的战略流程工具之一，也是组织发展部门帮助经理人提升变革与组织振兴领导力的工具（Tushman，et al.，2007）。在 IBM 的战略管理实践中，BLM 是企业面对动态市场变化时梳理战略性问题和推进执行的框架，它在战略和执行之间建立起明确联系，并且强调组织要素的匹配以建立强有力的组织能力，具体使用时每个月团队管理者会就战略性问题进行碰头研讨。此外，IBM 强调管理者的战略领导力的提升，因而培训所有的经理人将 BLM 作为思考组织问题、提升领导力的标准框架。由此，当该模型被引入中国时，也有人称之为 IBM-BLM。IBM-BLM 模型的基本框架如图 4.1 所示。

在较完善的市场经济环境下，IBM-BLM 模型将一个企业健全的战略经营与管理体系归结为五个相联系的要素：领导力、价值观、战略、执行（组织实施）与差距（市场结果）。这五个要素中，领导力是关键，企业价值观是基础，战略是方法，执行是手段，弥补差距是市场结果也是企业新业务发展的牵引（机会差距）。

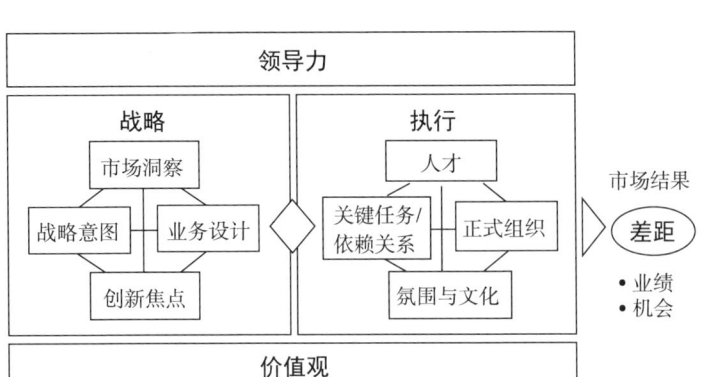

图 4.1　IBM-BLM 模型的基本框架

其中,战略洞察又被细化为市场洞察、战略意图、创新焦点和业务设计四个要素;战略执行细化为关键任务/依赖关系、人才、正式组织及氛围与文化四个要素;差距又分为业绩差距和机会差距。在该模型中,战略的输出集中表现在业务设计上,它又包括五个部分:客户选择、价值主张、价值获取、活动范围、持续价值增值①。战略的执行通过关键任务/依赖关系来统领,它与业务设计相连接,进而通过组织的人才、正式组织、氛围和文化等要素来加以匹配和支持。从 IBM-BLM 模型的内容和提出的背景可以看出,该模型具有以下三个显著特点:①实践相关性强。一方面,该模型基于对 IBM 市场导向战略转型经验的总结,具有很强的市场应用相关性;另一方面,它本身由企业高管与学者共同开发,具有很强的主体相关性(即实践者与规划主体同一)。②整合性高。该模型既包括战略洞察,也包括战略执行,战略设计与实施互相平衡;同时,它还包括了领导力、企业价值观及市场结果等影响企业绩效的关键因素。③操作性强。其战略洞察和战略执行部分各自细化成四个要素,市场结果也区分出两种差距,具有较强的操作性。这三方面特点使得 IBM-BLM 成为近十年中国企业战略管理和咨询中使用率较高的工具。②

事实上,BLM 框架的核心内容,即战略和执行这两大部分,并不是 IBM 发明的,而是来源于战略咨询和组织行为学领域中两个著名模型——斯氏业务设计模型和纳德勒—塔什曼组织分析一致性模型。IBM 在与商学院教授的合作中,通过定制化的企业行动学习项目,结合理论与企业实践需要,使之整合成为一个完

---

① 后续的咨询实践者又将持续价值增值扩展为关键资源/战略控制点及风险控制,因而常见的业务设计包括六个细分要素。

② 近十年中国企业战略管理咨询中,以 IBM 为代表的国际咨询公司和以和君为代表的本土咨询公司都广泛地使用了这一系统模型,从而使得以广泛应用及传播。

整的框架,并且在企业内利用"战略团队"(Strategy Team)、"战略领导力论坛"(Strategic Leadership Forums,简称 SLFs)和"新兴业务机遇(Emerging Business Opportunities,EBOs)"等方式加以操作执行,这些行动使得 IBM 在 2000 年之后十几年内表现出良好的企业动态能力和组织双元性(Harreld,et al.,2007;O'Reilly,et al.,2009)。其诸多理论与实践成果,一方面体现了 IBM 作为国际一流大公司的良好环境适应能力和卓越管理能力(郭士纳,2002/2015);另一方面也说明了"入世式学术"(管理研究和实践结合型学术)可以对企业战略管理知识生产产生重要的推进作用和效果(Tushman,et al.,2007;O'Reilly and Tushman,2008)。

1. 战略:斯氏业务设计模型

BLM 的战略部分的输出,即对战略的描述,叫"业务设计"(Business Design),包括五个要素:客户选择、价值主张、价值获取、活动范围、持续价值增值。这个"业务设计"其实来自亚德里安·斯莱沃茨基(Adrian J. Slywotzky)《发现利润区》(2001)一书,书中战略性的业务设计包括客户选择、价值获取、差异化/战略控制、业务范围四项要素[①]。IBM 在"客户选择"之后加入了一个"价值主张"要素,并调整了最后两项因素的次序。也可以认为,价值主张是以客户为中心的"差异化"的另一种说法,持续价值增值是"战略控制"的另一种说法。这意味着 BLM 战略部分的核心确实是基于"斯氏业务设计模型"的。实际上,在亚德里安·斯莱沃茨基(2001)中,斯莱沃茨基等咨询者已经明确地把企业设计设定为包括战略、操作和组织三方面内容[②],并且强调以聚焦客户需求为中心的企业设计,因而该书的副标题为"战略性企业设计如何为您带来明天的利润"[③],这也突显了以客户为中心的企业经营战略创新的著作旨趣[④]。

---

① 事实上,亚德里安·斯莱沃茨基(1996)将企业经营战略分为顾客选择、业务范围、差异化、赢利方式和营销模式等要素,并明确提出关键命题:企业价值增长必须以以顾客需求为中心的企业经营战略创新为根本,推动企业战略生命周期从价值平衡或流出阶段转移到价值流入阶段,这应该被视为较早讨论以顾客为中心战略的咨询类著作和战略性业务设计或企业设计模型的早期版本。

② 斯莱沃茨基等所谓的操作包括采购、制造、财务、研发和销售等,所谓的组织包括组织结构、人员聘用和激励等,参见斯莱沃茨基(2000:356)。

③ 该书中文版没有副标题。原书书名为 *The Profit Zone: How Strategic Business Design Will Lead You to Tomorrow's Profits*。——编者注

④ 事实上,在 2011 年,亚德里安·斯莱沃茨基还出版了《需求:缔造伟大商业传奇的根本力量》(斯莱沃茨基和韦伯,2013),针对如何以客户为中心创造需求、打造伟大产品进行了深入讨论,延续和拓展了互联网时代的企业需要基于人性深度挖掘市场需求、进行市场创造的观点。

2. 执行:纳德勒—塔什曼组织分析一致性模型

学术界通常用"组织模型"(Organization Model)来解码组织行为,将它们应用到实际管理上,这些组织模型可以作为领导力发展和组织发展的框架。在西方组织诊断模型的发展史上,出现过一系列重要的学术成果,包括组织变革的力场分析法(Force Field Analysis)、组织分析一致性模型(Congruence Model for Organization Analysis)、麦肯锡7S框架(Mckinsey 7S Model)、战略变革的TPC框架(Tichy's Technical Political Cultural Framework)等。这些模型在管理实践中可以用于组织设计、组织发展、变革管理和领导力发展等。实际上,BLM的"执行"部分就来自"纳德勒—塔什曼组织分析一致性模型"(Nadler and Tushman,1980):该模型在20世纪70年代末由大卫·A.纳德勒(David A. Nadler)和迈克尔·L.塔什曼两位教授联合提出,它遵循组织的开放系统原理,以组织要素的一致性作为重要分析焦点,来评价组织输出的理想程度及变革行动方案。该组织模型的输入要素包括环境、组织资源、组织历史及组织战略,模型确定的组织要素包括:①任务,在BLM里被称为"关键任务和依赖关系";②非正式组织,在BLM里被称为"文化氛围";③正式组织安排,在BLM里被称为"正式组织";④个人,在BLM里被称为"人才"。该模型的输出是组织(企业)、团队和个人的表现,最终决定了产品/服务、组织绩效及有效性。在纳德勒—塔什曼模型中,基本的组织问题可以通过一个八步骤的方法来评估并找到行动方案,其核心是评估组织内部四大系统要素的合理性(Congruence)或适配性(Fit),进而找到组织问题的解决方案(Nadler and Tushman,1980)。以这一模型为基础,在21世纪初期塔什曼教授与IBM高级管理者发展新的战略规划与创新管理模型时,它作为一个重要的组成部分被整合进IBM-BLM模型中,其基本原理和组成要素未发生改变而仅对名称进行了调整。从学术意义上看,这保证了IBM-BLM模型在执行部分的理论严谨性,也为模型的有效运用提供了保障。

3. 连接战略与执行:动态能力理论

动态能力理论是继波特五力模型、资源基础观和战略博弈论之后的一种重要战略思想方法,它既强调企业拥有核心竞争力,又强调管理者利用和调整竞争力以适应快速变化的环境,这主要是由总经理把握机会感知(战略洞察)和机会实现(战略执行)两个互相联系的能力而实现的。塔什曼基于Teece(2007)提出的动态能力理论,把获得战略洞察作为机会感知,而把组织执行作为机会实现,并通过关键任务/依赖关系来加以连接。在IBM,前者主要是通过"技术团队"

"战略团队""深潜"等方式来进行,后者主要通过"新兴业务机遇(EBOs)""战略领导力论坛(SLFs)"和"公司投资基金"等方式来实施,战略部门则协助业务经理及高管把战略变成了一场持续进行的"有纪律的"机遇发现和利用的过程(Harreld,et al.,2007)。在这一过程中,原来的业务领导人和战略规划职能部门的关系发生了变化,战略主体是业务负责人而非战略职能部门,后者主要用来支持、协助和监督业务经理对战略经营过程形成有效的管控,领导力和企业价值观也作为整合机制进入 BLM 模型,这样才能使企业获得持续成长。①

三、 华为引进 BLM 模型的历史性实践及其改进

从时间上看,华为引进 IBM-BLM 是一个伴随产品研发和管理变革的持续二十几年的历史过程。本文认为,它可以分为三个主要阶段:(1)1998—2005 年的基础准备和局部试用阶段;(2)2006—2010 年整体引进与全面实施阶段;(3)2011 年至今的整合优化与创新阶段。

1. 基础准备与局部试用阶段(1998—2005)

1994 年年底,顺应中国通信市场需求倍增的大势,华为研发的 C&C08 程控交换机在获得国家认证后,迅速大规模地进入中国农村市场,但相比国际电信巨头及巨龙通信、大唐电信、中兴通讯等国内电信企业,华为在电信产品研发体系、激励机制和管理体系方面还面临巨大的挑战,特别是和成为世界一流企业的"世界有为"和"三分天下"的战略目标相比而言,差距是明显和巨大的(任正非,1995)。因而,如何发展具有国际水平的产品研发体系,以及建立具有中国文化特点的独特企业文化基础之上的组织与管理体系,成为当时华为领导人任正非面临的一个重大战略挑战(任正非,1995;杨少龙,2014:89)。在这一挑战面前,任正非主要采取了两项重大管理变革活动:一是 1996 年邀请中国人民大学彭剑锋等六位教授赴华为进行《华为基本法》的起草和撰写;二是 1998 年邀请 IBM 帮助华为制定信息技术战略与规划,随后于 1999 年开始引进 IBM 产品集成开发系统(IPD)和集成供应链(ISC)的管理变革运动(吴晓波等,2017:50)。《华为基本法》的拟定历时三年,以"华为宪法"的形式回答了前十年创业阶段的华为为什么成功、需要进行哪些扬弃、未来如何才能继续成功等企业长治久安、持续

---

① 事实上,Teece 等提出的动态能力理论在后期更强调领导人对机遇的认知,这也为把领导力和企业价值观放入整合模型奠定了基础。从实质上看,这也意味着把战略的高阶层理论放进了 IBM-BLM。参见 Teece(2007)的讨论。

发展的基本问题,阐明了企业的核心价值观和战略方针,为企业从个人决策到集体决策、从人治到法治的道路上迈出了关键一步。而随后由IBM顾问协助开始的IPD和ISC管理变革项目,则使得华为在关键组织能力(产品开发和供应链)和(组织)管理能力方面取得了脱胎换骨式的提升。

事实上,IPD正是当时华为所缺乏的成长为一流大规模硬件和软件技术公司所需要的核心活动及协作体系。众所周知,研发是技术密集型产业企业差异化发展的关键任务,而IPD的核心是以满足客户需求为导向的集成研发体系,它强调产品创新一定是围绕市场需要和竞争力的创新。基于这一理念,研发部门不再拥有独立的产品决策权,而是由研发、市场、财务、采购、用户服务、生产各部门有经验的代表联合组成产品开发团队(IPMT),IPMT的主要职责就是根据客户需求来确定研发方向,并对研发进行全程监控与推进。从某种意义上说,IPD正是IBM在20世纪90年代郭士纳上任后在面临技术变革和市场变化中所采取的战略转型经验的一个核心积淀,是IBM花费巨额代价并经实践检验而建立起来的一套较有效的产品设计流程和研发管理体系。正如郭士纳所说的,他1993年上任后做出的使IBM实现根本好转的关键战略决策之一,就是"一切以客户为导向,把IBM转变成一家以市场为驱动力的公司,而不是一家关注内部、以流程为驱动力的企业"(郭士纳,2015:61)。同样重要的是,有效的战略执行的关键包括"世界一流的业务流程、战略透明性以及高绩效的公司文化[①]"(郭士纳,2015:216)。如他所言:"在IBM,我们知道产品设计是我们行业中一个关键的因素——在产品设计流程中,我们决定生产什么产品,生产具备何种特性的产品,以什么样的成本进行生产,以及在什么时间把产品推向市场。于是,在过去的9年里,我们十分努力地建造了一个世界一流的产品设计流程。它耗费了我们数百万美元的资金、数千小时的时间,最终改变了数万名IBM员工的工作方式(我们也在其他6个我们看来是关键性成功因素的流程中付出了同样的努力和投入)"(郭士纳,2015:217)。实际上,IBM所发展出的IPD等业务流程的代价可能远大于此。任正非(2003)也提到他1997年对IBM的拜访,他指出IBM变革的经验可能会帮助华为在其产品开发部门的变革中少走弯路,并且相比1992年的IBM来说,尽管华为当时的规模尚小,但面对的问题不小,而这也是当年差点

[①] 这里郭士纳所谓的"战略透明性"不仅是指"对公司的员工宣传企业的使命、战略和工作方式(体现在流程)",更重要的是"要将公司的价值观和承诺清晰地传达给你的所有员工,并在公司的每一个行为中强化这种价值观,还要允许员工有相应的行动自由,信任他们,相信他们将会根据这些价值观执行公司的战略",参见郭士纳(2015:218-219)。战略执行中这三个关键因素其实对应着IBM-BLM模型中的"关键任务与依赖关系""IBM价值观"和"氛围与文化"三个要素。

倾覆IBM这艘大船的管理难题,IBM为解决问题付出了高昂的代价。因此,华为的变革虽然面临重重困难,但仍然是紧迫而且必要的。正是在这样的认识下,华为对IPD变革采取了"先僵化、后优化、再固化"的方针,并利用组织力量进行了持续多年的推进,直到2003年才建成全部的集成组合管理团队,正式将IPD推广到全公司范围。人们普遍认为,华为IPD变革,是华为向世界级公司转变的系列变革的开端,如果IPD变革失败,华为很可能放弃执行IBM提供的IT S&P方案,也不会再有后续的持续变革项目;另外,IPD变革本身帮助华为建立起极具扩展性的管理体系,而这恰恰是华为能够发展壮大成为世界级企业的重要基础之一。单就产品开发活动来说,IPD变革帮助华为建立了跨部门的研发团队,将工作流程和模板进行标准化,建立起基于市场绩效的评价体系,以及重新定义"以客户为中心"(吴晓波等,2017:77—80),这本质上正是IBM转型中以客户为导向、以市场为驱动的战略所要求实现的关键任务及流程,而IBM所积累的经验也体现在后来BLM的关键任务及流程中。

显然,从1999年开始到2003年结束的集成供应链(ISC)项目也应被看作华为业务领先模型(HW-BLM)发展的准备工作的一部分:一方面,和IPD变革一样,ISC属于IBM的IT战略与规划咨询项目的后续内容;另一方面,两者都属于当时提升企业产品交付能力的关键业务流程,属于BLM中执行四要素的"关键任务/依赖关系"部分。据估计,华为为实施这两个项目支付了15亿—20亿元咨询费用(吴晓波等,2017:93;杨少龙,2014:109),而这两个核心变革项目也大大提升了华为的产品研发和客户响应能力、灵活性和服务能力(吴晓波等,2017:116)。事实上,华为在2003年以后,这两个变革项目还有后续项目在进行,前者涉及IPD系统的更新迭代,后者包括2005年开始至今的全球供应链项目(GSC)(吴晓波等,2017:99)。此后,华为还进行了集成财经服务(IFS)等项目或流程变革,这些都应该看作华为在战略执行的"关键任务/依赖关系"部分所进行的一系列重大活动。

2. 整体引进与全面实施阶段(2006—2010)

华为从起步开始是由企业家抱负、一流企业使命和电信领域"三分天下"的决心所驱动的,但有组织地做战略及战略管理则是2005年以后的事情。实际上,华为2006年开始花费数千万元从IBM引入BLM[①],最初只是为了解决业务

---

① 2006年开始引进的说法见樊辉(2018);也有人认为因华为内部设立引导员是从2008年开始,因此认定华为开始全面实施BLM是从2008年开始。本文同意后一种观点。

问题、提升管理者的战略领导力,而 BLM 的本意是由差距驱动的战略思维框架,"华为在初期引入 BLM 方法时,很多人并不认可差距驱动战略的说法和逻辑,只是后来把 BLM 与战略规划流程结合起来推行之后,才开始接受这种观点。但并没有放弃树立远大目标、从愿景和假设出发,有战略抱负的理念和要求"。① 由此可见,华为引进 BLM 的最初目的是培养市场管理人员、特别是销售与服务体系人员的战略思维能力和领导力,因为它可以用 BLM 这样一种方法论来统一中高层管理者的战略思维方法和框架,并培养领导力;而管理者的领导力就是在制定战略规划并推动战略执行的过程中逐步培养起来的。② "华为开始是在销售和服务体系中应用此模型,后来人力资源管理部门的管理者看到这个工具的时候,发现它正好可以弥补业务部门的战略落地的缺失,促进业务和人力资源战略的有效连接,于是将 BLM 引入研发并加以推广"(李山林,2014)。华为在随后使用这套工具的过程中,发现它是一套包容性很强的思维框架,它可以把之前制定战略规划所使用的各种工具,如 IPD 中的市场管理(MM)、基于价值驱动的业务设计(VDBD)③、战略解码、战略地图和平衡积分卡等融入其中,并可以从公司战略到业务战略再到各职能体系战略统一使用这一思维框架和战略语言,于是在各大产品线和产品开发团队(PDT)制定 SP 中长期战略规划(春季计划)和年度经营计划(秋季计划)时,把这套在 IBM 内部主要作为战略议题研讨和领导力提升的框架从各层面、各维度进行了实战化、工具化,"再一次淋漓尽致地体现了华为 1998 年从 IBM 引入 IPD 时的核心理念——先僵化、后优化、再固化,这也正是一位 IBM 老员工所说的华为可怕的'学习力'与'执行力'"(樊辉,2018)。实际上,正是大力实践 BLM 并使之实战化和工具化,才使得华为管理者在市场导向的战略规划、关键任务及流程和战略人力资源管理、企业文化落地等方面进一步细化和深化了 IBM-BLM 模型。例如,华为从事人力资源管理的管理者,在学习、利用人力资源管理三支柱模型过程中,发展了人力资源业务伙伴(HRBP)的角色,结合 BLM 模型,赋予 HRBP 两个战略性定位:一是理解业务,识别痛点,根据业务需要提供人力资源的整体解决方案。二是业务伙伴(BP)是公司人力资源各领域的制度和流程在本组织有效落地的一个支撑者。为了把 BP 做好,在华为给 HRBP 专门定义了相应的角色、职责,称为 V-CROSS 模型(价

---

① 引自徐文伟与作者在 2019 年 5 月 12 日的个人通讯。
② 华为后来在总部设立了名为"战略 Marketing"的职能部门,用于进行市场洞察、竞争分析及营销管理,甚至包括提出一些业务关键业绩指标等。
③ 实际上,VDBD 是 BLM 中"业务设计"的核心理念;华为在 2003 年前后引入美世(Mercer)进行管理咨询,前文所述的斯莱沃斯基担任该公司战略咨询高级副总裁,斯氏模型是其战略部分业务模型的核心支撑。

值观权杖模型),它一共包括6种角色:业务战略伙伴;人力资源解决方案的集成者;人力资源的运作者;员工关系管理者;变革的推动者;核心价值观传承的驱动者(葛明磊,2015)。又如,华为一些经历过大量BLM战略规划实践的管理者就在实践经验的基础上,思考业务战略与公司战略的关系、战略制定与执行的关系、BLM各模块之间的关系等问题,总结出"BLM业务战略规划七步法"等实战性工具(樊辉,2018)。

本文把2010年确定为华为实施BLM取得初步成效的一年,这是因为:①2010年对华为价值观达成基本共识并明确成形;②华为通信设备业务在全球市场上"以客户为中心"的组织建设和流程建设取得了初步的成效。在2010年1月20日的年度市场工作大会上,任正非的正式讲话中明确地提出了"三个胜利原则",即"以客户为中心,以奋斗者为本,长期坚持艰苦奋斗是我们的胜利之本,这是我们由胜利走向更大胜利的三个根本原则"(任正非,2010a)。"三个胜利原则"意味着华为核心价值观正式凝练成形,标志着华为在实施业务领先模式时其核心要素(华为价值观)的正式确立,也即确立了所谓"力出一孔,利出一孔"的"孔"的核心内涵。这个"孔"既是华为长期战略经营的导航仪,也是华为一切组织建设和干部工作的"定盘针"。正如任正非2010年7月15日在华为人力资源管理纲要第一次研讨会上的讲话中所指出的:

> 以客户为中心、以奋斗者为本、长期艰苦奋斗,这是我们二十多年悟出的道理,是华为文化的真实。我们所有的一切行为都归结到为客户提供及时、准确、优质、低成本的服务……大家越来越明白,促使核动力、油动力、煤动力、电动力、沼气动力……一同努力的源,是企业的核心价值观……接班人是用核心价值观约束、塑造出来的,这样才能使企业长治久安。(任正非,2010c:10-12)

2010年,华为在组织流程变革方面实施BLM模型也取得了良好的绩效。华为在2009年开始了"一线呼唤炮火的LTC与面向客户的解决方案"的组织变革,其中,建立国际市场的"铁三角"前线作战团队、代表处作战计划及综合协调能力、"地区部重装旅"作战共享平台、"片区联席会议"等组织流程与结构变革,取得了初步成效。在此过程中,华为的考核和激励政策(所谓"分钱")也进行了相应的变革和调整,以支持"改善普遍客户关系"和"资源配置和人才向艰苦地区倾斜"等战略实施问题(任正非,2010a)。在一篇公开发表的内部讲话中,任正非对公司在此前取得的成绩和2010年进行的市场服务组织流程和实施变革进行了综合性描述,并提出要"坚持自我批判不动摇",坚定"一定会提升竞争能力,实现 2010 年销售额 260 亿美元的突进"(任正非,2010 b)。事实上,2010 年华为实现了 1 825 亿元(约 268 亿美元)的销售收入,达到了预期目标并取得电信业务领先的市场绩效。

3. 整合优化与创新阶段(2011 年至今)

华为从 2011 年开始,正式进军智能手机等终端业务,完善其云管端战略业务布局;同时也不断完善企业的多种业务和管理流程,全面提升组织运营能力和效率,建立所谓的"流程性组织",这其中包括引入 MTL(Market to Lead,市场到线索)、LTC(Lead to Cash,线索到回款)、DSTE(Develop Strategy to Execute,开发战略到执行流程)和 MBT&IT(Manage Business Transition and IT,管理变革与 IT)等。目前,华为已经形成了运作、使能和支撑数十个组织流程,它包括运作流程(IPD,MTL,LTC,ITR——问题到解决)、使能流程(DSTE,MCR——客户关系管理,SD——服务交付,Supply——供应,Procurement——采购,MPAR——管理伙伴和联盟关系,MCI——管理资本投资)、支撑流程(MHR——管理人力资源,MF——管理财经,MBT&IT,MBS——管理基础支持)。其中,2011 年开始发展出的 DSTE,涉及战略管理的主要内容和落地过程①,是华为战略经营与管理的核心流程,通过开发和利用这一流程,华为实现了战略规划、年度业务计划与预算、管理执行与监控的闭环运转,解决了战略管理中没有共识、没有分解、没有投入、没有衡量、没有监控、没有考核等典型问题,确保战略落地。具体来看,它有如下几个特点:①会议管理日历化,确保各级管理体系运作高效;②公司各部门进行战略规划时采用统一的方法和模型即 BLM;③将 SP、BP、全面预算、人力预算、重点工作、KPI、PBC(个人平衡计分卡)、述职等进行有效集成,明确各环节的开展节奏和评审程序;④通过战略解码将战略与重点工作、KPI、PBC 有效衔接,确保战略到执行的闭环;⑤沿着 DSTE 流程进行战略规划、预算等的决策授权。其间,华为在 2013 年发展了所谓"业务战略执行模型"(Business Strategy Execution Model,BEM),通过对战略逐层逻辑解码,导出可衡量的管理战略的 KPI 以及可执行的重点工作和改进项目/任务,并采用系统有效的运营管理方法,确保战略目标达成。在战略解码过程中,华为强调以关键任务和次序作为战略执行的抓手,在方法上注重利用"成功关键要素"(KSF)和"抓关键矛盾、大力投资(进行饱和攻击)",强调"对商业本质、关键矛盾及成功路径有深刻认识后,才能定义出战略举措与关键任务,然后将战略逐层分解为可执行、可管理的关键战略举

---

① 以下关于华为 DSTE 和 BEM 的内容,引自华为前高管针对华为战略管理体系的培训资料文档。

措、战略指标、重点工作,最后是选择与集中:资源聚焦关键战略举措、年度重点工作,目标一旦确定,集中全力实现"。从上面关于 DSTE 流程发展和 BEM 模型发展的过程可以看出,华为在利用 BLM 的过程中,充分发挥了 BLM 自身综合性高、操作性强、学术基础可靠、应用广泛等特点,同时又创造性地通过华为强大的学习力和执行力,使 BLM 得到了进一步的综合化、工具化和操作化。

2013 年以来,华为根据外部技术环境的变化以及开展多业务、多区域、多流程工作的需要,进一步提出要把关键运营、使能和支撑的多流程——包括 IFS/IPD/ISC/LTC 全面融会贯通,运用一套数据表格,实现真正的大规模高效化运营。任正非 2013 年在"严格、有序、简化的认真管理是实现超越的关键"的公司座谈会上谈道:

> 我们一定要有一条"沟",将华为的水流集中起来发电,IFS/IPD/ISC/LTC 要融会贯通,成为一条"沟"。华为的哲学是"云","云"一定要下成"雨"才有用,"雨"一定要流到"沟"里才能发电。若没有"沟","雨"到处泛滥,能量也就泛滥了。(黄卫伟,2016:335)

2014 年,任正非在华为"蓝血十杰"表彰会上又进一步指出:

> 20 年来,我们花费数十亿美元从西方引进了管理(经验)。今天我们来回顾走过的历程,我们虽然在管理上取得了巨大的进步,创造了较高的企业效率,但还没真正认识到这 200 多年来西方工业革命的真谛。所以我提出了"云、雨、沟"的概念,就是所有的"水"都要汇到"沟"里,才能发电。这条"沟"在 IT S&P、IPD、IFS、ISC、LTC、CRM 等的序言中已有描述,我们还没有深刻理解。没有挖出这么一条能汇合各种水流的"沟",还没有实现流程的混流。我们现在就是要推动按西方的管理方法,回溯我们的变革,并使流程端对端地贯通。(黄卫伟,2016:335)

从这些行动可以看出,华为在实施 BLM 模型方面已经进入了一个整合优化与创新的新阶段。

四、基于华为实践的业务领先模型:HW-BLM 框架[①]

1. HW-BLM 框架的基本要素

根据华为引入 IBM-BLM 的经验以及到目前为止对华为发展经验的总结,

[①] 作者根据汉字拼音缩写的联想法,将 HW-BLM 模型俗称为"华为-'不乱摸'模型",以便于记忆。

我们可以将华为行之有效的实践模式概括为图 4.2 所示的"华为业务领先模型"(HW-BLM),它包括七个大的相互关联的要素/要素系统:①产权与内部治理;②企业宗旨;③领导力;④华为价值观;⑤战略;⑥执行;⑦市场结果。

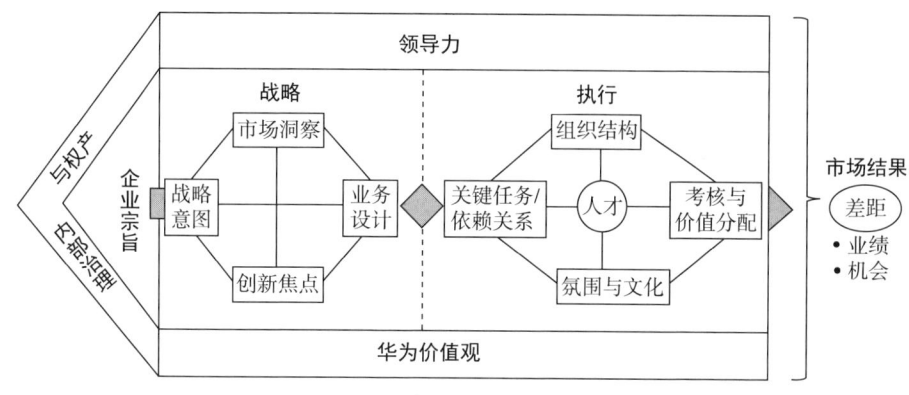

图 4.2 华为业务领先模型

(1)产权与内部治理:是企业的基本制度安排,规定了企业的所有权、经营权、收益权和控制权等在企业重要利益相关者(如股东、创始人、管理者和员工)之间的配置及其相互制约关系。

从华为发展初期至今,华为一直采取以"知本主义"为核心的员工持股制,利用股权安排形成公司的中坚力量,保持对公司的有效控制(黄卫伟等,1998:132)。早在1998年,参与《华为基本法》撰写的人大学者就认为,华为数十年持续发展最为关键的是华为的员工持股制及"知本主义"制度创新(黄卫伟等,1998;杨杜,1998)。近二十年来,外部研究者也普遍指出了华为产权与内部治理制度创新的重要作用(武亚军,2009;吴晓波等,2017;齐宝鑫、武亚军,2018)。实际上,早在1998年《华为基本法》的撰写过程中,任正非就明确指出:

> 华为最成功的不是工资,也不是奖金(这些很多企业做得也很好),而是"知本",是股金,是把劳动与知识转化为资本。(黄卫伟等,1998:106)

他还明确要求:

> 在宣传基本法时,要公开提出"知本主义",主题要鲜明,重点要突出。在内部价值分配过程中,要利用股权分配建立公司的中坚力量。股金分配到一定阶段,要分层分级饱和。否则,一方面会出现两极分化,另一方面价值分配机制也起不到激励作用,还会妨碍内部人才竞争机制的发挥。华为公司最大的财富是对人的能力的管理。学会了对人才的管理,才使我们既能用好人才,又能不迁就人才。(黄卫伟等,1998:106)

华为是这么说的,也是这么做的。此后二十多年的发展,其产权制度也基本上是按照这个构想进行的,并且采取了企业持股员工代表会等治理安排(齐宝鑫、武亚军,2018;任正非,2019)。至2018年3月,华为内部员工持股占公司股份98.99%,创始人任正非仅占1.01%。① 华为经过3年的讨论与修改,并征询内外专家的意见,于2017年11月26日表决通过了《公司治理章程》等一系列文件,完成了公司发展史上里程碑式的一次制度建设(任正非,2019b)。根据《公司治理章程》,华为持股员工代表会为企业最高权力机构,行使公司的最高权力,董事会和常务董事会在持股员工代表会的授权下管理公司的日常运作与决策。

> (华为)治理章程界定了各治理机构的权责以及各治理机构相互间的关系;确立了持股员工的产生、评议、选举办法;建立了治理章程确立的治理领袖群体迭代更替机制,以及这种机制的民主化进程;明确了监事会远期职责、权力,以及过渡期的管理权限与运作方式,奠定了公司今后长远稳健发展的坚实基础(任正非,2019b)。

按照华为《公司治理章程》,华为经持股员工投票选举组成持股员工代表会来对华为进行内部治理与管理和控制,以保证华为的发展体现创始人和持股员工等主要利益相关者的核心关切②(任正非,2019b)。

(2) 企业宗旨:包括愿景与使命,确定企业未来5—10年甚至更长时期存在的目的与意义。

愿景表述的是公司期望达到的一种状态,来自企业内心的真正的愿望、期盼,是企业未来的一种图像式和展望式的描述;使命阐明了公司存在的理由和目的,反映的是公司的业务范围、生存和发展目标、主要客户和经营原则等(吴春波,2016)。从时间上看,华为的企业宗旨是在2005年前后逐渐成形和明确的。在发展的前十年,"华为的追求是在电子信息领域成为世界级领先企业"(《华为基本法》第一条),这可以看作华为发展初期明确的企业宗旨。在2005年,经过半年多的多次内部讨论,华为将其愿景确定为"丰富人们的沟通和生活",使命

---

① 此股份数据对应时点为2018年3月5日,查询于国家企业信用信息公示系统(http://www.gsxt.gov.cn/)。

② 根据华为公司内部消息,华为于2019年3月30日经86 514名持股员工投票,选举出第四届持股员工代表会,行使公司的最高权力,管理和控制公司。公司继续贯彻立法权大于行政权的运行机制,"轮值董事长、常务董事会和董事会"的行权将受持股员工代表会批准的规则约束,其履职也受到监事会的监督。这一治理安排采取了立法权、行政权和监督权之"三权分立、相互制衡"的原则,参照了英国的"王在法下,王在议会"中的成功经验,体现了集体领导的运作精髓。参见任正非(2019b)。

是"聚焦客户关注的挑战和压力,为其提供有竞争力的通信解决方案和服务,持续为客户创造价值",这一新的表述被认为更具"目的性""更与国际接轨",也更具有"梦想"激励性(吴春波,2016:285-289)。到2017年,华为则进一步把宗旨改为"华为是全球领先的ICT(信息与通信)基础设施和智能终端提供商,致力于把数字世界带入每个人、每个家庭、每个组织,构建万物互联的智能世界"。这一宗旨,适应了5G和物联网时代人们信息和通信发展的需要,确定了华为在智能互联时代的新使命和新定位。实际上,华为还为其三大业务部门的每一个业务都构建了使命和愿景,例如,"华为企业业务立志将数字世界带入每个组织,包括遍布全球的政府及公共事业机构,金融、能源、交通、制造等各个行业,构建万物互联的智能世界。面对数字化转型的浪潮,华为聚焦ICT基础设施,发挥自身在云计算、大数据、物联网、人工智能等领域的技术优势,为客户打造开放、灵活、安全的云管端协同数字平台,助力客户完成以'敏捷和智能化'为核心的数字化转型"。这些企业宗旨的确立,确定了华为未来5-10年甚至更长时期的发展方向,是企业开展战略运营及管理的指南针。一般来说,企业宗旨应该具有长期性、前瞻性和激励性,以达到其战略引领和成员激励作用。

(3)领导力:管理者所具有的对公司及业务进行引领和指导的特质与行为。

华为的领导力主要体现在以灰度为特点的执两用中型战略领导力和广泛制度化的干部领导力体系上。从组织层级看,华为的领导力包含了以任正非为核心的高层领导团队和中基层干部两个基本层次。从以任正非为核心的高层领导团队层次上看,华为的领导力主要表现在以灰度为特点的执两用中型(综合平衡)思维模式与战略领导行为上,具体来说,它主要体现在以下一些领域:①企业产权中的"资本"与"知本"的平衡;②东方的文化/使命与西方的组织制度/管理方法的结合;③企业战略(经营)与执行(管理)的平衡;④竞争战略中低成本与差异化的平衡;⑤技术发展中的"拿来主义"与"自主开发"的平衡;⑥企业发展中稳定与变革的平衡;⑦人员激励中物质与精神的平衡;⑧企业目标中的长期竞争力与短期效益的平衡等(武亚军,2013)。事实上,在华为公司,"思想权和文化权被认为是企业家不能释放的权力,是企业最大的管理权"(华为公司,2011a:13)。在1998年《华为基本法》起草时,所要解决的管理哲学问题就涉及所谓的"十个矛盾问题"或"十大关系":①尊重个性与集体奋斗;②开放合作与独立自主;③顾客、员工(含股东)与合作者关系;④精神文明与物质文明;⑤公平与效率;⑥民主与独裁;⑦统一性与多样性;⑧程序化与灵活性;⑨速度与效益;⑩继承与发展(黄卫伟等,1998:63)。当时的主笔者黄卫伟不无激动地写道:

当我们尝试着把华为公司的理念、战略、政策、观点纳入上述框架体系时,华为成功的原因开始清晰了,华为要继续获得更大的成功还需要什么开始明朗了。(黄卫伟等,1998:63-64)

这些矛盾或关系展示了当时华为以任正非为核心的高层执两用中的基本领域。

从中基层干部层面看,华为领导力体现在对核心理念、战略、政策等的规则化和规范化,并努力使之成为各级干部的基本行为指南和依据。在这方面,1998年制定的《华为基本法》、2011年完成的《业务管理理念》、2018年讨论的《人力资源管理纲要2.0:总纲》就是其典型代表。华为采用撰写、培训《华为基本法》和《业务管理理念》(2011)等方法来使企业中基层管理者具备企业要求的价值观和基本管理方法论;此外,华为通过构建综合性领导力模型来对各级管理者进行具体方法技能的培训,以丰富和提高其领导力水平(葛明磊,2015)。

综合地看,华为作为商业企业的领导力特质可以概括为:高层以"包容"和"创新"为核心的(执两用中型)灰度型战略领导力,中基层以基本法和管理纲要为核心载体的广泛制度化领导力体系。

(4)华为价值观:以客户为中心,以奋斗者为本,长期坚持艰苦奋斗。

"以客户为中心,以奋斗者为本,长期坚持艰苦奋斗"是华为在2010年对企业核心价值观系统的综合表述,一直沿用至今,被认为是华为成功经验的结晶,也可称为华为"三句教"(华为公司,2011c;田涛、吴春波,2015:16-17)。事实上,1998年,华为在第一个创业十年期结束时,将当时所认知的核心价值观写进了《华为基本法》作为其主旨(黄卫伟等,1998),它包括四条基本准则:①以人为本、尊重个性、集体奋斗,视人才为公司最大财富,而又不迁就人才;②在独立自主的基础上开放合作和创造性地发展世界领先的核心技术体系,崇尚创新精神和敬业精神;③爱祖国、爱人民、爱事业和爱生活,决不让雷锋吃亏;④在顾客、员工与合作者之间结成利益共同体(黄卫伟等,1998:122-125)。在2008年,华为核心价值观被总结整理为六条,即"成就客户、艰苦奋斗、自我批判、开放进取、至诚守信、团队合作",并正式面向全体员工征集意见(吴春波,2018:204)。在2010年以后,华为价值观则被系统地表述为"以客户为中心,以奋斗者为本,长期坚持艰苦奋斗"的三条"胜利之本"(任正非,2010a)。容易发现,在最初的20年里,华为的核心价值观经历了初创、成形和成熟三阶段,在传承基础上又有发展,并且表达更加精炼和浓缩。其中,"以客户为中心",强调"聚焦客户需求和客户价值实现,抓业务增长"是一个新发展,而尊重人才、集体奋斗、崇尚创新和敬业精神等则得到完全继承,"在顾客、员工和合作者之间结成利益共同体"已经体现在"以奋斗者为本"的产权制度和分配体系之中,因此不再被强调。这些演变表明,华为的核心价值观经历了一个在变与不变中升华的过程(吴春波,2016,2018)。事实上,在1998年《华为基本法》的表述中,它还包括愿景与使命、文化观与社会责任观等内容,在2005年华为重新梳理了企业的核心价值观,提出了所谓的"核心价值观体系",它包括三大部分:愿景、使命及战略。按照参与此过程的华为资深管理顾问的说法,它的"终极性更明确,更与国际接轨,也经过了理智的思考与讨论"(吴春波,2016:283-289)。在作者看来,在前二十年发展中,华为的核心价值观是一种广义的"企业价值观体系"或企业的"核心价值主张",它包括了企业基本价值观准则、愿景、使命和核心战略等多方面内容;在2008年以后,华为的核心价值观体系逐步分化、精练与升华,它的愿景、使命归为本文所说的"企业宗旨"部分,核心战略归为更加具体的战略意图与业务设计部分,而其基本价值观准则被浓缩成"以客户为中心,以奋斗者为本,长期坚持艰苦奋斗"等更为精练且有内在逻辑的文化价值观口号(任正非,2010a;华为公司,2011c;吴春波,2018:211-220)。实际上,近十年来华为的"三句教"被认为是任正非基本的管理思想,也是华为一贯秉持的核心价值观或"企业价值主张",是华为管理哲学的基础,也是华为区别于其他企业的"文化胎记"(田涛、吴春波,2015:15-18;吴春波,2018:211-220)。在这里,我们把华为"三句教"作为华为价值观的概括,是因为作者认为"三句教"涵盖了华为核心价值观的精华,十分凝练并具有较高闭环性和普适性。与此相关的是,"坚持自我批判"也具有十分重要的文化价值,它有助于企业追求长期发展和不断变革,能帮助企业"应对外部挑战与内部堕怠",使"流程、管理更加优化",是使企业走向"长治久安"的关键(任正非,1998;吴春波,2018;殷志峰,2018),因而,它也往往被认为是华为价值观的核心要素。不过,在本文中,我们认为"坚持自我批判"主要是一种被华为员工广泛接受的理念和一种价值观的"纠偏机制",因此把它归为战略执行中的"氛围与文化"部分。①

---

① 实际上,对于如何系统而简练地概括华为的核心价值观,即是否把"坚持自我批判"作为第四句,在华为内外部都存在过一些争论和反复。例如,华为的资深管理顾问吴春波就认为"开放、自我批判和持续对标(学习)"应该是华为核心价值观的重要组成部分,是华为由小到大不断成长进步的内在驱动力。但他也认为"三句教"是在"三元内在驱动力"前提下的新发展。华为的资深高管徐文伟认为通过自我批判,(可以)实现不断改进、不断进步,应对企业的外部挑战和内部堕怠。本文作者认为"三句教"特别是"长期坚持艰苦奋斗"包含了思想上"开放""自我批判""持续对标学习"甚至"创新""发挥创造力"等价值追求,因此以"三句教"作为华为价值观的综合与凝炼是可以的,在某种意义上它也可以增加模型的普适性。关于华为曾经将"坚持自我批判"作为核心价值观的认识,参见吴春波(2018:60-69)对华为"三元组织内驱力"的讨论,余胜海(2017)对华为成功背后的常识与真理的讨论,田涛(2018)以及殷志峰(2019)对"自我批判"作为"变革动力"和"自纠机制"的讨论。

(5) 战略:以战略意图为导引,以市场洞察为基础,聚焦重大战略机会点及创新的业务设计与规划体系。

此处,我们沿用了 IBM-BLM 中战略系统的四要素划分——战略意图、市场洞察、创新焦点和业务设计,保持这四个要素不变,这是因为:①它们比较全面,汇集了战略意图、创新焦点等动态战略要素;②具有内在一致性,强调战略多维元素之间的协同性(Harreld,et al.,2007);③它们又能将战略洞察落实在具体的业务设计中,具有很强的操作性;④更重要的是,华为在发展过程中其战略设计确实带有 IBM 战略方法的影子。例如,华为在 2005 年为公司所确定的核心业务战略是:①为客户服务是华为存在的唯一理由;②质量好、服务好、运作成本低,优先满足客户需求,提升客户竞争力和赢利能力;③持续管理变革,实现高效的流程化运作,确保端对端的优质交付;④与友商共同发展,既是竞争对手,也是合作伙伴,共同创造良好的生存空间,共享价值链的利益(吴春波,2016:286)。实际上,这四条可以看作华为对全球电信巨大市场需求洞察基础上的战略意图(专注于成为最大限度满足客户需求的世界级电信企业)[①]、创新焦点(以管理创新为重点)与业务设计(以高性价比和服务取胜,集中于研发和营销等高附加价值活动)的综合体,其设计符合 BLM 模型战略设计四要素的架构,并且具有很强的一致性。最近十年以来,华为的战略机会点洞察和业务设计部分则直接来自所引进的 BLM 战略业务设计体系,并且演化为华为"五看三定"战略规划体系——"五看"是"看趋势,看行业,看客户,看对手,看机会","三定"是"定战略控制点、定目标、定策略",其输出为企业业务中长期战略规划,然后再解码为企业年度业务规划和实施方案(倪志刚等,2017:82-101;汪瀛,2018)。这一套战略洞察与规划体系,不仅有效地促进了华为的电信运营商业务,而且对其近十多年来以智能手机为核心的终端业务的崛起产生了非常重要的作用(芮斌、熊玥伽,2018)。

(6) 执行:关键任务和流程驱动,以人才为中心、组织结构与文化氛围相配合、考核和价值分配为杠杆的综合型管理体系。

本文修正后的战略实施框架包括五个重要的组成部分:关键任务/依赖关系,人才,组织结构,氛围与文化,以及考核与价值分配。其中,前四个要素是 BLM 模型,特别是"纳德勒-塔什曼"组织一致性模型中所包含的要素,本身并无新颖之处。在华为执行模式中,比较突出的是"**考核与价值分配体系**",我们在

[①] 华为 30 年来一直强调的聚焦电信业务"主航道""战略机会点",以及持续高强度的研发投入和"饱和攻击"或"攻城",就是这一战略意图和竞争资源聚焦创新的体现。

这里将其从原来的"正式组织"中分离出来,分解为"组织结构+考核与价值分配",并对后者的特色与重大作用加以揭示。事实上,华为的价值评价与分配体系是以《华为基本法》中所确立的**华为价值创造四元素命题**为基础的,即"劳动、知识、企业家和资本创造了公司的全部价值"(《华为基本法》第16条),其中,价值评价是对人才的价值贡献度进行度量,是价值分配的依据;价值分配则是对价值的具体分配形式,决定了谁得到什么回报(吴春波,1998:171)。需要强调的是,华为的价值创造、价值评价与价值分配构成了一个完整的"价值链",构成了人力资源管理角度出发的企业系统体系(吴春波,1998)。在华为实践中,价值评价进一步具体化为人事考核,即"企业按照一定的基准(来自价值评价理念),对组织成员的价值创造过程和价值创造结果做出科学的评价。人事考核不是可有可无的,而是一种重要的管理职能①"(吴春波,1998:176)。华为的人事考核与评价,采取"**公正、公平和公开原则**"(《华为基本法》第56—60条),"按照明确的目标和要求,对每个员工和干部的工作绩效、工作态度与工作能力的一种例行性的考核与评价"(《华为基本法》第66条)。其中,工作绩效考核侧重短期效果,工作态度和工作能力考核侧重长期表现,其相对比例则随着公司不同时期的成长要求有所不同,从而形成一种软硬结合、长短期兼顾的、动态调整的综合评价体系。从类型上看,华为的"价值分配"要素包括"机会、职权、工资、奖金、安全退休金、医疗保障、股权、红利及其他人事待遇"(《华为基本法》第18条)。作为一个综合性分配体系,它有如下突出特点:①多元又综合的价值分配对象。价值分配涵盖了组织权力与经济利益,前者包括"机会"和"职权",后者包括"工资、奖金、股权、红利和福利",而"股权"又体现为一种"最终为个人所有但公司拥有使用权的风险承诺"(黄卫伟等,1998:187),包括后来所谓的"虚拟受限股"等,这两大方面价值兼顾了知识员工的精神获得和物质获得,是一种综合性、理性务实的"获取分享制"。②它不是一次性的静态分配,而是公司内部价值分配和再分配的结合,是眼前利益和长远利益分配的结合。③它通过价值分配体系形成了富有华为特色的新型产权制度,即独特的"知本主义"共有产权制度体系,这一体系从员工持股制发展为包含"虚拟受限股""饱和配股""时间单位计划(time unit plan,简称TUP)"等多种形式的员工股份制为基础的企业产权与内部治理体系。当然,由于特定的发展背景和环境,这一产权和内部治理制度还有不少"灰色"或"不透明"之处,有待在发展中进一步规范(齐宝鑫、武亚

---

① 值得强调的是,在华为,人事考核与价值评价并不等同,考核评价不是目的,它只是一种工具或手段,起一种牵引、导向作用,能解决的也只是价值评价的核心问题。参见吴春波(2016)。

军,2018)。

(7)市场结果:机会差距和业绩差距"双差驱动"的市场评估与持续成长。

华为追求的市场结果,首先体现在它以机会差距为主要成长驱动的战略机会点意识上,业绩差距则作为日常经营管理及优化调整的范畴。事实上,就像《华为基本法》中所说的,"机会、人才、技术和产品是华为成长的主要牵引力……机会牵引人才,人才牵引技术,技术牵引产品,产品牵引更多、更大的机会。加大这四种力量的牵引力度,促进它们之间的良性循环,就会加快公司的成长"(《华为基本法》第13条)。"我们追求在一定利润率水平上的成长的最大化"(《华为基本法》第14条)。华为不仅是这样说的,也是这样做的。除了在通信运营商业务("管"业务)的持续全力发展外,华为在2003年设立手机业务部、在2009年适时地进入智能手机等终端业务("端"业务),在2011年正式进军企业业务市场,提供企业云服务等ICT服务("云"业务),从而全面捕捉ICT领域的战略新机遇。华为"云管端"三大业务群组及其协同,可以在智能互联时代有效地支撑企业ICT领域世界引领者的战略雄心和定位。近年来,华为高层则看到了5G及万物互联智能时代的到来,提出了开放的"大管道战略"定义,"我们把主航道修得宽到你不可想象,主航道里面走的是各种各样的船。要开放合作,才可能实现这个目标"。同时,还要求"根据行业价值转移的趋势,不断扩大作战空间"(华为公司,2017)。这种新的机会捕捉显示出华为对持续成长的不懈追求。

2. HW-BLM模型的特质:"十三命题"与"三特四新"

HW-BLM模型中七个主元素的关系,是在IBM-BLM五大要素之间关系的基础上加以扩展而来的,后者在实践中可以简要地概括为以下11个命题:①领导力是根本;②企业价值观是基础;③机会差距感知会激发新的战略思考;④战略意图是战略思考的起点;⑤市场洞察力决定了战略思考的深度;⑥创新作为战略思考的焦点;⑦战略思考要归结到业务设计中;⑧关键任务的设定统领执行的细节;⑨正式组织是执行的保障;⑩人才要有相应的技能去完成战略的执行;⑪氛围与文化是执行的助推器(陈果,2015)。在HW-BLM中,我们增加了产权与内部治理及企业宗旨两大要素,其核心作用一是产权与内部治理决定了企业核心利益相关者及其基本权利配置(所有权、收益权及控制权等),进而影响了企业领导团队构成和企业宗旨的确立。二是企业宗旨以愿景和使命对(3—5年期)战略意图形成牵引。考虑到华为在战略执行中所依赖的五个主要元素,上述命题⑨可进一步调整为"正式组织结构是执行的保障"。再增加2个命题:⑫考核和价值分配是发挥人才作用和推进战略执行的杠杆;⑬动态地看,考核与价值分配又进一步促进了人才职位权力的调整分配及产权与内部治理的动态优化,从而影响下一轮的企业发展。

与 IBM-BLM 模型相比,HW-BLM 模型突显了三个独特元素("三特")和四个创新特质("四新"),它们体现了转型发展经济中的企业长期持续成长须依赖的三个关键机制及四个重要价值创新环节,值得进一步阐述如下:

(1) 产权与内部治理的制度奠基作用。在 HW-BLM 模型中,产权与内部治理决定了企业的领导团队构成及主要利益相关者控制权与索取权的分配,进而影响企业根本目的或宗旨,这对企业战略和组织管理都将产生巨大的影响(Kim and Mahoney,2010)。实际上,战略管理学者已经指出,一个"战略的企业理论"至少应该结合产权理论、资源基础观/能力理论和交易费用理论等,并且能够涵盖市场经理人的企业家、领导者和行政管理者三重角色与价值创造作用(Teece,2016)。在实践中,华为领导人任正非在创业开始时就设计了基于"知本主义"的员工持股制的基本制度,内部治理采取了核心领导人控制和持股员工代表权利分享的共同治理模式,这使得企业的长期发展有了动力和制度保障,企业也能以一定利润率基础上的成长最大化及长期持续发展作为基本目标(《华为基本法》,1998)。华为的共享型产权与内部治理思想来自其领导人的"知本主义"假设和分享型("不自私")的价值观(任正非,2011)。员工持股制与西方市场经济私人公司、上市公司或转型发展经济中的混合型公司及国有控股公司等所有制模式均有不同,是中国转型发展经济所有制改革中值得推进的一种战略性思维与方向(常修泽等,2018)[①]。

(2) 企业宗旨的战略引领作用。在华为创立的最初 10 年中,华为就树立了比较宏大的企业宗旨——愿景与使命,体现在《华为基本法》中就是当时引领性的"企业的核心价值观",其第 1 条明确规定:"华为的追求是在电子信息领域实现顾客的梦想,并依靠点点滴滴、锲而不舍的艰苦追求,使我们成为世界级领先企业。"甚至,为了表示其成为世界一流的设备供应商的承诺,还明确地规定"将永不进入信息服务业",目的是"通过无依赖的市场压力传递,使内部机制永远处于激活状态"(《华为基本法》第 1 条)。愿景与使命在 IBM-BLM 模型中较少涉及,其中长期目标主要体现在战略意图中,在实际操作中它也可以包括愿景与目标等相对短期的企业目的。本文认为,产生这一差异的原因主要在于:①发达

[①] 早在 2003 年常修泽就提出"人本"大于"资本",因此要把"劳动力产权"和"管理产权"纳入产权内涵,才能使"要素产权体系完整化";在 2010 年他又创造性地提出"产权人本共进论",提出在新阶段的中国企业所有制改革中需要推进"产权""人本"两种思维,并使之结合共进,才能创造更大的社会价值。参见常修泽等(2018)第 14 章的讨论。

经济中的老牌国际企业往往很早就成立了(如IBM历史已经超过100年),其企业宗旨(包括愿景与使命)往往随着领导人的更新换代发生了很大变化,然而中国很多本土新兴企业第一代领导者的传承仍在进行中,他们作为创始人仍然在强有力地影响着企业使命等长期目标。②很多国际大公司往往是上市公司,其基本企业制度也使得它们的管理者比较注重资本市场的短期绩效压力,从而往往把注意力集中在中短期的企业财务目标上。

(3)考核与价值分配的人才激励作用和产权动态优化作用。这个组织要素在中国转型发展经济的企业发展中具有十分重要的作用:一方面,考核和价值分配可以把已有特定人才的才能通过相对公平的激励机制发挥出来;另一方面,合理的价值分配还有动态激励作用,它可以把合适的人才选配到合适的组织职位上(华为的"分权"),以及通过分配股权("配股")等吸收更多的财务资本和"套牢"更多、更有价值的专用性人力资本(所谓的"金手铐")。在IBM-BLM模型的战略执行部分,考核与价值分配作为"正式组织"的一部分是内隐的,而在华为这样的来自中国的新兴企业中,在其发展初期人才的技能水平在国际劳动力市场上看显然处于中级甚或略低水平①,在这样的人才基础上只有依靠世界一流的人才激励机制才能开发出世界水平的技术和创新产品,另外,在中国这样的转型发展经济中,也只有利用这样的动态化激励机制才能维持和保障企业的超常规成长。

(4)华为价值观的创新。作为组织黏合剂和文化之魂,华为的核心价值观对华为长期可持续发展具有不可替代的指导作用(吴春波,2018:211-224)。"以客户为中心,以奋斗者为本,长期坚持艰苦奋斗",这一"三句教"正是任正非所说的华为成功的根本原因,也是任正非比喻中所谓"黏住"华为十几万员工的"一桶糨糊",其基础是2008年总结的华为六理念,即"成就客户、艰苦奋斗、自我批判、开放进取、至诚守信、团队合作"。在作者看来,在中国转型经济环境下,华为价值观具有以下四方面的特质或创新:首先,它率先把长期商业成功,即给"普遍市场客户"提供客户价值并长期生存下去,作为企业价值观第一排序,这对确立"与客户的普遍市场关系"和杜绝"市场机会主义"及"制度寻租"具有重要意义,而后两者是转型经济中企业普遍存在的投机主义倾向行为(表现为偏好"挣快钱"和缺乏"战略定力")。其次,它确立了在客观公平的考核和价值分配基础上把"奋斗型"知识员工的劳动积极性和创造潜力激发出来的核心价

---

① 需要注意的是,华为这样的本土企业在20年前吸引的大学应届毕业生人才在中国国内劳动市场为中上水平(但并非国内顶级水平),但最近十年来该情况已经有所改变,从校招生数量来看,华为公司已经成为北京大学和清华大学等中国顶级大学毕业生的第一大雇主。

值理念,这一"以奋斗者为本"理念适应了 21 世纪"知识经济"发展的历史趋势,是华为"知本主义"企业价值观的集中体现。再次,它具有内在的系统逻辑和闭环性,即"以客户为中心"解决了"钱从哪儿赚","以奋斗者为本"解决了"靠谁去赚钱,赚了钱后怎么分"(也包括权力的分享、成就感的分享),"长期艰苦奋斗"解决了"分钱分权的目的是什么",三者的结合构成了一个高度闭环的利益—观念体系(田涛,2018)。最后,它形成了相对平衡的企业价值观体系,既包括了企业经济—效率追求(以客户为中心,团队合作),也包括员工情感—发展(以奋斗者为本,长期坚持艰苦奋斗,开放进取,坚持自我批判)和社会伦理—公平(至诚守信),并且建立了其内在联系和逻辑(多伦、加西亚,2009),这种三维平衡型企业价值观体系对通常企业的三类核心利益相关者(股东、市场客户和核心员工)的权利平衡和价值满足,以及企业内部管理制度设计都具有持久的重大影响(吴春波,2018:220)。

(5)战略领导力创新。华为在战略领导力方面有两大创新:一是"灰度型战略领导力",即核心领导人与中高层干部基于"战略思维"和"灰度思维"(辩证系统)的企业领导力,这突出地体现在以任正非为代表的企业领导人"战略框架式思考"和"悖论整合式"领导力上(武亚军,2013)。二是"以规则的确定应对结果的不确定",即华为以公司基本法或管理纲要等规则化政策体系来培训和规范企业各层级领导者,使企业在不确定的复杂动态环境下能够遵循预设的价值观和基本方向演化发展。

(6)竞争战略创新。这里是指华为的业务设计中实行了以低成本和差异化相结合的竞争战略方法,它体现在为选定的目标客户提供高性价比的产品、满意服务和快速的反应等复合型顾客价值或综合竞争优势上,这被称为"复合式竞争战略"或"竞争优势的复合基础观"(陆亚东、孙金云,2013;陆亚东、孙金云、武亚军,2015)。为了实现"复合型"竞争优势,华为一方面在研发上采用"压强原则"进行力量聚焦,投入大量研发人员和研发资金于能产生市场竞争力的技术和产品研发上,同时配置大量营销人员围绕客户进行快速及时的响应服务、在产品全生命周期提升客户价值;另一方面,华为还系统地建设和优化企业内部的端对端流程,以全面提升运营效率,降低运作成本,这使得其具备全球市场上的高性价比优势[①]。正像华为 1998 年在《华为基本法》中所强调的,"我们的目标是以优异的产品、可靠的质量、优越的终生效能费用比和有效的服务满足顾客日益

[①] 值得指出的是,华为在国际范围内的较低成本也部分地以企业员工的"加班"和承受"高压力"等为代价,这也是转型发展时期中国大部分民营企业内部较为常态的一种做法,这一隐性代价往往被外国学者和政治人物所忽视。

增长的需要"。华为在2007年对公司核心价值观的修正中则进一步确认,"客户的要求就是质量好、服务好、价格低,且要快速响应需求,这就是客户朴素的价值观,这也决定了华为的价值观。"(华为公司,2011c:17)。在2008年任正非在新年祝词中还强调:"我们的目标是要成为网络设备的业界最佳。'质量好、服务好、内部运作成本低、优先满足客户需求'是我们达到这一目标的四大策略"(华为公司,2011c:18)。

(7)战略执行中关键任务的流程化、解码化和整合化创新。华为关键任务的流程化体现在华为对业务关键任务的梳理、确立及流程化操作,它起源于华为早期引进的IPD流程、ISC流程及后来的IFS流程,近十年又进一步发展成运作、使能和支撑3大类、13个细分流程,包括诸如主业务运作流程中的MTL(市场到线索)、LTC(线索到回款,它是华为从线索、销售、交付到回款的主业务流程),使能流程中的DSTE(开发战略到执行)、MCR(客户关系管理),支撑流程中的Manage HR(管理人力资源)、Manage BT&IT(管理变革与IT)等。关键任务的解码化比较充分地体现在华为的DSTE流程中,在这一流程中,包括战略规划、年度业务计划与预算、管理执行与监控三大部分,从而将战略规划、年度计划、全面预算、人力预算、重点工作KPI、个人业绩卡、述职等进行有效集成,明确各环节的开展节奏和评审程序,通过战略解码(SEM)将战略与重点工作、KPI、个人平衡计分卡有效衔接,确保战略到执行的闭环;而系统整合创新体现在最近几年来华为要求的多流程结合和打通要求上,体现在任正非所要求的各种流程的"表单化"和"混流"。

3. HW-BLM模型有效运作的基本要求:"五性"

华为业务领先模型(HW-BLM)的有效运作需要具备五个基本要求,即"五性":制度可欲性、战略创新性、战略与组织的多重一致性、分配杠杆性和变革多阶性。

(1)制度可欲性。这里所谓的制度可欲性,包括两重含义:一是指企业产权与内部治理制度对重要利益相关者的激励兼容或合意性——对股东(资本提供者)、高层管理者和核心员工(人力资本)等关键利益相关者的利益形成正向激励安排,即让那些能够创造较大价值的要素或个人得到相应的激励性回报和权力配置,这体现在华为就是"不让雷锋吃亏,奉献者当得到回报"的理念及制度。华为的员工持股制和"获取分享制"就是这样一种高科技企业的知识员工激励兼容的制度安排。二是企业宗旨的可欲性,它是指企业的愿景与使命设定要对企业员工有激励性,能够激发员工的正向情感力量和奋斗激情。

（2）战略创新性。这里所谓的战略创新性包括两层含义：一是战略制定过程的创新性，指企业在业务设计中把市场洞察、创新焦点（创新类型及关键点）、自身情况等因素综合考虑，从而针对特定业务形成战略性业务设计。**其过程是把创新焦点作为一种核心战略要素来对待的，从而把创新与战略性业务设计相融合，使得战略具有创新性。**二是战略内容的创新性，指企业业务设计中提出了新市场、新产品（含新品类）、新的客户价值主张、新型竞争优势来源（"战略控制点"或"护城河"）、新盈利方式等一种或多种创新要素，使企业的业务设计内容具有创新性。

（3）战略与组织的多重一致性，包括战略一致性、组织一致性及战略与组织匹配性。所谓的战略一致性是指战略意图、市场洞察、创新焦点和业务设计之间的匹配性，其相互配合可以提升战略效力；组织一致性是指企业业务战略实施中业务流程、结构、人才、考核与价值分配、文化氛围等五个组织要素相互支持或协调的关系，其相互支持可以形成强大的组织能力；战略与组织匹配性是指企业业务设计能够落实在组织关键任务及依赖关系（次序）上，这样才能使得战略实施得到统领与支撑。这三者之中，重要性依次为战略一致性、战略与组织匹配性及组织一致性。

（4）分配杠杆性。在战略执行中，HW-BLM 非常强调考核与价值分配的杠杆性作用，其杠杆性主要体现在：针对内部员工（核心利益相关者）的多种激励要素——"职权""金钱""配股"以及物质与精神激励的均衡分配和高强度激励水平。它涉及对人才技能发挥的激励（"分钱"），对未来企业专用人力资本投入的激励（"职权"和"时间延期奖金"等），以及对企业产权与内部治理制度的优化（"配股"和"持股员工代表会"等）。

（5）变革多阶性。HW-BLM 模型中的变革具有多阶性和持续性，即企业除了基于业绩差距对组织要素进行变革（执行调整/强化）外，还需要基于机会差距等对企业宗旨、战略意图及业务设计进行变革（所谓的"战略变革"），或者对企业领导团队或核心价值观进行变革（所谓"文化价值观变革"），以及根据人才考核情况对企业产权和内部治理进行动态调整（所谓的"企业基本制度变革"），这些高阶变革又引发一系列后续的动态调整，从而也导致变革的持续性[①]。

[①] 关于制度转型中企业变革的多阶性的理论分析，可参见希腊管理学者 Tsoukas & Papoulias（2005）的讨论。

五、转型发展经济中 HW-BLM 的应用探讨

1. 模型的四种应用方式与核心法则

从实践角度看,HW-BLM 模型主要有四种常见应用方式:①管理者战略思维与领导力培训。作为一套战略管理的系统工具,它可以用于对企业领导人与高管团队进行思维和领导力培训,以便在企业高管团队形成一套共同的战略思维模式与语言体系。②项目团队行动学习的理论模型。在战略咨询师或管理教授辅导下,企业可以设立特定业务团队形成跨职能项目组,依据该模型对企业特定业务进行行动学习研究,提出改进该业务市场结果的具体行动方案。③企业业务管理者的战略规划与实施模型。承担市场结果责任的总经理利用模型进行特定的业务战略经营设计、实施与变革实践,其对业务的市场结果负总责,并接受产权与治理制度约束和企业宗旨的牵引。④企业最高权力机构制定"公司基本法",即企业最高权力层学习华为提出基本法或管理培训纲要的方式,邀请外部咨询专家和内部各级人员,通过内外结合、上下往复的方式,撰写公司基本法体系或管理理念纲要,对企业长期的经验、原则和指导方针形成系统化与制度性共识。从实施难度上看,这四种方式的难度是依次提升的。

HW-BLM 模型的应用需要特别注意遵循三个核心法则:一是战略定力与组织能力法则。转型发展经济中企业数十年甚至几十年的成长,需要坚守市场导向的战略定力和强大的组织能力,它要求企业具有明确的、以顾客创造为基础的企业使命和共享式愿景(使命牵引),基于市场洞察的、多要素协调一致的战略性业务设计(战略一致性),多种系统要素配合的组织能力构建(组织一致性),以及组织关键任务、次序对业务设计的匹配支持(组织匹配性)。二是价值分配动态优化法则。以价值分配为杠杆进行人力资本开发与企业产权制度动态优化,即以知识"权力化"与"资本化"来动态优化企业组织与产权制度,华为在过去 30 多年的发展为此提供了鲜活而生动的案例。三是因地制宜、实事求是的稳健实施法则。本模型是基于 IBM 和华为等企业战略管理经验的一种抽象,在市场经济中具有比较广泛的适用性,然而,将普遍规律应用于具体企业管理实践特别是对企业进行变革时,要根据企业特定情况,具体问题具体分析,采取因地制宜、实事求是的管理措施,追求市场实效而非理论完备性或将其作为教条。

事实上,综合运用以上三个核心法则要求转型发展经济中的本土企业建立起一个健全的、有格局的战略经营与变革管理体系,它可以简化成图 4.3 所示的五要素组成的一个系统。其中,企业制度是指企业的产权结构与内部治理制度,

它通过影响高层管理者的构成与激励而对企业绩效产生一个基本或长期的影响。实际上,华为员工持股的产权结构与内部治理,通过确定以任正非为核心的领导团队与企业文化(特别是核心价值观,即华为"三个胜利之本")影响了华为一系列战略决策,这些战略决策被组织加以系统执行,进而对企业长期绩效产生作用。同时,企业产权与内部治理制度也会直接影响战略的执行,企业的市场绩效与差距感知又会对产权结构与内部治理、领导团队与企业文化、战略及执行产生修正调整或强化作用(图 4.3 的虚线)。长期来看,转型经济中企业的持续成长要求企业不断地发现机会、绩效、文化和制度之多重差距,也即产生图 4.3 中的多阶变革,包括执行强化、战略变革("一阶变革")、文化变革("二阶变革")和企业制度变革("三阶变革")(Tsoukas and Papoulias,2005)。

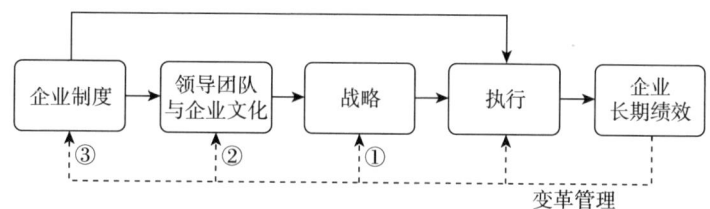

图 4.3　转型经济中的战略经营、变革管理与企业长期绩效

2. 模型的广泛适用性与应用条件

HW-BLM 模型对转型发展经济中追求长期发展的高科技企业或人本型企业有广泛而重要的借鉴及应用价值。这主要是基于以下三方面的考察:

(1)模型的系统性、创新性和可操作性。正如 BLM 模型的开发者 Tushman 教授等所指出的,BLM 模型契合市场竞争环境下的动态能力理论观点,很好地平衡了"企业发现机会"(sensing)和"利用组织能力实现机会"(seizing),为企业的动态成长提供了理论依据。经本文修正后的 HW-BLM 模型,进一步加入了产权与内部治理制度、企业宗旨等基本制度因素和价值分配等重要组织因素,使得模型具有更大的整合性和创新性,适应了转型发展经济中的企业实际环境和组织特点,也增大了其使用价值。模型的战略和执行部分包含多个细分要素,其本身的可操作性也使 HW-BLM 模型具有较大的实用价值。

(2)修正后的模型在中国转型发展经济中具有较广泛的适用性。一方面,中国经济整体上仍处于工业化发展阶段,巨大人口红利和经济体量为众多本土企业提供了巨大的市场发展空间;另一方面,从计划经济向市场经济的制度转型也为本土各种所有制企业通过改革分配制度以及进行企业产权与内部治理创新提供了制度空间,这使得模型在转型发展经济中具有较广泛的适用性。实际上,像联想、海尔、海信、新奥等多种不同所有制背景的本土新兴企业,均可以基于HW-BLM模型进行其战略经营与变革管理体系的建设(武亚军,2009;武亚军、唐箭云,1999)。

(3) HW-BLM模型的具体适用范围及边界条件。根据华为的实践经验,模型对具有一定规模(如销售收入数十亿元以上)的、在竞争性市场上或技术密集型行业的民营或民营主导企业具有较大价值。这是因为:首先,民营企业或民营主导企业具有较大的决策自主权和价值分配改革空间与自由度,其一定经济规模(如年销售收入计几十亿元人民币或更多)使其需要依靠提高组织能力和优秀管理来保持持续成长①,而不是仅靠少数企业家抓机会就可以成功。其次,HW-BLM模型对知识或技术密集型行业的企业具有较大的应用价值,因为在这类企业中知识员工的能力发挥和创造力会随着管理水平的提升而得到数倍增大。最后,HW-BLM模型强调产权的制度奠基、领导力和文化价值观引领,其特征使得该模型在环境动态性和高复杂性情况下可以发挥较大作用,其运用价值也就更大。

3. 其他企业运用BLM模型的经验借鉴

实际上,近十年来中国已经有不少竞争性行业中的企业开始运用IBM-BLM模型或者在其基础上进行调整优化,以获取竞争性业务的市场领先地位。这些企业包括新奥集团、海信电器、德邦快递等②,它们在充分吸收IBM-BLM模型优点的基础上,结合自身的行业特点和企业发展阶段,强化战略性业务设计和突破型组织能力建设,以期在越来越激烈的市场竞争中取得业务领先地位。例如,新奥集团在2010年前后采用的是"市场—战略绩效管理体系",它是新奥在卡普兰教授的"战略地图—平衡计分卡"理论基础上,根据自身管理创新,融入世界战略管理最佳实践,形成的一套市场导向、战略牵引、绩效驱动、资源保障、能力支撑的管理体系。近年来,新奥集团基于市场—战略绩效管理体系,融合IBM-BLM模型,形成了新的"新奥市场—战略绩效管理模型"(见图4.4),它阐述了"从市场洞察到业务设计、从业务规划到资源配置的战略规划全过程及各环节逻辑关系""通过战略执行监控进行差距分析,进行创新聚焦,形成循环改进和

---

① 对于中国数量众多的中小型企业来说,其在机会驱动型经营(一次创业)向长期可持续经营(或二次创业及以上)过渡时,该模型也有一定的适用性。需要注意的是,企业关键任务或次序的流程化及制度化程度可能需要根据企业规模和领导风格等加以调整,模型整体的应用价值需要进一步的实践检验或验证。

② 经过作者与企业相关高管或管理顾问的个人通信确认。

战略升级"①。可以看出,新模型在保持原来强调战略目标、业务规划和多要素资源配置(组织、人力、技术、资金)的基础上,充实和强化了市场洞察基础上的战略性业务设计、战略执行监控与战略升级,使得战略设计与实施更为平衡、战略升级与变革更为及时,有效地改进了管理体系的战略性和时效性,适应了动态和复杂环境下的战略经营与变革管理新要求。新奥集团在公司的行动学习中将这一战略管理体系应用于"智慧能源系统""交通能源"等新业务设计与实施中,取得了较好实践效果。基于新奥案例可以发现,业务领先模型的有效运用,需要企业在吸收 BLM 模型优点的同时,根据企业业务发展阶段及自身的特点,对战略经营体系的侧重点及资源分配杠杆进行调整和优化,以达到长期发展的企业目标。

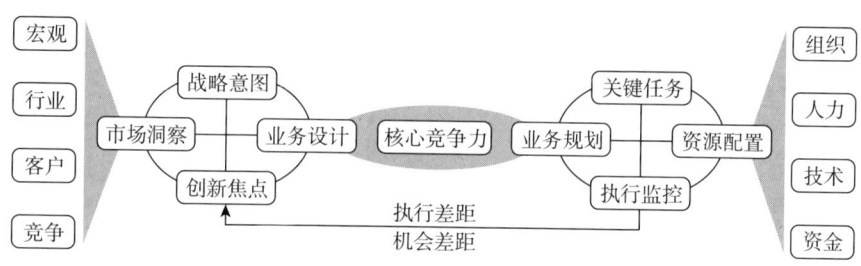

图 4.4 新奥市场—战略绩效管理模型

六、基于 HW-BLM 的进一步讨论

1. "力出一孔""利出一孔"与本土世界级企业的成长之道

"压强原则"是华为的战略原则,也是理解华为成功之道的一把钥匙。《华为基本法》第 23 条就明确提出"我们坚持压强原则,在成功关键因素和选定的战略生长点上,以超过主要竞争对手的强度配置资源,要么不做,要做就极大地集中人力、物力和财力,实现重点突破"。这一原则实际上就体现了华为早期对战略性业务设计及强大组织支撑的强调,它涉及 HW-BLM 框架中的战略、执行和机会差距等要素。在 2011 年,任正非在华为内部业务汇报会上进一步提出:"力出一孔,要集中优势资源投入在主航道上,敢于去争取更大的机会与差距",强调"要把战略力量集中在关键的突破口,集中在主航道上、主战场上",这实质上是对"压强原则"的进一步发展和运用。在作者看来,华为所谓的"利出一孔"

---

① 来自新奥集团公司内部培训文件。

是指长期以来基于"知本主义"企业制度而对企业人力资本的强大激励和集中约束,它体现在 HW-BLM 中产权与内部治理、考核与价值分配和华为价值观等部分中。实际上,任正非在 2013 年的企业新年献辞《力出一孔,利出一孔》中,进一步强调了这两个华为战略管理的核心法则或机制,并指出"如果我们能坚持'力出一孔,利出一孔',下一个倒下的就不会是华为;如果我们发散了'力出一孔,利出一孔'的原则,下一个倒下的也许可能就是华为"(任正非,2012)。由此可见,这两个原则对华为可持续发展的重要意义。实际上,任正非对华为的成功基础有清醒的认识,他说"华为是平凡的,华为员工也是平凡的",其背后的深意是:只有依靠战略聚焦、高强度研发投入("力出一孔")和超一流的激励机制("利出一孔")等管理上的核心竞争力,像华为这样的本土新兴企业才能依靠中国的一大批"普通"科技人才,成长为一个世界级高科技企业①。

2. 企业家"文化权""糨糊理论"与"灰度"管理哲学

在华为,"文化权"和"思想权"被认为是企业最大的权力,并且是"企业家不能释放的权利"(华为公司,2011a)。"文化(权)就是一种假设(权)","组织的统一建立在思想和文化建设的基础上,组织只是一个构架体系,思想和文化是思维、引导体系"(任正非,1998:96)。按照这一认识,华为的"文化权"和"思想权"被赋予华为核心领导团队和继承华为核心价值观的接班人。事实上,任正非早在 1998 年就谈到华为最重要的假设就是"把知识作为资本"和"决不让雷锋吃亏",另一个附加假设就是"奋斗者就是英雄"②。这些假设后来作为重要的文化理念被凝结和体现在华为"以奋斗者为本""长期坚持艰苦奋斗"的核心价值观里。

所谓"糨糊理论"是任正非 2017 年参加世界达沃斯论坛回应记者提问其成功秘诀时提出的一个比喻,当时他说:"我不懂技术,我不懂管理,也不懂财务,我手里提着一桶糨糊……**这桶糨糊,在西方就是胶水,这黏结人与组织的胶水本质就是哲学**。前面 30 年我提着这桶胶水,浇在大家脑袋上,把 18 万员工团结起来了……**这个哲学的核心就是价值创造、价值分享,共有共享,保护每一个贡献者的合理利益**,形成一个集群,这个战斗力是很强的,这个就是分享的哲学!这

---

① 事实上,任正非在制定《华为基本法》的时候就说过,"要建设一个强大的基础,摆脱对人才、资金、技术的依赖",并认为《华为基本法》总的核心"是企业的潜力开发,是人的潜力开发,是调整企业内部关系、矛盾的契约",这样华为才能"从必然王国走向自由王国"。见黄卫伟等(1998:87,305)。

② "奋斗者就是英雄"来自"太阳从地平线上升起"理念及其启示,任正非认为"地平线下什么都没有,你是英雄,不用别人来说,这就是启示,也是一个假设"。见黄卫伟等(1998:96-97)。

个哲学要黏结全世界优秀的人。"(任正非,2017)可以看出,这里的"糨糊"就是指华为的价值共享机制与背后的"决不让雷锋吃亏"和"以奋斗者为本"等核心价值观。它在华为模式中主要体现在 HW-BLM 中的产权与内部治理、考核与价值分配及华为价值观部分中。

需要指出的是,华为价值共享机制和管理体系的基础正是任正非的"灰度管理哲学",它包括如下一些重要范畴中矛盾的对立统一:①人性的善恶;②中西文化中的主体性——尊重个性与集体奋斗;③企业的经济性(生产力)与社会性(生产关系);④组织(或国家)的开放合作与独立自主;⑤企业的"资本"和"知本";⑥企业的短期利益(效益)与长期利益(速度、竞争力等);⑦企业的经营("打山头")与管理("精细化");⑧组织的继承与发展;⑨决策的民主与独裁;⑩激励中的精神与物质;⑪竞争策略中的差异化与低成本等等。实际上,黄卫伟等(1998)梳理华为的管理哲学时所提出的"十大矛盾"或"十大关系",就包括了上面的②、④、⑧、⑨、⑩等项。更进一步来看,任正非的灰度管理哲学的核心则是其认识论上的辩证法,即"用辩证法的思想来认识世界""对立统一的关系永远都讲不完,所以我们必须既做到合二为一,又做到一分为二。合二为一是结论,一分为二是指导思想和方法,而且必须适可而止"(黄卫伟等,1998:88)。在2000年前后,任正非开始明确地提出所谓的"灰色"理念:"灰色"就是黑与白、是与非之间的地带;灰色的定义就是不走极端,在继承的基础上变革,在稳定的基础上创新,在坚持原则和适度灵活中处理企业中的各种矛盾和悖论。在2009年,任正非在一篇题为"开放、妥协与灰度"①的讲话中则更加明确了"灰度"这一哲学概念及其重要性。在这篇讲话中,任正非明确地指出:"一个领导人重要的素质是把握方向和节奏,他的水平就是合适的灰度——一个清晰方向,是在混沌中产生的,是从灰色中脱颖而出,方向是随时间和空间而变的,它常常又会变得不清晰。并不是非黑即白,非此即彼。合理地掌握合适的灰度,是使各种影响发展的要素,在一段时间和谐,这种和谐的过程叫妥协,这种和谐的结果叫灰度。"(任正非,2009b)在这里,任正非明确地把高水平领导力的核心归结为黑白之间的"灰度",它与中国哲学传统中儒家的"执两用中"的中庸之道、道家之"中道"等完全一致,体现了其深厚的中国文化"底蕴"或"底色"。必须指出的是,任正

---

① 事实上,早在2001年,任正非就提出管理变革必须以适用为目的,并提出了管理变革的"七反对"原则,即坚决反对完美主义,坚决反对烦琐哲学,坚决反对盲目创新,坚决反对没有全局效益提升的局部优化,坚决反对没有全局观的干部主导变革,坚决反对没有业务实践经验的人参加变革,坚决反对没有经过充分论证的流程。这些原则可以视作"灰度思维"在华为管理变革中的具体应用。参见任正非(2001)。

非的这种"灰度哲学"(或称"矛盾对立统一"),除了应用于华为的领导力和研发政策外,它还被任正非广泛地应用于华为的战略目标设定、市场竞争策略、组织设计(人员培养与文化建设),以及华为的产权与利益分配等诸多方面(武亚军,2013)。

综合第一和第二部分的讨论,我们可以总结出构成 HW-BLM 底座的"企业文化底色"或"企业三观",即企业价值观上的"知本主义"(知识资本为先);企业世界观上的"辩证唯物主义"(本体论上的矛盾论,认识论上的辩证法和方法论上的改良主义);"企业人生观"上的"商业的专业主义",即把研发过硬产品和技术来获得企业长期存活与商业成功作为企业的信仰(华为公司,2011c;刘东华,2019)。本文将这三者统称为华为模式的"三个主义"。

3. 华为模式的文化本质及中西融合之道

华为没有秘密,却有值得总结和学习的模式与经验。本文认为,经过 30 多年的探索,华为已经走出了一条有"活"的灵魂的世界级高技术企业之路,在"道、法、术、器、势"五个层面实现了知行贯通与中西文化融合,并形成了一种"以奋斗者为本"的共有制企业雏形(齐宝鑫、武亚军,2018)。

这里所谓的**华为之道**,是指华为的"**三句教**",亦即其所谓的"**核心价值观**"或"**三个胜利之本**":"**以客户为中心,以奋斗者为本,长期坚持艰苦奋斗**"(任正非,2010),它体现在 HW-BLM 中即为"华为价值观",它是企业长期持续发展的基础或"文化底座"。我们前面讨论的"三个主义",可以称为**华为"原道"**,即企业价值观上的"**知本主义**"、世界观上的"**辩证唯物主义**"、人生观上的"**商业的专业主义**"。这里所谓的"**法**",即指华为的"**力出一孔、利出一孔**"两大法则和愿景、使命驱动的战略经营与变革管理方法,华为由使命牵引,依靠坚定不移的战略聚焦、高强度的研发投入和人才激励等组织力量实现了在信息通信设备与服务领域"中华有为"的企业理想。这里**所谓的"术"**,是指华为的**战略目标制定、市场竞争策略、研发策略、组织建设方法、人才激励("分钱、分权、分名"等)、文化建设**等具体策略与战术。这里所谓的"**器**",是指华为在实现企业业务领先的战略战术过程中所利用与开发的各种管理工具,如 **IPD、MTL** 等。这里所谓的"**势**",是指华为充分利用了过去 **30 年来中国和世界 ICT 领域发展的大趋势**,包括通信技术更新换代(从 **3G 到 5G**)以及伴随互联网技术革命兴起的智能终端和"云服务"等趋势。综合来说,华为通过 30 多年的持续艰苦奋斗,通过及时把握"云管端"三大业务领域的战略机会点和强有力的组织扩张,在 ICT 领域崛起成为世界一流高技术企业,其经验贯穿了"道、法、术、器、势"五个层面,实现了

"五位一体"式贯通。

当前值得追问的一个不是问题的问题是,华为是一家中国公司吗?从企业发源地和业务的市场基础看,答案是不言而喻的。然而,从文化本质看,华为并非仅是一家"中国公司",它更多地应被看作一家植根中国的国际化公司或全球化企业,是"非中非西"又"亦中亦西"的,是本文所说的"中魂、西型、马列毛邓精髓"的典范。这里所谓的"中魂"是指华为的企业文化具有"活的灵魂",这体现在华为特色的"知本(主义)为先""(集体)奋斗有为""灰度辩证(包容)"三个核心向度,其中,"灰度辩证"是一种典型的中国儒家及道家文化传统,"知本为先"和"奋斗有为"则与中国传统文化中"以人为本""君子务本,本立而道生""天行健,君子以自强不息"等观念一脉相承;无须讳言,"奋斗有为"也是西方个人主义文化背景下的一种核心价值,"按资分配"更是当代工业资本主义的主流模式,但华为根据产业和企业的实际情况创造性地将"按劳分配"和"按资分配"相结合、将"个人奋斗"和"集体主义"相结合,形成了华为的"知本主义"和"集体奋斗"文化,成为中西文化融合的典范。这里所谓的"西型",是指西方的管理模型和工具,如本文说的股份制、IPD、BLM、员工胜任力与任职资格管理、人力资源业务伙伴(HRBP)等模型,华为以使命牵引和核心价值观为驱动,通过向西方IBM等先进企业学习,"先僵化、后优化、再固化",形成了一套"中西融合"的管理方法与工具体系。这里所谓的"马列毛邓精髓"是指华为在企业发展过程中,继承与坚持了马列主义唯物辩证法的精髓,采取了"实事求是""具体问题具体分析"的路线方针,既反对"(理论)教条主义",也反对"(实践)经验主义",坚持走"(马克思列宁主义的)普遍原理与中国实际相结合"的道路,这实际上也是马克思主义中国化的精髓,是20世纪三四十年代中国革命取得胜利的经验和1978年以后改革开放取得初步成功的思想结晶。① 正如任正非所总结的:"西方的职业化是从一百多年的市场变革中总结出来的,它最有效率……二十年来,我们有自己成功的东西,要善于总结出来。为什么成功,以后怎样持续成功,再将这些管理的理念用西方的方法去规范,使之标准化、基线化,以利于培养各级干部适应工作。只有这样,才不是一个僵化的西方样板。西方企业在中国成功的不多,(原因)就是照搬了西方的管理,水土不服。一个企业的灵魂,就是坚持因

---

① "实事求是""具体问题,具体分析"也是毛泽东思想和邓小平改革理论的精髓。前者主要体现在毛泽东的《中国革命战争的战略问题》《论持久战》《矛盾论》《实践论》等一系列革命战略与哲学论著中,后者主要体现在邓小平的《解放思想,实事求是,团结一致向前看》《党和国家领导制度的改革》《在武昌、深圳、珠海、上海等地的谈话要点》等论著中,参见陈培永(2016)相关解读。正是在这个意义上,本文将其概括为"马列毛邓精髓"之实践典范。

地制宜实事求是。"(任正非,2009a)综上所述,我们将华为模式的精神实质概括为"中魂、西型、马列毛邓精髓",这应是华为模式与经验可以给中国企业的最重要的借鉴。

4. HW-BLM 框架能用于西方发达市场经济吗?它对当代企业战略管理理论发展有何启示?

这里值得追问的一个问题是,HW-BLM 框架是否适用于西方发达市场经济比如源自美国的国际企业 IBM?实际上,我们可以通过探究郭士纳在 IBM 担任 CEO 期内"如何让大象跳舞"和继任者的经营管理实践及其效果来尝试对此进行回答。1993 年,在郭士纳作为 IBM 的 CEO 任上的初期,除了面临的业务调整和市场竞争力问题以外,他发现 IBM 的薪酬制度也存在不少问题,如各级别的工资待遇"主要由薪水组成""差别很小""过于强调福利",其"根本上是一种家族式管理模式……平等和共享比以绩效为导向的差异更加重要"。IBM 面临战略转型的巨大挑战,郭士纳除了采取"整合计算机软硬件及服务的世界级供应集成和服务型全球企业""电子商务"等战略调整外,他决定对公司的权力结构和薪酬系统进行重大的调整,"需要建立一种基于市场表现的差别工资制",事实上,"老沃森从不拥有超过 5% 的公司股权,并拒绝将股票期权奖励给自己或者其他的高级经理……小沃森在 1956 年开始实施股票期权计划,但只是用来奖励高级经理的,而且也并没有把高级经理与公司的股东联系在一起",然而,郭士纳"**希望 IBM 人都能够像股东那样思维和行动,能够感觉到来自市场的压力,并通过充分利用资产和制定战略为公司创造竞争优势**"(郭士纳,2015:83-86)。为此,在深思熟虑之后,他对 IBM 的"股票期权项目"做了 3 个重大改革:一是首次向"数万名 IBM 员工"授予股票期权。到 2002 年时约有 7.2 万名员工被授予股票期权,而 1992 年仅有不到 1 300 人,并且授予"非高层经理的股票期权是高层经理所获数量的两倍"。二是授予股票期权时"把高级经理也包括在内,而且更加直接了"——对高级经理来说,股票基础上的工资待遇成为其薪水中"最大的一块","除非使公司的长期股东获利,否则他们就无法获利"。第三,高级经理获得股票期权是以"用自己的钱购买一定数量的公司股权"为前提的,目的是"让每个高级经理都必须和公司股东站在相同的位置上来思考问题"。因此,郭士纳在自己任职的初期,不断地在公开市场买进 IBM 的股票。按照郭士纳的总结,"如果奖励制度与你的新战略不相吻合,那么你就无法实现组织转型。"(郭士纳,2015:87-91)。在郭士纳的战略调整和组织转型措施的推动下,IBM 在 1994 年就扭亏为盈,并在随后保持增长和持续盈利,2001 年销售收入达 860 亿美元,利润达到 77 亿美元,股东权益回报(ROE)达到 35.1%(郭士纳,2015:333-340)。显然,让 IBM 大象跳舞的基本前提是,郭士纳在企业的"奖励和价值分配体系"和"产权与内部治理"方面进行了显著(如果不说是根本性)的变革,其目的是让"高级经理"和"大量知识员工"(郭士纳眼中的 IBM 核心资产拥有者)拥有与 IBM 股东相似的"切身感"和"一体感",即拥有经营知识的高级经理和具有核心技能的员工更好地分享其知识带来的经济红利,这与华为的"知本主义"假设和员工持股制(一种共享型企业制度)在精神上是相似的、在经济原理上是相同的,只不过华为模式中其股权和职务利益分享程度更大且已经形成了一种共享型企业制度(齐宝鑫、武亚军,2018),而 IBM 仅是一种分享型股权激励和产权与内部治理的调整或优化,不能算作一种新型员工共有制企业制度创新[①]。郭士纳的继任者彭明盛(2002—2011 年担任 CEO)在 IBM 的管理变革实践与效果,也可以佐证 HW-BLM 模型在 IBM 的适用性。事实上,2002 年彭明盛在上任之后不久,就提出了"随需应变"(on demand)理念,这一理念延续了电子商务的精神实质,强调 IBM 在"互联网泡沫后"如何利用网络和借助随取即用的计算能力,使企业变得更敏捷、更灵活、更有韧性和更高效。2003 年,彭明盛发起的"价值观大讨论",让 IBM 全球 30 多万员工在 72 小时内参与在线讨论,随后利用自身发明的软件进行分析和筛选,重塑和形成了 BLM 模型中的"IBM 价值观",即"成就客户,创新为要,诚信负责"(张烈生、王小燕,2011:101)。这和华为 2010 年确立的"以客户为中心,以奋斗者为本,长期坚持艰苦奋斗"有异曲同工之效[②]。在随后的几年中,IBM 不断完善"随需应变"理念,发展"云计算"等新思想,在 2008 年首次提出"智慧地球"的新理念,并将自己定位为通过信息技术使世界更加物联化、互联化和智能化,从而解决与人类地球生存和生活有关的问题。"如果说电子商务和随需应变侧重的还是企业和商业层面的话,'智慧地球'则达到了一个世界观的高度,也重新回到当年老沃森愿景的水平"(张烈生、王小燕,2011:98-103)。也正是在这种创新思想和愿景的激励下,IBM 在最近十年开始把自己的使命确定为一个"云和认知计算"的市场领先型公司,以助力企业、组织和政府,进而在全球实现"智慧地球"之宏伟愿景。彭明盛任期内 IBM 的管理实践也充分说明了一个伟大的"企业宗旨"(包括愿景与使命)和"企业核心价

---

① 需要注意的是,2002 年 IBM 授予股票期权的员工已达 7.2 万,占当时全球员工总数 32 万的近 1/4,其规模和范围在上市公司中也是空前的,因此是一种"普遍分享型股份制(公开上市公司)",这可以看成在发达市场经济的资本市场制度下企业对"(股东)资本"和"(员工)知本"进行调和而达"灰度"的一种努力,其共有程度要看股票交易所对上市公司内部成员持股份额上限的规定。

② 应该看到,两者最大的区别在于 IBM 价值观对创新的强调,这也是将来华为价值观需要进一步强化的地方。

观"的重要性,这在我们修正后的业务领先(HW-BLM)模型中都有体现,也说明了其广泛适用性和使用价值。

此处,还值得追问的问题是华为模式与HW-BLM模型可以对当代企业战略管理理论发展有何启示?本文作者认为,华为模式及HW-BLM模型可能对以下四个当代战略管理领域的学术研究产生积极的影响及推动:

(1)基于人力资本产权的可持续型企业模式研究。华为模式作为一种基本企业制度创新,需要透过产权、治理与利益相关者视角的战略理论来加以透视;其基于人力资本激励的价值创造过程,则需要运用"能力理论"与"治理方法"相结合的理论视角来研究(Mahoney and Kor,2015);其模式的可持续性则需要考虑领导人传承问题和进行纵向分析及(企业间)横向比较等加以考察。首先,从产权方法(property rights approach)来看,企业在本质上可以作为一个各种资源主体间的不完备契约的连接(Kim and Mahoney,2010),或者人力资本与非人力资本之间的一个特别合约(周其仁,1996)。在华为业务领先模型中,企业对人才的考核与价值分配是一个重要的组织杠杆,它需要遵循科学评估和合理分配等准则(吴春波,1998),而企业对利益相关者特别是内部各类知识员工的公平、公正的对待(包括职位安排、薪酬、福利、分红和股权配置等)会影响到员工对企业的专用性人力资本投资,进而影响到公司的核心竞争力以及企业的持续发展(Mahoney and Kor,2015),而华为企业制度中采用"员工虚拟受限股"、企业文化中强调"集体奋斗"、组织设计中强调流程化和项目制、分配制度中强调"基于绩效的利益共享"等,这些都构成了华为模式中基于人力资本构建强大的组织能力的互补性机制。事实上,在成立30多年以来,华为的产权与内部治理制度在"员工股份制"的基本企业制度下经历了一系列变化和调整,包括最近数十年采用的"时间单位计划(TUP)"、轮值CEO制、持股员工代表会等制度,其总体趋势是走向以奋斗者为核心、基于人力资本产权的"共有制企业",这里的"奋斗者"包括任正非等创业者、管理干部和大量知识员工等(齐宝鑫、武亚军,2018)。无须讳言,由于中国经济的转型发展阶段和本身的民营非上市公司特性及发展历程,华为的产权和内部治理制度仍有相当一部分处于"灰色"或"不透明"状态,其最高领导人的传承也面临较大不确定性,这使得华为模式的产权与治理制度基础仍有待调整和夯实,才能够真正实现企业的长期可持续发展(Kim and Mahoney,2010)。实际上,近30年来,中国转型发展经济中涌现出一批以员工人力资本为核心的劳动密集型企业,如以低学历员工(农村打工者)为主体的"海底捞"公司,在实践中初步摸索出一套以企业价值观、战略体系和人力资本管理相结合的"以人为本的可持续型企业"雏形(武亚军、张莹莹,2015)。2018年,海底捞在香港证券交易所的公开上市（IPO），不断加强国际扩张,也让企业产权和治理制度得到进一步规范和公开化,使其向类似于西方的"星巴克"这样的国际化企业靠近(霍华德·舒尔茨、多利·琼斯·扬,2011)。从总体上看,全球范围内基于人力资本产权的可持续型企业模式仍需要进一步的实践探索和系统研究,从而提升这类企业的制度有效性和战略经营的长期可持续性。

（2）企业悖论与战略领导力模型研究。企业悖论是最近数十年来国际管理学界学术研究中一个新兴的前沿领域(Schad,et al.,2019),它既是一个重要的理论研究领域(Smith and Tushman,2005),也已经成为一种被普遍接受的管理研究视角或方法(Smith and Lewis,2011;Schad,et al.,2016)。实际上,正如前面的华为业务领先模型中所讨论的,华为的领导力突出地体现在其"执两用中"或灰度型战略领导力,即企业领导层对华为"资本与知本""长期与短期目标""中国与西方文化""经营与管理""国内与国际市场""低成本与差异化""开发与利用""物质激励与精神激励""个人与集体""制度与文化""稳定与变革"等核心矛盾的包容、转化、超越或者创造性化解等方面。事实上,中国传统的"儒家辩证法"和道家"阴阳观"以及"整体性思维",都给中国企业领导者处理企业悖论以深厚的文化滋养,并使得中国的领导人在国际范围内具有文化优势(Nissbet,2003;庞朴,2011;王树人,1997)。然而,从悖论视角的战略领导力的理论发展看,这一领域的研究还需要进一步深化和系统化(武亚军,2013;王辉、黄鸣鹏,2017;Schad,et al.,2019)。例如,在不同企业所有制或企业发展的不同阶段,企业悖论中包含哪些核心悖论？它们之间存在什么关系？如何在实现企业业务领先及保持基业长青中处理好这些动态复杂关系？中国业务领先与基业长青公司在处理这些核心悖论或矛盾方面有什么独特之处？基于中国企业实践和悖论视角,能够形成一些具有中国特色的全球普适性管理理论吗？显而易见,HW-BLM 及其灰度型战略领导力的丰富实践与历史演变(孙建恒,2018),可以给理论工作者以极有深度的启发,并促进我们开发出具有中国特色的悖论管理理论。

（3）不确定环境下愿景与价值观驱动的战略经营与变革管理。IBM-BLM中战略牵引作用主要体现在战略意图及市场结果中的机会差距两个部分中。在转型发展经济中,如果企业尚处于追赶阶段,其业务、产品领域往往有领先者可以作为标杆来对标；然而,当企业进入产品、技术及商业模式的"无人区"或处于业务领先者群体时,其未来发展将面临巨大的不确定性挑战。此时,企业的愿景、使命和价值观就会产生巨大的导航、牵引或锚定作用。实际上,随着互联网革命和智能互联时代的到来,传统的行业边界日趋模糊,企业的业务领先越来越需要崇高深远的使命、愿景和创新价值观来驱动,而不仅仅是追赶竞争对手。这意味着，企业在无人区必须高举"理想主义"的大旗，提前研发和储备基础技术，实现从 0 到 1 的创造，迈向基于愿景驱动的理论突破和基础技术发明的创新 2.0 时代（徐文伟，2019）；而在此过程中，企业领导者必须发挥重要的战略领导作用，他（她）们必须思考"达成目标的目的是什么？""达成目标对公司、社会、国家，进而对人类到底具有何种意义？领导者必须不断刨根问底，思考这一根本问题，从而明确制定出取得共鸣的'使命'。只有在集团内部确立崇高深远的愿景和使命，集团成员和领导者本身才能获得源源不断的动力，在事业中奋发图强，精益求精"（稻盛和夫，2018：12）①。事实上，华为在 1998 年《华为基本法》中第一章第 1 到第 7 条就明确规定了华为公司的使命、愿景和价值观，为此后 20 多年的发展奠定了基础。2017 年，当华为成为 CT（通信设备和服务）的业界领先者之后，看到了 5G 技术和互联网革命所带来的巨大发展机遇，及时调整了自己的愿景与使命："华为是全球领先的 ICT（信息与通信）基础设施和智能终端提供商，致力于把数字世界带入每个人、每个家庭、每个组织，构建万物互联的智能世界"。在这一新愿景、使命及华为价值观的驱动下，华为在"云管端"三大业务领域特别是企业业务（"云"）和终端业务（"端"）都展开了富有创造性的探索活动和创新推动，正迈向一个新的不同于苹果等国际公司的智慧全场景牵引、生态协同、智能进化的战略新道路（余承东，2018；杨文池，2019）。作者相信，华为及一批中国互联网领先企业的战略实践，可以为研究技术不确定情形下愿景与价值观驱动的战略经营与变革管理提供极富启发性的研究素材和理论洞见（彭剑锋等，2018）。

（4）中西业务领先企业的战略管理比较研究。IBM-BLM 来自西方市场经济企业（以美国为主的）的管理实践、咨询界的模型化操作和学术界的理论总结，具有很强的实践性和系统性；本文提出的 HW-BLM 是在 IBM-BLM 基础上，结合华为的战略管理实践和中国转型发展时期动态复杂的制度情境而提出的一种修正性框架，它对影响企业长期绩效的产权与治理制度、企业宗旨、价值分配等重要因素已经有所确认。然而，从进一步发展中国特色的普适性战略管理理论的视角看，还需要对中西业务领先企业的战略经营与变革管理体系进行更系统、更深入的比较研究，以揭示新框架的理论基础、各要素的内在联系、框架应用的典型模式以及其适用环境与边界条件等。必须承认，在西方市场经济中存在

---

① 稻盛和夫认为，要确立这样的战略使命与愿景，领导人必须具备相应的能力、勇气和人格，而且按轻重排序，第一位的是"人格"，第二位的是"勇气"，第三位才是"能力"。所以，他非常推崇中国明朝吕新吾所谓"领导者资论"：深沉厚重是第一等资质，磊落豪雄是第二等资质，聪明才辩是第三等资质。参见稻盛和夫（2018：7—11）的讨论。作者对此观点深为认同。

不少优秀的业务领先型公司,有的甚至已经存续超过百年,例如 IBM,在最近二十多年中依然坚守其"蓝色基因",创新创业,与时俱进(张烈生、王小燕,2011)。事实上,这方面还有大量值得深入研究的西方优秀公司,例如,存续超过百年、目前仍基本健康的曾数十年保持业务领先的西方公司,如 GE、GM、西门子等;最近四五十年内保持领先和稳步发展的公司,如迪士尼、星巴克、Intel、HP 等,还有最近 20 年内随着互联网革命而兴起的业务领先型公司,如谷歌、亚马逊及 Facebook 等(殷志峰,2018)。在中国,除了华为,同样值得进一步研究的公司,还包括同仁堂、阿里巴巴、腾讯、海尔、联想、美的、格力、海信、海底捞等一大批企业。值得指出的是,以后需要结合 HW-BLM 框架,针对类似行业中的中西企业进行系统的比较研究[①],以推进和深化 HW-BLM 框架及其应用。

七、 结论与展望

本文利用"入世式学术"研究方法,对华为的业务领先模式及其经验进行了系统探究。研究发现,在 IBM 业务领先模型基础上结合华为经验修正的华为业务领先模型,可以作为近三十年来华为在竞争性业务领域取得成功的模式及经验的一个总体概括。实际上,IBM 业务领先模型是 IBM 公司在其实践基础上,联合管理学术界和战略咨询界的一个产物,它是融合了战略性业务设计模型、组织一致性模型和动态能力战略理论而提出的一个综合性成果,是 21 世纪战略经营与管理方面实操性模型的一个重要发展,也是企业界、学术界和咨询界三界融合的一个典范。IBM 业务领先模型具有学术基础扎实、实践相关性强、整合性高和操作性强等优点,因而成为近十年来在中国实践界和咨询界得到广泛传播的一个战略工具。

华为业务领先模型的形成可以看成一个持续数十年的学习、引进与改进的历史性过程,它最早可以追溯到华为引进 IBM 的 IPD 等研发管理变革项目,从历史上来看,它可以划分为三个阶段:①1998—2005 年的基础准备和局部试用阶段;②2006—2010 年的正式引进与全面实施阶段;③2011 年至今的整体优化和整合创新阶段。从结构上看,华为业务领先模型即 HW-BLM 包括七个相关联的要素系统:产权与内部治理、企业宗旨、战略、执行、领导力、华为价值观,以及市场结果。HW-BLM 中七大要素构成了一个产权制度与企业宗旨牵引的战略

---

① 此处所举的西方企业主要是美国的国际企业,实际上像日本与韩国的一些优秀的历史上的业务领先型企业如松下、本田、京瓷、三星等企业也应该被纳入比较研究的范围内,不过其产业特点、文化特质、经济制度和社会环境等需要更精准地加以辨别和区分。

与执行体系,在操作中它可以细化为本文所谓的"十三命题"和"三特四新五性",其中,"三特"是指其中的三个独特机制,即企业宗旨的战略引领作用,考核与价值分配的人才激励作用和产权动态优化作用;"四新"是指企业价值观的创新、战略领导力创新、竞争战略创新、战略执行中关键任务的流程化、解码化和系统整合化创新;"五性"是指制度可欲性、战略创新性、战略与组织的多重一致性、分配杠杆性与变革多阶性。实质上,华为业务领先模型的有效应用需要贯彻"战略定力和组织匹配性""价值分配动态优化"和"因地制宜、稳健实施"等核心法则,在华为则最终体现为坚持"两大法则"和"三个胜利之本",即"力出一孔"和"利出一孔"的战略方法,以及"以客户为中心,以奋斗者为本,长期坚持艰苦奋斗"的企业价值观。实际上,华为业务领先模型在数十年期间的持续有效运用,本质上要求企业建立一套健全的、有格局的战略经营与变革管理体系,它包括企业产权与治理制度、领导团队与企业文化、战略、执行与变革管理五个主要要素系统。

值得强调的是,华为业务领先模型中的领导力和企业价值观发挥的重要作用。华为高层体现出的"灰度型战略领导力"和"规则化领导力"是华为业务领先模型运用的关键,而其核心价值观即所谓"三个胜利之本"是成功的基础。"以客户为中心,以奋斗者为本,长期坚持艰苦奋斗"可以称为华为领先之道,其背后的企业"三观"或"三个主义"可以称为华为"原道",即企业价值观上的"知本主义"、世界观上的"辩证唯物主义"、人生观上的"商业的专业主义"。华为业务领先模型本身可以看作一种"器",其有效运用则需要追求"道、法、术、器、势"的五位一体。从文化本质上看,华为模式是在 21 世纪信息文明时代背景下以任正非为代表的华为几代奋斗者追求"知本为先""奋斗有为"等价值追求,运用中国"阴阳辩证"智慧,化解知识经济时代资本和知识核心矛盾,坚守"实事求是"的文化灵魂,采取"具体问题、具体分析"的马克思主义中国化精髓,在吸收西方管理模型和方法优点基础上,"以道御术""中西融合"、坚持"实践—理论—再实践"的创新成果,本文称之为"中魂、西型、马列毛邓精髓"的实践典范。

华为业务领先模型的应用主要有四种常见方法,即管理者战略思维与领导力培训、项目团队行动学习的理论模型、企业业务管理者的战略规划与实施模型、企业最高权力机构制定"公司基本法"等。这四种方法的难度是逐次提升的,而其价值也逐级变大。实际上,本文认为华为业务领先模型在转型发展经济中具有重大的借鉴意义和应用价值,对那些有一定规模的追求持续发展的民营企业或追求业务领先的中国高科技企业尤其如此,并且其价值将随着中国巨大的经济体量和互联网技术革命的到来而日趋放大。未来的中国战略管理学术界需要对基于人力资本产权的可持续型企业模式、企业悖论与战略领导力模型、不确定环境下愿景与价值观驱动的战略经营与变革管理，以及中西业务领先企业的战略管理比较等课题进行更深入的研究，从而推进有中国特色的战略管理模型和知识体系的繁荣。作者认为这一未来前景是光明的，如同华为在知识经济时代的创新发展，其成就将不可限量。

参考文献

Harreld J B, O'Reilly lll C A, Tushman M L. 2007. Dynamic capabilities at IBM: Driving strategy into action[J]. California Management Review, 49(4): 21-43.

Kim J, Mahoney J T. 2010. A Strategic theory of the firm as a nexus of incomplete contracts: A property rights approach[J]. Journal of Management, 36(4): P. 806-826.

Mahoney J T, Kor Y. 2015. Advancing the human capital perspective on value creation by joining capabilities and governance approaches[J]. Academy of Management Perspectives, 29(3): 296-308.

Nadler D A, Tushman M L. 1980. A model for diagnosing organizational behavior[J]. Organizational Dynamics, 9(2), 35-51.

Nisbett R E. 2003. The Geography of Thought: How Asians and Westerners Think Differently and Why[M]. New York: Free Press.

O'Reilly lll C A, Harreld J B, Tushman M L. 2009. Organizational ambidexterity: IBM and emerging business opportunities[J]. California Management Review, 51(4): 75-99.

O'Reilly lll C A, Tushman M L. 2008. Ambidexterity as a dynamic capability: Resolving the innovator's dilemma[J]. Research in Organizational Behavior, 28: 185-206.

Schad J, Lewis M W, Raisch S, et al. 2016. Paradox research in management science: Looking back to move forward[J]. Academy of Management Annals, 10(1): 5-64.

Schad J, Lewis M W, Smith W K. 2019. Quo vadis, paradox? Centripetal and centrifugal forces in theory development[J]. Strategic Organization, 17(1) 107-119.

Smith W K, Lewis M W. 2011. Toward a theory of paradox: A dynamic equilibrium model of organizing[J]. Academy of Management Review, 36(2): 381-403.

Smith W K, Tushman M L. 2005. Managing strategic contradictions: A top management model for managing innovation streams[J]. Organization Science, 16(5): 522-536.

Teece D J. 2007. Explicating dynamic capabilities: The nature and microfoundations of (sustainable) enterprise performance[J]. Strategic Management Journal, 28(13): 1319-1350.

Teece D J. 2016. Dynamic capabilities and entrepreneurial management in large organizations: Toward a theory of the (entrepreneurial) firm[J]. European Economic Review, 86: 202-216.

Tsoukas H, Papoulias D B. 2005. Managing third-order change: The case of the Public Power Corporation in Greece[J]. Long Range Planning, 38(1): 79-95.

Tushman M L, O'Reilly lll C A, Fenollosa A, et al. 2007. Relevance and rigor: executive education as a lever in shaping practice and research[J]. Academy of Management Learning & Education, 6(3): 345-362.

Van de Ven A H. 2007. Engaged Scholarship: A Guide for Organizational and Social Research[M]. Oxford: Oxford University Press.

Van de Ven A H, Jing R. 2012. Indigenous management research in China from an engaged scholarship perspective[J]. Management and Organization Review, 8(1): 123-137.

Van d V A H, Meyer A D, Jing R. 2018. Opportunities and challenges of engaged indigenous scholarship—ADDENDUM[J]. Management & Organization Review, 14(3): 647-647.

阿德里安·J.斯莱沃茨基. 1999. 价值转移:竞争前的战略思考[M]. 北京:中国对外翻译出版公司.

常修泽等. 2018. 所有制改革与创新:中国所有制结构改革40年[M]. 广州:广东经济出版社.

陈果. 2016. 解密"令"对手胆寒的华为BLM模型[EB/OL]. [2020-06-06]. https://www.sohu.com/a/120810424_500666.

陈培永. 2016. 改革的逻辑——邓小平三篇经典著作如是读[M]. 广州:广东人民出版社.

陈威如,王诗一. 2016. 平台转型:企业再创巅峰的自我革命[M]. 北京:中信出版社.

稻盛和夫. 2018. 企业家精神[M]. 北京:机械工业出版社.

董小英,晏梦灵,胡艳妮. 2018. 华为启示录:从追赶到领先[M]. 北京:北京大学出版社.

樊辉. 2018. BLM(业务领先模型)在华为的前世今生[EB/OL]. [2020-06-06]. https://mini.eastday.com/a/180108103902649.html。

葛明磊. 2015. 项目HRBP后备人才培养的探索性研究——以华为公司为例[J]. 中国人力资源开发,18:11-19.

郭士纳. 2015. 谁说大象不能跳舞?[M]. 北京:中信出版社.

胡伟. 2008. 动态能力驱动战略执行:基于IBM的案例[J]. 华东经济管理,6:149-153.

华为公司. 2011a. 人力资源管理理念:干部卷,内部资料.

华为公司. 2011b. 人力资源管理理念:价值卷,内部资料.

华为公司. 2011c. 业务管理理念:以客户为中心卷,内部资料.

华为公司. 2017. 华为之熵光明之矢[EB/OL]. [2020-06-06]. http://xinsheng.huawei.com/cn/index.php? app=forum&mod=Detail&act=index&id=3321867&search_result=1

华为公司. 2018. 关于《华为公司人力资源管理纲要2.0总纲(公开讨论稿)》公开征求意见的通知[EB/OL]. [2020-06-06]. http://xinsheng.huawei.com/cn/index.php? app=forum&mod=Detail&act=index&id=3813081&search_result=1

华为公司. 2019. 华为投资控股有限公司2018年年度报告[R/OL]. [2020-06-06]. https://www.huawei.com/cn/press-events/annual-report/2018

华夏基石 e 洞察. 2018. 彭剑锋、吴春波、杨杜深度解读:华为如何构建世界级管理体系[EB/OL].[2020-06-06].https://www.sohu.com/a/239850856_343325

黄卫伟. 2014. 以奋斗者为本:华为公司人力资源管理纲要[M]. 北京:中信出版社.

黄卫伟. 2016. 以客户为中心:华为公司业务管理纲要[M]. 北京:中信出版社.

黄卫伟. 2017. 价值为纲:华为公司财经管理纲要[M]. 北京:中信出版社.

黄卫伟等. 1998. 走出混沌[M]. 北京:人民邮电出版社.

霍华德·舒尔茨,多利·琼斯·扬. 2011. 将心注入[M]. 北京:中信出版社.

井润田,卢芳妹. 2012. 中国管理理论的本土研究:内涵、挑战与策略[J]. 管理学报,11:1569-1576.

李山林. 2014. IBM 战略规划方法论 BLM:华为战略 HR 管理[EB/OL].[2019-05-06]. http://bbs.hr369.com/thread-360446-1-1.html.

刘东华. 2019. 什么是商业的专业主义?[EB/OL].[2020-06-06]. https://xw.qq.com/FIN/20190329004799/FIN2019032900479900.

陆亚东,孙金云,武亚军. 2015. "合"理论——基于东方文化背景的战略理论新范式[J]. 外国经济与管理,6:1-25.

陆亚东,孙金云. 2013. 中国企业成长战略新视角:复合基础观的概念、内涵与方法[J]. 管理世界,10:106-117.

迈克尔·塔什曼,查尔斯·奥赖利三世. 2018. 创新跃迁:打造决胜未来的高潜能组织[M]. 成都:四川人民出版社.

毛泽东. 1991. 毛泽东选集(第1—2卷)[M]. 北京:人民出版社.

倪志刚,孙建恒,张囗. 2017. 华为战略方法[M]. 北京:新华出版社.

庞朴. 2011. 三生万物:庞朴自选集[M]. 北京:首都师范大学出版社.

彭剑锋等. 2018. 认知革命:数字生存时代的管理[M]. 上海:复旦大学出版社.

齐宝鑫,武亚军. 2018. 转型经济中民营企业成长的中长期激励机制研究——华为推行 TUP 的产权制度创新实践与理论启示[J]. 复旦学报(社会科学版),3:156-169.

任正非. 1995. 目前我们的形势和任务:任正非在 1995 年总结大会上的讲话[EB/OL].[2020-06-06].https://www.optbbs.com/thread-5688549-1-1.html.

任正非. 1998. 为华为公司设计未来:公司总裁任正非谈华为公司基本法[M]//黄卫伟等. 走出混沌. 北京:人民邮电出版社:82-118.

任正非. 2001. 华为的冬天:任正非谈华为十大管理要点[J]. 中国企业家,4:48-50.

任正非. 2003. 我们向美国人民学习什么[J]. 中国企业家,11:34-35.

任正非. 2009a. "灰色管理"是企业的生命之树[J]. IT 时代周刊,11:18.

任正非. 2009b. 开放、妥协与灰度:任总在 2009 年全球市场工作会议上的讲话[EB/OL].[2020-06-06]. http://blog.sina.com.cn/s/blog_95c6bef00102w12z.html.

任正非. 2010a. 对三个胜利原则的简单解释:任总在 2010 年度市场工作会议上的讲话,内部文件.

任正非. 2010b. 坚持自我批判不动摇[J]. IT时代周刊,9:15.

任正非. 2010c. 干部要担负起公司价值观的传承:任正非在人力资源管理纲要第一次研讨会上的发言提纲[EB/OL]. [2020-06-06]. https://support.huawei.com/huaweiconnect/carrier/en/portal.php%3Fmod%3Dview%26aid%3D71.

任正非. 2011. 一江春水向东流:为轮值CEO鸣锣开道[EB/OL]. [2020-06-06]. http://it.sohu.com/20111226/n330187945.shtml.

任正非. 2012. 力出一孔,利出一孔[EB/OL]. (2012-12-31)[2020-06-06]. http://xinsheng.huawei.com/cn/index.php? app=forum&mod=Detail&act=index&id=1162265&search_result=2.

任正非. 2017. 一杯咖啡吸收宇宙能量,一桶浆糊粘接世界智慧——任总访问加拿大四所高校校长座谈会,以及在公司员工座谈会上的讲话[EB/OL]. (2017-11-23)[2020-06-06]. http://xinsheng.huawei.com/cn/index.php? app=forum&mod=Detail&act=index&id=3698107&search_result=1.

任正非. 2019a. 任总接受BBC采访纪要[EB/OL]. (2019-02-18)[2020-06-06]. http://xinsheng.huawei.com/cn/index.php? app=forum&mod=Detail&act=index&id=4222409&search_result=1.

任正非. 2019b. 任总在第四届持股员工代表会的讲话[EB/OL]. (2019-03-30)[2020-06-06]. http://xinsheng.huawei.com/cn/index.php? app=forum&mod=Detail&act=index&id=4240109&search_result=1.

芮斌,熊玥伽. 2018. 华为终端战略[M]. 杭州:浙江大学出版社.

孙建恒. 2018. 华为的领导力模型与战略成功[EB/OL]. [2020-06-06]. https://www.sohu.com/a/225291059_343325.

田涛. 2018. 我花了20年研究华为[EB/OL]. [2020-06-06]. https://mp.weixin.qq.com/s/7JTd9jbkGy9P11XYthrddw.

田涛,吴春波. 2015. 下一个倒下的会不会是华为[M]. 北京:中信出版社.

汪瀛. 2018. 一文读懂华为的战略管理体系[EB/OL]. [2020-06-06]. http://www.360doc.com/content/18/0530/19/17753496_758315644.shtml.

王辉,黄鸣鹏. 2017. 高层管理者的辩证领导行为:一项探索性研究[J]. 经济科学,3:115-128.

王树人. 1997. 散论辩证思维问题[J]. 自然辩证法研究,1:19-21.

王育琨. 2019. 苦难英雄任正非[M]. 南京:江苏凤凰文艺出版社.

吴春波. 1998. 全力创造价值,科学评价价值,合理分配价值[M]//黄卫伟. 走出混沌. 北京:人民邮电出版社:166-206.

吴春波. 2009. 华为:均衡发展模式的成功[EB/OL]. [2020-06-06]. http://www.chinahrd.net/blog/20/570755/19454.html.

吴春波. 2016. 华为没有秘密[M]. 北京:中信出版社.

吴春波. 2018. 华为没有秘密 2[M]. 北京:中信出版社.

吴晓波,穆尔曼,黄灿等. 2017. 华为管理变革[M]. 北京:中信出版社.

武亚军. 2009. 中国本土新兴企业的战略双重性:基于华为、联想和海尔实践的理论探索[J]. 管理世界,12:120-136.

武亚军. 2013. "战略框架式思考""悖论整合"与企业竞争优势:任正非的认知模式分析及管理启示[J]. 管理世界,4:150-167.

武亚军,唐箭云. 1999. 海信扩张战略的竞争优势分析[J]. 中国工业经济,5:73-77.

武亚军,张莹莹. 2015. 迈向"以人为本"的可持续型企业:海底捞模式及理论启示[J]. 管理案例研究与评论,1:1-19.

西蒙·L. 多伦,萨尔瓦多·加西亚. 2009. 价值观管理:21 世纪企业生存之道[M]. 北京:中国人民大学出版社.

徐文伟. 2019. 创新领航,推动世界进步[EB/OL]. (2019-04-22)[2020-06-06]. http://xinsheng.huawei.com/cn/index.php? app=forum&mod=Detail&act=index&id=4266719&search_result=1.

亚德里安·J. 斯莱沃茨基. 2001. 发现利润区:战略性企业设计为您带来明天的利润[M]. 北京:中信出版社.

亚德里安·斯莱沃茨基,卡尔·韦伯. 2013. 需求:缔造伟大商业传奇的根本力量[M]. 杭州:浙江人民出版社.

杨杜. 1998. "知本主义"的企业机制[M]//黄卫伟等. 走出混沌. 北京:人民邮电出版社:302-337.

杨少龙. 2014. 华为靠什么:任正非创业史与华为成长揭秘[M]. 北京:中信出版社.

杨文池. 2019. 整合资源运营生态,共赢智能时代[EB/OL]. [2020-06-06]. https://www.sohu.com/a/303389024_615309

殷志峰. 2018. 熵减——我们的活力之源[EB/OL]. (2018-05-10)[2020-06-06]. http://xinsheng.huawei.com/cn/index.php? app=forum&mod=Detail&act=index&id=3872109&search_result=1.

尹守军,井润田,卢芳妹. 2013. 中国管理本土研究的困境与路径[J]. 管理学报,12:1717-1724.

余承东. 2018. 敢于创新领先,做智慧全场景产业的王者:致华为消费者业务全体员工新年信[EB/OL]. (2018-12-29)[2020-06-06]. http://xinsheng.huawei.com/cn/index.php? app=forum&mod=Detail&act=index&id=4132587&search_result=1.

余胜海. 2017. 华为成功背后的常识和真理[J]. 经济视野,3:166-167.

曾鸣. 2018. 智能商业[M]. 北京:中信出版社.

张利华. 2009. 华为研发[M]. 北京:机械工业出版社.

张烈生,王小燕. 2011. IBM:蓝色基因百年智慧[M]. 北京:中国华侨出版社.

周留征. 2015. 华为哲学:任正非的企业之道[M]. 北京:机械工业出版社.

周其仁. 1996. 市场里的企业:一个人力资本与非人力资本的特别合约[J]. 经济研究,6:71-80.

第五章 迈向"以人为本"的可持续型企业：海底捞模式及理论启示[①]

> 海底捞没有秘密，又充满神秘。把员工当人看，就是海底捞的创新，但又不是全部。
>
> ——《中国企业家》
>
> 海底捞三大目标：一、创造一个公平公正的工作环境；二、致力于用双手改变命运的价值观在海底捞变成现实；三、将海底捞开向全国。
>
> ——海底捞后堂标语

导 言

作为转型发展的大国，中国具有大量的低成本劳动力资源，包括掌握一定技术的熟练工和非熟练工，这些劳动力资源成为中国工业化进程中的重要资源基础。然而，随着全球化竞争加剧和互联网革命，人们已经越来越多地认识到，依靠低成本生产要素投入（包括人力、土地和资金）的增长方式具有不可持续性（吴敬琏，2006），中国企业已经面临转型升级和创新的巨大挑战（中国企业家调查系统，2010）。随之而来的问题是，在避无可避的转型升级面前，中国企业能否利用"低素质"的劳动力形成可持续的竞争优势？中国企业又如何能够利用大量的"低素质"劳动力实现从"中国制造"转向"中国创造"？这些问题已经成为摆在中国企业管理者和管理学者面前的重大课题。

事实上，在最近20年以来，一些领先的中国本土企业已经在这方面做出了尝试，涌现出一批如比亚迪、海底捞这样的本土新兴企业，它们在缺乏高科技人才、缺乏资金的情况下，利用自己独特的管理哲学与创新走出了一条利用"低素

[①] 原文刊载于《管理案例研究与评论》2015年第1期，张莹莹为期刊论文合作者。此次收录时增补了篇首引语，内容未作修改。

质"劳动力获得持续竞争优势和持续发展的道路。当然,这里所谓的"低素质"是指这些劳动力作为雇员没有受过大学及以上教育,而非指他们的能力或品质;这里的"可持续发展"是指企业能够在较长时间(至少15年以上)保持赢利、创新和增长的同时,在社会可持续性和环境可持续性方面同样有良好的表现。有鉴于此,本文特别选择了中国劳动密集型的典范企业海底捞公司为案例,探讨它以"低素质"劳动力为基础获得可持续竞争优势和持续发展的内在机制与方法,挖掘和提炼其背后的管理经验,并尝试发展一套基于价值观和人力资本的可持续发展的企业模式,进而为推动转型背景下的中国企业的管理创新及理论发展贡献力量。

本文的结构安排如下:第一部分是研究问题与理论回顾;第二部分是研究方法与分析过程;第三部分是基本分析结果,主要概括海底捞的企业价值观、战略和人力资源管理的特征与创新;第四部分是综合性归纳,提出"海底捞模式"的整体架构,并对其系统结构与逻辑进行探讨;第五部分以"海底捞模式"为基础,提出一个以人为本的可持续发展的"双螺旋企业"模型,并探讨它在中国转型发展经济中的应用;第六部分是结论和展望。

一、 研究问题与理论回顾

改革开放以来,已经有一批中国企业如华为、联想、海尔、阿里巴巴等利用中国巨大的市场和战略与管理创新而成长为世界级企业,它们已经形成了一套较稳定的管理模式但仍处于发展演进之中(曾鸣、威廉姆斯,2008;武亚军,2009;Williamson,2010;任正非,2011;张瑞敏,2009)。与此同时,另外一批劳动密集型制造业或服务业的本土新兴企业如比亚迪、海底捞等也体现出创新活力和较好的发展势头,一种具有中国特色的新企业组织雏形正在显现(黄铁鹰、梁钧平、潘洋,2009;杨国安,2012)。作者认为,这些新的组织雏形和管理模式构成了所谓"中国经验"的微观基础,也是"中国管理"的最佳试验场和理论孕育地(中国管理模式杰出奖理事会,2012)。

因此,本文尝试以中国劳动密集型行业的企业战略与管理创新为焦点,以近二十年来发展起来的领先型企业的实践为素材,分析这些领先型企业同时获得利润、创新和增长的内在机制,探讨其形成新管理模式和新组织形态的可能性,进而发展能够指导中国企业可持续发展的组织管理理论。本文要研究的具体问题是:在中国的劳动密集型行业中,如何才能使"低素质"劳动力成为企业持续竞争优势的一种来源？人本型企业价值观在其中发挥了什么样的作用？它是怎样对企业的持续发展发挥了作用？这种价值观基础上的战略与管理创新对企业理论和管理理论有何启示？

回顾企业可持续发展机制研究，可以发现，国内外管理学界主要采取以下三大类理论视角：

（1）人本管理与战略人力资源管理视角。这一视角认为不能将人视为生产工具，而必须从战略意义上认识人力资源管理的价值，并对其选育与利用进行管理。其中，管理学家戈沙尔、巴特利特（2008）指出，21世纪的管理趋势是创建和管理"以人为本"的企业，而它正是如3M、佳能、IBM、宜家等东西方世界级企业长盛不衰的基础；偏重微观的战略人力资源管理研究则有强调普适规律、权变观和复杂性等不同理论视角（Colbert，2004）。

（2）企业文化与价值观管理视角。这一视角认为企业价值观作为企业文化的核心具有战略价值，因此必须把企业价值观纳入战略管理范畴（多伦、加西亚，2009；张国有，2007）。其中，多伦、加西亚（2009）进一步提出企业价值观应包括三个维度：经济—实用价值观、伦理—社会价值观和情感—发展价值观，并认为企业价值观管理（Management by Value，MBV）是一种融合战略管理与"人员"政策及建立承诺的重要工具。

（3）公司可持续发展视角。这一视角认为公司可持续发展需要考虑公司经济可持续、社会可持续和环境可持续三重底线，其中，具有社会可持续性意味着公司必须为它们所在的社会增加价值，它是通过公司增加个人伙伴的人力资本和所在社区的社会资本而实现的，公司需要使得利益相关者认同企业的管理方式，并通过运营增加"社会有效性"（Dyllick and Hockerts，2002；Hart，2007）。在这方面，强调社会可持续性的美国著名管理学家罗莎贝斯·莫斯·坎特（Rosabeth Moss Kanter）曾经对世界范围内几十家优秀企业进行过案例研究，她认为伟大企业的运行不仅依靠经济逻辑，还依靠制度逻辑，即企业不仅仅是赚钱的工具，而且是持续性的机构，完成一定的社会目的和为员工提供有意义的生活也是其目的（坎特，2011；Kanter，2011）。她提出了伟大企业运行中的制度逻辑的六个好处：共享宗旨、长期观点、情感投入、社区构建、创新和自组织，并且认为只有那些能协调其经济逻辑和制度逻辑的企业才能同时实现利润、增长、创新和社会贡献（坎特，2011；Kanter，2011）。但是，她对实现制度逻辑的机制或者经济逻辑与制度逻辑的协调并未深入探究。

以上的简要回顾表明，现有的企业可持续发展理论已经有不少进展，并出现了多种理论视角和不同侧重点的研究,但目前的研究也存在两方面局限:一是它们往往带有较强的伦理性和规范意义;二是大部分的理论主要是由国际学者基于发达国家经济背景提出的,针对转型发展经济的理论和研究较少,特别是针对劳动密集型行业的企业研究就更少。因此,从推进实践相关性的管理理论的目标出发,作者认为有必要就中国转型背景下人本型企业价值观及其对企业持续发展的作用机制进行有针对性的经验研究,并在此基础上尝试构建更为"情境化"或"中国特色"的管理理论(Tsui and Jia,2013;Jia,et al.,2012)。

二、研究方法与分析过程

(一) 案例研究方法和对象选择

首先,本文研究的基本问题是本土企业是如何将"低素质"劳动力变成竞争优势的来源,以及人本型企业价值观为什么可以促进企业可持续发展,即同时实现创新、利润和增长的内在机制问题,这些问题属于怎么样(How)和为什么(Why)的问题,因此,本文选择案例研究方法(Yin,1994)。其次,通过前面的理论回顾,我们发现针对中国转型发展环境的可持续型企业管理理论还很鲜见,因此我们采取单案例设计对此类现象进行深入研究。最后,我们选择海底捞公司作为案例对象,是因为该公司具有典范性和"极端性"(Eisenhardt,1989),这主要表现在以下三个方面:①该公司所从事的餐饮业属于劳动密集型和充分竞争性行业,其经验具有较强的市场应用价值和可借鉴性。②该公司从 1994 年成立后,经过十几年的发展已经成为中国餐饮业的一个具有较高知名度和美誉度的品牌,并初步体现出创新、赢利和增长的同步发展——例如,公司近些年来实现了直营连锁店稳步扩张,超过行业水平50%以上的赢利率,低于行业水平50%以下的员工流失率等(详见表 5.1)。③该公司在发展过程中,其"差异化竞争"或"变态"服务、"授权式"管理和"(让员工)双手改变命运"等企业目标都体现出明显的战略与管理创新特点,甚至在中国企业管理理论和实务界形成了一种"海底捞热",而这在中国本土企业特别是劳动密集型行业中非常少见,因而使其具有很高的范本价值。因此,本研究以海底捞作为案例研究对象,通过对其价值观系统、战略和人力资源管理实践的深入研究,分析"海底捞模式"的特征及其本质,探讨海底捞可持续发展的内在机制和管理之道。

表 5.1 海底捞公司的基本情况*

要素	内容	备注
成立及发展	1994年成立,从2002年开始进入成长或扩张期,相继在西安、郑州、北京、上海、天津、南京等全国28个城市开办103家直营店,在北京、上海、西安、郑州、武汉、成都、东莞建立了7个大型现代化物流配送基地和一个原料生产基地	目前公司已在新加坡、美国、韩国开办了4家火锅分店
股权状况	四川简阳市静远投资持有50%股份,创始人、董事长张勇直接持股25.5%,同时持有静远投资52%的股份;另外3位共同创始人董事施永宏、董事舒萍和监事李海燕分别直接持股8%,上述三人同时分别持有静远投资16%股份[a]	总经理、财务总监、副总经理、片区经理等高层持有少量股份,其股份制改造正在进行
主营产品/服务	以经营川味火锅为主,主要产品包括火锅餐饮(含火锅外送),火锅底料,羊肉、青菜的供应与配送等;主要产品已通过HACCP认证、QS认证和ISO国际质量管理体系认证	从2008年起在北京等提供火锅外卖,不少店面实行24小时经营,并有视频聚餐系统
财务状况	2011年销售额约为22亿元,总资产约9.5亿元,净资产约7.2亿元,利润约2.9亿元[b];净利润率超过行业均值50%以上;2012年销售额约为31亿元;2014年约为50亿元[d]	净利润率超过15%,行业平均约10%
员工状况	2011年年底,员工14 000多人,2014年增至18 772人[d];员工年流失率约为10%,低于行业平均值50%以上[c];一批基层出身的员工已成长为公司核心管理人员,其典型代表如杨小丽、袁华强等	中国餐饮行业的员工年流失率为20%—30%,甚至会达到50%
社会声誉	先后在四川、陕西、河南等省荣获"先进企业""消费者满意单位""名优火锅"等称号和荣誉,创新的特色服务赢得了"五星级"火锅店美名;2008年起,连续多年荣获大众点评网"最受欢迎十佳火锅店"以及"中国餐饮百强企业"荣誉称号,2011—2013年分别被评为中国餐饮百强企业第15名、第9名、第3名	企业以"人本管理""变态服务"闻名,吸引餐饮跨国企业和媒体广泛关注,并成为中国服务业学习的榜样

注:*如无说明,表中数字截止时间为2014年年底;a.和b.来自马可佳(2012);c.来自石莉芳等(2012);d.来自作者与海底捞总经理的个人通信;其余来自公司网站或作者调查。

(二)资料收集和分析方法

根据研究问题,本文的分析层次集中在企业层面,分析单位则聚焦于企业价

值观、战略和人力资源管理政策等。基于研究问题和分析单位,本研究主要采取了以下三种资料收集方法:

(1) 对企业高中基层人员进行深度访谈及收集原始文档。访谈对象包括董事长、总经理、副总经理、店长、后厨总管和前台员工等 6 名人员(具体访谈对象及内容见表 5.2)。收集的原始文档包括其管理规章、内训资料等。

(2) 企业实地访问与现场观察,包括对海底捞物流配送中心和后厨及员工宿舍的访问参观,数次作为普通消费者对海底捞火锅餐饮的现场体验及员工行为的观察。

(3) 二手资料。作者收集了大量的二手资料,包括已有的海底捞研究的书籍和论文、主要媒体的报道等(如黄林,2010;黄铁鹰,2011;杨铁锋,2011;徐细雄、淦未宇,2011;郑晓明、丁玲、欧阳桃花,2012;成杰,2012;李顺军、杨铁锋,2013;清华大学经济管理学院零售管理课程班,2010;李飞等,2012;乐国林等,2012)。

表 5.2 海底捞的访谈对象及内容

编号	对象	职位	访谈时间	关注内容
	张勇[a]	创始人、董事长	2 小时	企业价值观、经营理念等
YX	杨小丽	总经理	1.5 小时	经营管理、企业文化等
YH	袁华强	核心高管、副总经理	2 小时	经营管理、企业文化等
Q	屈女士	北京某店店长	30 分钟	店面管理、企业文化
YR	应日晔	北京某店后厨总管	30 分钟	个人经历和感受
M	马蓉帆	北京某店前台	10 分钟	个人经历和感受

注:a.由清华大学企业案例研究中心在 2010 年进行,本研究使用了该访谈的文字记录;其他是作者在 2011 年到 2012 年年底对被访者进行的面谈。

在收集海底捞资料及相关研究的过程中,我们发现国内学者或咨询师针对海底捞的人力资源管理、营销战略或组织能力已经进行了不少研究,并提出了一些有益的概念或假说。其中,黄铁鹰及合作者率先"白描式"地从人性化管理和企业文化角度探讨了"海底捞现象"及其持续发展经验(黄铁鹰,2011),引起了学术界、实务界和媒体的广泛关注;黄林从服务营销的角度分析了海底捞的"服务利润链"(黄林,2010);李飞及合作者从营销定位的角度分析了海底捞的营销战略及成功经验(清华大学经济管理学院零售管理课程班,2010;李飞等,

2012);郑晓明等从双元能力视角分析了海底捞"服务敏捷性"的机制和过程(郑晓明、丁玲、欧阳桃花,2012);徐细雄等则从"组织—员工"交换关系的角度分析了海底捞人力资源管理对企业持续发展的支持作用(徐细雄、淦未宇,2011);乐国林等从"心理资本"视角分析了海底捞的人力资源管理经验(乐国林、毛淑珍、李凤兰,2012);杨国安等从企业文化和组织能力的角度分析了海底捞成功的原因(杨国安,2012)。此外,也有少量敏锐的管理咨询与培训师试图结合商业模式、营销、人力资源等多方面探讨海底捞模式的成功经验,但其系统性和深入性仍有待提升(杨铁锋,2011;岳川博,2011)。

　　本研究除了在研究问题和分析层次上与已有研究有区别之外,在研究设计和分析方法上也有所不同,这主要体现在以下三方面:①在资料收集中,特别注重对企业领导人(创始人和CEO、总经理和副总经理)进行访谈,并尽可能地利用多种来源,包括访谈资料及原始文档、现场观察和二手资料,获得较丰富的研究素材,从而为后面的分析和交叉验证提供基础。②在分析方法上,除了采用案例研究中常用的方法如内容分析、模式匹配外,还联合使用了扎根研究的方法,即强调从原始资料中进行抽象与理论概括以及概念与资料的持续比对等(Strauss and Corbin,1998)(过程参见图5.1,结果参见附录A5.1)。其中,还特别针对海底捞创始人和CEO张勇的深度访谈资料进行了主轴编码分析,即运用了"因果条件——现象——脉络——中介条件——行动/互动策略——结果"编码模型①(见第四部分"海底捞模式"的整体架构部分),目的是更好地基于实践总结归纳海底捞的主导逻辑和发展模式②。③为了使形成的理论框架更具普适性,在研究的第五部分还以"海底捞模式"为原型,结合归纳、分析演绎等方法,提出了一个更一般性(更高抽象度)的可持续发展企业模型。整个研究的方法和流程如图5.1所示。

---

　　① Strauss and Corbin(1998)开发的扎根研究方法,在程序上采取三级编码,分别是开放性编码、主轴编码和核心编码。开放性编码的程序为"定义现象(概念化)——挖掘范畴——为范畴命名——发掘范畴的性质和性质的维度";主轴编码是指通过运用"因果条件——现象——脉络——中介条件——行动/互动策略——结果"这一典范模型,将开放性编码中得出的各项范畴联结在一起的过程;核心(选择性)编码是指选择核心范畴,把它系统地和其他范畴予以联系,验证其间的关系,并把概念尚未发展完善的范畴补充完整的过程。

　　② 这里有针对性地对领导人访谈资料进行扎根分析,是因为研究者相信"主导逻辑"理论(企业家逻辑决定组织行为)在解释海底捞的发展中具有重要甚至是首要作用,作者感谢匿名审稿人提出的这一富有洞察力的看法。

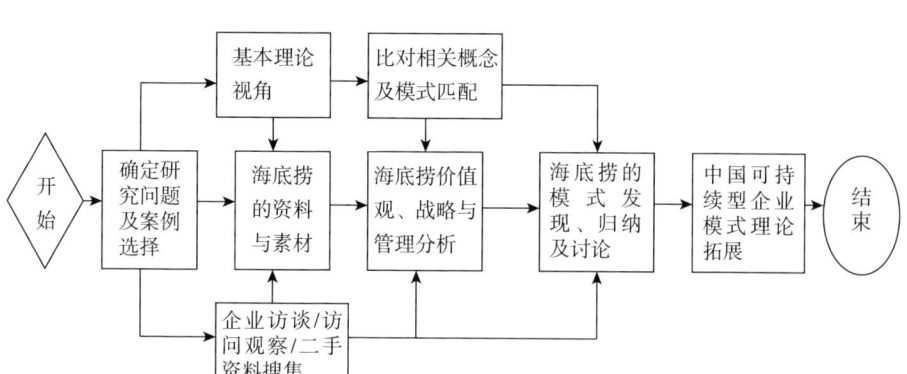

图 5.1 研究方法与流程

三、海底捞的价值观、战略与人力资源管理分析

(一)"三维平衡型"企业价值观

海底捞在创始人、董事长和长期担任总经理的张勇的领导下逐步形成了自己的一套企业文化和核心价值观,这种企业文化就是"服务至上,顾客至上""与人为善",而其核心价值观是"公平公正""双手改变命运"。正如从基层做起成为企业核心高管的袁华强所说的:

> 企业走到今天,关键是企业一把手,董事长的企业价值观和战略。他定了方向,下面的人才知道怎么做。与人为善是非常重要的,它逐步成为海底捞的信仰和信念,与顾客、员工、同行、物业为善,那是对的,这样就不断成就了今天的文化……在企业内部创造公平公正的环境,大家在双手改变命运的价值观下,通过海底捞这个平台,从普通农民工到获得自己想拥有的生活——对父母老有所养、孩子的教育和自我的成长。(2011 年对袁华强的访谈)

事实上,"自 2004 年以后,海底捞就明确地制定了其企业目标:一是创造公平公正的工作环境,二是让双手改变命运在海底捞变成现实,三是将海底捞开遍全中国"①。这些目标不只是作为海底捞的企业口号写在办公室和餐厅后厨的墙上,它已经通过海底捞一批批如杨小丽、袁华强一样的管理者的成长榜样和员工成长中师傅的言传身教,变成了"海底捞人"的信仰和信念(黄铁鹰,2011)。

---

① 引自 2012 年对杨小丽(YX)的访谈,而且此目标作为标语贴在每家海底捞餐厅后厨的墙上。

在作者的多次现场体验和与服务员的问答中,也能观察和感受到海底捞核心价值观的深入人心及其对员工行为的影响。

按照经典定义,价值观是指"引导个体或者社会认为某些具体的行为操守或人生终极追求比与之相反的行为操守或人生终极追求更可取的某种持久理念",价值观体系则是指"偏好的行为操守或人生终极追求的、一些相对重要性不同的持久理念的组合"(Rockeach,1973)。以此为基础,多伦和加西亚(2009)进一步将价值观概念应用于企业层面,他们认为企业的(经营)价值观可分为三个维度:一是伦理—社会维度,指企业的行为操守(优先选择);二是经济—实用维度,以效率、业绩标准和纪律为导向(物超所值);三是情感—发展维度,为企业员工的自我实现提供动力(自我实现)。其中,企业的伦理—社会价值观是指对社会有利的出发点和目的,如尊重自然环境或人权,也就是回答"企业想为这个社会做些什么?";企业的经济—实用价值观是指企业与效率、绩效标准和纪律相关的价值观,用于指导企业的计划、质量和会计等活动;企业的情感—发展价值观是指为组织中的所有个体活动创造新机会的价值观,与信任、自由和幸福有关,如创造性/思想性、自主性/自我实现、适应性/灵活性等。

仔细分析海底捞的三个企业目标,我们发现它恰好可以归入上述企业价值观的三个维度(详见附录 A5.1):"创造公平公正的工作环境"属于伦理—社会价值观范畴,"(让员工)双手改变命运"属于情感—发展价值观范畴,"将海底捞开遍全中国"则属于经济—实用价值观范畴。而且,其排列顺序和内在逻辑表明:在海底捞这三类价值观是平衡的或者说协调的,即海底捞拥有一种本文所谓的"三维平衡型价值观"——企业在伦理—社会维度的优先选择、情感—发展维度上的员工自我实现与经济—实用维度上的业绩目标之间实现了协调或平衡。这种三维平衡型企业目标或价值观,一方面影响了企业的战略和管理政策,另一方面也以内化方式直接影响着员工的行为。

(二) 差异化竞争与整合型战略创新

最受人称赞的是顾客在海底捞感受到的贴心、周到的服务,涵盖从到达餐厅(代客泊车)、引导、等位、点菜到就餐的全过程,比如海底捞开辟了较大的等位区,顾客可以在等位期间享受小吃、上网、涂指甲、下跳棋等免费服务;就餐过程中服务员会提供餐巾、手机套、衣服套等及时周到与发自内心的服务;安全、新鲜和足量的菜品和分餐等;就餐完毕后的送客等。海底捞服务水平大幅领先竞争对手,甚至因此获得"变态服务"的美誉(黄林,2010;黄铁鹰,2011;李飞、贾思雪、曹雯斐,2012)。不仅如此,海底捞的菜品质量和就餐环境也在行业中处于中上水平,其价格则处于中等水平,这使得海底捞针对城市中青年及家庭客户具有"高性价比"优势(清华大学经济管理学院零售管理课程班,2010)。在其前10年的经营中,海底捞一直在完善经营模式,包括提升后台和供应链管理效率;在2004年之后,海底捞进入了较快速的直营店连锁扩张阶段,但这种扩张方式一直以聚焦重点区域、采用直营店和新店老员工必须有20%—30%为限制条件,这一方面是为了保证服务水准,另一方面可以通过稳步扩张利用规模经济降低成本,提升企业运营效率。

从竞争战略的角度看,海底捞采取了一种整合低成本与差异化战略。这是因为:一方面,海底捞通过优质服务创造了顾客价值(良好的顾客体验),突显了其差异化竞争的一面;另一方面,海底捞通过集中配送、后台标准化流程、雇用较低成本的"农民工"以及连锁经营来达到降低成本的目标。这两方面的结合使得海底捞在中国餐饮行业实现了一种竞争战略创新,同时,其采取的集中区域和连锁直营的稳健增长战略也能使它进一步扩展其竞争优势。

需要强调的是,支撑海底捞这种独特的竞争与增长战略的是其人力资本发展战略和企业社会责任战略,这里的人力资本发展战略是指"海底捞将员工作为竞争优势的核心,并通过创造公平公正的工作环境使员工通过双手辛勤劳动创造价值的同时,获得自己想拥有的生活,改变自己的命运"(对张勇及袁华强的访谈,2010);社会责任战略是指"海底捞将员工的家属——包括父母和孩子——也纳入公司福利政策的考虑范围,从而部分地实现员工家庭医疗、教育等社会保障和福利功能"①。正像张勇在解释给(领班以上)员工的父母每个月发几百元工资时所说的:

> 我们的员工大都来自农村,他们的父母没有任何社会保险,海底捞就当给他们父母发保险了。如果他们不好好干,他们父母都帮我骂他们。(黄铁鹰,2011)

海底捞还在四川简阳投资建立了一所寄宿中学,让海底捞员工的孩子可以免费上学。这些特定的人力资本发展和企业社会责任战略,很好地适应了海底捞以"农村打工者"为主体的员工群体的多维需求,提升了员工满意度,并且与企业的竞争战略互相支持和强化(黄林,2010;徐细雄、淦未宇,2011),从而形成了本文所谓的海底捞的整合型战略创新。具体来说,它包括以下三个相互联系、

---

① 这种企业社会责任战略,属于波特所谓的"战略性企业社会责任",而不是一般以社会公众为目标的"慈善性企业社会责任"。毫无疑问,企业员工亲属属于员工与广泛社会公众的过渡地带,对其(部分)社会责任的承担应该被看作企业承担社会责任的有战略目的的行为。

相互强化的要素:一是以服务差异化为核心的整合差异化/低成本的竞争战略及连锁直营式稳健增长战略;二是以一般员工为核心资源的人力资本发展战略;三是员工家庭社会保障型的企业社会责任战略。这三者构成了本文所谓的海底捞的差异化竞争与整合型战略创新模式(详见附录 A5.1)。值得强调的是,这里所谓的"战略",并非是指它们来自事先制定的详细计划,而是指它们是由一系列决策或行为所显示的一致性特征[①]。

(三) 战略人力资源管理体系及其制度化

目前,海底捞被媒体和学术界广泛认知的是其人力资源管理的实践与创新,这包括以下一系列典型做法:

(1) 选人与育人:以"农村打工者"为主体,主要采用员工推荐制(70%—80%是员工介绍的亲戚或朋友),看重诚实、勤奋等品格;主要采取"师傅带徒弟"方式培养员工和后备干部,员工可以选择管理、技术、后勤三通道职业生涯发展道路,它们分别包括6—10级不等的上升阶梯[②](成杰,2012)。

(2) 用人与评估:海底捞非常信任员工,并给各层级的员工和干部充分的授权,如店长有30万元以下开支的签字权、一线员工也可以给顾客打折或免单;以顾客满意度和员工满意度来考核店长;内部晋升制;设立"员工奖励基金",鼓励员工提出创新点子等。

(3) 留人与安置:海底捞给员工的薪水属于行业中等偏上;给员工提供工作场所附近的较好条件的住所并有专人服务;工作1年以上员工按月享受所在店利润2%—3%的奖金分红;给大堂经理、店长以上、优秀员工的父母每个月发几百元的工资,相当于养老保险;在四川简阳建了一所寄宿学校,让员工孩子免费上学;公司设立了专项基金,用于资助员工及直系亲属的重大疾病治疗;店长以上干部到副总经理离开海底捞可以获得8万—800万元不等的"嫁妆"或"补偿"(黄铁鹰,2011)。[③]

[①] 关于战略的计划模式与"显现"模式的区分,参见 Mintzberg and Waters(1985)。本文是在"显现"和"行为一致性"意义上使用"战略"及"战略体系"等概念,而不是像某些观点认为海底捞没有预定的书面战略计划因而不存在战略。

[②] 其中,管理通道路径是:新员工——合格员工——一级员工——优秀员工——领班——大堂经理——店经理——区域经理——大区总经理——副总经理;技术通道路径是:新员工——合格员工——一级员工——先进员工——标兵员工——劳模员工——功勋员工;后勤通道路径是:新员工——合格员工——一级员工——先进员工——标兵员工——文员、出纳、会计、采购、物流、技术部、开发部业务经理。

[③] 由于海底捞过去的产权结构未涉及管理层及员工,海底捞对离职干部采取了这一独特的带有补偿性质的制度。预计随着海底捞针对店长以上管理层的股份制改造,这一制度将随之改变。

分析海底捞的选育、用评、留置等人力资源政策（见附录 A5.1），可以发现：海底捞已经形成了一套战略人力资源管理体系，并且正在逐步制度化。此判断的依据是：①这些选育、用评、留置政策之间有较强的互补性（即相互支持），例如，海底捞以农村打工者为主体的员工招聘（选人）和大量的针对性的激励措施（留人和安置）之间就有很好的匹配性；②这些人力资源政策对海底捞的以员工为支撑的服务差异化竞争与稳健增长战略形成了支持（郑晓明、丁玲、欧阳桃花，2012；李飞、贾思雪、曹雯斐，2012）；③人力资源政策已经被普遍制度化，即变成了企业的正式制度/规则或者已成为象征性符号、员工信念或惯例。正如黄铁鹰所观察到的："张勇帮助杨小丽家还债、看望生病中的冯伯英和对员工进行家访这些做法，不仅广为海底捞人所知，而且逐渐变成海底捞对员工亲情化管理的制度。比如，店长和工会干部要定期对员工进行家访，员工生病时一定要看望，等等。"（黄铁鹰，2011）又比如，张勇的"客人是一桌一桌抓的，员工是一个一个凝聚的"这一经营秘诀已成为口号而深入各层管理者的头脑（黄铁鹰，2011；李顺军、杨铁锋，2013），"双手改变命运"也在员工中深入人心。这些都体现出人力资源管理的制度化特征（斯科特，2010），本文将这些特点概括为海底捞"体系化的战略人力资源管理制度"。举一个典型例子，海底捞对其内部关键职位店长的绩效考核，就非常特别和有创新性，它以"顾客满意度"和"员工满意度"作为评估指标，这与行业内通常考察单店利润或销售额的做法迥然不同，但由于海底捞有一系列配套措施，考核这些间接的（前驱性）指标并不减弱反而会强化海底捞的单店赢利能力；在具体工作中，海底捞又将其体现为绩效考核、A 级店评选和升迁考核等一系列制度和流程，这些考核制度和指标又与海底捞的人才培养、竞争战略和企业文化和目标等紧密配合、相互支持。高管袁华强曾在公司内部会议中讲过：所有的绩效考核、A 级店评选和升迁考核，都是为了找到和建立一套培养后备、提高顾客满意度和传递企业文化的方法和技巧。对此，时任北京某店长的李顺军在其工作日记中写道：

> 今天（2009 年 9 月 29 日），袁哥在（北京片区）会上再次明确我们做这些工作的目的和意义，使得大家的思路更加清晰。对海底捞来说，培养更多优秀的后备干部是首要的任务，只有培养出更多后备干部，才能保证客人的满意度，才能更好地完成企业的三大目标，将海底捞优秀企业文化传承下来。（李顺军，杨铁锋，2013）

与此类似，海底捞在培育"诚实做人，踏实做事""与人为善"等企业文化的过程中，采取了多种人力资源管理措施和方法，并利用不同场合或事件使之得到体现或制度化。比如,张勇的"客人是一桌一桌抓的,员工是一个一个凝聚的"的语录,被写在公司会议室墙上和管理者笔记本的首页作为管理人员的座右铭,以使服务顾客和帮助员工成长成为海底捞管理者的工作纲领(黄铁鹰,2011;李顺军、杨铁锋,2013)。又如,2008年的四川汶川大地震发生后,张勇给全体员工发了一封信,题目是"让爱充满我们的每一天",并以此事件为契机,把其独特的家庭式人力资源政策(照顾员工父母、子女的福利措施)进一步扩大化和制度化,使之扩展为一种独特的企业社会责任战略(参见附录A5.1)。海底捞的这些人力资源管理做法类似于一个没有血缘关系的"家族"企业,其效果是在企业和员工之间建立起了支持性"心理契约",进而使海底捞的企业文化进一步深入员工心里(徐细雄、淦未宇,2011)。

再进一步分析海底捞的这些战略人力资源管理政策,可以发现:其选育、用评和留置政策及企业文化直接影响了海底捞的各级员工的工作态度、能力和行为,使得海底捞员工把企业看成一个能够帮助自己实现"个人梦"("双手改变命运")的"大家庭",因而,即使海底捞的绝大多数员工学历不高、家庭条件有限,但却能在海底捞获得成长和成就感,长期的勤奋工作、发自内心的真诚服务和符合实际的各种小创新也就成为海底捞各级员工的普遍现象。在这个过程中,"企业梦"和"个人梦"相伴而行、相辅而成,杨小丽、袁华强、谢英等"海底捞人"的成长就是一个个的"活榜样"(黄铁鹰,2011)。当然,值得指出的是,受中国转型经济环境和企业发展阶段的影响,海底捞的总体发展和人力资源管理制度——如餐饮产业链和在员工的养老、医疗、失业保险和利益分享等方面,仍然存在不少需要进一步拓展、完善或制度化的地方,这也是中国本土企业与星巴克等外国优秀企业存在较大差距的方面(毕哈、哥德斯坦,2008)。

四、"海底捞模式"整体架构与系统逻辑

(一)张勇的个人价值观及其对企业目标的影响

海底捞创始人和董事长张勇的价值观,对海底捞确立"公平公正""双手改变命运"等企业核心价值观有直接的影响。20世纪80年代,张勇上中学时在县城图书馆阅读的不少书籍、特别是卢梭等人的西方哲学著作使他很早就有了"人生而平等"的观念,他相信每个人都需要"天赋平等的人权和尊严"(黄铁鹰,2011);1990年他第一次经商时"因为想占便宜而上当受骗"的经历,使他体会到"经商不能想占便宜"(黄铁鹰,2011)。在经营海底捞的过程中,他看到自己曾

经熟悉的人因为贫穷和没有社会保障而过着悲惨的生活,甚至自杀或失去了生命,这使他感受到贫困的可怕与公平公正的稀缺(对张勇的访谈,2010)。因此,一直相信"人生而平等"的他,越来越希望在自己创办的企业中改变这种状况,于是在 2004 年左右,他正式提出了"双手改变命运"的企业价值观并把它作为海底捞的三个目标之一,而"创造公平公正的工作环境"被他认为是"双手改变命运"的基本前提,因此被他放在企业目标的首位(对杨小丽的访谈,2012)。

值得强调的是,张勇从小就有"想做大事"的观念(黄铁鹰,2011),这对海底捞的目标和持续发展也产生了重要影响:在刚开始工作赚钱后,他便把赚的钱攒下来准备未来使用;在家乡火锅店取得成功后想着把店开向其他地方,包括进军北京;而当海底捞在西安、郑州等几个大城市取得初步的成功后,张勇便明确地提出"把海底捞开遍全中国",使之成为一个著名民族品牌,这因此也成为海底捞的另一个企业目标。

事实上,"平等""信任他人"和"想做大事"等理念体现了张勇个人具有较强的"自我超越价值观",它与追求权力的"自我强化价值观"形成对比(Bilsky and Schwartz,1994)。张勇的这种价值观深深地影响了海底捞的"与人为善"的文化、"公平公正""双手改变命运"的核心价值观和三大目标。

(二)"海底捞模式"的整体架构

上面的分析表明,张勇的个人价值观和事业追求,直接影响了海底捞确立"公平公正""双手改变命运"等核心价值观和三大目标。更进一步,海底捞的核心价值观和三大目标,又影响了企业的重要政策和员工行为,使得海底捞的战略和经营模式得到不断完善,并最终取得了利润、创新和增长并存的良好企业绩效。正像张勇在访谈中所说的:

> 我们公司的战略目标总结起来就是通过提高顾客满意度的前提来达到打造一个民族品牌。这个战略目标确定下来之后你的政策、制度、架构就得引发。我觉得建立这么一个民族品牌,或者说著名品牌是可行的……后来我发现,餐饮是一个完全竞争行业,消费者体验是很重要的,所以我们很早就注意这个顾客满意度。你一旦确定要提高顾客满意度的时候,你就会想到这个顾客满意度是由谁来保证的,是我们的员工来保证的……你要让员工努力的话就要让他保持一种激情,你才能用"双手改变命运"来凝聚员工。当你确定战略目标和"双手改变命运"的核心价值观,你就一定能引发一些手段措施来让员工认可企业再去对顾客付出。如果只讲培训,那火锅

是很简单的,点火、定菜单、倒茶、收钱,中间你要什么我给你拿过来。从现实上来讲,理论上的培训几乎是不需要的。那为什么很多人做不好呢?其实就是服务员没有把心思放在那里。当他们认可"双手改变命运"的核心价值观,今天这个想一个办法,明天那个想一个办法,积累下来就成了海底捞今天这个样子。(张勇的访谈,2010)

张勇的这段话形象地说明了海底捞的企业价值观和战略目标对海底捞服务竞争战略、人本型人力资源政策与员工创新行为的驱动作用。利用扎根研究的主轴编码方法(Strauss and Corbin,1998),即运用"因果条件——现象——脉络——中介条件——行动/互动策略——结果"这一典范模型,对此段话进行分析,我们可以获得海底捞的基本逻辑:**(领导人确立)海底捞的核心价值观与战略目标——(引发了)差异竞争策略和人本型人力资源政策构思——(要求)在海底捞的环境中通过一些手段使员工认可企业再去对顾客付出——(促进)员工的创新行为——(累积产生)企业绩效**。这一逻辑与作者对高管袁华强等人的访谈及实地调研观察相互支持(参见"三维平衡型"企业价值观及附表录 A5.1)。这构成了本文所谓的"海底捞模式"的基本逻辑主线。

依据上述的基本逻辑,结合本文第三部分及第四部分第一节的内容,我们可以将"海底捞模式"概括为以下五方面的内容或命题:①领导人张勇以"平等""做大事"等价值观和机会认知为基础,形成了海底捞的核心价值观和战略目标或三维企业目标[1]。②海底捞的平衡型企业价值观/战略目标引发了其竞争与增长战略(差异化服务/直营连锁扩张)、以普通员工为核心资源的人力资本发展战略(以农村打工者为主体的员工选聘、培育、使用和回报政策)、员工家庭福利保障社会责任政策。③这些战略决策/行为准则引发了海底捞的各种人力资源管理政策,包括员工选择、培育、使用、考核、激励和保留等相互强化的人力资源措施。④这些人力资源政策通过影响员工行为及战略执行效率,使得海底捞取得了良好的三维企业绩效,包括经济绩效(较高赢利性、创新与增长)、员工绩效(低离职率和个人发展)和社会绩效(员工家庭福利与保障、诚信与服务声誉)。⑤考虑企业宏观因素和时间动态效应,海底捞的企业战略模式(特别是基于服务的差异化竞争与稳健增长)也对企业绩效产生了直接影响[2],同时其体系化的人力资源政策会对企业核心价值观和企业目标产生反馈强化作用(图 5.2 中

---

① 根据本文作者的访谈,海底捞三大企业目标的正式提出应该是在 2004 年左右,即海底捞创办十年后,而其"通过提高顾客满意度的前提来达到打造一个民族品牌"的战略目标则提出得更早些。
② 这种直接影响至少包括两方面的效应,一是其独特火锅市场定位所取得的行业市场结构效应;二是其独特服务创新模式带来的营销传播、顾客吸引和市场扩展效应。

的虚线)。由此,我们将上述五方面的内容及其关系进行整合,可以得出图 5.2 所示的整体框架(箭头代表关系的方向,直线表示相互关联),它代表了本文所说的"海底捞模式"的主要要素及逻辑关系。

(三)"海底捞模式"的系统结构与逻辑

1."海底捞模式"的系统结构

海底捞的企业核心价值观和三大目标的确立,标志着创始人张勇看到了一种把企业经济目标和员工发展、社会责任承担相结合的独特方式,这就是:通过在对以"农民工"为主体的员工承担培养、回报责任和对其家庭(父母、子女)承担一定社会责任的基础上建立服务差异化策略,可以使海底捞与其他火锅餐饮企业有所区别,并可据此发展海底捞的长期竞争优势。事实上,人们普遍认为,海底捞的主要"创新"在于"把员工当人看",这不仅体现在海底捞给予员工良好的福利待遇,更体现在它对员工的信任与授权上(黄铁鹰,2011)。比如,海底捞对店长的考核指标是顾客满意度和员工满意度,而不是常见的销售额或利润。实际上,不论是让顾客满意还是让员工(及其家庭)满意,其出发点都是"与人为善",这很好地体现了海底捞的"以人为本"的价值观,这里所谓的人,既包括了顾客,也包括了员工及其家庭等。

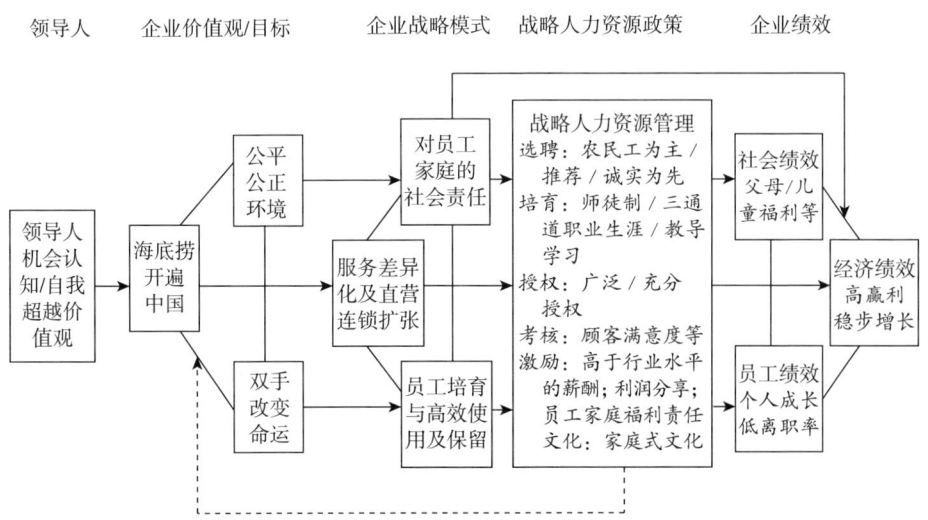

图 5.2 海底捞模式:企业价值观/目标、战略与人力资源管理体系的整合

分析海底捞的三个企业目标和员工行为,我们可以发现:在海底捞,顾客满意目标和员工发展目标("双手改变命运")之间的协调使得海底捞产生了大量由员工主动发起的创新(对屈女士的访谈,2011),顾客满意目标与公平公正及对员工家庭的社会责任的协调使得海底捞具有了一种社会持续性(黄铁鹰,2011),而追求公平公正及承担员工家庭社会责任的伦理观与"让员工双手改变命运"的发展观的协调使得员工产生了一种"家庭归属感"或"公司认同"(黄铁鹰,2011)。① 因此,海底捞的这种平衡型企业价值观和三维企业目标,不仅仅是贴在公司墙上的口号,而且通过公司的战略和人力资源管理政策推广出来,最终体现在众多员工的日常行为上。显然,这种"以人为本"的企业价值观和建于其上的目标,对海底捞来说已经成为一个决策导向系统。通过战略性地使用这种"以人为本"的价值观和行为原则("与人为善""客人是一桌一桌抓的,员工是一个一个凝聚的"等),海底捞建立了"服务差异化""吸引和发展员工"和"对员工家庭承担责任"的三种特定战略要素的结合,使本质上分属于"竞争与增长战略""核心能力战略"和"企业社会责任战略"的三种战略系统紧密融合、互相强化,最终使海底捞产生了一种整合式的战略创新。当然,这种战略的产生不是一次性计划出来的,而是在企业发展中由领导人和员工共同塑造和不断完善而实现的,是一种"实现的"战略模式。同时,由于这种模式是建立在员工的承诺和积极执行之上,可以持续发挥效果,因而具有可持续性。从这个意义上看,"海底捞模式"很好地体现了"价值观就是最长远的战略"的观点(坎特,2011),而这种以人为本的三维平衡型企业价值观确实使得海底捞获得了多种"价值观红利"——更多想法、顾客导向、创新、合作、快速执行等(坎特,2011)。

根据上面的讨论并结合第三部分的分析,我们可以把海底捞模式的核心内容简化为三个有相互联系的子系统:平衡型企业价值观/三维目标系统、三元整合型战略系统以及人力资本管理系统(包括人员选聘、培育、授权、考核、激励等)(如图5.3所示)。其基本逻辑关系是:平衡型企业价值观和三维目标系统直接影响企业战略系统和人力资本管理系统(图5.3中的实线箭头),而战略系统和人力资本管理系统又对企业价值观/目标系统有反馈效应、人力资本管理系统又对整合型战略系统有反馈效应(图5.3中的虚线箭头)。需要说明的是,由于平衡型企业价值观与三维目标系统具有引领作用,我们把它置于图5.3中的顶部中心位置;此外,在企业发展过程中,图5.3的三个子系统有先后轻重之分(虚实箭头),但随着企业的发展进入稳定状态或成熟态,三个系统的关系就变成相互支持的协调关系(即图中的双向虚实箭头变成用单实线相连)。"海底捞模式"中三个子系统中的要素及其支持性事实与证据可参见附录A5.1的概括。

---

① 2011年对北京某店后厨总管应日晔(YR)的访谈内容也可佐证。

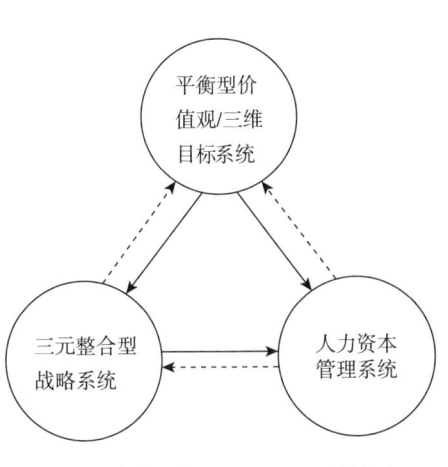

图 5.3 "海底捞模式"的三大系统及其关系

2. 海底捞的"双重逻辑"

事实上,从企业目标和人力资源管理措施看,海底捞已经超出了一个单纯追求利润的企业的范畴,而成为一个具有一定社会使命感的企业,即让企业本身成为一个制度平台,顾客、股东、员工和社区在这个平台上各自贡献其资源,各取所需,并使之持续经营。当然,目前的海底捞仍然处于大股东、创始人和董事长张勇的绝对领导之下,其平台仍有待完善,但雏形已经形成。张勇在回答"员工、顾客、股东三者之间排序"和"您是不是把员工放在第一位"的问题时这样回答:

> 做生意的本质还是要多赚钱的。员工、股东和顾客,我觉得都一样地重要。如果股东不掏钱投资,员工就没有平台。员工进来之后如果你拼命地压榨他,以为什么都是你的,都是企业的,都是政府的(税收是属于政府的嘛),这也是不会长久的……媒体有些报道基于一个现实就是我们的员工都是民工,基本上没有受过高等教育。在这种情况下,他们在社会上是处在最底层的。九几年的时候很多民工做完之后都拿不到工钱的,通过立法,到2010年了才拿到保险。我们回忆一下,十年前餐饮业的员工住的都是地下室,好多人一间。我们只是稍微关注一下,该他的部分我们只是适当地多给了一些,离欧美国家的那个比例还远远不够。稍微关注了一下大家就好像觉得把员工摆在第一位了。我认为是不够的,还要继续做。如果生意更好,大家多支持的话我会做得更好。(对张勇的访谈,2010)

正像张勇这段话所表达的,在海底捞的最高领导者头脑中,海底捞的顾客、员工和股东处于平等或接近的地位,海底捞的"善待员工"不过是恢复其应有地位;这同时也意味着,海底捞的领导人已经认识到海底捞的可持续经营,依赖于企业经济逻辑和制度逻辑的相互协调。这里所谓的"经济逻辑",是指海底捞产生利润的内在循环机制,即**创造公平公正的工作环境——员工用心付出劳动——服务差异化创造价值——顾客满意及口碑传播——高翻台率和开新店——更多顾客、高赢利率和增长——员工更好待遇——更高程度的公平公正环境**,这个逻辑已经为"服务利润链"等营销理论所揭示(黄林,2010)。这里所谓的"制度逻辑"是指企业作为平台让员工持续投入的内在循环机制:"**创造公平公正的工作环境——员工用心付出劳动——员工多方面技能发展与职位提升——更高的员工个人资本和家庭的社会保障——员工的社会支持和心理认同——员工心理满意——更高程度的公平公正环境**"。① 在海底捞,其"经济逻辑"和"制度逻辑"通过"**创造公平公正的工作环境——员工用心付出劳动**"和"**将海底捞开遍全中国**"(愿景/使命)这一制度化组织平台(体现为它们作为企业三大目标并且被员工共享)而得到统一,海底捞因而就像人一样,具有了一种双螺旋DNA,从而保持了它作为社会机构和经济机构的双重性的统一和相互促进。从某种意义上说,这代表了坎特所谓的新企业形态,即"有差异的员工选择在企业内自主工作,共同认可一个统一的企业精神,并且一起去创造具有社会和经济双重价值的持久机构"(坎特,2011)。

事实上,美国著名管理学者坎特已经系统地阐述了持久性企业作为一个社会机构的制度逻辑。她正确地指出:对这些企业而言,社会和员工不只是生产资料,而且是企业存在的目的之一;企业不仅是产生利润的工具,它还是实现社会目标和为员工提供有意义的生活的场所;对这些企业的领导人而言,他们不仅需要获得经济回报,而且也想构建一个持久的机构(坎特,2011)。事实上,历史上的伟大企业都把制度逻辑(或社会逻辑)置于与经济逻辑同等重要的地位,如果不是说更重要的地位(Kanter,2011)。坎特还系统地指出了制度逻辑给企业可能带来的六个方面的好处:共同目标或认同、长期眼光、情感投入、社区构建、创新以及自组织。她特别指出,这六个方面是相互联系、相互强化的,并且反映在企业的整体逻辑和领导风格之中(坎特,2011)。然而,坎特对于如何形成这样的制度逻辑和企业形态并未进行系统和深入地探讨,但她已经在世界各地一批伟大企业实践基础上迈出了第一步,揭示了这种具有可持续性的新企

---

① 现有的"组织支持契合——员工心理授权——员工组织承诺"理论及"心理资本"理论,部分地揭示了这一逻辑,参见徐细雄、淦未宇(2011)以及乐国林、毛淑珍、李凤兰(2012)。

业形态的雏形①，本文将在以下部分基于海底捞等案例及相关理论推进这一进程。

五、迈向一个可持续企业模型：以人为本的"双螺旋企业"

（一）核心价值观和愿景、使命作为企业的"灵魂"

在市场经济中，为顾客提供价值是企业存在的根本原因，因此，为顾客创造价值应该是以人为本的企业价值观的第一要义（德鲁克，1987）。第一，在21世纪这一知识经济时代，很多服务型企业包括餐饮企业，其知识和人力资本越来越多地分散在企业员工身上，发挥员工技能的作用和积极性已经成为企业获得持续竞争优势的关键，因而把员工视为人力资本应该是以人为本的企业价值观的第二层含义。因此，所谓"以人为本"的企业价值观，首先是以顾客为中心的价值创造观念。第二是尊重企业员工的人力资本使其获得合理补偿并使之在组织平台上获得发展的观念。第三是使社会获得社会效益和环境效益的可持续发展的观念。第四是使企业股东获得资本价值补偿的观念。这种"以人为本"的企业价值观，反映了我们首先是把企业看作是现代社会中与家庭、宗教、社区等类似的一种社会机构，它为顾客创造价值、为员工提供一种工作机会并同时提供一种实现其社会意义的平台、为社区承担一种特定的社会责任，然后它创造出的利润也会为股东提供一种资本价值或创业精神的补偿。在21世纪的知识经济时代，如果这四者——特别是顾客、员工和股东的利益——得到协调和平衡，就将为企业的持续发展奠定基础，这也是可持续发展型企业应该坚持的核心价值观。

在本文的海底捞案例中，"顾客满意、员工用双手改变命运以及企业承担员工家庭（部分）社会责任"就代表了这种"以人为本"的企业价值观。海底捞的股东也因此获得了利润补偿。事实上，中国一批新兴的本土优秀企业都已经意识到了这种"以人为本"的企业核心价值观的重要性。例如，华为公司就把"以客户为中心、以奋斗者为本、长期艰苦奋斗"作为企业的核心价值观，树立了"成就客户、团队合作、艰苦奋斗、自我批判、开放进取、至诚守信"的企业价值观系统。

---

① 对于这一新型企业形态，坎特提出了所谓的5F组织模型，即专注（Focused），既有价值观和原则的明确声明，又有共同的平台和工具来操作；灵活（Flexible），鼓励协作和自组织，让员工拥有自主性；快速（Fast），快速行动和创新；友好（Friendly），开放、友善、热情；有趣（Fun），提升积极性和团队精神，及富有意义的社会成就感。它要求领导人具有系统思考、主动行动、说服与沟通、自知和超越性价值观等特质。参见坎特（2011:270—274）。

其中,"以客户为中心"被认为是华为发展的"拉力","以奋斗者为本"是华为发展的"动力","长期艰苦奋斗"是华为发展的"推力",这三者构成了华为价值观的"铁三角"(田涛、吴春波,2012)。从本质上看,这个"铁三角"分别归属于我们所说的企业价值观的经济—实用维度、情感—发展维度和伦理—社会维度。事实上,管理学者所谓的"个人化企业""超级企业"或者"愿景型企业"(柯林斯、波拉斯,2000),①如星巴克、西南航空、3M、ABB、IBM、UPS、欧姆龙、英特尔、宝洁、宜家等,都把"以人为本"作为企业价值观的基础,即"先关注人(顾客、员工、社会)的需要,再关注市场价值""不仅追求利润,更关注于构建伟大的机构",并且都在这种"以人为本"价值观的基础上,形成了富有号召力的企业愿景和使命。正像很早就加入星巴克的核心高管毕哈所说的:

> 星巴克不是在经营那种卖咖啡给客人的生意,而是在经营一项提供咖啡的人的事业……星巴克的目标是力争成为世界上最著名且最受尊敬的企业之一,并且要以能培育并激励"人"的精神而闻名于世。(毕哈、哥德斯坦,2008)

IBM同样如此,2002年成为董事长兼CEO的彭明盛在领导IBM进行价值观重塑时说道:

> 要建立一种把人们的成功与企业的成功紧密联系起来的文化,我们就必须表现出某种"匿名性"。员工们会为公司的成功感到自豪,会愿意做对IBM公司有益的事。管理是暂时的,回报是周期性的,而价值观和把人们联系在一起的纽带却可以长存。(坎特,2011)

在这里,这些人本型价值观本身并不直接创造价值,而是通过促进员工对话、参与提炼等过程内化到人们的心里,使员工心怀一种伟大的社会使命感,进而影响到每个人的决策和行动(坎特,2011)。这表明共享的企业愿景、使命与核心价值观构成了一个企业的内核,可以从本质上规定企业战略决策与行动的性质(多伦、加西亚,2009;柯林斯、波拉斯,2000)。因此,本文把以人为本的企业愿景、使命和价值观称为可持续型企业的"灵魂"。

可持续发展型企业必须拥有健康的、有活力的企业"灵魂",即我们所谓的平衡型企业价值观、共享愿景与双重使命。在这里,平衡型的企业价值观是指"企业在伦理—社会维度的优先选择、经济—实用维度上的业绩目标和情感—

---

① 在这些著作的中译版中,它们也被称为"王道企业"或"高瞻远瞩型企业",参见坎特(2011)和柯林斯、波拉斯(2000)。

发展维度上的员工自我实现之间实现了协调或平衡";共享愿景是指"通过把价值观融入企业的中长期(5—10年)发展目标中,形成一幅企业成员共同拥有的'心理图景',并培养他们实现未来目标的能力,鼓励大家对未来充满信心"(多伦、加西亚,2009)[①];双重使命是指"企业的使命包括经济的和社会的双因素。前者的完成(创造顾客)使得企业存在的社会理由(赋予意义和推进人的发展)成为可能,而后者则与企业的社会价值观紧密相关。后者依赖于前者,它们不可分割,只是关注点不同"(多伦、加西亚,2009)。

(二)经济逻辑与制度逻辑作为企业的"双螺旋结构"

前面,我们已经讨论了海底捞的经济逻辑与制度逻辑及其协调性。事实上,早在60多年前,组织理论的先驱巴纳德就敏锐而明确地指出:

> 组织不过是合作行为的集合,适用于雇主—员工之间的激励机制,也同样适用于销售者—购买者之间……顾客的合作行为与员工的合作行为在本质上是相同的。因此,经验告诉我们,为获得这种合作行为而付出的努力其性质也是相同的……我们对上述理论认识不足,是因为我们是以经济利益为导向,而非以组织为导向;我们总是从经济学的角度来观察和分析组织内的各项行为,而非从社会学的角度;对经济利益的重视,使我们更关注交换的标的,而非合作行为本身。两者之间有非常重要的区别。如果我们仅从经济学的角度探讨人们的商业行为,就无法充分理解自己的所作所为;当然,如果我们忽略了人们商业行为背后的经济利益的驱动,也无法充分理解这些行为。(巴纳德,2009)

20世纪90年代以来,哈特等关注可持续发展的战略学者相继提出了"自然资源基础的企业观"(Nature Resource-Based View of Firm)、"超越绿化"(Beyond Greening)和"全球可持续企业"(SGE-Sustainable Global Enterprises)等概念,并认为"全球可持续企业"不仅能够创造利润,而且还能提高世界上的穷人的生活质量、激励员工、构建社区、保护生态,并且认为这是21世纪发达国家跨国企业应该追求的新企业战略或企业形态(Hart,2007;Sharma and Lee,2012)。[②] 坎特则继承了巴纳德的思想,她提出伟大的企业必须具有与经济逻辑相协调的社会逻辑(坎特,2011),其逻辑需要体现企业是由人组成并且为其成员及社会服务

---

① 这种共享愿景往往具有宏大、鲜明、鼓舞人心、可实现等特点,参见柯林斯、波拉斯(2000)。
② 这些来自发达经济的学者敏锐地注意到了发达经济跨国企业的全球化带来的环境与社会影响,并倡导一种新企业组织与战略形态,以对全球经济、社会和环境可持续性做出贡献,参见Hart(2007)。

这一根本目的,而不仅仅是企业所有者赚钱的工具。

本文赞成这些观点,并且认为:①可持续型企业的经济逻辑和制度逻辑就像人的 DNA 的"双螺旋结构",是其可持续发展的关键;②这种"双螺旋结构"体现在企业作为"有机体"的主要系统中,它们包括企业价值观和长期目标系统("灵")、企业战略系统("心")和企业人力资源管理的制度系统("身");③在三大系统中,企业经济逻辑与制度逻辑如同基因的"双螺旋结构"相互缠绕和协调,共同围绕企业特质("灵")而展现出来;④一个可持续发展型企业,必须具有健康的、有活力的"身心灵"。

(三) 可持续发展型企业作为"有机体":发展健康、有活力的"身心灵"

在本文的可持续发展型企业模型中,作为"灵魂"的企业目标,包括三维平衡型企业价值观、共享愿景与企业双重使命。其中,企业伦理—社会、经济—实用、情感—发展的三维价值观的协调和平衡使企业(作为由个体组成的组织)确定了其终极追求,共享愿景与双重使命则界定了企业存在的经济和社会意义。这种三维平衡型企业价值观和共享愿景、双重使命,体现了可持续发展型企业注重经济性和社会性、创造经济价值和构建社会机构并重的特质,是企业可持续发展的基石。

在本文的可持续发展企业模型中,作为"心"的企业战略系统,包括差异竞争与成长战略、人力资本发展战略和企业社会责任战略三维整合的战略要素系统,其中,差异竞争是指以产品(服务)差异化或整合差异化/低成本作为企业在特定产业内的市场和竞争优势定位,成长战略则表明了其成长方向与方式;人力资本发展战略表现了企业将人力资源作为其核心能力的来源并加以培育和利用的策略;社会责任战略表现了企业在社会中创造价值的定位和角色(在本文中它也包括企业的环境战略与环境可持续性[①])。这三者的协调和整合,体现了可持续发展型企业的价值创造与分配的基本思路和方法。

在本文的可持续发展型企业模型中,作为"身"的企业人力资本制度系统,主要包括人力资本的选育、使用(用评)与回报(留置)三个相互协调的人力资源制度系统。我们选择这三个人力资本制度系统,是因为它们体现了"组织中的个人"出色完成工作所需要的三要素,即知道如何工作(选育)、具有工作机会

---

① 由于研究主题与篇幅的限制,环境可持续性在本文中没有得到深入讨论,相关内容参见 Dyllick and Hockerts(2002)和 Hart(2007)。

(使用或授权)和具有工作愿望(得到激励或赏识),在本文中这三者可以分别由企业的人力资本选育制度、使用(用评)制度和激励回报(留置)制度加以满足并通过系统协调来整体实现(多伦、加西亚,2009)。同时,我们称这些传统的人力资源政策为制度,是指这些政策在企业中已经变成惯例或正式程序而被企业加以执行(斯科特,2010),或者已经直接体现在企业的产权(如员工持股)、利润分享等企业基本制度上①。因此,通过为企业内的员工提供工作机会、能力和意愿,可持续发展型企业在其微观层次——构成企业的成员个人——形成了有效的工作保证机制,这也是可持续发展型企业能够生生不息的原因之一。

在本文的可持续发展企业模型中,企业的三维平衡型价值观、三维战略系统和三维人力资本制度系统,其内部各要素相互协调,共同支持企业的愿景和使命,并经过协调而相互强化,价值观、战略和人力资本制度三个子系统围绕企业的共享愿景与使命构成了可持续发展型企业的基本架构(如图5.4所示)。按照本文的可持续发展型企业框架,历史上伟大的企业,无一不是具有健康的、有活力的"身心灵"的企业。建设这样的可持续发展型企业,是那些具有健康的、有活力的"身心灵"的企业家的梦想。

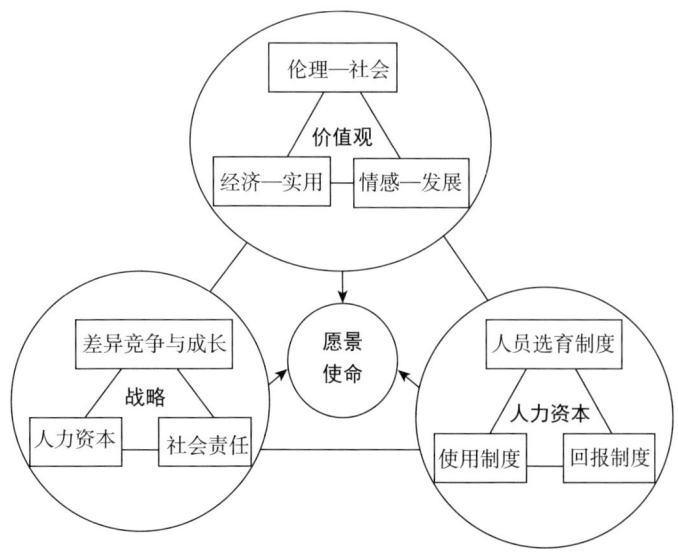

图5.4 "以人为本"的可持续发展型企业:价值观、战略与人力资本制度的系统结构

---

① 值得指出,本文研究的主要对象海底捞公司在企业产权(如员工持股)和利润分享方面仍有待进一步改进、完善与制度化。

(四)可持续发展型企业框架的理论边界与应用含义

本文所谓的以人为本的"双螺旋企业"模型,是一种基于中外优秀企业(如海底捞、星巴克)的实践所进行的一种抽象和理论建构;同时,它也是我们以企业可持续发展为目标而对企业核心要素进行系统优化设计的一种理想模式。应该承认,这种模式具有特定的适用性边界:①它比较适合服务业或知识密集型行业,因为在这些产业环境下,企业员工的知识、技能和积极性是企业或组织获得长期竞争优势的不可缺少的要素。②它比较适合动态复杂的环境,因为在这种环境下,以人力资本为核心的竞争与创新战略及其有效执行可以产生较持久的竞争优势。事实上,在中国目前的转型发展经济与传统文化(如强调"仁""和"的儒家文化)背景下,除了在少数垄断性或资本密集型行业中该框架的应用价值受到限制外,在大部分的竞争性行业中该框架都有应用价值,特别是对那些追求卓越并希望保持基业长青的本土新兴企业而言(Zhang and Albrecht,2010)。

值得指出的是,在国际上,已经有一批著名企业如星巴克、西南航空、3M、IBM、欧姆龙、华为等东西方企业在实践着本文所谓的以人为本的"双螺旋企业"模式。作为一种领先型企业模式或组织形态,它的运用是广泛的(坎特,2011);而作为一种组织理论范式,它却是新颖的,因为它的内在系统与运作机制、所要求的领导风格以及对企业和人性本质的假定都与传统的管理理论有很大的不同(戈沙尔、巴特利特,2008;多伦、加西亚,2009)。正因为如此,坎特、戈沙尔等国际著名管理学者才呼唤所谓的"超级企业""个人化企业"理论范式的到来。这也要求中国的管理学者,在 21 世纪已经到来的动态复杂环境和知识经济时代,以中外优秀企业实践为基础,进一步推进人本型企业/组织理论范式与综合性的战略、人力资源和企业文化研究,并探索和验证其价值创造模式和可持续发展机制,从而推进现代组织管理理论的创新及中国企业"人本管理"理论的复兴(Tsui and Jia,2013;巴纳德,2009;Sharma and Lee,2012)。

六、结论与展望

本文在全面回顾海底捞的相关研究和可持续发展企业理论视角的基础上,运用案例研究方法,深入研究了海底捞的企业价值观、战略和人力资源管理的特征及其本质。研究发现:"海底捞模式"本质上是一种可持续发展型企业组织雏形,这种企业是基于"以人为本"价值观、经济逻辑与制度逻辑相协调的新型企业形态。实际上,"海底捞模式"是以三维平衡型企业价值观和企业共享愿景、双重使命为基础,以差异化竞争及成长、人力资本、社会责任相结合的战略模式为中心,以体系化的战略人力资源管理制度为手段,建立起了一种人本型价值观驱动的战略整合与管理系统,并在经济、员工和社会三方面取得了良好的企业绩效与可持续性。

基于"海底捞模式",本文尝试建立一种以人为本的经济逻辑和制度逻辑相协调的"双螺旋企业"模型。这种可持续发展型企业模型,以"经济—伦理—情感"三维平衡型企业价值观和共享愿景、双重使命为"灵魂"(灵),以差异竞争与成长、人力资本和企业社会责任战略的创新与整合为"中心"(心),以人力资本的选育、使用和回报制度为"载体"(身),推动企业形成健康的、有活力的"身心灵",进而促进企业实现可持续发展的理想愿景。这种人本价值观驱动的可持续发展企业模式,实现了企业经济逻辑与制度逻辑的协调,回归了企业作为"由人构成的价值创造的社会合作机构"这一本质。它是传统的劳动/服务密集型企业和知识密集型组织能够拥有持续竞争优势的一种基本形态。像海底捞一样,国际上著名的星巴克、西南航空、3M、IBM、欧姆龙、华为等领先型公司就代表了这样新型企业形态的运用及其广泛实践。

当然,本文所谓的以人为本的"双螺旋企业"模型只是一种理想形式,它不代表我们所研究的企业(如海底捞或星巴克等)已经非常完美或不会遇到挑战,实际上,它们不过是比别的企业更早、更快或更自觉地向这种理想形态迈进。作者相信,这种以人为本的"双螺旋企业"模型,虽然也存在适用范围或普适性的问题,但是在知识经济和互联网经济时代,这种新企业形态将越来越成为主流,并且会启发我们发展更有解释力和指导意义的现代企业管理理论。

附录 A5.1　海底捞模式的要素、特征及主要证据

内容	要素	主要特征	关键事实	典型证据
共享愿景与使命	经济使命	打造中国餐饮业的著名民族品牌	"致力于高顾客满意度的火锅餐饮,将海底捞开遍全中国"成为企业目标	"我们公司的战略目标总结起来就是通过提高顾客满意度的前提来打造一个民族品牌。"(对张勇的访谈,2010)"在海底捞,有两句众所周知的张勇语录。一句是'客人是一桌一桌抓的',另一句是'员工是一个一个凝聚的'。"(黄铁鹰,2011:81)
	社会使命	打造员工发展的组织平台	"公平公正""双手改变命运"成为企业核心价值观与目标	

(续表)

内容	要素	主要特征	关键事实	典型证据
平衡型企业价值观	经济—实用价值观	"顾客满意"基础上的火锅店扩张	"服务至上""顾客至上"深入员工心中	"自2004年以来,海底捞就明确地制定了其企业目标:一是创造公平公正的工作环境,二是让双手改变命运在海底捞变成现实,三是将海底捞开遍全中国。"(对杨小丽的访谈,2012)
	情感—发展价值观	员工的"勤奋""奋斗"价值观	"双手改变命运"成为企业各级员工的信仰	"员工、股东和顾客,我觉得都一样的重要。如果股东不掏钱投资,员工就没有平台。员工进来之后如果你拼命地压榨他,以为什么都是你的,都是企业的,都是政府的,这也是不会长久的。"(对张勇的访谈,2010)
	伦理—社会价值观	"人生而平等""诚信""与人为善"作为企业价值观	"诚信""公平""与人为善"成为企业文化的基础	"与人为善是非常重要的,它逐步成为海底捞的信仰和信念,与顾客、员工、同行、物业为善,那是对的,这样就不断成就了今天的文化。"(对袁华强的访谈,2011)
整合型的战略创新	差异竞争与成长	以服务创新和标准化结合的整合差异化/低成本战略及直营式连锁扩张	专门的等位区和在等位、就餐过程中多项贴心甚至"变态"服务;全国成立了7个专业高效的标准化配送中心供应火锅原料和冷鲜菜品ª;2002年后以直营连锁店形式有序扩张	"哪怕在海底捞干过一天的员工都知道'客人是一桌一桌抓的'这句张勇语录……一位住在海底捞楼上的大姐,吃火锅的时候夸海底捞的辣酱好,第二天张勇便把一瓶辣酱送到她家里,并告诉她以后要吃,海底捞随时送来。"(黄铁鹰,2011:3)
	人力资本发展战略	以顾客和员工满意作为构建与保持竞争优势的核心要素,并使员工获得自己想拥有的生活	将培养后备干部作为人力资源管理核心之一;开新店需要保证有20%—30%老员工;杨小丽、袁华强等一大批员工获得了自己想拥有的生活	"我来海底捞的时候,是一个什么都不懂的黄毛丫头……我当时做梦也没想到,我现在还能当上海底捞的经理,拿着比国有单位还好的福利待遇。回忆起来,我为什么能在这里死心塌地地干?因为我觉得老板人好,公平,虽然他对工作要求很严,但是做得好就有提升的机会。于是我越干越有劲,学东西越来越快。"(黄铁鹰,2011:81)

第五章 迈向"以人为本"的可持续型企业:海底捞模式及理论启示

(续表)

内容	要素	主要特征	关键事实	典型证据
整合型的战略创新	企业社会责任战略	以员工及其家庭为重点的企业社会责任承担	员工子女可免费上公司办的寄宿中学;给领班以上员工的父母发工资;建立员工及直系亲属的医疗保障基金	"对海底捞来说,培养更多优秀的后备干部是首要的任务,只有培养出更多的后备干部,才能保证客人的满意度,才能更好地完成企业的三大目标,将海底捞优秀企业文化传承下来。"(李顺军、杨铁锋,2013:193) "我们的员工大都来自农村,他们的父母没有任何社会保险,海底捞就当给他们父母发保险了。如果他们不好好干,他们父母都帮我骂他们。"(黄铁鹰,2011:87)
战略性人力资源管理体系及制度	选育制度	以"农村打工者"为主体的选聘和培养制度	以"农村打工者"为主体,员工推荐制为主要招聘途径;员工较好的住宿生活条件;"师傅带徒弟式"培养制度	"100万以下是由副总、财务总监和大区经理负责……店长有3万元的签字权……一线的普通员工有给客人先斩后奏的打折和免单权……这等于海底捞的服务员都是经理,因为这种权力在所有餐馆都是经理才有的。"(黄铁鹰,2011:19)
	用评制度	以充分发挥员工积极性和能力为焦点的使用和考评制度	三通道职业发展;内部晋升制;对员工广泛授权;设立创新奖金;以"顾客满意度""员工满意度"为标准考评店长	"一晃,五年过去了。我从洗碗工变成了部门主管。是海底捞这个家把我这个只念过一年半初中、半文盲的人,培养成了独当一面的主管。"(黄铁鹰,2011:12) "我们各个店工作1年以上员工,每个月享受所在店利润1%—2%的奖金分红,大约五六百块钱……现在每个店店长按销售额也有1%、0.5%不等的奖励。"(对杨小丽的访谈,2012)
	留置制度	以利益分享和"家文化"为重点的员工保留和安置制度	基本工资达到行业中等以上;员工享受(店面)奖金分红;干部离开时的"嫁妆"/补偿金制度[b];亲情浓厚的"家文化"	"海底捞有今天,每个干部都有一份功劳和苦劳。所以不论什么原因走,我们都应该把人家的那份给人家。小区经理走,我们给20万;大区经理以上走,我们会送一家火锅店,差不多800万。"(黄铁鹰,2011:76)

注:a.来自作者对一所配送中心进行的现场参观;b.来自作者对总经理杨小丽的访谈,店长以上干部的利益分享/股份制度正在制定、调整中;其余根据对管理层的访谈和黄铁鹰(2011)等资料整理。

参考文献

Bilsky W, Schwartz S H. 1994. Values and personality[J]. European Journal of Personality, 8: 163-181.

Colbert B A. 2004. The Complex Resource-Based View: Implications for Theory andPractice in Strategic Human Resource Management[J]. Academy of Management Review, 29, 341-358.

Dyllick T, Hockerts K. 2002. Beyond the Business Case for Corporate Sustainability[J]. Business Strategy and the Environment, 11, 130-141.

Eisenhardt K M. 1989. Building theories from case study research[J]. Academy of Management Review, 14: 532-550.

Hart S L. 2007. Capitalism at the Crossroads: Aligning Business, Earth and Humanity[M]. Upper Saddle River, NJ: Wharton School Publishing.

Jia L, You S, Du Y. 2012. Chinese Context and Theoretical Contributions to Management and Organization Research: A Three-decade Review[J]. Management and Organization Review, 8(1): 173-209.

Kanter R M, 2011. How Great Companies Think Differently[J]. Harvard Business Review, 11: 66-78.

Mintzberg H, Waters J A. 1985. Of Strategies, Deliberate and Emergent[J]. Strategic Management Journal, 6: 257-272.

Rokeach M. 1973. The Nature of Human Values[M]. New York: Palgrave-Macmillan.

Sharma A, Lee M D P. 2012. Sustainable Global Enterprise: Perspectives of Stuart Hart, Ans Kolk, Sanjay Sharma, and Sandra Waddock[J]. Journal of Management Inquiry, 21(2): 161-178.

Strauss A, Corbin J. 1998. Basic of qualitative research: Techniques and Procedures for Developing Grounded Theory[M]. Thousand Oaks, CA: Sage.

Tsui A S, Jia L. 2013. Calling for Humanistic Scholarship in China[J]. Management and Organization Review, 9(1): 1-16.

Williamson G J. 2010. Cost innovation: Preparing for a "value-for-money" revolution[J]. Long Range Planning, 43: 343-353.

Yin R K. 1994. Case Study Research: Design and Methods[M]. Beverly Hills: Sage Publications.

Zhang Y, Albrecht C. 2010. The role of cultural values on a firm's strategic human resource management development: A comparative case study of Spanish firms in China[J]. The International Journal of Human Resource Management, 21(11): 1908-1927.

W. 理查德·斯科特. 2010. 制度与组织:思想观念与物质利益[M]. 北京:中国人民大学出版社.

彼得·F.德鲁克.1987.管理:任务、责任、实践[M].北京:中国社会科学出版社.

成杰.2012.向海底捞学习[M].北京:中国华侨出版社.

黄林.2010.海底捞的顾客体验与服务利润链[J].销售与市场(管理版),3:86-88.

黄铁鹰.2011.海底捞你学不会[M].北京:中信出版社.

黄铁鹰,梁钧平,潘洋.2009."海底捞"的管理智慧[J].商业评论,4:82-91.

霍华德·毕哈,珍妮·哥德斯坦.2008.星巴克:一切与咖啡无关[M].北京:中信出版社.

吉姆·柯林斯,杰里·波拉斯.2000.基业长青—企业永续经营的准则[M].北京:中信出版社.

乐国林,毛淑珍,李凤兰.2012.嵌入心理资本的企业人力资源管理体系——以海底捞火锅店员工管理为例[J].中国人力资源开发,1:43-46.

李飞,贾思雪,曹雯斐.2012.中国餐饮企业如何进行服务创新:基于海底捞的案例研究[C],中国企业管理案例与质性研究论坛(2012)论文集.

李顺军,杨铁锋.2013.海底捞店长日记[M].北京:化学工业出版社.

罗莎贝斯·莫斯·坎特.2011.公司的王道[M].北京:万卷出版公司.

马可佳.2012.海底捞业绩股权意外曝光2011年净赚近3亿[EB/OL].(2012-02-13)[2020-06-06].http://finance.sina.com.cn/stock/newstock/zxdt/20120213/015911361514.shtml.

切斯特·巴纳德.2009.组织与管理[M].北京:中国人民大学出版社.

清华大学经济管理学院零售管理课程班.2010.火锅店稳定高速成长的定位地图——基于海底捞火锅店的案例研究[J].中国零售研究,01:114-157.

任正非.2011.一江春水向东流:为轮值CEO鸣锣开道[EB/OL].[2020.06.06].http://it.sohu.com/20111226/n330187945.shtml.

石莉芳等.2012.年赚2.9亿 海底捞凭什么?[EB/OL].(2012-03-26)[2020-06-06].http://www.huaxi100.com/article-13402-1.html.

苏曼德拉·戈沙尔,克里斯托弗·巴特利特.2008.以人为本的企业[M].北京:中国人民大学出版社.

田涛,吴春波.2015.下一个倒下的会不会是华为[M].北京:中信出版社.

吴敬链.2006.中国经济增长模式的抉择[M].上海:远东出版社.

武亚军.2009.中国本土新兴企业的战略双重性:基于华为、联想和海尔实践的理论探索[J].管理世界,12:120-136.

西蒙·L.多伦,萨尔瓦多·加西亚.2009.价值观管理:21世纪企业生存之道[M].北京:中国人民大学出版社.

徐细雄,淦未宇.2011.组织支持契合、心理授权与雇员组织承诺:一个新生代农民工雇佣关系管理的理论框架——基于海底捞的案例研究[J].管理世界,12:131-147,169.

杨国安.2012.组织能力的突破:从杨三角看领先企业成功之道[M].北京:机械工业出版社.

杨铁锋.2011.海底捞你学得会[M].北京:人民邮电出版社.

岳川博.2011.创建幸福企业[M].北京:北京大学出版社.

曾鸣,彼得·J.威廉姆斯.2008.龙行天下:中国制造未来十年新格局[M].北京:机械工业出版社.

张国有.2007.企业价值观的战略性[J].企业文化,1:6-8.

张瑞敏.2009.中国式管理的三个终极难题[J].商周刊,13:30-32.

郑晓明,丁玲,欧阳桃花.2012.双元能力促进企业服务敏捷性——海底捞公司发展历程案例研究[J].管理世界,2:131-147.

中国管理模式杰出奖理事会.2012.中国企业转型之道:解码中国管理模式④[M].北京:机械工业出版社:145-165.

中国企业家调查系统.2010.中国企业战略:现状、问题及建议——2010年中国企业经营者成长与发展专题调查报告[J].管理世界,6:83-97.

大学与学术战略

大学之道,在明明德,在新民,在止于至善。

——《大学》

所谓大学者,非谓有大楼之谓也,有大师之谓也。

——梅贻琦

第六章　迈向世界一流大学的战略领导*

　　大学者,研究高深学问者也。大学者,"囊括大典,网罗众家"之学府也。

　　　　　　　　　　　　　　　　　　　　　　　　——蔡元培

　　通过高等教育和卡内基·梅隆大学(Carnegie Mellon University,CMU)可以使社会变得更好。CMU要成为这个国家的一个重要的地方,我们要忠于目标、勇于创新、努力工作,以实现这个伟大的目标。只有通过学术的卓越才能达到服务学生和社会的目的……从一开始我的观念目标就是,我们必须发现我们有优势的地方,(推动所有的单位)发现他们的比较优势并且集中于这些目标。这就是我最用力推进的两个原则。

　　　　　　　　　　　　　　　　　　——理查德·M. 塞尔特(Richard M. Cyert)

　　大学只是偶然的市场,本质上更应该是神殿。在大学里,知识和学问之所以受到尊重,主要不是因为它们能够造福个人和社会,而是因为它们象征、承载并传递有关人性的见解。高等教育是远见卓识,不是精打细算。是承诺,不是选择;学生不是顾客,是侍僧;教学不是工作,是圣事;研究不是投资,是见证。

　　　　　　　　　　　　　　　　　　——詹姆斯·Q. 马奇(James G. March)

一、问题的提出

　　20世纪90年代后期,中国一些著名高校相继提出了创建世界一流大学的目标,期望在2020年左右,成为世界一流大学(许智宏,2001;王大中,2003)。但

---

* 原文刊载于《北京大学教育评论》2005年第4期,原标题为《面向一流大学的跨越式发展:战略领导的作用》。本次收录时增补了篇首引语,内容未做修改。

是,学者们对于什么是世界一流大学仍存在争论。一种较认可的看法是,一流大学必须是集教育、研究和服务社会三种理念于一身并以研究为突出特点和出发点的研究型大学,它们在学术声誉、师资水平、科研经费等方面优于普通大学(丁学良,2003b;江崇廓等,2002)。同时,学者们也承认,世界一流大学既有评价指标上的共性,也有丰富的内涵和别具一格的个性特征。因此,要借鉴一流大学发展的成功经验,必须探讨其成长背景与内在机制(罗燕,2005;薛澜等,2003;清华大学教育研究所,2003)。

针对中国大学的现实,一些校长和学者认为跨越式发展应是中国建设世界一流大学的战略选择(闵维方,2003;王大中,2003;薛澜等,2003;清华大学教育研究所,2003;丁学良,2003a)。这里所谓的大学的跨越式发展,是指大学在政府支持下,利用外部环境中的战略机会和自身优势,获得更多的资源并让资源得到更合理的分配与利用,比他国/其他大学以更快的速度发展,在较短的时间内(如20年)成为或接近世界一流研究型大学(闵维方,2003;清华大学教育研究所,2003;丁学良,2003c)。已经有学者指出,这种跨越式发展,不仅需要资金和硬件上的较大投入,也需要在办学思想、理念、体制上的跨越或突破原有范式(闵维方,2003)。

实际上,我国一些著名大学已经开始了跨越式发展的构思与行动。例如,北京大学、清华大学、复旦大学、浙江大学、南京大学等已经在学科交叉融合、集中发展新学科、特色立校、改善工作与生活环境、教师人事制度改革等方面制定了创建一流大学的思路与对策,并提出通过"两步"或"三步走"实现创建世界一流大学的战略目标(许智宏,2001;王大中,2003;王勇等,2003;张维迎,2004)。

面对"中国大学如何实现研究型大学的跨越式发展"这样一个重大理论和实践问题,国内外文献主要有三大类观点:①战略规划与领导论,即通过一流的战略与领导来创建一流大学,其核心工具是战略规划,倡导者主要是一批国外的著名大学校长或学者(陆登庭、阎凤桥,2002)。②体制改革论,即通过大学治理和管理体制创新来创建一流大学,其中又可分为大学新建论(汤敏,2003)、治理创新论(丁学良,2003b;罗燕,2005)、政府规划改革论(徐退生,2003)。③综合论,即同时强调通过战略规划、领导与制度改革来创建一流大学(薛澜等,2003;王大中,2003;闵维方,2003)。[①] 这些观点的主要内容见表6.1。

---

① 闵维方(2003)指出要通过办学理念、办学战略、用人制度与管理体制的跨越,来实现快速发展,其中,前两者可归入领导与战略规划的范畴,后两者属于体制改革范畴。此外,闵维方明确指出,国家必须采取积极支持大学发展的政策导向并使大学快速发展成为国家战略的一部分,才能真正实现这种跨越,这应被视作中国著名大学跨越式发展的一个重要外部条件。

表 6.1　针对研究型大学跨越式发展的主要观点

理论/代表作者	参照大学	基本观点	核心措施
战略规划与领导论（陆登庭、阎凤桥，2002）	哈佛大学	通过一流的战略与领导来创建一流大学	明确、详尽地规划大学的主要发展目标、实践进程以及实现这些目标的关键因素；重视选聘高水平的院系级领导；通过公开、公平的原则及平等评估的竞争过程来决定教师的升迁去留
体制改革论一：治理创新论（丁学良，2003c；罗燕，2005）	哈佛大学等	通过大学治理制度创新来创建一流大学	确立大学的学术自治，淡化行政权力；建立教师为本的管理制度以及合理的学术评价与人才竞争机制
体制改革论二：政府规划改革论（徐遐生，2003）	美国加州大学系统	快速的经济发展、良好的大学治理与合理的政府规划与资源投入对建设一流大学至关重要	政府对大学的宏观规划与经费支持、校长的长任期和校董会的监督；建立良好的大学自治系统；改进大学硬件设施和提高教师薪酬
体制改革论三：大学新建论（汤敏，2003）	香港科技大学、皇家墨尔本理工大学越南分校、南洋理工大学、印度理工大学	采取国际标准的全新大学有巨大示范效应；中国只要集中财力，按照国际惯例，就可能在大学教育上领先一些	聘请世界级的校长；管理与国际惯例接轨；用国际水平的薪资吸引教师；民间筹资；政府政策支持等
综合论（王大中，2003；薛澜等，2003；闵维方，2003）	AAU（美国大学联合会）或美国一些著名大学	我国大学正面临着难得的发展机遇，在政府支持下，通过理念、体制、战略等方面的变革，实现跨越式发展建设世界一流大学是可能的	吸收国内外先进的办学思想、理念；明确的战略目标与规划；资源整合战略；管理创新与制度创新战略；开放战略等

文献对于大学跨越式发展的基本战略与体制改革方向进行了论述，但是对于成功的跨越式发展需要什么样的战略领导模式、何种战略规划模式，这些文献并未进行深入的理论探讨与实证分析。事实上，闵维方（2003）曾对美国一流研

究大学的跨越式发展和北京大学历史上的快速发展作了简要的分析,论述了办学思想、理念和管理体制的重要作用,但这些分析主要是一般性地针对历史上大学理念的演进的分析而非具体的大学战略与管理的分析。实际上,作为一种前瞻性、系统性的思考和行为方式,战略管理旨在为组织提供一套具有全局性、长期性的思考逻辑和行动指导框架,从而使其利用环境中的机会和自身优势达到生存和发展的目的(Kotten,1997)。大学的跨越式发展,从本质上要求大学采取"战略选择"的决策模式,而不是传统的官僚与政治体系下的"垃圾桶"模式。国际上大学管理的文献也普遍认为,在竞争激烈和资源有限的情况下,大学应进行有效的战略规划和战略管理(Cyert,1974;Keller,1983;Dill,1996;Peterson,1997)。中国著名大学跨越式发展的战略实践,迫切要求我们从理论和实践上探讨研究型大学跨越式发展的战略管理规律与要求。

基于文献回顾,我们提出如下三个基本的研究问题:①研究型大学成功的跨越式发展需要什么样的大学战略领导模式?它是如何发挥作用的?②研究型大学成功的跨越式发展需要什么样的战略规划模式?它是如何发挥作用的?③大学的战略规划与战略领导之间有什么关系?它们在大学的战略管理体系中处于什么样的地位?

由于篇幅的关系,本文仅探讨上面的第一个问题(其他两个问题将另文分析)。内容安排如下:第二部分将从战略领导理论的角度,结合大学的基本组织特征,提出研究型大学跨越式发展的战略领导的概念、基本框架和理论假说;第三部分将选择三个被认为是跨越式发展的中外著名大学案例进行实证分析,对原有战略领导理论进行修正和完善;第四部分是全文的结论和进一步讨论。

二、基本理论与假说

1. 研究型大学的跨越式发展要求高效的战略管理体系

从系统观点看,现实中的大学是由多个子系统组成的开放体系。首先,大学是一个技术体系——它有层级结构和各种流程以完成教学、研究和服务社会的任务;同时,大学又是一个多样化的文化系统——它是由各种不同学术训练、有不同观念的学者组成的一个系统;此外,它又是一个政治或权力系统——不同的利益团体为了影响大学的产出而进行政策和资源配置的竞争。并且,大学通过与环境之间的各种交换来影响和适应社会(Birnbaum,1989)。学者们也认为,现代的大学特别是研究型大学,主要是一种多元化巨型大学(Kerr,1982)。这种大学有若干目标、若干权力中心,为若干顾客服务。它不仅是教学、研究和服务的结合,它存在一种"附和式"的统一,不忠诚于任何一种信念,不专注于任何单一的职能,以各个部分"最好是结合,其次是共存或至少是接近"的状态存在。这样一种大学更开放,更有多样性,从而更加持久(Kerr,1982)。

战略管理的配置学派(Configuration School)认为:战略管理的关键,是使组织在大部分时间内保持稳定或适应性的战略变革,而在某些时期内认识到转型的必要,并且能够在不毁坏组织的情况下管理这个破坏性过程(Mintzberg,et al.,1998)。相应地,这个战略形成的过程既可以是概念设计,也可以是正式规划;既可以是系统的分析,也可以是愿景式领导;既可以是协作性学习,也可以是竞争性政治活动;它们分别适合于特定的时间和环境。同时,根据配置学派的看法,组织的有效性源于它把一系列组织特性——如结构、领导、计划与控制等——组成了互补的方式,比如,一种特定的规划方法和特定形式的结构以及特定的领导风格相配合(Mintzberg,et al.,1998)。

目前中国著名大学所面临的挑战——知识生产的全球竞争、大学的资源有限及向研究型大学的战略转型,使其跨越式发展需要采取一种"战略选择"的决策模式,而不能是传统的"垃圾桶"模式(Keller,1983;Dill,1996)。更进一步,在中国著名大学的跨越式发展战略中,采取配置学派的战略观点是适宜的:一方面,这是因为它强调转型式变革和战略选择的观点,这适应了中国著名大学面临的战略挑战的特点;另一方面,配置学派所强调的组织设计各要素(规划、领导和结构等)的合理设计及其配合也为大学进行跨越式战略管理提供了基本思路。

从战略管理的基本理论和配置学派的观点出发,结合中国著名大学跨越式发展面临的战略挑战和大学的实际背景,本文提出如下的理论假说:

假说 1 中国著名大学跨越式发展战略管理模式的有效性,取决于大学治理优化下的有效的战略领导、战略规划和战略实施与变革四个主要系统及其相互配合(见图6.1)。

之所以需要对我国(公立)大学治理进行优化,是因为大学治理是影响大学领导选择、团队组成和其目标与行为的重要因素,而我国长期计划经济下所形成的整个社会的治理和高校管理体制的弊端,使(公立)大学在治理上出现了官本位和行政本位的现象[①](周黎安等,2004)。之所以需要强有力的战略领导、理性

[①] 本文中的大学治理是指大学参与者之间以及大学与所在的社会环境相联系的基本结构与过程,它决定了各种参与者之间的基本权力关系格局,这些参与者包括校董事会(或其他最高权力组织如党组织或校务委员会)、校长、教师、大学的行政管理者和学生等。由于篇幅关系,中国(公立)大学治理的优化不是本文研究的重点。

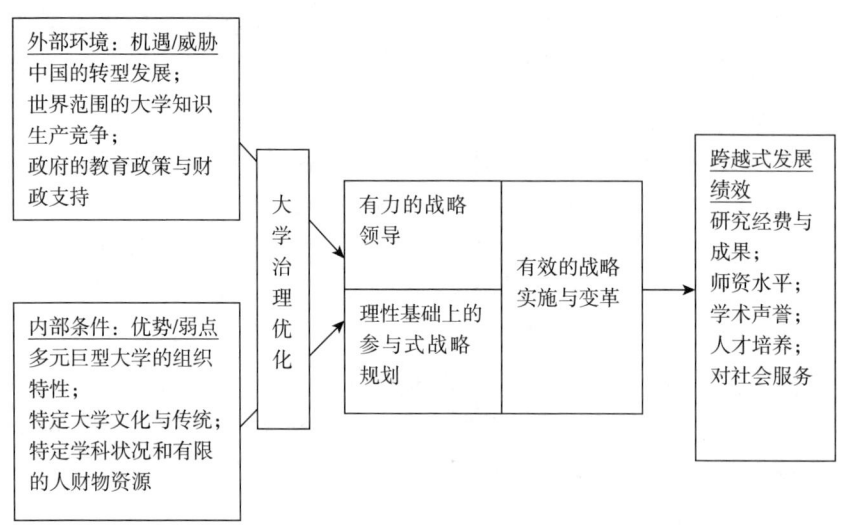

图 6.1　中国研究型大学跨越式发展战略管理的基本配置:初步框架模型

基础上的参与式战略规划和有效的战略实施与变革,这是因为:向一流研究型大学的跨越式发展,一方面要求大学领导者提供有激励性的愿景和方向;另一方面也需要客观地确定大学在学科发展和研究领域的成长机会、自身优势和实施方案,同时也要合理地处理战略转型所带来的一系列权力、文化冲突和变革问题。其中的战略领导、战略规划和战略实施与变革需要具备一些特性或模式,以适应转型发展时期我国大学的外部环境和大学的特定资源状况。这些特性或模式被我们称为中国著名高校跨越式发展战略管理的基本配置体系。

2. 研究型大学跨越式发展需要强有力的大学战略领导

在管理文献中,战略领导是指以 CEO 或总经理为核心的高管团队预测与展望组织方向、保持灵活性和必要时授权他人产生战略变化的能力,它通常包括三个要素:形成战略方向、架构核心能力和保持战略控制。这种领导能力是组织实现环境适应的关键(希特,2002)。Hambrick(1994)则从更一般的组织管理意义上指出:一个高管团队(Top Management Team,TMT)的本质和工作方式是由多个因素共同决定的,这些因素包括 TMT 中成员的年龄、教育水平、专业、职能背景、多样性等,它们通过影响团队的决策、沟通和冲突解决过程进而影响组织的战略选择、一致性和决策质量等(富萍萍等,2004)。

战略领导的理论可以应用在大学的管理中,特别是巨型大学中(Balderson,1995)。大学战略管理文献中有不少提到了大学战略领导,尤其是以校长为核心的高层管理团队的作用及过程。例如,Kerr 等人曾研究了校长的选择、角色、行为和任期长度等因素的影响,并且指出教务长(Provost)[①]在本质上可被看作"内部校长"(Kerr and Gade,1986)。中国一些学者也对比研究了中美研究型大学校长的学术背景、任期等特点(蓝劲松,2004)。本文将多元化巨型大学的战略领导的有关内容概括为四个相互关联的部分:以校长为核心的 TMT 团队的特征与过程、领导的任务、领导过程特性和领导绩效。

Balderson(1995:86-89) 提出了大学中有效高管团队的主要特征:校长、教务长、副校长和其他高层职务应该在职能专长上加以平衡;并且,校长花费较多时间进行外部筹资和管理外部形象,而将内部的学术政策和内部行政管理交给学术副校长或教务长,将财务管理交给行政副校长;在 TMT 中形成高度互信和方便的内部沟通;校长应保证高管层的团结。

Chaffee(1997)认为大学校长的任务之一就是提出大学的方向或愿景,并且指出,一个有效的愿景应该符合如下的标准:有足够的挑战性,至少需要几年的努力来实现;可实现;根植于大学的历史和传统;展望未来;新未来必须对教师和员工有激励性;必须给员工足够的信息以使之明确其贡献方式;新愿景需要平衡学生、捐资人和公众的利益,以取得其支持。他认为,大学愿景的形成过程可能来自校长的综合感觉,但需要将其与大学中的人们共享,并且倾听其反应(Chaffee,1997)。Bargh 等人则发现,在欧美的大学管理中,校长都将战略发展作为其第一任务,并且在实践中校长们往往将"开发战略""形成愿景""提供领导和中长期方案"不加区分地使用(Bargh et al.,2000:59)。Balderson(1995:78)则更系统地提出了大学领导的五个职能:明确组织的宗旨和确定长短期目标;根据目标的优先性分配组织的资源;选择和评估主要的人员,包括学院院长、杰出教授和有能力的行政管理人员;作为大学的代表联络外部赞助者;推进组织的变革与战略管理[②]。本文将这些主要职能概括为大学战略领导的任务或技术维度。

Birnbaum(1992)在对 32 个美国院校 5 年的追踪研究中分析了院校领导的特征和作用。他发现好的领导与差的领导的区别在于前者有能力:①强调所在

[①] 美国大学的教务长与中国的不同,主要负责教师的聘任和管理以及整个大学的学术与科研情况,而不是只对教学进行管理,其职能相当于学术副校长或以教学、科研管理为核心的常务副校长,也有人将其称为大学的首席学术官(Chief Academic Officer,CAO),而将大学校长作为大学的 CEO。

[②] Bargh 等(2000:66)也明确地指出管理战略变革的张力(如保护学术自由与适应和变革)应该是大学校长的关键任务之一。

院校的核心价值观和重要传统;②在认知方式上能够采取"认知的复杂性"(Cognitive Complexity)模式并展示出在官僚式风格、解决问题和咨询式风格中灵活转换的能力;③在工具性和意义性领导两方面表现良好。事实上,其他学者也曾指出大学管理者的意义性领导或解释性努力的重要性,并认为这是由大学"松散结合的系统"特性而产生的(Walker,1979)。本文认为,中国著名大学跨越式发展中面临战略转型的挑战,其面临的组织内部环境是复杂的和分歧性的,因此,领导的解释性努力不能仅仅是调解各个利益相关者的冲突,而需要进行转型式领导,以突破现状和鼓励创新与变革。这意味着大学高管团队要同时具备交易型领导和转型式领导风格:交易型领导是指建立在交易基础上的领导者行为,即领导根据员工的努力和绩效提供相应的奖励和惩罚;而转型式领导是指那些能够使下属意识到工作结果的重要性和价值、激发他们较高层次的需求,以及促使他们超越个人兴趣去关心组织的领导者行为。具体来说,转型式领导通常包括描述愿景、高期望、激发智力、鼓励合作、提供个人化支持和以身作则,其中侧重于前三个特点的被称为任务导向的转型式领导,侧重于后三个特点的则为关系导向的转型式领导(陈晓萍,2003)。此外,由于大学各个基层单位和教授具备很多别人难以了解的知识和信息,存在许多"本地化"或"自发的"草根式创意,因此,在战略领导过程中,高管团队要采取各种正式和非正式的流程来搜集基层的意见和做法,并将合意的部分上升为组织的战略,从而达到学习和变革的目的(Bargh, et al., 2000; Balderson, 1995; Dill and Helm, 1988)。本文将这些文献所讨论的过程/风格特性,称为大学战略领导的过程或政治文化维度[①],因为它们与大学作为一个显著的文化和政治组织的特性直接相联系。

在战略领导的绩效方面,Birnbaum(1992)曾指出,差的领导并不会完全导致大学的失败,因为大学存在很多的创意和行动来源,其代价则是院校强化和改进机会的丧失,因而,获得大学强化的方向和战略机会可以被视作高绩效的战略领导的一个重要方面。获得更多资源以及突出战略重点的资源配置(进而形成组织独特能力)[②],也是高效战略领导的一个重要标志。此外,转型领导和咨询式风格都会对下属(包括管理层和教师)产生强的激励作用,使之产生认同和承诺,这也应被视作战略领导绩效的一个重要方面。

---

① Bargh, et al. (2000:67)曾明确地提出管理组织风格和文化是一项关键任务,但他又指出这体现在大学愿景的制定与传播过程中。

② Cyert(1974)曾明确指出组织的资源配置决定了组织的特性。

根据以上的文献回顾和理论分析,我们提出跨越式发展所要求的有效的大学战略领导的初步概念模型,见图 6.2。

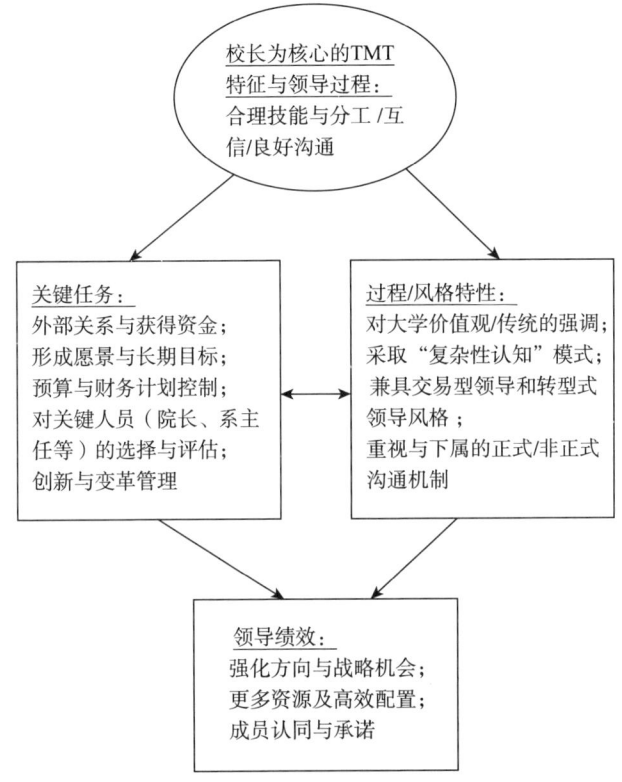

图 6.2　跨越式发展中高效的大学战略领导:初步概念模型

三、跨越式发展中的战略领导:多案例比较

(一)研究设计与样本选择

本研究选择了三个大学进行案例分析。这三所大学分别是斯坦福大学、卡内基-梅隆大学和香港科技大学。选择这三所大学的理由,在于它们均在一个较短的时期内实现了从相对落后(或后来者)向世界领先(或知名)的研究型大学的发展。选择案例研究方法的基本原因,在于本文的研究问题属于"为什么""如何"的问题(Yin,1994)。选择多案例比较研究,则是为了使有关理论或假设得到更充分的检验与修正。这三个大学的基本情况如表 6.2 所示:

表 6.2 三个案例的基本情况

大学	创建时间	快速发展阶段	学生/教师数	院系结构	基本性质	主要特色
斯坦福大学	1891年	1930—1970[a]年	13 079名学生(本科生6 524名,研究生6 555),教师1 294名[b]	文理、地学、工学、教育、商学、法学、医学院,约90多个系或项目	美国私立研究型大学	世界声誉的综合型、研究型大学
卡内基·梅隆大学	1912年	1965—1990年	5 000名本科生,3 500名研究生,1 300名教师,1 700名员工[c]	工程、艺术、理学、人文社会、商学、公共管理、计算机科学学院等7个学院,20多个交叉学科项目	美国私立研究型大学	在信息与计算机科学、艺术、管理科学等领域全球领先;强调新兴交叉学科的发展;重视创新;倡导强强组合
香港科技大学	1991年	1991—2001年	7 031名学生(本科生5 600名,研究生约1 400名),465名教师[d]	理学院、工学院、工商管理学院、文理学院四大学院	香港特区政府和马会捐助兴建的研究型大学	具有世界知名度、学科相对集中的研究型大学

注:a.来自March,et al.(2000);b.为1987年数据,见周少南(1991);c.为2002年数据,见柯亨(2002);d.为2000年数据,见孔宪铎(2002:150)。

斯坦福大学,创建于1891年,快速发展时期为1930—1970年,此间除了在1945年受第二次世界大战影响而有一次大的波动外,学生、教授、授予学位及学科的数量都在持续快速增加(March,et al.,2000:31),并且在电子工程等很多研究领域处于美国和世界前列。到20世纪70年代,它已经发展为美国以及世界研究型大学中最著名的大学之一(周少南,1991:9;March et al.,2000:32)。

卡内基·梅隆大学的前身是卡内基技术学院,创建于1912年,最初为工程学院,20世纪40年代学院在罗伯特·杜赫尔提(Robert E. Doherty)领导下开展了卡内基计划,开始了将该学院转变为研究型大学的进程。1967年,学院改名为卡内基·梅隆大学(CMU)。1972年,理查德·塞尔特(Richard M. Cyert)成为该大学的校长,任期至 1990 年。在他近 20 年的任期内,CMU 的研究经费从每年约 1 200 万美元升至 1.1 亿美元,CMU 从一个好的技术学院转变成一个国际公认的著名研究型大学(Augier and March,2002),它也成为一个依靠强有力的领导使一个大学更加卓越的范例(Schaefer,1992)。

香港科技大学创建于 1991 年,是由香港特区政府筹建、由留学生主办的大学,是香港地区的第三所大学。从一开始筹建就决定采用美式方式建立,因此,从校长选聘等一开始就是按照美国一流大学标准来建立的,到 2001 年该校已经成为具有国际声誉的香港地区最著名的研究型大学(孔宪铎,2002)。选择该校进行研究,不仅是因为该校快速发展的业绩,也因为它与华人世界的联系和影响,这使得该案例具有重要的借鉴意义。

(二)资料/数据

由于进行一手资料收集存在较大的难度,本研究采取了以可靠的二手资料进行分析的方法。为了保证资料的可靠和翔实,本研究主要以三所大学跨越式发展期间主要管理者的自述性传记/著作为一手资料的替代,并且参照其他多种相关研究资料加以补充与修正。

研究依据的主要资料包括:

CMU:塞尔特关于 CMU 发展及大学管理的著述(Cyert,1974);关于塞尔特工作情况的回忆性文献(Keller,1983;Augier,March and Cyert,2002;Schaefer,1992;CMU,Presidential Papers);CMU 网站关于 CMU 历史与战略规划的介绍;校长贾里德·柯亨(Jared Cohon)关于 CMU 经验的总结(柯亨,2002)。

香港科技大学:创校校长吴家玮关于科大发展的谈话(吴家玮,2002);学术副校长孔宪铎作为高层管理者的记录性著作(孔宪铎,2002)。

斯坦福大学:校长杰拉德·卡斯帕尔(Gerhard Casper)(2002)关于该大学发展的经验总结;历史学家丽贝卡·S.洛温(Rebecca S. Lowen)在大量原始记录和访谈基础上进行的斯坦福发展历史的研究(Lowen,1997);乔治·凯勒(George Keller)关于该校领导者行为的描述(Keller,1983:138-139)。

(三)资料分析与结果比较

1. 香港科技大学

香港科技大学实行的是政府监督和校董会领导下的校长治校体制。香港特别行政区大学教育资助委员会(简称"教资会")在科大筹建和办学期间负责对学校的监督。第一届校董会由社会贤达、政府官员、校长、副校长、学院院长和教务会代表组成,共 33 人,下设财务、招聘、薪酬、校园规划与资产管理等数个专业委员会,并由每个委员会负责人组成常务会(孔宪铎,2002:51,115)。之所以说香港科大是受约束的校长治校,是因为:①校长、副校长和学院院长都是当然的校董会成员,因此,他们既参与学校重大决策的制定,也是主要的执行者。②虽然有学术顾问委员会、教师聘用和审核委员会,这些委员会由教授组成,但它们主要是校长、副校长等指定的顾问,责任和决策仍然由校长等承担。③校长、副校长和院长的选聘都有一系列公开的规则和程序,这表明虽然以校长为核心的行政管理者有相当大的权力,但这种权力受到了社会约束(由社会贤达、政府官员担任校董会成员)、市场约束(根据规则公开选聘校长)和组织内学术权力的约束(校内的各种委员会提出意见等),体现出受多方利益相关者约束的校长治校的治理特征。

香港科技大学的高层管理团队由校长、学术副校长、行政与总务副校长、研究与发展副校长和四个院长等组成,他们形成一个紧密联系、互信和分工协作的高管团队。校长和学术副校长组成领导核心,其中,创校校长吴家玮曾任美国加州州立大学校长,有丰富的行政管理经验,他在科大校长的任期达 10 年以上(1991—2001),其"举轻若重"的个性/风格与该时期学术副校长孔宪铎(任职 7 年)的"举重若轻"的个性形成了管理风格上的互补与协调(孔宪铎,2002:100)。学术副校长既有良好的学术素养,又有长期、老到的人事工作经验,是承上(校长)启下(院长)的关键角色。其他副校长也具备各自领域内的丰富经验。清晰的大学理念和定位、丰富的行政管理经验和背景的多样化,赋予这一群体很高的效率、相当强的创造性和应对快速变化环境的能力。事实上,这种协作基于建设科大的远景目标和良好的沟通机制:每周的院长例会,由校长、副校长和各院院长等参加,就学校的一些事件进行讨论和协商;每周一次的校长和学术副校长的例行会谈;以及校长或学术副校长与院长的个别会谈等(孔宪铎,2002:80)。高管团队的组成、分工和良好沟通,是其战略领导作用有效发挥的基础。可以看到,在最初的十年内,科大的校长、学术副校长对于科大的学术发展方向、招聘高级人才和激励院级领导发挥了相当重要的作用,成为创校及发展时期的一种战略资源。

科大之所以能具有这样一批高质量的领导团队,是基于其良好的人才选聘机制以及一套严格完善的规则。这首先体现在校级和院级行政领导人的选聘规则与流程上,具体来说:①在选聘创校校长时,成立了专门的遴选委员会,在全球范围内公开招聘,经过考核、面试、遴选等严格程序,最后确定了创校校长的人选

(孔宪铎,2002:5)。②对于学术副校长的人选,也采取了严格公开的遴选与评审过程,包括成立遴选委员会、多位候选人的面试等(孔宪铎,2002:74)。③对于院系级领导的选聘,科大也有一套相应的同样严格、公平的规则(孔宪铎,2002:101)。

科大高管团队的战略领导作用主要体现在以下方面:①确立了恰当的创校理念与宗旨,即着眼国际、研究为主、集中于有限学术领域及以人为本。创建科大的留学生,都是在美国各个大学从事研究的学者。对他们来说,他们的母校如耶鲁大学、普林斯顿大学、斯坦福大学、哈佛大学等名校的水准,就成为他们了解、习惯、认可和追求的水准(孔宪铎,2002)。美国的大学理念能够包容并善用德英模式,创出新的格局,是因为能够着眼世界、取法乎上、从善如流。科大在开创初期是一所在英国学制下完全采用美式运作的大学,它从海外延揽了一批坚持立足于国际观、不局限于港岛一角的人士,从而成为一所名副其实的国际性大学。此外,科大创校伊始,就明确了办学宗旨——通过教学与研究,促进学术、追求知识,并从事研究生的培养;学术以科学、技术工程、管理和商业为主;协助香港的经济和社会发展。非常重要的是,科大的创校者和管理团队很早就提出了"以人为本"的理念,并且将其具体化为"聘用最好的人并使他们快乐",这成为创校时期教师人事工作的核心原则。②确定严格的符合大学宗旨的人事、财务政策,包括规定了严格的教师聘任标准,在内部研究预算分配中重点支持能取得学术突破或对本地经济发展有帮助的研究项目等。③领导战略规划的进行,其主要职责是监督、定进度、列计划等。④确定年度工作目标。⑤进行沟通与控制,主要是通过每周院长例会和其他非正式交流途径(孔宪铎,2002)。

2. 卡内基·梅隆大学

CMU 采用的是校董会领导下的校长治校,校长的选择由校董会负责,由学校选聘和规划委员会协助执行(Augier, March and Cyert, 2002)。CMU 的战略领导团队由校长和院长等组成。经济学家塞尔特在 1972—1990 年任校长,任期共 18 年。他是一个很好的学者,同时具有良好决策能力和丰富的行政管理经验,并且"勇于做出困难的决策"(CMU, Presidential Papers:5)。

塞尔特在 CMU 的快速发展时期发挥了非常重要的战略领导作用,这主要体现在:①提供战略远景。塞尔特认为"通过高等教育和 CMU 可以使社会变得更好""CMU 要成为这个国家的一个重要的地方",他要求人们"忠于目标、勇于创新、努力工作,以实现这个伟大的目标"。他还认为"只有通过学术的卓越才能达到服务学生和社会的目的",并致力于推进学术卓越。②发现新兴学科。塞尔特总是寻找那些 CMU 可以成为领先地位的学科,比如他认识到 CMU 有可能在新兴的计算机科学领域取得领先地位,因此在 CMU 组织成立了计算机科学和机器人系,而且说服国防部将其软件研究所设立在校园附近,并极力推进计算机在校园内和远程教育上的应用。③为各系和学院院长提供集中资源和形成优势的战略原则。塞尔特说,"从一开始我的观念目标就是,我们必须发现我们有优势的地方,(推动所有的单位)发现他们的比较优势并且集中于这些目标。这就是我最用力推进的两个原则"(Cyert,1990:22)。④组织和领导大学的正式战略规划流程,并据此来分配资源。在正式就任校长前的两个月,他给所有院长和全体教师写了一封信,"这所大学(CMU)需要明确阐述的目标和战略来实现它们",他倡议成立大学的政策委员会"以确定计划中的优先性和分配我们的资金","我们应该决定在各个学科领域我们想做什么"。在 1974 年,他推动成立了大学的长期规划委员会,成员包括六个院长、两个教务长和常务副校长,塞尔特任主席(Keller,1983:90—91);他设计并推行了一套基于理性又鼓励各学院、教师和其他利益相关者参与的战略规划流程(Cyert,1974:17—19)。⑤组织经常性的战略研讨会,与各系主任、院长在周六上午讨论战略重点、寻找可能聘用的优秀教授以及聘用策略等(Keller,1983:91)。⑥采取激励措施促进教学创新与变革,他在 CMU 设立了学术项目改进基金和项目学分,鼓励学生、教师、学院等提出改进教学质量与效率的创新方法。正如管理学者所评论的,他"提倡战略规划,达成统一的目标,实行目标管理,系统地预测与预算,并更多地依赖价格和市场机制"(Augier,March and Cyert,2002)。大学的管理人员也认为,"这里的领导是强有力的、进取性的。绝大部分大学是反应型的,我们是抢先型的"(Keller,1983:90)。

3. 斯坦福大学

20 世纪 30 年代到 70 年代是斯坦福大学的快速发展时期,其中,30 年代是资源积累时期,40 年代开始从平衡发展转向利用政府/社会资金塑造学术尖塔的战略转型,50—60 年代则是其高速发展时期。事实上,斯坦福实现战略转型特别是形成"大学—政府—企业"三赢关系并取得国际性的学术声誉的关键,主要是"大学中的有力量群体应对大学的社会需要和受价值观驱动而主动建立和发展的结果"(Lowen,1997:15)。以下根据斯坦福发展的不同阶段来分析其成功的战略领导经验。

(1) 20世纪30年代:资源积聚时期。

外部环境:时值经济大萧条,新政中的税收政策对私人给大学捐款产生不利影响,公私立大学竞争激烈;政府对大学增加财务支持;斯坦福大学学术声誉下降,运营出现危机。斯坦福大学面临的外部环境总体上是很严峻的,威胁多于机会。

利益相关者期望:以校长为代表的管理层不遗余力地提高斯坦福的学术声望,不断开拓渠道筹措发展资金,努力与政府和私人企业建立全新的战略关系;一些教员有着强烈参与大学治理的传统,并体现出保守的一面,如反对大学与私人企业建立合作关系并受到私人企业的制约等;同时,他们积极参与国防研究计划,促进了斯坦福大学与政府合作关系的建立,体现出积极进取的一面。学校通过设立院一级机构,不断侵蚀系学科自治,向学校管理层集权型管理发展;教授在学术领域仍然有比较大的自主权,但权力已经受到侵蚀。

大学治理:学校实行董事会监督和教师约束下的校长治理体制。校董会有校长的任命权,并对校长有监督权和决策的影响力。学校有一些具有丰富领导经验和广泛外部联系的领导者,如校董胡佛(H. C. Hoover,曾任美国总统)、校长韦伯(R. L. Wilbur)等。校董会有开拓进取意识,具备强有力的领导者,他们选择合适的大学领导人,并且提拔有能力的年轻人,使具备管理才能并能为斯坦福大学发展谋取资源的中青年人才不断涌现。

战略领导:韦伯在1913—1943年担任校长,与胡佛等校董一起形成了该时期斯坦福大学战略领导团队的核心。其战略领导作用主要体现在:①提出新的大学理念和发展方向。根据社会需要应对危机,重新定位大学与政府和企业的关系,广泛争取新的研究经费与运营经费。②控制关键人物选择。选择有能力的院系领导,社会资源第一,学术第二。③实行新的财务政策,从院系申报预算转变为鼓励经费自给自足。④强化信息交流。韦伯-胡佛钓鱼俱乐部成为高管的信息交流平台,也是斯坦福大学30年代的精英俱乐部,其中培养了大批优秀的管理者,例如后来担任教务长的弗里德里克·特曼(Frederick Terman)等,并成为管理者之间交流信息、讨论重大决策的重要平台。

(2) 20世纪40年代:战略转型时期。

内外部环境:服务社会的大学观念在美国兴起;二战催生很多新工业,如电子、飞机、宇航、造船等,其中不少集中在美国西部,带动了经济快速发展;东西部研究型大学之间的竞争加剧;职业管理者担任校董会主席和校长,有一个经过磨合的领导团队,包括校长崔继德(Donald B. Tresider)、教务长保罗·戴维斯

（Paul Davis）、工学院院长特曼等；学校有丰富的土地资源。

利益相关者期望：①校董会要求斯坦福大学提高声誉，排名靠前，能够实现盈利，并热切希望招聘企业家型的学校管理层，因而，崔继德这个美国国家公园的总裁而非学者或教育家的人物被聘为斯坦福校长。②学校管理层尤其是校长希望提高大学声誉，树立自己的权威，随之而来的是自己的管理能力被认可，声望提高。③斯坦福的教授大致可以分为两种类型：一是具有学术权威的老教授，他们希望维持院系自治的传统，保持自己在院系的科研、用人、资源分配方面的权威，维持学术的独立性和自由性，不希望政府和军方或者企业等利益集团过分影响学校的科研和教学。二是一些年轻的具有较强能力和野心的教师，他们则希望打破传统按资排辈的体制，革新机制，为自己的能力被迅速承认和升迁铺平道路。

大学治理：校董会任命校长；校长在学校的管理上拥有绝对权威，实行集权式的管理模式，不断侵蚀院系自治；校长自行组建自己的领导班子，包括学术副校长、教务长、学院院长、系主任等。校长由副校长、教务长等人辅助，对各个院系实行垂直的直接领导。同时，校长还有自己的智囊团，包括学校内外社会各个阶层人士，广泛听取意见，并且采取非正式的周末聚会的形式，广泛征求校内教授和各级管理者的意见和建议。

战略领导：崔继德在1943—1949年任校长，①核心领导层包括校长、教务长、学术副校长、工程学院院长等。该时期战略领导的作用主要体现在：①提出并完善新的大学理念——"彻底地将大学从与世隔绝的象牙塔转变为积极融入社会并且为社会、为产业服务的研究型机构"。例如，特曼等人深信战时的一些研究会为未来工业发展带来契机，这将是斯坦福成为"西部的哈佛"的机会，但必须做好准备并为此改革内部组织，"筹资"和"改革内部组织"成为两个重点。领导层认为必须注重研究和服务，特别是发展面向社会需要的研究领域，拓展与政府、军方和企业的联系以获得更多外部资源。②1944年设立学术副校长，并任命有军方联系和行政管理经验的教授担任，协助校长实施对各学院院长的管理与服务，包括建立各种规则以及要求各院长采用统一的格式与学校管理层进行沟通。③更换两个主要院系的负责人，即大力发展电子工程系，任命特曼为工学院院长；为配合石油产业发展，任命具有石油行业实际工作经验但没有教学科研经验的工程师担任地质系主任。④裁撤资源获得能力较差的新闻和历史

---

① 由于身体原因在职位上去世，其任期仅6年，属例外情况。

系。⑤要求各系明确发展方向,特别是重点研究领域,并指示各系制定计划以获取产业界研究经费。⑥在财务资源分配上,不以传统的历史原则(按历史比例递增或递减)来分配资源,而是根据系主任的表现、研究领域、与产业关联程度以及资源获得情况等来分配学校资源。

(3) 20世纪50、60年代:高速发展时期。

外部环境:第二次世界大战、朝鲜战争、冷战使联邦政府的军事与政治相关研究投入快速增加;美国西部经济持续发展带动该区域高科技和军工企业发展;税收政策改变带动研究资金来源增加;学生生源增加;大学之间的竞争日趋激烈。

利益相关者期望:①以校长为核心的战略领导层希望集中资源,发展"学术尖塔",获取全国声誉。②提供研究经费的军方希望大学按照军方的要求开发技术,并且对开发过程进行严格的控制,成为与大学关系的主导。③私人基金会希望根据基金会的(特别是领导者)愿望对相关领域进行研究,对相关的成果并无太多的要求。④企业希望通过与大学的合作获得军方的合同以及自己需要的技术,依靠斯坦福大学的声誉提高自己的竞争力。它们一开始希望大学成为其研究机构,后来承认斯坦福大学的超然地位并依靠其开发基础技术。⑤在教授中,服务社会和学术自由的观念并存。一些教授希望维持院系自治的传统,保持自己在院系的科研、用人、资源分配方面的权威,而一些教授则希望通过更多地服务社会取得更高的声誉。

大学治理:校董会领导下的校长治校。权力主要集中在校长和高层手中;主要由校长/教务长根据学科重要性和社会需求决定每个院系的发展方向以及研究的重点。外部利益相关者的意志主要通过研究经费捐赠体现。学校管理层的权力集中和干预有利于推行领导者的战略意图,使得各个院系向塑造"学术尖塔"迈进。

战略领导:史德龄(Wallace Sterling)在1949—1968年任校长,任期达19年,被认为是斯坦福大学快速发展的建筑师;1954年特曼任教务长,两人形成了战略领导团队的核心。其战略领导作用主要表现在:①提出合理的大学理念与远景,即使斯坦福大学成为国家顶尖的大学之一,在关系国家安全等重要的学科领域(如航空等)占据领先地位,发展学术尖塔,扩大斯坦福的影响。特曼认为大学中的科学和工程专家对工业和社会发展是关键因素,因而,大学要提升学术水平,构造"大学—政府—企业三赢关系",并通过获取政府/军方赞助集中发展能给斯坦福带来全国声誉的学科及领域(学术尖塔),进而吸引企业与大学形成联盟。②1954年校长任命特曼为教务长推行改革。校长和教务长形成分工协作,

199

往往是后者"扮黑脸"、前者"扮红脸"。③聘任与军方、企业关系密切的院系领导,要求他们能获得更多外部经费的同时还具有扩张和发展的野心。④采取削减预算和"工资割裂"的财务政策,促使各院系获取外界合同和资助。⑤对各系、学科内的领域采取不均衡发展策略,目的是为了集中学校资源,抓住时机发展在当时情况下能获得大量资助的学科,使之跻身全国前列。⑥教务长特曼按照塑造"学术尖塔"的战略干预各院系的学科发展方向,并直接参与重要人选——特别是院长、系主任和著名教授——的聘任,以及不同学科或不同领域教员的工资水平的决策(Lowen,1997:162),以使一些重要前景的新兴学科或研究领域在斯坦福快速发展起来。

(四)案例研究的结论与对概念模型的修正

基于上述事实,本文对跨越式发展中战略领导的特征进行了概括和比较,见表 6.3。

表 6.3　跨越式发展的战略领导研究结果:概括与比较

	高管团队组成与特征	理念、价值观与战略方向	筹资或获得研究设施	挑选与评估关键人物	风格与过程
卡内基·梅隆大学	由校董会(挑选和规划委员会协助)挑选具备战略决策能力的人担任校长,校长的较长任期(18年),与教务长共同领导大学的政策委员会[a]	提出新愿景和在计算机等领域的发展方向;推行追求优势、集中资源的战略原则;实行正式战略规划体系	校长说服国防部将其软件研究所设置在校园附近,使得学校可以利用其研究设施	推动和考核大学内部各学院的院长们按照追求优势、集中资源的战略原则进行工作	校长提出新愿景和高期望,具有转型领导风格;校长对大学采取了行为因素和理性认识相结合的认知模式[b]
斯坦福大学	由校董会挑选不同特点的人组成领导团队,主要是校长/学术副校长/教务长等,形成紧密的分工和协作关系;校长的长任期	适应战后环境,建立大学—产业—政府三赢关系的新理念;大学集中资源发展有社会需要、能产生全国影响的学术尖塔	积极申请军方/国家部门的基金或大企业的研究捐款,争取将国家原子能直线加速器实验室设在大学并由其管理	根据发展能带来全国影响的应用性学科的战略导向挑选院长、系主任、研究所所长等关键人选,甚至更换现有人选	提出成为"西部的哈佛""构筑学术尖塔"的愿景或高期望;通过研讨会、钓鱼俱乐部、周末非正式聚会等进行广泛沟通

（续表）

	高管团队组成与特征	理念、价值观与战略方向	筹资或获得研究设施	挑选与评估关键人物	风格与过程
香港科技大学	在校董会监督下由校长、学术副校长、行政与总务副校长、研究与发展副校长等组成高管团队；校长的长任期（10年）；校长与学术副校长的风格互补；学术副校长具备丰富的人际关系技能，在协助校长进行学术管理方面作用突出	提出着眼世界、以人为本的创校理念和方针；明确大学宗旨，将有限资源集中于理、工、商和文理领域，发展香港的研究型大学；确立以学术研究为主的高水平的人事聘任标准与程序[c]	获得了政府划拨的土地资源以及马会的巨额赞助（18亿港元），为大学的发展奠定了基础	在全球范围内对学术副校长、各学院院长、系主任的仔细选聘和连任审核[d]；"延聘一流人才，并使他们快乐"的人事理念及学术副校长突出的人事管理能力	提出在香港创建一流的国际化研究型大学愿景与高期望；公开选聘、制度化的聘任程序与协商沟通相结合，体现"复杂性认知"模式；通过每周的院长例会、校长每周的个别交谈等进行高管间的交流与协商
典型特征	校长的长任期（10年以上）；以校长与学术副校长（或教务长）为核心的紧密协作的大学高管团队；学术副校长/教务长在协助校长进行学术/教师管理方面作用突出	倡导以卓越研究服务本国/地区的大学理念；提出利用环境机会和自身优势的独特愿景或定位；强调突出优势、集中资源的战略原则	积极地为大学筹集资金、基金，或者说服政府相关部门建设大学可利用/或拥有的大型研究基础设施	根据塑造有全国/世界影响的学术尖塔或学科优势的战略意图和要求，对院长、系主任进行选聘、考核，以此推动大学的管理	具有"任务式转型领导"的特征；能同时处理技术和行为因素的"复杂性认知"模式；以及在高管间及与下属间（院长）形成频繁的正式和非正式的沟通流程

注：a.由于资料所限，高管团队的内部情况难以获得；b.塞尔特是在大学推行战略规划的先驱，也是企业行为理论的提出者之一，他熟悉战略制定中的政治行为，并逐步调整自己的领导风格以适应它，见 Keller(1983:93)；c.该校坚持研究型大学的标准，在人事提升上坚持学术研究为核心，而不以教学牺牲研究，具体见理学院教员职称升迁的例子（孔宪铎，2002：87）；d.见孔宪铎（2002：113，119）对学术副校长、院长和系主任继任的考核程序，以及校长对副校长连任的评审活动的描述。

基于上述多案例的典型特征，研究型大学跨越式发展中的战略领导可以具体化为图6.3的模式：

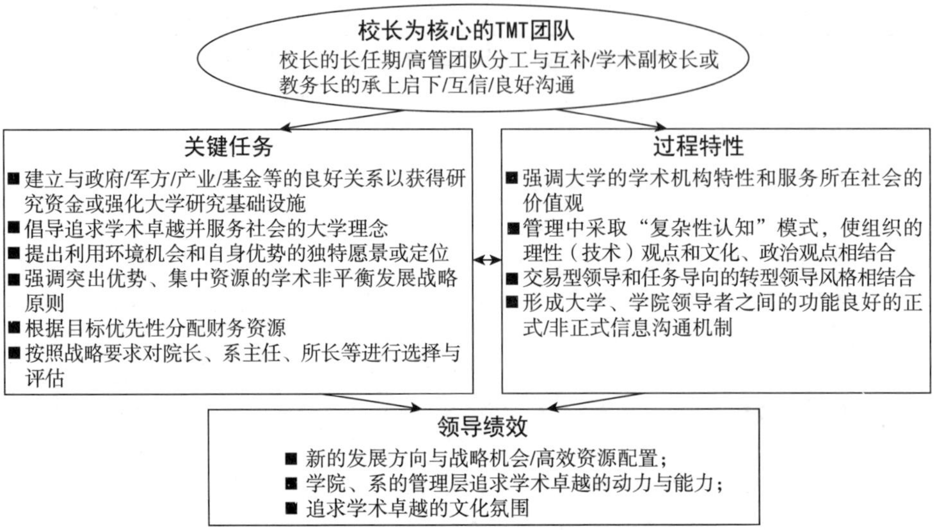

```
┌─────────────────────────────────────────┐
│         校长为核心的TMT团队              │
│ 校长的长任期/高管团队分工与互补/学术副校长或 │
│ 教务长的承上启下/互信/良好沟通            │
└─────────────────────────────────────────┘
```

┌─────────────────────────────┐ ┌─────────────────────────────┐
│ 关键任务   │ │ 过程特性   │
│ ■ 建立与政府/军方/产业/基金等的良好关系以获得研究资金或强化大学研究基础设施 │ │ ■ 强调大学的学术机构特性和服务所在社会的价值观 │
│ ■ 倡导追求学术卓越并服务社会的大学理念 │ │ ■ 管理中采取"复杂性认知"模式,使组织的理性(技术)观点和文化、政治观点相结合 │
│ ■ 提出利用环境机会和自身优势的独特愿景或定位 │ │ ■ 交易型领导和任务导向的转型领导风格相结合 │
│ ■ 强调突出优势、集中资源的学术非平衡发展战略原则 │ │ ■ 形成大学、学院领导者之间的功能良好的正式/非正式信息沟通机制 │
│ ■ 根据目标优先性分配财务资源 │ │   │
│ ■ 按照战略要求对院长、系主任、所长等进行选择与评估 │ │   │
└─────────────────────────────┘ └─────────────────────────────┘

┌─────────────────────────────┐
│ 领导绩效   │
│ ■ 新的发展方向与战略机会/高效资源配置; │
│ ■ 学院、系的管理层追求学术卓越的动力与能力; │
│ ■ 追求学术卓越的文化氛围   │
└─────────────────────────────┘

图 6.3　研究型大学跨越式发展中的战略领导的修正模型

四、 结论与讨论

1. 主要结论

由前述的理论假说和案例比较分析,本研究得出如下主要结论:

(1) 大学的跨越式发展,要求大学以校长为核心的高管团队发挥战略领导作用、进行战略决策并通过转型领导和良好沟通加以推进,而不能采取消极的"垃圾桶"决策模式/领导风格。

(2) 良好的大学治理是研究型大学跨越式发展的前提。在美国体制下,校董会监督下的校长治校模式是一种典型模式,该模式对大学领导者的选聘、团队的构成和行为产生直接影响,进而影响大学的战略领导和战略决策的质量,从而对大学的发展绩效产生影响。

(3) 在大学战略领导团队中,作为领导核心的校长和学术副校长或教务长的分工与配合极为重要。教务长或学术副校长协助校长对学校的学术发展和师资进行管理,是承上(校长)启下(院长)的关键角色,他(她)需要具备一定的学术素养,同时必须具有丰富的人事管理经验,并能与校长紧密配合/或在管理风格上互补。

(4) 在研究型大学的跨越式发展中,大学层战略领导的主要任务是:①明确地提出追求学术卓越和服务社会的理念,确立符合社会发展趋势和大学资源与特色的独特愿景或定位。②为大学筹集更多的财务资源或强化大学拥有/可利用的大型研究设施。③依据基本的战略原则——突出优势和(或)把握符合社会需要的发展机会——指导大学的战略规划和资源配置,实行学科非平衡发展和集中资源配置。④按战略要求选聘和考核院长和系主任,从而带动整个大学的管理。⑤通过健全的机制与下属管理层尤其是院长、系主任保持良好的正式和非正式沟通。

(5)在研究型大学的跨越式发展中,校长或高管团队在领导过程或风格上需要具备"复杂性认知"模式和"任务型转型领导"的特征。

2. 进一步讨论

本研究的结论对跨越式发展中的战略领导行为可以产生有操作意义的借鉴。同时,仍然有一些问题需要讨论:

(1)在本研究的三个案例中,校长的较长任期(10年以上)是一个典型特征,并且其主要原因在于这些大学具有良好的校长选聘机制——科学合理的选择程序和标准,使聘任校长有较强领导能力;这与这些大学的良好的治理有直接关系。事实上,一个较长的校长任期能够允许领导者进行耗时较长的战略转型,并充分地实施其战略,这为跨越式发展提供了一个稳定的领导基础。大学治理对校长的选聘机制及任期的影响以及对大学战略管理的影响,尚需要进一步分析和探讨。

(2)本文研究的案例中的大学治理主要反映美国环境或体制的特征,在现阶段,中国(公立)大学的治理有着不同的特征,其对大学战略领导的影响如何,尚有很多问题需要进一步研究。例如,如何在现行政治和社会制度下保持大学的相对独立性?国家教育管理部门应如何对公立大学施加影响和进行监督?党组织如何在大学发挥作用?大学的高层领导如何产生、如何评估、如何激励?这一系列问题,需要结合中国(公立)大学的实际,进行较深入的理论和实证分析。

(3)本研究主要针对大学战略领导模式,由于篇幅限制,对于大学战略发展中的另一种重要形式——正式战略规划模式,本文尚未进行分析,对于其与战略领导的关系也需要进一步探讨。

(4)本文对于大学学术副校长/教务长的职能的分析,主要是从战略领导角度讨论的。从组织结构角度看,这一职能需要组织结构中设计突出研究型大学以学术为中心的战略任务并使学术副校长/教务长系统处于大学权力(职能)的中心地位,关于组织结构的支持性安排值得后续研究做进一步的探讨。

参考文献

Augier M, March J G, Cyert R M. 2002. The Economics of Choice, Change and Organization: Essays in Memory of Richard M. Cyert[M]. Cheltenham, Gloucestershire: Edward Elgar Publishing, Inc.

Balderson F E. 1995. Managing Today's University: Strategies for Viability, Change and Excellence[M]. San Francisco: Jossey-Bassy.

Bargh C, Bocock J, Scott P, Smith D. 2000. University Leadership: The Role of the Chief Executive[M]. Buckingham: SHRE and Open University Press.

Birnbaum R. 1989. How College Work: the Cybernetics of Academic Organization and Leadership[M]. San Francisco: Jossey-Bassy.

Birnbaum R. 1992, How Academic LeadershipWorks: Understand Success and Failure in the College Presidency[M]. San Francisco: Jossey-Bassy.

Chaffee E E. 1997. Future Focus: the Path to Success, Opening State to Mayville State University and Valley City University[M]. Valley city, ND: Valley City State University.

Cohen M D, March J D. 1974. Leadership and Ambiguity[M]. New York: MaGraw-Hill.

Cyert R M. 1974. The Management of Nonprofit Organization[M]. Lexington, MA: Lexington Books.

Cyert R M. 1990. The Early Days', Executive Report Magazine, Special Issue in Honor of Richard M. Cyert[M]. Pittsburgh, PA: Junior Achievement of Southwest Pennsylvania.

Dill D D. 1996. Academic Planning and Organizational Design: Lessons from Leading American Universities[M]//Peterson M R. ASHE Reader on Planning and Institutional Research. London: Pearson Custom Publishing.

Dill D D, Helm K P. 1988. Faculty Participation in Strategic Policy Making[M]//Peterson M R. ASHE Reader on Planning and Institutional Research. London: Pearson Custom Publishing.

Hambrick D C. 1994. Top Management Groups: A Conceptual Integration and Reconsideration of the "team" label[M]//Staw B M, Cummings L L. Research in Organizational Behavior, Greenwich, CT: JAI Press.

Keller G. 1983. Academic Strategy: The Management Revolution in American Higher Education [M]. Baltimore: The Johns Hopkins University Press.

Kerr C, Gade M L. 1986. The Many Lives of Academic Presidents: Time, Place and Character[M]. Washington, D. C: Association of Governing Boards of Universities and College.

Kerr C. 1982. The Uses of the University[M]. Cambridge: Harvard University Press.

Kotten J. 1997. Strategic Management in Public and Nonprofit Organizations[M]. London: Praeger Publishers.

Lowen R S. 1997. Creating the Cold War University[M]. Oakland, CA：University of California Press.

March J G, Schulz M, Zhou X G. 2000. The Dynamics of Rules：Change in Written Organizational Codes[M]. Stanford, CA：Stanford University Press.

Mintberg H, Ahlstrand B, Lampel J. 1998. Strategy Safari：A Guided Tour Through the Wilds of Strategic Management[M]. Cambridge：The Free Press.

Peterson M W. 1997. Using Contextual Planning to Transform Institution[M]//Peterson M R. ASHE Reader on Planning and Institutional Research. London：Pearson Custom Publishing.

Schaefer L F. 1992. Evolution of a national Research University：1965-1990：The Stever Administration and the Cyert Years at Carnegie Mellon[M]. Pittsburgh, PA：Cooarnegie-Mellon University Press.

Walker D E. 1979. The Effective Administrator：A Practical Approach to Problem Solving, Decision Making, and Campus Leadership[M]. San Francisco：Jossey-Bass.

Yin K R. 1994. Case Study Research：Design and Methods[M]. Thousand Oaks, CA：Sage Publications Inc.

陈晓萍. 2004. 领导者行为与员工离职[M]//徐淑英,刘忠明. 中国企业管理的前沿研究. 北京:北京大学出版社.

丁学良. 2003a. 北京大学的顶级定位:国际比较的视野[EB/OL]. (2003-06-20)[2020-06-07]. http://www.aisixiang.com/data/1750-2.html.

丁学良. 2003b. 什么是世界一流大学[M]//杨东平. 大学之道. 上海:文汇出版社:25-39.

丁学良. 2003c. 中国能不能办出世界一流大学[M]//杨东平. 大学之道. 上海:文汇出版社:83-100.

富萍萍等. 2004. 高新技术企业中的高层管理团队的特征与过程[M]//徐淑英,刘忠明. 中国企业管理的前沿研究. 北京:北京大学出版社.

江崇廓,叶赋桂. 2002. 综合性、研究型、开放式:创建世界一流大学的现实道路[J]. 清华大学教育研究(2):7-13.

杰拉德·卡斯帕尔. 2002. 研究型大学必备的四种特性[EB/OL]. [2020-06-07]. http://www.edu.cn/edu/gao_deng/zong_he/zhuan_ti/lun_tan/200603/t20060323_56924.shtml.

柯亨. 2002. 提高质量、转变职能:以卡内基-梅隆大学为例[EB/OL]. (2002-07-26)[2020-06-07]. http://www.china.com.cn/zhuanti2005/txt/2002-07/26/content_5179042.htm.

孔宪铎. 2002. 我的科大十年[M]. 香港:三联书店(香港)有限公司.

蓝劲松. 2004. 中美研究型大学校长学术背景之比较[EB/OL]. [2020-06-07]. https://wenku.baidu.com/view/f656fc50905f804d2b160b4e767f5acfa0c7835c.html.

陆登庭,阎凤桥. 2002. 一流大学的特征及成功的领导与管理要素:哈佛的经验[J]. 国家教育行政学院学报,5:10-26.

罗燕. 2005. 创建世界一流大学的机制分析——兼论清华之路[J]. 清华大学教育研究,23

（6）:28-35.

迈克尔·A.希特.2002.战略管理:竞争与全球化[M].北京:机械工业出版社.

闵维方.2003.关于一流大学建设的几个问题[J].北京大学教育评论,1(003):26-31.

清华大学教育研究所.2003.创建一流:国家意志与大学精神的结合——一流大学建设的理论与实践学术研讨会综述[J].中国高等教育,24(012):16-18.

汤敏.2003.中国需要建一所全新的世界一流大学[M]//杨东平.大学之道.上海:文汇出版社:106-111.

王大中.2003.建设世界一流大学的战略思考与实践[J].清华大学教育研究(3):2-7.

王勇等.2003.走向世界一流大学:五大名牌大学校长访谈[EB/OL].(2003-03-17)[2020-06-07].http://news.sohu.com/12/02/news207180212.shtml.

吴家玮.2002.大学发展战略:资源的获取与管理.中外大学校长论坛文集[M].北京:高等教育出版社.

徐遐生.2003.如何建立一流大学？[EB/OL].[2020-06-07].http://www.doc88.com/p-672124 422838.html.

许智宏.2001.创建世界一流大学要有新思路新对策[J].中国高等教育,2:4-7.

薛澜,陈玲,董秀海等.2003.创建世界一流大学:AAU提供的参照与借鉴[J].清华大学教育研究,2003,24(3):18-32.

张维迎.2004.大学的逻辑[M].北京:北京大学出版社.

周黎安等.2004.从大学理念与治理看北大改革[M]//张维迎.大学的逻辑.北京:北京大学出版社.

周少南.1991.斯坦福大学[M].长沙:湖南教育出版社.

第七章　迈向世界一流大学的战略规划[①]

　　学术战略决策意味着一所大学和它的领导者在积极地而非消极地构建大学在历史中的地位……战略规划要面向外部世界,并且聚焦于让该学术机构伴随环境变化而变化。战略规划要聚焦于决策,而非书面的计划本身。

　　在大学战略形成中,除了应考虑大学内部的学术和财务优劣势,还要重视大学特定的文化、价值观和传统,以及大学领导的能力和优先目标,将之纳入大学战略形成的框架中。

——乔治·凯勒(George Keller)

一、问题的提出

　　20世纪90年代后期,中国一些著名高校相继提出了创建世界一流大学的目标,并期望通过跨越式发展,在2020年左右成为世界一流大学(许智宏,2001;闵维方,2003;王大中,2003;薛澜等,2003;清华大学教育研究所,2003;丁学良,2003b)。事实上,一些著名高校已经在学科交叉融合、集中发展新学科、特色立校、改善工作与生活环境等方面开始了跨越式发展的构思与行动(许智宏,2001;王大中,2003;王勇等,2003)。大学的跨越式发展,是指大学在政府政策支持下,利用外部环境中的战略机会和自身优势,获得更多的资源并让资源得到更合理的分配与利用,比他人/他国大学以更快的速度发展,以便在20年左右的时间内成为或接近世界一流研究型大学(闵维方,2003;清华大学教育研究所,2003;丁学良,2003c)。学者已经明确指出,这种跨越式发展,不仅需要资金和硬件上的较大投入,也需要在办学思想、理念、体制上跨越或突破原有范式(闵维方,2003)。

　　针对"中国大学如何实现研究型大学的跨越式发展"这样一个重大理论和

[①] 原文刊载于《北京大学教育评论》2006年第1期,原标题为《面向一流大学的跨越式发展:战略规划的作用》。本次收录时增补了篇首引语,内容未做修改。

实践问题,国内外文献主要有三大类观点:一是战略规划与领导论(陆登庭、阎凤桥,2002);二是大学治理与管理体制改革论(丁学良,2003b;罗燕,2005);三是综合论,即同时强调通过战略规划与制度改革来创建一流大学(薛澜等,2003;王大中,2003;闵维方,2003)。

现有文献对于大学跨越式发展的基本战略方向与制度改革进行了论述,但是对于成功的跨越式发展需要什么样的战略规划模式并未进行深入的理论探讨与实证分析。实际上,作为一种前瞻性、系统性的思考和行为方式,战略管理旨在为组织提供一套具有全局性、长期性的思考逻辑和行动指导框架,从而使其利用环境中的机会和自身优势达到生存和发展的目的(Kotten,1997)。大学的跨越式发展从本质上要求大学采取"战略选择"的决策模式,而不是传统的官僚与政治体系下的"垃圾桶"模式。国际上大学管理的文献也普遍认为,在竞争激烈和资源有限的情况中,大学应进行有效的战略规划和战略管理实践(Cyert,1974;Keller,1983;Dill,1996;Peterson,1999)。中国著名大学跨越式发展的战略实践,迫切要求我们从理论和实证上探讨研究型大学跨越式发展的战略管理规律与要求。

基于上述文献回顾,本文提出如下基本的研究问题:①研究型大学成功的跨越式发展需要什么样的战略规划模式?它是如何发挥作用的?②大学的战略规划与战略领导之间有什么关系?它们在大学的战略管理体系中处于什么样的地位?[①]

二、 基本理论与假说

在对大学战略领导的分析中,本文作者曾提出了中国著名高校跨越式发展战略管理的基本配置体系假说,并对战略领导模式进行了分析(见前篇文章)。在本部分,将重点分析战略规划的模式与作用。

管理领域文献认为战略规划体现在七个方面:使命陈述、趋势分析、竞争者分析、长期计划、年度目标、短期计划和持续评估(Boyd and Reuning-Elliott,1998)。学者也认为,不论是对企业还是对非营利组织来说,战略规划的过程特性,如直线管理者参与决策的方式与程度等,都会影响战略规划结果的质量。因此,战略规划系统的设计需要考虑规划的完整性、时间尺度、努力程度、直线管理者的参与程度、分析的复杂性和深度、领导的参与度、正式性等多项因素

---

① 关于战略领导的理论与假说及实证分析,见武亚军(2005)。

(Kotten,1997)。

大学变革的研究表明,虽然存在其他的方法,如"自发式"的战略模式,但正式战略规划仍是一种最结构化和目的明确的战略变革方法(Presley and Leslie,1999)。有一些学者倡议在大学管理中进行正式的战略规划(Cyert,1974；Keller,1983；Dill,1996；Peterson,1999),另外一些则持反对意见(Birnbaum,2000)。然而,不论是在欧洲还是在美国,大学校长们普遍认为,战略规划是其第一位的职责或任务[①](Bargh,et al.,2000)。事实上,采用正式战略规划不仅可以满足校董会或政府管理当局对校长的职业要求,而且它往往被校长们作为重建大学文化和领导风格的机会或工具。然而,对大学战略规划的内容、性质、影响因素及其效果,仍然存在认识上的分歧。一个较认可的观点是,大学的战略规划系统的设计应该采用一种权变观点,这些权变因素包括内部因素(如大学文化和传统、领导特征)、市场环境和竞争等外部因素(Keller,1983；Dill,1996；Peterson,1999)。

1. 大学的组织特性及其规划影响

作为一个"松散耦合的组织"(loosely coupled organization),大学内部有多样性的文化、价值观和目标,因此,大学的战略规划并非是纯理性分析的过程,而要考虑大学内部的政治和文化因素,强调沟通和对组织成员期望的协调。这种规划过程被有些学者称为是一种"混乱的网络过程"(a messy networking process)(Bargh,et al.,2000)。基于这种考虑,一些学者建议大学采用参与式的战略规划模式,例如采取由多方利益相关者组成的决策委员会的形式(Keller,1983)。事实上,这种合法的决策未必是最合适的,它也需要更多的时间,而且当需要改变组织的方向或采取快速和决策性行动以保存组织时,这种模式很可能导致差的绩效(Balderson,1995)。同样,基于对大学组织的文化和政治特性的认识,Keller(1983)明确地指出,在大学战略形成中除了应考虑大学内部的学术和财务优劣势,还要重视大学特定的文化、价值观和传统,以及大学领导的能力和优先目标,并将之纳入大学战略形成的框架中。

作为一种对教师具有标准技能要求的层级结构,大学的层级性对战略规划的合理模式也会产生影响。一方面,由于大学教师掌握学术领域的具体的知识、信息和相当多的学术资源,通过教师由下而上的参与,大学的战略规划可以获得

---

① 其他重要的职责包括人力资源管理、文化变革、创新精神和竞争优势、形象代表和建立控制体系等。

更多信息、更多观点,也易取得更大的合法性和教师承诺(Taylor and Schmidtlein,1996);另一方面,在大学之间激烈竞争又需要快速发展的情形下,有限的组织资源需要明确优先性和集中配置,而这又需要校长的领导作用,需要自上而下的方向性指导、确立明确的战略准则和共享的价值观(Keller,1983:166)。因而,大学跨越式发展中有效的战略规划模式的一个基本要求,就是在自下而上的参与和自上而下的领导之间达成平衡。

2. 大学外部环境的特征及其影响

大学的外部环境包括各种类型的知识产业竞争者和社会、政治、经济、技术等宏观环境因素。基于大学日趋激烈的竞争形势,Keller(1983)指出,大学战略形成中必须充分地考虑宏观环境趋势、市场偏好与方向、竞争状况等。Peterson(1999)认为,根据外部环境特征(复杂性和动态性)的不同,大学可采取不同的规划模式——长期规划、战略规划和重塑情景的规划方法(contextual planning perspective)。他指出,在不断变动的高等知识产业环境中,大学应该重新考虑其角色、定位与外界关系,并且主动地改变外部环境和大学的内部安排,成为新的知识产业中更有效率的竞争者。在这里,规划模式的选择是权变进行的:在有限竞争和较为有利的资源条件下,预测与长期规划仍然有价值。在资源有限及环境变化部分可预测的情形下,传统的战略规划是适用的,即强调SWOT分析、优先目标和支持性资源集中配置。在新的竞争者不断出现和知识产业重塑的环境下,则需要采取重塑情景的规划方法以实现大学的新定位。重塑情景的规划方法是一种先动型战略规划模式:首先在内容上,它强调重新定义其行业和角色,重新调整其方向,进行结构重组和文化变革;其次在过程上,它强调远见、创意、基础设施投资、激励、承诺、信息获取与组织整合等。"传统的战略规划往往依赖于确定清晰的优先目标、辨别特定的项目和发展支持性的资源战略,以使大学在既定的战略利基市场进行竞争;而重塑情景关系的规划模式假定一个行业是变动的,组织的战略是首先拿出宽泛的创意或战略意图,并且在组织基础设施——文化和激励系统基础上激发组织成员的努力,以实现大学的目标。"(Peterson,1999)这种规划观在环境动态性越强的情形下越重要,因为,与传统的战略规划方法相比,它更注重主动创造而不是单纯适应。当然,这种规划方法并不是对传统的战略规划方法的替代,它应被视作一种更适应动态竞争环境的理想模式。

一般来说,大学的跨越式发展,往往都是在环境动态变化或竞争激烈的背景下发生的。因此,可以假定,在传统的战略规划的基础上,注重重塑情景的规划方式,应该是跨越式发展战略规划中的一种重要特征。

3. 高质量的战略规划模式的主要特征

Dill(1996)研究了美国研究型大学的规划实践后指出:一些领先的研究型大学在实施战略规划流程、促进内部变革方面表现突出——它们通过协作式的流程来辨识大学优先目标和配置财务资源,并且已经持续相当时期,而这些特征往往被那些研究大学领导的学者所忽视。他认为,在后工业化环境——高度竞争、资源稀缺和学费收入变动等情形下,大学面临很大的战略不确定性,因此,要提高组织的效率,必须采取"战略选择"而非"垃圾桶"决策模式,而这要求其规划流程必须以"组织整合"为主要目的来进行设计,而这些领先的研究型大学的做法可以为此提供标杆。他在研究斯坦福大学、普林斯顿大学、密歇根大学、明尼苏达大学四所大学的规划特点后指出,有效的战略规划模式往往具有以下特点:①明确宣布促进规划合理性的决策标准,如追求高质量、符合社会需求、突显优势和提升效率等。②确定进行规划的合理组织层级——通常包括系、学院和学校,以更好地反映各个学术单位的差异,同时有效地进行整合。③促进自上而下和自下而上的双向沟通。资源的稀缺性和战略不确定性往往要求集中和自上而下的信息沟通,而这会导致灵活性和创新能力的降低。因此,需要更多的双向沟通和信息分享。其中,大学校长及其管理团队设定规划指导文件、对单位的规划进行评估和提供反馈是一些重要的方式。④提高下属单位的战略规划水平,包括提供标准的分析内容、数据格式等,并且在强调正式报告结果的同时,要求规划单位报告各自的项目、财务和管理方面的优势、弱点或者优先竞争领域,以提高战略思维的水平。① ⑤利用正式和非正式方式促进直接沟通和信息分享,包括会议、私人直接沟通、特别报告(如预算指南)、成员广泛的大学审核委员会、校长提议的规划草案(Protocol)②等。

Clark(1995)认为,在现代高等知识产业环境下,有效的大学管理除需要对各个院系进行财务资源分配外,还需要通过各种形式的对话、信息追踪及周期性的评估来对大学进行整合。重塑情景的规划理论认为,在动态环境下高效的战略规划应强调战略宗旨/方向、结构、文化等方面的调整(Peterson,1999)。此外,

---

① 例如,一个大学要求各层规划机构按照如下形式提供报告:单位的优势/弱点;单位的人、财和物质资源状况;本领域重要的新发展;发展新的或强化已有项目的机会;为了达到新目标的行动;列出行动优先次序;指明资金来源和受影响的其他单位等(Dill,1996)。

② 该草案通常包括:对大学环境的感受,学生录取、预算、空间等方面的规划假设,提议的大学层次的关键优先目标,规划过程的决策标准等内容。

学者们还认为应强调资源的集中配置,特别是战略规划与预算的结合(Cyert,1974;Chaffee,1983)。这些特征也应被视作高效战略规划模式的内容方面的重要特点。

4. 大学战略规划的绩效

Stone and Brush(1996)认为,大学战略规划的动机(获得承诺以获得资源,或者科学合理地分配资源)影响了所采用的战略规划的类型,进而影响到其结果。他们明确地指出,大学正式战略规划的采用主要是为了更高效地配置资源,而为了更多地获得资源则需要对正式战略规划的形式进行变化。

Chaffee(1983)曾发现斯坦福大学的规划和预算流程的合法性感受,部分来自大学教务长的公开声明,部分来自规划流程的后续过程。[①] 这些过程导致了利益相关者特别是不同领域的教师的信任、公平感,进而影响到战略决策内容的质量。大学成员特别是教师感受的合法性本身应该作为战略规划的绩效的一个方面。

文献中关于大学在困难或危机中使用战略规划的结果并不统一(Chaffee,1985;Leslie and Fretwell,1996)。有学者发现,传统的战略规划,即注重描述组织的优势、弱点、机会、威胁等的SWOT方法,与更动态的规划方法及用于沟通组织期望和战略的解释性方法相结合时,会更容易地使大学从困难中脱身(Chaffee,1985)。一些作者发现,战略规划的努力与清晰的远景及大学文化相联系时会更成功——大学能更适应环境变化对大学的挑战(Leslie and Fretwell,1996)。这些结果意味着:成功的大学战略规划,需要高效的战略领导的配合,并采取一种文化和解释过程而不是纯理性的技术分析过程。

实际上,文献对于大学领导者在战略形成中的作用的讨论仍十分有限(Presley and Leslie,1999)。有学者提出,在大学战略领导中,进行战略咨询(听取各方利益相关者的意见)与进行战略构造(确定合理的战略方向)同样重要,并且需要将两者进行结合(Chaffee,1985)。也有学者指出在进行大的战略变革时,可以通过校长的领导而不是正式战略规划本身来实施(Kennedy,1994)。Dill等人则认为,规划的成功取决于领导者清晰地说明其价值观、决策标准和规划过程的准则,并使之在规划中显现出来——因为优先目标和项目很少在会议和讨论中出现,而往往是由领导者提出并通过多方沟通和协商过程形成的(Dill,

---

[①] 在这个过程中,教务长首先给全校公开宣布一系列决策标准作为规划选择的基础,它们以公开展示的方式被用来建立规划的优先性;最后,这些原则也用于公开宣布的预算分配。

1994)。然而,也有学者认为,大学的愿景应该是战略规划的结果而不是领导者提供的投入,这表明大学领导与战略规划的关系仍然存在不清楚之处,需要进一步研究(Presley and Leslie,1999)①。

根据以上的文献和理论,我们综合性地提出了动态环境下研究型大学跨越式发展中有效的大学战略规划系统的初步概念模型,见图7.1。

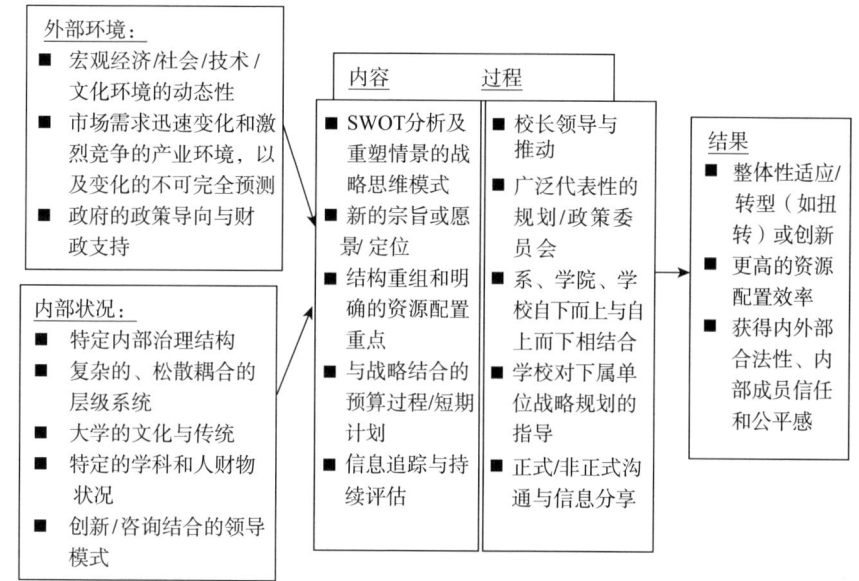

图 7.1 研究型大学跨越式发展中有效的大学战略规划:初步概念模型

三、 跨越式发展中的战略规划:多案例比较分析

(一) 研究设计、样本选择与资料

本研究选择了三个大学进行案例分析。这三所大学是,斯坦福大学、卡内基·梅隆大学和香港科技大学。选择这三所大学的基本理由,在于它们均在一个较短的时期内实现了从相对落后(或后来者)向世界领先(或知名)的研究型大学的跨越。选择案例研究方法的基本原因,在于本文的主要研究问题属于"为什么""如何"的问题(Yin,1994)。选择多案例比较研究则是为了使有关理

---

① 我们设想大学战略领导和正式战略规划之间存在一种替代作用,即强的战略领导会减少正式战略规划的需要,但两者的水平必须达到一定基本标准,这一假设仍然需要进一步探讨。

论或假设得到更充分的检验与修正。[①]

由于对三个案例进行一手资料收集存在较大的难度,本研究采取了以可靠的二手资料进行分析和研究的方法。为了保证资料的可靠和翔实,本研究主要以三所大学跨越式发展期间主要管理者的自述性传记/著作为一手资料的替代,并且参照其他相关研究资料加以补充与修正。其中,主要的研究资料如下所示:

CMU 资料:塞尔特关于 CMU 发展及大学管理的著述(Cyert,1974);关于塞尔特工作情况的回忆性文献(Keller,1983;Augier,March and Cyert,2002;Schaefer,1992);CMU 网站关于 CMU 历史与战略规划的详细介绍;柯亨校长关于 CMU 经验的总结(柯亨,2002)。

香港科技大学资料:科大创校校长吴家玮关于科大发展的谈话(吴家玮,2002);学术副校长孔宪铎作为高层管理者的记录性著作(孔宪铎,2002)。

斯坦福大学资料:校长关于该大学发展的经验总结(卡斯帕尔,2002);历史学家洛温在大量原始记录和访谈基础上进行的斯坦福发展历史的研究(Lowen,1997);凯勒关于该校战略管理行为的描述(Keller,1983)。

(二) 分析与结果比较

1. 香港科技大学

(1) 战略规划。

在建校初期,在校长督促下,香港科技大学各院院长进行了一次非正式的战略规划,主要提出各院的筹备计划和重点研究方向。例如,理学院院长提出的科研理念是集中资源于前沿、主流与地利(孔宪铎,2002:53)。这为制定以后院系的战略规划,特别是明确各学科研究的重点提供了基础。1994 年,在校长、学术副校长的领导下,各系、学院进行了一次正式(书面)的全面的战略规划,这次战略规划有以下一些典型特征:①由学校副校长领导,校级行政管理层负责督促、列计划、定速度。②各系、学院以及大学层次都制定了非常全面的四年期的战略规划,内容包括大学、学院、系的使命,重点研究领域,教授/职员数量,委员会,学位科目和学生人数,科研重点和资源等(孔宪铎,2002:97-99)。③采取了由下到上的程序,教员对本系、本院的规划进行了多次协商和讨论,取得了基本共识。④费时较长,经历了一到两年的时间才完成。⑤在战略规划中强调学科和研究方面集中资源和突出重点,这反映在学术规划中强调重点研究领域和发展方向;

[①] 关于三个案例的详细情况,参见表 6.2 的概括。

此外,在内部科研资金(学校预算中依章提取 2%)的分配方面,也注重能够获得突破和对本地经济发展有帮助的课题(孔宪铎,2002:124)。

事实上,这次战略规划的效果良好,到 1998 年时该规划的主要目标都基本实现(孔宪铎,2002:151)。

(2)战略实施与变革。

与具有历史传统的老牌大学不同,科大从 1991 年一开始就在人事政策、激励方面采取了一系列严格和高效的措施,并且在 1994 年将其规则化。其主要特点有:①建立和实施严格、完善的教师聘任、升迁规则。这主要体现在以下三个方面:一是科大按照国际惯例,明文规定正教授需要在学术领域有所创新,开出一条像样的道路,有人选择并跟进这一条路;副教授需要在学术领域有公认的贡献,保持着水准以上的质与量。二是审核鉴定的程序,即在科研上,靠同行评议;在教学上,靠同学评议;在服务上,靠同事评议。三是执行,即在系、院、校三级成立了不同级别、不同组成、不同职责的委员会。其中,招聘委员会是独立的由本校、本系的资深教授而非行政人员担任的一个群体,负责在全球范围内在给定的条件下寻找最合适的人。评审委员会负责的是选人程序,只有符合标准的教师才能得到聘任和升迁。这些规则和程序使科大具有吸引和聚集一流教师的学术氛围。②建立有吸引力的薪酬体系。在创校之初的 1988—1993 年,教授的薪俸几乎增加了 1 倍,到 1998 年总增幅为 2.7 倍。此外,为聘任教师在最初几年提供了住房福利,以后则提供各种补贴。世界水平的高薪和福利成为吸引高质量教师的另外一个重要条件。

科大的校长、院、系领导也采取了一系列的行动,以建立研究型大学追求卓越的理念与价值观,主要包括:①学术副校长主动关心聘任的著名教授,给他们提供研究和生活上的方便,这对树立追求卓越、以人为本的价值观和大学文化有明显的促进作用。②要求后勤和行政管理简化手续,改进态度,推行行政为教师教学和科研服务的观念(孔宪铎,2002:47)。③管理层内部以及管理层与教师的良好沟通也促进了公正、客观和相互信任的文化氛围(孔宪铎,2002)。④在大学层面,组成了学科领域相对平衡的校级聘用和审核委员会,以平衡各学院的不同权力影响(孔宪铎,2002:86)。

科大采取的人事、激励和文化等方面的措施对其宗旨/战略及规划的实施起到了很重要的作用。① 事实上,这些措施的作用在很大程度上由于其相互配合

---

① 作为一个新建大学,与其他有较长历史的大学相比,香港科技大学在战略实施与变革管理方面遇到的问题和阻力要小一些。

(或一致性)而得到相互强化。例如,严格的高标准的教师选聘与升迁制度与其高薪酬激励是紧密配合的,而这很好地促进了高质量学术研究任务的完成,它们也与向国际性研究型大学发展的战略要求相一致。又如,文化因素与技术系统也有很好的协调,如,人员选聘和升迁中注重研究成果的规则和对研究的高激励就很好地促进了大学以人为本、追求学术卓越的文化,而大学领导者的行动的象征意义又强化了这一核心文化,进而促进了香港科大这所研究型大学的发展。

2. 卡内基·梅隆大学(CMU)

(1) 战略规划。

塞尔特认为资源的分配决定了一个组织的特性(Cyert,1974)。因此,他非常重视利用战略规划来形成明确的大学目标和资源分配优先性。他认为:与企业在市场上通过价格配置资源的方法不同,大学缺乏明确的目标和业绩衡量标准,因而那些有发言权的学院/系会在资金分配上取得更多份额。因此,需要采取合理设计的正式战略规划模式来克服这一缺陷(Cyert,1974)。

从塞尔特任校长后,CMU引入了正式战略规划体系。①在内容方面指导该体系的核心战略原则有两条,即以学科发展和研究为核心,追求竞争优势和集中配置资源。②其基本程序如下:a.大学层次行政管理者,包括在塞尔特倡导下成立的大学政策委员会以及长期计划委员会,提供一些原则或标准来指导规划过程,比如根据优势原则来选择目标与战略,这些优势可能来自系所在地理位置、系的教员、系的传统和系的某些特别优势,同时大学行政层还提供宽泛性的大学环境趋势分析等。b.在各个系级层次上进行规划,并通过教员参与达成共同认可的目标与战略。c.达成学院层次的目标,包括各系之间的合作目标。d.各学院在大学的政策委员会面前进行陈述、答辩和讨论(该委员会由校长任主席)。e.校长起草大学目标体系的草稿和优先实施项目清单。f.有组织地收集大学利益相关方(包括校董、教师、学生和校友等)的意见,并通过明确的渠道反馈给校长。g.校长在考虑这些意见的基础上,提出既包含个人远见又有一定共识的大学目标系统和优先目标序列。h.通过预算体系进行资源配置和院系的业绩评估,包括利用5年滚动预算和规划—项目—预算系统(PPBS),加强总体目标的可操作性以及跨学科项目的发展(Cyert,1974:19-24;Keller,1983:89-93)。

上述过程虽然麻烦,但减少了资源分配的盲目性和政治性,提高了战略规划的理性和效果,同时,通过利益相关者的参与加强了大学组织的统一,兼顾了大学组织的文化和政治特性。在这个过程中,CMU采取的两条核心战略原则是追求优势和集中资源,这使其规划过程具有突出的战略性和指导性。战略规划采取了自下而上(教员和系、院)的参与和自上而下的领导(学校和校长提出战略原则、远见与目标整合等)相结合的流程。此外,CMU案例的一个典型特征是战略规划与预算的结合,以及根据战略目标对学院和系领导进行考核。

1990年后,CMU进一步强化了大学层面战略规划的组织,使其更加正式、理性和具有整合性。大学层次的战略规划的组织体系包括三部分[1]:①以校长或教务长为核心组成战略规划领导委员会,其主要任务是制定战略规划的总方向、时间表、指导原则和协调,保证各级/各团体的参与。②战略任务规划小组,即根据讨论组成若干战略任务规划小组,如竞争地位、研究机会、筹资活动等,由专家组成并由一两个校董或顾问参与。③顾问委员会,主要由院长、副校长、系主任等组成,主要任务是对建议、计划、财务预测、趋势分析等进行评估,并对规划实施情况进行检查。此外,CMU成立了专业的选聘和计划委员会,用以考虑校长等高层领导人的继任,同时评价大学所面临的战略挑战。应该指出,虽然其大学战略规划过程进一步正式化,并强化了科学性和整合性,但其基本原则、程序和主要特征并未发生实质变化。

(2)战略实施与变革。[2]

为了实现战略规划的要求,CMU采取了一系列战略措施:①在资源分配上重点集中于"人员和学术项目",其次才是房屋等设施。②"弱的系主任和院长被替换,而配备强的新的人选"。③学术领域和研究重点被重新修订。例如,方向松散的数学系被转变为应用数学系,塞尔特从密歇根大学聘请了一位有才华的应用数学家来领导其转变。又如,在心理学系,管理层决定将重点集中于认知心理学和社会心理学研究,并辅之以计算机、学习和组织理论,为此,聘请了一批在经济学、公共政策和组织社会学方面的高水平社会科学家;教育项目被取消了,外国语项目进行了重整。④塞尔特还组织院系主任参加星期六上午的研讨会,专门讨论战略重点、可聘任的优秀教授和教师聘任技巧等(Keller,1983:91)。

此外,学校通过设立具体的激励措施来促进教学创新与变革。在校长塞尔特的直接领导下,CMU设立了学术项目改进基金、项目学分(针对学生)和创新建议评审委员会,鼓励学生、教师、各单位(如系或学院等)提出提高教学质量与效率的创新方法。该奖金在1974年即达10万美元,校长亲自参加由三人组成

---

[1] 有关资料详见 http://www.cmu.edu/splan,或者参见柯亨(2002)。
[2] 由于资料有限,这一部分内容可能只是其实施的措施的一部分。

的建议评审委员会(Cyert,1974)。

3. 斯坦福大学

(1) 20世纪30年代:资源积聚时期。

外部环境:经济大萧条,新政中的税收政策对私人大学捐款产生不利影响,公私立大学竞争激烈;政府对大学增加财务支持;斯坦福大学学术声誉下降,运营资金出现危机。其面临的外部环境总体上是很严峻的,威胁多于机会。

战略规划:该时期的战略规划主要是局部的,正式性也较低,其主要行动包括:校长和一些系主任根据筹措经费的需要,计划筹建新的研究机构如斯坦福大学研究院(Stanford University Research Institute,SRI),以加强与产业界的关系;电子工程系主任特曼研究了其他大学同领域的竞争对手的情况,决定吸引工业界的研究资助,以提高该系的学术声誉并吸引优秀学生。

战略实施与变革措施:①结构调整,即改变校系模式,建立学院一级结构。②加强基础设施建设,如在胡佛的积极倡导下,大学的图书馆建设得以现代化。③积累优秀教师资源。在最为困难的一段时间,校方并没有像其他大学那样用裁减教师的手段降低运营成本,而是千方百计留住人才,采取降低平均工资水平、虚位以待等策略挽留和吸引了一大批优秀的教师,并放松了对女性学生数的限制以增加学费收入,这些措施为以后的发展奠定了基础。

(2) 20世纪40年代:战略转型时期。

内外部环境:服务社会的大学观念在美国兴起;第二次世界大战催生很多新兴工业,如电子、飞机、宇航、造船等;美国西部经济快速发展,特别是飞机、造船等产业;东西部大学及主要研究型大学之间的竞争加剧;职业管理者担任校董会主席和校长,有一个经过磨合的领导团队,包括校长崔继德、教务长戴维斯、工学院院长特曼等;校园土地面积很大。

战略规划:这一时期的战略规划更加正式和有组织,也更加全面,战略思想上突出了追求优势、满足社会需要、创建"学术尖塔"的新原则。这主要表现在以下方面:①学校提出总体战略和改革计划。1941年,校长邀请特曼父子、一些富裕校友、教务长外出讨论斯坦福大学未来。1942年,教务长提出了改革的主要计划,内容包括进入能吸引工业界关注和资助的新领域,如微波研究、公共管理等;撤销一些不能获得外部资助的系与项目,如历史和新闻;主要考核学院院长并据此分配财务资源,考核标准是学院的声誉与学院教学和科研生产率;进行公共宣传,让大学更多地参与服务社会。②成立了特别委员会,进行与国防研究相关规划。20世纪40年代中期成立了大学的国防委员会(包括各理工系的系主任等),并建议校长在华盛顿设立机构来获得政府的研究经费;校董会成立了一个大学服务委员会寻求获取战争相关研究项目。③各学院、系被要求进行服务于产业的特别发展规划。在校长要求下,各系制定获取产业研究经费的计划,特别是航空工程和地质、物理等系;学院如工学院规划发展有产业应用前景的电子工业等学科领域。

战略实施与变革措施:①组织结构调整,如 1946 年设立了 SRI,目的是进行工业方面的应用研究和为教师提供研究机会;组建有应用前景的跨学科的实验室,如微波实验室等。②改革教师激励体系。首先,以院系和教师获得项目与科研资助的成效来评定升迁和决定薪酬。其次,制定严格的校规校纪,对教师严格考勤。③改变工作重点,将重点从学生素质培养转变为生产人力资源产品特别是为军方和企业输送人才;由于学校更加注重研究生教学与培养工作,所以,本科生的教育有了被忽视的趋势。

(3) 20 世纪 50、60 年代:高速发展时期。

外部环境:第二次世界大战、朝鲜战争、冷战使美国联邦政府的军事与政治相关研究投入快速增加;美国西部经济持续发展带动高科技和军工企业发展;税收政策改变带动研究资金来源增加;学生生源增加;大学之间的竞争激烈。

战略规划:这一阶段的战略规划比前一阶段更有组织,也更有系统性,继续推行了塑造学术尖塔的非平衡发展战略思想,并强化了大学层面的整合。主要体现在:①突出重点学科发展与资源集中配置。学校希望通过吸引政府/军方研究经费,重点发展能产生全国影响和有广阔应用前景的学科及研究方向,如电子工程、高能物理、心理学、生物化学、地质、材料等;根据学科对国家的重要性来配置资源;通过"工资分离"政策促进学术研究的尖塔化。②系统整合社会科学的研究规划。在 1950 年设立了社会科学研究委员会,由跨学科的教授组成,根据外部基金要求,提出了行为科学的研究计划,该计划包括沟通、心理和政治行为等,用以帮助政府有关部门处理战后问题(Lowen,1997:205)。1955 年在福特基金会资助下,进行了社会科学领域内的自我调查,要求各系评估自身优势和弱点,提出发展方向,并由一个福特基金会选择的委员会对各个系进行外部评估(Lowen,1997:209)。③强化与产业界的合作。如与企业设立了荣誉合作项目,允许企业组织员工在职攻读工程硕士学位;开办产业会员项目,将其新研究成果与企业分享;鼓励企业在学校附近设立新公司或转移到斯坦福大学所有的土地上;在校内鼓励利用企业赞助资金来聘请相关领域教授或兼职教授,并鼓励教授创业。

这一时期的战略规划依靠两种方式,即正式或非正式的方式:①学校领导者个人和各院系领导来完成,如工学院的情况;②专门的委员会来完成,如社会科学研究委员会在社会科学研究发展中的作用。

战略实施与变革措施:①组织结构调整。这一时期的斯坦福大学成立了理科的应用科学研究院和理论科学研究院、人文学科研究院等,发挥学科综合协调的优势,进行重点项目的研究;在各个研究院成立专门的委员会;负责到校外拉赞助和相关项目;成立专门的部门来管理校园资产和校园企业;接纳企业(出资)设立冠名教授。②教师激励体系的改革。用量化的指标如研究成果公开发布的数量、新培养博士生的数量等对系、教师进行评估和奖惩(Lowen,1997:157);利用工资分离,提高重点发展领域的新教授的工资水平;允许教员兼职办企业。③教学和学生工作的调整。对学生进行分级式评价;禁止学生参与政治活动;对本科生的心理问题采取了一些措施,如引入心理咨询和心理治疗、让教授入驻学生宿舍,在一定程度上减轻了本科生对学校重视研究和社会服务的措施的抵触情绪。

(三)案例研究的结论与对概念模型的修正

1. 大学战略规划的模式与作用

基于案例材料的分析,可以将跨越式发展的战略规划特征概括为表7.1。

表7.1 跨越式发展的战略规划特征:概括与比较

	战略规划内容与原则	正式性、完备性与资源投入	制定程序与过程	校长的作用	利益相关者参与	作用与效果
卡内基·梅隆大学	形成系、学院和大学的以学术发展为中心的中长期(3—5年)目标、战略;明确提出了集中资源与追求竞争优势规划原则,发展新兴和有优势的学科,如计算机科学等;战略规划与预算结合(按照目标优先性分配财务资源)	形成较完备的规划,高度的正式性,需要较多的资源投入,费时较长(1年以上)	系—学院—大学—校长提出综合报告—各利益群体讨论及反馈—校长进行综合;大学层设有领导委员会、任务小组和顾问委员会等组织	担任学校政策/规划领导委员会主席;为战略规划提供远景与战略思维/决策原则;综合和形成大学一级的目标体系及优先排序;监督实施	以教授与管理层为主要参与者的战略规划过程;通过有组织的、明确的渠道反映校董、学生、校友对远景及战略规划的意见	是CMU寻找战略机会和进行集中资源配置的核心管理工具,也是通过参与式战略规划流程促进大学变革的重要工具

（续表）

	战略规划内容与原则	正式性、完备性与资源投入	制定程序与过程	校长的作用	利益相关者参与	作用与效果
斯坦福大学	确定学科方向与重点、组织结构调整以及院长与重点教授人选等；重点发展有社会需求的新领域：电子/高能物理/地质/行为科学；1955年曾在福特基金会资助下，对社会科学各系的能力优势/弱点进行了自我评估，并提出相应研究计划；战略原则：吸引、集中资源塑造能带来全国影响的有应用前景的学术尖塔	大学一级的正式规划主要侧重学科方向与研究重点、组织结构调整等方面，主要由校长、教务长等高层制定；院、系一级制定以获取经费推进学术研究为主的规划；中等程度的正式性	各系、学院在校长推动下制定本系、院计划；校长直接推动校级项目，并成立了规划与发展委员会制定规划；此外，在学校层也设立一些特殊委员会（如国防、社会科学等），对特定机会进行规划	由校长领导，教务长、校董、教授等组成大学的规划与发展委员会，谋划改革、提出远景与战略原则；校长/学术副校长或教务长直接参与各学院、系的发展方向与规划，进行评价，监督实施	以学校高管层为核心，成立有一定代表性的规划与发展委员会；1950年成立了以教授为主的跨学科的社会科学研究委员会；研究领域和项目选择上广泛听取外部利益相关者特别是捐赠者的意见	正式和非正式规划相结合，形成塑造学术尖塔的非平衡发展策略，吸引并将资源集中配置于对社会有重要影响的学科和领域，为斯坦福大学的学术研究在美国战后的快速发展起到直接的推动作用
香港科技大学	1994年制定了包括大学、学院、系的使命/重点领域/科研方向/学生与学位/资源等内容的全面的四年计划；校内的科研经费分配突出集中重点原则（学术突破、对地区发展有帮助的项目）*	包括系、院、大学三级的正式的综合性规划；投入的资源较多	全体教师多次讨论、协商，费时1—2年完成；遵循系—学院—大学三级的次序	校长和学术副校长等负责战略规划工作的督促、列计划、定速度；学术副校长制定年度工作目标及监督规划的实施	以校董会、校长、副校长等为核心，确定集中发展四大学科领域；在四个主要学科的发展中院长、系主任和教师讨论协商	为科大的发展起到了设计蓝图的作用，到1998年已基本实现**；该流程得到强化并已成为科大进一步发展的重要制度基础

221

（续表）

	战略规划内容与原则	正式性、完备性与资源投入	制定程序与过程	校长的作用	利益相关者参与	作用与效果
典型特征	强调把握社会机会、追求优势和集中资源发展学术研究的中长期（3年以上）战略规划；在传统战略规划基础上强调重塑情景的规划方法；根据愿景与战略重点进行人员、财务资源的配置	包括学校、院、系，相对全面的、综合性的（或突出学术发展的）规划；中等或高度的正式性；投入的资源在中等程度或很多	系、学院、大学三级的参与式规划，自下而上与自上而下相结合，较为费时（1—2年）；学校层成立特定的委员会来组织或协调该过程	校长/副校长或教务长等提供远景与战略规划的基本原则，并对规划和实施过程进行监督与领导	以教师和高层行政管理者为主要参与者，其他多方利益相关者参与协商与讨论	明确和细化了战略方向和机遇，是高层进行集中资源配置、促进研究发展和实施变革的重要工具

注：* 见孔宪铎（2002：124）；** 见孔宪铎（2002：151）。

基于以上多案例研究中战略规划部分的结果，本文对大学跨越式发展中的战略规划模式和作用概括如图 7.2 所示。

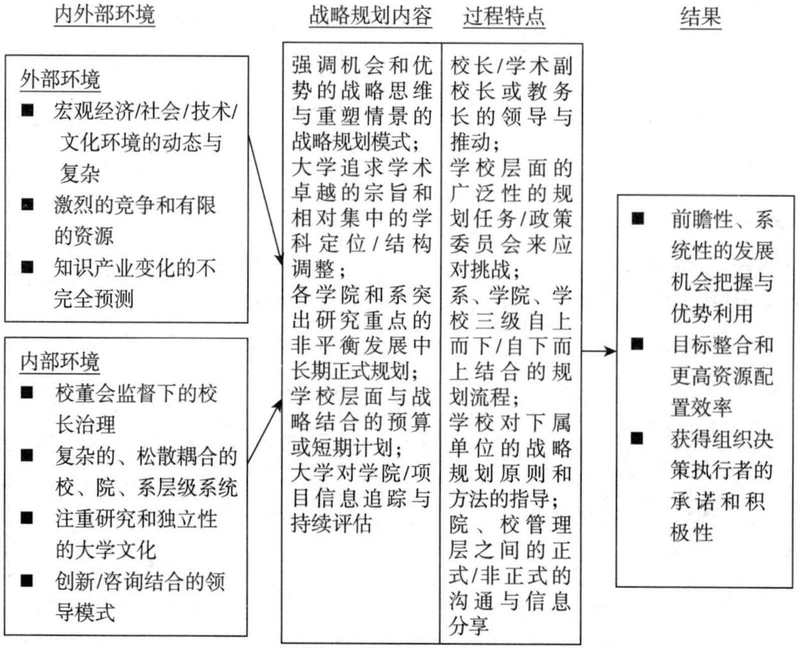

内外部环境　**战略规划内容**　**过程特点**　**结果**

外部环境
- 宏观经济/社会/技术/文化环境的动态与复杂
- 激烈的竞争和有限的资源
- 知识产业变化的不完全预测

内部环境
- 校董会监督下的校长治理
- 复杂的、松散耦合的校、院、系层级系统
- 注重研究和独立性的大学文化
- 创新/咨询结合的领导模式

战略规划内容：
强调机会和优势的战略思维与重塑情景的战略规划模式；大学追求学术卓越的宗旨和相对集中的学科定位/结构调整；各学院和系突出研究重点的非平衡发展中长期正式规划；学校层面与战略结合的预算或短期计划；大学对学院/项目信息追踪与持续评估

过程特点：
校长/学术副校长或教务长的领导与推动；学校层面的广泛性的规划任务/政策委员会来应对挑战；系、学院、学校三级自上而下/自下而上结合的规划流程；学校对下属单位的战略规划原则和方法的指导；院、校管理层之间的正式/非正式的沟通与信息分享

结果：
- 前瞻性、系统性的发展机会把握与优势利用
- 目标整合和更高资源配置效率
- 获得组织决策执行者的承诺和积极性

图 7.2　研究型大学跨越式发展中的战略规划修正模型

2. 战略实施与变革的作用模式

基于以上案例研究中战略实施与变革的特征分析,可以将三个案例中跨越式发展的主要战略实施工具概括如表 7.2。

表 7.2 跨越式发展中的主要战略实施工具:概括与比较

	组织结构	人员	激励	冲突管理流程*
卡内基·梅隆大学	成立专门的计算机科学系和机器人研究所,建立很多交叉项目;撤销了一些弱系	按照学科发展更换系主任和聘任优秀教授	教学改进项目和奖励基金,以促进教学和研究	通过战略研讨会、各学院与系主任组成的顾问委员会进行协商和冲突协调
斯坦福大学	成立斯坦福大学研究院、社会科学研究院等,撤并系所,实行重组	按照学科和研究领域发展的战略方向更换系主任等	工资分离政策,对新的重点领域的教师进行(相对其他领域)更高水平的激励	通过高层(校长/教务长/院长等)的非正式沟通活动进行冲突协调和管理
香港科技大学	设立集中发展的四个学院,并设立专门的研究与发展副校长	以学术为主的严格的高标准聘任规则和世界范围内搜寻教授和高级行政管理人员	世界范围内对教师的富有吸引力的薪酬和待遇	通过院长例会等进行各学院(学科)冲突协调与管理
典型特征	按照学科战略发展重点进行大学结构重组	按照高标准进行行政管理人员和教师的选聘和评审	根据战略方向设计激励措施,以在绝对或相对水平上加强激励	利用正式和非正式的组织流程进行冲突协调与管理

注:*该方面的详细内容参见武亚军(2005)关于战略领导中沟通与协商过程的分析。

四、主要结论与讨论

1. 主要结论

(1)大学的跨越式发展,主要是大学校长与学术管理层发挥领导作用进行战略决策并实施的结果,而不是消极的"垃圾桶"决策模式的结果。从战略管理的角度看,大学跨越式发展的绩效,主要受大学战略领导、战略规划和战略实施与变革三个主要范畴的因素的影响(见图7.3)。①

(2)跨越式发展中,高绩效的战略规划模式在内容上具有如下特点:①以学术发展和研究为核心,注重利用外部机会和突出优势的战略思路与原则;②在辨识大学的优先目标和实施资源支持战略的同时,更强调重塑情景的规划模式——强调大学的新理念、新愿景和结构重组;③大学的相对集中的学科领域定位;④在学院、系层次上制定突出研究重点的非平衡发展型中长期正式规划;⑤战略与预算或财务资源分配相结合;⑥大学对学院/项目信息追踪与持续评估。

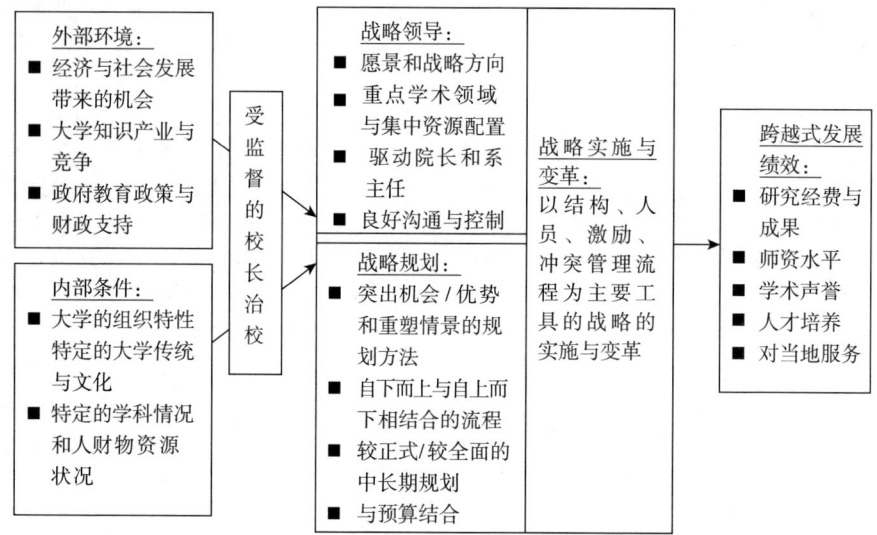

图7.3 研究型大学跨越式发展中战略管理的核心特征

(3)跨越式发展中,高绩效的战略规划模式在过程上具有如下特点:①校长/学术副校长或教务长的领导与推动;②规划中采取自上而下的领导与自下而上的参与相结合的流程,通常较为费时;③采用系、学院、大学三个层次的规划单位;④大学设立特定的委员会或任务小组来进行战略规划的组织、协调和指导;⑤院、校管理层之间的正式/非正式的沟通与信息分享。

(4)在跨越式发展中,战略实施与变革的主要措施是进行组织结构重组、关键人员选聘或更换、支持战略的激励和完善冲突管理流程等。

---

① 本结论结合了作者关于大学跨越发展中战略领导作用的研究,见武亚军(2005)。

2. 进一步讨论

（1）在本研究的三个案例中，有两个在其快速发展时期采用了包含大学、学院和系三层次的综合性的正式的中长期战略规划，斯坦福大学在大学整体层面的战略规划体系并不如其他两个大学那样有组织和很强的正式性，但它在学院和系层次上也有相当正式的战略规划行为，一种可能的解释是斯坦福大学在20世纪40年代至60年代的强有力的战略领导保证了其战略转型的成功，这意味大学层次的很正式的战略规划并不是必然的形式，大学高层强有力的战略领导可以充当组织的整合机制，从而弥补或补充大学层面战略规划正式性水平的下降。对于战略领导和正式战略规划两者之间的关系，仍然需要进一步分析和更多的实证支持。

（2）在案例研究中，各大学的发展机会和优势是植根于特定的社会和经济发展环境及大学独特的历史或资源地位中的，本研究主要探讨了高层管理者和战略规划在其发展中的作用，对于外部机遇的性质及其影响未进行深入的研究。毫无疑问，大学所在经济、社会环境中出现了较好的机遇是跨越式发展的一个重要条件，例如斯坦福大学的发展就得益于第二次世界大战和冷战时期美国西部经济的发展和政府对大学研究的支持政策。对于大学跨越式发展中外部机遇的性质及其影响，仍需要进一步探讨。

（3）毫无疑问，现实中大学的外部制度/体制环境可以对大学的发展产生重要影响，本文并未分析外部制度环境对这些大学跨越式发展的影响，例如，各种与大学有关的法律、法规和政府教育管理部门对大学发展的影响，这是今后需要进一步研究的问题。事实上，在中国目前环境下，研究型大学的跨越式发展的外部环境中有一些非常特殊的体制和政策因素需要引起注意并加以探讨。例如，中国目前的高等教育法律、法规对大学的跨越式发展有何影响？政府的教育管理体制对大学的发展有何影响？在中国目前的国家战略和国家创新体系中，大学应处于什么样的战略地位？如何利用教育财政政策（如税收优惠等）促进教育经费来源的多样化和经费投入的快速增长？对这些问题的思考和分析有助于我们理解中国著名大学跨越式发展的一般体制和政策环境，进而促进大学跨越式发展的绩效提高。

参考文献

Augier M, March J G, Cyert R M. 2002. The Economics of Choice, Change and Organization: Essays in Memory of Richard M. Cyert[M]. Cheltenham, Gloucestershire: Edward Elgar Publishing, Inc.

Balderson F E. 1995. Managing Today's University: Strategies for Viability, Change and Excellence [M]. San Francisco: Jossey-Bassy.

Bargh C, Bocock J, Scott P, Smith D. 2000. University Leadership: The Role of the Chief Executive[M]. Buckingham: SHRE and Open University Press.

Birnbaum R. 2000. Management Fads in Higher Education[M]. San Francisco, CA: Jossey-Bass.

Boyd B K, Reuning-Elliott E. 1998. A measurement model of strategic planning[J]. Strategic Management Journal, 19(2): 181-192.

Chaffee E E. 1983. The role of rationality in university budgeting [J]. Research in Higher education: 387-406.

Chaffee E E. 1985. The Concept of Strategy: From Business to Higher Education[M]//Smart J. Higer Education: Handbook of Theory and Research, Vol. 1. New York: Agathon Press.

Clark B R. 1995. Complexity and Differentiation: The Deepening Problem of University Integration [M]//Dill D D, Sporn B. Emerging Patterns of social Demand and University Reform: Through a Glass Darkly. Oxford: Pergamon Press.

Cyert R M. 1990. The Early Days', Executive Report Magazine, Special Issue in Honor of Richard M. Cyert[M]. Pittsburgh, PA: Junior Achievement of Southwest Pennsylvania.

Cyert R M. 1974. The Management of Nonprofit Organization [M]. Lexington, MA: Lexington Books.

Dill D D. 1994. Rethinking the Planning Process[J]. Planning for Higher Education, 22(10): 1768-1770.

Dill D D. 1996. Academic Planning and Organizational Design: Lessons from Leading American Universities[M]//Peterson M R. ASHE Reader on Planning and Institutional Research. London: Pearson Custom Publishing.

Dill D D, Helm K P. 1988. Faculty Participation in Strategic Policy Making[M]//Peterson M R. ASHE Reader on Planning and Institutional Research. London: Pearson Custom Publishing.

Keller G. 1983. Academic Strategy: The Management Revolution in American Higher Education [M]. Baltimore: The Johns Hopkins University Press.

Kennedy D. 1994. Making Choices in the Research University[M]//Cokle J R, Barber E G, Graubard S R. The Research University in a Time of Discontent. Baltimore: The Johns Hopkins Press.

Kotten J. 1997. Strategic Management in Public and Nonprofit Organizations[M]. London: Praeger Publishers.

Leslie D J, Fretwell E K, Jr. 1996. Wise Moves in Hard Times: Creating and Managing Resilient Colleges and Universities[M]. San Francisco, CA: Jossey-Bass.

Lowen R S. 1997. Creating the Cold War University[M]. Oakland, CA: University of California Press.

March J G, Schulz M, Zhou X G. 2000. The Dynamics of Rules: Chang in Written Organizational Codes[M]. Stanford, CA: Stanford University Press.

Peterson M W. 1999. Using Contextual Planning to Transform Institution[M]//Peterson M W. ASHE Reader on Planning and Institutional Research. Boston, MA: Pearson Custom Publishing: 60-78.

Presley J B, Leslie D W. 1999. Understanding Strategy: An Assessment of Theory and Practice[M]//Peterson M W. ASHE Reader on Planning and Institutional Research. Boston, MA: Pearson Custom Publishing: 79-106.

Schaefer L F. 1992. Evolution of a national Research University: 1965—1990: The Stever Administration and the Cyert Years at Carnegie Mellon[M]. Pittsburgh, PA: Carnegie-Mellon University Press.

Stone M M, Brush C G. 1996. Planning in Ambiguous Contexts: The Dilemma of Meeting Needs for Commitment and Demands for Legitimacy[J]. Strategic Management Journal, 17: 633-652.

Taylor A L, Schmidtlein F A. 1996. Issues Posed by Graduate-Research Universities' Changing Environment and Their Planning Responses[R]. Final Technical Report Submitted to the National Science Foundation.

Yin R K. 1994. Case Study Research: Design and Methods[M]. Beverly Hills: Sage Publications.

丁学良. 2003a. 北京大学的顶级定位:国际比较的视野[EB/OL]. [2020.06.07]. http://www.aisixiang.com/data/1750-2.html.

丁学良. 2003b. 什么是世界一流大学[M]//杨东平. 大学之道. 上海:文汇出版社:25-39.

丁学良. 2003c. 中国能不能办出世界一流大学[M]//杨东平. 大学之道. 上海:文汇出版社:83-100.

杰拉德·卡斯帕尔. 2002. 研究型大学必备的四种特性[EB/OL]. (2006-03-23)[2020-06-07]. http://www.edu.cn/edu/gao_deng/zong_he/zhuan_ti/lun_tan/200603/t20060323_56924.shtml.

柯亨, 2002. 提高质量、转变职能:以卡内基-梅隆大学为例[EB/OL]. (2002-07-26)[2020-06-07]. http://www.china.com.cn/zhuanti2005/txt/2002-07/26/content_5179042.htm.

孔宪铎. 2002. 我的科大十年[M]. 香港:三联书店(香港)有限公司.

陆登庭,阎凤桥. 2002. 一流大学的特征及成功的领导与管理要素:哈佛的经验[J]. 国家教育行政学院学报,5:10-26.

罗燕. 2005. 创建世界一流大学的机制分析——兼论清华之路[J]. 清华大学教育研究,23(6):28-35.

闵维方. 2003. 关于一流大学建设的几个问题[J]. 北京大学教育评论,1(003):26-31.

清华大学教育研究所. 2003. 创建一流:国家意志与大学精神的结合——一流大学建设的理

论与实践学术研讨会综述[J].中国高等教育,24(012):16-18.

沈红.1999.美国研究型大学形成与发展[M].武汉:华中理工大学出版社.

汤敏.2003.中国需要建一所全新的世界一流大学[M]//杨东平.大学之道.上海:文汇出版社:106-111.

王大中.2003.建设世界一流大学的战略思考与实践[J].清华大学教育研究(3):2-7.

王勇等.2003.走向世界一流大学:五大名牌大学校长访谈[EB/OL].(2003-03-17)[2020-06-07]. http://news.sohu.com/12/02/news207180212.shtml.

吴家玮.2002.大学发展战略:资源的获取与管理.中外大学校长论坛文集[M].北京:高等教育出版社.

武亚军.2005.面向一流大学的跨越式发展:战略领导的作用[J].北京大学教育评论,3(4):55-67.

徐遐生.2003.如何建立一流大学?[EB/OL].[2020-06-07]. http://www.doc88.com/p-6721244_22838.html.

许智宏.2001.创建世界一流大学要有新思路新对策[J].中国高等教育,2:4-7.

薛澜,陈玲,董秀海等.2003.创建世界一流大学:AAU提供的参照与借鉴[J].清华大学教育研究,2003,24(3):18-32.

张维迎.2004.大学的逻辑[M].北京:北京大学出版社.

周少南.1991.斯坦福大学[M].长沙:湖南教育出版社.

第八章　战略创业、制度创新与学术组织可持续发展[*]

成果的取得是靠挖掘机会,而不是靠解决问题。

——德鲁克

战略创业是一种结合创业和战略视角、整合并实施能够创造财富的创业战略。它在把握创业机会的同时,力图获取竞争优势,即同时寻求把握机会和形成竞争优势。

——Ireland, Hitt and Sirmon(2003)

学术组织主要是指大学、研究机构、学术刊物和相关的学术团体(如学术协会)等,本文所说的学术组织特指学术期刊和学术协会,它们对学术的发展和学术共同体的形成起到了重要的推动作用。2000年以来,我国学术界涌现出了一批新的学术期刊,较有代表性的有北京大学中国经济研究中心创办的《经济学(季刊)》和清华大学、北京大学联合创办的《营销科学学报》等。

然而,目前国内的学术期刊仍以传统学术期刊为主。它们虽然在近些年来取得了一定的发展,但总体来说仍存在一些不利于发展的问题,如单位化、非专业化、行政化和趋同化等(许纪霖,2004;张耀铭,2006)。同时,从宏观管理的角度,国家新闻出版署于近年施行了严格的刊号申请和审核措施。这直接导致了众多新创立的学术期刊在没有正式刊号的情况下运营,从而在一定程度上不能获得国内高校的承认,不能获得来自高校教师和博士生的充足稿源,无法吸引优秀的学者来担任编委和审稿人。从这个角度看,新兴学术期刊的发展在国内是处于劣势的。但即使如此,有些新创立的学术期刊仍取得了很大的发展。以《经济学(季刊)》为例,目前已经获得大部分国内高等院校和部分海外高校(如

---

[*] 原文刊载于《管理案例研究与评论》2013年第4期,原标题为《中国学术组织的可持续发展——〈营销科学学报〉的案例研究》,曲红燕为共同作者。本次收录时增补了篇首引语,内容未做修改。

哈佛费正清图书馆)的认可和订购,并成为 ASPT 来源期刊和 CJFD 收录期刊①,其在学科内的认可度,已经大大超过了许多拥有刊号的"老牌"期刊。

这种资源匮乏又不受现有制度支持的组织反而获得持续发展的现象在企业界也广泛存在。这是解释企业竞争优势和持续发展的两大理论——资源基础理论(RBV)(Barney,1986,1991,2001;Dierickx and Cool,1989;Wernerfelt,1984)和制度理论(DiMaggio and Powell,1983;Meyer and Rowan,1977;Rowan,1982;Scott,1995)所不能完全解释的。近年来,有些学者也开始注意到这一新兴现象②,如 Hitt et al.(2002)将创业和战略管理视角结合起来,提出了战略创业(strategic entrepreneurship)的概念,从理论上解释了创业型组织如何才能获得竞争优势和持续发展。

对于学术组织来说,我们不禁要问:对于这些资源相对较少(缺乏稿源)且制度上缺乏合法性(没有刊号)的组织(对本文来说是学术组织)来说,到底是什么因素支持其持续快速的发展? 国外的相关企业管理理论如"创业型组织""战略创业"等是否适合中国的大背景和学术组织的小背景? 中国创业型的学术期刊能够持续发展的内在机制究竟是什么? 更具体地说,本文聚焦于以下几个研究问题:①在中国的特定背景下,哪些因素影响着创业创新型学术组织的可持续发展? ②这些因素影响学术组织可持续发展的内在机制是怎样的? ③这些影响因素之间是否存在相互影响? 它们是如何动态发展的?

本文以《营销科学学报》的创业实践和发展过程为案例,从战略创业、资源观和制度理论出发,详细剖析了该组织发展过程中的创业因素、内外部资源配置和内外部制度创新三种因素的互动以及推动组织可持续发展的过程。通过对《营销科学学报》的深入案例分析,本文得出以下基本结论:①在中国的背景下,内外部资源的发展和内外部制度是密不可分的,内部资源提供了组织发展的硬核(hard core),内部制度确定了硬核的运作方式和效率,利益相关者所提供的外部资源对这一核心起到了支持作用,而外部制度合法性获取进一步强化了组织在市场中的合法性,并促进了内外部资源的进一步获取。这四个要素在战略创业因素指导下的紧密协调最终形成了组织的竞争优势。②针对内外部制度的创新非常关键。一方面,创新性的组织内部制度决定了内部治理和资源配置的效率,从而有利于提高相对于其他类似组织的竞争优势;另一方面,通过对获取外部制度合法性的渠道和方式进行创新,能够在很大程度上消除不利的外部制度

---

① ASPT 指《中国科学文献计量评价数据库》;CJFD 指《中国期刊全文数据库》。
② 20 世纪 80 年代由彼得·德鲁克提出的"创业型组织"的概念,也正是为了在一定程度上识别这种现象。

所带来的影响并最终获得外部制度的支持。③组织发展是一个动态的循环过程,它不仅会对组织本身的内外部资源产生影响,也会改变组织的内外部环境和组织在其中的合法性,这些反过来又对组织的战略创业因素提出了新的要求,从而通过新的内外部资源和内外部制度协调形成了新一轮的组织发展。

本文将对几个方面的研究有所贡献。首先,对于组织发展方面的研究,本文在 Ireland,Hitt and Sirmon (2003) 所提出的战略创业框架基础上,根据中国背景下的独特因素,融入制度创新和动态观点,使得新的研究框架更适用于中国这一快速发展的转型经济体。其次,对于动态能力理论的研究,本文通过对创业因素、资源因素和制度因素在组织发展过程中不同阶段的影响的研究,强调了研究动态能力的必要性,尤其是在中国的背景下,需要考虑制度和制度创新的因素。最后,本文对于学术组织的研究是一项较大的进步。目前针对学术组织的研究基本上都停留在一般性描述和分析阶段,还没有成形的理论解释。本文综合了战略创业理论、制度理论和动态性观点,提出了一个针对学术组织发展的综合框架,这对于中国学术组织的研究是一个推进。

本文的结构安排如下:首先对相关文献进行了梳理,其次对案例研究方法进行了介绍,再次以《营销科学学报》为例对学术组织的创业、资源和制度因素对持续发展的影响进行了理论构建,最后是讨论及进一步的总结和展望。

一、 文献回顾

1. 学术期刊和学术组织发展

近年来,国内学术期刊的发展问题引起了众多学者的思考。一些机构和学者从期刊的发展实践出发来总结国内学术期刊所存在的问题和发展方向,例如,张伶(2008)以《南开管理评论》为例总结了其十年来的发展,认为国内期刊面临着国际化、数字化和专业化的发展趋势,只有坚持服务于管理实践、学术为本和专业化才能持续发展。彭爽(2011)以经济学科的学术期刊为例认为,经济类期刊存在被动办刊、形式规范内容失范、匿名评审不足等问题。

同时,也有一些学者试图建立学术组织发展的理论,由于在国内,学术期刊的发展在很大程度上受到相关部门的管理和政策的限制,因此,运用最多的是制度理论。如霍丽(2009)指出,正式制度和非正式制度对学术期刊的发展都具有非常重要的影响,正式制度可以确立期刊的办刊方向和宗旨,而非正式制度可以降低办刊者的机会主义行为、降低期刊的运行成本;蒋万胜(2009)也指出,我国目前的社会科学管理体制对学术期刊发展有很多限制。

总的来看,虽然国内的学者对学术期刊和学术组织的发展非常关注,但目前并没有形成一套系统的理论框架来分析如何实现其持续发展。

2. 资源观与战略创业理论

作为最早关注组织发展和成长的学者之一,彭罗斯(E. T. Penrose)认为,公司是由一系列的资源组成的,公司的发展并不只是生产量的增加,而是资源和能力的发展和扩充(Penrose,1959:77)。杰伊·B. 巴尼等学者进一步发展了资源观,指出只有当公司内部的资源具备价值性(valuable)、稀缺性(rare)、不可模仿性(inimitable)和不可替代性(non-substitutable)四种特性时,才能使公司在竞争中拥有持续竞争优势,并获得可持续的发展(Barney,1991)。

创业(entrepreneurship)领域的研究秉承了资源观的基本思路。他们认为,创业机会之所以存在,是因为不同的创业家(entrepreneur)对资源目前的价值和将来资源转化价值有不同的看法(Schumpeter,1934;Kirzner,1973;Shane and Venkataraman,2000)。因此,异质性的资源和资源转化是创业的基本条件(Kirzner,1997),这与资源观的看法是一致的。根据资源观的基本假设,创业型组织的初期成长是由创业者的个人特质(作为资源的一种)决定的,创业者对资源和资源的转化价值的认知决定了创业型组织能否得到成长并在市场中获得竞争优势(Alvarez and Barney,2002)。对资源和资源转化价值的正确认知将促进资源的内部积累,同时,创业者的社会关系和个人能力也将促进资源的外部积累(如与供应商或政府的良好关系、与其他企业形成联盟等)。内外部资源的积累将进一步促进组织的成长,并提高组织在竞争中的优势(Dierickx and Cool,1989)。

在创业学和资源观的基础上,Hitt et al.(2002)和Ireland,Hitt and Sirmon(2003)等进一步指出,对于创业型组织来说,要获得持续性的发展和成长,必须将创业(entrepreneurship)和战略管理(strategic management)结合起来。由此,他们提出了战略创业(strategic entrepreneurship)的概念。根据他们的定义,战略创业是指"结合创业和战略视角,整合并实施能够创造财富的创业战略",它试图在把握创业机会的同时,获取竞争优势,即同时寻求把握机会和形成竞争优势。Ireland,Hitt and Sirmon(2003)进一步将战略创业构念化,提出了战略创业的三个维度:创业思维、创业文化与创业领导力、战略性的资源管理,并阐述了这三个维度相互作用从而创造价值的过程(见图8.1)。

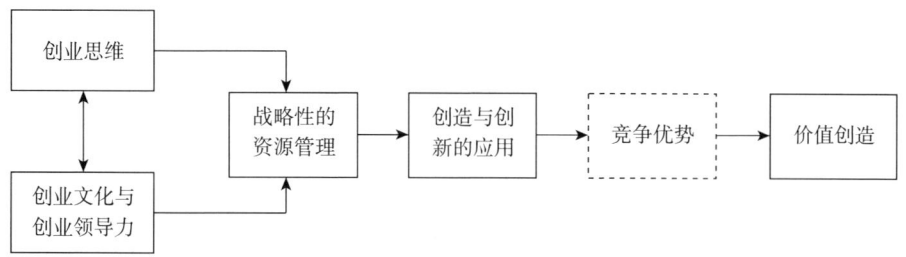

图 8.1　战略创业模型

资料来源：Ireland，Hitt and Sirmon（2003：963-989）。

3. 动态视角与融入制度理论

以 Barney（1986，1991）为代表的资源观在解释组织竞争优势的问题上采取了静态的视角（Priem and Butler，2001），这也使其饱受针砭。采用动态视角对于资源观来说非常重要，因为竞争优势和劣势是相对于一段时间而言的，随着时间的推移，这些优势和劣势都可能会发生改变。在组织的发展过程中，一方面，外部环境和外部制度会不断发生变化；另一方面，组织内部的资源能力积累和制度变化也会导致内部环境的不断变化。这两方面的变化都要求组织能够做出相应的变革以适应新的环境。因此，虽然战略创业理论融合了资源观和创业理论的基本思路，但其仍然是从静态的角度来分析创业型组织的竞争优势。尤其是在当前的动态环境下，将其拓展到动态的视角具有非常重要的意义。

尽管资源观在解释公司的异质性和公司成长问题上做出了重要的突破，但近年来，以资源观为代表的纯经济分析受到了一些社会学家（如 Grannovetter，1985）的批评。正如 Oliver（1997）所指出的，单纯从资源基础理论的角度来看待竞争优势的获取和价值创造是有局限的，应当将这一过程的背景与制度纳入分析框架中来。虽然 Oliver（1997）提出要将制度引入竞争优势获取和价值创造的研究范畴，但她是将制度和资源作为两套独立的作用体系来看的。而在中国背景下，制度和资源有着千丝万缕的关系。一方面来讲，制度决定了市场资源配置；另一方面来讲，对某些资源的获取可以帮助组织获得正式或非正式制度合法性。因此，对资源和制度的相互作用以及它们对组织持续发展的影响进行研究，能在很大程度上补充现有研究成果。

实际上，近年来在创业研究领域，关注创业型组织成长和战略选择的文献也开始将制度理论糅合到创业领域的研究中去。他们正确地指出，在组织的成长中，对制度的正确认识、服从和调整是发现新的机会、提高组织能力的重要方式（Philips and Tracey，2007），创业型组织的行为和绩效要在更大程度上受到制度的影响(Yamakawa,Peng and Deeds,2010),因此,在讨论创业型企业和战略创业的相关问题时,将制度也同时纳入讨论范畴是非常有必要的。另外,在中国转型经济的大背景下,考虑制度因素也是至关重要的。一些中国学者开始重视中国背景下制度对组织发展的重要作用,并试图将制度整合到相关研究中来(李新春、何轩、陈文婷,2008;李新春、刘佳、陈文婷,2008;李玉刚,2009)。与 Oliver(1997)一样,这些学者虽然考虑到了将制度纳入中国背景下的创业研究,但并没有考虑制度和资源之间的关系及其对组织发展的影响。

因此,虽然许多学者试图将制度纳入战略研究和创业研究的范畴,却很少有研究关注制度、资源及其相互作用在这一过程中的作用机理。本文将通过对《营销科学学报》创业与发展过程的研究,深入探讨创业型组织内外部资源和内外部制度在组织成长的不同阶段所起到的不同作用,并提出创业型组织的可持续成长模型。

二、 研究方法

本文采取了单案例研究方法。对于新兴的、还未形成成熟理解的现象,用归纳式逻辑是合适的(Glaser and Strauss,1967)。归纳式的研究能够利用多种来源的数据,并结合现有的理论,发展出新的理论框架(Eisenhardt,1989;Yin,1994)。战略创业仍然是一个新兴的领域(Hitt et al.,2002;Ireland,Hitt and Sirmon,2003),目前的研究基本上还停留在理论探讨的阶段。此外,考虑到本研究试图对战略创业的理论框架进行补充和扩展,用案例研究方法是合适的。

单案例研究往往采用极端案例的方法。Eisenhardt and Graebner(2007)指出,单案例研究选择对象的标准是非寻常的、极端的个案,这样更有利于理论的深耕。本文旨在研究战略创业、制度和资源对组织可持续发展所产生的动态影响,因此需要选取受到较强制度影响的创业型组织。

学术组织由于其特殊性,在中国受到很强的监管,因此,受战略创业因素和制度因素影响都很大。虽然相对于企业来说,学术组织受制度的影响更大,但在进行归纳性案例研究时采用极端案例的方法是可以的(Eisenhardt,1989;Yin,1994)。作为本文案例研究的对象,《营销科学学报》(以下简称《学报》)成立于2004 年,是在清华大学、北京大学几位学者的创业精神驱动下创办的学术刊物。《学报》为季刊,从 2005 年开始发行,目前已刊出 22 辑。截止到 2010 年年底,被清华大学经济管理学院、北京大学光华管理学院、北京理工大学管理与经济学院、上海交通大学安泰经济与管理学院、复旦大学管理学院、中山大学管理学院等多所国内一流高校相关院系和国家自然科学基金委认定为国内营销学界的权威刊物。同时,《学报》也创办了"营销科学学术年会",成立了博士生研究基金,并建立了高校教师招聘模块,越来越多的青年学者以参加营销科学学术年会并在《学报》发表文章作为进入国内营销学界的条件。总结来看,《学报》在成立的七年中,获得了持续、快速的成长,已经发展为国内领先的营销学学术期刊。在《学报》的发展过程中,创业、资源和制度因素都起到了非常重要的作用。考虑到本文的研究课题为组织的持续性成长及创业、资源和制度因素在其中的作用,《学报》及其形成的学术共同体,是本文极为合适的研究对象。

在数据的选择和采用上,我们采取了多种数据来源的方式,对数据进行三角验证,以保证数据的可信度(Eisenhardt and Graebner,2007)。首先,我们对《营销科学学报》的创办者、主编、专业编委等人进行了访谈,并对访谈中的事件进行了交叉验证。其次,收集《学报》创办和发展过程中的各种原始数据,包括营销学术共同体在各个发展阶段的内外部文件、档案、会议记录和其他资料。这些资料能够在一定程度上对访谈结果形成补充和验证。最后,对《学报》相关的公开资料进行收集,包括媒体报道、事实数据(如 CSSCI 引用数据)等。多来源和数据之间的交叉验证能够降低单一资料来源所导致的数据可信度和可靠度问题。

在资料分析方面,首先,我们对访谈资料进行了内容分析;其次,我们依据综合性视角,对案例资料从创业因素、资源配置与联合、内外部制度创新等方面进行分析,剖析《学报》创业与发展过程的各种影响因素及其关系;最后,我们基于案例分析形成一个概括性的中国情境下的学术刊物创业与持续发展的框架,并对其理论和应用含义进行讨论。

三、案例资料的分析及结果

(一) 2004—2006 年:创业阶段(第一届编委会)

1. 把握机会,战略创业

2004—2006 年是《学报》创办初期,战略创业因素,包括创办者对创业机会的把握、创业理念和创业领导力起到了非常重要的作用。这些因素影响着《学报》的创办和发展方向,是整个组织发展的基石。在《学报》创办期,战略创业因素主要表现为:①识别营销学界需要建立符合国际规范的学术平台的创业机会。当时,国内营销学界强烈需要建立一份专业的一流学术期刊。②将《学报》的创业理念确立为促进国内营销学术社区的发展；愿景确立为在国内营销学术领域建立具有持续竞争优势的一流学术期刊并形成主流学术圈，推动营销领域的原创性学术研究；③联合对这一愿景有共识的一群学者成立《学报》。2004年正是国内营销学界的一个转折点。一方面，越来越多的学者受过国际正规学术训练；另一方面，国内的期刊和其他学术出版物仍然以传统的研究方法为主。时任清华大学经济管理学院营销系系主任的Z教授和北京大学光华管理学院营销系主任的T教授和F教授认识到，营销学界的进一步发展需要顺应潮流、建立符合国际标准的期刊和学术平台。抱着推动营销领域原创性研究、提升国内营销学领域学术水平的理念，这几位学者联合创办了《学报》。按照当时的想法，《学报》的办刊目标是成为一家国内管理类权威学术期刊，并在2015年前成为有国际影响力的学术期刊。这样的战略创业因素直接影响了对内外部资源的配置、对内外部制度的创新和合法性获取。

2. 在资源配置、制度创新中寻求竞争优势

在既把握机会又要寻求竞争优势的战略创业思想的指导下，《学报》的创立者首先对内外部制度进行了识别，并同时对内外部资源进行了整合。当时的内部制度尚未建立，而外部制度主要表现为管理机构对学术期刊的控制和市场对新（非传统）期刊的不认可。这样的制度导致了《学报》无法通过正式渠道获取刊号这一代表合法性的外部资源。在这样的资源和制度情景下，Z、T和F教授三人筹划、整合了一定的资源。首先，在三人的努力下，《学报》获得了清华大学经济管理学院和北京大学光华管理学院的大力支持，每年分别出资12万元，用于学报的运营和发展。其次，邀请多家知名大学的商学院成为学报的理事单位。当时并没有规定理事单位的权利和义务，但各理事单位对学报的宣传和发展起到了支持和呼应的作用。尤其在《学报》发展初期，第一届理事单位对《学报》的大力支持是其获得发展的重要动力。此外，许多学者，包括《学报》最初的第一届编委，也对《学报》的宣传和发展起到了非常重要的作用。再次，申请刊号。刊号在国内现行学术制度下是一种稀缺资源，它的获取需要经过烦琐的申请过程。为了能够使学报尽早投入运营并扩大影响，三位创办人决定先采用"以书代刊"的形式，并同步进行刊号申请。最后，试图联合全国性的营销学会。完全白手起家创办学术期刊必将遇到很多障碍，而在一个比较成熟的基础上运营，就能够事半功倍。正是抱着这样的想法，《学报》的创办者试图与全国性的营销学会联合来运营和管理这份刊物。当时的中国营销学术界，类似的学术机构有两个：一个是中国高校市场学会，另一个是中国市场学会。前者跟学界联系比较紧

密,而后者跟产业界联系比较紧密。从理念和目标上来看,前者与《学报》是比较相符的。但由于各种各样的原因,在经过一段时间的接触后,最终双方没有能够形成合作关系。

需要指出,从创业者的角度看,影响《学报》的内外部资源和制度并非是独立的,而是存在着联系和转换的可能。在战略创业因素的指引下,外部制度在一定程度上决定了组织资源是否能够利用,而《学报》所拥有的资源特别是创业者的远见和领导力则可以辅助组织进行制度创新。如清华、北大的支持(内部资源)和依托于清华、北大两个主体(外部制度创新)是相互联系的;广泛选择海内外符合《学报》创业理念的优秀学者作为编委,与以学术为唯一标准选择编委等内部制度创新是息息相关的。这些资源配置和制度创新使得《学报》一开始就形成了相对于传统期刊的竞争优势,即以追求学术的学者为核心、做一本与国际接轨的学术刊物。总结来说,在创办期,战略创业因素、资源配置因素和制度创新因素的相互作用见图8.2。

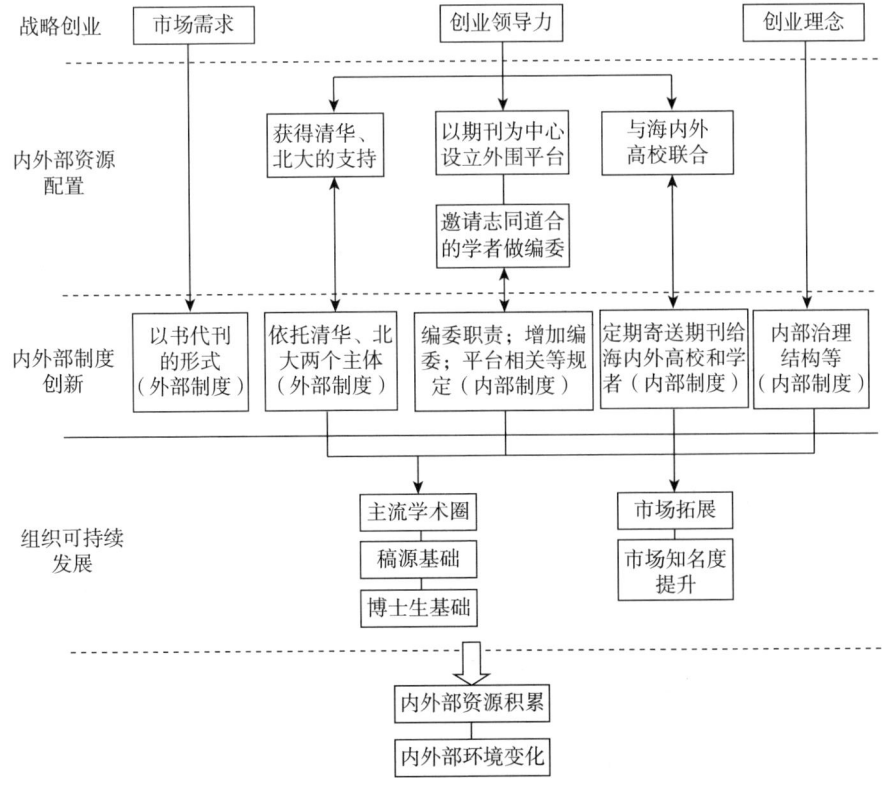

图 8.2 《学报》创办期竞争优势的获取机制

3. 举办年会，促进刊物与组织发展

2004年6月，《学报》正式创刊。其创办机构为清华大学和北京大学，主编为Z教授，副主编为F教授。新生《学报》面临的第一个难题就是稿源。为了解决稿源的问题，同时也是为了能够在将来扩大《学报》的影响力和受众，编委会决定组织"中国营销科学学术年会"（以下简称"年会"）。年会的宗旨为倡导严谨、规范和科学的营销学术研究，强调营销研究的理论创新，鼓励营销教学与研究的交融，促进新的营销知识在中国的传播，推动中国营销学术社区的发展。为了避免与国际、国内的同类年会在时间上冲突，《学报》将年会时间定在了每年的10月份。第一届年会于2004年10月在北京举行，由《学报》编委会主办、清华大学承办，收到论文40多篇，并第一次确立了《学报》及年会宗旨和章程，以及成为理事单位的条件。章程规定，只有理事单位有权利申请承办年会，其他非理事单位如要申请承办，必须绑定一个理事单位联合申请。但当时的章程并没有规定理事单位的义务。在这一阶段，编委会是《学报》和年会的主要运作机构和中心。在这样的背景下，一方面，《学报》的创办者进行制度创新，采用了"以书代刊"的形式；另一方面，搭建了治理结构、年会等内部制度，并在其指导下充分利用内外部资源，使《学报》先运行起来。2005年6月，《学报》第一次编委会召开。会议上对《学报》进行了定位，制定了办刊准则、编委义务等。至此，《学报》初步形成了其正式定位和内部治理制度设计。同时，为了增加稿源，学报还设置了博士生论坛，为优秀的博士生提供交流平台，进行优秀论文评选，对获奖的博士生提供5 000—10 000元人民币的奖励。2005年10月，第二届年会由北京大学主办。年会共收到论文200多篇，接收130篇，数量和质量比第一届年会有了明显的提高。此外，为吸引优秀博士生出席年会，年会也提供了20个补贴名额，规定每人补贴800元人民币。

《学报》将2004年年会和2005年博士生论坛所接收的论文汇集出版在前两期上。从2005年开始，年会承办单位开始通过申办并由理事单位代表投票的方式确定。当时有多所大学申请承办2006年年会，经过投票表决，武汉大学和香港城市大学联合获得承办权。2006年年会接收200多篇论文，300多人参会。2004—2006年间，从第一期刊物出版，《学报》就坚持向国内重点高校商学院图书馆、世界排名前100的商学院图书馆、国内主要营销学者及海外华人营销学者寄送期刊。每次年会都邀请国家自然科学基金委的相关负责人参会，同时也邀请国际顶尖营销类学报的主编或重量级学术专家做主题演讲。本研究对《学报》第一阶段事实的归纳和理论概念的构建见附录A8.1。

(二) 2007—2009 年：快速发展阶段 (第二届编委会)

在创办期，《学报》累积了一定的资源和市场，从而为《学报》进一步的发展打下了一定的基础。但伴随内外部环境的变化，《学报》的制度和资源配置方式已经不能完全适应环境的变化，这给《学报》的进一步发展带来了新的挑战。因此，创业者认识到调整战略创业因素并同时对资源进行重新优化配置、对制度进行创新，才能保证重新适应环境，从而实现《学报》的持续发展。

1. 战略创业扩充机会

随着《学报》的快速发展和知名度的提升，国内学术市场对《学报》有了一定的了解和认可。而同时，国内学术界的快速发展要求有一个统一、广阔的平台能够使得各高校教师、博士生等实现深度沟通。在此创业机会下，《学报》的理念逐渐转为围绕学术期刊建立学术平台。在这样的创业机会和创业理念下，《学报》的内部环境也发生了很大变化。由于《学报》有两个主体（清华大学和北京大学），对这两个主体在《学报》的管理中分别应当扮演什么样的角色引起了一定的争议，为了体现两个主体的对等性，同时也为了更好地对《学报》进行管理，通过内部制度创新，确立了理事会作为刊物最高权力机构，修正了规则制定和领导权的配置。

2. 在资源配置、制度创新中拓展竞争优势

首先，《学报》早期设计的审稿制度和流程使主编的负担过重，不利于《学报》的健康发展。在这样的内外部环境下，《学报》在新的创业理念和创业领导力指引下，通过内部制度创新设置了专业主编，实现了资源调整配置，从而保证了组织的继续发展。专业主编的设置参考了国外期刊的做法，其主要责任是为稿子的质量把关，决定匿名评审专家并最终决定文章是否采用。此外，在《学报》成立之初，并没有规定编委会的任期和换届机制。为了能够充分体现两个主办单位之间的平等性并保证《学报》的长远发展，2007 年举行的第一届理事会第二次会议提出，主编只能连任两届，理事会设立了理事长一职，负责《学报》的章程、编委会主任的提名和会议的举办。第一任理事长由北京大学光华管理学院 F 教授担任，清华大学经济管理学院 Z 教授继续担任主编，这对《学报》的内部治理和可持续发展产生了重要的影响。

在此阶段，资源重新优化配置和制度创新也是相互联系的。随着资源的累积和环境的变化，资源对组织的影响作用逐步下降，而初期确立的制度却开始越

来越限制和约束《学报》的发展。在战略创业理念指导下,在外部制度创新方面,《学报》先后得到清华大学、北京大学等国内重点高校的承认,并得到国家自然科学基金委的承认,这与前期积累的内外部资源是紧密联系的。在内部制度创新方面,一是围绕《学报》建立了如博士生基金等外围平台,二是设置了理事会,从制度上平衡了主编个人权力过大的问题,基本解决了内部矛盾,也给《学报》带来了更多的内外部资源。在第二届编委会和第二届理事会的共同努力下,《学报》的审稿流程和编委团队进一步得到了优化:首先,在将匿名评审专家的选用、最终稿件的录用等权力下放给专业主编的同时,对专业主编队伍进行了调整,控制其审稿周期。其次,加大主编、副主编的责任,要求期刊上刊发的文章必须经过主编或副主编的审阅。最后,保证编委质量。第二届编委会上,80%—90%的第一届编委都参会并希望能够继续担任编委,这在国内学术界是很少见的。在这样的情况下,原则是择优录用,不仅要求每一位编委都有较高的学术水平,而且要保证整体专业方向和所在学校的结构平衡。

3. 建设良性学术生态系统,拓展组织发展空间

在新的战略创业因素指导下,通过对内外部资源重新优化配置、对内外部制度进行创新,《学报》在这一阶段实现了快速发展。截止到 2010 年年会,有 600 人向年会提交论文,接受论文 300 篇,参会人数超过 500 人。已经基本上达到或超过了国内同类年会的标准。而年会对博士生基金、英文小会场和博士生招生平台的建设,都是国内同类年会所不具备的。《学报》一直坚持的赠送刊物、邀请专家参会的策略取得了初步成效。在 2007—2010 年,《学报》不仅先后被清华大学、北京大学、复旦大学、上海交通大学等重点大学承认,而且得到了国家自然科学基金委的承认。此外,在《学报》基础上组建的营销学术共同体还对国内的整个学术界带来了其他的影响。不仅团结了一群致力于营销领域学术发展和建设的学者,为营销领域的提升搭建了一个良好的学术平台,而且将营销学领域的提升拓展到博士生圈子,把优秀博士生吸纳进来,从而保证了学术共同体的长远发展和影响力。这一阶段中各个因素的相互作用及其对组织的影响见图 8.3。对第二阶段事实的归纳和概念的构建见附录 A8.2。

(三) 2010 年及以后:成熟发展阶段

1. 战略创业面临国际化调整

在快速发展期,《学报》及其平台通过制度创新实现内外部资源优化配置,

并基本适应了市场要求。到 2010 年以后,外部环境又发生了一些改变,主要体现在对国际性学术交流的要求上。《学报》的初期定位为中文期刊,其平台也是为中国学者搭建。然而,随着国际学术交流的增多和国内学术国际化的需求,《学报》及其平台进行国际化是必然选择。在这样的背景下,《学报》的管理者识别到将国内学术平台和国际学术平台接轨的创业机会,将创业理念进一步修正为将《学报》创建为一份国际期刊,并再次进行战略创业调整。

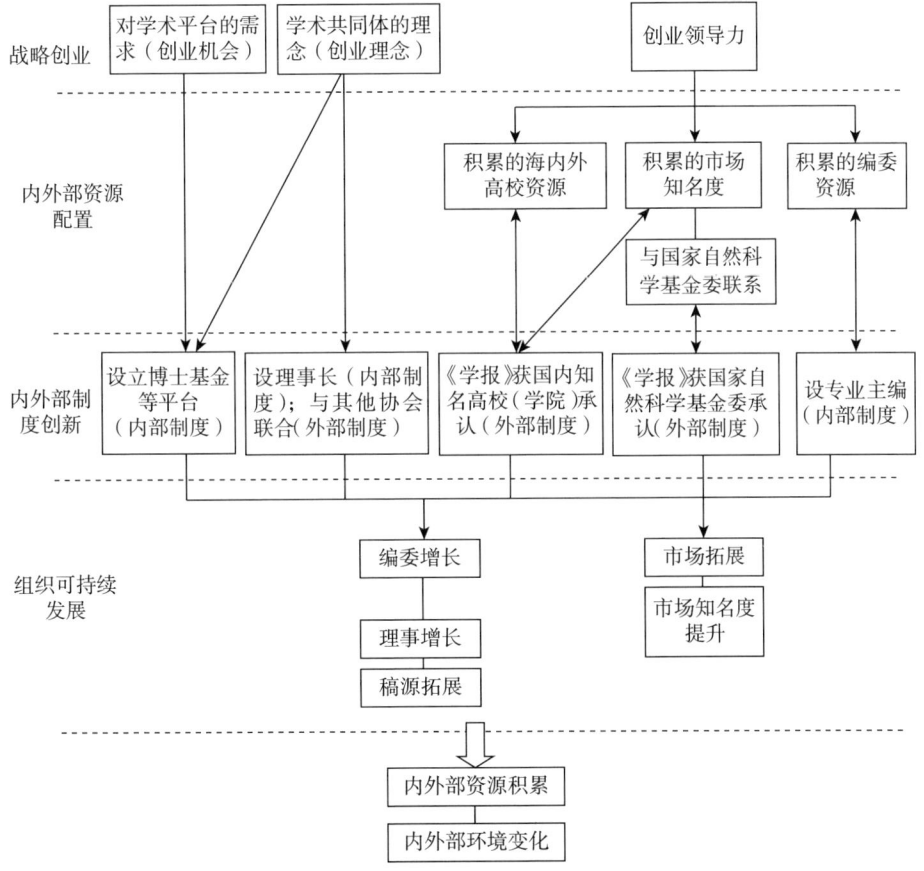

图 8.3 快速发展期竞争优势的获取机制

另外,除了《学报》创办者所建立的国际学者资源,在快速发展期,《学报》也积累了丰富的国际联系,这为《学报》在成熟发展阶段的创业领导力增添了国际元素。

2. 在资源配置、制度创新中强化竞争优势

在成为国际期刊的创业理念和管理团队的创业领导力下,《学报》及其平台

进行了内部制度创新,将《学报》增加了英文版、年会增加了英文部分,并根据战略创业的要求以及制度安排将组织内外部资源进行了重新优化配置。在外部制度创新上,主要是力图解决刊号问题。2010 年,由于《学报》的快速发展带来的工作量增大,《学报》聘用了专职编辑。同时,在内部治理上,《学报》的编委会和理事会也将进一步细化章程、审稿规则等,进一步提高期刊的质量,从而引导国内的营销学科得到提高。从 2010 年开始,年会的时间改成了 8 月份,一是年会已经有了一定的市场,不再担心与其他年会时间冲突的问题;二是若要吸引更多的海外学者来参加,8 月份是个更好的选择。另外,2010 年的年会(由对外经济贸易大学和中央财经大学联合承办)也增加了英文的小节,《学报》的国际化程度又向前迈进了一步。

在这一阶段,制度创新和资源优化配置也是相辅相成的。积累的海内外高校资源使得《学报》及其外围平台能够有实力增加英文分会并向国外知名学者约稿;长期以来积累的编委和理事基础也与内部治理制度和审稿制度的进一步细化是密切相关的。正是在符合当时内外部环境的战略创业因素指导下,对内外部资源和内外部制度同时进行优化和创新,才保证了《学报》及以其为核心的学术共同体的继续发展。而这些发展也必定在将来形成改变内外部环境的一支重要力量。

3. 吸收国外学者,促进组织发展

在新的战略创业因素指导下,《学报》同步进行了制度创新和资源优化配置,从而实现了组织的进一步发展。2010 年年会增加的英文小节吸引了众多海内外学者投稿。2009 年年会建立了高校教师招聘平台,希望将来能够像美国营销学会一样,成为毕业博士生和招聘学校双向选择的国际平台。此外,《学报》也正在筹划增设英文专刊,从而吸引更多的国际读者和投稿者。

此阶段不同因素的相互作用及其对组织的影响见图 8.4。对第三阶段事实的归纳和概念的构建见表 8.3。同时,附录 A8.4 是对附录 A8.1 至 8.3 的总结,对三个阶段的事实和概念进行了整理。

四、战略创业、制度创新与组织可持续发展:迈向一个动态整合框架

正如 Ireland, Hitt and Sirmon(2003)所提出的,创业精神和战略管理共同影响了新创组织的发展。在本案例中,创业机会、创业理念和创业领导力直接促

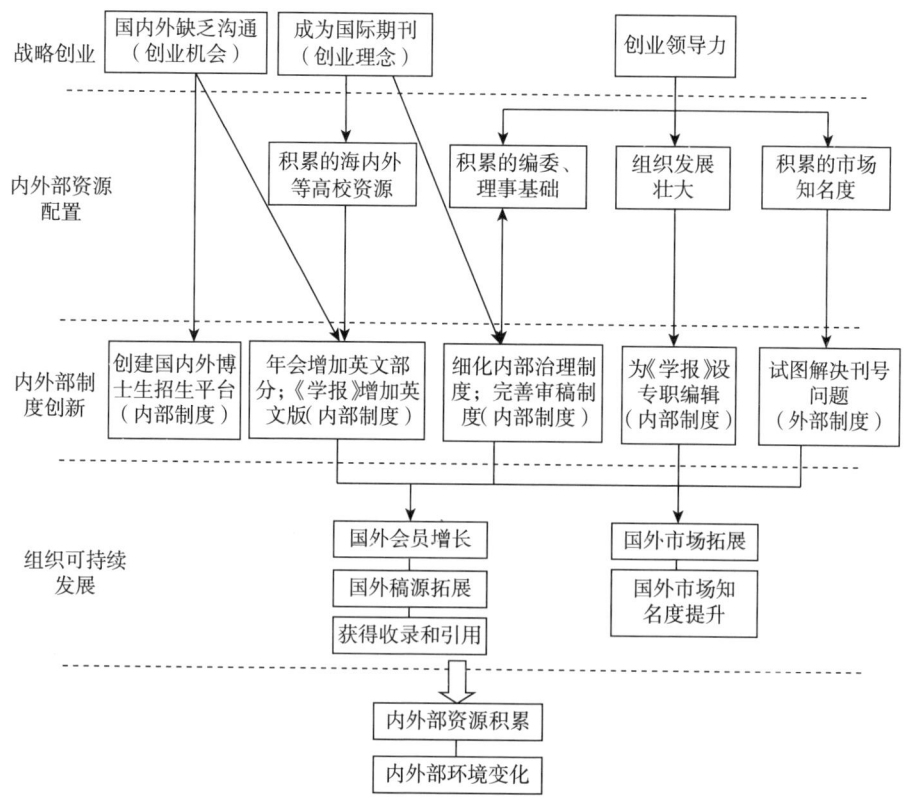

图 8.4 稳定期竞争优势的获取机制

成了创业行为;以创业先进理念为基础对内外部资源配置(或联合)和内外部制度创新(或替代)的战略管理决定了竞争优势。基于本案例对营销学术共同体的研究,我们对 Ireland, Hitt and Sirmon(2003)所提出的理论框架进行如下发展和补充:①在中国转型经济大背景和学术共同体小背景下,战略创业必须结合内外部制度环境并进行相应制度创新,进而优化配置内外部资源,才能保证组织的持续发展。②在中国,制度和资源因素并非是相互独立的,内外部资源和内外部制度相辅相成,有着密切的联系和转换的可能。内部资源提供了组织发展的硬核(hard core),内部制度确定了硬核的运作方式和效率,利益相关者所提供的外部资源对这一核心起到了支持作用,而外部制度合法性获取进一步强化了组织在市场中的合法性,并促进了内外部资源的进一步获取。③组织的持续发展不是一蹴而就的,更不能坐享其成。这个过程是动态的,需要随着环境和战略行为而动态改变。只有不断注意到内外部环境的改变,并据此适当地改变战略创业与制度因素,从而对内外部资源和内外部制度同时进行创新和优化配置,才能保持组织的持续成长,这应该是转型环境下的创业组织"动态能力"的本质(见图8.5)。

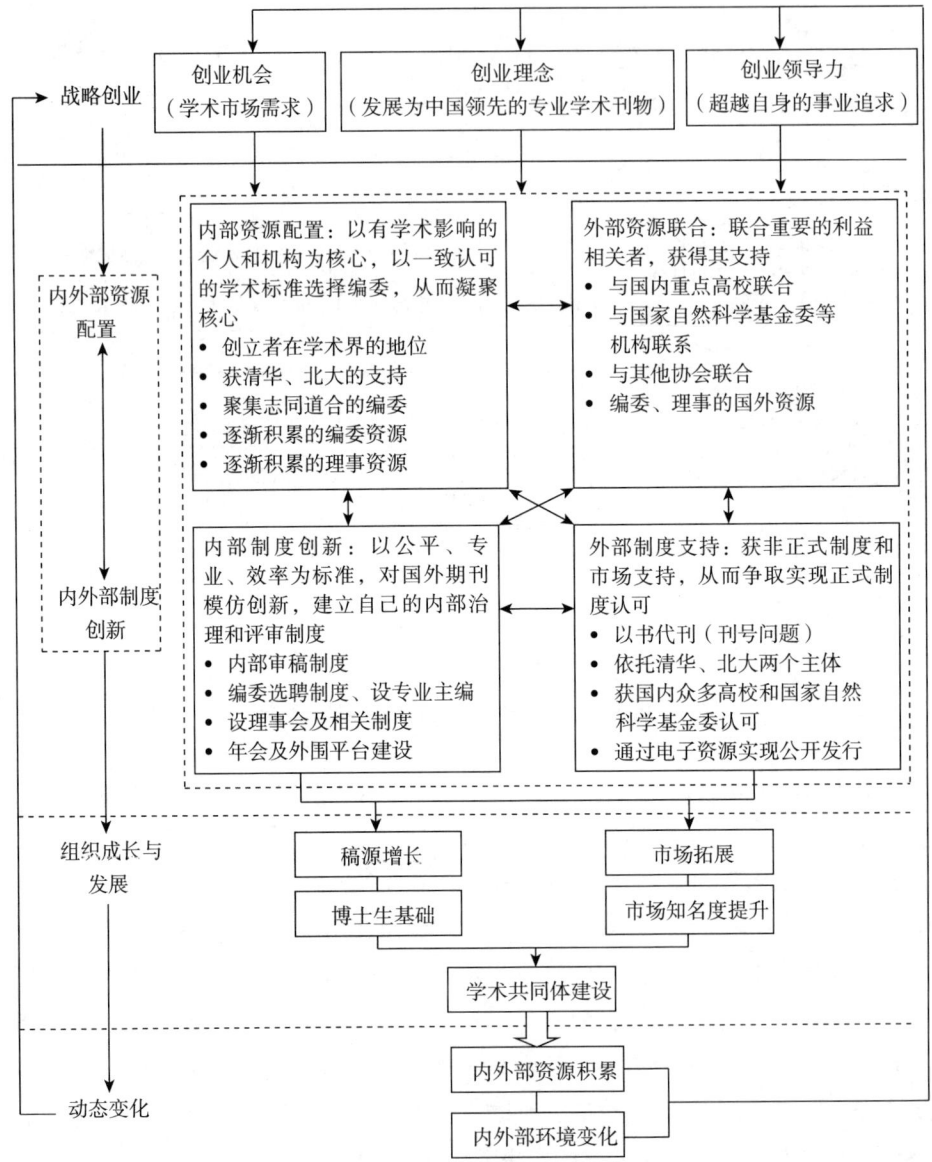

图8.5 《学报》的战略创业及可持续发展

首先,在中国转型经济的大背景和学术共同体的小背景下,研究组织的可持续发展必须考虑制度因素。现有的内外部制度包括组织现有的内部制度和外部制度。在本案例中,以2007年10月编委会换届的时点为例,营销学术共同体的内部制度包括第一次编委会确立的内部章程、审稿流程、内部治理结构和学术共同体的理念;外部制度包括国家的刊号申请和管理制度、学术组织设立制度、营销学术领域的学者对营销学科发展的看法,等等。制度创新包括设立理事会并确定其权利义务,设置专业主编并重新对主编、副主编和专业主编的权力和责任进行分配等。现有内外部制度和制度创新并不是相互独立的。在组织的发展过程中,有些现有制度(尤其是外部制度)是天然存在并且在短期内不会改变的,比如国家相关部门的规定;而有些现有制度(尤其是内部制度)是可以通过制度创新获得的,比如《学报》和年会的治理结构。同时,制度创新也受到现有内外部制度的影响。制度创新一定是在现有的内外部制度框架中进行的,对于有些现有制度(尤其是外部制度),要更多以合法性获取为目的进行制度创新或替代,如"以书代刊";而对于另外一些现有制度(尤其是内部制度),要更多地以有效性、平衡性为目的进行制度创新,如刊物内部治理结构的创新。

其次,制度和资源并不是相互独立的,而是相辅相成、具有不可分割的密切联系。在本案例中,可以发现,有时候制度和制度创新决定了资源获取和配置,而有时候,资源获取和配置使制度创新成为可能。如在创立期,现行制度决定了《学报》的创立者不能拿到刊号,而如上所述,刊号对于国内学术出版物来说是一项重要资源。内外部资源和内外部制度的具体作用表现为:内部资源提供了组织发展的硬核(hard core),内部制度确定了硬核的运作方式和效率,利益相关者所提供的外部资源对这一核心起到了支持作用,而外部制度合法性获取进一步强化了组织在市场中的合法性,并促进了内外部资源的进一步获取。

最后,学术组织的发展是一个动态的过程,"动态能力"的本质即为识别内外部环境和内外部资源的动态变化并通过适当修正现有资源配置和制度重新获得组织竞争优势的过程。在本案例中,创办期的会员、编委积累和市场知名度提升一方面使得营销学术界对学术期刊的认知发生了重大变化;另一方面,《学报》的逐步发展也使得营销学界内学术领域期刊的相对竞争优势发生了重大变化。此外,随着国内学术界的发展和国内外学术界交流日益增多,国内学术界环境也开始发生动态变化。这些变化都是伴随《学报》的发展而发生的,只有及时识别这些变化,同时对战略创业因素进行修正,并在其指导下对资源配置和制度创新进行重新优化,才能保证学术组织的持续发展。

基于以上的事实和理论讨论,本研究提出了转型环境下学术组织可持续发展的一个整合框架。在这个框架中,制度创新和资源配置的相互联系和相互影响处于核心位置,它由四部分构成:由理念一致的编委和相关机构为核心的内部资源配置,联合重要利益相关者从而实现外部支持的外部资源联合,在内部治理和审查制度等方面实现的内部制度创新,以及外部正式制度和非正式制度的支持。

(1) 内部资源配置。《学报》的内部资源配置围绕着有学术影响的个人和机构,以内部一致认可的学术标准来选择新的编委和机构成员,从而在实现组织发展的同时也保证了其凝聚性。在《学报》创办之初,其核心就是几位在营销学界享有重要学术地位的学者,依托机构也是在中国学术机构中有主导地位的清华大学和北京大学。通过建立一套学术标准,所筛选出的新的编委和机构成员都是理念一致、具有专业水平和高度凝聚力的,从而能够为《学报》提供更专业、更有效的资源,这也就使得《学报》的内部资源积累能围绕着同质化的核心,其配置也更有效。

(2) 外部资源联合。作为新成立的学术组织,《学报》虽然吸引了很多志趣相投的个人和机构加入,但整体来说,在整个学术期刊市场中还处于劣势地位。为了获得更多资源和支持,《学报》需要与外部组织和机构形成联盟。因此,《学报》在发展过程中逐步联合了各种利益相关者。在创办初期,《学报》主要与国内重点高校联合,随着内部资源积累和市场拓展、声誉提高,逐渐发展到与其他协会、国家自然科学基金委等组织联合或合作。近年来,《学报》也开始与国外相关机构联系,争取国外利益相关者的资源支持。可见,在创业和可持续发展中,获取外部重要利益相关者的支持和资源是很重要的,同时,外部资源的获取与内部资源的积累也是分不开的。

(3) 内部制度创新。内部制度对于能否形成一个高度凝聚的组织是非常重要的。《学报》以公平、专业、效率为标准,对国外期刊模仿创新,建立了自己的内部治理和稿件评审制度。正是这样的内部制度创新,才形成了专业化的、得到一致认可的学术标准,使得内部个人和机构高度凝聚,从而实现了内外部资源的高效配置和合理利用。由此可见,内部制度的发展对内外部资源的积累、配置和利用有着非常重要的影响。另外,《学报》的这种治理模式和审稿制度也在很大程度上影响了其他期刊的认知和做法,以及期刊市场的非正式制度。

(4) 外部制度支持。国内期刊的创立、发行和发展都受刊号制度的限制。针对这样的正式制度,《学报》通过获得非正式制度的支持实现了发展。如采用"以书代刊"的形式、获得国家自然科学基金委的支持,以及纳入电子期刊数据库以扩展发行渠道。这种迂回的方式,一方面可以在正式制度不支持的情况下支持组织的发展,另一方面,也可以试图通过市场影响力和知名度的提升反过来获取正式制度的认可和合法性。由此可见,外部正式和非正式制度的支持与内外部资源的积累和利用都是分不开的,甚至也会影响到内部制度(如国家对期刊的相关管理制度可能会影响《学报》内部治理和审稿制度)。

在《学报》案例研究的基础上,本文将案例分析的结论抽象化,得出了转型背景下学术组织战略创业和可持续发展的一般动态框架(见图8.6)。在中国的转型背景下,学术组织的发展是战略创业因素指导下的制度创新和资源整合的动态过程。在这个过程中,首先是在一定的创业思维、创业文化和创业领导力下建立高度凝聚的内部学术核心,并通过专业、有效的内部治理制度实现内部核心的发展。其次,在内部高度凝聚的核心发展基础上,同时寻求外部利益相关者的支持和外部正式、非正式制度合法性的支持。这些来自外部的资源和制度支持将反过来影响组织内部核心的资源积累和内部制度的变化。这个创业精神和寻求竞争优势理念指导下的资源配置与联合、制度创新与支持的协调与动态发展,才使得组织在竞争中获得持续竞争优势,这四种因素缺一不可。

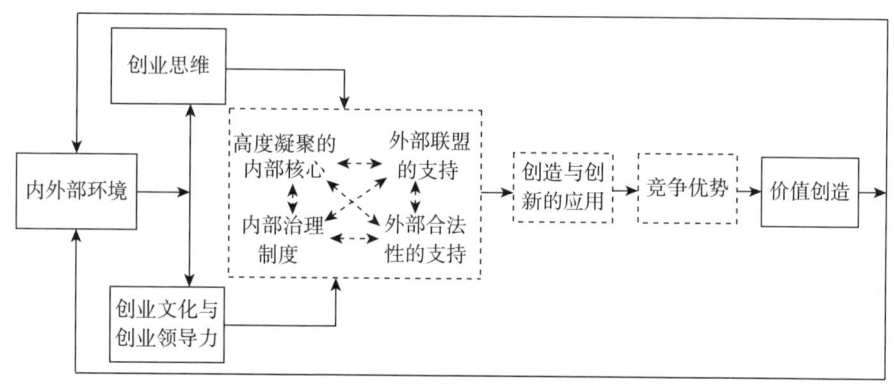

图 8.6　转型背景下战略创业与组织可持续发展的动态框架

五、进一步的讨论

我们的研究针对创业型学术组织(学术刊物)的可持续发展问题,从战略创业因素、资源和制度因素出发,对 Hitt et al.(2002)及 Ireland, Hitt and Sirmon (2003)的战略创业理论进行了拓展。在这个框架中,仍然有几个问题有待讨论:①内部资源配置与外部资源联合、内部制度创新与外部制度支持四个因素的相互关系;②创业者本身的特质对组织创业与持续发展的影响;③外部正式制度和非正式制度之间的关系;④该理论框架对企业管理的借鉴意义。

第一,作为本文的核心之一,在图8.5和图8.6中,我们强调了内外部资源配置和联合和内外部制度创新与支持的重要性及它们之间的关系。优化配置内部资源从而形成高度凝聚的内部核心体现了资源基础观的基本观点(Barney,

1986,1991);建立公平、专业、有效的内部治理制度是治理理论关注的焦点(Becht, Bolton, and Röell, 2003; Daily, Dalton, and Cannella, 2003; Walsh and Seward, 1990);获取外部利益相关者的支持是战略管理的利益相关者理论的基本思路(Donaldson and Preston, 1995; Freeman, 1984; Mitchell, Agle and Wood, 1997);获取外部合法性则是制度理论的基本观点之一(DiMaggio and Powell, 1983; Rowan, 1982)。由此看见,在中国的背景下,市场的不完善、制度的不成熟导致了仅仅依靠内部资源或者外部制度都是不够的,必须综合考虑各方面的因素,并使其协调发展,才能实现组织的可持续成长。转型环境下的战略创业与组织可持续发展的理论,必须综合考虑资源基础观、治理理论、利益相关者理论和制度理论等,才能更好地发展适用本土情境的理论和获得更大的理论应用意义。

第二,虽然本文没有重点讨论创业者的个人特质,但正如高层梯队理论所指出的,它对组织的发展其实是非常重要的。一方面,创业者的认知和价值观特质直接决定了组织最初的创业理念和领导力。在《学报》的例子中,几位创业者都抱有促进国内营销学科发展的远大志向,并拥有高度的责任感和事业心,愿意为了该志向放弃个人名利,这种超越性价值观对《学报》能够突破很多限制并发展起来是至关重要的。另一方面,创业者的个人特质也决定了组织的创业领导力。《学报》的创办者都是营销学术领域的知名学者,他们对学术研究有着孜孜不倦的追求和严格的要求,这使得他们得到了众多同领域学者的尊重和支持,这也是《学报》吸引众多编委并获得快速发展的重要原因。

第三,在制度理论中,正式制度主要指的是法律、法规、规定等,而非正式制度主要是指道德规范、行业标准、公众认知等(DiMaggio and Powell, 1983; Scott, 1995)。制度理论虽然强调了组织必须同时得到这两种制度的合法性才能存活,但却并没有讨论获取这两种制度合法性之间的关系。在本文中,我们提出,当组织无法直接获取正式制度合法性(比如《学报》无法获取刊号这一正式制度合法性),可以通过非正式制度的合法性获取(比如《学报》获取高校和国家自然科学基金委的支持)来弥补,并有可能因此在获取正式制度合法性上取得突破。

第四,企业的战略创业过程,本质上也是将创业精神、创业理念和领导力与内外部资源、内外部制度紧密结合的过程。因此,虽然本文的研究对象是学术组织,但也有可能推广到企业。在创业初期,创业者的个人理念及领导力、个人所积累的资源与关系起到了主导作用。在企业快速成长阶段,由于企业的快速发展和外部环境的变化,企业的内外部开始出现制度矛盾。这时,针对内外部矛盾进行合理的制度创新,是企业能否突破创业瓶颈的关键因素。到企业稳定发展阶段,创业精神和内外部资源又开始发挥主导作用,此时,应当进行一定程度的制度创新以对内外部制度进行调整,从而支持创业精神和资源配置实现最优化,才能最大程度保证企业的持续发展。因此,我们所总结的基本结论是可以推广到企业层面的。

六、 结论及展望

通过对《学报》及营销学术共同体的案例分析,可以看出,战略创业因素、资源配置因素和制度创新因素在中国营销学术共同体的成长过程中起到了非常重要的作用。以《学报》为平台的中国营销学术共同体的发展过程,即是不断创业以配置内外部资源的过程,也是不断进行制度创新以获得内外部合法性的过程。总结来说,我们可以得到三个重要结论:①在中国的背景下,内外部资源的发展和内外部制度是密不可分的,内部资源提供了组织发展的硬核,内部制度确定了硬核的运作方式和效率,利益相关者所提供的外部资源对这一核心起到了支持作用,而外部制度合法性获取进一步强化了组织在市场中的合法性,并促进了内外部资源的进一步获取。这四个要素在战略创业因素指导下的紧密协调作用,最终形成了组织的竞争优势。②针对内外部制度的创新非常关键。一方面,创新性地建立组织内部制度决定了内部治理和资源配置的效率,从而有利于提高相对于其他类似组织的竞争优势;另一方面,通过对获取外部制度合法性的渠道和方式进行创新,能够在很大程度上消除不利的外部制度所带来的影响并最终获得外部制度的正向支持。③组织发展是一个动态的循环过程,它不仅会对组织本身的内外部资源产生影响,也会改变组织的内外部环境和组织在其中的合法性,这反过来对组织的战略创业因素提出了新的要求,从而通过新的内外部资源和内外部制度协调形成了新一轮的组织发展。只有对新形势有足够的了解并且正确地修正了战略创业因素,从而对资源和制度进行优化,才能继续实现学术组织的持续发展。

从理论上说,本文补充和发展了 Hitt et al.(2002)及 Ireland, Hitt and Sirmon(2003)的战略创业理论,指出在中国制度转型的大背景下,创业型组织的持续发展不仅是战略创业的过程,也是通过制度创新实现内外部制度合法性获取并进行资源战略性优化配置的过程。动态地修正战略创业的要素并据此优化制度创新和资源配置,是学术组织获得持续竞争优势从而获得持续成长的关键。

本研究有以下三方面的贡献:首先,运用组织管理理论解释了学术组织的发展。目前国内对学术刊物和学术组织的发展讨论热烈,但很少有理论对这一问题进行解释。本文通过整合战略创业理论和制度理论,在很大程度上弥补了这一缺陷,为我们进一步理解和发展学术组织提供了一个框架和方向。其次,本文以学术组织为例所提出的组织持续发展的动态框架对组织管理相关理论也具有一定的借鉴意义。一直以来,组织管理学术界提倡"情境化的管理理论"(Child,2009;Tsui,2006;Whetten,2009),而本文将制度创新因素和动态观点纳入研究框架,虽然是在学术组织方面的探索,但对针对中国背景下其他组织的理论构建也具有重要的借鉴价值。这一研究框架是在 Hitt et al.(2002)及 Ireland,Hitt and Sirmon(2003)的战略创业理论基础上提出来的,本文对他们的框架来说,不仅是在中国的应用,而且形成了一个重要的补充。最后,本文对进一步理解动态能力理论有一定的贡献。本文研究的刊物发展过程,正是该组织动态能力的发展和积累过程。在很多研究动态能力的文献中,动态能力都作为一种抽象的概念,研究其产生和积累过程的较少。本文的案例研究发现:动态能力本质上是动态地认识环境、形成新的创业理念,并在此指导下综合配置资源和制度的过程。这对于未来针对组织动态能力来源的研究有参考意义。

需要指出的是,本文的研究尚处于理论发展阶段,也只探讨了《学报》这一学术组织的情况。一个理论必须要具有一定程度的普适性才能被称为好的理论。将来还需要通过对一般组织如企业的研究来检验本文所提出的理论框架的适用性。

参考文献

Alvarez S A, Barney J B. 2002. Resource-Based Theory and The Entrepreneurial Firm[M]//Hitt M A, Ireland R D, Camp S M, Sexton D L. Strategic Entrepreneurship: Creating a New Integrated Mindset, Oxford: Blackwell Publishing.

Barney J B. 1986, Strategic factor market: Expectations, luck, and business strategy[J]. Management Science, 32(10): 1231-1241.

Barney J B. 1991. Firm resources and sustained competitive advantage[J]. Journal of Management, 17(1): 99-119.

Barney J B. 2001, Is the resource-based "view" a useful perspective for strategic management research? Yes. [J]. Academy of Management Review, 26(1): 41-56.

Becht M, Bolton P, Röell A. 2003. Corporate governance and control[J]. Handbook of the Economics of Finance, 1: 1-109.

Child J. 2009. Context, comparison and methodology in Chinese management research[J]. Management and Organization Review, 5(1): 57-73.

Daily C M, Dalton D R, Cannella A A, Jr. 2003. Corporate governance: Decades of Dialogue and data[J]. Academy of Management Review, 28(3): 371-382.

Dierickx I, Cool K. 1989. Asset shock accumulation and sustainability of competitive advantage[J]. Management Science, 35(12): 1504-1511.

DiMaggio P L, Powell W W. 1983, The iron cage revisited: Institutional isomorphism and collective rationality in organizational fields[J]. American Sociological Review, 48: 147-160.

Donaldson T, Preston L E. 1995. The stakeholder theory of the corporation: Concepts, evidence, and implications[J]. Academy of Management Review, 20(1): 65-91.

Eisenhardt K M. 1989. Building theories from case study research[J]. Academy of Management Review, 14: 532-550.

Eisenhardt K M, Graebner M E. 2007. Theory building from cases: Opportunities and challenges[J]. Academy of Management Journal, 50(1): 25-32.

Freeman R E. 1984, Strategic Management: A Stakeholder Approach[M]. Boston: Pitman/Ballinger.

Glaser B G, Strauss A L. 1967. The Discovery of Grounded Theory[M]. Chicago: Aldine.

Grannovetter M S. 1985. Economic action and social structure: The problem of embeddedness[J]. American Journal of Sociology, 91: 481-510.

Hitt M A, Ireland R D, Camp S M, Sexton D L. 2002. Strategic Entrepreneurship: Creating a New Integrated Mindset[M]. Oxford: Blackwell Publishing.

Ireland R D, Hitt M A, Sirmon D G. 2003. A model of strategic entrepreneurship: The construct and its dimensions[J]. Journal of Management, 29(6): 963-989.

Kirzner I M. 1973. Entrepreneurship and Competition[M]. Chicago: University of Chicago Press.

Kirzner I M. 1997. Entrepreneurial discovery and the competitive market process: An Austrian approach[J]. Journal of Economic Literature, 35(1): 60-85.

Meyer J W, Rowan B. 1977. Institutionalized organizations: Formal structure as myth and ceremony[J]. American Journal of Sociology, 83: 333-363.

Mitchell R K, Agle B, Wood D J. 1997. Toward a Theory of Stakeholder Identification and Salience: Defining the Principle of who and What Really Counts[J]. Academy of Management Review, 1997, 22(4): 853-886.

Oliver C. 1997. Sustainable competitive advantage: combining institutional and resource-based views[J]. Strategic Management Journal, 18(9): 697-713.

Penrose E. 1959. The Theory of the Growth of the Firm[M]. Oxford: Oxford University Press.

Phillips N, Tracey P. 2007. Opportunity recognition, entrepreneurial capabilities and bricolage: Connecting institutional theory and entrepreneurship in strategic organization[J]. Strategic Organization, 5(3): 313-320.

Priem R L, Butler J E. 2001. Is the resource-based "view" a useful perspective for strategic management research? [J]. Academy of Management Review, 26(1): 22-40.

Rowan B. 1982. Organizational structure and the institutional environment: The case of public schools[J]. Administrative Science Quarterly, 27(2): 259-279.

Schumpeter J A. 1934. The Theory of Economic Development: An Inquiry into Profits, Capital, Credit, Interest, and the Business Cycle[M]. Cambridge, MA: Harvard University Press.

Scott W R. 1995. Institutions and Organizations[M]. Thousand Oaks, CA: Sage.

Shane S, Venkataraman S. 2000. The promise of entrepreneurship as a field of research[J]. Academy of Management Journal, 25(1): 217-226.

Tsui A S. 2006. Contextualization in Chinese management research[J]. Management and Organization Review, 2(1): 1-13.

Walsh J P, Seward J K. 1990. On the efficiency of internal and external corporate control mechanisms[J]. Academy of Management Review, 15(3): 421-458.

Wernerfelt B. 1984. A resource-based view of the firm[J]. Strategic Management Journal, 5(2): 171-180.

Whetten D A. 2009. An examination of the interface between context and theory applied to the study of Chinese organizations[J]. Management and Organization Review, 5(1): 29-55.

Yamakawa Y, Peng M W, Deeds D L. 2010. What drives new ventures to internationalize from emerging to developed economies?[J]. Entrepreneurship Theory and Practice, 32(1): 59-82.

Yin R K. 1994. Case Study Research: Design and Methods[M]. Beverly Hills: Sage Publications.

霍丽. 2009. 制度因素与学术期刊的发展研究[J]. 西藏民族大学学报(哲学社会科学版), 30(4):97-100.

蒋万胜. 2009. 我国社会科学管理体制对学术期刊发展的双重影响[J]. 出版发行研究, 4:57-59.

李新春, 何轩, 陈文婷. 2008. 战略创业与家族企业创业精神的传承——基于百年老字号李锦记的案例研究[J]. 管理世界, 10:127-140.

李新春, 刘佳, 陈文婷. 2008. 从基于制度到基于市场的战略创业转型——中国大型电子企业联想、海尔、TCL案例[M]//张曙光, 王珺, 李新春, 丘海雄. 中国制度变迁案例研究(广东卷), 第六集. 北京:中国财政经济出版社:669-704.

李玉刚. 2009. 企业战略与制度互动机制的研究述评及启示[J]. 华东理工大学学报(社会科学版), 1:64-69,76.

彭爽. 2011. 经济转型期的中国经济学研究与学术期刊发展——《经济评论》创刊30周年暨学术期刊发展论坛观点综述[J]. 经济评论, 1:155-158.

许纪霖. 2004. 学术期刊的单位化、行政化和非专业化[N]. 文汇报, 2004-12-12.

张伶. 2008. 中国管理学学术期刊的发展与未来展望——以《南开管理评论》十年发展为例[J]. 南开管理评论, 6:4-7.

张耀铭. 2006. 中国学术期刊的发展现状与需要解决的问题[J]. 清华大学学报(哲学社会科学版), 2:30-37.

附录 A8.1　创业阶段事实陈列及概念构建

事实	概述	二级子概念	一级概念
营销学界对符合国际标准的新学术期刊的需求	对市场机会进行发现和甄别	创业机会	战略创业
创办者推动营销领域学术水平、建立学术平台的理念	树立成立学术组织的基本价值观	创业理念	战略创业
创办者联合海内外知名学者及院校	形成一个有号召力的主流群体	创业领导力	战略创业
创办者获得清华、北大支持	创办者将周围直接联系的个人和机构资源纳入学术组织	整合、拓展内部资源	内外部资源
创办者号召、邀请相关知名学者担任编委		整合、拓展内部资源	内外部资源
与海内外知名校院联合	以内部的个人和机构资源为中心，向外部联系相关利益者的资源	整合、拓展外部资源	内外部资源
寄送《学报》给海内外知名院校和学者		整合、拓展外部资源	内外部资源
设立内部治理、审稿等规则	以专业化、公平化为标准，模仿、学习国外一流期刊的内部治理制度	内部制度设立	内外部制度
编委选择真正做事的，并需经过 2/3 表决通过		针对内部的制度创新	内外部制度
期刊依托于清华、北大两个主体		针对内部的制度创新	内外部制度
暂时采取以书代刊形式	以不现章制度冲突为基准，以对组织有利，能为组织带来更多的资源为目的	针对外部的制度创新	内外部制度
以期刊为中心建立外围平台		针对外部的制度创新	内外部制度
试图与其他类似的协会联合		针对外部的制度创新	内外部制度
学术年会的设立增加了稿源	形成一个凝聚的核心并打下了市场基础和提高知名度	资源积累	可持续发展
所有期刊的编委形成了国内的主流学术圈子		资源积累	可持续发展
学术年会及理事单位的宣传为《学报》打开了知名度		市场拓展	可持续发展
年会和博士生论文的奖励和补贴打下了博士生基础		市场拓展	可持续发展

附录 A8.2　快速发展阶段事实陈列及概念构建

事实	概述	二级子概念	一级概念
营销学界需要一个统一的学术平台	对市场机会进行发现和甄别	创业机会	战略创业
打造以《学报》为基础的学术共同体	形成高度凝聚的学术核心并影响学术领域	创业理念	
获得市场认可和竞争优势			
通过创办者和编委的努力，围绕《学报》和年会设立了博士生基金等一系列子平台	高度凝聚的学术核心具有极强的号召力	创业领导力	
创办者和编委团队的资源及其优化	在核心的基础上逐步向外拓展，使得更多的资源凝聚到核心的周围	整合、拓展内部资源	内外部资源
在清华、北大的基础上增加理事单位			
《学报》建立了初步的知名度和一定的声誉	根据创业理念，获得更广泛范围内利益相关者的支持	整合、拓展外部资源	
与海内外知名大学联合			
编委和理事单位的外部关系资源			
设立理事会并明确其编委会的各自职责	在国外学术组织内部治理制度的基础上进行创新，提高《学报》的运营效率、协调内部矛盾	针对内部的制度创新	内外部制度
设立专业主编			
设计博士生基金			
与国家自然科学基金委保持紧密联系	通过非正式制度来获得市场合法性	针对外部的制度创新	
除清华、北大外，引入了国内其他的重点高校作为理事单位	形成一个凝聚的核心并打下了市场基础和提高知名度	资源积累	可持续发展
年会的参会人数达到 500 人		市场拓展	
《学报》获复旦大学、上海交通大学等国内知名高校认可			
《学报》获国家自然科学基金委认可			

第八章　战略创业、制度创新与学术组织可持续发展

附录 A8.3　成熟发展阶段事实陈列及概念构建

事实	概述	二级子概念	一级概念
中国和西方的营销研究没有很好联系起来	对市场机会进行发现和甄别	创业机会	战略创业
将中国的营销研究介绍给世界	将高度凝聚的学术核心的影响拓展到国际	创业理念	战略创业
将国际通行的营销学研究介绍到中国			
创业者、编委等大多有国际关系	高度凝聚的学术核心具有极强的号召力	创业领导力	
创办者和编委团队的资源及其优化	在核心的基础上逐步向外拓展，使得更多的资源凝聚到核心的周围	整合、拓展内部资源	内外部资源
理事单位的资源和对期刊的认可			
《学报》在国内学术界已经有较高的知名度和声誉	在国内、国际范围内获得利益相关者的认可和支持	整合、拓展外部资源	
与海内外知名大学联合			
编委和理事单位的外部关系资源			
权威机构如自然科学基金委的认可			
设立理事会并明确其与编委会的各自职责	继续进行内部制度创新，完善内部治理的公平性、专业性和效率	针对内部的制度创新	内外部制度
设立专职编辑			
对期刊制度的细化，如审稿、约稿规则，创建博士生招聘平台			
年会制度；增加英文章节，年会增加英文版			
解决期刊号问题	试图获得正式制度合法性	针对外部的制度创新	
通过电子期刊方式出版		资源积累	可持续发展
设立营销科学学报英文刊，年会增加英文章节，拓展国际市场	将凝聚的内部核心及市场向国际拓展	市场拓展	

附录 A8.4　营销科学学报的战略创业、制度创新与营销学术共同体可持续发展

	战略创业	资源	制度	竞争优势和可持续发展
2004—2007 第一届编委会	●创业机会 —营销学界缺少国际化的期刊 ●创业理念 —推动营销领域创性研究，提升国内营销领域学术水平 —定位于学术平台、学术共同体建设 ●创业领导力 —联合海内外知名大学	●内部资源 —依托清华、北大 —创办者在国内学术界的地位 ●外部资源 —与海内外知名大学联合 —拓展营销学报在市场地位（免费寄送给各大学管理学院的院长、图书馆等）	●针对内部的制度创新 —编委选举：只选择真正做事的，要经过2/3编委表决通过 —期刊属某个主体：清华、北大两个主体 ●针对外部的制度创新 —相关部门对刊号的控制：以书代刊 —相关部门对协会成立的控制：以期刊为中心建立外围平台，如年会、博士生论坛等	●资源积累 —设立学年会保证稿源 —编委：国内营销界的主流圈 ●市场拓展 —知名度：借年会打开知名度，清华北大率先认可《学报》 —博士生基础：年会、博士生论坛对博士生设补贴和奖励
2007—2010 第二届编委会	●创业机会 —营销学界需要一个统一的学术平台 ●创业理念 —打造以《学报》为基础的学术共同体 —获得市场认可和竞争优势 ●创业领导力 —创业者、编委等的学术号召力	●内部资源 —创办者、编委 —理事的资源 ●外部资源 —《学报》的知名度、声誉等 —与海内外知名大学联合 —编委和理事的外部关系资源	●针对内部的制度创新 —内部治理：理事会主导并明确职责 —组织工作量过大：设专业主编 —组织规模扩大：设专职编辑 —年会制度：设立博士生基金 ●针对外部的制度创新 —权威认可：与自然科学基金委联系	●资源积累 —理事单位：在清华、北大基础上增了其他国内知名高校 ●市场拓展 —博士生基础 —复旦大学、上海交通大学等学校认可《学报》 —获国家自然科学基金委认可
2010及以后	●创业机会 —中西的营销学研究需要加强 ●创业理念 —将中国的营销学研究介绍给世界 —将国际通行的营销学研究介绍到中国 ●创业领导力 —创业者、编委等的学术号召力	●内部资源 —创办者、编委、理事单位的资源 —《学报》的知名度、声誉等 ●外部资源 —与海内外知名大学联合 —编委和理事的外部关系资源 —权威机构认可	●针对内部的制度创新 —期刊制度、规则的细化包括审约稿、增加《学报》英文版等 —年会制度：增加英文章节、创建博士生招聘平台 ●针对外部的制度创新 —解决刊号问题	●资源积累 —会员和理事单位继续保持增长 ●市场拓展 —博士生基础 —国际市场：设立《学报》英文刊，年会增加英文环节

附:《营销科学学报》与其学术共同体大事记

1. 2004 年 6 月,《营销科学学报》开始筹办。

2. "2004 JMS 营销科学学术年会"于 2004 年 10 月在北京举行,这是《营销科学学报》主办的第一届年会,由清华大学承办。

3.《营销科学学报》第 1 卷第 1 辑于 2005 年 6 月正式出版。

4. 2005 年 6 月 25 日在清华大学举办了"JMS 中国营销科学博士生学术论文竞赛"(后改名为博士生论坛),会上评选出优秀论文,并给予了奖励。奖励来源于企业的赞助。

5. "2005 JMS 营销科学学术年会"于 2005 年 10 月 19—20 日在北京举行,由北京大学承办。年会共收到论文 200 多篇,接收 130 篇。会议上评选了优秀论文。

6. 2006 年 6 月,《营销科学学报》设立"JMS 博士研究基金",基金来源于企业或个人赞助,于 2006 年开始启动,2006 年资助 4—6 个 1 年期研究项目,每个研究项目的资助强度为 5 000—10 000 元人民币。

7. "2006 JMS 营销科学学术年会"于 2006 年 10 月 19—20 日在武汉大学举行。本次年会由《营销科学学报》主办,武汉大学经济与管理学院和香港城市大学商学院联合承办,由国家自然科学基金委员会管理科学部资助。

8. "2006 JMS 营销科学博士研究生学术论坛"于 2006 年 10 月 18 日在武汉大学举行。会议收到论文 63 篇,1 名博士生获得优秀论文一等奖和 10 000 元奖金,2 名博士生获得优秀论文二等奖和 5 000 元奖金,5 篇论文获得优秀奖。此外,4 名博士生获得"JMS 博士生研究基金"每人 5 000 元研究经费。

9. 2006 年 10 月 19 日,《营销科学学报》召开了第一届编委会和理事会的第三次会议,表决通过了 6 位编委,理事会表决通过了新增 3 个理事单位的决议。

10. "2007 JMS 中国营销科学学术年会"于 2007 年 10 月 20—21 日在上海召开。该次年会的承办单位是复旦大学管理学院和上海财经大学国际工商管理学院;协办单位是中国市场学会学术委员会、中国高校营销研究会学术委员会及中国管理现代化研究会市场营销分会;支持单位为国家自然科学基金委员会管理科学部。

11. "2007 JMS 中国营销科学博士生学术论坛"于 2007 年 10 月 19 日在上海举行,同时公布了"2007 JMS 博士生研究基金"获得者。

12. 2007 年 10 月 20 日,《营销科学学报》第一届理事会第四次会议在上海举行。该次会议重点讨论的议题一是确定 JMS 第二届理事会,选举理事长,增补理事单位,投票表决"2008 JMS 中国营销科学学术年会"承办单位,修订《学报》章程和年会准则。二是确定 JMS 第二届编委会,确定主编和副主编,完善论文评审程序和博士生研究基金评审程序。同时,为了进一步提高《营销科学学报》的学术水平,由主编和副主编提名 6 位专业副主编。

13. "2008 JMS 中国营销科学学术年会"于 2008 年 10 月 18 日至 19 日在西安召开。该次年会的主题是"中国营销创新:变革与发展";承办单位是西安交通大学管理学院;协办单位是中国市场学会学术委员会、中国高校营销研究会学术委员会,以及中国管理现代化研究会市场营销分会;支持单位是国家自然科学基金委员会管理科学部。

14. "2008 JMS 中国营销科学博士生学术论坛"于 2008 年 10 月 17 日在西安举行。每个 JMS 理事单位选派两名博士生参会并获得会议资助。论坛上同时公布优秀论文获得者名单。

15. 2008 年 10 月 18 日,《营销科学学报》第二届理事会第二次会议在西安举行,本次会议重点讨论了《营销科学学报》的刊号问题,进入 SSCI 检索的问题,并投票确定 2009 年年会的承办单位;增选编委会委员,讨论正在试行的学报论文评审程序,完善 JMS 年会论文评审程序、博士生论坛论文评审程序及博士生研究基金资助评审程序。

16. "2009 JMS 中国营销科学学术年会"于 2009 年 10 月 24—25 日在天津召开。主题是"经济环境与市场营销"。该次年会共收到论文 220 篇,宣讲论文 100 篇,评出优秀论文 10 篇。

17. 清华大学经济管理学院学术委员会和北京大学光华管理学院学术委员会分别于 2006 年 9 月和 12 月将《营销科学学报》认定为各自单位的核心学术期刊。

18. "2009 JMS 中国营销科学博士生学术论坛"于 2009 年 10 月 23 日于南开大学举行。共收到学术论文 44 篇,其中,1 人获得优秀论文一等奖及 10 000 元奖金,2 人获得优秀论文二等奖及 5 000 元奖金。此外,6 人获得"JMS 2009 年博士论文研究基金"每人 5 000 元研究经费。

19.《营销科学学报》第二届理事会第三次会议于 2009 年 10 月 24 日在南开大学国际商学院举行。该次会议通过投票表决确定了 2010 年年会的承办单位是对外经济贸易大学国际商学院和中央财经大学商学院,并通过了西南财经大学工商管理学院加入《学报》理事会的申请。此外,本次会议投票表决同意增补 3 位学者为第二届编委会委员。

20. "2010 JMS 中国营销科学学术年会"于 2010 年 8 月 21—22 日在北京召开,承办单位为对外经济贸易大学和中央财经大学。本次年会有 400 多人出席,共收到会议论文 400 篇,有 207 篇论文在分组会议上交流,10 篇论文获评年会优秀论文。

21. "2010 JMS 中国营销科学博士生论坛"于 8 月 20 日在对外经济贸易大学举行,有 10 篇候选优秀论文在论坛上交流,其中 2 篇获得一等奖,2 篇获得二等奖,4 篇获得三等奖,2 篇获得优秀奖。会议确定 4 名博士生获得"2010 JMS 中国营销科学张健儒博士生研究基金"资助。

22. 2010 年 8 月 21 日,《营销科学学报》第二届理事会第三次会议在北京召开,25 个理事单位全部派代表参加。会议选举了新一任理事长,接受了 3 个新的理事单位,并确定中山大学承办 2011 年年会。会议还选举产生了新一届编委会,共有编委 48 人。编委会选举产生主编和副主编。经主编和副主编提名,由 6 名教授担任学报专业主编。

23. 2010 年 10 月,《营销科学学报》编辑部由清华大学经济管理学院移到北京大学光华管理学院。

第九章　管理研究范式与中国管理学者定位*

　　只有学术上的发展，值得作大学的纪念。只有学术上的建树，值得"北京大学万万岁"的欢呼！

——李大钊

　　中国发展的核心问题，是要培养一批卓有成效的管理者。他们应该懂得如何管理，知道如何去领导企业并促进它的发展，也知道如何去激励员工和让他们的工作卓有成效。

　　管理者不同于技术和资本，不可能依赖进口。即便引进管理者也只是权宜之计，而且引进的人数也将是寥寥无几。他们应该是中国自己培养的管理者，熟悉并了解自己的国家和人民，并深深植根于中国的文化、社会和环境当中。只有中国人才能发展中国。

——德鲁克

　　2010年前后，中国管理学界在"中西理（论）实（践）"的十字路口发生了两场重要的路线争论：一是中国管理学者应做"中国管理理论"（在中国管理情境中检验西方理论），还是做"管理的中国理论"（针对中国现象和问题提出自己的理论）（Barney and Zhang, 2009）。二是中国管理学者是否"直面现实"做实践相关性理论，还是在象牙塔里做"自娱自乐"的纯学术产品（齐善鸿等，2010）。围绕这两场争论，海内外关注中国管理学发展的学者都进行了积极思考与回应，涌现出一批值得重视的观点。例如，郑伯埙等人根据台湾地区学术界的实践提出的本土管理研究路线图（Cheng, Wang and Huang, 2009），国际管理学者提出的中国两条路都要走和中国管理学者需要更多自信（Barney and Zhang, 2009; Meyer, 2006），以及中国本土学者提出的需要做更多与实践相关研究等观点（齐善鸿等，2010）。然而，这些争论还有不少问题，特别是研究范式和方法论问题，有待

---

* 原文刊载于《管理学报》2015年第5期，原标题为《基于理论发展的管理研究范式选择与中国管理学者定位》，本次收录时增补了篇首引语，内容未做修改。

进一步讨论与澄清(黄光国,2013)。

本研究认为,既需要发展"中国管理理论",更需要发展"管理的中国理论";既需要不直接为实践服务的纯学术产品,也需要能对中国管理实践产生影响的实践相关型理论;每位中国管理学者应该根据自身的特点、个人追求明确定位,并开展富有创意的管理研究和理论生产;中国管理学界作为后发展的知识共同体,不应止步于移植或检验西方的管理理论,而应更多地借鉴西方管理理论发展中的经验,特别是研究范式和方法论方面的经验,来对中国现象和重要问题做出有理论意义的解释,这种基于方法论层面的选择性吸收与融合创新对发展管理的中国理论不仅十分必要,而且大有裨益。

一、 什么是好的管理理论?

"什么是理论?""什么是好的管理理论?""什么是好的管理的中国理论?""如何生产这样的理论?"这些问题是中国管理学者确定自己研究定位时需要考虑的基本问题,而它们又是逐层递进的,仔细思考并回答这些问题有助于中国管理学的理论发展与创新。

狭义地看,理论是"在概念以及成套概念之间的合理的联系"(Strauss and Corbin,1998),但从知识生产者的角度看,可以广义地将理论界定为"对概念及概念间联系的生产过程的一套理解"(Christensen and Carlile,2009),这种生产过程包括了"三个层级""两个阶段"及"多种表现形式"。具体地说,三个层级中的第一层级是对现象的观察、描述与测量(表现为"概念"或"构念");第二层级是对现象的性质及范畴的界定(表现为"框架"和"分类");第三层级是对概念之间关系的陈述(表现为"模型")。理论生产的两个阶段是指描述性阶段和规范性阶段,并采用两种不同逻辑:①描述性的,由现象(第一层级)向范畴、性质(第二层级)及其关系(第三层级)提升,采用归纳逻辑;②规范性的,由关系模型(第三层级)向现象(第一层级)进行推演,采用演绎逻辑。由此,广义的理论包括了"概念""框架或分类""模型"等多种不同形式,却并不是"文献""数据""变量""图表""假设"等(Sutton and Staw,1995),虽然它们常常出现在理论发展过程中(Weick,1995)。因此,理论生产就可以被看成研究者在上述两个阶段的三个层级上所进行的往复性的研究活动的过程。

"什么是好的管理理论?"这并非是一个容易回答的问题。一些管理学者认为,好的管理理论需要具备概念明确、范围清晰、逻辑自洽、新颖有趣等特性(Suddaby,2010;Bartunek,Rynes and Ireland,2006);有学者则强调准确性、简洁性和普适性,即所谓的 GAS 原则(卡尔·韦克,2009);另外一些学者则认为好的管理理论还要具备实践相关性,即所谓的有用性和预见性(Corley and Gioia,2011),以及应用范围广泛(理论涉及现象的全面性)等(陈昭全,张志学,Whetten,2012)。然而,西方管理学者已经发现,即使是好的管理理论也很难同时满足所有这些标准。这可以通过不同的管理研究方法有不同的理论表现来加以说明。表 9.1 是对常见的过程数据处理策略的理论特性的总结(Langley,1999),其中提出了过程数据的七种常见的意义感知策略,包括叙事、扎根理论、短期固定、视觉图形化、综合策略、定量化、计算模拟,这些不同的数据处理策略在 GAS 原则三个维度上的表现就有很大的不同。例如,扎根理论策略在理论的准确性维度上高、在简洁性和普适性维度上则低,而计算模拟策略在理论的准确性维度上低,在简洁性和普适性维度上则高。这意味着采用某种单一数据处理方法往往只能得到在部分维度上表现好的理论。

表 9.1 过程数据的意义感知策略与 GAS 原则

策略	准确性	简洁性	普适性
叙事	↑高 ↓低	↑低 ↓高	↑低 ↓高
扎根理论			
短期固定			
视觉图形化			
综合策略			
定量化			
计算模拟			

资料来源:Langley(1999)。

实际上,在以英美为代表的西方管理学界,经过三十多年的方法发展与争论[①],已经有越来越多的管理学者认识到,要发展出好的管理理论,需要在方法论方面做到:①能熟练地运用某种(或多种)特定研究方法,如定量大样本方法或田野调查方法;②具有不同特点及优势的新理论发展方法能被开发出来(Suddaby,2011);③使研究方法与研究问题或理论的发展现状相匹配,这被称为"方法论匹配"(Boxenbaum and Rouleau,2011)。近年来,西方管理学者已经着力

---

① 从 1989 年开始,《美国管理学会评论》已经就组织理论发展方法组织了 3 次专刊,分别是在 1989 年、1999 年和 2011 年。

开发一些具有新特性的理论发展方法,例如,在 2011 年《美国管理学会评论》(*Academy of Management Review*, AMR)组织理论方法专刊上(Suddaby,2011)[①],就有学者提出了强调理论想象力与创造性的"隐喻嫁接法"(Sandberg and Tsoukas,2011)、注重理论实用性的"实践理性方法"(Shepherd and Sutcliffe,2011)、强调理论新颖性的"归纳式自上而下理论法"(Smith and Lewis,2011),以及强调应用广泛性和整合性的"悖论式理论法"(Edmondson and McManus,2007)。此外,学者们已经提出的一般方法论匹配原则包括:①研究问题是"为什么"(Why)或"如何"(How)时(Yin,2008),一般要采用质性研究方法,如案例研究、扎根研究等;而当研究问题是"在多大程度"时,则需要采用大样本统计分析及数学模型方法。②当研究的问题/理论处于成熟状态、新生或中年状态时,研究方法上则分别应该采用量化方法、质性方法或者质性与量化的混合方法(Boxenbaum and Rouleau,2011)。事实上,一些管理学者并不认同这样的简单技术化处理,而提出需要根据其研究对象的性质、研究者的基本假定等而选取不同的研究策略或研究方法体系,这导致了如下的组织研究的范式问题及其争论。

二、西方管理研究的基本范式与理论构建方法

在 20 世纪 70 年代末,Burrell and Morgan(1979)基于一个核心观念而对西方的组织理论范式做出了分类,这一观念是:所有的关于组织的理论都是基于科学哲学(关于社会科学的本质)和某种社会性质的前提假设(关于社会的本质)之上的。他们认为,在本体论上所有的社会科学家在探讨所研究的现象时,都或明或暗地假定其所研究的对象是客观实在或者是主观建构,即社会知识的主观—客观区分。同时,他们对于社会的性质,又有"有秩序"或者"冲突"的不同假定:前者认为社会在深层是和谐一致的,社会现状是基本合理的,他们关注的是社会秩序的规制需要;而后者则认为社会在深层存在着一系列结构性冲突,他们关注的是社会的激烈变革需要,要求把人从结构性压制或全面发展的限制中解放出来。因此,他们把前者作为社会理论分析的第一个关键维度(分为主观—客观的两极),把后者作为社会理论分析的第二个关键维度(分为规制—激进变革的两极)。以上述两个维度(元理论假设)作为分析标准,可以把所有的

---

① 在这期专刊的介绍中,Suddaby(2011)利用一个 2×2 矩阵,从利用一类文献还是多类文献、利用文献的隐含假设还是明确假设两个维度出发,把专刊中的新理论发展方法大略划分为四大类,增加了读者对创新型理论发展方法的理解与把握。

社会理论(此处特定为组织理论)划分到一个 2×2 的矩阵中,它们代表了社会与组织理论的 4 种理想类型(见图 9.1),或者说 4 种范式,分别是功能主义、解释主义、激进人本主义和激进结构主义。

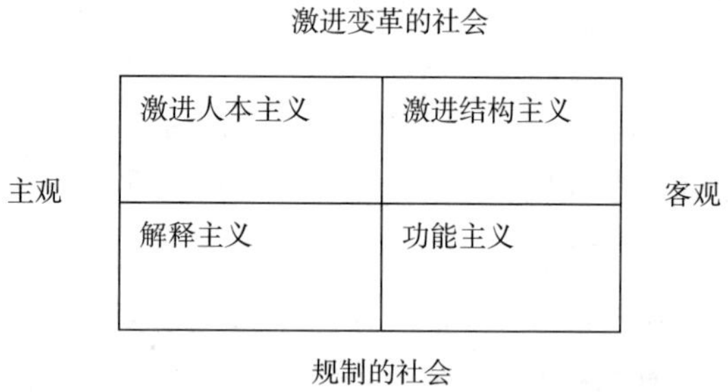

```
                    激进变革的社会
            ┌─────────────┬─────────────┐
            │  激进人本主义 │  激进结构主义 │
       主观 ├─────────────┼─────────────┤  客观
            │   解释主义   │   功能主义   │
            └─────────────┴─────────────┘
                     规制的社会
```

图 9.1　社会与组织理论分析的 4 种范式

在这样的视角下,各种社会或组织理论,可以依据其假定的研究对象的本质是客观实在或者主观建构(本体论)、知识的基础(认识论)、社会关系的本质(人的假定)以及人们如何探究相应知识(方法论),在上述的四个象限中被定位。功能主义范式假定所研究的现象具有客观的内在规律,并且支持社会的秩序或规制;功能主义研究者被认为是客观和价值中性的;这一范式倡导理论家与所研究的对象保持距离并采取严格的科学方法来进行探究。在解释主义范式中,社会现象虽然也具有秩序与规则,但不具有外在的客观实在,相反它是一种主体间经历的产物;对于解释主义研究者,社会现象最好通过参与式的行动加以理解,共享的"现实"因此被创造、强化或改变,在这一范式中研究者对能否发展"纯"客观的社会科学表示怀疑。与解释主义范式相同,激进人本主义认为所谓的现实都是社会建构的,但不同的是,它认为这种社会建构是一种"病态",处于其中的行动者是他们所创造的秩序的"囚徒",因此必须加以改变或变革。激进结构主义认为所研究的社会现象是一种客观事实,它具有独立于研究者的外在客体,这一社会现实(现象)本身是一系列内在紧张或冲突的结果,研究者需要运用客观的科学方法来探究这种内在紧张或冲突的社会或结构性本源。

Burrell and Morgan(1979)在发表以后,得到了组织与管理学者的广泛关注和传播。1990 年,Gioia and Pitre(1990)对四种范式在管理理论构建方面的特征及具体方法的差异进行了深入的讨论,概括了不同范式的理论方法及具体步骤(见表 9.2 及 9.3)。概言之,功能主义范式是通过因果分析以细化理论,解释主义范式是通过编码分析以求发现,激进人本主义范式是通过批判分析以求揭露,激进结构主义范式是通过结构分析以获得解放。他们还指出,由于功能主义范式建立在对现状肯定的客观主义视角之上,它假定研究对象是存在于研究主体之外的客观实在,因此,它采用的方法属于自然科学方法在组织研究中的延伸运用,理论发展的方式更多地依赖演绎法,即通过发展假设、获得数据和进行统计检验。这一范式被认为在 20 世纪 80 年代的西方组织与管理研究中取得相对优势地位(见图 9.2)。需要强调的是,Gioia and Pitre(1990)倡导多元范式的组织理论发展方法,而不是让某一范式(特别是功能主义)成为主导,他们认为,只有厘清不同范式的基本假定与方法差异,才能针对要研究的复杂的组织现象选择合适的研究方法,并且发展出一种总体上够好而不仅是折中的组织理论。基于此,他们还强调为了避免多元范式的不兼容性带来的知识碎片化及地方化弊端,需要在理论发展中做到:①探讨范式边界交叉地带的理论发展特点,特别是"二阶概念",在关联不同理论流派中的作用,比如,结构化理论就处于主客观知识的中间地带而试图把解释主义和功能主义范式加以折中;②在元范式层次建立桥梁,即在更高的层次对不同范式的观察/解释提供"元三角测量",研究者可以在这一层次更好地构思其"二阶概念",而不必在二分法中选择非此即彼的一极。他们举例说,在四个不同的范式中,都体现了"structur-"这个词根——解释主义中的结构化(structuring),激进人本主义中的深层结构(deep structure),激进结构主义中的阶级结构(class structure)和功能主义中的组织结构(organization structure),以及解释主义—功能主义交叉地带的结构化主义(structuration),采用不同范式的组织研究者可因面向的不同而达互补,达到"和而不同"。

表 9.2 管理理论构建的四种基本范式及其特征

范式	解释主义	激进人本主义	激进结构主义	功能主义
目标	**描述**与**解释**以求**诊断**和**理解**	通过**描述**和**批判**以求**改变**	辨别**力量**来源及**说服**以指导**实践**	寻找**规律**和**检验**以**预测**和**控制**
理论重点	**社会建构**,具体化的**过程**和**解释**	**社会建构**,利益及**扭曲性**	**宏观因素**,联盟及**主导性**	**关系**、**因果**及**普适性**
理论构建方法	通过**编码分析**以求**发现**	通过**批判分析**以求**揭露**	通过**结构分析**以获得**解放**	通过**因果分析**以**细化**理论

资料来源:Gioia and Pitre(1990);着重号为原文所加。

表 9.3　管理理论构建的四种基本范式及其步骤比较

范式	解释主义	激进人本主义	激进结构主义	功能主义
开始工作	**选择主题** 什么事件？什么研究问题？ 研究设计 什么数据？到哪里寻找数据？如何记录数据？	**选择主题** 什么事件？什么研究问题？ 研究设计 什么数据？到哪里寻找数据？如何记录数据？	**选择主题** 什么事件？什么研究问题？ 明确表述所采用的理论 此主题如何成为某种宏理论的"潜在"特定案例？	**选择主题** 什么事件？什么研究问题？ 文献回顾 什么是已经知道的？ 寻找缺口 什么是缺少的？ 形成整体框架 相关的理论和变量是什么？ 形成假设 研究设计 什么数据？ 到哪去找数据？ 如何测量数据？
数据收集	**辨识特定案例** 询问信息知情人对他们来说什么是相关的？	**辨识特定案例或已有研究** 询问信息知情人对他们来说什么是相关的？ 与深层结构有关的情境信息	**探察历史证据** 根据某种宏理论来进行	**探查主题的代表性样本** 根据形成的假设进行
分析	**编码** 提供一级和二级的抽象描述 形成推测 辨别一级或跨级抽象概念之间的关系 评估推测 通过向信息提供者收集新数据来证实推测 形成理论 辨别新出现的概念及关系 回顾文献 辨别什么是已知的	**编码** 提供第一级的抽象状况 形成描述 深层分析 反思是什么使人们那样建构其世界 批判 揭示深层力量是如何影响第一级的抽象状况 辨别谁的利益得到服务	**论述** 使用特定的状况来进一步证实理论 结构分析 辨别主导者的力量来源及潜在的杠杆点	**假设检验** 根据最初的问题和假设检验数据的显著性

（续表）

范式	解释主义	激进人本主义	激进结构主义	功能主义
理论构建	**撰写一个实质理论** 表明要素是如何结合在一起的	**撰写辩证式分析** 表明意识形态应该如何改变	**撰写修辞式分析** 表明实践应该如何改变	**撰写结果** 表明如何修正、支持或不支持理论 阐述对科学共同体和实践者的含义

资料来源：Gioia and Pitre(1990)；着重号为原文件所加。

图 9.2　功能主义在西方组织理论研究中的主导性示意

资料来源：Langley(1999)。

需要强调的是，以上四象限的范式划分只是一种极简化处理。实际上，更细化的划分还有不少。例如，1980 年，Morgan and Smircich(1980)对 20 世纪 60—70 年代美国基于定量实证方法的抽象经验主义研究的泛滥进行了批评，倡导管理学者根据要研究的组织现象的本质来选择一套哲学上（含本体论、人的假设与认识论）合适的研究方法，而不是无的放矢地把定量研究或质性研究简化为一种工具或技巧。他们着重探讨了解释主义和功能主义两种范式，并依据对所研究的组织现象的知识假定从客观到主观的谱系进行了细化——"现实"分别被视作"具体的结构""具体的过程""情境化的信息场""象征性话语""社会建构""人类想象力的预期"等，由此细分了此两类范式中的六种主要研究方法类型，提倡研究者选择与研究现象的本质相匹配的研究方法。近年来，一些学者还根据近期研究范式的争论及管理研究方法的发展，特别是针对知识主客观两分法的局限对此范式进行了扩展或修正。例如，Cunliffe(2011)认为，Morgan and Smircich(1980)提出的主观—客观的划分是有争议的，应该代之以三类知识问题，即主体间性、主观论、客观论，它们各自有不同的本体论假设、人的假定和不同的研究方法，因此，他认为管理学者需要更多地理解多元范式之内和之间的差异，并放弃认为只有实证研究在方法论上是严谨的观念，而更加接纳和包容多种类型的"手艺化"质性研究。Hassard and Cox(2013)提出以结构的、反结构的和后结构的来区分组织中人和环境的关系或组织现象的本质,并以规范和批判两种导向区分意识形态,进而形成他们所谓的六种类型的组织研究范式①。

综上可见,由于时代背景和研究的旨趣不同,加上研究者的哲学理念、学术背景与知识结构等方面的不同,不同的学者会选择或偏好不同的研究范式或研究模式,而这些范式或模式可以是上述四种或多种模式中的一种或者处于其交叉地带。这种不同一方面体现了学术共同体的规范影响,另一方面也是学者自我选择或者适应的结果。这种自我选择或适应可以以三位著名管理学者为例加以说明:他们分别是罗伯特·A. 伯格曼(Robert A. Burgelman),丹尼斯·A. 吉奥亚(Dennis A. Gioia)及徐淑英教授。

伯格曼是斯坦福大学战略管理学教授,从20世纪80年代开始长期致力于组织战略决策过程研究,提出了"战略决策的组织内生态模型""战略决策动态演化框架"等观点(Burgelman,1991;Burgelman,2002),在战略变革和战略学习研究方面成绩卓著。在战略过程研究中,他发现主导的功能主义范式,特别是其还原主义方法,难以有效地帮助管理学者处理很多复杂的组织过程因素,因此便转向钱德勒式的企业历史学方法对企业战略过程进行质性研究。在此过程中,他又发现,历史学方法容易出现"过度决定主义"和"从数据到理论的模糊"等问题,因而便有选择地在研究中运用扎根理论方法,试图更精确地发现例外和战略新模式。最后,他在历史学叙述方法的"一般特例化"和还原主义的"特例一般化"之间找到了一种平衡,或者一种被他称为"桥梁式"的综合方法——**纵向质性研究方法**,其产出则是一种特定的原生性的概念框架(Burgelman,2011)。这种**伯格曼方法**,融合了历史方法、扎根方法与案例研究方法等,从本质上讲是一种介于功能主义和解释主义中间并偏向后者的一种方法,是较适合发展新理论的一种方法论。在研究实践中,他运用此方法对英特尔公司1988—2001年的战略演化过程进行了跟踪研究,提出了动态环境下组织战略适应的关键在于组织内生态对引致性和自发性两类战略过程平衡的观点(Burgelman,2002)。

吉奥亚是美国宾夕法尼亚州州立大学管理学教授,长期致力于组织形象、认同、学习与变革研究,在20世纪70、80年代曾作为企业工程师参加阿波罗登月工程和福特汽车公司的召回协调工作。在他的大部分学术研究中,都采用了所

---

① 值得指出的是,由于学者的背景和视角差异,西方管理学界对组织的科学哲学范式也有不同的划分方式,例如,Kilduff et al. (2011)就从本体论与认识论两方面将组织的研究哲学划分为实在论、基础主义、工具主义和强范式,其中,实在论又分为结构实在论和批判实在论。

谓的解释主义的研究范式与编码分析方法。例如,在 1991 年发表的《战略变革倡议中的"意义感知"与"意义赋予"》中(Gioia and Chittipeddi,1991),他和合作者运用解释主义范式和人类学的参与观察等方法(合作者是其所研究组织的内部人),通过对一个大型公立大学的战略变革过程的观察与两级编码分析,提出了一个组织战略变革的四阶段模型,并指出 CEO 在其中的重要作用在于进行"意义感知"和"意义赋予"。在大量此类研究实践的基础上,吉奥亚形成了具有自己风格的研究方法论,被人们称为**"吉奥亚方法论"**(Gioia,Corley and Hamilton,2013)。这种方法论运用了表 9.3 解释主义范式的主要步骤,并采用了与传统扎根方法有所差异的编码分析技术和理论形成方法,即"一级编码—二级编码—理论维度与模型"。从近期发展来看,"吉奥亚方法论"已经在美国主流学术界得到越来越多的应用(Gioia,Corley,Hamilton,2013)。

徐淑英是国内管理学者熟悉的华人管理学者,是中国管理研究国际学会(IACMR)的创会主席和《组织管理研究》(*Management and Organization Review*,MOR)的创刊主编,曾任《美国管理学会学报》(*Academy of Management Journal*,AMJ)的主编和美国管理学会(Academy of Management,AOM)的主席。她主要致力于组织内管理者与人力资源管理的有效性、雇员—组织关系等研究。由于这一研究领域相对成熟,以及她的宗教信仰、教育背景及强烈的科学追求,徐淑英的大部分研究都采用了功能主义范式的实证定量方法,研究步骤包括概念与文献回顾、理论假设、方法、数据分析、结果、结论与讨论等典型过程,理论成果也主要表现为对现有西方主流理论的改进和细化(徐淑英,2012)。近 10 年来,徐淑英大力倡导情境化的中国管理研究,徐淑英及其合作者的研究兴趣也开始向企业文化、总经理领导行为等宏观主题转移,由于中国管理研究的相对滞后以及研究现象的变化,徐淑英(及合作者)的研究方法也出现了质性和定量方法相结合的趋势(徐淑英,2012),这表明她在研究范式和方法论上有了一定程度的迁移。从总体上看,徐淑英的研究范式可以被认为是属于功能主义范式的定量实证方法,后期向解释主义范式方向有一定转移。值得指出的是,近年来针对日益国际化的中国管理研究,徐淑英也感受到中国研究与美国主流研究趋同可能带来的弊端,呼吁中国管理研究不能简单照搬美国的研究内容和方法,而应该"用本土适合的方法,探讨本土重要的问题"(徐淑英,2012),并在其主编的刊物和书籍中增加了情境化研究、理论建构和质性研究等内容(陈晓萍、徐淑英、樊景立,2012),这表明她具有推进整个中国管理研究事业的胸怀和超越个人方法技巧的眼光。

三、在理论—实践"之间"和"之上":西方管理知识的生产模式及其演进

在处理理论与实践关系的问题上,西方管理学界也经历了逐步演变的认识过程。表9.4总结了管理知识生产的四种模式。Huff(2000)认为,自20世纪50年代,美国商学院的知识生产更多地趋向于采用模式1,即以学科为基础、以大学为中心、由高度专业训练的个人来完成的生产模式。在这一模式中,学院以人们在学科中的训练为基础雇用新教员,并以在少量权威刊物中发表文章作为产出和提升的主要标准。这一体系秉承"为知识而知识"的学术追求,在学院和期刊制度的支持下得到迅速发展,并且在世界各地有扩展之势。与此相对的是解决实用问题导向的模式2生产方式。在这一方式中,知识生产往往是以应用为出发点、由多种不同学科背景的人组成的跨学科研究,它的有效性受到应用的检验,其知识有效性往往是短期的。Huff(2000)认为,在英美管理学界,模式1的生产方式由于第二次世界大战后美国大学培养博士生的过量而得到扩展,但是,随着世界性竞争的加剧和互联网技术的发展,商学院的知识生产也需要对外部需求做出反应。由此,在英美经过了40多年以学科为基础的发展之后,英美管理学界有向实践回归的趋势,有人开始倡导向模式2靠拢,因为从本质上看管理是跨学科的,但也有像March(2011)这样的著名学者提出不同意见,他认为管理学者应该与实践者的直接问题保持一定距离,从而发展和利用学科的洞察力。Huff(2000)认为,在美国学术界,仍然会有大量的研究型大学的商学院处在模式1的方式,虽然它们要对提供更有吸引力的教学产品和更有意义的研究要求做出反应;同时,商学院需要更多地适应模式2。事实上,英美的学术资助者(如国家自然科学基金)已经要求一些研究项目配备实业界的合作者,商学院也要求学生参加实习或实践整合项目,但是从总体上看,跨国公司和咨询公司仍是模式2的主要供应者。从上面两方面的要求出发,Huff(2000)提出了一个折中的观点,即模式1.5的知识生产,这主要是基于三条理由:①学科性知识和理论模型提供了新奇环境下的知识基础,而这是在模式2中难以达到或是不希望的;②研究机构如果能从生产非直接知识/解决方案中获得重要收入,可以说明其有能力为社会提供"公共产品",而这是企业或咨询公司难以提供的;③商学院可以提供一个合意的中性立场,这使得管理学者在与商业实践者、咨询业者、公众和大学的良性互动中产生综合性的知识。在这一模式中,商学院教师的价值观和经验是独特的,并倾向于长期有价值的"教育"。对于研究导向的商学院来说,单独采

用模式 1 或者模式 2 都是资源的浪费。模式 1 是由理论偏好的精英驱动的,而模式 2 是由市场驱动的,商学院可以借助模式 1.5 来避免两种知识生产模式的局限。

表 9.4 管理知识生产的基本模式

内容	模式 1	模式 2	模式 3
活动触发	理论或经验缺口	解决实用问题	对人类状况的欣赏或批评
参与者	同质的,学科子领域	以活动为中心的,跨学科(包括 1 的生产者)	不同利益相关者(包括 1 和 2 的生产者)
目标	真理,理论扩展,秩序	解决方案,改善	未来的善行
方法	预先测试过的,范式基础的	往往是发明的,基于经验的	共同体验,对话
活动现场	受保护的"象牙塔"	实践场所	现场外(但熟悉实践)
时间尺度	个人驱动的,通常并不重要	常常是中短期的	社会驱动的,中期到长期
边界	学科、理论/应用、制度化	跨学科、边缘的	觉知的多种形式
获益人	科学家个人、职业团体	企业、政府等	社会
质量控制	精英主导的、同行评议	效用、效率	社会赞同
主要资金来源	大学、政府	企业	捐赠者、大学、企业
传播与扩散	学术会议、期刊	实践会议、人员流动、互联网	从地方到全球的争论与行动,媒体报道

资料来源:Huff and Huff(2001)。

2001 年年末,Huff and Huff(2001)提出,应该发展一种可以被称为模式 3 的知识生产模式,来弥补英美管理学术界的实践相关性差距,需要采取的措施如下:①成立联合组织和向榜样学习;②增加实践者研究的项目及知识传播;③增加国际化项目;④强化与企业伙伴的合作;⑤继续保护模式 1 生产;⑥关注学术意义与市场快速反应的平衡;⑦促进管理知识和信息的存储;⑧创造一个聚焦于组织活动的有社会影响的研究与扩散平台。不仅如此,2001 年秋天发生的"9·11"恐怖袭击事件促使安妮·S.哈夫(Anne S. Huff)思考知识生产的目的、商业实践与商学院未来发展的关系,它迫切要求学者从智力上理解和洞察商业活动和人类存在重要问题之间的关系。在 Huff and Huff(2001)看来,信息电子化和全球化加速了知识和主导力量的扩散，但同时也加剧了知识分配的不平等，从而导致财富、健康和机会的不平等。由此，这些加剧的社会问题需要一种在目的和范围方面更加合理的管理知识生产方式，它强调解决人类社会的基本问题，它就是模式 3，其特征可以在表 4 的比较中得到体现。在哈夫看来，在现有的模式 1 和模式 2 中，与人类有意义的生活相关的若干基本问题没有得到有效处理，它包括知识为何生产、如何生产以及由谁来生产（见表 9.4 的前 3 行）。在模式 3 中，特定的人或机构（如非营利组织、媒体等）发起对社会基本问题的关心和对话，并通过多种形式的知识活动而改变人们的看法，进而造福整个人类社会。事实上，近年来这一新生产模式的呼吁也已经得到国际学术界的响应，例如，欧洲一些学者提出了"造福世界的商学教育"的主张（穆夫等，2014），2013 年徐淑英在美国管理学会会长的任职演讲中也呼吁全球学者要做"富有同情心的学术研究"（Tsui，2013）。

鉴于此，本研究对 Huff and Huff（2001）的分类做进一步的引申，将不同生产模式的典型产出分别称之为 1.0、2.0、3.0 的管理理论/知识（理想类型）。其中，如图 9.3 所示，1.0 的管理理论/知识是指一种由学科（或其子领域）出发的接近纯科学目标的理论/知识，典型供应者是学院派学者；2.0 的管理理论/知识指从实际问题出发的、往往是多学科的特定解决方案与对策，典型供应者是管理咨询公司；1.5 的管理理论/知识是指既有学术严谨性又有实践相关性的理论/知识，典型供应者是有实践导向的学者或有理论追求的管理咨询师；3.0 的管理理论/知识是指基于解决社会重要问题的"善的"管理理论/知识。此外，本研究把 1.0—2.0 之间看成是一个连续体，因此，在 1.0 与 1.5 理论/知识之间存在本研究所谓的 1.25 的管理理论/知识，在 1.5 和 2.0 之间存在 1.75 的管理理论/知识。表 9.5 是对本研究所说的典型管理理论/知识类型的一个说明和举例。

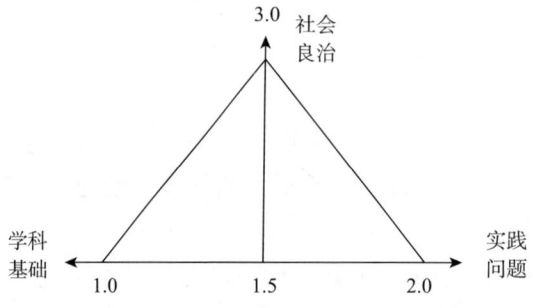

图 9.3　管理理论/知识的典型模式与定位示意图

表 9.5　在理论与实践"之间"与"之上":主要管理知识类型及范例

理论/知识类型	主要特点	学术严谨性	距离管理应用	典型例子
1.0	由学科驱动的、强调严谨性、供给导向	强	远	Rumelt(1991)以及 McGahan and Porter(1997)关于产业对企业绩效影响的研究
1.25	考虑实际应用,但侧重强调严谨性和学术发展需要	强	较远	March(1991)的组织学习平衡理论;Kim and Mauborgne(1998)的公平理论
1.5	学科严谨性和管理切题性并重的	中等	适中	波特的"五力模型""三种一般竞争战略",Barney(1991)的 VRIN 框架
1.75	有学术性,但比较强调切题性和满足应用需求	中等	较近	BCG 矩阵,"组织能力杨三角"(杨国安,2010),"蓝海战略"(金,莫博涅,2012)
2.0	多学科综合的、强调切题性、需求导向	弱	近	冯仑的"野蛮生长论"(冯仑,2007);埃森哲中国卓越绩效企业研究(埃森哲,2012)
3.0	强调解决社会基本问题,学科严谨性和管理切题性并重	中等	适中	波特的国家竞争优势"钻石框架"(波特,2012),Hart(2007)的"全球可持续型企业模型"(GSF)

资料来源:作者整理。

根据表 9.5 中的管理知识类型划分,可以对西方一些著名管理学者的理论生产与定位特征加以说明,他们是迈克·波特(Michael E. Porter)、斯图尔特·L.哈特(Stuart L. Hart)和詹姆斯·马奇(James G. March)。

波特是全球著名的竞争战略大师,一直任职于哈佛商学院。20 世纪 70 年代,他从哈佛大学经济学博士毕业后主要从事产业组织的模型研究(即本研究中的 1.0 或 1.25 的理论),但他很快发现经济学的数量模型与管理实用性相距太远,而哈佛商学院强调研究与教学要对实践产生影响,因而他便把产业组织中的一些细化研究根据企业战略环境分析的需要整合起来,形成了后来著名的波特"五力模型",这是一种他所谓的"框架式理论"(Porter,1991),即本研究所说的 1.5 的理论。对于企业内部分析,他提出的"价值链模型"也同样如此(波特,2005)。20 世纪 80 年代中后期,他开始关注更宏观、更急迫的社会问题,其代表作是 1990 年出版的名著《国家竞争优势》(波特,2012),在书中他首次提出了所谓的"国家竞争优势钻石框架"和"国家发展四阶段论",这可以归入前述 3.0 的理论/知识。此后,在 2004 年他提出了"重塑(美国)国家医疗体系"(Porter and Elizabeth,2004),在 2006 年提出了"战略性企业社会责任"模式(Porter and

Kramer，2006），以及最近几年提出的"价值共享型企业"等（Porter and Kramer，2011），这些都可以归入 3.0 的理论/知识。

哈特是一名关注可持续发展的美国战略管理学者，他早期从事的研究聚焦于过程及资源基础的战略理论，20 世纪 90 年代提出了"自然资源基础的企业观"（Hart，1995）、"战略决策五模式"等（Hart，1992），这些属于本研究所谓的 1.5 理论/知识。后来，他的研究更加关注实践相关性，提出了"企业绿色战略类型"（可认为是本研究所谓的 1.75 理论/知识）等（Hart，1997）。最近 10 年来，他关注的问题更加具有社会意义，除了提出"来自金字塔底层（BOP）的创新"理念之外，他又对资本主义的未来和企业的可持续责任关系进行了反思，提出了他倡导的"全球可持续型企业模型"（Global Sustainable Firm，GSF）（Sharma and Lee，2012）。这些后期的理论发展可以归入本研究所谓的 3.0 理论/知识。

马奇是中国管理学者比较熟悉的一名美国组织与管理学家，他 1953 年获政治学博士学位，后相继进入卡内基·梅隆大学、加州大学任教，1970 年又入职斯坦福大学担任商业、政治学、社会学和教育学的校级教授，一直工作到退休（Augier，2004）。近 60 年来，他一直致力于决策与组织理论的研究，在组织学、管理学、政治学等学术领域都有广泛的影响。1958 年，在他学术生涯的早期，他与著名的诺贝尔经济学奖得主西蒙合作发表了组织学的经典著作《组织》（马奇、西蒙，2013），提出了决策的"有限理性"和"满意原则"；1963 年，他与理查德·M. 西尔特（Richard M. Cyert）合作，发表了"企业的行为理论"，开创了企业理论的一个流派（西尔特、马奇，2008）；1974 年，他与迈克尔·D. 科因（Michael D. Cohen）等提出了组织决策过程的"垃圾桶模型"（Cohen and March，1974）；1976 年，他与约翰·P. 奥尔森（James P. Olsen）合作发表了《组织中的模糊与决策》，开启了政治学和治理研究中的制度与组织观点（March and Olsen，1979）；1991 年，他在组织科学期刊上发表了《组织学习中的探索与利用》，系统阐述了组织学习中的探索/利用悖论及平衡问题（March，1991）；1993 年，他和合作者在战略管理学报发表了《学习近视》一文，探讨了组织学习中出现过度强调利用的陷阱以及如何形成探索和利用的平衡的方法（Levinthal and March，1993），这种探索与利用平衡的观点显著地影响了组织学习、战略与创新的研究；2004 年，马奇还专门在新创刊的 MOR 上撰文，对欧洲和美国管理研究的趋同性表示担忧，并期望中国管理学术共同体能够在保持差异的基础上健康发展（March，2004）。同时，马奇还对诗歌、文学与管理学的关系进行了深入思考，并号召商学院和管理学者追求非功利主义的学术理想。从上述简要的介绍可以看出，马奇强调进行与实践保持一定距离的理论研究，他着重关注组织与管理的基本问题(即人类决策制定与行为),并发展出一系列创新的理论视角和基础观点,对多个学科和学术领域产生了影响。他的研究和理论可以归为本研究所说的 1.25 或 3.0 的理论/知识。

四、中国管理学术共同体的多元发展与管理学者定位

综上,梳理了西方学术界关于管理研究的多元范式和不同理论/知识类型的讨论,并且以一些西方著名学者为例,说明了不同学者的理论生产风格与定位的差异。对于后发的中国管理学界和管理学者群体而言,可以得到如下重要的启示:①中国管理学界应包容多种不同研究范式的机构/期刊/学者的发展,促进多样化的学术共同体的建立。②学者需明确自身的研究范式及理论类型偏好,探索适合自身特点的理论发展方式。③有志于本土管理学研究的学者,应在研究范式和方法论提升的基础上,以本土现象/重要问题为出发点,发展"有世界水平的中国学问"。下面详加论述。

1. 学术界应包容多元范式的发展,促进多样化学术共同体的建立

上面的梳理表明,在以英美为代表的西方管理学界,并不只有一种研究范式,比如目前占主导地位的功能主义/实证主义范式,中国作为后发展的学术共同体,需要更加多样化和包容性的研究范式,以适应中国复杂的组织现象、特定的本土问题及各种类型学者的特点和偏好。这种多元范式的包容发展,需要在学术期刊、学者个人等多个层次展开。

从学术共同体的健康发展看,中国需要支持不同侧重或定位的刊物发展,以推动不同范式学术研究的发展。事实上,西方管理学界就产生了各种类型与差异化定位的优秀学术刊物。例如,仅在 AOM,就有以发展管理理论为定位的《美国管理学会评论》(*Academy of Management Review*, AMR),以发表经验研究为主的《美国管理学会学报》(*Academy of Management Journal*, AMJ),以管理实践者为主要对象的《美国管理学会展望》(*Academy of Management Perspective*, AMP),以管理教育与学习方法为定位的《美国管理学会学习与教育》(*Academy of Management Learning and Education*, AMLE)。此外,英美管理学界还有以批评与反思管理学发展为定位的《管理学探究》(*Academy of Management Inquiry*, AMI)①,

---

① 前面所讨论的学者吉奥亚就曾担任该刊物的主编,并公开表达他对不同于美国的欧陆社会科学研究传统与范式的理解及推崇。

以组织研究方法为定位的《组织研究方法》(Organization Research Methods, ORM)等。反观国内,由于制度/政策环境的限制和管理学术机构自身的原因,中国管理学界的高质量刊物非常有限,且覆盖面和分工很不完备,这极大地限制了中国管理学的理论发展和学术共同体的建设。

鉴于此,中国应该鼓励发展学术机构和期刊,拓展众多的学术创业机遇,并采取差异化或多样化的定位,且采用与其相匹配的研究方法论来评审论文及其贡献,这样的学术发展策略可以达到总体上的范式多元化和包容性,从而进一步促进中国管理学的理论构建和学术共同体的发展,创造不同于西方的中国管理学术的现代性。事实上,中国已经有一批新兴期刊,如《管理学报》《营销科学学报》《管理案例研究与评论》等正在形成其独特的学术导向和定位,并且对促进多样化的学术共同体的有效形成起到推动作用(曲红燕、武亚军,2013)。

2. 学者应明确研究范式及理论类型偏好,探索适合自身特点的定位

从学者个人层面看,由于学术背景、研究兴趣及个性气质的不同,不同学者可根据自身特点而选择不同的主导研究范式与研究方法论,从而在自己所在的研究领域或研究问题上发展出有自己风格的理论/知识。同时,管理学者可以根据自己对实践问题的关注度,选择不同的理论生产类型,从而提供不同的管理知识产品给不同的客户,如同行或管理实践者等,进而对社会产生期望的影响。事实上,前面提到的西方学者已进行了有效定位并形成了自己的研究风格或方法论,而波特、哈特等学者不仅生产了综合性的框架、理论或工具,而且以其高远追求成为影响社会发展的开拓型学者。

对于中国管理学者来说,具备管理研究范式及理论类型的自觉意识与主动选择能力非常有必要:①西方管理学已经有近百年的积累,已经形成了现代的知识发展机制、学术制度和分工体系。然而,中国管理学的发展历史较短,从1979年改革开放算起也不过40多年历史,比较规范的管理学研究仅有十几年历史。中国的管理学知识存量和知识生产制度都不完备,转型期的管理现实和组织现象又异常复杂,因此,单纯模仿西方(特别是美国)目前主导性的研究范式或偏好单一的理论类型,会破坏中国管理学知识体系构建的多样性基础(即建构/细化/批判/解放等多种学术旨趣),使中国管理学发展陷入"被学术殖民"的境地。②考虑到中国转型发展时期面临大量的管理挑战以及新兴企业已经产生了不少的管理创新实践,如果此时中国学者失去了对理论范式和方法论的选择能力,会极大地削弱中国学者做出独特知识贡献的能力与潜力。③如果不能自主自觉地选择相应的理论/知识类型(本研究所说的 1.0/1.25/1.5/1.75/2.0/3.0 理论/知

识等），有志于影响管理实践的学者可能沦为现代标准化知识生产体系的无差异成员而失去对中国现实的直接影响力。事实上，在现阶段，中国的转型发展不仅需要"为学术而学术"的纯理论研究，也需要能影响和指导管理实践的理论或工具，而这需要学者根据自身的价值追求自觉地发展。④由于不同的学者具有不同的学术背景和知识结构，合理地选择适合自身条件的研究范式或生产的理论类型，可以最大限度地"人尽其才"，促进中国管理学者群体的可持续发展。

3. 本土学者应在研究范式和方法论提升基础上，发展有世界水平的"中国学问"

从中国管理学者的角度看，进行本土管理研究是需要承担的历史使命，也是中国管理学者对世界管理学做出独特贡献的必然选择。事实上，已经有一批华人管理学者对本土管理研究的主要特点和方法路径进行了系统的阐述，其中包括郑伯埙（Cheng, Wang, Huang, 2009）、李平（李平，2010）等。这种本土管理研究的一个必要条件，就是所谓的主位策略，即"现象导向"的管理研究，它按照"现象驱动的研究问题——观察与分析——理论建构——实证检验"这样的基本顺序；另外一个条件就是在对本土问题探讨的过程中要融入对中国的语言、文化、历史及制度特征的理解，从而形成有独特性的中国本土管理理论/知识。这意味着发展好的管理的中国理论需要：①从中国的重要现象/重大实践相关性问题出发；②先进行观察和理论建构，再进行实证检验；③把中国的文化及制度，特别是历史、哲学和语言，作为理解中国现象、提出和解释中国重要问题的重要因素。这样的一套模式在中国社会学、心理学等领域都已经演练过，其方法在台湾等地区的管理学界也已经有所实践。例如，台湾地区的管理学界依据本土组织现象发展了"家长式领导"的概念和相关理论（Cheng, Chou, Farh, 2000）。最近也有一些著名的非华人背景的国际管理学者开始从现象出发对中国企业的国际化战略行为进行较深入的研究（Child and Marinova, 2014）。

本研究认同这样的本土管理理论建构方法，并在研究实践中形成了一个提升中国管理研究方法论的相对简化的操作模式，即"三腿凳"模式，这种操作模式以"**本土重要**现象/关键问题及其理论解释"作为研究出发点和归宿（"凳面"），以"做有世界水平的中国学问"（北京大学蔡洪滨语）为理想追求，以"素材""研究方法""基础/经典理论（视角）"作为三个"支撑腿"，通过"凳面"与三个"支撑腿"的四位一体的配合来提升整个研究的质量（见图9.4）。按照这个模式，研究的质量取决于：①研究问题；②研究素材；③研究的基础/经典理论（视角）；④研究方法；⑤因素2、3、4对研究问题的支持及相互配合。其中，因素2—

因素4每个系统又包括几种互补的要素而不限于一种单一要素。这意味着某一本土研究的质量,不仅仅取决于某种具体的研究方法的纯熟与精准,而且取决于研究问题的重要与有趣、素材的丰富与客观、理论视角的新颖与恰当,及其之间的协调与配合是否有效等。

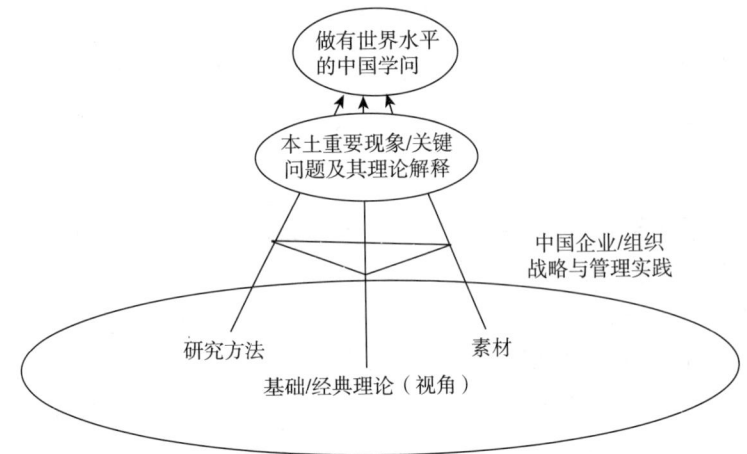

图 9.4　中国管理研究的方法论提升:"三腿凳"示意图

以上述的操作模式为方法论,笔者在过去10年中进行了一系列现象或本土问题导向的研究,这些研究问题包括中国本土新兴企业的战略模式是怎样的(武亚军,2009)、中国优秀企业家的战略思维如何影响企业发展(武亚军,2013)、影响中国企业绩效的关键因素有哪些(武亚军,2013),等等。在这些作者感兴趣的研究项目中,研究者选择了对本土企业管理有重要启发和借鉴意义的现象/问题,并尽可能地搜集丰富而客观的研究素材(体现为访谈、原始文档和二手资料及其三角验证等),采用新颖恰当的基础理论视角,综合性地利用多种有效的质性研究方法(如案例研究、扎根方法、认知地图等方法),并使之得到有效配合,从而获得新的、对本土实践有启发性的概念与理论成果。当然,这一模式只是作者在研究实践中采用的一个简单化的操作法则,对于那些要提升本土管理研究质量的学者,还需要研究者根据自己关注的研究问题,充分地了解和批判吸收已有的国内外研究成果、借鉴国际上优秀的研究方法和理论视角,并充分考虑中国特定的文化和思维方式的影响等,才有可能获得既严谨又有实践价值的新的理论成果。笔者认为,采取文化双融的态度(Chen,2014)、关注与思考自己感兴趣的研究问题(马奇、西蒙,2013),扎根于中国企业/组织的丰富的战略与管理实践,并且具备研究范式和方法论方面的技能,是中国学者推动"管理的中国理论"取得进步的关键。

五、 结论与展望

目前,中国管理学者正处于"中西理(论)实(践)"交叉的十字路口,发展"管理的中国理论"既需要勇气,更需要智慧。中国管理学者不仅可以从中国宽广深厚的哲学与文化中吸收营养和智慧,也可以从西方管理学发展的历史经验与教训中得到启发。实际上,以英美为代表的西方管理学理论的发展,是在多种研究范式和不同理论类型的竞争与争论中发展起来的,而不是只有目前占主导性的功能主义范式甚或实证主义方法。不同的学者可以根据不同的本体论、认识论假定和方法论偏好,选择自己的研究范式以及相应的方法论,并且,学者们可以根据自己对理论—实践连续体的关注焦点,选择生产不同类型的管理理论/知识,从而在理论(学科)—实践(方案)"之间"和"之上"合理定位。事实上,这种定位不仅可能,而且已经由一批西方的著名学者和管理学大师进行了实践。由此,作为后发展的知识共同体,中国的管理学界应该具有自主意识和选择性眼光,借鉴西方管理学发展的历史经验——特别是其研究范式和方法论方面的经验,植根于中国实践进行一种创新的管理研究,而不是直接引进西方的管理理论或仅对西方理论在中国的适用性进行检验。中国的管理研究机构和期刊,也应该探索自己的差异性定位,通过有规范的多样性发展,促进中国管理学术共同体的包容性发展。

事实上,随着中国经济的转型和世界互联网革命的发展,中国正涌现出一批世界级企业及大量新颖的管理与创新实践,不仅像华为、联想、海尔等老一代的本土企业受到了学者们的广泛关注,像阿里巴巴、腾讯、小米、海底捞等新兴企业也引起了世界各国管理学者的研究兴趣。中国的管理学界既面临巨大的挑战,也有重要的机遇来发展"管理的中国理论";中国本土学者应该选择和借鉴西方管理学的多元研究范式和方法论,采取"文化双融"的态度,扎根于中国管理实践,大力发展有世界水平的"中国学问"。未来的10年,既是中国经济转型发展的关键10年,也是中国管理学者的智慧与勇气需要接受重大考验的10年。

参考文献

Augier M. 2004. James March on education, leadership, and Don Quixote: Introduction and interview[J]. Academy of Management Learning & Education, 3(2): 169-177.

Barney J B. 1991. Firm resources and sustained competitive advantage[J]. Journal of Management, 17(1): 99-119.

Barney J B, Zhang S. 2009. The future of Chinese management research: A theory of Chinese Management versus a Chinese theory of management[J]. Management and organization review, 5(1): 15-28.

Bartunek J M, Rynes S L, Ireland R D. 2006. What makes management research interesting, and why does it matter? [J]. Academy of management Journal, 49(1): 9-15.

Boxenbaum E, Rouleau L. 2011. New Knowledge Products As Bricolage: Metaphors and Scripts In Organizational Theory[J]. Academy Of Management Review, 36(2): 272-296.

Burgelman R A. 1991. Intraorganizational Ecology of Strategy Making and Organizational Adaptation: Theory and Field Research[J]. Organization Science, 2(3): 239-262.

Burgelman R A. 2002. Strategy as Vector and the Inertia of Co-evolutionary Lock-in[J]. Administrative Science Quarterly, 47(2): 325-357.

Burgelman R A. 2011. Bridging history and reductionism: A key role for longitudinal qualitative research[J]. Journal of International Business Studies, 42: 591-601.

Burrell G, Morgan G. 1979. Sociological Paradigms and Organisational Analysis: Element of the Sociology of Corporate Life[M]. London: Heinemann Educational Books.

Cheng B-S, Chou L F, Farh J-L. 2000. A triad model of paternalistic leadership: The constructs and measurement[J]. Indigenous Psychological Research in Chinese Societies, 14: 3-64.

Cheng B-S, Wang A-C, Huang M-P. 2009. The road more popular versus the road less travelled: An "insider's" perspective of advancing Chinese management research[J]. Management and Organization Review, 5(1): 91-105.

Chen M. 2014. Becoming Ambicultural: A personal quest, and aspiration for organizations[J]. Academy of Management Review, 39(2), 119-137.

Child J, Marinova S. 2014. The role of contextual combinations in the globalization of Chinese firms[J]. Management and Organization Review, 10(03): 347-371.

Christensen C M, Carlile P R. 2009. Course research: Using the case method to build and teach management theory[J]. Academy of Management Learning & Education, 8(2): 240-251.

Cohen M D, March J D. 1974. Leadership and Ambiguity[M]. New York: MaGraw-Hill.

Corley K G, Gioia D A. 2011. Building theories about theory building: What constitutes a theoretical contribution? [J]. Academy of Management Review, 36: 12-32.

Cunliffe L A. 2011. Crafting qualitive research: Morgan and Smircich 30 Years on[J]. Organizational Research Methods, 14(4): 647-673.

Edmondson A C, McManus S E. 2007. Methodological fit in management field research[J]. Academy of Management Review, 32(4): 1155-1179.

Gioia D A, Chittipeddi K. 1991. Sensemaking and sensegiving in strategic change initiation[J]. Strategic Management Journal, 12(6): 433-448.

Gioia D A, Corley K G, Hamilton A L. 2013. Seeking qualitative rigor in inductive research: Notes on the Gioia methodology[J]. Organization Research Methods, 16(1): 15-31.

Gioia D A, Pitre E. 1990. Multiparadigm perspectives and theory building[J]. Academy of Management Review, 55(4): 584-602.

Hart S L. 1995. A natural-resource-based view of the firm[J]. Academy of Management Review, 20(4): 986-1014.

Hart S L. 1992. An integrative framework for strategy-making process[J]. Academy of Management Review, 17(2): 327-351.

Hart S L. 1997. Beyond greening: Strategies for a sustainable world [J]. Harvard Business Review, 75(1): 66-76.

Hart S L. 2007. Capitalism at the Crossroads: Aligning Business, Earth and Humanity[M]. Philadelphia, PA: Wharton School Publishing.

Hassard H, Cox J W. 2013. Can sociological paradigms still inform organization analysis? A paradigm model for post-paradigm time[J]. Organization Study, 34(11): 1701-1728.

Huff A S. 2000. Changes in organizational knowledge production[J]. Academy of Management Review, 2000, 25(2): 288-293.

Huff A S, Huff J O. 2001. Re-focusing the business school agenda[J]. British Journal of Management, 12, special issue: 49-54.

Kilduff M, Mehra A, Dunn M B. 2011. From blue sky research to problem solving: A philosophy of science theory of new knowledge production[J]. Academy of Management Review, 36(2): 297-317.

Kim W C, Mauborgne R. 1998. Procedural justice, strategic decision making, and the knowledge economy[J]. Strategic Management Journal, 19(4): 323-338.

Langley A. 1999. Strategies for theorizing from process data[J]. Academy of Management Review, 24(4): 691-710.

Levinthal D A, March J G. 1993. The myopia of learning[J]. Strategic Management Journal, 14(S2): 95-112.

March J G. 2011. Ascholars quest[J]. Journal of Management Inquiry, 20(4): 355-357.

March J G. 1991. Exploration and exploitation in organizational learning[J]. Organization Science, 2: 71-87.

March J G, Olsen J P. 1979. Ambiguity and Choice in Organizations [M]. Oxford: Oxford University Press.

March J G. 2004. Parochialism in the evolution of a research community: The case of organization studies[J]. Management and Organization Review, 1: 15-22。

McGahan A M, Porter M E. 1997. How much does industry matter, really?[J]. Strategic Management Journal, 18(S): 15-30.

Meyer K E. 2006. Asian management research needs more self-confidence[J]. Asia Pacific Journal of Management, 23(2): 119-137.

Morgan G, Smircich L. 1980. The Case for qualitative Research[J]. Academy of Management Review, 5(4): 491-500.

Porter M E, Elizabeth O T. 2004. Redefining competition in health care[J]. Harvard Business Review, 82(6): 64-76.

Porter M E, Kramer M R. 2011. Creating shared value[J]. Harvard Business Review, 89(1/2): 62-77.

Porter M E, Kramer M R. 2006. Strategy and society: The link between competitive advantage and corporate social responsibility[J]. Harvard Business Review, 84(12): 78-85.

Porter M E. 1991. Towards a dynamic theory of strategy[J]. Strategic Management Journal, 12(S2): 95-117.

Rumelt R P. 1991. How much does industry matter?[J]. Strategic Management Journal, 12(3): 167-185.

Sandberg J, Tsoukas H. 2011. Grasping the logic of practice: Theorizing through practical rationality [J]. Academy of Management Review, 36(2): 338-360.

Sharma A, Lee M D P. 2012. Sustainable global enterprise: Perspectives of Stuart Hart, Ans Kolk, Sanjay Sharma, and Sandra Waddock[J]. Journal of Management Inquiry, 21(2): 161-178.

Shepherd D A, Sutcliffe K M. 2011. Inductive top-down theorizing: A source of new theories of organization[J]. Academy of Management Review, 36(2): 361-380.

Smith W K, Lewis M W. 2011. Toward a theory of paradox: A dynamic equilibrium model of organizing[J]. Academy of Management Review, 36(2): 381-403.

Strauss A, Corbin J. 1998. Basic of Qualitative Research: Grounded Theory Procedures and Techniques(2nd ed.)[M]. Thousand Oaks, CA: Sage Publications Inc.

Suddaby R. 2010. Editor's comments: Construct clarity in theories of management and organization [J]. Academy of Management Review, 35(3): 346-357.

Suddaby R. 2011. Introduction: Where are the new theories of organization?[J]. Academy of Management Review, 36(2): 236-246.

Sutton R I, Staw B M. 1995. What theory is not[J]. Administrative Science Quarterly, 40(3): 371-384.

Tsui A S. 2013. On compassion in scholarship: Why should we care?[J]. Academy of Management Review, 38(2): 167-180.

Weick K E. 1995. What theory is not, theorizing is[J]. Administrative Science Quarterly, 40(3): 385-390.

Yin R K. 2008. Case Study Research: Design and Methods, Fourth Edition[M]. Beverly Hills: Sage Publications.

埃森哲. 2012年中国卓越绩效企业报告:中国企业开启转型新历程[R/OL]. [2020-07-08]. https://www.51paper.net/jjxx/hgjj/2013-05-30/1489.html.

陈晓萍,徐淑英,樊景立. 2012. 组织与管理研究的实证方法,第2版[M]. 北京:北京大学出版社.

陈昭全,张志学,Whetten D. 2012. 管理研究中的理论建构[M]//陈晓萍,徐淑英,樊景立. 组织与管理研究的实证方法,第2版[M]. 北京:北京大学出版社:63-95.

冯仑. 2007. 野蛮生长[M]. 北京:中信出版社.

韩巍. 2011. 珍惜学术表达的自由——对《出路与展望:直面中国管理实践》的响应与批评[J]. 管理学报,8(3):365-370.

韩巍. 2014. 哲学何以在场:中国本土管理研究的视角[J]. 管理学报,11(6):781-787.

黄光国. 2013."主/客对立"与"天人合一":管理学研究中的后现代智慧[J]. 管理学报,10(7):937-948

卡尔·维克. 2009. 组织社会心理学:如何理解和鉴赏组织[M]. 北京:中国人民大学出版社.

凯特琳·穆夫等. 2014. 造福世界的管理教育:商学院变革的愿景[M]. 北京:北京大学出版社.

李平. 2010. 中国管理本土研究:理念定义及范式设计[J]. 管理学报,7(5):633-648.

理查德·M. 西尔特,詹姆斯·G. 马奇. 2008. 企业行为理论(第二版)[M]. 北京:中国人民大学出版社.

迈克尔·波特. 2005. 竞争优势[M]. 北京:华夏出版社.

迈克尔·波特. 2012. 国家竞争优势[M]. 北京:中信出版社.

齐善鸿,白长虹,陈春花等. 2010. 出路与展望:直面中国管理实践[J]. 管理学报,7(11):1685-1691.

钱·W. 金,勒妮·莫博涅. 2012. 蓝海战略:企业如何启动和保持获利性增长[M]. 北京:商务印书馆.

曲红燕,武亚军. 2013. 中国学术组织的可持续发展——《营销科学学报》的案例研究[J]. 管理案例研究与评论,4:245-261.

武亚军. 2009. 中国本土新兴企业的战略双重性:基于华为、联想和海尔实践的理论探索[J]. 管理世界,12:120-136.

武亚军. 2013."战略框架式思考""悖论整合"与企业竞争优势:任正非的认知模式分析及管理启示[J]. 管理世界,4:150-167.

武亚军,张曦如,金朦等. 2013. 转型期中国企业绩效的关键影响因素——修正的TPC框架及应用分析[J]. 经济科学,5:97-110.

徐淑英. 2012. 求真之道,求美之路:徐淑英研究历程[M]. 北京:北京大学出版社.

杨国安. 2010. 组织能力的"杨三角":企业持续成功的秘诀[M]. 北京:机械工业出版社.

詹姆斯·G. 马奇,赫伯特·A. 西蒙. 2013. 组织(第二版)[M]. 北京:机械工业出版社.

第十章　互联网时代中国本土管理研究与知识创新策略[*]

> 取法乎上,仅得其中;取法乎中,仅得其下。
>
> ——《易经》

> 兼综东西两方之长,发扬中国固有的卓越的文化遗产,同时采纳西洋的有价值的精良的贡献,融合为一,而创成一种新的文化,但不要平庸的调和,而要做一种创造的综合。
>
> ——张岱年

一、引　言

进入21世纪以来,互联网技术发展以及移动互联网革命催生了大量的创新型商业模式与管理实践。相较于国外,我国的超级人口红利、巨大市场、快速城市化等独特因素带来了互联网行业及企业在近十年间的迅猛发展,出现了以阿里巴巴、腾讯等为代表的一批世界级企业。这迫切要求国内管理学界以互联网时代本土企业的管理实践为素材进行理论创新,而非再一味"套用""验证"或"复制"西方理论从而处于全球管理学术研究的追随及附庸地位。然而现实困境是:一方面,由于后发知识体特性和全球化压力,国内管理学界从总体上仍处于对西方主流(实证)范式的移植或模仿状态;另一方面,对那些有志于创建中国特色管理理论的学者来说,由于缺乏现成的研究方法论和哲学指导,中国管理研究从总体上还不能有效地"发现规律、解释现象、指导实践"(郭重庆,2011),理论研究处于"窘境"(陆亚东,2015),研究成果难以"顶天立地"。

实际上,对于如何构建有效的中国管理理论,近十年来国内学界发生了四次大的路线争论:一是"中西之争",即追求"管理的中国理论"还是"中国的管理理

---

[*] 本章是作者2018年完成的一篇工作论文,原标题为《互联网时代中国本土管理研究与知识创新策略:一个"完整站立人"比喻及应用前瞻》。本次收录仅增补了篇首引语。

论"(Barney and Zhang,2009);二是理论与实践的关系,即中国管理研究的出路是直面管理实践还是限于学术象牙塔(齐善鸿等,2010);三是本土理论构建的方法论,即是要借鉴西方已有的科学哲学方法论,还是必须构建中国特色的本体论、认识论和方法论(李平,2013;李鑫,2013,2015);四是围绕中国管理研究国际学会(IACMR)的贡献与作用,学者们就管理学术学科化道路与德鲁克经验式道路、国内学术评价体系应否改革等进行了热烈的争论(张静等,2016;蔡玉麟,2016;韩巍、赵向阳,2017)。显而易见,随着管理学在中国的发展,国内学者对本土管理研究的讨论已经越来越深入,并且已经涉及管理研究的哲学与本体论、认识论层面,然而,以学者为主体的中国管理学界对于如何促成本土管理理论的创新发展还远未形成共识(陆亚东,2015;武亚军,2015;章凯、罗文豪,2015;周南,2017;吕力、田勰和方竹青,2017)。

面对国内外众多路线纷争和亟待应对的现实挑战,本文认为,我国的本土管理学研究要取得重要的实质性推进,需要管理学者充分借鉴以英美为主的管理理论发展和非西方(如我国台湾地区等)社会科学本土化的经验与教训,采取辩证的主体性立场,自觉探索中西文化融合的新方法:一方面,作为最大的世界新兴经济体,中国优秀本土企业的战略与管理实践为我们提供了很好的研究素材和思想试验场,这是中国特色管理理论发展的策源地;另一方面,作为研究者,我们可以在文化自信的基础上,采取中西双融的态度,运用更为前瞻和主体性的视角,在学习借鉴西方管理研究哲学范式及方法论的基础上,融合中国传统哲学中的认识论精华,走向更加自主、自觉和有哲学指导的管理研究与本土理论创新之路。具体地说,互联网革命与中国经济的快速发展要求中国的管理学者具有"自主"精神,秉持"主体辩证"立场,在吸收西方科学哲学精华的基础上扎根中国创新实践进行理论构建与知识创新,逐步确立系统的本土管理理论/知识体系。遵循此主体性立场和文化双融精神,本文提出一个"完整站立人"的比喻来阐述这种管理研究方法论的核心要素,倡导本土管理研究者以"主体辩证"的哲学精神指导个人的管理研究及知识创新;在此基础上,本文探讨了将这一哲学方法论转化成本土管理研究的核心路径,并结合互联网时代中国企业战略与管理的实践对四个具有潜在中国特色的管理研究领域及知识创新前景进行了展望。

二、 作为学术的管理知识体系及本土化生产方式

在中国这样的后发展学术社群中推进本土管理研究与知识创新,既需要我们对管理学的性质、管理学术发源地(美国为主)的管理知识体系及其知识生产

方式有深入的理解,又需要我们对非西方的后发展国家或地区社会科学本土化的经验与教训有足够敏锐的观察与认识。下面,我们依次从管理知识的体系与性质、美国管理知识生产的"参与式学术"模式及台湾地区社会科学本土化发展经验等方面,探讨中国管理知识的本土化生产方式的前景。

1. 西方管理学"研究—实践差距"问题及克服方式

从历史上看,以英美为中心的西方组织与管理学研究在 20 世纪 80、90 年代已经演进到学科化、制度化生产阶段,这也导致了最近二三十年以来西方管理学界普遍承认的**"研究—实践差距"问题**(research-practice gap)或者**"严谨性—相关性差距"问题**(rigorous-relevance gap)(Rynes,Bartunek and Daft.,2001)。对管理学"研究—实践差距"问题的解决有两种基本认识与方法:一种认为它是一种知识传递(或沟通)问题,另一种则认为它是知识的生产方式问题(Van De Ven and Johnson,2006)。知识传递或沟通论者认为理论和实践知识是两种不同的知识,研究者和使用者具有不同的价值观、目标和意识形态,解决该差距问题的方法主要依靠改进知识的沟通或传播;而知识生产方式论者则认为,组织"研究—实践差距"的本质是对关键知识的理解差距和知识生产方式的差距,因此仅靠改进传播方式或提高沟通效率是不能解决问题的,必须全面改进管理知识的生产方式(Van de Ven,2007)。

从管理学"研究—实践差距"的知识传递论或沟通论立场,一些学者提出了提升管理理论**实用有效性**(pragmatic validity)的方法。例如,Worren,Moore and Elliott(2002)从理论何时变成工具这个问题出发,结合"日本式制造原理"(Japanese manufacturing principles)的例子,从管理知识的三种不同呈现方式即命题式、叙事式和图形式对比了各种表达方式的特征以及传递实用有效知识的要求。他们指出:在命题式的管理知识发展中,严谨性往往意味着采用逻辑和数学等正式语言而往往忽略图形和叙事性推理方式,不同哲学倾向的学者则会偏向不同的推理与呈现方式;提升管理知识的有用性需要权变地考虑问题/决策的特点、决策阶段与组织情境等因素。例如,以比喻、故事、图形等方式呈现的知识在管理者框定或理解问题早期有重要作用,更明确的知识(以命题式推理)在参与者已经确定了问题框架或形成共识以后的解决问题阶段会更加有效。从知识传递视角,他们提出在管理知识体系的构建中,注重利用多种推理和呈现模式(如图形化、故事性等),从用户导向提升管理知识的实用有效性。

"研究—实践差距"的知识生产方式论者则从管理学的实践属性与知识生产模式角度,对提升管理知识有效性问题提出了自己的看法与解决方案。实际上,对管理学的实践属性,特别是设计科学属性的认识,在英美管理学界早已由来已久(Huff,Tranfield and Aken,2006)。在 20 世纪 70 年代,赫伯特·A.西蒙(Herbert A. Simon)就提出了管理学的设计科学属性,并且探讨了管理学院的组织设计问题。但这一观点在随后的年代里因为美国管理学院的学术追求科学合法性而被忽视。Huff(2000)在 1999 年就任美国管理学会会长的演讲中系统地回顾了第二次世界大战以后英美管理学知识的两种主要生产方式:一是学科化生产(模式 1),二是实用问题导向型生产(模式 2)。她认为,两种模式各有优点与局限,因此未来需要兼顾科学严谨性与实践相关性即模式 1.5,在其中,实践者对重要问题的界定和基本信息的提供发挥重要作用,过去割裂的两种模式的参与者通过合作可能使知识生产产生"良性循环"。呼应这一倡议,欧洲的管理学者Aken(2004)提出管理知识的发展得益于组织理论与管理理论的相互补充,前者是解释科学,后者是设计科学;管理研究需直面应用性问题,且问题不应局限于从组织理论演绎而来,更要重视从实践出发发展有用的管理理论;管理研究不应仅作为解释性科学,更应成为设计性科学,生产那些经过实地检验、扎根型的管理理论或技术规则,就像医学和工程学一样。此后,Aken(2005)进一步讨论了管理研究作为设计性科学所采用的模式 2 生产方式,管理知识的设计规则应为解决方案导向、重视合作性与问题驱动,以激发研究者的学术兴趣、增强学术研究与知识生产之间的联系。他认为,为了缓解管理研究的实践相关性不足问题,应该将以解决方案为研究目标的管理理论作为描述性的组织理论的有益补充。

英美管理学科化生产模式中的一些主流学者,也针对管理学术与实践脱节问题提出了一系列改良意见,其中,比较著名的有美国管理学家范德文(Van De Ven)倡导的"参与式学术"(engaged scholarship)[①],他倡导美国、欧洲及中国等地区的管理学者联合多种利益相关者(包括学者、实践者和政策制定者等)构建有机的学术共同体,进而参与本地复杂的管理问题的研究与知识推广,形成"参与式学术"的知识生产模式(Van de Ven,2007,2011;Van de Ven and Jing,2012)。范德文提出了一个钻石模型来阐述"参与式学术"的内涵与过程,如图 10.1 所示。它要求相关人员共同参与到管理研究之中,获得关键利益相关者(术业有专攻的不同学术领域分支的学者)的不同观点,以更好地理解特定情境下的复杂问题,汇集多方力量,通过问题形成、理论构建、研究设计、问题解决四

---

① 与范德文有合作的中国管理学者井润田教授较早地在中国引介"参与式学术"模式,在中文文章中他将"参与式学术"称为"投入型学术",见井润田和卢芳妹(2012)。吕力、田鲲和方竹青(2017)系统地回顾了本土管理研究中的"研究—实践差距"问题及争论,提出了他所谓的"行动、实证与循证相结合的管理研究综合范式",这可以看作是针对该问题的一种本土观点。

个相互关联的步骤,生产出更具洞见的本地化知识①。

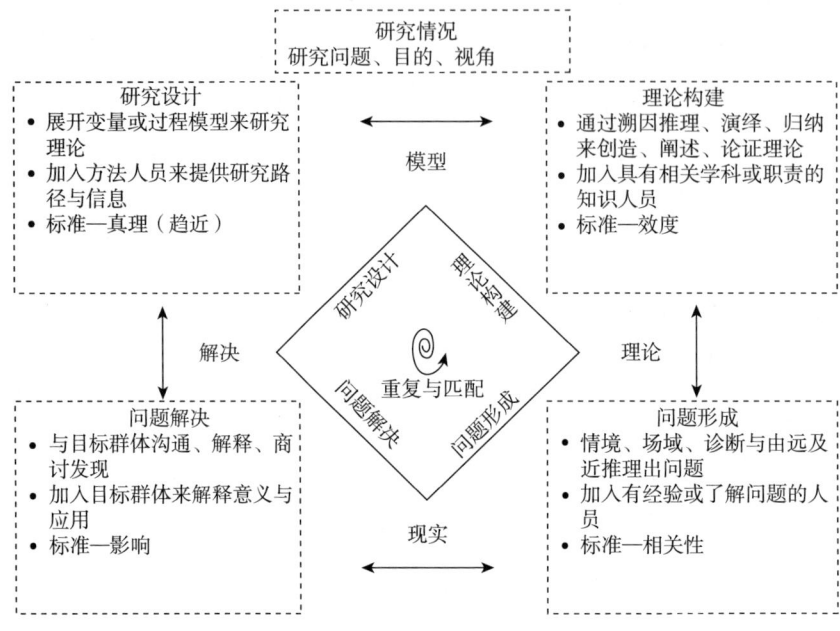

图 10.1 "参与式学术"的钻石模型

资料来源:Van de Ven(2007)。

实际上,范德文认为基于研究目的(为了描述、解释和预测,还是设计、评估和行动干预)以及研究者对问题场域的卷入性(研究者在探查研究问题时是作为外部观察者还是作为内部参与者),"参与式学术"可以采用四种不同类型的研究方法(见图 10.2):(1)知情型基本研究(informed basic research):研究目的是为了描述、解释社会现象,研究者是作为社会系统的外在观察者,但在研究中听取了内部知情人与关键利益相关者的信息及反馈。(2)合作型基本研究(collaborative basic research):研究目的是为了描述、解释社会现象,但是往往是通过与内部人共同合作的方式来共同生产知识,即赋予内部人更大的权力和参与,或研究者与被研究者深度共情。(3)设计与评价型研究(design and evaluation research):研究目的是为了解决职业化实践问题或政策评价,它常被称为"设计科学",不限于解释而企图对问题进行干预以取得实效,研究者或评价者把自己置身于问题之外,他们把评估建立在证据基础之上。(4)行动/干预型研究(action/

---

① 范德文认为"参与式学术"在科学哲学上是一种演化实在论观点(evolutionary realist philosophy of science),它属于我们后面所说的"批判实在主义"哲学范式。参见 Van De Ven and Johnson(2006:803)的讨论。

intervention research):研究者以实地方式诊断和处理特定的客户问题,这些问题往往是"情境独特的"和非结构化的,要求研究者与客户深层互动、研究方法规范以及开发具体的实用性干预方案。在范德文看来,这四种研究方式对于发展本土化管理知识都是合法、必要且重要的,因此,从社会整体来看,不应该厚此薄彼,而应总体包容。实际上,他认为不同的研究方法虽然有不同的质量标准,但检验标准应该是所采用的方法是否很好地解答了所关注的研究问题。作为在美国和欧洲管理学界有影响的主流学者,范德文倡导欧洲和中国管理学界不应单纯模仿美国管理学术的发展道路,而是应综合利用多种不同类型的"参与式学术"方法来生产反映本地情境、多元文化和不同利益相关者特点的管理知识,并且认为只有这样发展出来的管理知识才更有影响、更能推进管理理论与实践。范德文所总结的"参与式学术"不仅是美国管理知识生产的经验总结,他所积极倡导的欧洲、中国的学者利用自身问题感知和信息获取等优势,构建有地域和文化特色的而非美国化的管理学术共同体,更体现了一个真正国际化的管理学者的包容、真知和远见。①

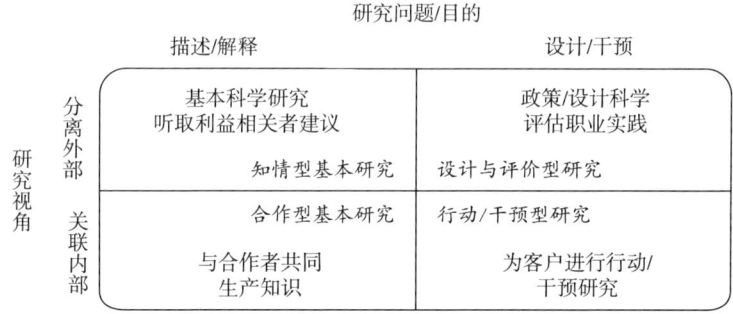

图 10.2　参与式学术的不同方式

资料来源:Van de Ven (2007:27)。

2. 中国本土管理研究何以可能?

显而易见,以英美为主的西方管理知识体系的发展及其主导知识生产模式也只是一种特定情境下的历史可能,管理学作为一门应用性学术领域在不同国家文化和社会经济情境下会有不同的发展路径和前景(郭毅,2010)。其发展道路,一方面取决于管理学发展的自身规律,另一方面也取决于不同社会环境下学者们自身选择、不同的学术制度环境及其他社会及文化因素等(郭毅,2010;Van de Van,2011,Van de Ven and Jing,2012;韩巍,2014;武亚军,2015)。

---

① 实际上,范德文不仅这样倡导,他还积极地实践"参与式学术"模式,例如,他和井润田教授合作发展出中国阴阳文化视角的组织变革模型,参见 Jing and Van de Ven(2014)。

事实上,在国内,许多学者对于本土管理研究如何可能以及如何深化进行了多种探索与讨论。郭毅教授在 2010 年关于"中国式管理"的综述性文章中指出,"由于各国的社会发展和文化传统的差异,各国的管理现象自然有所不同,因此各国的管理学研究有着其特殊的指向和内涵";在全球化和后发展知识体背景下,中国管理研究应该在坚持"学术自主性"的前提下,以"理性反思"和批判性眼光为指导,以"中国现象"为焦点,并将中国管理现象视为"地方性的组织与管理知识",采用适当的研究途径和手段,通过"假说——验证——再假说——再验证"的循环推进中国本土管理研究(郭毅,2010)。当时在海外任职的华人管理学者李平在《管理学报》发表论文对本土管理研究的内涵进行了系统梳理,提出"从独特或新颖的视角研究某个独特本土现象或该现象中的某个独特元素"即为本土研究,他还区分了所谓的"弱本土化""强本土化"和"马赛克式全球多元统一"等研究范式(李平,2010)。在 2013 年,他又进一步突出"本土视角"的基础作用,并试图从中国传统哲学中挖掘"道—阴阳—悟"智慧哲学作为本土管理研究的本体论、认识论与方法论,进而达到与西方知识(科学)哲学融会贯通的目的。在他看来,所谓中国本土管理研究的"顶天立地",即是"顶中国传统哲学之天,立中国管理实践之地"(李平,2013)。与此观点不同,黄光国则认为本土学者需要系统学习和借鉴西方的社会科学哲学,而不必从中国哲学中发展一套自己的科学哲学方法论。实际上,黄光国认为,"阴阳思维"原本是中国文化中"前现代"的思维模式,倘若中国的社会科学家对近代西方科学哲学的发展有相应的理解,能够以之作为基础,建构本土社会科学的"微世界",则"阴阳思维"将变成一种"后现代的智慧",有助于华人管理者解决他们在生活世界中所遭遇到的各项管理问题(黄光国,2013)。此后,韩巍(2014)系统梳理了这一争论中李平、黄光国、李鑫、吕力、章凯等学者的立场,指出其中存在着从中国传统哲学"主导说""有益说"到"无用说"的多元观点谱系。其中,支持管理研究中实行"中西融合"是倡导本土管理研究的学者比较认同的"基本共识",但对具体的方法路径及如何实现,即韩巍所说的"可行路线",则存在较大的迷惑及争论。

实际上,在较早进行本土化研究的社会学领域,翟学伟在 2001 年就曾针对社会研究的本土视角进行了反思,他指出,在将中国社会中的"人情""面子"等社会现象和行为进行西方式的概念界定后,其独特性往往就消失了,因此需要调整这种对本土概念界定和分类上的西式追求,这意味着他从研究思维模式上试图探索一条不同于西方主流的道路。① 最近,应本土管理学者社群的邀请,翟学

---

① 郭毅教授在管理学界较早地注意到中国综合思维模式与西方分析型思维的不同甚至对立,他认为中国管理研究的知识创造之路可能而且可行的方式只能是,寻求一个相对来说具有海内外学术界共同认可并具有传承和对话意义的"话题"及其背后的"方法论"。

伟(2017)结合其社会心理学本土研究经验,论述了本土性研究的正当性与可行性,对什么是本土性研究、本土性研究同全球化是何种关系,以及本土性研究应采取何种视角和方法等,进行了反思。他认为,本土性研究应该从自身的社会文化问题出发,获得一种"从自己的历史和文化"生长出来的"地方性知识";这种本土性研究,不是名义上的宣称或反对,而是真正从认知上搞清楚"什么在真正左右本地人的思想与行动";在方法论上,需要在充分学习西方科学哲学基础上,通过"特定的逻辑推演和经验研究",让"传统思想和知识"有机会发生"创造性转化",并且"完成自己的体系建设"——在翟学伟看来,这意味着需要"从文化的视角"进入到对人和社会的研究,亦即放弃那些自然科学采用的"还原性的、因果的、精确的、程序的做法",而采取那种"理解性的、解释性的、比较性的、非实证的做法"①;他还认为,本土性研究所呈现的局限性可以通过"类型比较"的方法来获得其一般性的知识建构。在对此观点的评论中,韩巍(2017b)认为中国管理学界的"封闭性"或"范式霸权(实证主导型)"问题,亟须本土性研究来打破,而这要从科学哲学的"本体论、认识论、方法论"视角将本土化当作一种社会科学的学术取向,利用"诠释"等更具反思性和更有"想象力"的方法来指导构建本土问题导向的管理理论。对于翟学伟的观点,李宗克(2017)则重点回应了管理学作为"实践性学问"的应用性特征对研究方法论的影响,提出从管理的实践视角和文化视角来构建本土管理理论的基本立场,并认为"诠释学"应该是本土管理学研究的较合适方法论。

在国际上首创动态竞争理论体系的华人管理学者陈明哲(2014)则倡导管理学研究中的东西文化双融立场②,并且认为需要对管理知识进行系统把握和多层次理解。在2014年就任美国管理学会会长的专文中,他以自己首创的动态竞争理论体系为例,提出贯穿动态竞争理论的四个层次,由里至表依次是:文化与哲学观念、系统性知识、经验与案例和应用性工具③。其中,系统性知识是通

---

① 郭毅教授较早地将这样一种发展"地方性知识"的(阐释人类学)方法概括为"特质——深描——理解——阐释",这在本文作者看来是一种"建构主义"或"素朴相对主义"的本体论和"阐释主义"的认识论立场。在这篇文章里,翟学伟提出了自己对中国人和社会的特质认识的"关系向度理论",从而企图实现一种对中国人的文化类型学的整体认知。

② 具有深刻海外背景的管理学者马浩也持这一立场,他提出在东西双融中要采用"转化性方法"(transformative approach),并以音乐中交响乐中国化历史及成就进行比照阐述,但对这一融合方法的具体内涵和路径并未讨论(马浩,2018)。

③ 陈明哲(2014)指出,动态竞争理论在文化与哲学层面关注中国传统的竞争战略观、对偶的思想,中国文化中的"人—我—合"的中道精神;在系统性知识层面,关注"行动—回应"的对偶视角、"觉察—动机—能力"框架、以"市场共同性—资源相似性"为基础的两两竞争者分析、以对手为中心的视角;在经验与案例层面关注业界实时动态;在应用性工具层面关注分析软件与模型的应用。本文认为,陈明哲的这种划分分别属于"道""法""例""术/器"四个层次。

常意义上管理研究的核心产品,经验与案例(教育扩散)、应用性工具(实务运用)是管理知识的工具化或运用,文化和哲学观念则是系统性知识的一个潜在源头。他认为,中国在文化和哲学、经验与案例方面具有优势,而西方则更擅长系统性知识和应用性工具的生产,因此,中西文化双融能在全球范围中产出更好的管理知识。实际上,这是具有中西双重文化背景、强调知行合一的国际管理学者从知识生产者角度对管理知识属性和层次的一种较系统划分。

坚持实践本源性和文化差异性观点,本文作者认为,承认管理学的实践属性和文化属性是创造"好的管理的中国理论"的一个重要哲学前提;其中,管理学的实践属性要求我们认识到管理知识/理论的实践本源,同时又要求我们提升管理知识的设计属性以改造管理实践;管理学的文化属性为本土管理学提供了一个基本的逻辑基础,并且要求我们在理论方法上把"诠释主义"等非实证方法作为重要的研究方法论加以运用。同时,本文作者认为,坚持管理知识的系统理解及多层次划分是提升管理理论的"实用有效性"的重要方向。因此,综合以上观点及作者对中国管理学理论发展情境和背景的认识,本文提出了一个构建中国本土管理知识体系的整体知识论框架(见图 10.3),它包括四个相互关联的要素:①管理实践(A);②管理知识(B);③经过管理理论/工具指导的新实践(A′);④管理知识生产与实践所处的特定国家情境。

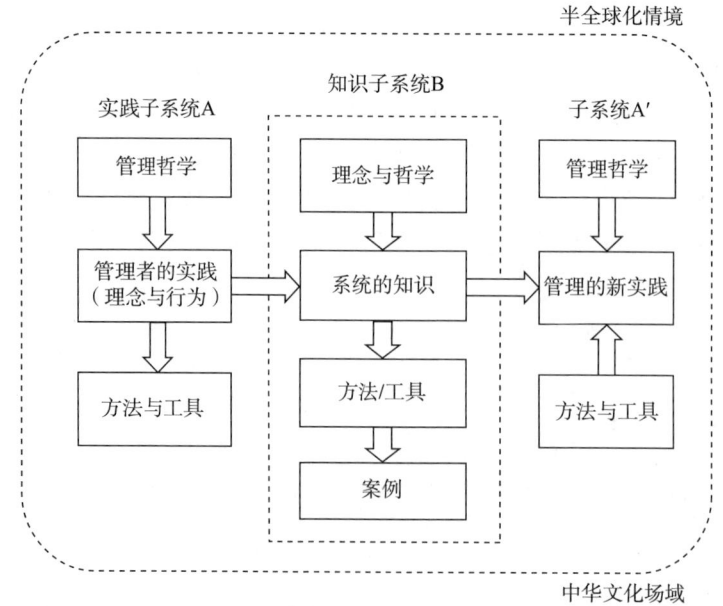

图 10.3 基于实践的中国本土管理知识生产:来源、层次与情境

在管理知识系统中,包含研究者从特定理念与哲学出发形成的系统性的知识及知识框架,也包括可实践操作的管理方法与工具及相关的案例(教学手册),由此得到本文倡导的管理知识系统的四个层次——理念与哲学("道")、系统的知识("法")、方法与工具("术/器")、案例("例")[①]。图10.3展示了本文倡导的本土管理知识(子系统B)与实践之间的关联关系:一方面,系统的管理知识要从管理者的实践中来,经过管理研究者加工形成理论/工具/案例等,再用其指导管理的新实践(自子系统A至子系统A′),实践的集合(包括管理者的理念与行为)是学术化的本土管理知识的本源。另一方面,学术化的管理知识的生产又受到知识生产者的哲学与理念(包括本体论、认识论、方法论等知识哲学和特定的关于研究现象的理念等)的影响。在系统的管理知识的生产中,研究者的主客观因素都是不可或缺的重要方面。更进一步,系统知识又衍生出方法/工具、案例,而方法/工具、案例等又对管理的新实践产生影响(自子系统A经子系统B至子系统A′)。从较长期观点看,这是一个循环往复的过程。

图10.3中的国家情境和文化背景试图表示中国的产业、资源、制度和文化等对本土管理实践与研究存在影响。实际上,中国管理实践者和管理知识的生产者(及传播者)都处于一个特定的时空情境和文化场域中。这个特定的时空情境又是管理实践和管理知识生产的特定背景,它包括经济、政治、社会及文化等多种因素,在本文中,经济、政治、社会三方面相对容易变化的因素被统称为国家情境因素,国家文化则被称为文化场域,因为它衍生自一个国家的历史、哲学及语言等,先于现代学术意义上的管理知识系统与实践而存在,它是发展管理知识与实践行动的重要影响因素。在互联网时代,笔者倡导一种"半全球化"的国家情境观和中国文化,特别是思维模式的相对独特性立场(格玛沃特,2010;成中英,2001;Chen,2014;成中英、张金隆,2015;楼宇烈,2014)[②]。这里所谓的"半全球化"是指世界各国既非处于完全相同的一个"地球村",又非处于完全隔离不相连通的"孤岛",而是介于这两者之间的、既相互联系又不完全相同的中间状

[①] 有实践背景的管理研究者从实用角度把它们划分为"道(哲学层)、法(原则层)、术(方法层)、器(器具层)、例(案例层)"五个层次,参见周宏桥(2015)对创新体系的讨论。本文参考了陈明哲的划分,并考虑术与器两部分较为接近,因此从知识简洁性考虑将其归为四层,但对陈明哲划分的下面两层次序做了调整。有学者认为提供"器"和"例"主要是咨询界或咨询专家的任务,并称之为"方法创新",学术界要进行"理论创新",企业界则进行"实践创新",需要"三界"互动,参见贾旭东等(2018)。

[②] Chen(2014)认为,双元性/对偶性(duality)和相对性(relativity)形成了中国哲学的基础,前者起源于阴阳思维,后者则与"仁"(二+人)的观念紧密相关;与此相对,西方哲学的二分法(dualism)和"非此即彼"(either/or)则从亚里士多德的相互排斥逻辑开始,发展到近代黑格尔和马克思的辩证法。与此观点类似,哲学家楼宇烈认为"整体关联""动态平衡",以及主张"中"与"和"的思维方式是中国文化品格的特质,参见楼宇烈(2014:3-5)。

态,其中,印裔的国际战略管理学者潘卡基·格玛沃特发展了其所谓的 CAGE 框架("笼子")来说明不同国家企业在国际化战略发展中会面临文化(C)、行政管制(A)、地理环境(G)和经济状况(E)的差别(格玛沃特,2010)。本文认为,这种实践本体性、"半全球化"情境观和中华文化嵌入性(包括本土实践者与研究者两个主体),是中国本土管理研究为何可能的基础,它也为本文倡导的管理学研究方法论的中西融合提供了可能通道。

3. 本土化研究的"黄光国命题"及方法论启示

"好的管理的中国理论"要求学者超越对西方管理学术的简单"复制",吸收其方法论精华,从本土的现象和问题出发来构建本土的管理知识体系,这和人类学与文化研究中的"主位"概念含义一致。实际上,"主位/客位"研究之分可追溯至 20 世纪 60 年代的人类学研究,语言人类学家派克描写了"族内人"和"外来者"的不同视角对其思维方式、描写立场和话语表达的影响。近十年来,随着中国经济在全球范围内的崛起,从全球范围看中国社会研究的范式也要求从原来的"客位"走向"主位"及"主客并置"的新范式(周晓虹,2010)。在中国管理学界,郑伯埙等较早倡导本土研究,他们认为,本土研究中的"主位"策略即是"现象导向"的管理研究,它遵循"现象驱动的研究问题——观察与分析——理论建构——实证检验"这样的基本程序;此外,它要求在本土问题探讨过程中融入对中国的语言、文化、历史的理解,从而形成有独特性的本土管理理论/知识(Cheng,Wang and Huang,2009)。其具体步骤包括:①首先要发现有意思的研究问题,即去观察实践中不能被已有理论合理解释的现象;②在此基础上进行实地观察,从多种来源获取数据,将定性与定量研究相结合;③将这些新的现象放在特定的文化中分析,继而建构理论框架,并与已有理论进行比较;④在实证检验环节中选取实验研究或实地检验的研究方法;⑤为经过检验的结果寻找边界条件,做进一步的理论化,从而完善理论。在这一过程中,他们倡导学者要对中国传统有深入了解,对语言、历史、哲学等有一定造诣,并且将其融入具体管理问题的研究中,这样才能使建构的理论体现出实质意义上的本土性。实际上,国内倡导本土管理研究的学者也用多种不同概念来强调这一过程/方法的不同侧面,如吕力倡导"深度情境化",即要求管理研究者"卷入"特定情境,采用"理解"或"诠释"的方法来研究文化对于管理的影响等(吕力,2012);韩巍倡导本土研究中新的"情境研究观",即主要处理由当事人的体验、感受及可通过语言建构的"主观情境"(韩巍,2017c)。实际上,所谓的"深度情境化"或对"主观情境"的洞见都要求研究由"客位的观察"变成"主位的分享"或"再诠释",这意味着研究者与被研究者一起共同构建知识,达到"主体间性"。①

实际上,黄光国较早地提出了本文所谓的社会科学本土化的"黄光国命题"及"多元范式的研究取向"。**"黄光国命题"是指:非西方社会的社会科学家要想发展本土心理学或本土社会科学,不仅要扬弃殖民主义的心态,拒绝盲目套用西方社会科学的研究典范,而且要将其反殖民主义的心态调整为后殖民主义心态,彻底吸收西方文明之精华,能够以西方的科学哲学作为基础,建构出适用于本土社会的"科学微世界"**(黄光国,2009:15)。本文将此命名为"黄光国命题",并认为这是他在考察了西方知识生产的哲学基础及其演化历史之后,从非西方社会的现代化要求出发提出的重要哲学方法论命题,其目标是在"中体西用"立场下建立中华自主性的学术传统。实际上,他还明确地以台湾地区本土心理学发展为例,提出非西方社会的社会科学研究应采取"**多元范式的研究取向**",其中又包括三层含义:第一,克服"多元范式"与心理学主流所主张之"实证范式"的对立。第二,克服心理学与其他人文社会科学之间的差异,即利用"**结构主义**"等方法将"本土文化/社会/历史"等放进思考框架,探究中国文化传统等深层结构对作为社会人的行为的影响。第三,解决理论与实践相结合的问题,即非西方社会中从事研究工作的本土心理学者,要使用**辩证诠释学**的方法,从诠释者的自身历史处境出发,针对他所关注的问题,找到相关的西方理论作为参考框架,然后以华人文化传统的深层结构作为对应,不断检视既有资料,在其中寻找研究问题及看法(通过"视域融合"讲出新的意义②),进而建构出有本土社会特色的理论与知识(黄光国,2006:255—260)。

应该说,"黄光国命题"及其"多元范式的研究取向"主要为非西方国家/地区发展本土心理学提供了一种哲学方法论(黄光国,2006:260)。当然,由于其特定的心理学研究领域,这一哲学方法论的具体论断不一定适用于其他社会科学包括管理学领域,但其总体观点即社会科学本土化需要依次经过"哲学的突破、理论的突破及实证研究的突破",无疑具有重大的指导意义。实际上,针对"黄国光命题",翟学伟提出了本文所谓的"**翟学伟设问**":**(本土学者)学会了西方科学哲学,又能怎样做好本土研究?**③ 我国台湾地区社会学者陈复则从正面

---

① 这要求研究者在知识本体论上采取"适度建构主义""批判实在主义"或"素朴相对主义"的立场,参见后面表10.1的相关内容。
② 黄光国所谓的"视域融合"有两层含义:一是指研究者既了解西方的研究,又了解自身文化传统中相关的议题;二是指不同学术背景或视角的学者从不同的角度对问题进行论证,达到一定范围的共同认知。这里是指前一种情况。参见黄光国(2017:3)。
③ 针对"黄光国命题"是否必要的设问在21世纪初期的我国台湾地区也有学者提出过,参见陈映芳(2011)的讨论。"翟学伟设问"的口头提出估计是在21世纪之初,作者在2017年北京的一次会议上听到过他讨论这一问题。

提出过所谓的"**黄光国难题**",即"中华文化传统要重新成为引领人类文明发展的引擎,其关键在于如何将中华文化'天人合一'的思想传统,利用'天人对立'的阶段性思辨分析,建构出可以观照华人生活世界的'科学微世界'(黄光国,2017:251)"。他认为,黄光国试图将中华传统强调"智慧即道"转向"知识即道"的西式轨道,但对如何完成这一过程缺乏文化主体上的考虑,且难以实现科学理论对华人生活世界的反哺,从而难以实现由学术重振中华文明之大任。① 实际上,近年来黄光国也对此问题做了进一步的反思,把他倡导的中国本土社会心理学的发展之道上升为儒家文化系统的**"主体辩证"**,即要求作为**研究者的个别主体**在对**研究对象之主体**及所浸入的**整个儒家文化体系**进行阐发与展示的过程中,展现出儒家文化体系研究者的个别主体性,进而达到**学术社群的知识论主体**之间的"共识"或"视域融合"(黄光国,2017)。

具体到本土管理研究领域,受"黄光国命题""多元范式的研究取向"及其"主体辩证"观念的启发,本文认为,面对相对定型的西方管理知识生产体系及其巨大知识存量,本土学者要秉持"主体性"策略,辩证地处理中国管理研究中的问题独特性与普遍性、对象实体性与场域性、理论的借鉴与开发、探究的分析性与综合性方法、论证的逻辑方法与历史方法等,在保持学术主体性的基础上,吸收西方科学哲学的基本方法论精华,"取法其上",在发挥中国的"辩证统一"哲学基因及其创造性转化的基础上进行理论构建、经验验证及修正发展,才能有效构建系统的本土管理知识体系,进而真正实现文化双融与中国理论自信。遵循这一立场,本文后面的"完整站立人"比喻及研究方法论探讨,可以视作作者在本土管理学领域对"翟学伟设问"与"黄光国难题"的一种尝试性解答。

三、 中国本土管理研究与知识创新的主体性策略:"完整站立人"比喻

从全球范围内后发学术共同体的视角来看,本土管理研究要做有世界水平

---

① 陈复提出,"黄光国难题"之难在于它"无法实有地承认中华文化的天人合一的传统,并从该传统转化出相应的华人本土社会科学";实际上,他继承了赵金祁的"求如"人文科学哲学(赵继承了金岳霖的道论),提出要真正理解中国文化"天人合一"的"一"在于"主客观之间的统一"(所谓"超绝心体"即道),并要依循所谓"求如三原则"——情014尽性、用要得体、势要依理,将"微观世界"获得的认识回馈给"生命世界",让这两个世界相互交会引流,从而对中华文化的现代化历程产生重大的影响。参见陈复工作论文《黄光国难题:如何替中华文化解开戈迪安绳结》(论文来自黄光国教授电子邮件)。

的"中国学问"确实不易。实际上,随着中国企业的快速发展和管理学术共同体的逐步成长,中国管理研究如何能够"顶天立地"开始逐渐成为一个萦绕在许多学者心中的问题(郭重庆,2012)。然而,"顶天立地"只是一个比喻,它在不同学者心中有不同的含义,而在本土研究中如何形成科学有效的方法论则是学术共同体必须面对的挑战。① 在本文作者看来,所谓"顶天"就是遵循普适性的研究原则或哲学精神,"立地"则是基于中国管理实践进行理论发展②,有志于发展本土理论的学者则是"天地"之间具有自主性的研究主体。研究者主体需要在吸收西方科学哲学基本规范的基础上,秉持"主体辩证"策略,以中华文化基因为主体,以中国实践为基础,用逻辑与历史相统一的方法发展出有中国特色的管理理论或知识体系,做有世界水平的"中国学问"。基于此立场,本文提出了一个在研究哲学与方法论方面体现主体性和文化双融背景的"完整站立人"比喻及基本策略:研究者采取"主位"策略,从中华文化传承已久的"辩证统一"的哲学基因出发,秉持"完整站立人"的指导思想(见图10.4),以"主体意识与理论问题"为核心,以"范式思维"与"辩证思维"为指导,以"素材扎根"与"方法扎根"为支撑,以制造"世界水平的中国学问"为战略目标,追求"从实践中来,到实践中去"的真实知识及知识体系,并把这些管理知识转变为企业管理方法/工具,真正服务于企业的实践。

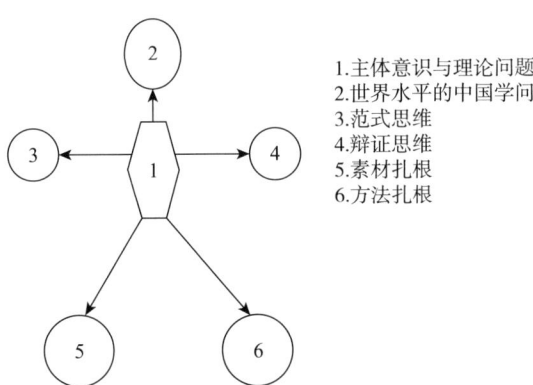

图10.4　中国管理学者的主体性研究策略:一个"完整站立人"比喻

---

① "顶天立地"是一个与"人"的形象有关的比喻,汉语中常借助汉字的象形表意来表达其精神蕴涵,优点是具体生动,缺点是内涵方面不够精确,因此需要形成更具体、更实用的操作性方法论。
② 在以前的文章中,作者曾以一个四位一体的"三腿凳"比喻来阐释这种方法论,但尚未对其进行深刻的哲学反思。参见武亚军(2015)的论述。

1. 范式思维：多元研究范式与方法论的自洽性

从整体上看，西方的管理学研究，在过去半个多世纪的发展中，形成了不同的研究哲学范式，这些范式是围绕本体论、认识论、方法论等层面及其分化而形成的①。首先，从本体论上来看，不同的研究范式可以从知识的存在本质——管理研究的对象在本质上是否是客观实在或主观建构的——来加以区分，即社会知识的主观性、客观性及主体间性等；其次，从认识论上看，研究者角色的主动性或被动性（研究主体介入对象的程度）、研究者如何生产可靠知识，以及是否可以形成对研究对象的本质认识，都可以有不同的假定；再次，从方法论层次看，研究者可以采用不同的认识与推理方法，如直接经验观察、主观性评价、知识结构分析，以及归纳、演绎、溯因推理等具体过程与方法等。事实上，Burrell and Morgan（1979）、Gioia and Pitre（1990）、Mir and Watson（2001）、Cummings and Wilson（2003）、Cunliffe（2011）、Hassard and Cox（2013）等西方学者对管理研究的基本范式提出了不同的分类。②

基于西方社会科学研究范式的历史演进和基本观点（Lincoln and Guba，2000；Tsoukas，2000），本文根据研究本体论假定将西方管理研究哲学范式划分为四种基本类型，即素朴实在主义（naïve realism）、批判实在主义（critical realism）、适度建构主义（moderate constructionism）和素朴相对主义（naïve relativism），其核心特征如表10.1所示。

表10.1 社会科学研究的哲学范式：基于本体论的分类③

	素朴实在主义	批判实在主义	适度建构主义	素朴相对主义
本体论假设	唯一正确真理，适用于任何情形	真理存在，适用于具体情境	真理可能存在，适用于具体情境	不存在超越主体的真理

---

① 范式有广义和狭义等多种不同的理解和界定。这里所说的管理研究范式，是指由本体论、认识论等组成的管理研究元方法论模式，而不是托马斯·库恩（Thomas Kuhn）意义上的广义范式，即被其成员认为是理所当然的基本假设和规范就是范式，参见周晓虹（2011）对社会学研究范式的讨论。

② 西方学者对管理研究的基本范式划分不一。Burrell and Morgan（1979）与 Gioia and Pitre（1990）将研究范式划分为解释主义、激进人本主义、激进结构主义、功能主义，Mir and Watson（2001）将研究范式划分为建构主义、实在主义，Cummings and Wilson（2003）将研究范式划分为后现代主义、现代主义、前现代主义，Cunliffe（2011）将研究范式划分为主观论、主体间性论、客观论，Hassard and Cox（2013）将研究范式划分为后结构主义、反结构主义、结构主义。

③ 在这一分类中，"批判实在主义"与"适度建构主义"在方法论上很接近，但在本体论上则有明显区别，参见 Järvensivu and Törnroos（2010）。其中的"批判实在主义"也往往被称为"后实证主义"，但后者更偏重于认识论、方法论特征而不是本体论。

（续表）

	素朴实在主义	批判实在主义	适度建构主义	素朴相对主义
认识论假设	可以通过客观性/经验性的观察准确获得真理	可以通过经验观察更接近于具体情境的真理，但受制于群体性认知/评判	可以通过群体性知识创造与经验观察去了解具体情境的真理，但受制于主观性	可以通过分析主体的知识积累来理解主体范畴下的真理
方法论假设	直接经验观察	经验观察，受制于主观性/群体性认知/评判	通过经验性观察的群体性知识创造，受制于主观性	知识结构分析，文本观察过程
研究过程	演绎，理论检验	溯因推理，理论生成/检验	溯因推理，理论生成/检验	归纳，理论生成

资料来源：Järvensivu and Törnroos(2010)。

除了表 10.1 以本体论立场进行的哲学研究范式分类外，一些学者还从实用的角度增补了其他的划分，如增加了"实用主义"范式(pragmatism)——这种范式具有混合性，它在本体论上可以是实在主义也可以是相对主义(建构主义)，在认识论上则承认研究者的认识具有一定主观性，但以其认识能否取得实践效果(客观性)作为判断是否合理的标准。例如，范德文认为管理研究哲学范式按照历史演进主要可以分成以下四大类：逻辑实证主义(logical positivism)、相对主义(relativism)、实在主义(realism)和实用主义(pragmatism)(Van de Ven,2007)；管理学者曾荣光(Tsang E.K.)也在其专著中做了类似的划分，只是在名称上有所差异，他分别称之为实证主义、后现代主义、批判实在主义和实用主义(Tsang, 2017)。除了依据本体论或认识论对研究范式进行划分外，有的学者还以研究者所假定的社会本质(和谐或冲突)或社会立场(维持或改变)来对社会研究范式——这里具体为组织与管理研究——加以区分。这方面的开创者是加雷思·摩根(Gareth Morgan)，他在 20 世纪 80 年代提出的四类型划分方法得到西方管理学术界的广泛关注和重视，这一划分法在 90 年代又被吉奥亚等学者进一步细化(Gioia and Pitre,1990)，近十年来又有 Hassard and Cox(2013)等一批范式研究者在其基础上进行了调整和细化，提出了新的、更丰富的六类型划分法。

学者们对不同的管理研究哲学范式的看法及选择，是各自学术训练经历及研究兴趣所决定的，有的还受到个人宗教信仰的影响。实际上，各种社会科学哲学范式是按照特定的本体论、认识论和方法论假定或信仰而形成的研究方法论集合，它服务于创造、发展组织与管理知识，本身并没有高低优劣之分。管理学者在研究特定的管理现象/问题时,要根据自己对该现象的本质及认识论方面的假定或信仰,来选择合适的范式及相应方法论,这种有哲学基础的研究方法论对于构建、评判好的管理理论是至关重要的(Tsoukas,1998;黄光国,2013;吕力,2015)。

相较某一科学哲学范式(如实证主义)在西方主流管理学界受到的青睐,本文提倡本土管理研究采取"多元范式取向",并确保研究方法论的逻辑自洽。这里所谓的"多元范式取向"是指:①管理学者不应预设唯一范式立场,而要根据具体的理论问题及其本质假定,对一系列研究哲学范式进行把握与选择,采用相应的范式而非使用单一范式(特别是实证主义)来研究所有问题;②在后发展的非西方国家(如中国)进行社会科学的本土理论建构,首先或主要是采用适度建构主义、批判实在主义或素朴相对主义立场,而非采取素朴实在主义立场。① 本文所谓的研究方法论的"逻辑自洽"是指:所选择的哲学范式应与研究者对研究现象的本体假定、认识论及方法规范保持一致(见表10.1),形成研究方法论内部的规范及协调。

哲学范式的选择对于发展好的管理理论十分重要。好的管理理论,不仅要求准确、简洁、新颖、自洽,而且要适应范围广、体系完备、与重要管理问题相关联,而理论构建方法及其哲学基础是否合理是其基本前提。② 表10.1的划分"粗中有细"③,可以使不同的研究现象匹配较合适的哲学方法论体系,例如"批判实在主义"强调研究需要揭示现象发生的"机制解释"(mechanismic explanation),以及复制型研究对内在机制的不断逼近(试图提升普适性),"适度建构主义"则强调知识的主观性和情境依存性,特别强调发掘具有特色的"地方性知识"(试图提升准确性)。在这里,我们可用"扎根研究方法"的发展作为例子来进行解释。"扎根研究"作为一种理论构建方法论,有其鲜明的特征与优势。所谓"扎根研究",是一种质性研究方法,是一个不断比较、思考、分析、将资料转化成概念进而建立理论的过程,它最早是由美国社会学者巴尼·G. 格拉泽(Barney

---

① 在中国管理学界,吕力较系统地梳理了批判实在论、建构实在论等哲学范式立场,明确地提出将"后实证主义"(本体论上的批判实在主义)作为本土管理研究的核心范式,见吕力(2015);韩巍则在这一方面走得更远,提出以"主体间性"为基础的"建构(诠释)主义"作为他所倡导的本土管理研究的核心范式,参见韩巍(2015)。

② 不同的管理理论构建方法在形成理论的普适性(generality)、准确性(accuracy)、简洁性(simplicity)等方面具有不同优劣,参见学者Langley(1999)对过程理论构建中不同方法策略效果的讨论。

③ 在笔者看来,在目前阶段将科学哲学范式区分为"实在主义"和"建构主义"的两分法过于"粗放",并且不能准确反映真正的社会现实。但是,从简化认识的需要出发,学者们往往将它和社会科学中的"人文主义"和"实证主义"方法论范式相对应,参见周晓虹(2011)对社会科学方法论的讨论。关于"实在主义"和"建构主义"两分法之局限的讨论,可参见欧洲管理学者Tsoukas(2000)的专文。

G.Glaser)和安塞尔姆·L.施特劳斯(Anselm L.Strauss)发展起来的。之后基于不同的研究范式取向与哲学假定,扎根研究方法逐渐分裂成三大流派,并演化出三种方法论取向,分别是经典扎根理论、程序化扎根理论、建构型扎根理论(卡麦兹,2009;贾旭东、衡量,2016)。在三大流派中,经典扎根理论取向,即"格拉泽流派"(Glaser,1978),秉持实证主义传统,强调研究者摒弃先见,选取客观性/实在主义的立场,并将扎根编码方法分为形式编码(开放性编码、选择性编码)和理论性编码。① 程序化扎根理论取向,即施特劳斯流派(Strauss and Corbin,1998),强调机制证实性,夹杂一些主观性/解释主义立场,并将扎根编码方法分为开放性编码、主轴编码(带有一定的强制规范)及选择性编码(或核心编码)。建构型扎根理论取向,即卡麦兹流派(卡麦兹,2009),秉持诠释主义立场,相较前两个流派更为强调建构论取向、情境性、双重诠释、主体间性立场,并将扎根编码方法分为初级编码、聚焦编码等。其中,初级编码首先进行逐词、逐行、逐事件编码,保持"开放的头脑而非空洞的头脑";聚焦编码则强调理论化,进行解释性的理论实践和"双重诠释",支持符号互动论、民族志、文化研究和现象学话语及叙事分析等②。

2. 辩证思维:以中国哲学精华推动本土理论发展与创新

对于如何推动本土管理理论的发展与创新,笔者经历十多年的探索,形成了在研究方法论上的一系列转变和深化。在笔者最初开始学习和尝试进行管理研究时,关注现实的倾向使笔者初步意识到以中国的重要实践问题为研究导向的重要性(武亚军,2005;武亚军、高旭东和李明芳,2005)。此后,在近10年的研究探索中,在学习西方管理理论与质性研究方法(特别是案例及扎根研究方法)、实地调研国内企业实践的基础上,笔者又提出了"四位一体"的方法论提升之道,即以"本土重要现象/关键问题及其理论解释"作为研究出发点和归宿,以做"有世界水平的中国学问"为理想追求,以"素材、研究方法、基础/经典理论(视角)"为支撑,在深入调查中国企业/组织战略与创新实践的过程中,由点及面通过"重要理论问题"与"三个支撑"的"四位一体"的配合来提升整个研究的质量(武亚军,2015)。这一观点体现了一种基于自身实践的较朴素的研究方法论意

---

① 格拉泽强烈地反对斯特劳斯及合作者对扎根研究方法的程序化、强制化处理,认为他们不是让理论"自动浮现"而是"生硬促成",不符合他所认识的扎根研究的基本精神旨趣,即破坏了本体论上的实在主义信仰。

② 卡麦兹指出了斯特劳斯及她自己所继承的芝加哥社会学的实用主义哲学的影响。从本体论上看,经典扎根理论强调实在主义,斯特劳斯的后期发展倾向于批判实在主义,而卡麦兹则信奉建构主义甚至相对主义。参见卡麦兹(2009)。

识,但它对哲学观念在本土理论发展与知识创新中的作用尚未进行系统的反思。

显而易见,对中国管理研究者来说,在学习西方管理研究方法的同时,进行知识理念与研究哲学层次的反思是十分重要的;作为一个转型社会中学术背景高度异质性的学术共同体,本土管理理论体系的发展更需要在社群层次借鉴、吸收西方的各种研究方法,并针对研究本体论、认识论及方法论进行哲学上的思辨与反思,在此基础上充分吸收西方科学哲学的精华而"为我所用",从而孕育、发展中国学术的新传统(黄光国,2013)。实际上,国际著名批判主义哲学家哈贝马斯早已经明确地指出:在不同的社会形态、各异的发展阶段下,学者们秉承不同旨趣的哲学导向会构建出不同性质的知识与理论体系[①]。值得明确指出的是,中国本土管理理论体系的建构并非一朝一夕之事,因此,需要不同类型的管理学者进行不同旨趣的知识探索与创新。

具体到全球化中的学者而言,所进行的某一特定的管理研究与知识创新,其过程除了受前述研究范式或主导方法论的直接影响外,也会潜在地受到本土文化特别是在文化中占优势的一般认识论或哲学精神的影响。正如陈明哲在回顾其"动态竞争理论"的发展过程时所说的:"**回顾过去,在长达 20 多年的时间里我一直将西方社会科学范式运用在动态竞争研究中。直到有一天,我突然发现中国哲学与我所从事的西方社会科学研究之间具有高度关联性,这让我很惊讶,甚至是震惊。那时候,我才意识到中国古代思想,特别是对偶(duality)和相对性(relativity),已经对我的研究产生了潜移默化的影响**"(Chen,2014)。这里陈明哲所谓的"对偶"和"相对性"正是他所认为的中国哲学的核心或"人—我—合"及"执两用中"("中国式阴阳")思维模式(Chen,2014:123)。实际上,强调中西古今贯通的著名哲学家冯契在 20 世纪 90 年代讨论科学哲学时就曾明确指出:"**哲学概括科学成就和指导科学时,必须通过逻辑和方法论这个环节,许多科学家都懂得这一点。逻辑学包括形式逻辑和辩证逻辑……但是,中国人确实不大注意形式逻辑,在《墨经》之后,没有大的发展。中国在形式逻辑上的成就不如欧洲,甚至不如印度。李约瑟提出一个论点是'当希腊人和印度人很早就仔细地考虑形式逻辑的时候,中国人则一直倾向于发展辩证逻辑'。这个论点我认为是正确的**"(冯契,2015:2—4)。本文作者也认同李约瑟、冯契等学者的观点,即中国文化在辩证逻辑思维方面具有优势,而在形式逻辑方面发展相对不

---

① 哈贝马斯指出,人类有三种知识类型及旨趣,即经验—分析的知识、历史—解释的知识、批评—反思的知识,分别对应于技术的认知旨趣、实践的认知旨趣、解放的认知旨趣。其中,技术的认知旨趣接近摩根四类社会研究范式中的"功能主义",历史—解释的知识及实践旨趣接近于"解释主义"范式,而批评—反思的知识与解放的认知旨趣接近于"激进人本主义""激进结构主义"范式,参见武亚军(2015)。

足。由于科学包括社会科学的发展受形式逻辑和辩证逻辑的指导,因此,作者倡导在本土管理研究特别是理论发展中采取这样的立场:在注意吸收西方形式逻辑优点的同时,注重以中华文化中的辩证逻辑思维来指导研究,这种"文化双融""中西合璧"对本土研究者进行知识创新是至关重要的。实际上,中华文化博大精深,中国企业又面临独特的外部环境和巨大时代机遇,中国企业的实践日新月异,仅以西方方法论规范意义上的扎根研究推动本土理论的发展与创新是远远不够的①。本土学者应紧密结合中华文化传承已久的"辩证统一"哲学基因,以中国特色的辩证逻辑思维来指导本土管理理论体系的发展与创新。② 实际上,中国文化在发展辩证逻辑方面有悠久的历史,并且发展出以"类"(包括一系列在"知其然"的认识阶段所运用的范畴)、"故"(包括一系列在"求其所以然"阶段所运用的范畴)、"理"(包括一系列在"明其必然与当然"阶段所运用的范畴)为基础的依次展开的辩证逻辑范畴体系——"察类""明故""达理"③。社会科学研究中辩证逻辑思维的运用,可以借鉴冯契等学者的观点(冯契,2015)④,从以下五个方面进行展开:一是分析与综合的统一,二是归纳与演绎的统一,三是具体与抽象的统一,四是历史与逻辑的统一,五是理论与实践的统一。冯契指出,其核心是分析与综合的统一、历史与逻辑的统一两个方法。具体来说,分析与综合统一是辩证思维方法的核心,是对立统一规律的具体运用(同

---

① 前面我们讨论了本体论和认识论层次的研究范式的假设,试图避免单从具体方法论层次讨论本土研究的方向和路径,当然,在中西融合立场下我们也反对本土化研究中宣称以"中式"替代西方的"义和团心态"。参见叶启正(2006:60)对此极端思维的讨论。

② 西方管理学界最近开始重视"悖论视角"的理论构建方法,并力图把它作为一种元理论,这可以看作将辩证思维具体化的一种元理论方法,见 Smith and Lewis(2011)。

③ 在中国哲学传统中,"察类""明故""达理"成为辩证逻辑演进的基本过程。冯契认为中国以农业经济为主、汉字语言及科学和科学历史发展的特点,使得中国人具有较多辩证思维的习惯,历史上的荀子和明清之际的王夫之等哲学家对中国的辩证逻辑发展作了较多贡献。例如,荀子就明确提出:"凡论者,贵其有辨合,有符验",这即辩证逻辑方法论的两条基本原理(冯契,2015:69、110)。当然,冯契对中国古代辩证逻辑的历史局限性也有明确的批评,认为"辨合"必须与"符验"结合起来,把对立统一原理、分析与综合相结合的方法安放在唯物主义的基础上,使辩证逻辑与科学密切结合起来,其局限性是可以得到逐步克服的(冯契,2015:117)。实际上,笔者认为辩证逻辑思维在马克思主义中国化及近代中国革命实践过程中发挥了至关重要的作用,这集中表现在 1937 年毛泽东发表的《矛盾论》与《实践论》中。

④ 本文之所以借用冯契先生的逻辑辩证法等哲学观点,主要是因为其思想是要解决"古今中西之争""主客统一"和"中西会通"等中国人现代性发展面临的重大挑战。"他的思考不但为中国哲学开发出一条可行的道路,而且为未来的人类思想找寻到一个可期、可信与可爱的价值理想""他提出也发展了他对人类智慧的本体理解与说明……他的智慧哲学是他的哲学的终结,也是他创造性的哲学智慧的开花与结果"[参见成中英(1997)的评论]。笔者认为,冯契在 20 世纪 90 年代中后期思考的问题背景与目前中国本土管理研究面临的挑战非常相似,其哲学智慧应该可以对本土管理研究提供重要指导与借鉴。

上,第360页)①。历史的方法与逻辑的方法是对矛盾进行具体分析的组成部分,历史的分析方法可以把握考察领域的基本历史线索、事件与趋势,逻辑的分析方法则可以从最基本、最原始的关系出发把握主要范畴和规律性的东西,历史与逻辑的统一可以使人们对已有的理论和阶段进行批判的总结,可以对认识世界和认识自己提出自己的见解(冯契,2015:360)。正如冯契所指出的:"(马克思的)辩证逻辑作为方法论②,要求从最基本的、原始的关系出发,对矛盾的各方面进行具体分析,又综合起来,考察矛盾如何解决;方法的每一步都是分析与综合相结合,每一步都要用事实进行验证,并且要求分析与综合相结合、历史的方法与逻辑的方法相结合,形成了一个完整的方法论体系"(冯契,2015:119)③。他还进一步讨论了辩证方法论的四个重要环节,包括:①从实际出发,要有观察的客观性;②分析和综合的结合,这是辩证方法的核心,它包含了从具体到抽象再上升到具体;③具体地分析矛盾的方法,包括归纳的和演绎的、逻辑的与历史的;④理论与实践的统一,这一环节贯彻于整个过程之中,即把理论与实践的联系看作提出假设、进行逻辑论证和实践检验的过程。本文作者认为,将上述的辩证方法论运用于本土管理理论体系的发展中,学者应秉持唯物辩证的观点,从实际出发,通过观察客观实践,具体问题具体分析,在历史地考察与此相关的不同的管理理论之后,克服既有体系中的局限,把握其内在的基本矛盾与逻辑联系,结合运用归纳与演绎、具体与抽象方法,从管理实践中提炼和发展特定的管理概念与理论命题,并进一步推广到管理实践中加以检验或修正,从而推动本土理论发展和知识创新。

基于21世纪经济的全球化扩张和互联网革命催生的本土企业崛起浪潮,笔者提倡在新时期以有哲学指导的扎根研究推动本土理论发展,实现"化理论为

---

① 黑格尔在其《小逻辑》中指出,分析与综合的方法包含三个环节:开始、进展、目的。冯契认为第一个环节"开始"要求对思维所要研究的领域进行客观的、全面的考察,把握基本的、原始的关系,它就是把问题的根据或发展的根据提出来;第二个环节"进展",要求对占统治地位的基本关系分别考察其矛盾的方面,又进行综合,把握其相互作用,研究其矛盾解决的方式;第三个环节"目的",把握矛盾的运动是为了促成事物的转化,实现人的目的,而目的的实现也是一个分析和综合相结合的过程(冯契,2015:225—230)。

② 这里的括号是本文作者所加,原文中没有。我国著名哲学家庞朴先生则将儒家辩证法概括为"一分为三",又称"三分法",这被认为是他对以儒家辩证法为代表的中国智慧所进行的最透彻、最圆融的阐述。"三分法"打破了"两分法"非此即彼的僵硬框架,使苍白的理论向七彩的现实靠拢,在斗争的世界之外,向人们展示了一个和谐世界的可能与美好。参见王学典(2017:211—217)对庞朴"一分为三"重大学术贡献的评价。

③ 有学者认为,冯契的辩证思维推理强调了三个主观认识论原则,即强调对事物矛盾客观过程的把握,强调对逻辑范畴演进的驾驭,强调"推理"与"推行"的统一。参见贺善侃(1999)。

方法"的价值追求。这里所谓的"哲学指导",除了前述的研究范式思维和辩证逻辑思维,还包括在宏观层次反映 21 世纪中国改革与发展时代要求的普遍哲学精神——包括诠释、整合和创新等(成中英,2001)①。作者认为,要推动本土管理研究在方法论上的如上转换,必须从主体性上应对研究问题和思维方法上的"现代性挑战"②。首先,作为国际化进程中的后发展的学术共同体,当前中国管理学界一个常见的问题是在具体的管理研究问题上"刻意比靠"西方学界,从文献中找"缺口",而不是根据实际状况提出从中国出发的、有相关性的研究问题(徐淑英、张志学,2011)。实际上,在不同国家的不同经济发展阶段,在国家与企业制度等存有较大差异条件下,不同国家的学术共同体关注的重要问题的确有很大不同,不能认为西方(特别是美国)的主流学术刊物流行什么研究主题,其他社会学术群体就应模仿或追逐它们,当然也不应该盲目反对(Van de Ven and Jing, 2012)。其次,从学术发展的总体水平和阶段来看,我们还需要不断地学习和借鉴西方(包括美国与欧洲)的管理理论及发展经验,特别是其研究哲学和方法论规范(韩巍,2017c)。例如,本土理论发展中需要借鉴西方管理学界在 20 世纪 70、80 年代发展起来的一些重大理论,特别是要把其理论发展背后的方法论和社会经济背景纳入研究视野之中,而非不加选择地引进与复制理论本身。再次,本土学者应当运用历史分析的方法,结合当时的背景梳理理论的发展,选择基本的、经典的理论视角,而非直接在西方已有理论上去发展"碎片化"的"细小"理论(陆亚东,2015)。这三方面都要求学者具有敏锐的鉴别能力,在微观层面谨防"时空错置",即把异国情境下的研究问题、方法等直接搬到中国特定环境下而不加区别("社会学意义上的异时代问题"),在宏观层面用哲学时代精神来规范引导本土理论与知识体系的构建。在这方面,范德文所提出的"参与式学术"及其具体操作方式无疑对我们有重要的借鉴意义(Van de Ven,2007)。最后,本土管理研究要从哲学方法论上重视分析有余而综合不足的问题。从前面的讨论中我们可以知道,移植或复制西方理论会主动地放弃在中国情境下发展新理论的努力,而把验证或细化西方理论作为我们的主要任务,在这个过程中往往会出现一种倾向,即偏重于对问题或现象的分析而综合不足,从而

---

① 成中英教授在 2001 年预见性地提出中国哲学精神在 21 世纪的基本走向是"诠释、整合与创新",参见成中英(2001)。近年来,他还以"易学"为基础,接续并诠释了冯契的"智慧说",提出"从方法到智慧,从智慧到自由"的"创生的自然主义本体哲学",尝试从哲学上回答人类"自由何以可能"的问题,参见成中英(2016)。

② 这里所谓的"现代性挑战"是指后发展国家在其现代化过程中面临的特定挑战,它不应该是以西方为模版的现代化,而应是基于自身社会与文化背景的普世性与独特性共存的现代化,参见陈映芳(2012)。

在理论创新或知识创新方面缺乏建树,进而也会影响到知识在企业实践中的可应用性。①

3."素材扎根"与"方法扎根":坚持本土管理知识的实践本源

从哲学认识论角度看,"人们在探索未知领域的时候,要解决主观和客观的矛盾,使无知转化为有知,这要求人们采取一种客观的辩证法,即基于实践基础上的认识的辩证运动,人们掌握了认识过程的辩证法,就可以认识过程之道,还治认识过程之身,从而达到主观与客观、知与行的统一"(冯契,2015:321—322)。将其运用到本土管理研究来说,即要做到:①从中国管理的重要现象或重大实践相关性问题出发,它是研究者主体性和"问题意识"的体现;②在特定问题感知的基础上,利用多种方法如原始文档法、现场观察法、访谈法、行动研究等,搜集相关研究素材或实地资料,本文称为"素材扎根",这是深度实地研究需要的基础材料,是编码分析的基础,也是研究作用的对象;③与"素材扎根"对应的是"方法扎根",即对源于实践的素材进行多种层次编码分析(包括初级编码、聚焦编码和理论编码等)或认知地图分析等,使理论的发展尽可能地符合特定情境与素材,以获得能够揭示特定人群或组织活动意义的本土概念与理论关系(Gioia,Corley and Hamilton,2013;贾旭东、衡量,2016)。秉持本土管理研究的"扎根精神",我们可以经由重要问题的主体感知,从素材扎根,再到方法扎根,然后发展出理论成果,并将其使用于实践进行检验和修正,最后实现知与行、理论与实践的统一。

就具体方法来说,研究问题需要根据本土特定情境下的主要利益相关者(特别是学者与企业实践者)关心的问题来设定,素材扎根要求对实践素材的全方位、多个知情者的调研及多角度的把握,方法扎根则要求研究者在运用扎根方法与案例研究等研究方法时做到精准、有效。实际上,研究主体的问题感知、素材扎根、方法扎根、理论发现与呈现等往往是一个循环往复的过程,它们相互影响,最终影响到能在多大程度上实现知与行、理论与实践的统一。

4."世界水平的中国学问":知识的主体性展现与定向

前面讨论了"范式思维""辩证思维""素材扎根"与"方法扎根"等要素在本土管理研究特别是理论构建中的作用,但其发挥作用的关键还是研究主体的问

---

① 陆亚东教授针对中国管理理论创新缺乏的"窘境"问题,反思性地提出了困惑驱动式、哲学引导式、国际比较式、隐喻式等多种研究新思路和新方法。参见陆亚东(2015)。

题意识和理论创新能力。一方面,研究问题的确立是研究者主体意义感知的结果,它要求在特定的社会情境中确证问题对于主体的重要性,显然,该重要性具有一定的主观性,是研究者个人或群体主体(间)性的体现。但是,无论如何,对于中国管理学者而言,"以中国为议题"应该是我们的不二选择(陈映芳,2011)。另一方面,针对特定的研究问题、素材与方法,研究者个体要进行素材和概念的加工,进而实现其综合性的谜题解答,即形成一种主体性的综合,但这种综合能否具有创新性则依赖于主体对相关要素的把握与最后"洞见"成形的惊险一跃,这与研究者个人的问题意识、知识图式及创造性紧密相关(韩巍,2017a)。①

从本质上看,本土化研究强调的是"一个具有特定空间蕴涵之关系性的激活式活动,指向的是一个地区之自主性的追求与肯定,也是主体性的形塑和展现"(叶启政,2006:56)。在《儒家文化系统的主体辩证》一书序言中,黄光国教授区分了"主体"的四层内涵:一是作为"儒家文化系统"的主体(即**社会文化特性之主体**),二是作为其研究者的**个别主体**,三是学术社群所构成的"**知识论主体**",四是**研究对象或案主之主体**(黄光国,2017)。从主体性的塑造和展现视角看,本土化管理研究的本质,就是要通过受社会文化主体影响的管理研究者主体对研究对象之管理实践主体的个性形塑和展现,进而发展和展现本土学术社群的知识论主体性。在这方面,由日本学者野中郁次郎(Ikujiro Nonaka)等推动构建的"知识创造型公司理论"可以作为非西方国家管理学术发展中的一个有哲学指导的本土化知识创新的较成功案例。

在后发展的非西方国家进行本土化理论的发展,日本可以作为一个参照国家。知识创造型公司理论的发展可以算作其中的一个经典案例,它由野中郁次郎等以日本公司的实践为案例进行总结提炼及传播,获得了国际上较普遍的认可。这一经典理论的发展过程对我们发展本土理论与进行知识创新有较大的借鉴意义。事实上,野中郁次郎发展知识创造型公司理论的触发点,是 20 世纪 80 年代初其对日本公司新产品开发流程独特性(速度与灵活性等)的观察及分析;在此后的数十年间,他与合作者凭借对日本公司知识创造特定现象的深度案例研究和洞见,运用东方式"主客合一"哲学②,在对西方笛卡尔式"主客两分"哲学

---

① 陈映芳明确地指出了社会学者的"双重性":一方面,作为有意识的社会人,作为具有主观能动性的行为者,社会科学学者无论经过怎样的学科训练,他们都不可能只是按规范程序行事的科学实验的操作手。他们的主观性、社会性,有可能给社会学的"科学性"带来负面的影响。但另一方面,社会学者区别于一般社会成员的地方,正在于他们具有认识自身局限并超越自身局限的可能性。作为社会的观察者,他们应该是"能够思考和认识的人",即具备超越主体局限的能力。参见陈映芳(2011)的讨论。

② 所谓"主客合一"哲学包括"天人合一""身心合一"及"人我合一"等理念,参见 Nonaka and Takeuchi(1995:Chapter 2)的讨论。

观及其公司知识理论进行批判性回顾的基础上,对日本公司内知识存在现象的本体论(知识的存在层次及本质)和认识论(如何获得对知识的认识),进行了哲学反思和辩证综合,从知识创造的本体性和认识性两个维度重构了知识管理的研究范式,在此基础上他进一步提出了"知识创造的四种模式"(SECI 模型)、"组织知识创造螺旋""组织知识创造过程的五阶段模型""知识创造的中层—高层—基层管理流程"等知识创造理论体系,并依据大量的日本公司如佳能、NEC、夏普等的实践进行了经验研究(Nonaka and Takeuchi,1995);此后,他和合作者还将其进行了拓展,提出了他所谓的"知识基础的企业理论"(knowledge-based theory of firm)(Nonaka and Toyama,2005)和"战略管理作为分布式实践智慧理论"(strategic management as distributed and practical wisdom)(Nonaka and Toyama,2007)①。通过这一系列的研究活动,他与合作者完成了以20世纪70和80年代的日本公司为原型、具有日本特色的"知识创造型公司理论"的构建,并对世界性的知识管理理论发展做出了重要贡献。

从知识创造型公司的理论发展来看,主体性哲学思维在其中发挥了核心推动作用,这主要表现在以下三个方面:①对日本企业知识创造互动和动态过程的本质追问,按野中郁次郎的说法,需要从本体论和认识论维度上对企业知识的本质进行思考——从本体论(存在)看,在日本公司中,知识更多地处于团队层,而西方公司更多处于个人层;在认识论维度,日本公司更注重隐含知识,而西方公司更看重明确知识。因此,在日本公司中,知识创造本质上是一种主客结合的"过程型实在"而非客观的"具体实在"(Nonaka and Toyama,2003)②。②东方式辩证与整体性思维传统的影响(Nonaka and Toyama,2003)。正如野中郁次郎所说,他援引了所谓的日本式哲学之"天人合一""身心合一"等哲学传统,对西方的知识理论进行了辩证性批判,然后基于日本企业的实践,通过辩证(诠释)的方法,对其进行新的意义辨析和理论综合,最后形成了一个独特的不同于西方的知识创造的新理论(Nonaka and Takeuchi,1995)。这里野中郁次郎所谓的"日本式"哲学传统,实质上就是中国的"阴阳"辩证系统思维,属于典型的东方式哲学

---

① 野中郁次郎认为在知识创造型公司中,这种"分布式实践智慧"作为一种战略经营模式包括了六种有关联的能力:判断美好的能力、创造共享场域(Ba)的能力、把握特定情境/事件本质的能力、用语言故事等把特殊性和普遍原则相互转换的能力、在矛盾中处理问题的政治能力,以及激发他人智慧以构建坚韧型组织的能力,参见 Nonaka and Toyama(2007)。显然,这和美国战略大师波特所认为的"战略作为竞争定位"有巨大的不同,参见 Porter(1996)。

② 在本体论上,野中郁次郎明确地把前者同安东尼·吉登斯(Anthony Giddens)的"结构化理论"相联系,而把后者同"批判实在论"相联系。在知识创造理论发展中,他把本体论和方法论做了明确地区分和综合性运用。参见 Nonaka and Toyama(2003:3)的讨论。

思维;他所采用的理论综合方式也是典型的东方阴阳思维,即对已有西方知识理论采取了包容和互补的辩证融合,而不是采用"非此即彼"的机械式形式逻辑思维(Nonaka and Toyama,2003)。③独特的主体性意识与理论敏感性。作为受过美国教育而又注重日本企业研究的国际化日裔学者,野中郁次郎在20世纪80年代初就对日本公司的产品设计流程的高效率和灵活性有深入的体察,并对70—80年代日本企业在电子等竞争性产业的全球竞争力有强烈的主体认同,他试图将其上升为普遍的知识创造型公司理论或知识基础型企业理论,进而解释日本公司在全球的一流竞争力,为了实现学者的这一主体性认识和日本企业社群的主体性宣示,野中郁次郎及合作者进行了大量的日本企业的深度案例研究,一方面解释其内在机理(解释性目的),另一方面又将其扩展和系统化,使其既具有一定的基础科学特性,又具有部分的设计科学属性,从而使其理论(科学解释性)与实践(设计规范性)得到较好的统一或协调。实际上,正是这种强烈的主体性和理论问题意识,使得"知识创造型公司理论"具有70、80年代典型的"日本式经营"(强调以中层管理为主要推动者的产品创新)①和"东方文化"色彩,这也在某种程度上限制了其使用范围和解释效力(Glisby and Holden,2003)。毋庸置疑,主体性认知和问题意识具有这样的局限性,但它对于突显本土特色的理论发展与知识创新是至关重要甚至是不可或缺的。

四、"完整站立人"比喻的运用:核心路径与研究展望

"完整站立人"比喻展示了一个以中国学者为主体进行管理理论发展与知识创新的哲学方法论策略,这一"主体"策略在本土管理研究中的运用需要三方面的统筹:一是坚持本土理论自觉与文化自信,即管理学者要树立学术主体意识,以贡献本土契合型理论与知识为责任,加强对中国文化及历史的理解,运用中国哲学菁华之辩证思维来统领中西学术融通。二是精炼认识论与方法论,即针对所关注的管理问题的特质,选取合适的本体论和认识论,在此基础上利用合宜的方法论对研究现象进行"理论诠释"——这种诠释既要切合现实中行动者的诠释,又要包含研究者的学术诠释;前者是研究的实践基础,后者是研究者的学术建构。三是构建多层次的管理知识体系,即鼓励形成系统的管理知识及知识体系,它既包括管理理论知识,又包括管理方法/工具、案例等应用型知识,从

---

① 这在某种程度上使得波特认为日本企业没有战略(差异化竞争定位),而只是追求运营卓越,参见Porter(1996)。

而形成包括理念与哲学、系统的知识、方法与工具、案例等四层次的知识体系。

以上述三方面的统筹为基点,可以梳理出这一"主体性"策略在本土理论构建与知识创新中的**核心路径**:①学者个体主体性自觉;②感受到本土重要的战略与管理研究问题;③寻求中国新颖、独特的实践素材,并利用解释主义或诠释主义方法论(包括扎根方法、案例研究等)进行理论探讨;④形成符合规范且彰显主体性的理论解释和(或)政策设计;⑤本土学术及实践社群中的扩散与对话;⑥逐步完善的本土管理知识体系。基于以上的哲学反思、路径梳理和笔者团队的研究兴趣,结合互联网时代中国企业的发展趋势,本文作者认为以下四个特定领域中的研究对本土理论构建与知识创新有着重要的理论及实践意义,值得深入探讨。

1. 基于互联网企业实践的创新研究:本土互联网企业战略与管理新模式

作为互联网时代的本土标杆性企业之一,阿里巴巴的管理实践具有重大的剖析与借鉴意义。实际上,阿里巴巴前瞻性地利用了互联网技术变革带来的战略机遇,改变了人们对商业模式的既有认知,带动了本土互联网革命。它将企业的赢利点定位于互联网技术的平台优势及中国的人口红利,其战略选择已超出传统的"定位"或"资源/能力"解释,而转向"使命、愿景与价值观""平台与生态组织""商业模式创新"等互联网时代的新规则(马云,2013)。阿里巴巴的战略胜利,表明互联网时代的企业战略既要有一个远大理想或愿景贯穿企业从创业到成长等的生命周期,同时又要求企业领导者面对快速变化的市场从用户的关键价值点"深度"切入,并通过快速迭代,打造具有高用户价值的产品和网络平台,在"相信与怀疑""悬崖边的狂欢"中迈向"未来理想"(曾鸣,2017)。在管理层面,阿里巴巴集团因地制宜地发展出"内部合伙人制度""文化与价值观管理""管理三板斧"等新模式,其内在机制和深层逻辑值得进一步进行理论挖掘、整合与升华(李川,2016)。

事实上,中国不少快速发展的互联网企业都在进行类似的有自身特色的战略与管理实践创新,其领导人也对这些实践进行了一系列思考与总结。例如,马化腾在"QQ""微信"等产品创新实践基础上总结出生态型组织产品创新的"灰度法则"(马化腾,2012)。小米创始人雷军基于互联网智能手机实践总结的互联网"七字诀",以"口碑"为核心,辅以专注、极致、快、社交化媒体、参与度、用户为友等理念,初步形成了一个简练战略法则体系;近年来他又顺应产业竞争的新形势,以小米手机为核心,向外扩展出以智能家居与新零售为重心的"小米生态系",以期实现其生态帝国梦想。

中国互联网领域本土企业的创新实践及其经验要求我们从研究范式转换的角度来重新审视和解读这些实践素材,在全面掌握相关资料("素材扎根")基础上,进行深入的理论阐释("方法扎根"),以重要现象/问题与理论解释为中心,发展出有中国特色的、具有互联网时代精神的战略与管理新模式和新理论(陈威如、王诗一,2017;刘学,2017)。

2. 基于本土独特制度环境的战略研究:合作型政企关系下的民营企业发展战略

在西方成熟的市场经济体制内,"大市场,小政府"往往是一种常见形态,政企关系也有其规范性设定,而在中国经济转型发展背景下则有其特殊性。作为重要的利益相关者之一,中国各级政府及其政策对企业的发展有重要的影响:一方面,中国政府特别是地方政府不仅是市场政策的制定者和监管者,还要承担发展地方经济等任务,因此往往不同于西方的"服务型政府"或"监管型政府"而表现为"发展型政府",其目标或"效用函数"明显不同于西方政府,地方政府官员也有不同于西方官员的激励动机(周黎安,2008)。另一方面,由于我国正处于转型经济阶段,即经济体制由计划经济向市场经济转型,政府作为国有资产的产权拥有者或资源所有者会对国有企业(包括央企)或混合所有制企业的治理与管理产生重要影响,体现在政府作为行政部门、监管部门和国有企业的股东,在企业产权和内部治理结构变化过程中进行的干预、调整和权力制衡(武亚军等,2013)。这些因素都决定了中国转型发展时期的政企关系的主体形态是"合作型"而非"监管型"。在这样的政企关系背景下,中国各种不同所有制的企业,特别是民营企业,如何处理政商关系或确定市场—非市场战略以获得持续竞争优势,是转型发展时期本土企业战略管理领域值得研究的重要问题,在这个领域也已经有大量的本土化研究在进行探索(田志龙、高海涛,2005;邓新明、朱登,2013;谢佩洪、王安祥和成立,2015)。

笔者团队以转型发展时期民营企业与政府塑造合作型发展战略为焦点,选取吉利集团为案例,以其并购沃尔沃公司及在中国各地建立汽车基地等作为素材,利用宏微观更平衡的利益相关者战略理论视角,研究合作型政企关系下本土民营企业战略发展的独特实践,尝试归纳及发展中国转型发展情境下民营企业建立与政府的关系以获取竞争优势的模式与理论,并对与此相关的宏微观政策改革提出建议。值得指出的是,在中国转型发展环境下,民营企业与政府之间出现"不良"关系甚至"官商合谋"等情形是必须正视的现象,也需要本土学者深入研究其预防机制及政策改革方案。①

需要看到的是,在互联网金融、网约车出行等新兴行业内,中国政企关系由于互联网技术的发展而出现了一些新趋势。一些互联网企业在其所开展的业务范围内基于平台的网络效应和资本力量造成某种程度的垄断,从而对顾客等利益相关方利益和社会福利造成影响。这需要政府针对特定公共服务行业的特点,在支持、鼓励企业利用移动互联等新技术的同时,完善对市场主体的资格及行为的规制及对社会发展目标的合理调控;互联网企业则需要通过配合、影响政府政策,来促进自身平台的发展与企业绩效的优化。在互联网行业等新型的合作型政企关系下,政府与企业之间关系及模式需要进行更深入的研讨,以促进新技术条件下竞争及反垄断理论的发展和政府宏观管理政策的进步(周其仁,2017)。

3. 基于本土文化的管理研究:儒家文化背景下的中国企业发展新模式

文化作为一种精神力量,无论在国家、群体还是在个体层面都潜能巨大,它通过合理转化可以对国家、组织产生深刻影响(张国有,2017)。国家文化往往与民族紧密联系,从而打上特定民族文化的烙印,对于中国文化尤其如此。显然,对特定母国的企业来说,企业文化集中体现了一个企业经营管理的核心观念,也无法不带有母国文化的烙印;而一个企业只有具备优秀的企业文化,才可能在国内、国际市场竞争中胜出。中国本土企业置身于中华文化背景之中,在国际化中必须将中国文化精华内化于企业的理念与经营管理之中,打造自身的文化根基,才有可能在竞争激烈的国际竞争中胜出并保持基业长青(黎红雷,2017)。笔者发现,国内已经涌现出一批以方太集团、苏州固锝等为典型代表的优秀企业,它们把传统文化特别是儒家文化精华融入企业管理之中,极大地促进了企业的可持续发展。

"方太儒道"是方太集团别具一格的企业文化实践,它提出了"伟大的企业导人向善"这一文化理念,并将"企品"纳入企业的核心价值观,要求人品、企品、产品"三品合一"。不同于一般企业的世界五百强的战略目标,方太集团以"让家的感觉更好"为使命,以"成为一家伟大的企业"为愿景,以"做五百年"为战略

---

① 这方面的一个典型案例是贾跃亭担任实际控制人时期的上市公司乐视网,此案例尚处于演变之中,已披露信息显示其存在大量"(官商)不清""关联交易"及原实际控制人套现、离境等情况,这也表明在中国转型发展时期构建法治条件下的"亲""清"新型政商关系与健康的公司治理机制,既是当务之急,也依然任重道远。

目标,专注于以中国家庭为重点的高端厨电产品的生产、销售与服务,从2002年起将儒家文化融入企业日常的经营管理,逐渐形成了"中学明道、西学优术、中西合璧、以道御术"的现代儒家管理模式,为中国企业的永续经营提供了一个可借鉴的范本(茅忠群,2017)。事实上,方太集团以儒家文化为主导、中西融合所构建的方太儒道对企业的市场战略、产品创新、人力资本发展都产生了重要影响,使企业持续以高于行业平均速度在增长,成为中国高端厨电市场的领导者,并且已经进军东南亚等国际市场,成为扎根中国的、可持续发展的国际化一流企业,并且正在向"中国式伟大企业"迈进①。

另一个典型例子是苏州固锝电子公司,它创立于1990年11月,前身是一家校办工厂。经过20多年的发展,它已成为目前世界最大的二极管生产商之一,产品远销全球40多个国家和地区,并且于2006年11月在深交所上市,成为一家公众公司。其董事长吴念博先生认为,衡量一个公司成功的标准是员工的幸福和客户的感动。基于这个理念,他提出了构建幸福企业典范的愿景,并逐步在企业形成"人文关怀、人文教育、绿色环保、健康促进、慈善公益、志工拓展、人文记录、敦伦尽份"八大模块。苏州固锝的幸福企业建设极大地提高了员工幸福度,降低了员工流失率,并且提升了产品质量、降低了成本,达到了员工、企业和社会的共赢(吴念博,2017)。近年来,公司进一步把中国传统的"家文化"与国际先进的"精实管理"理念有机地无缝对接,并巧妙融会贯通,从而实现了人文关怀和商业逻辑的双轮驱动,使公司向基于儒家文化的世界著名可持续型企业迈进。

"方太儒道""固锝幸福企业"推动本土企业走向行业翘楚乃至世界领先的管理实践值得进行深入的探究,笔者相信方太、固锝等典型案例能为中国管理学界对于如何基于中国传统文化打造基业长青的世界级企业提供好的解决思路和理论启示(黎红雷,2017)。

4. 基于本土独特社会情境的创业创新研究:特定社会结构下的创业创新实践

现今中国经济正处于转型发展时期,社会结构也处于不断发展变化之中。本土企业作为社会经济力量的重要组成部分,如何适应快速的社会变革,并借助中国丰富的人力资源要素进而实现企业的升级与可持续发展,是本土管理学者

---

① 方太集团领导人茅忠群提出了伟大企业的四大特征——顾客得安心(产品、服务)、员工得幸福(学习、奋斗)、社会得正气(法律、道义)、经营可持续(战略、经营),即伟大的企业需要创造需求、导人向善、以安人心,这可以视为一种儒家传统文化背景下的新经营哲学,参见茅忠群(2017)。

需要重视的研究问题。笔者团队已选取一些有代表性的企业以探究其独特模式与发展之道,例如海底捞(以"低学历"劳动者为核心资产实现企业差异化创新发展)、铁骑力士(以农民家庭为伙伴扩展生猪产业化养殖商业模式)等,并以这些企业为案例来研究特定社会背景下的企业创业创新实践。

举例来说,虽然处于社会转型期,"以人为本"的管理理念已经引起中国企业管理者的重视,但其体现形式和实现方式则不尽相同[①]。作者认为,海底捞"以人为本"的企业价值观是其取得成功的重要因素,但其表现模式与实现机制则有待探索和发展。因此,作者以"低学历"劳动力如何成为企业竞争优势为问题,探究海底捞如何将"以人为本"的企业价值观内嵌到企业战略并落实至具体的人力资源管理中,进而将其实践提升到理论层面,凝练出海底捞成为可持续型企业的关键是将企业打造为"以人为本"的经济逻辑和社会逻辑相协调的"双螺旋企业",培养健康、有活力的"身""心""灵"三大体系[②](武亚军、张莹莹,2015)。作者对海底捞的研究流程契合"主位"策略与"完整站立人"思想,体现了前述的理论发展的核心路径:首先,作者从"海底捞现象"出发,扎根于案例素材之中,深入调查海底捞的管理实践,并在此基础上确定要研究的理论问题(主体意识与理论问题);在选取基本理论视角、了解有关概念及理论轮廓的基础上,笔者通过企业访谈、访问观察、消费体验、二手资料等多种方法收集素材(素材扎根),再回到海底捞的资料与素材之中,结合理论与实践进行海底捞的价值观、战略与管理分析,进而推至海底捞的模式发现、归纳及讨论(方法扎根);在此基础上,再提升到中国可持续型企业模式的理论拓展(理论综合与发展)。笔者团队依托海底捞案例构建了一个由企业价值观、战略与人力资源管理相结合的整合框架,为本土企业打造"以人为本"的可持续型企业提供了一种系统思路,即围绕企业经济—社会双重使命实现企业价值观、战略与人力资本管理的组织系统融合和社会"契合",进而推进了有本土特色的管理理论/框架与知识创新实践(武亚军、张莹莹,2015)。

值得一提的是,转型期的中国管理学术界特别是学术刊物也涌现出一批有趣的值得研究的创业创新现象,例如,《管理学报》《外国经济与管理》等刊物被"本土主体性"驱动,发起刊物定位和栏目内容的创新变革,带动了本土管理学

---

① 例如,同样是基于中国丰富的人力资源要素来发展企业,海底捞利用的人力资源是以"低学历的"农村打工者为主体,而华为则以大学毕业生以上的中高级人力资源为主体,后者还首创了"以奋斗者为本"的提法。

② 这里的"身""心""灵"是一种比喻说法,"身"是指企业人力资本管理,"心"是指企业差异化战略创新,"灵"是指平衡的企业价值观体系。三者的有机结合构成了以人为本的可持续企业雏形,详见武亚军、张莹莹(2015)的讨论。

术刊物的健康发展,也对本土管理理论体系与知识创新产生了重要的推动作用①。

五、进一步的讨论

前面探讨了"主位"立场下"完整站立人"比喻在本土企业管理实践应用中的**核心路径:本土重要战略与管理问题牵引——中国新颖独特实践素材+解释主义方法论+扎根与案例研究——本土管理系统知识(体系)**,并阐述了作者认为重要的具有潜在本土特色的四个研究领域或方向。需要注意的是,由于本文提出的研究方法论涉及理论与实践、学者个体与学术群体等多重辩证关系,又处于"中西古今"交汇的复杂时空情境,因此,利用该方法论进行研究需要学者处理若干非常具有挑战性的难点问题或平衡关系,下面择要进行简要讨论。

1. 本土管理研究如何避免较宏观层次理论发展不足的问题?

这里首先对所谓的理论做一个界定:狭义地看,"理论是一种有关在某些条件假定和限制下多个概念或事件之间关系的陈述"(Bachrach,1989);广义地说,"理论则是关于特定现象的一套理解"(Christensen,2006;Christensen and Carlile,2009)。陈昭全等(2012)较详细地区分了宏理论(grand theory)、中层理论(middle-range theory)和细微理论(trivial theory)的差异,并认为管理领域的中层理论应当包括概念、所提出的关系、机制(或原则)和边界条件四个成分,即"什么(what)""怎样(how)""为什么(why)"和"谁/哪里/何时(who/where/when)"。他们还敏锐且正确地提出"理论"这个概念在美国被过于通俗化,在中国却被过度神秘化。我们这里对理论和理论发展采取一种相对广义的界定,即理论不仅仅是指"概念以及多个概念之间的合理关系"或"新模型",还包括描述现象的新概念、提出新的框架或分类(Christensen,2006),以及提出新的过程模型等(Van de Ven,2007)②。对于本土管理研究而言,扎根理论与案例研究方法的一个短板,是容易陷入繁杂的企业实践素材之中,而难以上升到正式理论,特

---

① 《管理学报》设立了"管理学在中国""争鸣与反思"等专栏,《外国经济与管理》则开设了"东方管理""明哲专栏"等特别栏目并成立了专门的编委会。在管理相关的领域,《营销科学学报》的战略创业型发展,也是值得关注的学术现象,参见曲红燕、武亚军(2013)对此现象的讨论。

② 范德文在他 2007 的管理研究方法论专著中详细地讨论了变量理论(variance theory)和过程理论(process theory)在研究设计中的差异及关键点,实际上他早在 1992 年就发表专文系统地讨论了战略过程研究的方法论问题,参见 Van de Ven(2007)第七章的讨论。

别是较宏观的理论或规范性理论。因此,运用扎根理论与案例研究方法时,要注意突出理论创新而非局限于对素材的归纳性解释,"扎进素材中,挖出理论来"应该是本土理论创新者需要铭记的宗旨。在现阶段,本土学者在实施我们前述的核心路径时,要把握宏微观结合的广泛视角,在挖掘企业实践素材形成新概念、新关系、新分类的基础上,加强与现有理论以及中西理论之间的对话,努力尝试在较宏观和中层理论层次上的发展与创新。本文作者认为,在研究方法论上加强以下三个方面的努力有助于破解这一难题:①在传统的扎根研究方法的基础上,利用改良性的扎根研究方法,以更有效地展示素材中体现的理论逻辑,在这方面吉奥亚方法论应该是一种较好的方法。面对繁杂的资料收集与理论呈现要求,Gioia等人提出了从基本素材到构建数据结构及理论命题的三步编码法,分别是一阶概念编码、二阶主题编码、三阶关系聚合;吉奥亚方法论涵盖一个完整的理论发展过程,强调生活语言向学术语言、再向数据结构化与关系动态化的转换,旨在形成对素材的有力阐释与理论构造的可行操作,目前这一方法论已经在西方主流管理期刊上得到传播与扩散(Gioia,Corley and Hamilton,2013)。②在传统的案例深度研究基础上,通过"分析性概括",即"在个案中进行理论概括和比较",来提高分析概括的层次(抽象程度),实现理论的(向上)发展;或者进一步通过"扩展个案方法",即结合结构主义范式把案例背后的宏观因素纳入理论构建过程,从而经由视角变换及理论重构较好地处理案例研究中的微观和宏观结合问题,实现其突显"一般性法则"的理论追求(卢晖临、李雪,2007)。应该说,这两种所谓"走出个案"方法都与本文提倡的管理研究多元范式和辩证思维相一致。③在案例研究获得理论概念与逻辑关系之后,加强与已有理论(包括西方理论)的对话,梳理其特色和与已有理论的异同和边界条件,夯实理论发展与创新的基础,并通过与互补型理论的整合、差异型理论的对比等,拓展或细化已有理论(Ridder,et al.,2014),或者发展有更大理论密度的"中层理论"或"框架式理论"(Porter,1991)。这一发展方向可以视作理论的系统整合发展①。实际上,不仅是针对理论本身,在更高层次的研究范式上也可以进行整合或融合创新(Gioia and Pitre,1990;胡国栋,2016)。

需要注意的是,本土研究中注重理论发展并不是只限于解释性目的的理论发展,而是把范德文所谓的"设计性科学/政策评估"或"行动模型"等干预性模型/框架也作为一种有实践意义的知识形式,从而为解决企业、组织或国家重要

---

① 在更广泛的场合,理论发展的方法被称为理论的深化、繁衍、竞争和整合等,参见陈昭全、张志学和Whetten(2012)的讨论。

现实问题提供学术支持。此外,为了本土理论的长期发展,也要注意对那些注重纪实描述性的企业研究(如企业文件汇编、企业史或企业家传记等)给予足够的重视,以便让那些更有理论追求的研究者在这些翔实资料基础上进行深度理论发展(黄卫伟,2016)。最后值得指出的是,随着互联网技术的发展,研究者利用互联网等通信手段快速、低成本地获得有关研究素材或信息的能力得到大幅提高,本土研究者要充分利用这一"互联网红利"而在经过多角验证的较高信任度的素材基础上更有效地聚焦于理论发展或突破。①

2. 本土研究如何把握主体创造性与学术规范性之间的平衡?

作为一门应用性的社会科学领域,西方管理学术的发展展现了多元哲学范式与方法论(Gioia and Pitre,1990;Van de Ven,2007);要在本土社会中发展创新的管理理论,发挥学者的主体性应该是一个基本前提。这意味着在遵守管理学术基本规范的前提下,充分发挥学者个人的主体性、问题意识和创造性(陈明哲,2016)。然而,一个无须讳言的问题是学术主体性和问题意识往往受研究者所扮演的"社会角色"甚至背后的"权力结构"的影响,这必然会对管理研究者的问题意识和知识生产内容及形式产生影响(陈映芳,2011)。例如,依据管理研究者是处于高度体制化的大学或者面向市场需求的咨询公司,其所产生的问题意识就有非常大的不同,在本文提倡的知识体系中(见图10.3),前者会侧重系统知识生产,而后者则会着重于管理方法/工具的开发。然而,即使是处于同一体制环境下(如大学)的机构和个人,其志向、知识旨趣和定位等都会对其知识生产内容与模式产生重要影响。比如,那些有志于对管理实践产生重大影响的研究者,会更多地关注重大社会问题并生产带有综合性方法/工具类的管理知识。这方面的一个典型代表就是波特教授,他经典的"三种一般竞争战略""五力模型""国家钻石模型"等都是他所说的"**框架式理论**"(framework theory),它们明显地带有综合性管理方法或工具的性质(Porter,1991;武亚军,2015)。事实上,波特所任职的哈佛商学院则一直以生产和传授总经理和综合管理(general management)所需要的知识及技能为其核心定位,它首创商业中的案例教学法和面向实践的管理期刊《哈佛商业评论》,其内部也相继产生了像"平衡计分卡""破坏性创新"等一系列综合性的具有全球影响力的战略管理方法与工具,涌现出一批世界级的战略大师。显然,这种知识生产特性与管理学者个人及机构的

---

① 凯瑟琳·M. 艾森哈特(Kathleen M. Eisenhardt)在"2016年中国企业管理案例与质性研究论坛"的主题演讲中提到这一新趋势,本文作者在研究中也深切地体会到这一趋势的重要性。

定位有非常直接的关系,是学者与机构主体性、独特问题意识和创造性的集中体现。实际上,对处于后发展知识体的本土管理研究者和特定学术机构而言,更应该鼓励这种学术主体性、独特问题意识和创造性,这样才能更好地发展具有本土特色的管理理论、工具和案例。当然,在发挥本土管理研究者个人主体性的同时,要鼓励本土管理学术共同体的建设,以使得管理学术的发展和知识生产能够获得学术社群的协助与认同,逐步形成本土管理学术共同体的合理规范。这方面值得倡导的政策很多,包括但不限于如下建议:①鼓励不同的刊物和学术机构采取不同的定位,并形成不同的标准来评价不同的管理知识产品(武亚军,2015);②在刊物评审和发表相关知识产品(包括书籍)的过程中,采取并完善同行/专家评议等现代学术制度;③鼓励管理学术界、咨询界和实践界的合理分工与协作,以使得本土管理知识的生产方式更加多样和完善(贾旭东等,2018);④在刊物中发展特色专栏、专刊或争鸣及反思性文章,以形成特定的学术共同体社群的"视域融合"或"主体间性"①。实际上,目前国内的《管理学报》和《外国经济与管理》等刊物已经进行了相当多的探索,并取得了不少进展。

当然,本土管理研究值得探索的领域很多,在此笔者提出的四个领域仅是个人的一家之言②,本土管理研究课题推进及其成果传播还需要加强学者个体与学界同仁的对话交流,才能真正促进学术共同体的良性成长(贾良定等,2015)。

3. 本土研究在东西相遇中如何真正实现"文化双融"?

在前面的讨论中,我们已经揭示了全球化时代一个后发展学术共同体中的本土学者如何基于自身文化传统的创造性通过文化融合来实现学术的创新发展,这一立场、方向及路径一直是中国社会科学界坚持"文化主体性"的学者所着力探索与推进的道路。实际上,陈明哲教授在就任美国管理学会会长时写的专文中提出:"文化融合乃是个人和组织需要持续追求以消弭差异、整合对立的过程……其目的就是要整合和优化两种或多种文化的精髓,去芜存菁。文化双融视角不仅理解东西方(此处的东方主要是指中国)商业模式的优势与劣势,而且强调彼此整合的优点,反对分隔。"因此,"**对立面的悖论式整合**"(**paradoxical synthesis of opposites**)这种源于东方阴阳与整体论的哲学观点,就构成了文化双融概念的本质……文化双融观念的实现有特定的条件,例如践行者需要具备相

---

① 这相当于黄光国所谓的学术社群的"主体辩证",参见黄光国(2017)。
② 需要承认,由于学术背景和知识结构的原因,本文作者偏好组织宏观问题或战略方面的研究,而对组织微观研究考虑较少;另一方面,提出这些研究主题或领域主要是由中国企业实践驱动的,而不是由研究者头脑中的哲学理念所主导。

关的知识,尊重彼此的文化差异并且能从彼此的文化中汲取精华,去芜存菁,然后发自内心进行整合,并在此过程中不断培养整合的能力"。这个倡议主要是针对以美国为主的西方管理学界说的,意图倡导西方学者吸收中国文化精华,从而真正实现东西双融,其中,他还以自己的中国文化背景和首创的(西式)"竞争动态"理论现身说法(Chen,2014)。然而,对于中国本土管理学者而言,在管理研究"西学东渐"的大背景下,坚持"文化自信",特别是发挥前面所述的"阴阳(辩证)思维"和"整体性思维"等中国哲学精华,在吸收西方科学哲学精粹的基础上,"中西合璧""融合创新"则是至关重要的。这种文化自信不仅仅是基于对中华文化的热爱,更重要的是基于对中西文化各自特质及其融合重要性的深刻认知。正如国际著名华人管理学者陆亚东教授所言,"**中国管理学者既要了解和参照国际主流管理理论的构建模式,更需发挥自己的独特优势,走出自己中西融合、古今融合、天地融合的独特而有效的路径**"(陆亚东,2015:7)。他还特别指明了中国管理理论发展应朝向"**制度复杂观**""**大双元理论**""**合理论**""**中国式追赶理论**""**新集体主义观**""**主心骨领导观**"等方向发展(陆亚东,2015)。有丰富西学与中学素养的华人营销学者周南教授更是以自己近四十载的切身学术经验,号召我们"**一年土,二年洋,三年回头认爹娘**"(周南,2017)。因此,我们反对盲目复制西方理论或者仅限于为西方理论进行"原料加工",而是倡导"以我为主,西为东用"、在方法论层次上"取法其上",在哲学上发扬"诠释、整合与创新"精神(成中英,2001),在理论构建上"实践驱动,新特优先",以期实现"中西合璧""东西融合"。实际上,伴随互联网革命而来的技术与商业模式变革,中国的"阴阳""系统""时中"等哲学理念和思维模式已经在本土新兴企业战略与管理实践中发挥出越来越重要的作用,在阿里巴巴、腾讯等世界级企业身上也展现出中式"太极"底色或"灰度"创新文化。在国际管理学术界,利用"中西双融"不仅孕育了"竞争动态"这样的系统性、多层次西方式管理理论/方法,而且21世纪以来,"悖论视角"(paradox perspectives)等作为元理论或基本方法论在西方管理学界已经引起了广泛的关注、重视与扩散,这可以看作西方管理学界对中国优秀文化的主动吸纳与融合发展(Smith and Lewis,2011;Lewis and Smith,2014;Hargrave and Van de Ven,2016;Li,1998)。对于中国本土管理学者来说,我们不仅有"阴阳""系统""时中"等哲学观和思维方式,我们还有近距离切入中国本土新兴企业(包括互联网行业新兴企业)实践的天然条件和优势,如果我们能深入地学习、吸收西方社会科学哲学方法论精粹,并在此基础上"**以我为主,西为中用,以道御术,融合创新**",我们有理由相信中国管理学的研究不仅能够促进建立具有中国特色的管理学体系,而且必将对世界管理研究和理论发展做出自己独特的贡献。

六、结　语

"取法乎上,仅得其中;取法乎中,仅得其下"。在互联网时代的全球化浪潮之中,本土管理学者秉持"主体性立场"至关重要。在这一"主位"立场下,本土管理学者要坚持"完整站立人"思想,以"主体意识与理论问题"为核心,以"范式思维"与"辩证思维"为指导,以"素材扎根"与"方法扎根"为支撑,以做"世界水平的中国学问"为目标,追求"从实践中来,到实践中去"的真实管理知识及知识体系,并尝试把这些管理知识转变为管理工具,真正服务于中国企业的实践。

时势造英雄。21世纪的互联网革命、改革开放和超大市场红利赋予了中国本土企业前所未有的战略机遇与商业动力,这些本土实践又为本土理论创新提供了丰富的沃土。从"主位"研究策略来看,本土管理理论创新与知识生产的"风口"已经到来:中国经济、社会的转型与快速发展为本土管理研究创造了大量需求与原始素材,本土学者基于中国各类企业的实践进行探索性的扎根与案例研究及知识生产大有前景、大有可为。为了完成这一任务,本土学者需要在管理研究哲学和方法论上武装自己,成为本文倡导的"完整站立人",从而在吸收西方管理学术精粹的同时避免对"西学"亦步亦趋,在扎根本土企业实践丰富素材的基础上,建构出好的管理的中国理论,并发展系统的多层次知识体系,以促进本土实践的进一步发展与创新。作者相信,一批志同道合的中国学者,运用世界方法,以中华文化为根基,以中国转型发展经验为素材,在各自感兴趣的问题上进行有哲学指导的扎根与实地研究,经过10—20年的积累,本土管理理论创新与知识系统的建立指日可待。

参考文献

Aken J E V. 2005. Management research as a design science: Articulating the research products of mode 2 knowledge production in management[J]. British Journal of Management, 16(1): 19-36.

Aken J E V. 2004. Management research based on the paradigm of the design sciences: The quest for field-tested and grounded technological rules[J]. Journal of Management Studies, 41(2): 219-246.

Bacharach S B. 1989. Organizational theories: Some criteria for evaluation[J]. Academy of Management Review, 14(4), 496-515.

Barney J B, Zhang S. 2009. The future of Chinese management research: A theory of Chinese Management versus a Chinese theory of management[J]. Management and Organization Review, 5(1): 15-28.

Burrell G, Morgan G. 1979. Sociological Paradigms and Organisational Analysis: Element of the Sociology of Corporate Life[M]. London: Heinemann Educational Books.

Cheng B-S, Wang A-C, Huang M-P. 2009. The road more popular versus the road less travelled: An "insider's" perspective of advancing Chinese management research[J]. Management and Organization Review, 5(1): 91-105.

Chen M. 2014. Becoming ambicultural: A personal quest, and aspiration for organizations[J]. Academy of Management Review, 39(2), 119-137.

Christensen C M. 2006, The ongoing process of building a theory of disruption[J]. The Journal of Product Innovation and Management, 23: 39-55.

Christensen C M, Carlile P R. 2009. Course research: Using the case method to build and teach management theory[J]. Academy of Management Learning & Education, 8(2): 240-251.

Cummings S, Wilson D. 2003. Images of Strategy[M]. Oxford: Blackwell.

Cunliffe L A. 2011. Crafting qualitive research: Morgan and Smircich 30 Years on[J]. Organizational Research Methods, 14(4): 647-673.

Gioia D A, Corley K G, Hamilton A L. 2013. Seeking qualitative rigor in inductive research: Notes on the Gioia methodology[J]. Organization Research Methods, 16(1): 15-31.

Gioia D A, Pitre E. 1990. Multiparadigm perspectives and theory building[J]. Academy of Management Review, 55(4): 584-602.

Glaser B G. 1978. Theoretical Sensitivity[M]. Mill Valley, CA: The Sociology Press.

Glisby M, Holden N. 2003. Contextual constraints in knowledge management theory: The cultural embeddedness of Nonaka's knowledge-creating company[J]. Knowledge and Process Management, 10(1): 29-36.

Hargrave T J, Van de Ven A H. 2016. Integrating Dialectical and Paradox Perspectives on Managing Contradictions in Organizations[J]. Organization Studies, 38(3-4):319-339.

Hassard H, Cox J W. 2013. Can sociological paradigms still inform organization analysis? A paradigm model for post-paradigm time[J]. Organization Study, 34(11): 1701-1728.

Huff A S. 2000. Changes in organizational knowledge production: 1999 presidential address[J]. Academy of Management Review, 25(2): 288-293

Huff A, Tranfield D, Aken J E V. 2006. Management as a design science mindful of art and surprise a conversation between Anne Huff, David Tranfield, and Joan Ernst Van Aken[J]. Journal of Management Inquiry 15 (4): 413-424.

Jing R, Van de Ven A H. 2014. A Yin-Yang model of organizational change: The case of Chengdu bus group[J]. Management and Organization Review, 10(1): 29-54.

Järvensivu T, Törnroos J-Å. 2010. Case study research with moderate constructionism: Conceptualization and practical illustration[J]. Industrial Marketing Management, (39): 100-108.

Kilduff M, Mehra A, Dunn M B. 2011. From blue sky research to problem solving: A philosophy of science theory of new knowledge production[J]. Academy of Management Review, 36(2): 297-317.

Langley A. 1999. Strategies for theorizing from process data[J]. Academy of Management Review, 24(4): 691-710.

Lewis M W, Smith W K. 2014. Paradox as a metatheoretical perspective: Sharpening the focus and widening the scope[J]. Journal of Applied Behavioral Science, 50(2): 127-149.

Lincoln Y S, Guba E G. 2000. Paradigmatic Controversies, Contradictions, and Emerging Confluences[M]//Denzin N K, Lincoln Y S. Handbook of Qualitative Research. London: Sage Publication: 163-188.

Li P P. 1998. Towards a geocentric framework of organizational form: A holistic, dynamic and paradoxical approach[J]. Organization Studies, 19(5): 829-861.

Mir R, Watson A. 2001. Critical realism and constructivism in strategy research: Toward a synthesis[J]. Strategic Management Journal, 22(12): 1169-1173.

Nonaka I, Takeuchi H. 1995. The Knowledge-Creating Company[M]. Oxford: Oxford University Press.

Nonaka I, Toyama R. 2007. Strategic management as distributed practical wisdom (phronesis)[J]. Industrial and Corporate Change, 16(3): 371-394.

Nonaka I, Toyama R. 2003. The knowledge-creating theory revisited: Knowledge creation as a synthesizing process[J]. Knowledge Management Research & Practice, 1(1): 2-10.

Nonaka I, Toyama R. 2005. The theory of the knowledge-creating firm: Subjectivity, objectivity and synthesis[J]. Industrial and Corporate Change, 14(3): 419-436.

Porter M E. 1991. Towards a dynamic theory of strategy[J]. Strategic Management Journal, 12(S2): 95-117.

Porter M. 1996. What is Strategy? [J]. Harvard Business Review, 11-12: 61-78.

Ridder H G, Hoon C, Mccandless Baluch A. 2014. Entering a dialogue: Positioning case study findings towards theory[J]. British Journal of Management, 25(2): 373-387.

Rynes S, Bartunek J, Daft R. 2001. Across the great divide: Knowledge creation and transfer between practitioners and academics[J]. Academy of Management Journal, 44(2): 340-355.

Smith W K, Lewis M W. 2011. Toward a theory of paradox: A dynamic equilibrium model of organizing[J]. Academy of Management Review, 36(2): 381-403.

Strauss A, Corbin J. 1998. Basic of Qualitative Research: Grounded Theory Procedures and Techniques (2nd ed)[M]. Thousand Oaks, CA: Sage Publications Inc.

Tsang E W K. 2017. The Philosophy of Management Research[M]. NY: Routledge.

Tsoukas, H. 2000. False dilemmas in organization theory: Realism or social constructivism? [J]. Organization, 7(3): 531-535.

Tsoukas H. 1998. The word and the world: A critique of representationalism in management research [J]. International Journal of Public Administration, 21(5): 781-817.

Van de Ven A H. 2011. Building a European community of engaged scholars[J]. European Management Review, 8: 189-195.

Van de Ven A H. 2007. Engaged scholarship: A guide for organizational and social research[M]. Oxford: Oxford University Press.

Van de Ven A H, Jing R. 2012. Indigenous management research in China from an engaged scholarship perspective[J]. Management and Organization Review, 8(1): 123-137.

Van de Ven A H, Johnson P E. 2006. Knowledge for Theory and Practice[J]. Academy of Management Review, 31(4): 802-821.

Worren N, Moore K, Elliott R. 2002. When theories become tools: Toward a framework for pragmatic validity[J]. Human Relations, 55(10): 1227-1250.

蔡玉麟. 2016. 也谈中国管理研究国际化和管理理论创新——向张静、罗文豪、宋继文、黄丹英请教[J]. 管理学报, 13: 1135-1149.

陈明哲. 2014. 文化双融:一位管理学者的反思与行践[J]. 管理学报, 31(4): 263-282.

陈明哲. 2016. 学术创业:动态竞争理论从无到有的历程[J]. 管理学季刊, 3: 1-16.

陈威如, 王诗一. 2017. 平台转型:企业再创巅峰的自我革命[M]. 北京: 中信出版社.

陈映芳. 2011. 在范式与经验之间——我们如何接近问题[J]. 公共行政评论, 4: 5-22.

陈映芳. 2012. "转型""发展"与"现代化":现实判断与理论反思[J]. 南京社会科学, 7: 51-58.

陈映芳. 2015. 今天我们怎样实践学术本土化——以国家—社会关系范式的应用为例[J]. 探索与争鸣, 11: 55-60.

陈昭全, 张志学, Whetten D. 2012. 管理研究中的理论建构[M]//陈晓萍, 徐淑英, 樊景立. 组织与管理研究的实证方法, 第2版[M]. 北京: 北京大学出版社: 63-95.

成中英. 1997. 冯契先生的智慧哲学与本体思考:知识与价值的逻辑辩证统一[J]. 学术月刊, 3: 3-7.

成中英. 2001. 21世纪中国哲学走向:诠释、整合与创新[J]. 中国社会科学院研究生院学报, 6: 3-9.

成中英. 2016. 人的本体发生与智慧发展:从方法到智慧,从智慧到自由[J]. 华东师范大学学报(哲学社会科学版), 3: 50-58.

成中英, 张金隆. 2015. 中国管理哲学与现代管理实践[J]. 管理学报, 10: 1413-1417.

邓新明, 朱登. 2013. 企业市场战略与非市场战略的整合模式及其绩效影响[J]. 管理评论, 25(2): 135—148.

冯契. 2015. 冯契文集(第二卷):逻辑思维的辩证法[M]. 上海: 华东师范大学出版社.

郭毅. 2010. 地方性知识:通往学术自主性的自由之路——管理学在中国之我见[J]. 管理学报,4:475-488.

郭重庆. 2011. 中国管理学者该登场了[J]. 管理学报. 8:1733-1736.

郭重庆. 2012. 直面中国管理实践,跻身管理科学前沿——为中国管理科学的健康发展而虑[J]. 管理科学学报,15(12):1-9.

韩巍. 2011. 管理研究认识论的探索:基于"管理学在中国"专题论文的梳理及反思[J]. 管理学报,8(12):1772—1781.

韩巍. 2014. 学术评价的回归与业绩管理的矫正:对管理学院两种核心价值观的质疑与反思[J]. 西安交通大学学报(社会科学版),3:8-17.

韩巍. 2014. 哲学何以在场:中国本土管理研究的视角[J]. 管理学报,6:781-787.

韩巍. 2017a. 洞见以下皆为修辞——《管理学中的伟大思想》对本土管理研究及理论建构的启示[J]. 西安交通大学学报(社会科学版),1:5-16。

韩巍. 2017b. 期待管理研究(者)的想象力[J]. 管理学报,5:671-674.

韩巍. 2017c. 情境研究:另一种诠释及对本土管理研究的启示[J]. 管理学报. 14:947-954。

韩巍,赵向阳. 2017. "非科学性"让管理研究变得更好:"蔡玉麟质疑"继续中[J]. 管理学报,14(2):185-195.

贺善侃. 1999. 论辩证思维推理的基本原则:读冯契逻辑思维的辩证法札记[J]. 华东师范大学学报(哲学社会科学版),6:23-26.

胡国栋. 2016. 科学哲学视角下管理学的学科属性、理论拓展与范式整合[J]. 管理学报,13(9):1274-1285.

黄光国. 2006. 儒家关系主义:文化反思与典范重建[M]. 北京:北京大学出版社.

黄光国. 2009. 儒家关系主义:哲学反思、理论建构与实证研究[M]. 台北:心理出版社.

黄光国. 2013. "主客对立"与"天人合一":管理学研究中的后现代智慧[J]. 管理学报,7:937-948.

黄光国. 2017. 儒家文化系统的主体辩证[M]. 台北:五南图书出版公司.

黄卫伟. 2016. 以客户为中心:华为公司业务管理纲要[M]. 北京:中信出版社.

贾良定,尤树洋,刘德鹏等. 2015. 构建中国管理学理论自信之路——从个体、团队到学术社区的跨层次对话过程理论[J]. 管理世界,1:99-117.

贾旭东,衡量. 2016. 基于"扎根精神"的中国本土管理理论构建范式初探[J]. 管理学报,13:336-346.

贾旭东,何光远,陈佳莉,衡量. 2018. 基于"扎根精神"的管理创新与国际化路径研究[J]. 管理学报,15(1):11-19.

井润田,卢芳妹. 2012. 中国管理理论的本土研究:内涵、挑战与策略[J]. 管理学报,11:1569-1576.

凯西·卡麦兹. 2009. 建构扎根理论:质性研究实践指南[M]. 重庆:重庆学出版社.

黎红雷. 2017. 企业儒学2017[M]. 北京:人民出版社.

李川.2016.三板斧:阿里巴巴管理之道[M].北京:电子工业出版社.

李平.2010.中国管理本土研究:理念定义及范式设计[J].管理学报,5:633-641.

李平.2013.中国本土管理研究与中国传统哲学[J].管理学报,10:1249-1261.

李鑫.2013.中国传统哲学与本土管理研究:讨论与反思[J].管理学报,10:1425-1433.

李鑫.2015.中国本土管理研究的X整合主义[J].管理学报,12:157-166.

李宗克.2017.管理学本土化何以可能?[J].管理学报,5:674-676.

刘学.2017.重构平台与生态:谁能掌控未来[M].北京:北京大学出版社.

楼宇烈.2014.中国的品格[M].成都:四川人民出版社.

卢晖临,李雪.2007.如何走出个案——从个案研究到扩展个案研究[J].中国社会科学,1:118-130.

陆亚东.2015.中国管理学理论研究的窘境与未来[J].外国经济与管理,37(3):3-15.

吕力.2015.后实证主义视角下的管理理论、实践与观念[J].管理学报,4:469-476.

吕力,田勰,方竹青.2017.实证、行动与循证相结合的管理研究综合范式[J].科技创业月刊,9:84-88.

马化腾.2012.马化腾致信合作伙伴:灰度法则的七个维度[EB/OL].(2012-07-09)[2020-07-13].https://tech.qq.com/a/20120709/000099.htm.

马云.2013.在淘宝全员沟通会上的讲话[M]//阿里巴巴集团.马云内部讲话II.北京:红旗出版社:125-139.

茅忠群.2017.方太儒道之匠心深耕[M]//黎红雷.企业儒学2017.北京:人民出版社:378-392.

潘卡基·格玛沃特.2010.决胜于半全球化时代[M].北京:商务印书馆.

齐善鸿,白长虹,陈春花等.2010.出路与展望:直面中国管理实践[J].管理学报,7(11):1685-1691.

曲红燕,武亚军.2013.中国学术组织的可持续发展——〈营销科学学报〉案例研究[J].管理案例研究与评论,4:245-261.

田志龙,高海涛.2005.中国企业的非市场战略:追求合法性[J].软科学,19(6):56-60.

王学典.2017.把中国"中国化":人文社会科学的近期走向[M].上海:上海人民出版社.

吴念博.2017.践行儒家商道,建设幸福企业[M]//黎红雷.企业儒学2017.北京:人民出版社:405-408.

武亚军.2005.面向一流大学的跨越式发展:战略领导的作用[J].北京大学教育评论,4:55-67.

武亚军.2015.基于理论发展的研究范式选择与中国管理学者定位[J].管理学报,5:625-637.

武亚军,高旭东,李明芳.2005.国际化背景下中国本土企业的战略:一个理论框架与应用分析[J].管理世界,11:101-111.

武亚军,张曦如,金朦等.2013.转型期中国企业绩效的关键影响因素——修正的TPC框架及应用分析[J].经济科学,5:97-110.

武亚军,张莹莹. 2015. 迈向"以人为本"的可持续型企业:海底捞模式及理论启示[J]. 管理案例研究与评论,1:1-19.

谢佩洪,王安祥,成立. 2015. 企业非市场与市场战略整合对组织绩效的影响机制研究[J]. 中国科技论坛,9:75-79.

徐淑英,张志学. 2011. 管理问题与理论建立:开展中国本土管理研究的策略[J]. 重庆大学学报(社会科学版),17(4):1-7.

叶启正. 2006. 社会理论的本土化建构[M]. 北京:北京大学出版社.

曾鸣. 2017. 从0到0.1最难,伟大如何孕育于此?[EB/OL].[2020-07-13]. https://m.sohu.com/a/292734264_358836.

翟学伟. 2017. 试论本土性研究的正当性与可行性[J]. 管理学报,5:663-670.

张国有. 2017. 企业驱动力:文化的力量[M]. 北京:企业管理出版社.

张静,罗文豪,宋继文,黄丹英. 2016. 中国管理研究国际化的演进与展望——中国管理研究国际学会(IACMR)的发展范例与社群构建[J]. 管理学报,13:947-957.

章凯,罗文豪. 2015. 科学理论的使命与本质特征及其对管理理论发展的启示[J]. 管理学报,7:939-947.

周宏桥. 2013. 半面创新:实践者的创新制胜之道[M]. 北京:机械工业出版社.

周黎安. 2008. 转型中的地方政府、官员激励与治理[M]. 上海:格致出版社.

周南. 2017. 一年土,二年洋,三年回头认爹娘[J]. 管理学报,1:20-22.

周其仁. 2017. 网约车四年评[M]//周其仁. 突围集:寻找改革新动力. 北京:中信出版社:262-269.

周晓虹. 2010. 中国研究的可能立场与范式重构[J]. 社会学研究,2:1-29.

周晓虹. 2011. 社会科学方法论的若干问题[J]. 南京社会科学,6:1-7.

国家与区域可持续发展战略

中国的伟大非他,原只是人类理性的伟大。中国的欠缺,却非理性的欠缺,而是理性早启,文化早熟的欠缺。

——梁漱溟

经济学和管理学都应是社会启蒙的科学和社会设计的科学。

——厉以宁

第十一章　绿化中国税制：若干理论与实证问题[*]

> "体制""目标""人"——时代提出的重大研究课题……人既是经济研究的主体，又是经济研究的对象……社会主义政治经济学中的许多带有根本性的问题，只有提到"人"这个层次来考察时，才能最终阐明问题的实质。
>
> 经济学是社会启蒙和社会设计的科学。作为社会启蒙的科学，它将告诉人们如何评价一个社会、一种体制、一套机制、一项政策，它将使人们明确经济学中的是非，估量经济活动中的得失。作为社会设计的科学，它将告诉人们，如何制定发展目标以及如何把实现目标的可能变成现实，如何建设符合国情的社会主义经济体制以及如何促进国民经济的协调发展。
>
> ——厉以宁

20世纪80年代，利用税收等经济手段促进自然资源的可持续利用和环境保护，引起了国际环境学界、财政学界的广泛关注。尤其是90年代，围绕全球气候变暖和实施碳税的倡议，国际环境经济学界和公共财政学界形成了环境税收研究的热潮（Bovenberg and Mooij,1994）。OECD中有许多国家将环境税收作为优先使用的环境政策工具，并取得了不少的实践经验（OECD,1993,1996,1999）。北欧等一些国家在90年代也相继进行了协调经济发展、就业与环境保护的税收改革，并且取得了较好成效（Vennemo,1995;Barde,1999）。

作为一个被广泛使用的概念，环境税收的内涵经常引起争论。本文所说的环境税或绿色税，是广义上的环境税收，即指一切与自然资源利用及环境、生态

---

[*] 原文刊载于《经济科学》2005年第1期，原标题为《绿化中国税制若干理论与实证问题探讨》。本次收录时增补了篇首引语，内容未做修改。

保护相关的税收,包括资源税、污染排放税、污染产品税(或投入品税),以及基于环境考虑的税收差别等。

20世纪90年代以来,面对严峻的环境状况及改善税制效率的要求,我国不少环境经济学者和财政学者提出了环境税收改革的建议,并形成了一个环境税研究热潮(王金南等,1994;贾康、王桂娟,2000;王水林,2003)。这些文献对环境税收的内涵、环境税改革的必要性与可行性、环境税收体系及主要税种等进行了探讨,提出了在中国进行环境税收改革的基本思路。然而,大多数文献存在以下局限:①对环境税费与税制整合的经济原理缺乏探讨;②可行性分析和政策建议主要是定性探讨,缺乏定量分析;③缺乏对中国环境税收状况与国际状况的比较。这妨碍了人们对环境税收理论基础和改革潜力的认识,也使我国环境税收改革建议的可行性受到影响。

基于上述回顾,本文希望通过进一步的理论与实证分析,对我国环境税收改革提供理论与政策依据。本文的第一和第二部分,分别从自然资源及资源产品的边际机会成本定价理论和环境税(费)纳入税收体系的"双重红利"假说两个方面,探讨绿色税制的经济理论基础;第三部分进一步利用中国税收数据与OECD及其他发展中国家的数据进行对比,定量分析中国现行税制的绿化度、绿化中国税制的潜力;第四部分提出了绿化中国税制的基本构想、原则以及若干可能的税制改革组合;第五部分是结论和展望。

本文的分析表明:中国现行税制的绿化水平还非常低,绿色税收改革的潜力很高,抓住环境管理改革和税制改革的时机,整体性地绿化中国税制存在一个多赢机会。本文认为,在中国目前的税制改革中,利用现有的绿色税收基础,把资源税、汽油和柴油等产品的消费税作为主要突破口,同时采取收入中性的税制改革组合,可以建立起我国环境税制的基本框架,进而为中国未来数十年的可持续发展奠定制度基础。

一、 绿色税收的微观基础:庇古税及边际机会成本定价理论

在许多情况下,税收在处理环境问题方面要优于管制类手段,其主要优点是:污染控制的成本有效性(静态效率)、对环境技术创新的激励(动态效率)及收入筹集功能。现实中,针对污染的环境税可以被征收在:①污染物本身(排放税);②与污染外部性相关的投入或最终产品(产品税)。不同类型的环境税收在静态效率、动态效率和收入筹集方面有不同的表现(武亚军、宣晓伟,2002)。

庇古等经济学家早已认识到税收能被用来纠正污染等外部性问题,为了实

现这个目的,税率被设定在社会最优污染水平的边际外部(环境)成本上,最优污染水平则由污染减少所带来的社会边际收益与边际成本相等所决定。这就是所谓的庇古税。从理论上看,庇古式污染排放税能对污染削减提供合理激励,但是,它面临一些实际困难(Panayatou and Wu,1999):首先,它需要估算减少污染的社会边际收益和边际成本曲线以确定最优污染水平;其次,税率过低不能有效减少污染,高的税率则需要复杂的税收结构和行政管理机制;最后,与产品税相比,基于实际污染排放的税收涉及较高的行政与执行成本。因此,在一些情况下,人们会考虑向与污染有关的投入品或最终产品征税,虽然它的污染削减效率较低,但是它具有如下优点:节约污染排放的监督成本,易于向生产者收取(在销售、出口或进口环节),以及容易利用现有税收结构等。这类产品型环境税收,特别适合控制与分散消费相关的面污染,此时,增高的污染产品的价格将使众多消费者明了其消费的环境后果,进而自发减少对该产品的消费,减少污染的数量取决于税率的高低以及对该产品的需求价格弹性。基于环境考虑的产品税的例子,包括能源方面的环境税收、对农用化学品(如化肥)征税等。为了保证产品的国际竞争力,环境税可加以调整:产品的出口可退税,因为该产品未被消费;进口则征税以附加相应的环境责任。①

事实上,庇古税原理可以进一步扩展。现代自然资源与环境经济学的分析表明,从经济效率角度看,涉及环境污染和持续利用的自然资源(或其产品)的定价,理论上应该遵循边际机会成本定价(或全成本定价),即 $P = MOC = MPC + MUC + MEC$,式中,$MOC$ 是指资源或资源产品利用的(社会)边际机会成本,MUC 是指所使用的资源的边际使用者成本或耗竭成本,MPC 是指所生产的产品的边际生产成本,MEC 是指产品生产或消费过程中的边际环境成本。低于边际机会成本的资源价格会刺激过度开发利用资源、恶化环境,高于边际机会成本的资源价格则抑制合理消费(中国环境与发展国际合作委员会,1997;武亚军等,2002)。

现在,经济学家普遍认为,绿色税收是政府实现社会成本定价的一个主要经济工具。这是因为,根据边际机会成本最优定价理论及在不同自然资源中的具体应用模式,政府需要:第一,针对资源或资源产品生产或消费的环境成本,确定需征收的污染税(污染排放税或产品税)的税率;第二,根据资源产品的使用者成本或耗竭成本,确定需要征收的资源税水平;第三,为了使该产品的生产和消费达到合理的水准,尽量减少对环境相关产品的政府补贴或其他扭曲。

---

① 基于环境考虑的差别化税收结构和环保投资性税收刺激也属于绿色税制的一部分,此处不做讨论。

当然,在现实中,让政府利用边际机会成本定价理论进行价格调整或干预(以税或费的形式)有一定的难度,并且该理论在不同的自然资源类型中有不同的应用方式,但是,利用该定价模式来判断资源产品的价格或其税费改革的基本方向和数量级仍然具备可行性。一个关于中国自然资源定价政策的理论和案例研究[包括水、煤、森林(立木)等产品的研究]结果证实了这一点(中国环境与发展国际合作委员会,1997)。

二、绿色税收与税收体系的整体优化:"双重红利"假说与整合原则

从效率角度看,理想税收的首要目标是建立一个税收体系,其引起的经济行为的失真很小,这其中最简单的税种就是所谓的"固定税"(类似于人头税)。但是,由于公平原因,它往往难以实行。这使得税收理论家开始考虑产品税和所得税。拉姆齐定律说明了政府所选征税产品的税率能将税收超额负担减小到最低的条件。所谓的税收超额负担,是指税收导致的资源再分配引起的经济福利损失,这种损失由税收引起的物价变化所引起的生产者和消费者剩余的损失来衡量。因此,选择的征税商品的需求弹性越小,则额外负担越小。然而,由于商品的需求弹性不易确定而且多变,根据产品弹性进行征税的管理成本相当可观。[①]累进的所得税也有类似的成本问题,它需要收集社会成员的收入信息并承担额外控制成本,因为在累进税制下,逃税的动机随着边际税率的上升而上升。在现实中,由于公平、信息、控制和管理能力等限制,一个国家或地区经济体的税制往往是由产品税、所得税、资产税等组成的复杂体系。事实上,在具体的税收体系中,各种税收的边际额外负担不同,进而不同税收的边际福利成本(所谓的公共基金的边际福利成本)会有所不同,有时甚至相差很大,这意味着税制的较低经济效率,因为从理论上讲可以将边际福利成本高的税收转向其他成本低的税收。

在环境管理文献中,考虑到对污染、特别是温室气体排放采取税收措施的巨大政治阻力,一些学者建议采用收入中性的方法,因为它可以带来所谓的"双重红利",即绿色税收不仅有利于解决环境问题,同时也能用获得的收入来减轻或消除经济中其他税收带来的额外负担(如对劳动或资本所得课税的额外负担),进而导致税制本身效率的提高(Pearce,1991)。这就是所谓的环境税"双重红利"。

[①] 此外,按照拉姆齐规则征税在分配上也会带来累退性。

环境税"双重红利"假说得到了环境保护主义者和部分政治家的欢迎,因为,如果该假说成立的话,即可用负的社会福利成本实现税收转移或替代,应而不必计算环境改善带来的社会收益的大小,就可以确定环境税收政策在经济效率上的合意性,这避免了前者在估算中的很多不确定性和争议。

一些经济学者(Bovenberg and Mooij,1994)随即进行了一般均衡理论模型的分析,在一个简单模型中,假定存在居民和厂商两个行为者以及收入税和污染税两种税收,对污染课征的税收被用来弥补劳动力税收的减少(发生了税收转移)。该模型的分析表明,对污染产品的环境税的征收通常会产生三类福利:基本福利效应、收入返还效应和税收相互作用效应。其中,第一种就是通常所说的环境改善带来的福利收益;第二种是环境税收入用来替代对劳动收入征税带来的福利收益,这种收益来自毛工资和净工资之间差额的减少,它导致就业水平的增加;第三类涉及新引入的环境税与现存劳动力税收之间的相互作用,它通过减少居民的真实工资率降低了劳动努力。在这个简单的一般均衡理论模型中,环境税的经济福利效应取决于这三类效应的净影响。一般来说,在劳动需求有弹性的劳动力市场上,税收相互作用效应要大于收入返回效应,"双重红利"假说不成立。如果从公共财政关于最优税收的观点来说,这一结果并不令人惊奇(Sandmo,1975)。这些文献认为,从效率角度看广泛税基的税种要比窄税基税种更有优势。由于个人和厂商从征税活动转移会导致税收额外负担,窄税基时人们就有更大的范围来进行这种替代,这对特定污染投入品的征税与对所有劳动收入或一般消费品征税是一样的。用更窄税基的污染产品税收入来替代劳动税收入,将使消费者和企业面临更大的替代范围,一般来讲,这会提高整个税收系统的额外负担。通常来说,对环境污染征税的税基要窄于对劳动收入征税的税基,这意味着整个税收系统的额外负担将加大。

现实世界更为复杂。首先,考虑到现存的税收体系存在扭曲性的资本税,这将产生一种可能后果,即收入中性的环境税将税收负担从一种要素转向另一种要素。有关分析表明,在下述情况下,收入中性的环境税的总福利成本将有所下降:①在初始税制中,税收的边际福利成本(或边际超额负担)的差异较大;②环境税的税负主要是由相对较低的边际福利成本的要素承担;③环境税的税基相对较宽,使得在中间品市场和消费产品市场产生的总扭曲较小;④环境税的收入被用来减少具有较高边际福利成本的要素的税率。这些因素将增大环境税负成本替代的可能性,并在其效应足够大时产生环境税"双重红利"(Bovenberg and Ploeg,1998)。例如,如果资本税的边际额外负担比劳动收入税高,并且新的环境税的负担主要由劳动承担,那么引入这种新的税收(或提高税率)并且降低资本税率可能产生零或负的总成本。一个可能例子是消费者汽油税。在资本税要比劳动收入税具有高得多的边际超额负担的情况下,汽油税——收入通过降低资本所得税率而返还——是有吸引力的,因为它有助于将资本的税收负担转向劳动税。直观地看,这种消费者层次的税收类似于一种消费税,而消费税对于减少跨期扭曲或资本市场扭曲有好处。另一方面,向消费的汽油征税,明显地比一般消费税税基窄。因此,条件③是不利的。由于替代汽油税较容易,一种汽油税将产生较少收益并在商品市场产生较大的扭曲,这恶化了零成本或负成本替代的条件。①

其次,前述的简单均衡模型中,税收是针对生产出的产品征收的。事实上,矿物燃料在未被开采前是初级资源而不是生产的商品,它们可被视作天然给定的可耗竭资源。资源经济学理论认为,自然资源存量的稀缺性将导致稀缺租金或使用者成本。关于自然资源的税收文献的一个基本结果是,对这些租金的恒定从量税并不改变这些资源的跨期分配,因此,不带来任何效率成本或福利成本。这意味着,给定燃料的可耗竭性,资源税如矿石燃料税,可能不会产生巨大的效率成本。如果是这种情形,对这些燃料征税替代通常的所得税可能是负成本,这将导致"双重红利"假说成立。这意味着,合理税率的资源税替代其他税收在微观和宏观上具备经济效率上的合理性。

最后,在简单的均衡模型分析中,环境质量往往只是作为一种消费品被对待。这类模型通常假设来自日常产品和服务的效用与来自环境质量的效用相分离,这使人们在福利分析中可以将总成本与环境质量的收益分离。事实上,环境质量是一种资本品,即给定其他投入不变,更清洁的环境会使社会产出增大。将环境质量的改善对产出的贡献加以考虑是环境—经济—体化模型中的重要部分(武亚军、宣晓伟,2002)。这种一体化可以使人们探讨环境税带来的潜在收益,即减轻或避免环境退化对生产的积极作用。一旦环境质量的资本品性质被包括在宏观经济模型中,要将环境税政策带来的环境收益和总成本区分开来就变得十分困难。在若干将环境质量对生产的效果包括在内的模型中,环境税改革将产生清洁的环境、更快经济增长(Bovenberg and Ploeg,1998)。这表明,如果将与生产相关的环境收益考虑进去,环境税改革可能是双赢或三赢的。在环境税改革的总体性的成本—收益评估中,环境税改革的合理性可能是明显的。

---

① 事实上,这里存在一种悖论——狭窄的税基将增大总成本,但对环境税的总效率方面却是有益的,因为,税基越窄越接近于针对外部性的来源(如某种污染排放)。因此,即使窄税基趋向于增大总成本,它也趋向于扩大总的收益和总体效率(总收益减去总成本)。在这个意义上讲,总体效率是目标,正的总成本并不应当成为环境税改革的必然障碍。

上述讨论表明,环境税收"双重红利"假说目前尚存在不少理论与实证争论。一个基本看法是,如果国内税制在非环境方面存在低效率或无效率现象,即各种不同税收的边际额外负担差异较大,而且环境税的引入将税负从较高边际额外负担的要素转向低边际额外负担的要素,那么它就会减少税制的(非环境)无效率,并且,如果这种效果足够大则可以获得"双重红利"。这意味着"双重红利"假说在现实中要求一个显著的非环境方面的要素税收改革。事实上,在一个次优的税收体系存在而且现存政治或社会情形妨碍直接改革时,这种情况有可能存在。但即使如此,要取得环境税改革的效率潜力在很多情况下都是相当困难的,因为它涉及最优税制改革的信息成本及利益集团的政治压力。

需要强调的是,即使环境税"双重红利"假说不成立也不意味着应放弃环境税政策。事实上,考虑到现实中税制的低效率、污染损害的严重性及环境改善带来的效益,环境税改革的总效果对政策制定者仍可能很有吸引力。在此情况下,需要进一步考虑的是,环境税可能并不必然地与简化税制的财政改革相一致:①环境税要求根据产品对环境的相对损害来实施差别税收,这将增加税率档次和复杂性;②为了更好地替代现有的税收,可能会导致环境税收类型的增加。此外,还需要考虑环境税收可能带来的分配效应,其分配效果通常依赖于当地的环境、地理、时间尺度及环境税收入是如何被利用的。一般地讲,环境税收的累退性,可以通过以下一些方式解决:①差别化税收(对必需品征更低的税);②再培训、影响补偿及渐进实施;③保持收入中性,减少其他低收入者有更大负担的税收;④增加税收体系中其他税收的累进性(OECD,1996)。

基于上述讨论,本文认为,绿化税制应该遵循如下的指导原则:(1)避免为了精确反映环境损害而设计复杂的环境税(即使用对污染的较宽泛的衡量即可);(2)将新的税率和税收种类限制在一个最低程度,以平衡税收的行政效率与经济效率;(3)将环境税收的收入用来减少现有税收的扭曲,例如在劳动、资本等要素上的税收,以增大"双重红利"的可能性;(4)避免激化或增强现有税制的累退性。

三、 中国税制绿化程度实证分析

一些研究者曾对中国税制的绿化程度进行了分析。王金南等人认为在中国可以用六种税收——消费税、资源税、车船使用税、土地使用税、城市建设与维护税、固定资产投资方向调节税——的总和占税收总额的比例,来表征我国税制绿化的程度。他们指出1994—1996年间该比例约为8%,并认为中国税制应该变得更绿(Wang,et al.,1999)。贾康等人认为,在上述六种税收之外还应包括耕地占用税以更全面地衡量中国税制的绿化程度,其测算表明中国税制的绿化程度在 1994—1997 年是下降的(贾康、王桂娟,2000)。

本文认为,在衡量中国税收体系的绿化程度时,应该考虑如下与环境和资源有直接相关的税收和收费:①消费税,其中包括石油加工产品消费税(汽油、柴油)、交通设备消费税(小轿车、越野车、小客车、摩托车、汽车轮胎);②车船使用税;③资源税;④城镇土地使用税和耕地占用税;⑤与污染有直接关系的排污费和城市水资源收费等。这是因为:一是在我国消费税中,与环境联系较紧密(产品使用中带来污染)的主要是交通运输设备制造业和石油加工业,而酒类、烟草加工业、首饰、化妆品等产品与环境相关性低,不宜将其列入环境税收。这也与国际上的环境税收构成相一致(OECD,1996)。二是城市建设维护税主要为城市维护和建设提供资金来源,虽然该收入与城市供热设施的开支有直接关系,进而对改善城市大气质量有促进作用,但因为其比例不大、对大气环境的影响很间接且不确定,因而本文也不将其归入环境相关的税收中。三是固定资产投资方向税有鼓励能源节约和限制低效使用能源的意图,但它主要是根据国家产业政策和规模经济方面的要求而制定的差别税,而且,最近几年征收量明显缩小或已停征,因此,本文也将其排除在环境税收之外。四是土地使用税和耕地占用税在中国主要是土地使用的一种税收,在本质上类似于对土地资源租金收税,因此,它们应该被包括在环境税收中。五是中国已经实施二十多年的排污收费制度,虽然它尚未纳入税制中,但考虑到其对环境使用的收费性质,在进行环境税收(费)总量分析时,应该将其包括在内。上述五大类环境税收(收费)最近几年的状况如表 11.1 所示。

表 11.1 中国近年来环境税收与排污费状况表　　单位:亿元

内容	年份		
	2000	2001	2002
石油产品消费税	170.17	195.45	191.87
交通设备消费税	78.86	83.84	93.95
车船使用税	23.44	24.61	28.93
资源税	63.65	67.11	75.08
城镇土地使用税	64.94	66.15	76.83
耕地占用税	35.32	38.33	57.33

（续表）

内容	年份		
	2000	2001	2002
排污费和城市水资源收费	73.61	77.40	84.74
A.环境税（费）总计	509.99	552.89	608.73
税收总额	12 665.80	15 301.38	17 636.45
B.税收总额+排污费	13 175.79	15 854.27	18 245.18
绿化度（A/B）	3.87%	3.49%	3.34%

资料来源：相应年度《中国税务年鉴》《中国财政年鉴》。其中，石油产品消费税包括汽油、柴油的消费税，交通设备消费税包括小轿车、越野车、小客车、摩托车和汽车轮胎的消费税。

从表 11.1 中环境税收（收费）总量占税收总量与排污费总量之和的比例（A/B）来看，我国税制的绿化程度在 2000—2002 年在 3.34%—3.87% 之间，并且呈下降趋势。本文认为，造成下降趋势的原因，并非是我国的环境与资源保护取得了很大的进展，相反，我国的环境污染与资源破坏仍然很严重，下降的主要原因是税制中来自其他税收（如所得税等）的收入增长较快并扩大了税收总额，从而稀释了税制的绿化度。

将中国税制的绿化度与 OECD 国家进行比较，可以看出我国税制的绿化度明显较低。表 11.2 是 20 个 OECD 国家 1990、1993 年环境税收占总税收的比例状况。在 1993 年，主要的 OECD 国家中该比例在 3.24%—11.85% 之间，其中美国最低，希腊最高，平均值约为 6.67%。在这些国家，环境税收主要包括汽油消费税、石油产品消费税、机动车税等与能源、汽车有关的环境目的的税收（OECD，1993；武亚军、宣晓伟，2002）。从表 11.2 可以看出，OECD 国家的环境税在 1990—1993 年间确实在增长，并且它在国家财政体系中的作用更加重要。据统计，到 1995 年，包括上述大部分国家在内的 17 个 OECD 国家的环境税的比例在 3.8%—11.2% 之间，平均约为 7%，其中与能源、汽车有关的环境税收占到了环境税收总额的 2/3 以上（Barde，1999）。相比而言，在 2002 年，即使考虑土地使用税、耕地占用税及排污费与水资源收费后，我国的环境税收（费）占税收总额的比例也仅为 3.34%（见表 11.1），这与 1995 年 17 个 OECD 国家环境税收平均为 7%（在 3.8%—11.2% 之间）的比例相比，确实有相当大的差距。

事实上，与不发达国家相比，中国税制的绿化度也是偏低的。Bahl（1992）对发展中国家交通与道路税收的研究为我们提供了一个参照。在他选择的 19 个发展中国家（其中不包括任何一个主要产油国）中，交通运输税——包括燃料税、车辆税和道路使用费——占国家总税收的比例超过10%。在中国，即使在燃料税中包括成品油增值税，该比例也不到5%（见表11.3）。这表明，我国对道路交通的税收与很多（非产油）发展中国家相比也是低的，而道路交通方面的环境税收被认为是绿色税制的一个主要组成部分（OECD,1993,1999）。

表11.2 20个OECD国家的环境税占税收总额的比例：1990、1993年

国家	1990	1993	改变
奥地利	4.00	4.35	0.35
比利时	3.83	4.49	0.66
加拿大	2.87	3.44	0.56
丹麦	7.08	7.30	0.22
芬兰	4.72	5.40	0.68
法国	4.88	4.92	0.04
德国	5.46	6.12	0.66
希腊	7.43	11.85	4.42
爱尔兰	10.35	11.85	−1.37
意大利	7.82	6.52	−1.30
日本	5.11	5.49	0.38
荷兰	5.12	6.12	1.00
新西兰	5.08	4.76	−0.32
挪威	9.40	10.75	1.35
葡萄牙	10.63	11.52	0.89
西班牙	5.82	7.54	1.72
瑞典	5.77	6.34	0.57
瑞士	4.26	4.65	0.38
英国	7.35	8.23	0.88
美国	2.88	3.24	0.36
平均（未加权）	6.02	6.67	0.65

资料来源：Morgenstern(1996)。

表 11.3 2002 年中国主要交通运输税状况

项目	燃油消费税	交通设备消费税	车船使用税	车辆购置税	石油加工增值税	总量(占税收总额比例)
数量(亿元)	191.87	93.95	28.93	363.54	139.18	817.47(4.64%)

资料来源:《中国税务年鉴》编委会(2003)。

通过上述分析可得出两个基本结论:首先,从纵向看,中国税制的绿化程度在 2000—2002 年处于下降状态;其次从横向看,与 OECD 国家以及发展中国家相比,中国环境税制的绿化程度都明显较低,需要进一步绿化。

四、 中国税制绿化改革的潜力与构想

1. 资源税

资源税对自然资源可持续利用有直接影响,同时,它是一种地方税,而我国自然资源的分布在东西部有较大不同,因而它对我国地区经济协调发展有明显的影响。目前,我国资源税中份额较大的品种依次为原油、煤炭、金属矿原矿等。从绿色税收改革来看,潜力较大的资源税包括煤炭的资源税、水资源税和森林(原木)资源税等。

(1)煤炭资源税。对于煤炭来说,应增加资源税的税率,使之体现煤炭的使用者成本或耗竭成本(中国环境与发展国际合作委员会,1997;武亚军、宣晓伟,2002)。因为,中国目前的煤炭资源税仅是一种级差税收,是国家运用税收手段对煤炭在开采条件、资源本身优劣和地理位置等方面存在的客观差异导致的级差收益进行的调节,而并未包括煤炭资源的耗竭成本。目前,我国煤炭资源税率从 0.3 元/吨—5 元/吨不等。据研究测算,中国煤炭的理论资源租金或使用者成本在 1994 年就达到 5 元(当年价格)(中国环境与发展国际合作委员会,1997)。将该成本按照价格指数调整为 2002 年现价约是 5.6 元/吨。据统计,中国 2002 年煤炭产量约为 13.8 亿吨,如果将资源税金基本起点调至 5.6 元/吨,征收率按 80%计,短期内可以增加的税收额约为 58.5 亿元。考虑煤炭的需求价格弹性(依经验介于-0.5—-1 之间),则税率调整后煤炭总需求约下降 2.3%—4.6%,税收增长潜力可以达到 55 亿—57 亿元。①

---

① 计算中采用的 2002 年我国的煤炭平均价格约为 121 元/吨,该数据是根据《中国市场年鉴(2003)》相关数据估算的,煤炭价格弹性的经验值范围参见 Eskeland and Deverajan(1996)。

(2)水资源税。从世界范围看,我国是水资源较稀缺的国家,人均水资源拥有量约为世界平均水平的 1/4。我国目前仅在部分城市征收低额的水资源费。从实现水资源的可持续利用及完善税制的角度看,有必要在现有资源税中增加水资源税税种(作为地方税),由各地根据水资源的自然状况和供求状况制定合理的水资源税率。由于收集数据的困难,本文仅对该部分税收潜力的数量级进行简单的估算。表 11.4 为中国 2002 年用水基本情况。根据表 11.4 的数据,假定全国仅对工业和生活用水征收 0.1 元/吨的水资源税,征收率为 80%,其收入潜力约为 141 亿元。实际上,这两部分用水量仅占我国用水总量的 40% 以下。

表 11.4　中国 2002 年用水基本情况

用途	用水总量	农业用水	工业用水	生活用水
数量(亿立方米)	5 497.28	3 736.18	1 142.36	618.74

资料来源:国家统计局(2003)。

(3)森林(原木)资源税。对于森林资源及其产品(原木)来说,我国目前尚没有实施资源税。① 从促进森林资源的可持续利用来看,我国应该征收森林(原木)资源税,其税率应参照森林资源使用者成本来确定。据有关研究估算,在长白山,1993 年每立方米原木生产造成的森林生态损失为 220 元,资源价值损失为 276 元/立方米(中国环境与发展国际合作委员会,1997)。就全国而言,可根据自然资源的边际机会成本定价理论,估算各地原木生产的资源耗竭成本和生态成本。事实上,各地估算的成本会有较大不同。由于数据和计算的困难,本文仅对这一收入的数量级进行简单的估算。假定全国范围内以 100—200 元/立方米来估算原木生产的资源耗竭和生态成本,根据 2002 年木材产量 4 436.07 万立方米(国家统计局,2003),该税收可产生的收入潜力约为 44 亿—88 亿元②,按征收率 80% 计,可达到 35 亿—70 亿元。

2. 消费税

我国目前对汽车轮胎、摩托车和小汽车征收消费税,并已根据汽车的类型和排气量大小差别征税,因而,这些消费税具有相应的环境含义。就目前状况来看,不宜再增加汽车轮胎、小汽车、摩托车的消费税率,原因是:①这些产品的消费税率目前已不低;②汽车等产品在我国属于高收入弹性产品,随着我国居民收

---

① 曾有一些地方实施过森林资源使用费或生态补偿费,后来被终止。
② 该税收实际包括生态意义上的环境税部分,从简化税制的角度出发,本处的估算并未对它们进行区分。

入增长,增长量的抑制是较困难的,而且我国已将汽车工业列为带动国民经济的支持产业;③这些产品的消费与交通产生的污染排放有关系,但不如汽油和柴油本身与污染量的相关关系直接。因此,从环境政策角度来看,目前不宜提高这些产品的消费税,而应该将重点放在汽油和柴油等与环境污染关联性更强的产品的消费税上。

本文认为,应进一步提高我国汽油和柴油的消费税。这是因为:一方面,汽油与柴油的消费与空气污染有直接联系,征收与燃油污染排放有关的排放税存在技术和监督成本方面的困难,而提高汽油和柴油的消费税率,既可以促进我国能源的利用效率,又可以减少大气污染[①];另一方面,我国燃油消费税税收负担相对国际水平而言仍处于较低水平,并且,该税基较为稳定,适度提高该消费税税率可以获得一定的财政收入(武亚军、宣晓伟,2002)。事实上,一份权威的中国国家能源战略研究报告指出,需要在3—5年内使我国的汽油和柴油的价格中税收部分占到60%(陈清泰等,2003)。根据价格中税收负担的计算,如果采取相对保守的改革方案,将目前的汽油消费税率提高1—2倍,即将汽油的消费税率从0.2元/升提高到0.4元—0.6元/升,其税负部分在30%—40%之间;与此相比较,OECD国家(地区)对家庭消费者销售的汽油除美国税负在30%左右外,绝大多数国家(地区)该税负在45%以上,平均超过50%(OECD,1996;武亚军等,2002)。实际上,我国2002年汽油和柴油消费税的征收额分别为109.2亿元和82.7亿元。按照上述保守改革方案,可获得的汽油消费税收入增长潜力约为109亿—218亿元。长期来看,在价格弹性的影响下,汽油需求总量会微量减少(通常估算的需求价格弹性为−0.5— −1,本文以中间值−0.8估算),但由于汽油消费有较高的收入弹性(大约在1左右),因而,随着我国经济的发展和居民收入水平的提高,汽油和柴油的消费仍然会稳步增长,该税收的税基是比较稳定的。[②] 对于柴油,类似的估算表明,柴油消费税提高1—2倍后其收入潜力约为83亿—166亿元。事实上,上述估算中采用的改革方案离我国的汽油和柴油的价格中税收部分占到60%的目标还有相当的距离。

3. 排污收费改革

环境学者普遍认为我国已经实行二十多年的排污收费制度需要进一步改

---

① 从理论上讲,可以采取提高燃油税和强制性尾气处理技术相结合的方法,以获得大气污染控制的高效率,参见 Eskeland and Deverajan(1996)。

② 按照2002年汽油价格约3元/升,汽油需求价格弹性中间值−0.8估算,提高消费税1—2倍后,因使用汽油引起的大气污染排放将下降6%—10%;有关汽油需求价格弹性和收入弹性的经验值,参见 Eskeland and Deverajan(1996)。

革,包括进一步扩展收费范围和提高排污收费费率标准(王金南等,1998;Hilary,et al.,1998)。根据中国环境科学研究院进行的一项研究(王金南等,1998),如果征收范围和费率水平达到合理目标,按照1995年排污量,排污收费总收入将达到448亿—553亿元,该收入主要包括对 SO_2(占32.7%)、COD(占32.1%)、烟尘(占6.3%)等污染的收费。[①] 与2002年我国排污费总收入84亿元相比,该方案的收入增长潜力约在364亿—469亿元之间。事实上,由于排污收费范围扩大和费率快速提高的可行性及收入的长期稳定性等现实问题(Hilary,Mohan and Zhang,1998),这一估算可能过于乐观。但由于本文限于对排污收费收入潜力的数量级进行简单估算,这一研究结果还是有参考意义的。如果以该研究值的1/2估算,其收入将达到224亿—277亿元,与2002年的实际排污费相比,仍然有140亿—193亿元的增长潜力。

考虑到整合环境相关税收和排污费体制以及大范围内控制面源污染的需要,部分排污收费需要改为征税,如对 SO_2 排放收费改为征收硫税[②](武亚军、宣晓伟,2002)。实际上,关于 SO_2 税(费)改革的单项研究表明,如果对 SO_2 排放实施征税(费),将目前的征收范围扩大到全部工业排放,并将排放税(费)率从目前的200元/吨 SO_2 提高一倍,[③]依2002年的数据(见表11.5),该项税收收入潜力将达到62亿元以上。

表11.5 2002年中国主要污染排放状况

来源	工业	生活
SO_2(万吨)	1 561.9806	364.5831
废气(亿立方米)	175 257	
污水(万吨)	2 071 885	2 322 940

资料来源:国家统计局(2003)。

4. 总体与组合改革构想

不考虑排污收费改革的收入潜力,前面倡议的几项环境税收改革的收入潜

[①] 这一方案倡议实行"污染者付费"和"收费标准高于污染处理成本"原则,排污收费的种类在原来的工商业水污染排放收费、城市居民污水收费、工业废气、固体废物和固定源噪声收费基础上,增加对燃煤炉窑大气污染物(如 SO_2、COD、烟尘等)收费、对包括城市垃圾在内的固定废物收费、低放射性废物污染收费、流动源污染排放收费(机动车尾气与飞机噪音)。

[②] 根据不同产品的含硫量征收硫税;对大中型含硫燃料用户,如果其使用脱硫等清洁工艺,可根据其举证审核后给予退税。

[③] 这一水平仍然仅为筹资水平,参见王金南等(1998);武亚军、宣晓伟(2002)。

力占2002年税收收入的比例可达到2.4%—3.7%;综合考虑排污费税改革的潜力,这一比例将达到3.2%—4.5%以上。表11.6是对各个环境税(费)改革收入潜力估算的汇总。根据表11.6和表11.1可以看出,结合现有绿色税收基础,改革后我国绿色税收的比例可以达到6.5%—7.8%,从而与OECD国家的环境税平均水平7%相当。

表11.6 中国主要环境税收改革可以带来的收入潜力估算(以2002年为例)

种类	估算依据的方案	收入潜力(亿元)	占当年税收总额的比例(%)
煤炭资源税	5.6元/吨	55—57	0.3
森林资源税	100元—200元/立方米	35—70	0.2—0.4
水资源税	非农业用水0.1元/吨	141	0.8
汽油消费税	增加到0.4元—0.6元/升	109—218	0.6—1.2
柴油消费税	增加到0.2元—0.3元/升	83—166	0.5—0.9
以上总计		426—655	2.4—3.7
排污税(费)改革		≥140	≥0.8
总计			≥3.2—4.5

资料来源:根据中国环境与发展国际合作委员会(1997),王金南等(1998),武亚军、宣晓伟(2002)多项研究,经调整后汇总。

准确地估算相关数据仍然存在困难,但从表11.6的各项估算值占2002年总税收的相对比例可以看出,绿化中国税制的方向和主要措施应该是:①完善资源税,包括提高煤炭资源税率、增加水资源税和森林(原木)资源税;②提高汽油和柴油消费税率;③进行排污收费改革,包括扩大覆盖面、提高费率及部分排污收费转向征税等。①

绿化中国税制的改革政策和方案还需要考虑两个方面的问题:一是分配效应问题,是指在实施环境税改革的同时,采取一系列配套政策使得环境税改革可能带来的不合意收入分配效应——特别是某些累退分配效应降低到最小。二是收入中性问题,是指利用环境税收的收入替代其他一些扭曲性税收或降低其税率,以谋求总收入不变下的"双重红利"或较高的总体福利收益。这两个问题,

---

① 中国的环境税制中还应包括差别税收、与环境相关的直接税收条款等,以及其他一些基于环境考虑的税收,此处不详加讨论,参见武亚军、宣晓伟(2002)。

前一个注重公平,后一个注重效率,对两者的综合考虑和协调,即注重效率、兼顾公平,应该成为我国绿化税收体制方案选择的重要评价准则。

针对中国绿色税收改革可能产生的分配效应,Hansen et al.(2002)曾进行了专门研究,该研究关于水、燃料、农业投入品、交通和排污收费等绿色税费的分配效应的研究结论是:①汽油和柴油的税收有弱的累进性分配效应,即对低收入者更有利,而不论其是城市居民还是农村居民;②水资源的环境税收在总体上也有积极的(累进的)分配效应;③燃料(如煤)和电力等产品的环境税收的分配效应难以得出明确结论。这意味着:在这些方面所进行的绿色税收改革,并不会产生明显的累退性分配影响。该研究还指出,对于低收入群体目前尚未购买的产品的绿色税收,以及配合以一个分配中性的或有累进性的收入再利用方式,将在总体上使得低收入者境况更好,这胜过使得他们在某一产品的分配效应上获得益处。

本文同意上述观点,并且进一步认为:在中国转型发展的大背景下进行绿色税收改革时,应该根据整合环境税收(费)与整体税制的基本原则和对中国若干宏观经济发展问题的考虑,采取若干税收改革组合,以实现经济、环境和社会协调的可持续发展。本文建议考虑的几种税收改革组合(见表11.7)包括:①所得税改革,包括改革个人所得税和企业所得税。提出这一改革方案的基本考虑是,当前中国的企业所得税率较高,而个人所得税又有不少不合理之处,包括起征点过低,低收入者承担税收比例过大等(郝志刚等,2001)。降低企业所得税,提高个人所得税起征点,减少个人纳税累进税率级次,对促进投资和提高劳动者积极性都有好处,这与我国转型发展时期效率优先、兼顾公平的方针是一致的。②进行劳动与社会保障税费改革。目前,我国劳动和社会保障费率较高、范围有限且强制性不强,从强化政府的社会保障职能来看,学者们普遍认为需要在税制中设立社会保障税(萧明同,2002),而我国面临的巨大就业压力和转型发展的现实,要求不能将费(税)率设置过高。① 因此,本文建议社会保障税费改革与环境税的改革组合进行,降低社会保障费(税)率,增加其强制性和范围,以扩大就业需求、缓解就业压力。③降低或取消农业税,以促进农业的发展和降低农民负担。这一方面对解决农业问题有利,另一方面也缓解了环境税对农民等低收入阶层可能带来的不利分配影响。

事实上,上述这些改革本身可以独立于环境税改革,并且它们之间也并非相

---

① 目前,我国规定的社会保险基金缴费费率为养老保险(25%)、失业保险(3%)、医疗保险(10%),三项合计达到38%,国际比较研究和实际难于足额征收的情况表明,这一费率明显过高,参见萧明同(2002)。

互冲突。然而,使之与环境税改革配套进行,一方面可以缓解环境税改革的分配效应,增进其可接受性;另一方面也可以弥补税制改革带来的税收收入的减少,保持税收收入总量稳定。因而,将环境税与税制改革的其他内容相结合,既满足环境税改革本身的要求,也符合我国税制结构整体优化的改革要求。

表 11.7 绿化中国税制和整体税制优化的若干改革组合

方案	内容	效率效应	主要分配效应
环境税+所得税(个人+企业)改革	降低企业所得税税率,提高个人所得税起征点、减少累进级次	增加投资、劳动积极性	低收入阶层在税收总额中的比例降低
环境税+劳动与社会保障税费改革	降低劳动与社会保障费费率,费改税	促进就业需求	扩大低收入者享受保障的范围
环境税+农业税改革	降低或取消农业税	促进农业生产	降低农民负担,增加收入分配的累进性
环境税+上述多种方案的组合	混合	混合	混合

需要指出的是,从总体上看,本文倡议的绿化税制和税制改革组合,有利于提高税制的绿化程度、优化税制、改善分配效应,并增强改革的可行性,但是,对于具体的环境税收改革方案及其组合效应,仍需要进一步研究,并在必要时采取相应的补偿措施,以利于绿色税收改革的顺利进行。

五、 结论与展望

(1)绿色税收的微观经济理论基础,是庇古税原理及其扩展后的边际机会成本定价理论。基于该理论,资源产品生产或消费带来的环境成本和耗竭成本,可以由政府以征税形式使之内部化,其中可采取的形式包括排放税、产品税、资源税、税收差别等多种绿色税收手段。

(2)从宏观经济角度看,环境税(费)纳入税制应考虑整体优化,并应该遵循四个原则:①避免为了精确反映环境损害而设计复杂的环境税;②将新的税率和税收种类限制在一个最低程度,以平衡税收的行政效率与经济效率;③将环境税收的收入用来减少现有税收的扭曲,如劳动、资本等要素上的税收,以增大"双重红利"的可能性;④避免激化或增强现有税制的累退性。

(3)中国税制的绿化程度与OECD和其他发展中国家相比,处于较低的水平,其份额大约在3%—4%之间,中国的税制应该更"绿"。

(4)中国税制的绿化潜力主要集中在资源税、消费税和排污收费体系改革上。方向和主要措施应是:提高汽油和柴油的消费税;完善资源税,包括提高煤炭资源税、增加水资源税和森林(原木)资源税等新税目;排污收费体系改革。

(5)绿化中国税制,宜采取收入中性的税制改革组合方案,这既有利于税制绿化改革的可接受性,也有利于我国税制的整体优化。

(6)税制绿化改革的分配效应和税制组合改革的方案及其总体效应,仍需要进一步的研究。

需要强调的是,目前在我国推进绿色税收改革和整体税制优化存在一个多赢机会,虽然仍存在不少障碍和困难,但绿化的改革趋势是明确的。在21世纪的最初10年,能否有效地进行绿色税收改革,既是我国实现可持续发展战略的关键所在,也是对当代中国人智慧和伦理的一个重大挑战。

参考文献

Bahl R W. 1992. The administration of road user taxes in developing countries[J]. Policy Research Working Paper Series 986, The World Bank.

Barde J-P. 1999. Environmental Taxes in OECD Countries: An Overview[R/OL]//OECD.Environmental Taxes: Recent Developments in China and OECD Countries. (1999-09-02) [2020-07-17]. https://read.oecd-ilibrary.org/environment/environmental-taxes_9789264173439-en#page7

Bovenberg A L, De Mooij R A. 1994. Environmental Levies and the Distortionary Taxation[J]. The American Economic Review, 84: 1085-1089.

Bovenberg A L, Ploeg F V D. 1998. Consequences of environmental tax reform for unemployment and welfare[J]. Environmental and Resource Economics, 12(2): 137-150.

Eskeland G S, Deverajan S. 1996. Taxing Bads by Taxing Goods: Pollution Control with Presumptive Charges[M]. Washington DC: The World Bank.

Hilary S, Mohan M, Zhang S. 1998. Economics and Environmental Management for Industry in China[R]. Environmental Economics Working Group of CCICED.

Morgenstern R. 1996. Environmental Taxes: Dead or Alive? [J/OL]. [2020-07-13]. http://citeseerx.ist.psu.edu/viewdoc/download? doi=10.1.1.330.3364&rep=rep1&type=pdf.

OECD. 1993. 环境税的实施战略[M]. 北京:中国环境科学出版社.

OECD. 1996. 环境与税收:互补性政策[M]. 北京:中国环境科学出版社.

OECD. 1999. Environmental Taxes: Recent Developments in China and OECD Countries[R/OL]. (1999-09-02)[2020-07-17]. https://read.oecd-ilibrary.org/environment/environmental-taxes_9789264173439-en#page7.

Panayatou T, Wu Y. 1999. Green Taxation: International Experience and Relevance to China[M]. Maryland: Aileen International Press.

Pearce D W. 1991. The role of carbon taxes in adjusting to global warming[J]. Economic Journal, 7(101):938-48.

Sandmo A. 1975. Optimal taxation in the presence of externalities[J]. Swedish Journal of Economics, 77(1):86-98.

Hansen S, Vennemo H, Yin H, et al. 2002. Green Taxes and the poor in China: Policy Challenges in a Changing Economy[R]. CCICED.

Vennemo H. 1995. Welfare and the Environment: Implications of A Recent Tax Reform in Norway[M]//Lans Bovenberg, et al. Public Economics and the Environment in an Imperfect World. Santa Cruz: Kluwer Academic Publishers.

Wang J, et al. 1999. Taxation and the Environment in China: Practice and Perspectives[R/OL]//OECD. Environmental Taxes: Recent Developments in China and OECD Countries. (1999-09-02)[2020-07-17]. https://read.oecd-ilibrary.org/environment/environmental-taxes_9789264173439-en#page7.

邴志刚等. 2001. 我国税制改革的近中期目标和框架[J]. 中国税务年鉴, 2001: 971—982.

陈清泰等. 2003. 国家能源战略的基本构想[EB/OL]. http://finance.sina.com.cn/roll/20031110/1005511563.shtml? from=wap.

国家统计局. 2003. 中国统计年鉴(2003)[M]. 北京: 中国统计出版社.

贾康, 王桂娟. 2000. 改进完善我国环境税制的探讨[J]. 税务研究, 9: 43-48.

托马斯·斯特纳. 2000. 环境税改革: 理论、工业化国家的经验及不发达国家前景[M]//马茨·伦达尔, 本诺·J. 恩杜鲁. 发展经济学新方向: 当代的增长、环境与政府. 北京: 经济科学出版社: 259—288.

王金南, 陆新元. 1994. 市场经济转型期中国环境税收政策的探讨[J]. 环境科学进展, 2: 5-11.

王金南等. 1998. 中国排污收费标准体系的改革设计[J]. 环境科学研究, 5: 1—7.

王水林. 2003. 构建中国"绿色税收"体系[J]. 税务与经济, 4: 67-69.

武亚军, 宣晓伟. 2002. 环境税经济理论及对中国的应用分析[M]. 北京: 经济科学出版社.

萧明同. 2002. 社会保障税制与政府责任——兼论我国社会保险费改税问题[J]. 中国税务年鉴, 2002: 1030—1034.

中国环境与发展国际合作委员会. 1997. 中国自然资源定价研究[M]. 北京: 中国环境科学出版社.

《中国税务年鉴》编委会. 2003. 中国税务年鉴(2003)[J]. 北京: 中国税务出版社.

第十二章　转型、绿色税制与可持续发展[*]

　　经济改革的战略是研究改革的国情基础、改革的奋斗目标以及达到这个目标的途径、方法和部署……改革是一个体制转轨的过程,也是一个利益结构调整的过程。它牵动着全局利益和局部利益之间的联系、长远利益与近期利益之间的关系,以及各种社会力量(或称之为"利益集团")之间的利益关系。

——厉以宁

　　17世纪正兴起的欧洲各民族国家之间出现的不同增长率的原因可以从每个国家建立的产权的性质中找到。所建立的产权类型是各个国家所使用的(实现收入的)特殊方式的结果……实现收入的方式对国家的经济至关重要,因为在每种情况下都要变更产权。在成功的国家里,所建立的产权激励人们更有效地使用资源,并把资源投入发明和创新活动之中。在不太成功的国家里,税收的绝对量和取得财政收入的具体形式刺激个人做相反的事情。

——道格拉斯·诺斯

　　中国经济在持续20年的转型和快速增长之后,如何通过制度创新来促进经济增长方式的转变并实现可持续发展,即当代人在提高其经济福利的同时,不使后代人的发展权利和能力受到损害,已经成为21世纪的中国迫切需要解决的战略问题。本文尝试从经济理论分析与实证研究的角度,探讨通过基于绿色税收的税制创新来促进中国可持续发展的途径与模式。本文所说的绿色税收,是广义上的环境税收,即指一切与自然资源利用及环境、生态保护相关的税收,包括资源税、污染排放税、污染产品税(或投入品税),以及基于环境考虑的税收差别安排等。绿色税制是指在税制设计或改革中把环境保护和资源持续利用作为与

---

　　[*]　原文刊载于《中国地质大学学报(社会科学版)》2008年第1期。本次收录时增补了篇首引语,文章内容未做修改。

经济效率、分配公平同样重要的一个目标,从而使与环境与资源直接相关的税收占总税收收入(或 GDP)的一个较大比例的税制模式。

一、中国经济转型发展中的资源与环境约束及体制原因

(一)转型发展面临强大环境资源约束

从 1979 年起,中国经济进入了转型发展时期,所谓转型,是从计划经济向市场经济转变,发展是指从传统经济向现代经济转变(厉以宁,1996)。中国庞大的人口规模和经济转型发展中的"四化",即工业化、城市化、市场化和国际化为经济增长提供了广阔的空间,也带来了严峻挑战:资源和环境的强大约束、经济结构升级和增长方式转变中的困难、劳动就业压力的持续增大,以及收入分配的不平等加剧等(王梦奎,2005)。造成资源和环境强大约束的直接原因,主要有两方面:一是由于中国人口众多导致的相对资源缺乏,二是由于粗放的经济增长方式和环境管理不力导致资源过快损耗和环境污染加剧。从前一方面看,我国的人口密度为世界人均水平的 2.97 倍,而人均耕地、水资源、矿产资源、能源矿产、森林面积分别为世界人均水平的 50%、32%、47%、39% 和 14%;从后一方面看,1953—2000 年,我国的水资源占用、能源矿产消费、金属矿产消费分别以年均 1.3%、0.8%、8.2% 的速度增长,废气排放年均增长 5.1%,水土流失面积占国土总面积的 69%,酸雨面积占国土总面积的 40%,土地沙漠化以每年 1 560 平方公里的速度扩展(张雷、刘慧,2002)。事实上,我国最近几年的污染排放状况仍然令人担忧。例如,我国 2000—2004 年废水排放总量仍然以年均 3.8% 的速度增长,工业废气排放以年均 14.6% 的速度增长,二氧化硫排放量以年均 4.5% 的速度增长,大气污染和水污染依然十分严重。[①] 另外,在改革开放初期,我国采取了一系列通过加速自然资源利用来发展经济的政策(所谓"有水快流"),这为经济发展积累了初始资本,但也导致自然资源的快速损耗和粗放经济增长模式的加剧。只是随着市场经济的发展和价格机制的逐步合理化,这一趋势才得以减缓,但资源损耗总体水平仍然较高(见表 12.1)。

学者们普遍认为,我国环境污染和自然资源损耗带来的经济成本巨大。世界银行曾对中国空气污染和水污染造成的损失,包括人的提前死亡、患病、农作物与森林损失、材料腐蚀等进行了估算,认为损失成本占 GDP 的 3.5%—7.7%

---

① 相关数据系作者根据《中国统计年鉴(2005)》计算。

（世界银行，1998）。另一项中外学者联合进行的估算表明，在20世纪90年代后期，我国年空气损害成本占GDP的8.2%，水污染成本占GDP的1.5%，总环境损害成本高达GDP的9.7%（Panayatou et al.，2004）。这个结果还不包括森林破坏、洪灾加剧、水土流失及生物多样性减少的成本①。不仅环境污染带来巨大损失，我国自然资源损耗带来的经济成本也是巨大的。据世界银行估计，我国自然资产的损失比率在1990年达到15.43%，以后虽逐步降低，到1998年达到4.53%，但这一水平相对美国、日本等国家仍然明显较高，其中，我国能源、森林耗竭占自然资源损失的比例较大。

表12.1　中国自然资产损失比率（占GDP的比重）　　　　　单位：%

年份	1985	1990	1995	1998
能源耗竭比率	13.66	10.28	4.19	1.48
矿物耗竭比率	0.48	0.84	0.58	0.29
净森林耗竭比率		0.62	0.53	0.43
二氧化碳损失比率	3.48	3.69	2.50	2.33
自然资产损失比率	19.83	15.43	7.80	4.53

资料来源：World Bank，World Development Indicators Database，2000。

（二）我国资源环境危机的体制原因

从理论上看，可持续发展关注的焦点是人类现在和将来的福利，以及确定制度和政策如何影响福利。"自1960年以来，历史、反省和经验，再加上典型分析，都告诉我们合理的发展道路、应该是长时间内资源的替代模式。"（达斯古普塔等，2000）这里所谓的"长时间内资源的替代模式"，是指把以自然资源损耗和资本投入为基础的经济增长转换为以人力资本（特别是知识资本）为基础的收入增长模式。在这种可持续发展模式中，收入应该用净国民生产总值（NNP）来衡量，其中，NNP＝消费＋在物质资产上的净投资＋人力资源中净变化的价值＋自然资源存量净变化的价值－当前环境破坏的价值（达斯古普塔等，2000）。这和波

---

①　这个结果是依照成果参照法（benefit transfer）和支付意愿法计算的。其中，成果参照法是对其他国家的支付意愿研究结果进行借鉴并根据中国实际情况加以调整，支付意愿法是以人们对避免损害的支付意愿或忍受损害的受偿意愿来测算环境损害。事实上，由于该估算不仅包括直接的经济产量损害，还包括人们精神损失和为避免受损害的可支付意愿，因此表示了一种福利损失估算。它看起来相当高，高出世界银行估算约1/3。但即使如此，假定这种福利损失中只有50%代表了经济产出的损失，其损失也是巨大的。

特所谓的经济发展的"要素驱动—投资驱动—创新驱动"的观点相一致（波特，2002）。

按前面的数据保守地估计，20世纪90年代末，我国资源存量的减少和环境破坏两项之和占GDP的比重约达到8%，几乎与我国GDP的年增长率接近。这表明，我国经济的可持续发展正面临非常严峻的资源环境约束和模式转换挑战。有研究指出，除了工业废水/固体废物排放之外，中国总体的环境质量的恶化与工业化发展水平呈现"U形关系"（张赞，2006），这意味着在中国目前的经济和环境制度框架下，"先污染后治理"模式不具有现实性，中国环境的"局部改善、整体恶化"的状态仍将继续。另外有研究指出，在华外商直接投资（FDI）与工业污染呈"U形关系"，且目前已经度过转折点，即随着人均FDI的增加，相对水平的工业污染密度正日趋增长，我国可能成为跨国公司的"污染避难所"（应瑞瑶、周力，2006）。这些研究表明，在目前的体制背景下，随着经济增长和对外开放的强化，我国环境污染恶化的趋势将会持续。事实上，近年来，人们已强烈地感受到传统的高投入、高消耗、低产出、高污染的道路已经走到尽头。

需要指出的是，我国经济增长方式的粗放和不可持续性有深刻的制度原因。从表面看，资源环境危机问题有对困境认识不足，以及经济结构、技术、增长方式、领导干部考核指标等方面的原因，但从制度层面看，缺乏与市场经济相适应的可持续发展的制度性措施，是导致这一问题加剧的根本原因。这可以从环境管理制度和税制设计与改革中面临的问题加以说明。

我国与环境资源相关的制度，主要是改革开放之初制定的与计划经济适应的政策或局部措施，例如排污收费制度、环境影响评估、环境保护责任制、行政审批与污染企业的关停并转等。这些措施主要是局部性的，并且往往依赖行政手段，而不是一种总体性、前瞻性且与市场环境相适应的制度设计[①]。例如，我国已经实行了二十多年的排污收费制度，虽然提高了企业对污染问题的关注、为环境治理投资和环境保护机构建设提供了部分资金，但是在20世纪90年代后期以来却面临诸多问题，如在本质上是超标排污收费、费率偏低、项目不全、覆盖面不够、资金利用不合理等（王金南等，1998）。考虑中国环境污染的严重性和经济快速持续增长，以及相当多的污染排放和排放主体不能有效地包括在排污收费体系中（如中国约1/2以上的煤炭是非生产部门直接消费的），因此，从长期

---

① "退耕还林还草"是我国在20世纪90年代末采取的一项重要的生态治理政策，对制止和缓解我国西部生态破坏危机有非常显著的作用，但也面临建立长效机制及保证持续性的资金来源等一系列制度问题。

观点看,即使对排污收费体系进行修正,对于控制环境污染、提高资源利用效率以及贯彻可持续发展战略仍然是不够的,其根本解决之道在于考虑"环境—资源(能源)—经济政策"一体化改革,将排污收费体系改革与税收体制改革相结合,走向环境税收体制(武亚军、宣晓伟,2002)。

事实上,我国 1994 年的税收制度改革,在克服通货膨胀、建立中央和地方分税制、强化税收法治、简化税制及中央和地方政府增加税收收入等方面取得了成绩,相对于改革开放初期计划经济下高度集权的税制无疑是一个进步。但是,随着市场经济发展,这一税制到 20 世纪 90 年代后期产生了越来越多的问题,包括正税与税外费并立,生产型增值税问题,内外资企业所得税不统一,尚未开征社会保障税使得劳动、养老、医疗改革及国有企业改革难以推进,以及个人所得税不完善等问题(杨斌,1999)。应该看到,这一税制与 90 年代初的经济环境是相适应的,但随着我国经济的转型发展,它与目前的经济社会发展越来越不适应。此外,这一税制虽然有一部分税收(如资源税、消费税、车船税等)涉及资源环境管理问题,但在税制改革设计中并未将资源环境因素加以明确考虑,这使得应用财税制度和政策手段解决资源环境与可持续发展问题受到很大限制。我国的学者也已经认识到了这一问题,明确提出促进"全面协调可持续发展"的制度创新是中国的经济体制改革正面临的战略性的历史升级之一,"这个瓶颈是一个战略瓶颈,要打破战略瓶颈,不仅要在结构、技术、增长方式方面做文章,而且要在制度创新上找出路,这就要求我们把如何为可持续发展提供制度保障纳入新体制的基本框架"(常修泽,2005)。以此为出发点,本文认为,基于精心设计的绿色税收制度的税制优化改革将是中国走向全面协调可持续发展的制度创新的必经之路[①]。

二、绿色税收促进可持续发展的作用机制

(一)税制设计与"诺斯悖论"

税收制度是一个国家的关键经济制度,而制度对经济增长起着关键性的作用。如何设计合理的税制,一直是经济学家讨论的核心问题。从亚当·斯密到塞利格曼,以及凯恩斯学派、供应学派、新制度经济学派,都对税收和税制设计有

[①] 我国的一些财税学者也分析了传统的经济增长决定论的财税战略的局限,提出必须从我国国情出发,兼顾经济增长与改善环境、保护资源,采取生态与经济协调发展的财税战略,实现生态效益与经济效益、生态平衡和经济平衡的全局、长期的统一。参见杨斌(1999:144)。

相当多的论述。这给现实中优化税制提供了基本理论线索。

斯密在《国富论》中提出①,一个良好的税制要求满足四个条件:①税收必须与纳税人的纳税能力相一致;②税收必须是确定的,不可随意变更或留下讨价还价的余地;③税收必须以尽量减少纳税人痛苦的方式来征收;④税收成本要低,包括征管成本和税收引起的效率下降(亚当·斯密,1996:384-386)。此外,现代经济学者也强调其他两条原则:①税收必须随着经济形势的变化而调整,以发挥其自动稳定器的作用;②税收归宿必须明确,以使纳税人清楚到底是谁在交纳税收。在这些条件的要求下,寻求最优税收政策看起来令人生畏。20世纪70年代以来,经济学家建立了一系列模型,试图在公平与效率之间取得平衡,以求解决最优税收问题,但结果远不令人满意②(伯纳德·萨拉尼,2005)。

新制度经济学家对税制的分析别具特色。诺斯(1994)指出:"17世纪正兴起的欧洲各民族国家之间出现的不同增长率的原因可以从每个国家建立的产权的性质中找到。所建立的产权类型是各个国家所使用的(**实现收入的**)特殊方式的结果……实现收入的方式对国家的经济至关重要,因为在每种情况下都要变更产权。在成功的国家里,所建立的产权激励人们更有效地使用资源,并把资源投入发明和创新活动之中。在不太成功的国家里,**税收的绝对量和取得财政收入的具体形式**刺激个人做相反的事情。"诺斯进一步指出:理性的政府在本质上追求合法性(legitimacy),即政府追求长治久安,但是,政府在追求这一目标的过程中存在着两难的选择,在历史中经常会出现财政目标偏离社会目标的现象,即为了增加财政收入而不惜采取损害社会经济发展的措施,例如,将税率提高到最佳税率之上,或者为了增加财政收入而增加对经济的管制。这就是"诺斯悖论"(诺斯,1994)。政府之所以会面临两难的选择,关键在于社会目标是长期的,而财政目标是短期的。在存在政治周期的民主社会中,或者在其他类似的官员任期制的社会中,要求政治家只追求长期的制度建设而置短期政策操作于不顾是不现实的。因为,如果不能解决短期的财政问题,即期的负面效应便会立刻

---

① 亚当·斯密的财政论是19世纪所有财政学论著的基础,直到财政学的社会观点即把税收作为社会改革和公平的工具出现。事实上,斯密提出的治税观是一种旨在促进国民财富增长的治税观。在斯密的治税观中,对税收效率的考虑占据最重要的地位,他不仅主张税收决策者在政策意向上要保持中性,并且主张在税收政策的执行过程中只为国家提供充足的收入,而要尽量避免征税对纳税人造成的额外负担。

② 伯纳德·萨拉尼指出,公平只在纵向意义上得到了关注,即纳税能力高的人要比其他纳税人缴纳更多的税额,而横向公平要求任何地位相同的纳税人要获得平等对待。同时,模型涉及的低效问题也仅仅是考虑了经济体中的扭曲现象,并没有触及征管成本问题,而它通常是不能忽视的。据估计,美国在征收个人所得税方面,纳税人准备申报单的时间和货币成本的总和要占到其税收收入的10%以上。

显现,直接影响经济的稳定,进而影响政治的稳定,社会稳态结构便可能被打破。因此,政府首先要保证财政的安全。在社会资源既定的约束下,市场和政府是有活动边界的。如果政府在短期内获取的公共收入过多,或者说超过了社会最有效率要求的公共产品的范围,市场的效率便不可避免地受到削弱,从而从根本上动摇财政的基础。因此,如果能够找到一个可以解决上述悖论的方法,即短期财政收入不会因此而下降,那么政府会选择一种有利于长期制度建设的改革之路,因为它不必担心即期的财政困难会影响经济的稳定和导致社会矛盾激化。这其实是解除财政危机的一种制度创新思路,即在解决财政危机的同时,通过长期制度建设促进社会财富的增长[①]。在下面的中国绿色税制改革构想中,将具体探讨这种思路的可行性。

(二) 绿色税收的效率机制与"诺斯悖论"破解

绿色税收的微观基础是所谓的"庇古税",它是由经济学家庇古提出的,即需要对产生负外部性(如污染)的活动征收税收,以使外部成本内部化,进而达到福利最大化。负外部性的存在及其所代表的市场失灵,被认为是需要政府干预的一个必要条件。事实上,在许多情况下,税收在处理环境问题方面要优于管制类手段,其主要优点是:污染控制的成本有效性(静态效率)、对环境技术创新的激励(动态效率)及收入筹集功能。现实中,针对污染的环境税可以被征收在污染物本身(排放税),以及与污染外部性相关的投入或最终产品(产品税)上。不同类型的环境税收在静态效率、动态效率和收入筹集方面有不同的表现[②](Panayatou and Wu,1999)。

庇古等经济学家早已认识到税收能被用来纠正污染等外部性问题,为了实现这个目的,税率被设定在社会最优污染水平的边际外部(环境)成本上,最优污染水平则由污染减少所带来的社会边际收益与边际成本相等所决定。这就是所谓的庇古税。从理论上看,庇古式污染排放税能对污染削减提供合理激励,但是,它面临一些实际困难(Panayatou and Wu,1999):第一,它需要估算减少污染的社会边际收益和边际成本曲线,以确定最优污染水平;第二,税率过低不能有效减少污染,高的税率则需要复杂的税收结构和行政管理机制;第三,与产品税

---

① 供应学派曾提出了类似的政策,他们主张对资本所得和劳动所得减税,来调整人们在消费与储蓄、闲暇与劳动之间的替代,从而增加资本和劳动供给,促进经济增长,从长期看也不会减少税收收入。

② 当然,对于那些污染危害很大,需要禁止或迅速禁止的污染来说,采用规章制度或排污权交易是合适的。

相比,基于实际污染排放的税收涉及较高的行政与执行成本。因此,在一些情况下,人们会考虑向与污染有关的投入品或最终产品征税,虽然它降低污染的效率较低,但是它具有如下优点:节约对污染排放的监督成本,易于向生产者收取(在销售、出口或进口环节),以及容易利用现有税收结构等。这类产品型环境税收,特别适合控制与分散消费相关的面污染,此时,增高的污染产品的价格将使众多消费者明了其消费的环境后果,进而自发减少该产品的消费,减少污染的数量取决于税率的高低以及该产品的需求价格弹性。基于环境考虑的产品税的例子,包括能源方面的环境税收、对农用化学品(如化肥)征税等。为了保证产品的国际竞争力,环境税可相应加以调整:产品的出口可退税,因为该产品未被消费;进口则征税以附加相应的环境责任。近十年来,环境税收在 OECD 国家得到了广泛关注,成为一种广泛应用的环境—经济一体化政策工具(OECD,1996a,1996b)。

事实上,庇古税原理可以进一步扩展。现代自然资源与环境经济学的分析表明,从经济效率角度看,涉及环境污染和持续利用的自然资源(或其产品)的定价,理论上应该遵循边际机会成本定价(或全成本定价)(皮尔斯、沃福德,1996),即 $P = MOC = MPC + MUC + MEC$。其中,$MOC$ 是指资源或资源产品利用的(社会)边际机会成本,MPC 是指所生产的产品的边际生产成本,MUC 是指所使用的资源的边际使用者成本或耗竭成本,MEC 是指产品生产或消费过程中的边际环境成本。低于边际机会成本的资源价格会刺激过度开发利用资源、恶化环境,高于边际机会成本的资源价格则会抑制合理消费。

现在,经济学家普遍认为,绿色税收是政府实现社会成本定价的一个主要经济工具。这是因为,根据边际机会成本最优定价理论及在不同自然资源中的具体应用模式,政府可以:第一,针对资源或资源产品生产或消费的环境成本,确定需征收的污染税(污染排放税或产品税)的税率;第二,根据资源产品的使用者成本或耗竭成本,确定需要征收的资源税水平;第三,为了使该产品的生产和消费达到合理的水准,尽量减少对环境相关产品的政府补贴或其他扭曲。当然,在现实中,政府利用边际机会成本定价理论进行价格调整或干预(以税或费的形式)有一定的难度,并且该理论在不同的自然资源类型中有不同的应用方式,但是,利用该定价模式来判断资源产品的价格或其税费改革的基本方向和数量级仍然具备可行性。

从资源产品和污染产品征收的税收收入也为优化税制结构和破解"诺斯悖论"提供了一种可能途径。在环境管理文献中,考虑到对污染、特别是对温室气体排放采取税收措施的巨大政治阻力,一些学者建议采用收入中性的方法,因为它可以带来所谓的"双重红利"(Pearce,1991),即绿色税收不仅有利于解决环境问题,而且能用获得的收入来减轻或消除经济中其他税收带来的额外负担(如对劳动或资本所得课税的额外负担),进而导致税制本身效率的提高,从而获得国民收入增长效应。这就是所谓的环境税"双重红利"。虽然从理论分析上绿色税收的"双重红利"是否存在仍有争议(Bovenberg and Mooij,1994),但学者们普遍认为,如果国内税制在非环境方面存在低效率或无效率现象,即各种不同税收的边际额外负担差异较大,环境税的引入将税负从较高边际额外负担的要素转向较低边际额外负担的要素,那么它就会减少税制的(非环境)无效率,并且,如果这种效果足够大则可以获得"双重红利"(Bovenberg and Ploeg,1998)。这意味着"双重红利"假说在现实中要求一个显著的非环境方面的要素税收改革。事实上,一个次优的税收体系存在而且现存政治或社会情形妨碍直接改革时,这种情况是有可能发生的。这为利用收入中性的绿色税收改革破解"诺斯悖论"提供了一种理论途径。在现实税制中(特别是在较不发达经济中),存在以下情况时,绿色税收的"双重红利"甚至"三重红利"可能存在(斯特纳,2000):①与一些"干净品"相比,现存的税收(或定价)实际上是补贴了"负外部性产品",第二个红利(收入增长效应)可能就是正的。②如果生产负外部性产品的部门是资本密集型的,而且经济中还存在失业,那么向"负外部性产品"课税,有可能产生第三个红利,即就业增加效应,至少从短期内看是如此。③过高的所得税(个人所得税或企业所得税)使得经济成员的劳动积极性或投资积极性受到了很大的抑制,从而显著地阻碍了经济增长,则绿色税收改革很可能产生"双重"或"多重红利"。

以上讨论表明,基于收入中性的绿色税收改革及税制优化有可能产生多重福利效应:①针对污染排放(或污染品消费)和资源损耗的绿色税收可以获得环境改善的效益和资源合理利用的福利效应;②利用绿色税收获得的收入,可以减少要素税收,如负担较重的企业所得税,获得资本积累加速和投资增长效应,或者③利用绿色税收收入减少劳动所得税(个人所得税或社会保障税/费),从而增加就业和人力资本的积累。通过途径①可以获得一定的财政收入;途径②或③都有助于经济增长。同时,环境的改善可以直接作为人们的消费品促进社会福利增长,人力资本的增长本身也会直接促进社会福利的增长。这表明绿色税制既有抑制环境污染和利用自然资源的效率机制,也有破解税制"诺斯悖论"的潜力①(Vennemo,1995)。

事实上,即使理论上的"双重红利"并不成立,只是表明不存在免费的环境改善的机会,也并不表明环境税改革在总体上不合意。考虑到现实中税制的低效率、污染损害的严重性以及环境改善带来的效益,环境税改革的总福利效果对政策制定者仍可能很有吸引力。在此情况下,需要进一步考虑的是,环境税可能并不必然地与简化税制的财政改革相一致:①环境税要求根据产品对环境的相对损害来实施差别税收,这将增加税率档次和复杂性;②为了更好地替代现有的税收,可能会导致环境税收类型的增加。此外,还需要考虑环境税收可能带来的分配效应,其分配效果通常依赖于当地的环境、地理、时间尺度及环境税收入是如何被利用的(OECD,1996b)。一般地讲,环境税收的累退性,可以通过以下一些方式解决:①差别化税收(对必需品征更低的税);②做出补偿,以及渐进实施;③保持收入中性,减少其他使低收入者有更大负担的税收;④增加税收体系中其他税收的累进性。考虑上述情况,合理的绿色税制改革中应该遵循如下的指导原则:①避免为了精确反映环境损害而设计复杂的环境税(使用对污染的较宽泛的衡量即可);②将新的税率和税收种类限制在一个最低程度,以平衡税收的行政效率与经济效率;③将环境税收的收入用来减少现有税收的扭曲,例如降低在劳动、资本等要素上的税率,以增大"双重红利"的可能性;④避免激化或增强现有税制的累退性。

三、 中国税制绿色度的实证分析

(一)资源税占比趋势分析

按照我国税制的基本状况,资源税比例(资源税/税收总额)的高低可以反映我国税收中从矿产等自然资源中获得的收入的大小。事实上,我国的资源税在很大程度上反映了政府对级差租金的征管,即级差资源税——运用资源税对

---

① 事实上,北欧国家在20世纪90年代进行了大规模的税制改革,税收负担从所得税转向消费税(包括环境税),其主要目的就是减轻经济中的结构问题,同时,对环境问题的关注在这些税制改革中扮演着重要角色。这些改革取得了积极的效果。例如,挪威的税制改革利用环境税收入大幅度降低了劳动所得税率,既改善了环境,也提高了整体福利效果。有关分析表明,生产中的要素替代弹性越大,改革带来的总福利收益越大;而劳动供给弹性越大,收入中性的环境税改革带来的总福利收益越大。这也清楚地表明了经济机制的灵活性(表现为生产要素的替代弹性较大)和劳动力市场状况(如劳动供给弹性的大小)对环境税改革总福利效应的影响。

资源在开采条件、资源本身优劣和地理位置方面存在的客观差异导致的级差收入进行调节①。我国1994年的税制改革扩大了资源税的征收范围,包括原油、天然气、煤炭、矿产、盐等自然资源。1994—2004年的资源税在总税收收入中的占比情况见图12.1,其大小在0.9%—0.4%之间。可以看出,这个比例在这一时期呈现持续下降的趋势,2004年时达到最低,约在0.4%。这表明,这一时期我国资源税的重要性持续下降,税制对自然资源合理使用的调节作用趋于减弱。

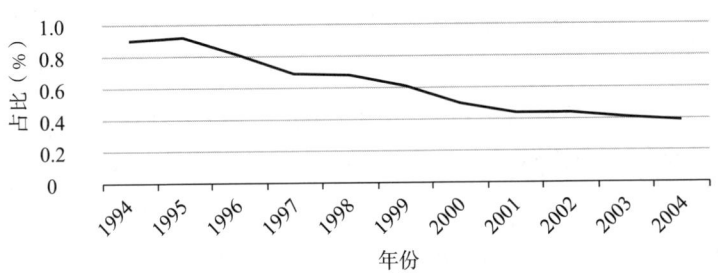

图12.1 我国资源税在总税收收入中的占比变化趋势

从资源经济学角度看,我国的资源税征收存在资源税水平低(未反映资源使用成本)以及长期不变造成国家利益和后代人利益受损的问题。这种现象在石油、矿产资源上尤其突出②。以石油为例,1994年税制改革后原油资源税为8—30元/吨,不同的油田依条件不同交纳不同数额。按照经济学的基本原理,在开放环境下,其资源税或使用费应该与该资源产品的稀缺程度正相关(国际市场价格或替代品价格可以作为稀缺性的一种参照)。事实上,同期的国际原油价格持续走高,而我国的石油资源税并未有变化。近年来,我国主要的石油公司如中国石油天然气集团公司的总利润持续增加,达到了上千亿元③。在这部分利润中,除了部分的垄断利益外,资源税本应该占相当一部分,但现在它们转化为石油公司的利润,被其投资者所获得——由于其海外上市,外国投资者获得了分红,而我国政府并未获得相应的收益,甚至还要进行财政补贴。这就带来明显的代内不公平(利益分享者不合理)和代际不公平(稀缺自然资源过快损耗)。事实上,国外对石油征收的资源租金(以税收/收益金形式)是随原油

---

① 有一些学者认为应该租税分离,租的部分作为所有者收益,税的部分作为国家收入,参见杨斌(1999)。从资源经济学分析出发,本文对此不做区分。

② 我国一些地方对资源(如煤炭)征收一定的出省费,可被认为是地方政府变相征收资源税或资源补偿费的一种形式,这种情况应被正式制度化,其标准应该由中央以严格审查。

③ 以中石油集团公司为例,其2004年总利润达到1 288.5亿元,而其销售额为6 238.5亿元,销售利润率达到了20.7%,相对于其他行业有很高的盈利性。

价格而变动的,用以调节资源的使用成本,从而调整其流量和存量①(宋冬林、赵新宇,2006)。

(二)中国税制绿色度总体分析

一些研究者曾对中国税制的绿色程度进行了总体分析。王金南等人认为(Wang et al.,1999),在中国可以用六种税收——消费税、资源税、车船使用税、土地使用税、城市维护建设税、固定资产投资方向调节税——的总和占税收总额的比例,来表征我国税制的绿色程度。他们指出1994—1996年间该比例约为8%,并认为中国税制应该变得更"绿"。贾康、王桂娟(2000)认为在上述六种税收之外还应包括耕地占用税,以更全面地衡量中国税制的绿色程度,其测算表明中国税制的绿色程度在1994—1997年是下降的。

本文认为,在衡量中国税收体系的绿色程度时,应该考虑如下与环境和资源直接相关的税收和收费:①消费税,其中包括石油加工产品消费税(汽油、柴油)、交通设备消费税(小轿车、越野车、小客车、摩托车、汽车轮胎);②车船使用税;③车辆购置税;④资源税;⑤城镇土地使用税和耕地占用税;⑥与污染有直接关系的排污费和城市水资源收费等。这是因为:①在我国消费税中,与环境联系较紧密(产品使用中带来污染)的主要是交通运输设备制造业和石油加工业,而酒类、烟草、首饰、化妆品等产品与环境相关性低,不宜将其消费税列入环境税收。这也与国际上的环境税收构成相一致(OECD,1996a)。②车辆购置税是以车辆购买为征收对象的,对环境有一定影响,虽然在2001年前是收费形式,但从环境影响和国际比较的角度应该纳入环境税收范畴(也与国际上的划分一致)。③城市维护建设税主要为城市维护和建设提供资金来源,虽然该收入与城市供热设施的开支有直接关系,进而对改善城市大气质量有促进作用,但因为其比例不大、对大气环境的影响很间接且不确定,因而本文也不将其归入环境相关的税收中。④固定资产投资方向调节税有鼓励能源节约和限制低效使用能源的意图,但它主要是根据国家产业政策和规模经济方面的要求而制定的差别税,而且,最近几年征收量明显缩小或已停征,因此,本文也将其排除在环境税收之外。⑤土地使用税和耕地占用税在中国主要是土地使用的一种税收,在本质上类似

---

① 以美国为例,当原油价格基准价不高于18美元/桶时,按照资源收入的10%征收矿区使用费;而当原油价格超过该基准价时,则以超额累进制就增加的部分按40%征收矿区使用费。对新投产的油气田比对中后期油气田征收更高比例的矿区使用费,这也鼓励了油气资源的挖潜和充分利用。见宋冬林、赵新宇(2006:28-32)。

于对土地资源租金收税,因此,它们应该被包括在环境税收中。⑥中国已经实施二十多年的排污收费制度,虽然它尚未纳入税制中,但考虑到其对环境使用的收费性质,在进行环境税(费)总量分析时,应该将其包括在内。上述六大类环境税收和收费最近几年的状况如表 12.2 所示。

此外,本文认为,在衡量税制绿色度,特别是在与发达国家进行税制绿色度比较时,不仅要考察环境税(费)占税收总收入的比例,还要考察这些税费占 GDP 的比重。因为,转型经济体与发达国家相比,其税收制度很不完善,存在严重的税费并立现象,如果仅考察前者并与发达国家比较,可能得出不甚正确的结论。因此,本文对这两个衡量指标都进行了测度。

表 12.2 中国近年来环境税收与排污费状况   单位:亿元

内容	年份			
	2001	2002	2003	2004
石油产品消费税[a]	195.45	191.87	203.74	259.00
交通设备消费税[b]	83.84	93.59	124.80	189.00
车船使用税	24.61	28.93	32.20	35.60
车辆购置税	254.80	363.50	474.30	533.90
资源税	67.11	75.08	83.10	99.10
城镇土地使用税	66.15	76.83	91.60	106.23
耕地占用税	38.33	57.33	89.90	120.09
排污费和城市水资源收费	77.40	84.74	93.40	109.50
A.环境税(费)总计	807.69	972.23	1193.04	1452.42
税收总额	15 301.38	17 636.45	20 017.31	24 165.68
B.税收总额+排污费和水资源费+车辆购置税[c]	15 854.27	18 245.18	20 736.05	25 084.20
C.GDP	97 314.80	105 172.30	117 390.20	136 515.00
绿色度指标一(A/B)	5.01%	5.23%	5.63%	5.67%
绿色度指标二(A/C)	0.83%	0.92%	1.02%	1.06%

注:a.石油产品消费税包括汽油、柴油的消费税;b.交通设备消费税包括小轿车、越野车、小客车、摩托车和汽车轮胎的消费税;c.由于车辆购置税单独征收,未纳入我国的税收总额统计,因此将其加总。

资料来源:相应年度《中国税务年鉴》《中国财政年鉴》。

从表 12.2 可以看出,2001—2004 年我国税制绿色度指标一为 5.01%—5.67%,指标二为 0.83%—1.06%。据统计,1995 年,包括 17 个 OECD 国家的环境税收占税收总额的比例(指标一)介于 3.8%—11.2% 之间,平均约为 7.0%;环境税收占 GDP 的比例(指标二)为 2.0%,其中与能源、汽车有关的环境税收占到了环境税收总额的 2/3 以上(Barde,1999)。将中国税制的绿色度(特别是指标二)与 OECD 国家进行比较,可以看出我国税制的绿色度明显较低。相比而言,在 2004 年,我国的环境税(费)占 GDP 的比例仅为 1.06%(见表 12.2),这与 1995 年 17 个 OECD 国家平均为 2.0%的比例相比,确实有相当大的差距。

四、 基于绿色税制的新一轮税制优化改革构想

(一) 我国新一轮税制改革的背景

目前,中国税制的宏观税收负担存在过重问题。一些学者认为,以大口径数据衡量的宏观税负(指包括了政府预算外收费的财政收入占 GDP 的比例)达到了 25%以上,甚至有学者认为已经达到了 30%(安体富,2002)。目前的宏观税负水平虽然低于发达国家平均 30%的水平,但与发展中国家 16%—20%的水平相比,却高出不少。这种情况,表明目前的企业和居民的税费负担偏重,不利于经济的可持续发展。

不仅如此,我国的税制和政府收入还存在比较严重的结构问题。主要表现为:①内外资企业所得税负担不均。我国内资企业适用的所得税税率为 33%,外资企业适用的综合负担率也是 33%,但由于事实上,外国企业和外资企业(包括港澳台企业)享受了过多的税收优惠,其实际负担率只有 15%左右。相反,内资企业由于国家对其税前扣除项目有较严格的限制,如对计税工资的限制和对公益、捐助的优惠限制,税收负担明显高于外资企业,严重制约了内资企业的发展,客观上也造成了内资企业特别是私营企业的逃避税行为和资本外流与"假外资"等现象。②个人所得税的不完善和税率过高。目前,个人所得税的单一分类税制对经济变化缺乏弹性,并且只是以个人为单位进行费用和生计扣除并按税率表进行,不考虑家庭税收负担能力的不同,容易造成不公平,考虑到边际税率过高容易造成偷漏税、转型期收入的货币化和账面化程度不高等特征,因此,需要采取低税率、综合类、易实行的个人所得税设计(杨斌,2002)。③税收体系不完整。1994 年的税制改革仅进行了流转税、所得税的改革,而社会保障税等未出台,因此尚缺乏一个有力的社会保障系统,而且,正是缺乏这样一个保障系统,使国有企业改革、政府机构改革和医疗改革等难度加大,制约了经济的转型。虽然,近年来我国已经开始通过社保基金等解决这些问题,但面临企业负担重、覆盖面窄、不规范等诸多问题,因此,迫切需要向社会保障税过渡(邓子基,

2005)。针对这些问题,我国一些财税学者认为在新一轮税制改革中应实行结构性减税的设计和战略选择,从而达到转型过程中经济、社会的可持续发展的战略目标(安体富、王海勇,2004)。

(二) 中国税制绿色度的合理目标与税制优化组合改革构想

笔者对此问题的观点已在第十一章(第四部分第4小节)进行了论述,不再在此赘述。

五、 结论与展望

前面的理论分析表明,中国经济的转型发展面临资源环境的巨大约束,以及转换经济增长方式、实现可持续发展的重大挑战。目前,我国经济增长的资源环境代价是巨大的,并且存在制度性原因。建立在绿色税收基础上的绿色税制改革具有实现控制污染、改善资源利用的效率机制和破解税收制度设计的"诺斯悖论"的潜力。实证分析表明,与国际水平相比,中国目前的税制绿色度还比较低,绿色税费占GDP的比例在1.0%左右;从改革目标看,我国绿色税制的一个合理目标是绿色税(费)占税收总额的9%—10%,或者占GDP的2.0%。我国税制绿化的主要措施在于提高和完善资源税、与环境相关的消费税以及进行排污收费改革等。在我国新一轮税制改革中,基于绿色税收的税制优化改革组合可以综合考虑企业所得税、个人所得税、社会保障税(费)等改革,从而部分弥补税制改革带来的税收收入的减少,减少税制的效率扭曲,使税制改革走向可持续发展的制度创新之路。

需要强调,目前在我国推进绿色税收改革和税制优化存在一个多赢机会,虽然仍存在不少障碍和困难,但推进中国税制绿化的改革趋势是明确的。在21世纪的最初10年,能否有效地进行绿色税收改革,既是我国实现可持续发展战略的关键所在,也是对当代中国人智慧和伦理的一个重大挑战。

参考文献

Barde J-P. 1999. Environmental Taxes in OECD Countries: An Overview[R/OL]// OECD. Environmental Taxes: Recent Developments in China and OECD Countries. (1999-09-02)[2020-07-17]. https://read.oecd-ilibrary.org/environment/environmental-taxes_9789264173439-en#page7.

Bovenberg A L, De Mooij R A. 1994. Environmental Levies and the Distortionary Taxation[J]. The American Economic Review, 84: 1085-1089.

Bovenberg A L, Ploeg F V D. 1998. Consequences of environmental tax reform for unemployment and welfare[J]. Environmental and Resource Economics, 12(2): 137-150.

Hansen, et al. 2004. 中国绿色税收对贫困的影响[M]//厉以宁. 中国的环境与可持续发展: CCICED 环境经济工作组研究成果概要. 北京:经济科学出版社:132-175.

OECD. 1996a. 环境税的实施战略[M]. 北京:中国环境科学出版社.

OECD. 1996b. 环境与税收:互补性政策[M]. 北京:中国环境科学出版社.

Panayatou T, et al. 2004. 中国空气污染和水污染的环境损害成本[M]//厉以宁. 中国的环境与可持续发展:CCICED 环境经济工作组研究成果概要. 北京:经济科学出版社:101-131.

Panayatou T, Wu Y. 1999. Green Taxation: International Experience and Relevance to China[M]. Maryland: Aileen International Press.

Pearce D W. 1991. The role of carbon taxes in adjusting to global warming[J]. Economic Journal, 7: 101, 938-48.

Vennemo H. 1995. Welfare and the Environment: Implications of A Recent Tax Reform in Norway[M]// Lans Bovenberg, et al. Public Economics and the Environment in an Imperfect World. Santa Cruz: Kluwer Academic Publishers.

Wang J, et al. 1999. Taxation and the Environment in China: Practice and Perspectives[R/OL]// OECD. Environmental Taxes: Recent Developments in China and OECD Countries. (1999-09-02) [2020-07-17]. https://read.oecd-ilibrary.org/environment/environmental-taxes_9789264173439-en#page7.

World Bank. World Development Indicators [DB/OL]. [2020-07-17]. https://databank.worldbank.org/reports.aspx? source=world-development-indicators.

安体富. 2002. 当前世界减税趋势与中国税收政策取向[J]. 经济研究,2:17-22.

安体富,王海勇. 2004. 新一轮税制改革:性质、理论与政策(上)[J]. 税务研究,5:3-8.

伯纳德·萨拉尼. 2005. 税收经济学[M]. 北京:中国人民大学出版社.

常修泽. 2005. 改革战略升级的三个方向[J]. 中国改革,8:21-22.

达斯古普塔等. 2000. 环境资源与经济发展[M]//马茨·伦达尔,本诺·J. 恩杜鲁. 发展经济学新方向:当代的增长、环境与政府. 北京:经济科学出版社:204-234.

戴维·皮尔斯,杰瑞米·沃福德. 1996. 世界无末日:经济学、环境与可持续发展[M]. 北京:中国财政经济出版社.

道格拉斯·C. 诺斯. 1994. 经济史中的结构与变迁[M]. 上海:上海三联书店和上海人民出版社.

邓子基. 2005. 对新一轮税制改革的几点看法[J]. 税务研究,3:20-24.

贾康,王桂娟. 2000. 改进完善我国环境税制的探讨[J]. 税务研究,9:43-48.

厉以宁. 1996. 转型发展理论[M]. 北京:同心出版社.

迈克尔·波特.2002.国家竞争优势[M].北京:华夏出版社.

世界银行.1998.碧水蓝天:展望21世纪的中国环境[M].北京:中国财政经济出版社.

宋冬林,赵新宇.2006.不可再生资源生产外部性的内部化问题研究——兼论资源税改革的经济学分析[J].财经问题研究,1:28-32.

托马斯·斯特纳.2000.环境税改革:理论、工业化国家的经验及不发达国家前景[M]//马茨·伦达尔,本诺·J.恩杜鲁.发展经济学新方向:当代的增长、环境与政府.北京:经济科学出版社:259-288.

王金南等.1998.中国排污收费标准体系的改革设计[J].环境科学研究,5:1-7.

王梦奎.2005.关于"十一五"规划和2020年远景目标的若干问题[J].管理世界,2:1-7,35.

武亚军.2005.绿化中国税制若干理论与实证问题探讨[J].经济科学,1:77-90.

武亚军,宣晓伟.2002.环境税经济理论及对中国的应用分析[M].北京:经济科学出版社.

萧明同.2002.社会保障税制与政府责任——兼论我国社会保险费改税问题[J].中国税务年鉴,2002:1030-1034.

亚当·斯密.1996.国民财富的性质和原因的研究[M].北京:商务印书馆.

杨斌.1999.治税的效率和公平——宏观税收管理理论与方法的研究[M].北京:经济科学出版社.

杨斌.2002.西方模式个人所得税的不可行性和中国式个人所得税的制度设计[J].管理世界,7:11-23.

应瑞瑶,周力.2006.外商直接投资、工业污染与环境规制——基于中国数据的计量经济学分析[J].财贸经济,1:78-83.

张雷,刘慧.2002.中国国家资源环境安全问题初探[J].中国人口·资源与环境,1:43-48.

张赞.2006.中国工业化发展水平与环境质量的关系[J].财经科学,2:47-54.

中国环境与发展国际合作委员会.1997.中国自然资源定价研究[M].北京:中国环境科学出版社.

第十三章 "两山"理论、生态建设战略与区域可持续发展探源*

> 绿水青山就是金山银山。
>
> ——习近平

> "靠山吃山"这句话的本意并不错,但也可能被某些人所误解……正确的说法应当是"养山吃山"……只有"养山"才能把"山"视为财源,只有"养水"才能把"水"视为聚宝盆……这不单纯是技术性问题,首要的是经济运行机制问题。贫困地区要真正脱贫致富,唯有走经济与环境相互协调发展的道路,变"低收入—破坏生态—低收入"循环为"提高收入—保护生态—提高收入"循环。
>
> ——厉以宁

"绿水青山就是金山银山"的发展理念被写入党的十九大报告,凸显了生态文明建设在中国新时代的重要意义和战略地位,标志着以习近平同志为核心的党中央重新探讨并诠释了人类社会与自然生态之间密不可分的辩证联系,为中国乃至世界经济社会的长期可持续发展寻求崭新道路。

追根溯源看,"两山"理论的成熟深化和习近平生态文明思想,很大程度就来自习近平主持浙江工作时期的理论与实践的放大和提升。浙江省也始终遵循这一系列的思想指导,率先垂范,先后实施了绿色浙江建设战略、生态浙江建设战略、"两美"浙江建设战略等重大战略(沈满洪,2017),在过去十几年间为全国提供了功不可没的浙江经验,打造了浙江样本。从"美丽浙江"到"美丽中国"再到"美丽世界",这一系列生态文明思想随着时间演进和空间扩大,以及获得认可的范围扩张,不断被赋予区域、全国乃至全球意义(沈满洪,2018)。然而,在

---

* 本章原为北京大学习近平新时代中国特色社会主义思想研究院2019年支持项目的一个阶段性成果。本文删减版曾以《"两山"理论与生态建设战略初探——基于习近平〈之江新语〉的扎根研究》为题刊发于《浙江工业大学学报(社会科学版)》2019年第4期。杜胜楠为文章共同作者。

"两山"理论的实践中,针对不同生态环境禀赋、不同经济发展水平的区域,如何对待和正确处理"两山"的关系及其转化路径,并没有"放之四海而皆准"的模式(杜艳春等,2018),以往大多数学术及政策研究中过于宽泛的思想评述缺乏应用的实践性,而过于详细的具体经验描述则缺少了理论方法的针对性和指导性。

本文基于"两山"理论及生态建设战略的相关学术、政策研究,通过对《之江新语》一书进行追根溯源式的扎根研究,还原并分析"两山"理论从成形到成熟的逻辑发展脉络,以及浙江省生态建设战略的现实背景和整体框架,揭示"两山"理论及生态文明思想的区域性可操作战略框架及其背后的思维模式与哲学理念,从而为我国可持续发展政策制定者与管理者提供一种战略及思想方法论武器。

一、"两山"理论成因及价值综述

随着"绿水青山就是金山银山"先后被写进《中共中央 国务院关于加快推进生态文明建设的意见》和《生态文明体制改革总体方案》等国家文件,成为我国生态文明建设的重要指导性思想,这句看起来通俗易懂的"两山"理念一时之间就成为家喻户晓的发展口号。但纵观"两山"理论的提出与发展,在看似简单的十个字背后,其实蕴含着在十几年的实践中不断累积及打磨的历史内涵与理论意义。

(一)"两山"理论的形成前因初探

1. 生态建设相关理念的传承与探索

在近现代以前几千年的历史中,小农经济始终是我国经济社会发展的主要支柱。在这样源远流长的农耕文明里孕育出了儒家"仁民爱物"[①]、"不违农时"[②]和道家"天人合一"[③]、"道法自然"[④]等早期生态思想,倡导对自然规律的尊重以及对生态环境的非破坏性利用,强调人与自然之间最原始、最本质的和谐共生关系。

---

① 出自《孟子·尽心章句上》,"亲亲而仁民,仁民而爱物"。
② 语出《孟子·梁惠王章句上》,"不违农时,谷不可胜食也;数罟不入洿池,鱼鳖不可胜食也;斧斤以时入山林,材木不可胜用也。"
③ 语出《庄子·齐物论》,"天地与我并生,万物与我为一",亦泛指道家中"天道"与"人道"对立统一的朴素辩证思想。
④ 语出《道德经》第二十五章,"人法地,地法天,天法道,道法自然"。

近现代以来,西方工业革命为资本主义国家带来巨大发展成果的同时也带来了资源枯竭、土地沙化、温室效应等生态问题。起步较晚的中国在工业化追赶的压力下更面临着所有生态问题的集中暴露,陷入了"边发展,边治理"的困境,直至21世纪初的很长一段时期,生态建设还只能以各项重点治理为主。但在此期间,国家领导集体的生态战略思想也结合实践不断探索,从具体的行动号召发展到完善相关制度建设,并逐渐上升为"可持续发展观""科学发展观"等理念性的革新①,为习近平同志在浙江工作期间提出新的生态认识提供了丰富的经验基础。

2. 生态文明建设工作经验的实践与思考

习近平对生态问题的关注也不是"头痛医头"的心血来潮,而是源自他几十年生活和工作经验的切身感受与体悟。

陕北的七年知青岁月使习近平在朴素的农村生活中对人与自然密不可分的关系有了深刻的认识。在正式走上工作岗位后,他也是从条件艰苦的基层做起,始终对人与生态的矛盾关系有着一手的直接认知。在河北正定工作时,结合当地的农业生产模式和生态问题,习近平提出"农业经济早已超出自为一体的范围,只有在生态系统协调的基础上,才有可能获得稳定而迅速的发展"的重要论断(中央农村工作领导小组办公室、河北省委省政府农村工作办公室,2018)。他强调:宁肯不要钱,也不要污染,严格防止污染搬家、污染下乡。在福建宁德工作时,习近平结合当地地理位置和生产特色,创新性地提出"靠山吃山唱山歌,靠海吃海念海经"的"山海经",其中既包含了因地制宜的区域协调道理,又充分体现了人对自然的敬畏、开发与不妄为(人民网,2016)。

3. 生态建设典型个案的试点与发展

浙江安吉县余村地理位置优越,自然资源丰富,这种生态优势也成为带动当地村民率先富起来的首要拉动力(孙侃,2017)。20世纪70年代后期,余村靠山

---

① 如1956年《中共中央致五省(自治区)青年造林大会的贺电》传达毛泽东发出的"绿化祖国"号召,开展全国性植树造林活动;1979年9月颁布了新中国第一部关于保护环境和自然资源、防治污染和其他公害的综合性法律《中华人民共和国环境保护法(试行)》,环保事业开始逐渐法制化;1994年3月,《中国21世纪议程——中国21世纪人口、环境与发展白皮书》从中国的人口、环境与发展的总体情况出发,提出了促进中国经济、社会、资源和环境相互协调的可持续发展的战略目标;2003年7月28日中共中央总书记胡锦涛在讲话中提出坚持以人为本,树立全面、协调、可持续的发展观,促进经济社会和人的全面发展,按照统筹城乡发展、统筹区域发展、统筹经济社会发展、统筹人与自然和谐发展、统筹国内发展和对外开放的要求推进各项事业的改革和发展的方法论——科学发展观。

吃山,通过开山采石办石灰窑和砖厂获取收入。随着改革开放和工业化、城市化的开展,水泥替代传统石灰和砖头成为城市建设的主要材料,余村则继续炸山开矿,并通过开办水泥厂来赚取更高的利润。得益于优质的矿山石材,余村成为当地及周边市场高质量水泥的主要原材料供应地。

但这种开山毁林的粗放经济本身并不是余村长久的发展之计,其不仅生态破坏严重,安全问题也得不到保障。同时,随着国家对生态环保问题的重视,余村作为太湖水域源头的重要村落,石灰、水泥等产业被陆续叫停,村民在最初的不情愿中开始尝试探索绿色发展道路(孙侃,2017)。

2005年8月,时任浙江省委书记的习近平到余村进行调研,对余村"竹海桃园——休闲余村"的品牌建设和农家乐经济表示认同和赞赏。他提出"你们下决心关停矿山就是'高明之举',我们过去讲既要绿水青山,又要金山银山;实际上绿水青山就是金山银山"①,并进一步对当地生态资源与经济优势的转换进行了阐释。习近平的"两山"论述为当地村民打下一剂强心针,并成为余村日后坚持生态经济道路的重要原则和动力。

(二)"两山"理论的理论价值

"两山"理论及一系列同时兼具理论价值和实践意义的生态战略思想早已引起学界和政界的广泛关注,对习近平生态文明思想的源头、内涵价值与时代意义进行了大量探讨。

赵志强认为,它具有坚实的马克思主义生态思想理论根基、丰富的新中国生态保护理论来源、深厚的中华优秀传统文化渊源,以及充分的国内外生态实践基础(赵志强,2018)。沈满洪总结提出"两山"理论的"源泉论",认为它是马克思主义、中国传统文化、可持续发展思想的继承和发展(沈满洪,2015)。具有扎实理论和实践根基的习近平生态文明思想体系涵盖了美丽中国论、美好生活论、绿色发展论、生态生命论、绿色制度论、全球治理论等诸多特色内容(沈满洪,2018),体现了继承性与创新性、系统性与辩证性、民族性与世界性的统一(刘志丹,2017),是对科学发展的进一步丰富和发展,是走向中国特色社会主义生态文明新时代的基本遵循(方文、杨勇兵,2018)。"两山"理论作为其核心思想包含着系统整体的社会发展理念、尊重自然的生态伦理理念、权利平等的生态正义理念、自我约制的人类幸福理念等多方面的价值意蕴,并贯穿于理念传播、规范建构、服务强化、行为转变以及文化涵育等五个行动领域(李一,2016)。

---

① 根据2005年8月15日习近平来安吉县余村调研时的讲话录像资料整理。

在这种理念价值已经得到足够广泛的认可和重视之际,本文旨在回归到一切思想升华最初的起点,对"两山"理论、生态建设战略和区域可持续发展战略进行一次返璞归真式的理论探究,填补相关研究在省域战略和省域实践这一区域节点的缺失,尤其是区域性可落地战略框架层次讨论的空白。"授人以鱼,不如授人以渔",本文还尝试对相关战略框架形成背后的思维模式等进行讨论,旨在由战略看思想,由思想溯思维,由思维谱写新篇章。

二、《之江新语》显现的生态建设战略逻辑与框架

本文进行扎根研究(Glaser and Strauss,1967)[①]的主要素材为浙江人民出版社出版的《之江新语》一书。《之江新语》包括232篇短小精悍的论述。这些短论全部由习近平在2003年至2007年担任浙江省委书记时撰写,并发布于《浙江日报》的"之江新语"专栏,对那个时期习近平的思维特点及其经济社会发展相关战略思想具有高度代表性。这些简短的语言文字背后往往蕴含着值得人深思的道理,其内容既紧贴实际,如从社会发展和社会建设的各个方面进行论述,或跟进"八八战略"在浙江省的落地应用,或结合如环保、"三农"等某一方面的现状对战略和政策进行细化解读和指导阐述,又把握未来,如对干部培养方式、方法等内容进行反思,对战略发展方向、发展目标和潜在问题等进行展望、预判。

生态建设是习近平主政浙江时期重点关注的战略领域之一,他也因此曾专门在《之江新语》中对"两山"理论的逻辑内涵和生态省建设相关措施等问题发表过多篇文章进行阐释论述。这些文章都成为如今研究"两山"理论形成发展和浙江省生态建设先进实践战略思想的重要文献,能够还原当时习近平"两山"理论和生态战略的构建思路。大道至简,但学习道理的过程却必须要细致分析,基于此,本文遵循 Gioia,Corley and Hamilton(2013)[②]总结出的系统性方法论,通过编码进行扎根研究的方式,进一步挖掘这些文字背后的奥秘。

---

① Glaser and Strauss(1967)首次提出扎根研究,即扎根于资料,从资料中凝练概念,并找出概念与概念之间的逻辑关系,形成相应的理论。这种方法内容丰富,且更具有实践性和代表性,对未能详知的理论有很大的发现和理解潜力。

② 第一步要有明确的研究现象和研究问题。第二步收集数据,本文研究集中在《之江新语》一书232篇论述中与生态建设领域直接相关的16篇。第三步给数据编码。分为五个小点:其一是初始数据编码,要维护一级(以素材为中心)术语的完整性,即为素材贴标签;其二是为一级术语发展出综合概要,即将一级术语以所贴标签为依据进行概念化;其三是将概念化后的一级术语组织成二级(以理论为中心)主题;其四是在素材适用的情况下将二级主题提炼为总体理论的维度;其五是将术语、主题和维度组合成完整的数据结构。第四步是扎根理论阐述,要在数据结构中二级主题之间形成动态关系,将静态数据结构转化为动态扎根理论模型,并在此基础之上与文献进行额外的对话以完善对新型概念和关系的表达。

(一)"两山"理论的三大战略要求

"两山"理论由习近平在2005年夏天对浙江省安吉县余村进行调研时首次提出,并在调研归来时、次年春及次年秋陆续于"之江新语"专栏发布《绿水青山也是金山银山》《从"两座山"看生态环境》《破解经济发展和环境保护的"两难"悖论》(习近平,2005a,2006a,2006b)等文章对其进行阐释说明。其中,《绿水青山也是金山银山》一文中对"两山"理论的内在逻辑做出了最基本的解释。本文以对这篇代表性文章的编码为例,并结合其他文章内容与具体实践对"两山"理论的理论价值进行探讨(见表13.1)。

表13.1 《绿水青山也是金山银山》编码数据结构

原文	一级编码(概念化)*	二级编码(主题)	三级编码(维度)
(A1)我们追求人与自然的和谐,经济与社会的和谐,通俗地讲,就是既要绿水青山,又要金山银山。(A2)我省"七山一水两分田",许多地方"绿水逶迤去,青山相向开",拥有良好的生态优势。(A3)如果能够把这些生态环境优势转化为生态农业、生态工业、生态旅游等生态经济的优势,那么绿水青山也就变成了金山银山。(A4)绿水青山可带来金山银山,但金山银山却买不到绿水青山。(A5)绿水青山与金山银山既会产生矛盾,又可辩证统一。(A6)在鱼和熊掌不可兼得的情况下,我们必须懂得机会成本,善于选择,学会扬弃,做到有所为、有所不为,坚定不移地落实科学发展观,建设人与自然和谐相处的资源节约型、环境友好型社会。(A7)在选择之中,找准方向,创造条件,让绿水青山源源不断地带来金山银山。	(A11/A21)绿水青山	生态环境	生态环境的双重性
	(A12)金山银山	生态经济(生态农业、生态工业、生态旅游)	
	(A31/A41/A52)绿水青山能带来金山银山	辩证统一	矛盾的对立统一关系
	(A42/A51)金山银山买不到绿水青山	不可逆	
	(A61)鱼和熊掌不可兼得	权衡经济发展机会成本	战略选择
		在生态和经济间学会扬弃	
	(A62)有所为,有所不为	舍短期利益求长远发展	
	(A71)找准方向,创造条件	精准创新	

注:*表示A后面的2位数编号,前一位数字指示其在原文中的句子位置,后一位数字指示其在该句中的位置。

由文章编码及图 13.1 可知,"两山"理论中的第一座山,即"绿水青山"是指良好的生态环境;第二座山,即"金山银山"是指经济发展与物质积累。这两座山就如同矛盾的两面,对立统一于人类社会发展的历史之中。

一方面,矛盾的一方可以向另一方进行积极的转化,从"生态环境优势转化为生态农业、生态工业、生态旅游等生态经济优势"。这种转化过程必须依赖于科学发展和创新发展的双重指导,由科学发展始终保持对矛盾认识的警醒,对矛盾双方做出审慎判断,由创新发展引领寻找矛盾转化的有效路径,在现有工业主导的经济之上实现真正的生态经济,最终打造环境友好型与资源节约型社会。

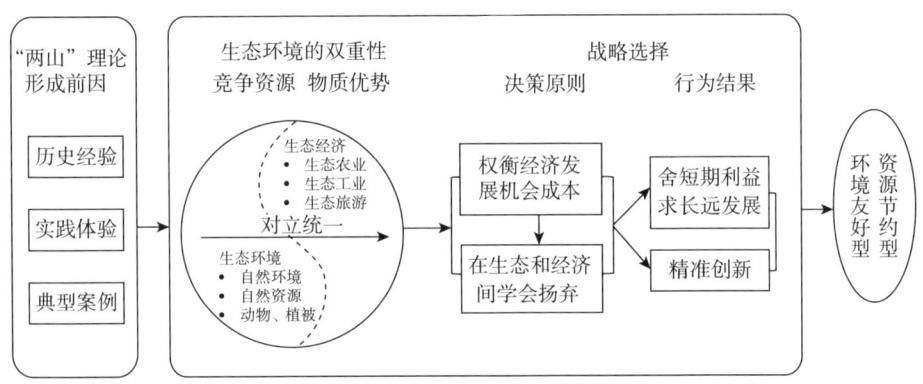

图 13.1 "两山"理论逻辑结构

另一方面,这种矛盾双方的转化具有独特的不可逆性,"金山银山买不到绿水青山",此处的不可逆性并非与辩证唯物主义中矛盾双方在一定条件下可以相互转化的论述相违背,而是强调在战略选择过程中基于机会成本的权衡与扬弃。生态环境的塑造与形成开始于远比人类时代开端还要久远的时期,自然世界的成长与变迁有其不可违背的内在规律,很多时候,为了经济发展而牺牲的生态环境可能要花费成千上万年的时间才能修复,且在此过程中投入的人力物力累积下来甚至会远超当初短期的利益所得。

习近平在《从"两座山"看生态环境》(习近平,2006a)一文中提出,人们对这种矛盾的认识发展先后经历了三个阶段。"第一个阶段是用绿水青山去换金山银山"。在这一历史时期,人类社会先后进入工业文明,资源的挖掘开采、土地的扩张利用,无不昭示着经济的发展与社会的繁荣。人们开启了大自然所赋予我们的宝藏,沉浸在这种由生态环境到经济发展的转化所带来的享受与喜悦之中,却还没有意识到,它们本就是矛盾的两面,如同天平的两端,这种一味地"转化",实际上是顾此失彼式发展。

"第二个阶段是既要金山银山,但是也要保住绿水青山"。发达国家在上百年的工业发展过程中不断出现资源枯竭、空气污染、水污染等生态问题,我国曾一度实现了经济的年均两位数增长,但也面临集中爆发的各种环境和资源问题,这些真实的危机也真实地凸显了矛盾双方的对立性。人们开始试图以"先污染后治理"或"边污染边治理"进行亡羊补牢式发展,但这种发展方式最终将使"绿水青山"与"金山银山"都落空。

"第三个阶段是认识到绿水青山可以源源不断地带来金山银山,绿水青山本身就是金山银山"。这就像矛盾双方存在着对立性,也必然有着内在的统一性。这种内在统一性告诉我们,由生态环境到经济发展的转化,绝不只是第一阶段中双方割裂的绝对取舍,而是将经济发展统一于良好的生态环境,以良好的生态环境作为经济发展载体,孕育在生态经济共同体中积极转化。既不顾此失彼,也不亡羊补牢,而是从一开始就坚持和谐共赢式发展。

过去一直以开山采矿为主要经济来源的浙江余村是习近平第一次系统性提出"两山"理论的实践来源,也是"两山"理论重要的实践应用。在过去十几年中,余村面对满目疮痍的生态环境痛定思痛,在关停矿场、水泥厂后,从竹制品的家庭作坊开始发展小型生态工业区,在投入治理河水污染后发展农家乐、乡村旅游经济,其发展经验快速被其他地区借鉴,有力地促进了浙江生态省建设的战略布局。

由此可见,"绿水青山就是金山银山"酝酿于社会发展的实践之中,以简短的十个字道出了生态环境(兼具自然性与经济性)与经济发展(兼具目的性与工具性)之间对立统一的辩证关系,并基于机会成本的视角提出了促进其实现积极转化,以实现经济社会可持续发展的战略选择路径。其逻辑线条基本符合 Whetten(1989)提出的理论构建三要素:一是是什么,即某一社会或个体现象能够被哪些要素所解释;二是怎么样,即这些要素之间是如何相联系的;三是为什么,即哪些潜在的心理层面、经济层面或社会层面的动态能够证明这些要素及建议的因果关系是正确的。因此,"两山"理论具有切实的理论意义,而非一句简单的口号。它不仅应用在生态文明建设之中,而且在整个经济社会发展中都具有重要的实践价值。比如,"两山"理论对统筹城乡和区域协调发展提供了理论指导,结合具体区域的具体矛盾,要考虑机会成本,利用科学、创新发展理念寻求出路,宜工则工、宜农则农,宜开发则开发、宜保护则保护。

厉以宁教授20世纪末在转型发展理论中就曾提到我国经济转型与发展并

行的艰难挑战(厉以宁,1996)。所谓转型,就是由计划经济体制转向市场经济体制;所谓发展,就是由不发达经济(主要是农业经济)向现代经济转变(主要是工业和信息经济)。2013年,厉以宁进一步总结归纳中国在推行双重转型过程中积累的经验,其中强调的一点就是"必须不断提高经济质量",即在优化结构的同时注重"环境保护、节能减排、资源合理利用和清洁生产",走可持续发展道路(厉以宁,2013)。而"两山"理论则要求战略决策者在认知层面要认识到"绿水青山"(生态环境等作为有限的、不可再生的具有竞争性用途的资源)本身的生态价值,及其与"金山银山"(物质财富等经济优势)作为矛盾两面的辩证统一性和单向不可逆性;在能力层面要能够将"绿水青山"积极转化为"金山银山",如精准创新发展生态经济,在生态和经济间学会扬弃;在精神层面也要善于权衡经济发展的机会成本,在知其不可为时敢于为了"绿水青山"和长远发展而放弃暂时的"金山银山"。由此,我们得到了有关"两山"理论的命题1。

命题1 "两山"理论命题 在转型发展经济中,战略决策者遵循对"绿水青山"的辩证认知、创新转化和在"两山"之间敢于取舍这三大要求,才能将绿水青山的生态优势源源不断地转化为金山银山的经济优势。

(二)主政浙江时期习近平关于生态建设的战略思想框架

在对生态领域内的16篇文章进行编码后,本文总结出生态领域下的五大微观主题,即生态发展现状、生态发展认识、生态发展理念、生态发展行动及生态发展目标,这也就构成了整个生态领域的核心故事线。

如图13.2浙江省生态建设核心故事线[①]所示,整个生态领域的发展遵循"从实践中来,到实践中去"。以全局和长远的眼光审视现状,"既有环境污染带来的'外伤',又有生态系统被破坏造成的'神经性症状',还有资源过度开发带来的'体力透支'"(习近平,2004c),设立生态发展的目标,"就是要追求人与自然的和谐相处,就是要实现经济发展和生态建设的双赢"(习近平,2004b)。同时,要将辩证对立统一的思维方法贯穿在整个生态建设过程的理念和实际行动之中。

---

① 本文借鉴Strauss and Corbin(1998)主轴编码的方法,即运用"因果条件—现象—脉络—中介条件—行动/互动策略—结果"这一典范模型,将微观编码中的各范畴(微观主题)联结在一起,根据具体编码结果会对模型有所调整。

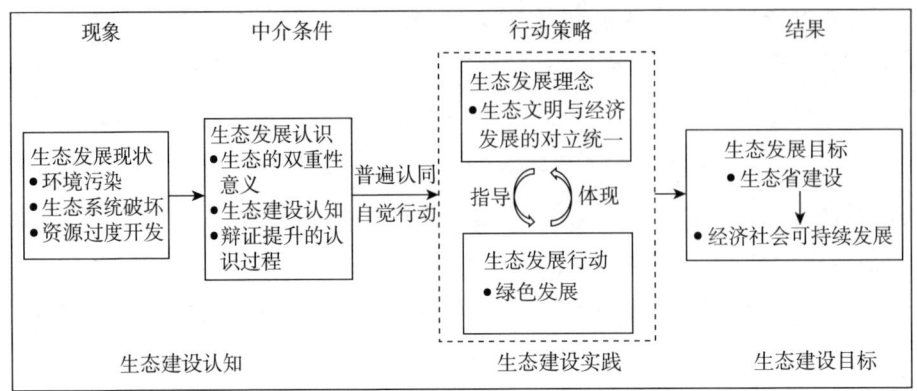

图 13.2　浙江省生态建设核心故事线

本文将生态领域的故事线进一步展开,得到如图 13.3 所示的战略框架简图。

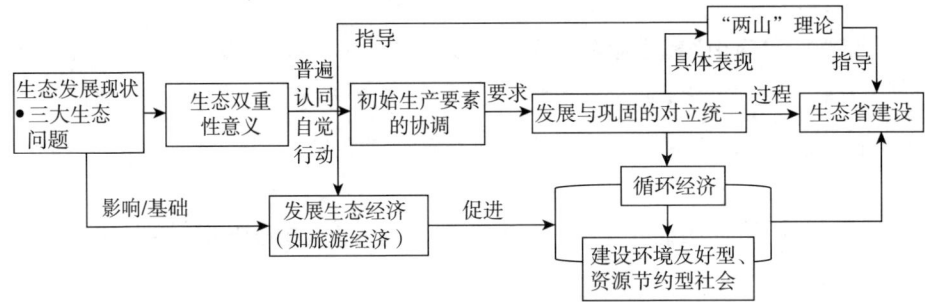

图 13.3　浙江省生态建设战略框架简图

作为生态建设过程中的核心发展理念,"两山"理论是指导各项活动的重要原则,其中生态环境与经济发展的辩证统一关系是构建整个生态战略的出发点和决策基础,"不能光追求速度,而应该追求速度、质量、效益的统一;不能盲目发展,污染环境,给后人留下沉重负担,而要按照统筹人与自然和谐发展的要求,做好人口、资源、环境工作"(习近平,2004a),简言之,要做到发展与巩固的对立统一,保持初始生产要素的矛盾协调。科学发展(舍短期利益求长远发展)和创新发展(精准创新)的两大路径则是在上述发展理念的基础上实现整个生态战略的落脚点和决策方向。在宏观层面,将战略聚焦到如发展循环经济、建设环境友好型和资源节约型社会等整体行动中去;在微观层面,积极寻找经济发展创新方向,基于生态环境现实,开发各种生态经济。

基于此,本文继续将战略框架简图展开,在图 13.4 中详细呈现《之江新语》中整个生态发展的基本战略内容。

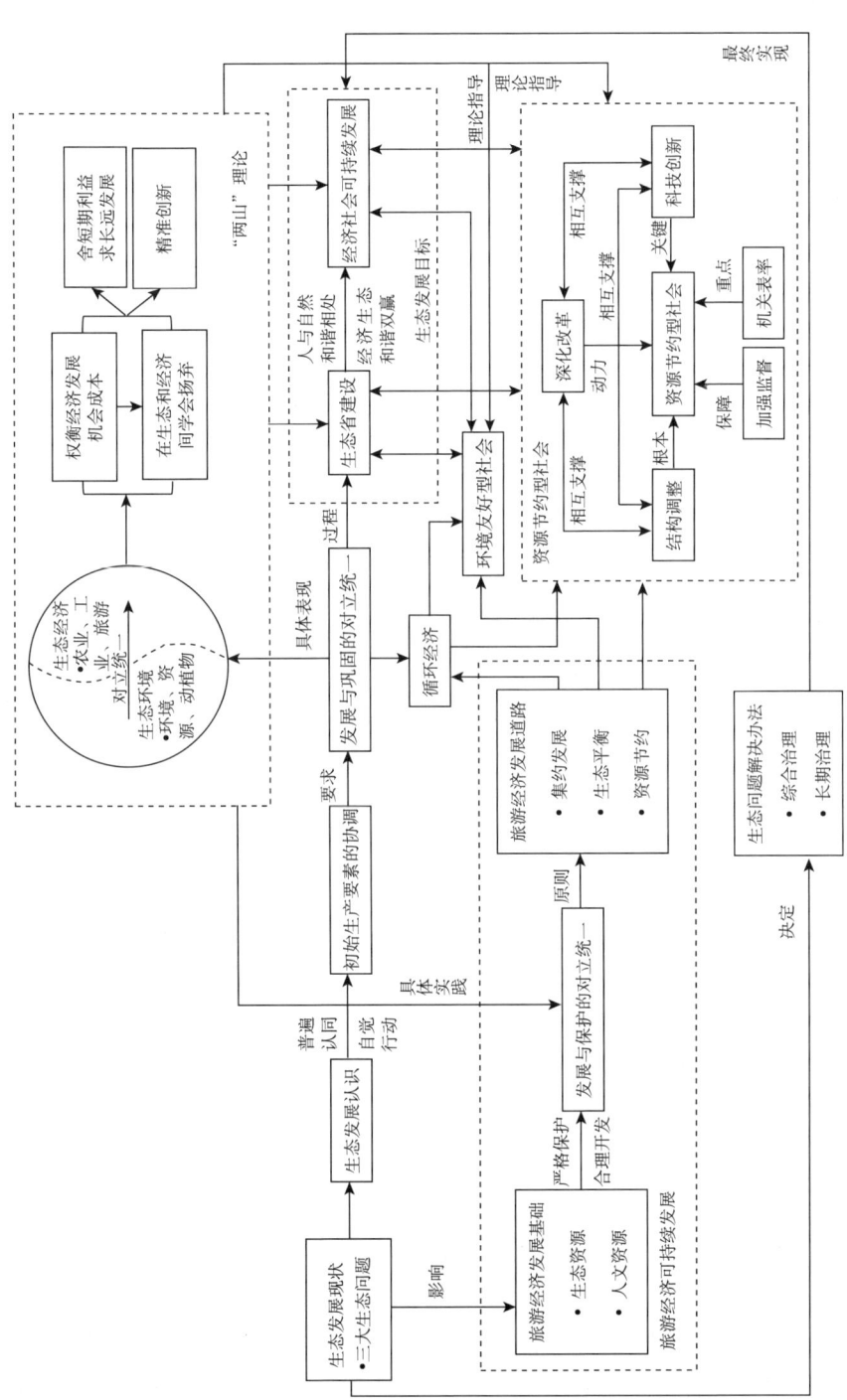

图 13.4 浙江省生态建设战略框架

随着对生态问题认识的逐渐成熟,习近平提出生态文明建设绝不只是一家一国的责任,"建设生态省、打造'绿色浙江',必须建立在广大群众普遍认同和自觉自为的基础之上"(习近平,2003a)。生态环境是所有人赖以生存的大环境,以往很多时候战略的实施却恰恰忽视了这点,将真正的责任主体排除在外,或者说是没有调动起、联合起责任主体的责任意识,这种情况下的战略实施,大多是少数人的辛苦弥补多数人的不自觉,效果往往是事倍功半、片面局限的。因而生态建设的总体战略必须以群众的环保意识为前提,"各地各有关部门要加大宣传教育力度,提升群众的环保意识,使其缩短从自发到自为的过程,主动担当起应尽的责任,齐心协力走可持续发展之路"(习近平,2003a)。

生态建设是一项具有长期性、艰巨性、需要全民参与、全民受益的战略任务,这也就意味着在此过程中必须要有某些强有力的保障措施才能使其得到有效的贯彻落实。以节约型社会建设为例,习近平提到结构调整、深化改革等经济领域的手段措施,这是从生态环境与经济发展的辩证关系着眼,从经济发展的基础建设入手,避免进行单纯的、孤立的、治标不治本的生态建设。同时,习近平还认为"加强监管是建设节约型社会的保障"(习近平,2006d),"机关表率是建设节约型社会的重点"(习近平,2006c)。同理,这种负向和正向的措施都有利于在宣传教育的基础上进一步强化人们对生态建设的认知反应。"总之,它是一种疑难杂症,这种病一天两天不能治愈,一副两副药也不能治愈,它需要多管齐下,综合治理,长期努力,精心调养"(习近平,2004c),既要认识到生态环境本身的问题多样性,也要认识到解决生态问题,不能只专注于生态,而要在经济、社会、法治等多方面并进。

命题 2　生态建设命题　主政浙江时期,习近平关于生态建设的战略思想从生态问题的客观现实出发,基于生态的双重性意义和辩证法认识论,提出"两山"理论,指导地方主体从旅游经济等生态经济入手,促进地方循环经济的整体结构优化和环境友好型、资源节约型社会的发展建设,最终达成生态省建设的战略目标,实现生态文明和经济发展的对立统一。

三、"两山"理论与生态建设战略背后的思维方法论与认识论

除了"具体问题具体分析"(毛泽东,1952)这一马列主义毛泽东思想精髓,习近平一直对培养领导干部的科学思维模式以便能够灵活、系统地处理各项战略决策十分看重。生态建设战略问题是习近平在工作实践几十年来一直十分关

第十三章 "两山"理论、生态建设战略与区域可持续发展探源

注的重点战略,"两山"理论又是其最具有典型代表性的治国理政创新理念之一,它们都是习近平科学思维模式的代表性应用(吴瀚飞,2017)。要深入了解"两山"理论和习近平生态文明思想并使研究更加具有实践上的学习借鉴意义,不仅需要对理论和战略本身进行梳理讨论,还需要对其背后的指导思维进行咀嚼,通过挖掘和了解那些能够发展出"具有威力"的战略思想的"武器"本身,才能形成从方法论到认识论的全面认知,提高战略思想"武器"的灵活应用和创新应用。本文通过对习近平"两山"理论与浙江生态建设战略的扎根研究,对习近平的科学思维模式进行更加具体的认识和阐释。

(一)《之江新语》中的思维模式及其在生态建设领域的应用[①]

1. 民本思维

我国自古以来就有"民惟邦本""为天地立心,为生民立命,为往圣继绝学,为万世开太平"等"以民为本"的政治思想。这种民本思维是渗透在党的领导、战略中的核心思维,甚至可以称其为整个(国家)组织存在和运行的出发点和落脚点,是(国家)组织能够长久运行、长远发展的根本。习近平在《之江新语》有关生态建设部分,不仅直接提到"发展,说到底是为了社会的全面进步和人民生活水平的不断提高",整个生态建设战略从目标到行动也都是围绕着当代人与后代人的全面发展。可以说,民本思维为整个生态文明思想体系提供了最核心的指导方向和根本原则。

2. 实践思维

在民本思维的基础上,实践思维也必须受到关注和重视。实践思维是马克思主义的核心和基础,毛泽东也在《实践论》中提到"实践、认识、再实践、再认识,这种形式,循环往复以至无穷,而实践和认识之每一循环的内容,都比较地进

[①] 本文从研究素材中的每篇文章中分别选择一段文字进行思维模式的初步提炼。段落选择的首要原则是每篇文章中能够反映出主要内容和核心思想的段落或语句。与此同时,为了使初步探索过程更加简洁清晰,有明确的对应关系,本文在此步骤中省略了书中部分内容有所重复,且并没有体现出其他新的思维模式的总结性文章或系列文章中的一篇,以及部分篇幅较短、主题零散且没有突出反映某种思维模式的篇章。本文最终从141段文字着手进行初级编码,对比以前研究中的相关概念,提炼整理出素材中体现的主要思维模式,即战略思维、辩证思维、民本思维、创新思维、实践思维和底线思维。本文结合六大思维模式的具体应用体现认为,习近平以民本思维、实践思维、底线思维等作为原则性思维,以战略思维、辩证思维、创新思维等作为能力性思维,在浙江工作时期协调应用于生态、经济等各具体战略领域中,促进了浙江省经济、社会全面协调可持续发展,成为国家战略的省域先锋实践。

到了高一级的程度"(毛泽东,1991),这才是真正的知行合一,才能不断丰富和提升认识并更好地指导实践。"两山"理论中三个阶段的认识都是来自生产生活实践的不断发展,而在命题 1 中总结提出的三大要求也是基于人们对生态关系的最新认知和现实经济社会发展需要所提炼归纳而来的。如果说民本思维本身承载着更多理想性内涵,则实践思维所具象化的现实基础和更新迭代的认知基础能够将民本思维的内核真正落实、外显。在实践思维指导下的战略思想和工作方法才能成为民本思维的保障。

3. 底线思维与创新思维

实践思维在民本思维基础上向前一步落到实处,底线思维则是以民本思维为限定,树立屏障、守住原则,因为底线思维所反映的往往是最低标准,或者是"不可为"的信念。"两山"理论中所强调的对机会成本的衡量和敢于为了"绿水青山"和长远发展而放弃暂时的"金山银山"的勇气和魄力都是底线思维的体现。底线思维就是要时时刻刻对自己、对组织进行批判反思,设定工作底线而不甘于底线,明确战略风险而不畏风险。

创新思维是指从收敛的问题出发,把握问题的本质,用发散的方法创造,寻求新的道路。可以说,创新思维是以批判意识作为源头,并成为批判意识的动力和目标(朱锐,2017)。陈湘纯、傅晓华(2003)提出,创新思维是具有求异性、主动性、灵活性、综合性、突破性、新颖性和效用性的思维方式,其中求异和主动是基础,灵活、综合与突破是方法,新颖与效用则是目的。要想创新就势必要承担一定的风险与不确定性,但若与底线思维相配合,便可达到守正出奇的效果。这种创新思维是扎根于过去,放眼于未来的主动式变革,是一种因时制宜、知难而进、开拓创新的科学思维。创新思维在生态文明战略思想中虽然较少被直接提及,但从"两山"理论到生态省建设等战略框架的出发点和逻辑脉络本身就是一个从新认识出发的理论创新过程,而这些理论真正实现落地也要通过实践创新的过程,比如对各种生态经济、绿色经济的机会发展与模式发展。

4. 辩证思维与战略思维

Liedtka(1998)总结之前关于战略思维和战略计划的研究,归纳出真正意义上的战略思维应具有系统视角(systems perspective)、意图集中(intent focus)、机智主义(intelligent opportunism)、时间思考(thinking in time)和假设驱动(hypothesis driven)这五种相互联系的特性。她认为,一个战略思想家应该既具有以组织为个体的全局视野,又理解以组织为系统的内部联系,同时又能够为组织设立明确而长远的目标并号召所有组织成员为之奋斗,在促进预定战略的同时还要根据动态的环境适时调整,不排斥新战略的发生,重视过去、现在与未来的联结性,在繁杂的信息和有限的时间内通过"假如—那么"的方式提高思维效力。

更进一步地,本文发现在"两山"理论和主政浙江时期有关生态文明建设的战略思想背后蕴含着战略思维与辩证思维双效强化的运用过程。

一方面,战略思维的意图集中性为辩证思维的应用提供了明确的问题指向和分析对象,而战略思维全局性的本质特征则赋予了辩证思维看待问题时全新的高度和深度,使得战略决策者对全景视角下的各种矛盾了然于胸,更有助于发挥辩证思维发现主要矛盾和矛盾主要方面的作用。习近平主政浙江时就明确提出了"生态省建设"和建设"绿色浙江"的总体生态目标,在此基础之上,确立了发展与巩固的对立统一认识,以及初始生产要素相协调的具体行为措施。在需要综合治理与长期治理的挑战性过程中,进一步划分为建设环境友好型和资源节约型社会、发展旅游经济等多角度、多方面的措施。以建设资源节约型社会的分目标为例,习近平从战略视角进行把握,用辩证思维具体筹谋,提出了科技创新、结构改革等多项举措并举的系统方法。

另一方面,辩证思维增强了战略思维的立体性,为战略思维的发挥在空间和时间上提供了更多的可能性。有辩证思维相辅佐的战略思维,能够更加游刃有余地把握整体与局部、当前与长远、手段与目标的对立统一。

战略思维是一种长远性、前瞻性的思维能力,其中关于时间关系的思考,对长远未来的思考,本身就得益于辩证思维的基础,而所有机智主义下做出的变动决策,也一定是基于辩证思维对矛盾变化的分析与预判。战略思维旨在瞻前、顾后、做当下,而辩证思维则在战略思维的实际运用中成为每一步决策的关键所在。比如,习近平在"两山"理论中对有关生态环境与经济发展权衡取舍的解读,从"机会成本"到"学会扬弃",强调的就是在战略思维的长远眼光下(建设生态省并最终实现经济社会的可持续发展),如何用辩证思维进一步解决具体的矛盾(当生态环境和经济发展不可同时获得时)。辩证思维帮助战略决策者在看清当下与设想未来的同时,对过程中面临的困难和矛盾有足够的估计和清醒的认识,这是对当前与长远对立性的取舍,也是对手段目的统一性的思量。

表13.2是对六大思维模式在各个战略领域中的例证进行的一个整理。

表 13.2　六大思维模式在各个战略领域中的例证

战略领域	思维模式					
	辩证思维	战略思维	民本思维	创新思维	实践思维	底线思维
生态	发展与巩固的对立统一，初始要素矛盾协调	综合治理，长期治理	社会的全面进步和人民生活水平不断提高	创新发展，科技创新	遵循自然界的客观规律	"在鱼和熊掌不可兼得的情况下，我们必须懂得机会成本，善于选择，学会扬弃"（习近平，2005a）
经济	质量与效率的对立统一，市场与政府的对立统一	内源式与外需式发展的统筹，供给与需求市场化的同步改革	提高人民的生活质量和水平	自主创新，特色经济	顺应经济发展规律	"不能片面追求GDP增长速度"（习近平，2007）
区域	发达地区与欠发达地区的协调联系	山海协作工程，三点三线三面经济布局	旨在"使全省各个地区的人民共享经济社会发展成果"（习近平，2004d）	创新型集约式发展	要根据欠发达地区现有的基础条件和发展要求	欠发达地区不能再走粗放式经营老路
"三农"	"三化"促"三农"，城市反哺	全党工作重中之重，社会主义新农村建设，城乡一体化	"'三农'问题的本质是农民问题"（习近平，2006e）	社会主义新农村建设；跳出"三农"抓"三农"	求真务实的指导精神；千村整治，万村示范	不求急功近利的"显绩"
法治	德法并治	经济、政治、文化和社会建设"四位一体"	"把党依法执政的过程作为实现人民当家做主和实行依法治国的过程"（习近平，2006f）	党政领导和法治的关系	"法治：新形势的新要求"（习近平，2006g）	"党的领导是法治的根本保证"（习近平，2006f）

（续表）

战略领域	思维模式					
	辩证思维	战略思维	民本思维	创新思维	实践思维	底线思维
文化	精神文明与物质文明的对立统一，虚实结合	整合"四位一体"建设	"社会发展以人的发展为归宿，人的发展以精神文化为内核"（习近平，2005b）	文化产品"面向现代化、面向世界、面向未来"（习近平，2003b）	文化产品"贴近实际、贴近生活、贴近群众"（习近平，2003b）	"现在有一个现象值得重视，就是童谣低俗化、成人化的现象比较突出"（习近平，2004e）
社会	和谐社会建设重点：三大对立统一	"四位一体"地全面建设小康社会	"人人平安,社会和谐,是科学发展观的题中应有之义"（习近平，2005c）	"涵盖了经济、政治、文化和社会各方面宽泛域、大范围、多层面的广'平安'"（习近平，2005c）	"切实发展社会主义民主，扩大公民理性合法有序的政治参与。把加强政府管理与推动社会自治有机结合起来"（习近平，2005d）	"科学发展首先要安全发展"（习近平，2006h）

推论 1 战略思维与辩证思维的叠加对于可持续发展具有双效强化的积极作用。在辩证思维中加入战略思维，可以有效地在更高层次把握主要矛盾和矛盾的主要方面，避免陷入混乱和短视的困局，提高战略决策的针对性和前瞻性；在战略思维中加入辩证思维，可以有效地丰富分析问题、解决问题的角度，避免在决策过程中"一叶障目"，提高战略决策的创新性和实效性。

（二）科学思维模式的哲学根基

综上所述，这些优秀的思维模式能够成为酝酿新思想和发展新战略的有力"武器"，那么这些"武器"又是从何而来，又该如何被掌握呢？除了习近平个人的实践经历，田园、姚慧平、惠艳芳等都认为马克思主义世界观和方法论是重要的启发源泉（田园，2018；姚慧平，2018）。习近平自己也多次强调，要"深入学习马克思主义基本理论，学懂弄通做实新时代中国特色社会主义思想，掌握贯穿其中的辩证唯物主义的世界观和方法论"①(人民网,2016)。

辩证唯物主义强调"世界统一于物质,物质决定意识"以及对客观规律的尊重,在认识论中更提出实践决定认识的观点,成为实践思维的基本内核。而在对认识的反作用以及发挥主观能动性等相关问题上又点明"度"的意义,即底线思维的本质内涵。1937年,毛泽东在总结和反思前期战斗经验的基础上写作《实践论》,对马克思主义认识论进行系统的阐释和全新构建,并将实践观创新地作为理解人与世界关系的思维方式(毛泽东,1991)。他在文中不仅重申只有人们的社会实践,才是人们对于外界认识的真理性的标准,对其做出解读,即人们通过实践结果与预期成果的契合证实自己的认识,通过不契合的失败调整自己的认识以使其符合客观规律,并获得新的成功,而且还在此基础上着重强调实践的观点是辩证唯物论的认识论之第一的和基本的观点。同时,强调"一分为二"看待事物的矛盾观点确认了矛盾是事物变化发展的根本原因,提供了辩证思维的基本框架。毛泽东在《矛盾论》中分别指出了矛盾的普遍性和特殊性,他强调矛盾存在于一切事物的发展过程中且每一事物的发展过程中存在这自始至终的矛盾运动,但也必须认识到对不同质的矛盾,只有用不同质的方法才能解决,以及研究问题忌带主观性、片面性和表面性(毛泽东,1952)。

历史唯物主义关于"社会存在决定社会意识""物质生产是社会生活的基础""社会基本矛盾分析法""人民群众是历史的创造者"等观点强调对人民群众的高度重视,对社会存在的严肃回归,以及从世情、国情挖掘真正有效的战略部署,它一方面指出了民本思维的重要地位和战略思维的分析根基,另一方面赋予了各项思维模式在国家战略、社会发展战略情境下的可应用性。实际上,马克思主义的生命力本身就在于它能够不断地发展创新。

推论 2　以科学思维模式为基础的思想力量在复杂多变的外部环境中正日益成为组织和国家战略决策者的竞争优势之一,马克思主义辩证与历史唯物哲学则成为培养战略思想力的重要方法论。

四、 习近平战略思维中的传统文化底蕴

习近平成为新一代国家领导人后将中华优秀传统文化的地位提升到更高战略层面,赋予其新的时代内涵,成为治国理政战略思维与思想的重要来源。习近

---

① 习近平在陕北插队的七年知青岁月中就非常重视读马克思主义哲学,下了很大功夫去阅读研究辩证唯物主义和历史唯物主义。参见中央党校采访实录编辑室(2017:44)。

平在多次讲话中强调,中华优秀传统文化是中华民族的"基因"和"精神命脉","潜移默化影响着中国人的思想方式和行为方式",是社会主义核心价值观的重要来源,并为当代中国的发展建设提供重要的历史智慧与政治智慧(薛庆超,2017)。通过对习近平主政浙江时期"两山"理论的构建发展和省域生态文明建设战略思想的梳理,本文认为中华优秀传统文化一直以来都为习近平的战略思维提供了丰富养料,习近平在理政过程中通过对中华优秀传统文化的融会贯通和创新性改造,使传统文化成为一种独特的战略资源,发挥出更大的时代价值。

(一)"两山"理论和生态文明建设战略思想中的传统生态哲学

如前面在论述"两山"理论的酝酿部分所阐释的,"两山"理论和主政浙江时期习近平关于生态建设的战略思想,乃至如今成为国家战略的习近平生态文明思想,都受到中国优秀传统文化的重要启发。中国传统生态哲学的体系中包含了"天地生生的生态世界观,阴阳五行八卦的生态平衡论,生生合德的生态价值观,厚德载物的生态道德观,致中和育万物的生态方法论,万物并育的生态平等观,顺应时中的生态实践观,利用厚生的生态发展观,存性事天的生态修养论,节用寡欲的生态生活观,以时禁发的生态管理论",构成传统哲学的主题之一"天生之,地养之,人成之"(董根洪,2018)。"两山"理论和习近平生态文明思想的主旨也是人与自然的和谐共赢,与"天人合一"的生态理念一脉相承;通过尊重自然、善待自然的实践行为,传承"仁者爱物"的生态思想;通过发展低碳经济、循环经济等绿色经济践行"生生不息"的可持续发展理念(龙丽波,2019)。这也是对中国传统文化"中庸思想""和而不同"的时代解读,实现人类社会发展与生态绿色美好的统一,达到人与自然的"致中和"的和谐稳定状态(王娅、赵天禄,2019)。

(二)习近平科学思维模式中蕴含的优秀传统文化

除了具体的战略思想,习近平所运用的诸多思想方法也与中华优秀传统文化密不可分。比如,"民本"二字在《尚书·五子之歌》中首次有典可循,"皇祖有训,民可近,不可下,民惟邦本,本固邦宁"道出了中国古代的民本思想;而"生于忧患,死于安乐""居安思危,思则有备,有备无患"等有关"底线思维"的智慧总结则是自古就有。最典型的是具有东方色彩的朴素辩证主义对辩证思维的引导作用,这种辩证思想蕴含在儒、道、兵、法、墨等各大主要思想流派中。《易经》之中有许多如日月水火、阴阳男女、真伪善恶、安危治乱等矛盾及对立现象的表述,世间一切事物都存在于普遍的对立统一之中,而《易传》中"一阴一阳之谓道"的思想成为有关事物本质及其变化规律的命题探讨(郑万耕,1993)。《道德经》中提到的"道生一、一生二、二生三、三生万物。万物负阴而抱阳,冲气以为和"正是辩证法中关于矛盾的两面性及其对立统一性较为原始和朴素的说法。《孙子兵法》中用"乱生于治,怯生于勇,弱生于强"将最基本的矛盾转化思想贯穿于其治军、行军之道。韩非子提出"万物必有盛衰,万事必有弛张,国家必有文武,官治必有赏罚"的看法来说明矛盾对立统一于世间一切事物之中。墨子则更加直接地对事物之间"同"与"异"的联系做出解释,其认为"同,异而俱于之一也",即"同"本身就是相对于"异"而言,相"异"的事物中必有相"同"之处才会有"同"的概念。

更进一步地,许多学者尝试对这种具有典型代表性的辩证思维进行更加深入的解读,如庞朴曾在《中庸平议》中提出中庸的四种形态,主张用"一分为三"修正"一分为二",抗争于僵化的"二分法"(庞朴,1980)。他认为,"凭借两端认识中间"在逻辑上可得到"A而B,A而不A,亦A亦B,不A不B"四种形式,"这里的A和B代表对立的两端。第一式'A而B'如'温而厉''绵里藏针'是立足于A兼及于B,以B来补A的不足。第二式'A而不A',如'威而不猛''乐而不淫'明里是就A防A的过度,暗中却是以B为参照来扯住A,是'A而B'式的反面说法。第三式'亦A亦B',如'能文能武''亦庄亦谐',平等包有A、B,是'A而B'式的扩展。第四式'不A不B',如'不卑不亢''无偏无颇',超出A、B而上之,是第三式的否定说法"(庞朴,2000),并在日后将这些观点具体地概括为"包、超、导"三种样式(庞朴,2002)。他认为,儒家思想中的这种"中庸"的辩证思维是中国人独特的传统智慧,使得矛盾的过程更加完整。其实"两山"理论中,"绿水青山也是金山银山""绿水青山就是金山银山""宁要绿水青山,不要金山银山"也正蕴藏着这样的思维,在马克思主义矛盾观的基础上更兼具中式辩证法的灵活转化,使其在东方社会的多元矛盾情境下具有更高的实践价值。

庞朴先生称自己为"中国文化的保守主义者",他认为"中国虽然需要现代化,但中国又必须是在自己的传统文化上来实现现代化,现代化并不能取代或否定文化的民族性,相反它应该使文化的民族特点得到充分的释放和表现"(梁涛、徐庆文,2015)。习近平一直以来也以自己的所思所想"言传身教",旨在加强中华民族的文化自信,使流淌在我们血脉之中的优秀传统文化不被遗失、不被误解、不被同化,而成为世界舞台与时代舞台中独特的战略竞争力。

推论3 中国优秀文化传统是我国现当代社会经济背景下战略决策者可汲

取的独特战略资源,其不仅能够直接指导深入理解社会环境、个体组织行为中具有文化导向的关键要素,还能够指导形成更具适应性和针对性的战略思维模式,将先进的西方理念与优秀的中国文化传统相结合能发挥东西方战略思维的特定优势,进而为世界发展提供包容性和创新性的新文明方案。

五、 结语:迈向习近平生态文明思想的高级形态与中国实践

随着"两山"理念被写入党章,习近平生态文明思想逐渐形成完整体系,成为习近平新时代中国特色社会主义思想的重要组成部分。

浙江余村作为"两山"理论的最初实践范本,在过去十余年间不断开发绿色经济、实现绿色发展,现已建成具有生态旅游区、美丽宜居区和田园观光区的国家3A级景区,并荣获全国生态文化村和浙江省首批全面小康建设示范村等称号。"两山"理论在各地的实践中得到不断发展与丰富,如哈尔滨市提出的"冰天雪地就是金山银山"就推动了"冰城"冰雪文化和冰雪旅游的生态经济建设,从另一个角度促进了东北老工业基地的转型发展;贵州省提出"守好发展和生态两条底线",以"山地公园省,多彩贵州风"为目标,充分利用"绿色资本"发展生态经济,力图摆脱过去"捧着金碗讨饭吃"的困境。

实际上,本文通过对《之江新语》进行扎根研究得到的生态文明建设命题也与习近平总书记2018年5月18日在"全国生态环境保护大会"上的发言主旨不谋而合。在这一讲话中,习近平提出要坚持人与自然和谐共生,绿水青山就是金山银山,良好生态环境是最普惠的民生福祉,山水林田湖草是生命共同体,用最严格制度、最严密法治保护生态环境,共谋全球生态文明建设等六大必须坚持的原则。不难看出,这些立足于我国生态文明建设战略的基本论述站在了更高的视角,但也在很大程度上得益于对浙江时期"生态省建设"的战略总结。

习近平生态文明思想,不仅是实现我国经济社会可持续发展和实现"中国梦"的重要保障,而且为西方资本主义社会解决经济发展与生态问题的困境提供了具有中国特色的东方智慧。2016年,联合国环境规划署发布《绿水青山就是金山银山:中国生态文明战略与行动》,充分认可并高度赞扬了中国生态文明建设相关思想和举措。同年9月,中国公开发布《中国落实2030年可持续发展议程国别方案》,真正体现出"人类命运共同体"中一个负责任的发展中大国的态度与担当,并得到国际社会的普遍认同与支持。

习近平生态文明思想是对中华优秀文化传统的继承和对马克思主义的创新发展。"天人合一"等生态哲学与"不违农时"等自然经验,为习近平"生态兴则

文明兴,生态衰则文明衰"等重要观点提供了丰富的生态智慧。而马克思辩证唯物主义中人与自然的辩证统一、人对自然规律的尊重及顺应,以及历史唯物主义中人类社会与自然界和谐统一才能不断发展进步等思想则构成了习近平生态文明思想的认知基础。可以说,习近平生态文明思想不仅是马克思主义中国化的最新成果之一,更是"有机马克思主义"的全新发展和代表思想,它以生态文明建设为载体,将马克思主义与中国优秀文化传统相结合,将东西方辩证哲学观念相调和,在新的历史阶段借鉴和利用全球的文化资源让马克思主义以新的形式得到成长和发展(克莱顿、海因泽克,2015)。

"美丽浙江"是"美丽中国"的先行,可以说当年的浙江,便是改革发展过程中中国的一个缩影,而今的中国又立志成为全球生态文明建设和可持续发展行动的倡导者与引领者。对主政浙江时期习近平关于生态建设的战略思想和"两山"理论逻辑内涵的扎根分析,可以帮助我们对习近平生态文明思想有更加深入和本质性的理解,让"两山"理论和生态建设不再只是简单的发展口号,而是深入人心的理论思考,引领中国人民建设天蓝、地绿、水净的美丽中国、美丽世界。

参考文献

Gioia D A, Corley K G, Hamilton A L. 2013. Seeking qualitative rigor in inductive research:Notes on the Gioia methodology[J]. Organizational Research Methods, 16(1):15-31.

Glaser B G, Strauss A L. 1967. The Discovery of Grounded Theory[M]. Chicago:Aldine.

Liedtka M J. 1998. Strategic thinking:Can it be taught? [J]. Long Range Planning, 31(1):120-129.

Strauss A, Corbin J. 1998. Basic of Qualitative Research:Grounded Theory Procedures and Techniques (2nd ed)[M]. Thousand Oaks, CA:Sage Publications Inc.

Whetten D A. 1989. What constitutes a theoretical contribution? [J]. Academy of Management Review, 14(4):490-495.

陈湘纯,傅晓华. 2003. 论创新思维的哲学内涵[J]. 科研管理,24(1):10-14.

董根洪. 2018. 习近平哲学智慧与中国传统哲学思想[J]. 马克思主义哲学论丛,4:133-140.

杜艳春,王倩,程翠云等. 2018. "绿水青山就是金山银山"理论发展脉络与支撑体系浅析[J]. 环境保护科学,208(04):5-9.

方文,杨勇兵. 2018. 习近平绿色发展思想探析[J]. 社会主义研究,4:15-23.

菲利普·克莱顿,贾斯廷·海因泽克. 2015. 有机马克思主义——生态灾难与资本主义的替代选择.北京:人民出版社.

黄浩涛. 2015. 系统学习习近平总书记十八大前后关于生态文明建设的重要论述[N/OL]. (2015-03-30)[2020-09-10]. http://www.xinhuanet.com/politics/2015-03/30/c_127636177.htm.

李一. 2016. 习近平"绿水青山就是金山银山"思想的价值意蕴和实践指向[J]. 南京邮电大学学报(社会科学版),18(2):73-80.

厉以宁. 1996. 转型发展理论[M]. 北京:同心出版社.

厉以宁. 2013. 中国经济双重转型之路[M]. 北京:中国人民大学出版社.

梁涛,徐庆文. 2015. 庞朴:文化守望者对传统的独特解读[J]. 孔学堂,2:83-88.

刘志丹. 2017. 论习近平生态文明建设思想的重要现实意义[J]. 人民论坛·学术前沿,16:122-125.

龙丽波. 2019. 习近平绿色发展理念渊源探析[J]. 中南林业科技大学学报(社会科学版),13(1):1-5.

毛泽东. 1952. 矛盾论(第2版)[M]. 北京:人民出版社.

毛泽东. 1991. 毛泽东选集(第一卷)[M]. 北京:人民出版社.

庞朴. 1980. "中庸"平议[J]. 中国社会科学,1:75-100.

庞朴. 2000. 中庸与三分[J]. 文史哲,4:21-27.

庞朴. 2002. 三分法:解读中国文化的密码[N]. 社会科学报,2002-11-28(6).

人民网. 2016. 习近平:不要"要钱不要命"的发展[EB/OL]. (2016-03-18)[2020-07-17]. http://politics.people.com.cn/n1/2016/0318/c1001-28210015.html.

沈满洪. 2015. "两山"重要思想的理论意蕴[N]. 浙江日报,2015-8-12(4).

沈满洪. 2017. 生态文明建设的浙江经验[N]. 浙江日报,2017-6-6(5).

沈满洪. 2018. 习近平生态文明思想研究——从"两山"重要思想到生态文明思想体系[J]. 治理研究,34(2):5-13.

孙侃. 2017. "两山"之路,美丽中国的浙江样本[J]. 文化交流,6:3-7.

田园. 2018. 习近平治国理政的系统思维研究[D/OL]. 济南:山东大学.[2020-08-26]. https://kns.cnki.net/KCMS/detail/detail.aspx? dbcode = CMFD&dbname = CMFD201802&filename = 1018106018. nh&uid = WEEvREcwSlJHSldSdmVqMDh6aS9uMTEzaTNaUHVkQTFvVVJIdlJOb U5aWT0 = $ 9A4hF _ YAuvQ5obgVAqNKPCYcEjKensW4IQMovwHtwkF4VYPoHbKxJw!! &v = MTIzMTdJUjhlWDFMdXhZUzdEaDFUM3FUcldNUZyQ1VSN3FmYitScEZ5amtVTHpLVkyYN kZySzRHTkhOcDVFYlA = .

王娅,赵天禄. 2019. 习近平生态文明思想的哲学基础与理论精髓[J]. 内蒙古师范大学学报(哲学社会科学版),48(2):24-27.

吴瀚飞. 2017. 努力掌握和善于运用科学思维方式——深入学习习近平同志关于思维方式的重要论述[N]. 人民日报,2017-6-8(7).

习近平. 2003a. 环境保护要靠自觉自为[EB/OL]. (2003-08-08)[2020-07-17]. http://topics.gmw.cn/2015-07/17/content_16584131.htm.

习近平. 2003b. 文化产品也要讲"票房价值"[EB/OL]. (2003-07-20)[2020-09-10]. http://topics.gmw.cn/2015-07/17/content_16330504.htm.

习近平. 2004a. 既要 GDP,又要绿色 GDP[EB/OL]. (2004-03-19)[2020-07-17]. http://topics.gmw.cn/2015-07/21/content_16584135.htm.

习近平. 2004b. 实现经济发展和生态建设双赢[EB/OL]. (2004-04-12)[2020-07-17]. http://topics.gmw.cn/2015-07/20/content_16583709.htm.

习近平. 2004c. 生态省建设是一项长期战略任务[EB/OL]. (2004-05-11)[2020-07-17]. http://topics.gmw.cn/2015-07/20/content_16583704.htm.

习近平. 2004d. 做长欠发达地区这块"短板"[EB/OL]. (2004-12-10)[2020-09-10]. http://topics.gmw.cn/2015-07/21/content_16366193.htm.

习近平. 2004e. 精神文明建设要"从娃娃抓起"[EB/OL]. (2004-07-23)[2020-09-10]. http://topics.gmw.cn/2015-07/17/content_16333597.htm.

习近平. 2005a. 绿水青山也是金山银山[EB/OL]. (2005-08-24)[2020-07-17]. http://topics.gmw.cn/2015-07/17/content_16583815.htm.

习近平. 2005b. 文化育和谐[EB/OL]. (2005-08-16)[2020-09-10]. http://topics.gmw.cn/2015-07/17/content_16337740.htm.

习近平. 2005c. 平安和谐是落实科学发展观题中之义[EB/OL]. (2005-02-25)[2020-09-10]. http://topics.gmw.cn/2015-07/17/content_16337237.htm.

习近平. 2005d. 树立和谐社会的理念[EB/OL]. (2005-04-04)[2020-09-10]. http://topics.gmw.cn/2015-07/17/content_16337507.htm.

习近平. 2006a. 从"两座山"看生态环境[EB/OL]. (2006-03-23)[2020-07-17]. http://topics.gmw.cn/2015-07/22/content_16383579.htm.

习近平. 2006b. 破解经济发展和环境保护的"两难"悖论[EB/OL]. (2006-09-15)[2020-07-17]. http://topics.gmw.cn/2015-07/22/content_16584141.htm.

习近平. 2006c. 机关表率是建设节约型社会的重点[EB/OL]. (2016-02-25)[2020-09-10]. http://topics.gmw.cn/2015-07/22/content_16584142.htm.

习近平. 2006d. 加强监管是建设节约型社会的保障[EB/OL]. (2016-02-13)[2020-09-10]. http://topics.gmw.cn/2015-07/22/content_16383068.htm.

习近平. 2006e. 从"两种人"看"三农"问题[EB/OL]. (2006-03-27)[2020-09-10]. http://topics.gmw.cn/2015-07/22/content_16383593.htm.

习近平. 2006f. 党的领导是法治的根本保证[EB/OL]. (2006-05-22)[2020-09-10]. http://topics.gmw.cn/2015-07/22/content_16379539.htm.

习近平. 2006g. 法治:新形势的新要求[EB/OL]. (2006-05-10)[2020-09-10]. http://topics.gmw.cn/2015-07/17/content_16336197.htm.

习近平. 2006h. 科学发展首先要安全发展[EB/OL]. (2006-10-13)[2020-09-10]. http://topics.gmw.cn/2015-07/22/content_16380712.htm.

习近平. 2007. 正确理解"好"与"快"[EB/OL]. (2017-01-10)[2020-09-10]. http://topics.gmw.cn/2015-07/22/content_16381479.htm.

薛庆超. 2017. 习近平与中华传统优秀文化[EB/OL]. (2017.12.21)[2020-07-17]. http://theory.people.com.cn/n1/2017/1221/c40531-29721761.html.

姚慧平. 2018. 习近平哲学思想五大维度探究[D/OL]. 南昌:江西师范大学. [2020-08-26]. https://kns.cnki.net/KCMS/detail/detail.aspx?dbcode=CMFD&dbname=CMFD201802&filename=1018135666.nh&uid=WEEvREcwSlJHSldSdmVqMDh6aS9uMTEzaTNaUHVkQTFvVVJIdlJObU5aWT0=$9A4hF_YAuvQ5obgVAqNKPCYcEjKensW4IQMovwHtwkF4VYPoHbKxJw!!&v=Mjg3MDg3RGgxVDNxVHJTTFGckNVUjdxZmIrUnBGeWpsVTdyS1ZGMjZGcks3RzlmS3FaRWJQSVI4ZVgxTHV4WVM=.

岳小乔,左潇. 2019. 习近平为什么这样重视"辩证思维"[EB/OL]. (2019-01-25)[2020-07-17]. http://www.chinanews.com/gn/2019/01-25/8739169.shtml.

赵志强. 2018. 习近平生态文明建设重要论述的形成逻辑及时代价值[J]. 石河子大学学报(哲学社会科学版),32(6):20-26.

郑万耕. 1993. 《易传》与《老子》的辩证思维[J]. 中国哲学史,1:14-20.

中央党校采访实录编辑室. 2017. 习近平的七年知青岁月[M]. 北京:中共中央党校出版社.

中央农村工作领导小组办公室,河北省委省政府农村工作办公室. 2018. 习近平总书记"三农"思想在正定的形成与实践[N/OL]. (2018-01-18)[2020-09-10]. http://cpc.people.com.cn/n1/2018/0118/c64094-29771467.html.

朱锐. 2017. 批判性思维与创新思维的关系研究[D/OL]. 北京:中央民族大学. [2020-08-26]. https://kns.cnki.net/KCMS/detail/detail.aspx?dbcode=CDFD&dbname=CDFDLAST2017&filename=1017164074.nh&uid=WEEvREcwSlJHSldSdmVqMDh6aS9uMTEzaTNaUHVkQTFvVVJIdlJObU5aWT0=$9A4hF_YAuvQ5obgVAqNKPCYcEjKensW4IQMovwHtwkF4VYPoHbKxJw!!&v=MDA4NDl0SExxNUViUElSOGVVYU14eFlFlTN0RoMVQzcVRyVjV00xRnJDVVI3cWZiK1JwRnlqbFY3dkxWRjI2R2JLOc=.

第十四章　右玉精神、绿色战略与区域可持续发展*

> 右玉精神体现的是全心全意为人民服务,是迎难而上、艰苦奋斗,是久久为功、利在长远。
>
> ——习近平

采桑子《甘肃定西赵家铺村》
常年无雨陇东地,沙土飞扬,树死田荒,络绎饥民奔异乡。
退耕还草重规划,户户牛羊,水窖流长,沼气燃红饭菜香。

——厉以宁

右玉是1949年以来我国绿色发展的四大典范区域之一①。右玉县地处山西省与内蒙古交界,为晋北黄土高原组成部分,它南北长67.7公里,东西宽45.7公里,总面积1 964平方公里,属毛乌素沙漠天然风口地带,国家成立初期土地沙化面积达76.4%,森林覆盖率仅0.26%。就是在这样的恶劣条件下,右玉县前后20届县委、县政府70年来始终坚持将绿色发展道路"一张蓝图绘到底",带领广大群众以与时俱进的科学方法将全县林木绿化率提升到54%,使原本的"不毛之地"焕发出"塞上绿洲"的光彩,并在2018年成为山西省首批脱贫摘帽的国家级贫困县之一。

中华人民共和国成立初期,面对恶劣的自然环境和贫穷的乡村面貌,第一任中共右玉县委书记经过调查研究提出"右玉要想富,就得风沙住;要想风沙住,就得多栽树;想要家家富,每人十棵树"的口号,揭开右玉绿色发展的序幕。此后,历任县委根据各时期主要矛盾,通过科学选育、林草混种、以点带面等创新手

---

* 本文系作者2019年6月参加中共中央组织部"右玉精神"案例调研后撰写的研究报告,其删减版以《右玉精神、绿色战略与区域可持续发展——右玉道路及其理论启示》为题收入中组部党政干部专题教育案例汇编丛书。本次收录时增补了篇首引语,内容保持原貌。杜胜楠为本文共同作者。

① 其他三个绿色发展典范分别为河北塞罕坝、陕西延安和新疆阿克苏市。

段不断巩固绿色生态基础。21世纪以来,右玉县更是通过实施"三大战略"、优化"三大产业"、展开"三个十"工程建设等方式实现"富而美"的腾飞,为今日右玉实现脱贫攻坚和旅游兴县打下了基础。右玉历届县委从实际出发确立了科学、绿色的区域发展道路,坚持不懈带领群众防风固沙、植树造林、改善生态,用实际行动深刻诠释了"全心全意为人民服务;迎难而上、艰苦奋斗;久久为功、利在长远"的右玉精神。

本文在实地参访调研基础上,力图通过对右玉道路的现实分析和理论挖掘,阐释"右玉精神"的关键要义及绿色战略的理论基础,揭示右玉绿色道路背后的战略与管理系统,并基于绿色资源基础观的富民强县战略,以及绿色发展的 MG-SP-PDCA 机制,展望习近平新时代中国特色社会主义思想指导下的生态社会主义创新发展前景。

一、 右玉精神及其形成基础

(一) 右玉精神的科学内涵

70年以来,右玉县历届县委、县政府带领干部群众坚持绿色发展道路,尊重自然、保护环境、改善生态,从肆虐风沙中的植树造林到绿水青山中的生态经济,在艰难求索的生态建设过程中铸就了宝贵的右玉精神。

2008年4月22日,中共山西朔州市委、朔州市人民政府首次通过政府文件系统阐释"右玉精神"。《关于在全市组织开展学习右玉精神的决定》中指出:"右玉精神的内涵十分丰富,其核心是追求文明、执着干事、艰苦奋斗、科学发展。体现了知难而上、扎实苦干、负重奋进的艰苦奋斗传统;体现了立党为公、执政为民、廉洁从政、勇于牺牲的无私奉献的本色;体现了大局为重、群众为重、一心一意谋发展的团结协作品格;体现了锐意进取、开拓创新、与时俱进的要求;体现了前赴后继、不求近利、坚强信念的追求。"此后,多位中央和地方领导分别对"右玉精神"提出高度评价和深度阐述,在山西省内乃至全国范围内发起学习"右玉精神"的号召。

2011年3月1日在中央党校春季学期开学典礼上,习近平总书记专门提到"右玉精神",他认为"右玉的可贵之处,就在于始终发扬自力更生、艰苦创业、功在长远的实干精神,在于始终坚持为人民谋利益的政绩观"(习近平,2011)。2012年9月28日,习近平总书记在中共山西省委《关于我省学习弘扬右玉精神情况的报告》上进一步批示"右玉精神体现的是全心全意为人民服务,是迎难而上、艰苦奋斗,是久久为功、利在长远"(中央党校党的建设教研部课题组,2019),对右玉精神的内涵进行了高度的凝练总结。

习近平总书记不仅对右玉精神本身进行了充分肯定,还结合自身经历,在2015年1月12日中央党校第一期县委书记研修班学员座谈会上以右玉为例,要求学员们需有"功成不必在我"的境界,像接力赛一样,一棒一棒接着干下去(霍悦、华春雨,2015)。2017年6月23日在视察山西工作时又再次强调,"右玉精神是宝贵财富,一定要大力学习和弘扬"(薛荣,2018)。

(二)右玉精神形成三要素

恶劣严酷的客观现实是"右玉精神"形成的压力和动力。右玉处于毛乌素沙漠天然风口的内陆山区,降水量少且年内分配不均,加之历史上对自然资源的不合理利用和战争带来的人为破坏,生态环境十分恶劣。当地民谣"一年一场风,从春刮到冬,白天点油灯,黑夜土堵门,风起黄沙飞,雨落洪成灾,男人走口外,女人挖野菜",就是对风沙、干旱、洪涝等自然灾害和人民艰难困苦的生存状况最为真实的写照。这种恶劣的客观环境也成为右玉人民最初谋生存、求发展、奋发图强的原动力。

苦干实干的领导干部是右玉精神形成的关键和支柱。在70年绿色发展过程中,右玉历届县委、县政府的领导干部都是以人民群众的利益为最高利益,将人民群众长远的幸福生活作为自己个人价值和政绩体现的标准,始终坚持将改善、保护生态问题作为战略核心。举例来说,右玉第二任县委书记在植树运动中始终和群众同吃同住同劳动,被称为"植树书记",他一直对党员干部强调,"右玉人要想过上好日子,靠一个字:干!靠两个字:苦干!"第十一任县委书记全党动员,提出各级领导干部要坚持"三个亲自",即亲自制定规划、亲自植树造林、亲自检查验收,做到"事先有规划,事中有指导,搞完有检查"。以右玉历任县委书记为代表的这些领导干部的做法充分体现了共产党人全心全意为人民服务的宗旨和崇高的理想信念,将勤政为民、踏实肯干的优良作风代代传承。

积极团结的人民群众是右玉精神形成的基础和助力。在右玉南山森林公园绿化丰碑西侧镌刻着长长的"功臣"名录,他们虽然有着不同的身份、来自不同的岗位,但却都是右玉绿色发展过程中身体力行的实践者,是右玉精神的群众载体。右玉县的绿色发展过程就是"在树木中树人,在树人中树木",坚持不懈地在右玉形成了一种以植树、劳动、奉献为荣的风尚,形成顾全大局、不求回报的良好乡风民俗。

（三）右玉精神形成的基础：组织宗旨与干部价值观

右玉精神是右玉历届党员领导干部带领人民群众在艰难困苦的环境中实践形成的。而右玉精神得以生生不息、代代传承更是得益于历届党员领导干部对全心全意为人民服务这一宗旨的认同、坚守以及对积极正确的政绩观和良好工作作风的践行。

美国著名管理学家、近代管理理论的奠基人切斯特·I. 巴纳德（Chester I. Barnard）提出，一个组织的产生与存续离不开三个充分必要条件，即共同的目的、做贡献的愿望和信息的交流（巴纳德，1997）。共同的目的即组织目的，从体系的角度来说，它包含了组织总体的战略目标和长短期的具体目标，从抽象角度来说，也即为组织指明方向、制定路线的组织宗旨、组织纲领。巴纳德认为组织中的每一个人都同时具有组织人格和个人人格。只有当组织目的成为所有组织成员所认可、接受的共识时才能激发协作行为。协作意愿是指个人要为组织目的贡献力量的愿望，其结果就是所有组织成员个人努力的凝聚（张新平，2000）。

中国共产党全心全意为人民服务的宗旨就是右玉绿色发展过程中党员领导干部们一以贯之的核心理念，是这一核心理念指导了为人民谋生存的植树造林运动和让人民享受生活的生态经济建设等各阶段战略方向，成为右玉县委、县政府每一步战略规划、战略实施的出发点和落脚点。也正是这一理念激发了广大群众的共情，增进了信任感与亲近感，巩固了战略执行的群众基础。

2018年3月8日，习近平总书记在参加十三届全国人大一次会议山东代表团审议时强调，"功成不必在我"并不是消极、怠政、不作为，而是要牢固树立正确政绩观，既要做让老百姓看得见、摸得着、得实惠的实事，也要做为后人作铺垫、打基础、利长远的好事，既要做显功，也要做潜功，不计较个人功名，追求人民群众的好口碑、历史沉淀之后真正的评价（殷鹏，2018）。右玉历届党员领导干部正是如此，始终坚持继承和创新相统一，既保持植树造林、绿色发展整体方向不动摇，又根据不同时期不同发展阶段探索如草木混交、树种优化等创新手段；坚持潜绩和显绩相统一，既在任期内坚守短期无效益的绿化战略任务，又积极寻找促进经济新思路帮助群众脱贫致富；坚持改革发展与稳定和谐相统一，既通过并村撤乡、退耕还林等手段优化配置、综合开发，又努力推动三大产业绿色、协调发展，改善民生。

正确的政绩观是右玉县党员领导干部正确的价值观、人生观、世界观的集中体现。巴里·施瓦茨（Barry Schwartz）曾经在心理学领域对个人的价值观进行了深度的探讨与研究，他将个人价值观分为开放（自主、刺激）—保守（遵从、传统、安全）和自我超越（博爱、友善）—自我增强（权力、成就、享乐）两个维度（Schwartz，1994）。其中，开放—保守维度直接影响工作方法的选择，实际上，创新式继承（模仿）在我国情境中有着独特的战略意义，而自我超越—自我增强维度则会对政绩观产生直接影响，自我超越价值观越强烈的领导干部，更加容易选择不计较个人得失、全心全意为人民服务的政绩创造方式。同时，人生观是人们在实践中形成的对于人生目的和意义的根本看法，它决定着人们实践活动的目标、人生道路的方向，也决定着人们行为选择的价值取向和对待生活的态度。党员领导干部必须始终"不忘初心，牢记使命"，明确战略定位和战略导向，才能长久树立正确的政绩观。

正确的政绩观还会进一步影响良好工作作风的形成。右玉县每一时期的绿色战略都是从实际情况中探索出来的。右玉县党员领导干部在70年植树造林的绿化行动中都是身体力行，起到先锋模范的带头作用，他们深入造林工地，与植树的群众同吃同住同劳动，劳动间隙持续宣传生态建设和植树运动的重要意义。右玉县如四道岭等地都是采取的干部带头干、一个系统一座山的办法，以人头定任务、以领导定责任。这样的工作作风才种下了一棵棵根基扎实的树，得到了群众的理解、支持和效仿。

右玉绿色发展的道路不是个人的临时起意，右玉精神的形成也不是一蹴而就。习近平总书记在十九大报告中指出，不忘初心，方得始终。中国共产党人的初心和使命，就是为中国人民谋幸福，为中华民族谋复兴。右玉党员领导干部通过树立正确政绩观和良好工作作风，将个人人格与为人民服务的组织人格相统一，最大限度地提升了可持续的组织效能。

二、右玉道路的战略管理系统分析

（一）高阶管理理论

以认知心理学为基础而发展出来的高阶管理理论认为，大量信息的冗余和管理者的有限理性使得组织的战略选择并非是一个完全理性的过程，战略决策的制定必然与管理者的选择有很大关系，受到其个人认知水平的影响，即组织"是掌握权力的参与者（高阶领导）的价值观与认知基础的反映"（Hambrick and Mason，1984）。组织高管会对其面临的情境、选择，根据过去经验、人格特质、价值观念等进行高度的个性化解释，并依此产生相应行为，这些行为会进一步影响组织战略，换言之，"管理者的背景特征可以部分地对组织表现——战略选择和绩效水平,进行预测"(Smith and Hitt,2005)(见图14.1)。其中,高管团队的整体分析要比高管个人特征对组织结果的解释作用更强,人口统计变量可以作为这些特征有效但不精确的代理变量(Hambrick,2007)。

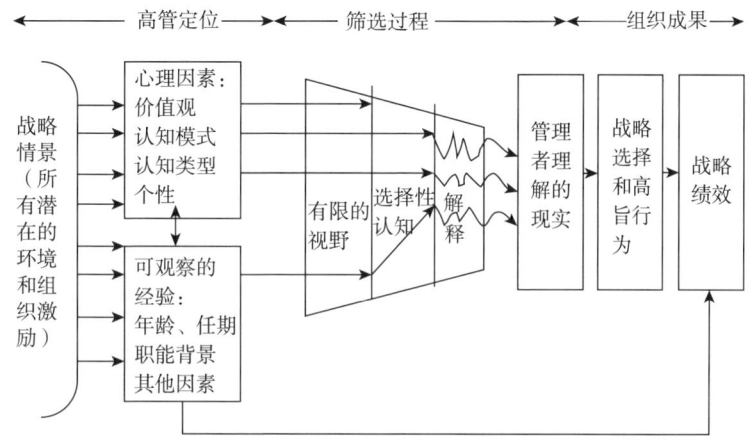

图14.1 有限理性下的战略选择过程:高管的建构现实

资料来源:陈守明和郑洪亮(2009)。

然而,以可得性高却较为表面、简单的人口统计变量代表深层次的心理认知特征也成了早期高阶管理理论的不足之一。后期的研究在整个高阶管理理论范式的基础之上,结合领导行为研究和高管心理特征进行了更深层次的挖掘。近期,Wang et al.(2015)通过对以往相关研究进行系统性的元分析,证实了商业组织中 CEO 特征和战略决策、组织绩效之间的关系,并且进一步探究了这些影响的程度,其中,CEO 特征既包括了年龄、任期、教育、以往职业生涯等经验型变量,也包括了人格特征变量。

Hambrick(2007)对 Hambrick and Mason(1984)中提出的高阶管理理论进一步补充,总结了在文章发表以后相关研究中得到的两个关于管理者特征和组织结果之间关系的调节变量——管理自由裁量权和执行工作要求(见图14.2)。管理层的自由裁量权是指高管人员在做出战略选择时所享有的行动自由(Hambrick and Finkelstein,1987;Carpenter,et al.,2004;Crossland and Hambrick,2011),管理层的自由裁量权越高,其特征越能够较好地预测组织结果。执行工作要求指的是高管人员面临的挑战水平(Crossland and Hambrick,2011),面临高水平挑战的高管人员缺乏决策的考虑时间,因此需要更多地依赖个人背景来寻求心理捷径,即管理者特征与组织结果之间的关系将加大。相反,在管理者面临较低层次挑战的情况下,他们的决策将更加彻底,并且更少依赖他们的个人特征。这些研究都为管理者与组织绩效的紧密相连提供了有力的证据。

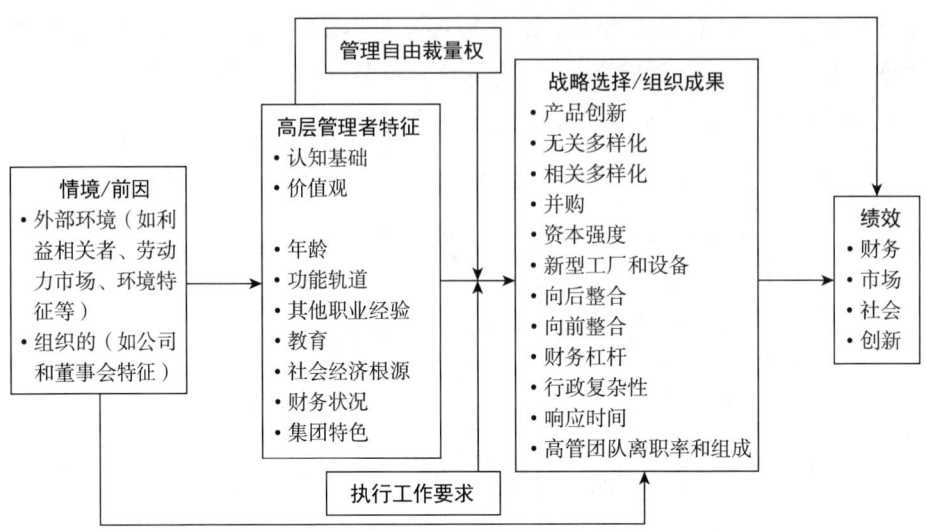

图 14.2　高阶管理理论概念模型

资料来源：Hambrick and Mason（1984：198），Carpenter et al.（2004：760），Waldman et al.（2004），Hambrick（2007）。

（二）右玉道路的战略与执行系统

结合右玉实践与高阶管理理论可以发现：右玉绿色发展道路的形成过程与高阶管理理论所阐释的逻辑体系高度契合，如图 14.3 所示。

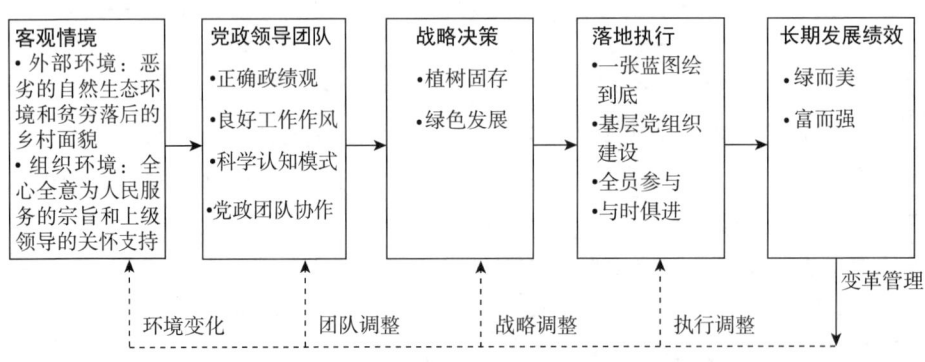

图 14.3　右玉可持续发展战略与执行系统

（1）客观情境。恶劣的自然环境和落后的经济基础成为右玉县发展甚至生存的桎梏，对右玉县委、县政府提出了高度挑战。但是，与此同时，党组织全心全意为人民服务的宗旨及上级领导对右玉县未来发展之路的关心支持又深刻鼓舞了右玉县的党员领导干部，坚定他们改造右玉、决不放弃的决心。可以说，这些客观环境是右玉道路开始的起点。

(2) 党政领导团队。客观环境带来的威胁与挑战对右玉县的党员领导干部在价值观和认知基础上都提出了更高标准的要求。价值观的最直接体现就是党员领导干部的政绩观。政绩观是领导干部对什么是政绩、为谁创造政绩、如何创造政绩和如何衡量政绩等问题的认识和态度,是领导干部创造政绩的思想基础和动力,是决策行为的重要导向。其中,"为谁创造政绩"是树立正确政绩观的核心问题。右玉县的党员领导干部正是将自己的政绩观与组织宗旨相契合,始终牢记"人民"二字,不忘初心,才能够将种树这一件有长远效益却少短期收益的事情一任一任地坚持下来,才能不受煤矿快速致富的诱惑而坚守绿色战略,绝不做竭泽而渔的短期决策。

科学的认知模式包括继承马克思辩证唯物主义认识论的原理,坚持一切从实际出发,从实践中来到实践中去。外部环境体现出的问题是实践的起点和创新的起点。右玉县的绿色发展道路不是县委、县政府"拍脑袋"决定的,而是第一任县委书记在深入走访基层、与群众交流得到的经验认识,是在后续过程中被证明有切实效果的实践结晶。同时,这些认识和实践也不是一成不变的,在右玉道路前进的不同阶段会有旧的问题被解决而新的问题逐渐显露,右玉历届县委县政府就必须做出符合实际的调整和创新,如林草混交的种植、经济作物的引入和生态旅游经济的开发等。

这种科学的认知基础和政绩观就会自然而然地体现在当地领导干部的工作作风中,坚持广泛听取群众意见,把群众的真实诉求作为制定战略决策的主要依据;坚持求真务实,脚踏实地,一步一个脚印,把"显绩"和"潜绩"都做好、落实。

与此同时,每一位苦干实干、认真负责的党员领导干部又团结协作、众志成城,形成了具有整体合力的党政领导集体。在这一集体中,所有人员各司其职,由党委一把手发挥统领全局的作用,但又坚持民主集中的决策制度,以保证每一项战略决策的科学性、合理性,保证每一个人都方向一致,集中力量办大事。在右玉精神的发展历程中,历届县委、县政府,尤其是党政一把手之间,就十分注重工作配合,为绿色事业齐心协力,并将这种工作方式与工作作风代代相传。其中,通过种树来防风固沙的战略思想就是首任县委书记和县长在田野调查时找到的途径;全县首次绿化规划和春秋两季的植树造林万人会战就是由第二任县委书记和县长共同发起、参与的。第五任县委书记被调到右玉时,原本的第四任县委书记成为副职,但这位县委副书记心中毫无怨言,而是相信党组织的安排和领导,他结合自己的经验全身心协助新到任的县委书记,亲自带领团队进行沙枣育苗试验。同时,当时的县长即使患病也坚持担任全县植树造林总指挥、主管农业的副县长带领农口4个局长、5个站长深入各公社进行督促检查,威远公社党委书记在苍头河上游带头种植沙棘……在这样的党政团队配合工作下,右玉全县7年间完成大片造林14万亩,营造大型防风林带8条,为右玉绿色道路打下坚实的基础。

（3）战略决策。党员领导先进的价值观和认知基础指导战略决策"从群众中来,到群众中去",了解群众愿望、汲取群众经验,再从问题出发,根据领导班子的广泛研讨,结合实际情况得到高于普通群众的科学判断,使各项战略决策充分体现群众的现实利益和长远利益。右玉绿色道路发展过程中各个阶段的战略决策(见表14.1),就在总体保证绿色发展观的同时具有鲜明的时代特征,通过70年的战略坚持和不懈努力,逐渐从解决温饱问题(谋生存)过渡到追求共同富裕(奔小康),让人民群众既看到长远的曙光,又满足现实的期望。

表14.1 右玉绿色道路发展阶段及其代表性战略决策

右玉绿色道路发展阶段	核心代表人物	代表性战略决策/政策口号
认定绿色道路	首任县委书记	"右玉要想富,就得风沙住;要想风沙住,就得多栽树;想要家家富,每人十棵树"
夯实绿色基础	第二任至第七任县委书记	"哪里能栽哪里栽,先让局部绿起来" "以林促农,种草种树,防风固沙,控制水土" 三战黄沙洼 "穿靴、戴帽、扎腰带、贴封条"
固守绿色信念	第八任至第十一任县委书记	以生产队组建民兵连队进行荒山绿化 "长远富农林木,当年富油糖副" "三北"防护林建设第一批工程
加快绿色发展	第十二任至第十五任县委书记	"种草种树,发展畜牧,促进农副,尽快致富" 一个系统一座山头,一个单位一个林场 "上规模、调结构、抓改造、重科技、严管护、创效益" "抓住项目造林,搞好退耕还林,实施封山育林,更新改造残林,扶持个人营林,加大力度护林"
实现绿色腾飞	第十六任至第二十任县委书记	"三大战略" "三大基地" "建设富而美的新右玉" "生态建设产业化、产业发展生态化" 脱贫攻坚、旅游兴县

资料来源:根据右玉干部学院(2018b)第二章内容整理。

(4)落地执行。右玉精神的核心要素之一就是要"久久为功、利在长远"。绿色发展道路的特点就是"道阻且长",在右玉,严酷的自然环境本身就不利于植被的生长,要想让右玉绿起来,必然不是几年内就可以取得成绩的。因此,右玉的党员领导干部坚持了70年,"换届不换方向,换人不换精神,一任接着一任干,一张蓝图绘到底"。他们始终坚持"听党的话,跟党走,艰苦奋斗,勇于牺牲,乐于奉献"的革命传统,思想统一、政治团结、行动一致,贯彻中央精神,因地制宜,同时发动一切力量调动各方积极性。比如,在新时代脱贫攻坚的基层工作中,右玉县形成了"干部当支书、支书当干部"的支部建设机制,县四大班子负责人以及县委部门负责人亲自担任所在部门的党支部书记,乡镇党委书记和县直机关事业单位负责人全部担任本乡镇、本单位的党支部书记,实现了乡镇、机关"一把手"担任支部书记全覆盖;县四大班子其他成员和乡镇班子其他成员全部担任包联、包片农村的第一书记,选派89名县直机关干部担任贫困村第一书记,实现了农村第一书记全覆盖(右玉干部学院,2018b)。这种"把支部建在扶贫点上"的做法,将党和人民群众紧密相连,让群众明白右玉县的蓝图不仅是右玉领导干部的蓝图,更是整个右玉人民的蓝图。

经过调查研究的战略决策本身是科学的、是符合人民利益的,经过基层组织的建设更加取得了广泛的群众基础,因此,在具体执行中,就更容易向群众宣传与沟通。目前,右玉县更组建了义务的右玉精神宣传队和专门的文艺宣传队,将右玉绿色发展过程中的先进事迹,或由参与人员口耳相传,或编成各种形式的文艺演出直接展现给基层群众,在县域内形成了良好的生态文化氛围,通过宣传教育获得更广泛的群众认可和群众力量。这种全员参与的绿色建设,大大提高了绿化效率,同时减少了不必要的生态破坏。与指导性、方向性的战略决策相比,这样一个需要长期坚持的具体落地执行过程更需要科学的、创新的方法论指导。一方面,它要继续坚持深入实践的调查研究、贯彻群众路线、做好基层建设,通过教育宣传等文化手段和财政补贴等经济手段提高群众积极性;另一方面,要不断引入人才,学习、宣传前沿的技术理论和专业的操作技能,宣传与树立典型。

(5)长期发展绩效。社会在不同历史阶段会呈现不同的主要矛盾。右玉县也是如此。曾经的"不毛之地"在几十年坚持绿化工作之后已经成为"塞上绿洲",当地后续的发展瓶颈已经不再是单纯的改善生态环境以谋求生存,而是如何更好地保护现有生态、利用现有生态以实现生活富裕的新突破。从可持续发展环境、经济和社会的三个长期绩效维度来看,右玉最初植树造林带来的生态绩效已经逐渐显现,在很大程度上改变了外部环境的客观现实,取得了优异的环境绩效。从经济绩效看,2017年1—7月份,右玉全县财政收入完成6.21亿元,同比增长73.1%,地区生产总值、工业增加值两项指标增幅全市排名第一,居民人均可支配收入、城镇居民人均可支配收入两项指标增幅全市排名第二,农村居民人均可支配收入增幅全市排名第三,经济绩效已经达到中等水平并在逐步提升。右玉县之前并不十分显著的社会绩效也正在厚积薄发,不仅在2018年摘掉国家级贫困县的帽子,还在逐步推进各项举措保证不返贫。比如,通过危房改造等活动,解决老百姓住房和饮水安全等基本生活问题;通过乡村振兴,用一些绿色环保产业带动乡村发展,聘请好教师办让人民满意的教育;加强医疗集团建设和对贫困群众的救助,保障好的民生服务,让群众有实实在在的获得感。在整个战略执行系统中,右玉的绿色发展道路已经上升到新的阶段和层次,党员领导干部要根据新的现实情况,提出新时代的战略决策,让"绿水青山"源源不断地转化为"金山银山"。

三、右玉绿色发展战略的理论启示

(一) 基于绿色资源基础观的富民强县战略

1. 资源基础观和绿色资源理论

资源基础观(resource based view)是组织与战略管理领域用来分析企业可持续竞争优势的重要理论之一。该观点认为,在企业资源异质性和不完全流动性的前提假设下,具有价值性(V)、稀缺性(R)、不完全模仿性(I)、不可替代性(N)特质的资源能够为组织带来可持续竞争优势,这就是所谓的VRIN框架。这些资源包括了企业的物质资本资源、人力资本资源和组织资本资源等能够为组织提供设计和实施相关战略的力量(Barney,1991)。

然而,这一理论对企业竞争优势的分析中忽略了企业与外部自然环境之间的关系,而在全球环境问题凸显、消费者环保意识逐渐增强的现代社会,外部自然环境生态对企业生产的约束力不断加大。基于此,企业的自然资源基础观(nature-resource based view)理论应运而生。它认为企业的可持续竞争优势将会以其在经营活动中能否实现环境友好为基础,并进一步把影响企业可持续竞争优势的环境行为分为防止污染环境、产品管理和可持续发展三类(Hart,1995;杨波,2011)。

相类似地,国际社会面对当代人类生存的资源与环境危机,在提出可持续发展战略的同时提出了"绿色"的资源理论观,即人类为保证全球社会的可持续发展,应依据科学技术发展所预测的地球生态容量,自觉地控制自身种群的膨胀,使自然生态平衡及环境亦永远处于可持续发展的良好运动状态,建立人类社会—自然资源系统的"相持相协"的发展观。这种观点进一步包含了资源可持续发展观、资源有限观、资源价值动态观、资源利用有序观和资源自然回报观等五重构想(彭玉鲸、殷长建,1999)。

2. 右玉"富而美"的绿色资源基础观

将资源基础观、自然资源基础观的战略分析视角和绿色资源理论应用到右玉县的案例中,可以进一步得出促进区域可持续发展的"绿色资源基础观"(green-resource based view)。在最初与风沙等自然环境做斗争的植树造林、防风固沙运动中,右玉县的核心竞争优势来自上级党组织的精神支持、提供的组织资源以及县委、县政府领导干部和人民群众众志成城的人力资源。这些资源为右玉县创造了从无到有的绿色希望,提供了之后70年连续不断的前进动力。而今日的右玉,森林覆盖率达54%,取得了"脱贫摘帽"的重大突破,更是被联合国授予"最佳宜居小城"的称号。绿色生态已经逐渐成为右玉县的特点和优势(见表14.2)。

要想使绿色资源进一步转化为可持续发展的竞争优势,右玉首先要坚守住最严格的生态保护红线,保护住已经有的生态基础,提升、丰富"绿"的内涵,从生态林、用材林、灌木林的混合,到畜牧业的发展和饲草的种植,充分奠定生态产业的基础。同时,要积极把生态优势转化为经济优势,打造成全国"两山"理论示范地,提升绿水青山品质,共享金山银山成果。目前,右玉县设有山西省第一家全域生态旅游开发区,在省委、市委帮助下设立了105个项目。县内发展特色农副产品加工业,莜麦、胡麻、荞麦、沙棘等有机旱地作物将近40万亩,肉羊饲养量达到70万只,同时积极发展清洁能源如清洁煤炭、火电等。进入21世纪后,右玉县的主要发展战略如表14.3所示。

这种绿色资源基础观与近年来习近平总书记提出的"两山"理论也不谋而合。"绿水青山就是金山银山",首先要求战略决策者在认知层面认识到"绿水青山"(生态环境等作为有限的、不可再生的有竞争性用途的资源)与"金山银山"(物质财富等经济优势)作为自然生态环境矛盾两面的辩证统一性和单向不可逆性;在能力层面要能够将"绿水青山"积极转化为"金山银山",如精准创新发展生态经济,在生态和经济间学会扬弃;在精神层面要具有战略勇气和魄力,善于权衡经济发展的机会成本,在物质还不富裕之时敢于为了"绿水青山"和长远发展而放弃暂时的"金山银山"。与此同时,本文认为,基于人力资源、勇于创新、敢于奋斗的"右玉精神"同样是一项宝贵的绿色人文资源,是右玉绿色道路上生生不息的常青树。在最新阶段的绿色发展过程中,右玉除了继续推进旅游建设,也着手促进如集团化办学、右卫艺术粮仓、玉林书画院油画写生基地等教育、干部与人才培训等文化事业建设。

表14.2 右玉县绿色资源分类汇总

大类	主类	基本类型	主要景观和观景地
自然资源	地文景观	山丘型旅游地	大南山、牛心山、红家山等
	水体景观	河流	苍头河及支流
	生态景观	人工林地	小南山森林公园、李洪河示范林等
人文资源	遗址遗迹	宗教文化遗迹	宝宁寺、慈云寺、牛心山寺庙等
		历史文化遗迹	右卫古城、杀虎口等
	景观设施	建筑景观	中陵湖水库等
		体育设施	赛马场与马术训练基地、双夹山高山滑雪场等
	精神文化	右玉精神	右玉精神展览馆、现场、干部学院课程、文艺演出等载体

资料来源:在杨锋梅、曹明明和邢兰芹(2012)生态资源分类基础上增补体育设施及右玉精神文化资源。

表14.3 进入21世纪后右玉县绿色腾飞阶段主要战略

战略阶段	代表性战略内容	绿色资源与优势转化
21世纪初三大战略	移民并村撤乡强镇 退耕还林还草还牧 种植业结构调整	保持自然生态,为旅游发展打下基础 发展特色生态农牧,促进农副产品流通
建设富而美新右玉	建设新型煤电能源、绿色生态畜牧、特色生态旅游"三大基地" "人力变山河、山河生畜牧、畜牧促经济、经济营生态、生态美人居"	畜牧业成为农民主要收入来源 引进沙棘、小杂粮、肉羊等农畜产品深加工企业,建立绿色工业园区,年产值数亿元 承办国家级生态体育赛事,成为国家级生态示范区
生态建设"二次创业"	"三个十"工程建设 ● 抓好十大基础工程 ● 抓好十大工业项目 ● 办好十件惠民实事	继续完成高标准绿化工程 打造绿色名优农副品牌,四季畅销 集吃住行购娱于一体的生态乡村游为农民创收 承办特色节庆活动和体育赛事,吸引相关企业入驻和休闲游客 适量达标的煤炭生产、清洁能源、高科技产业创收近十亿元

(续表)

战略阶段	代表性战略内容	绿色资源与优势转化
提升绿水青山品质,共享金山银山成果	脱贫攻坚、旅游兴县	鼓励贫困户参加生态、旅游等相关项目建设,获得相应扶贫补贴 设立全域生态文化旅游开发区,开发相应旅游配套设施,引进生态美术摄影写生 调整树种结构,创新营林模式,种植经济林、中草药 提升煤炭效益、推进项目建设、加大招商力度 推进教育均衡发展、提高卫生健康水平,发展繁荣文化事业、提高社会保障水平

资料来源:根据右玉干部学院(2018b)整理。

(二)绿色发展的 MGSP-PDCA 机制

1. MGSP 的战略构想

MGSP 是使命(mission)、绿色资源(green resource)、战略(strategy)和群众(people)的首字母组合。

(1)使命。所有战略构想的制定必然是以某一具体的使命为核心。右玉县在历经长期努力拥有独特的生态资源后,其使命就是在新时期继续提升以人民为中心的绿色发展,让人民群众在目睹生态成果的同时进一步共享生态资源所带来的经济优势。这一使命是右玉县新时期整体生态发展战略的出发点和落脚点。

(2)绿色资源。新时期右玉县绿色资源优势突出,一方面包括草木田野风光等自然生态环境,如苍头河湿地、中陵湖碧波、冬季冰雪豪情、夏季田园牧歌等;另一方面,还包括西北历史文化、民俗、特种体育、"右玉精神"等人文资源,如杀虎口古关、古长城、古堡烽火台、赛马俱乐部和马术训练基地、右玉精神展览馆及植树场地等。

(3)战略。在绿色资源基础观的指导下,右玉县必须找准绿色资源并盘活绿色资源,做到生态建设产业化、产业发展生态化。从第一、二、三产业同时着手,完善生态农业体系、引领生态工业框架、加快生态旅游开发,尤其利用好右玉全域生态文化旅游开发区的建设契机,进一步促进文化教育(包括领导干部培训)和生态旅游事业。

(4)群众。绿色发展战略虽然以突显绿色资源的优势为核心,但其战略决策的可行性和落地执行的效率、效益都必须由广大人民群众进行相应保障。右玉县党员领导干部的先锋模范带头作用和良好的群众基础为早期生态资源的获得提供了长久的动力和支持。这种选拔优秀领导干部、激发群众参与热情的战略人力资源管理也必须要在新的阶段，一以贯之地坚持下去。

2. PDCA 的循环实践

PDCA 是由美国沃特·A. 休哈特（Walter A. Shewhart）博士提出、威廉·E. 戴明（William E. Deming）博士推广的全面质量管理体系运转的基本方法。其过程包含计划（plan）、执行（do）、检查（check）和处理（action），构成了一个螺旋上升的循环，不断解决在战略落地过程中出现的问题（见图14.4）（李瑞丹，2009）。其中，在计划的过程中又包含了具体的项目（project）和预算（budget）等。

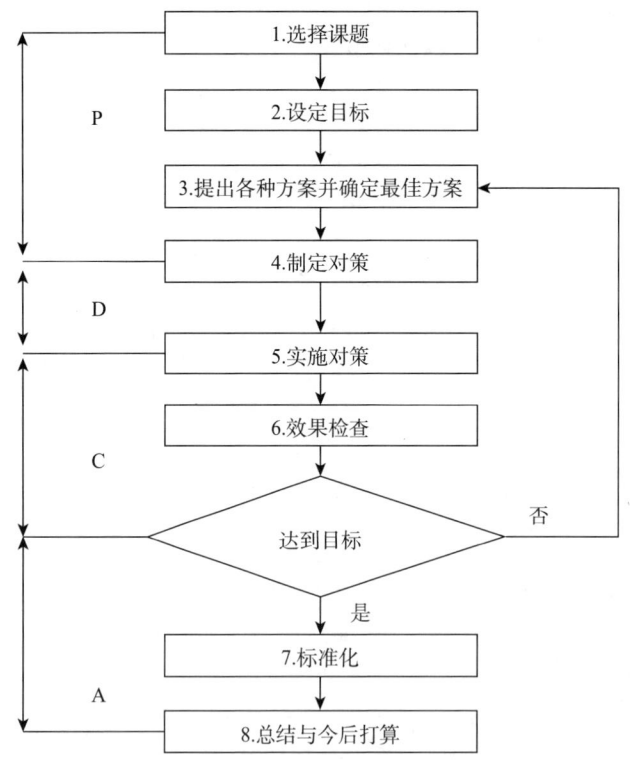

图 14.4　PDCA 战略落地管理循环

3. MGSP-PDCA 过程机制

MGSP-PDCA 相结合，即形成"使命—绿色资源—战略—群众—计划—执行—检查—处理"过程，它可以帮助县域找准自己的绿色资源优势，从使命出发，制定可行战略决策，将绿色资源优势转化为符合群众利益的可持续发展优势,在领导干部和人民群众同心协力的高效配合下,实现战略中具体项目的落地并保持及时反馈、及时改进,以达到规划目标并为长远可持续发展目标实现打下基础。

需要指出的是,由于公共管理部门和企业的先天基因与根本性质不同,两者之间在战略管理方面存在诸多差异。举例来说,公共部门的资金来源来自预算拨款,受到政治因素的重要影响而缺乏来自市场的信号,行政指令和义务限制了自主权和灵活性且具有较大的社会影响,需要将利益相关者纳入决策过程中;而私人企业组织的资金主要依赖于产品(服务)收费并可获得清晰的市场信号,其自主权和灵活性只受到法律和内部多数人意见的限制,政治影响是间接的,具有较小范围的社会影响和关注,其利益相关者以股东及内部管理者为主(纳特、巴可夫,2001)。MGSP-PDCA 机制是本文结合右玉绿色发展道路和组织管理学理论所创新提出的,而在此之前,公共部门战略管理领域也有相关的理论体系可供参考。其中较为经典的公共部门战略管理过程模式是纳特、巴可夫(2001)中提出的战略管理过程的循环(见图 14.5),与前文中总结的右玉可持续发展战略与执行系统有异曲同工之妙。

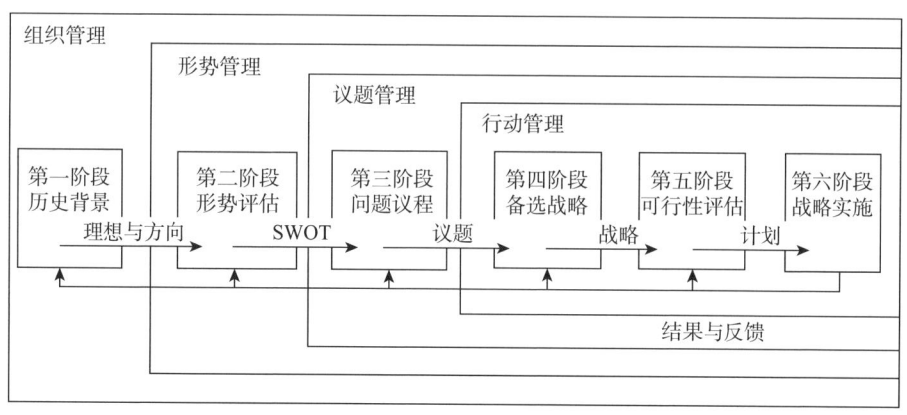

图 14.5　纳特—巴可夫战略管理过程的循环

对于公共部门战略实施过程中具体的环节或功能活动,学者们提出了多种不同的看法(陈振明,2011)。例如,张成福、党秀云(2007)认为:战略实施所涉及的问题和环节很多,主要包括以下几个方面的活动:①明确实际目标与进展的指标;②进行有效的资源配置;③建立有效的组织结构;④建立和发展有效的沟通与协调机制;⑤促进变革,克服变革和阻力。Bryson(1996)则认为主要包括:①计划和方案(programs and projects)。制定行动计划,包括明确目标、估计预期投入、明确产出结果、识别目标顾客和详述变化的衡量标准等。②预算

(budget)。③实施过程的指导方针(process guidelines),即建立实施结构系统,以便协调和管理实施活动。通过比较可以看出,前者的方案更为具体细致,也将变革管理放到框架里,后者则较为笼统,但突出了预算在战略执行中的作用。

四、右玉精神在当代的思想与实践价值

(一)右玉精神的思想价值

(1)政绩观。右玉精神体现的是全心全意为人民服务,是迎难而上、艰苦奋斗,是久久为功、利在长远。为自己谋利益还是为人民谋福利,始终是树立正确政绩观的核心问题。2013年9月25日,习近平在指导河北省省委常委班子专题民主生活会时强调,"要树立正确政绩观,切实抓好打基础、利长远的工作;要发扬钉钉子的精神,切实把工作落到实处"(新华网,2018)。现今许多党员领导干部没有经历过当年困难时代、艰苦环境的磨砺,仕途往往一帆风顺,缺乏为家国、为党、为人民的奉献意识。在职期间只关注自己的一小摊事和一点有个人显绩的短期利益,注重"形象工程",对上级负责、对个人晋升负责,而忽视了地区发展和人民所需的长久效益。右玉精神所弘扬的正是与之相反的,对党和人民负责、对子孙后代负责的"承前启后"式政绩观;是先通过绿色生态解决群众生存、温饱问题,再通过绿色经济解决群众富裕、幸福问题的科学实干式政绩观。学习右玉精神所体现的政绩观,就是要牢记"立党为公,执政为民"的宗旨,"牢记初心,不忘使命",坚持"科学实干""久久为功"原则,正确处理好改善民生与发展经济的关系;处理好精准发力和久久为功的关系;处理好尽力而为和量力而行的关系;处理好满足物质层面需求与注重人的全面发展的关系。

(2)生态观。2014年3月7日,习近平总书记在参加十二届全国人大二次会议贵州代表团审议时指出,绿水青山和金山银山绝不是对立的,关键在人,关键在思路。保护生态环境就是保护生产力,改善生态环境就是发展生产力。让绿水青山充分发挥经济社会效益,不是要把它破坏了,而是要把它保护得更好(赵艳红、顾雯,2016)。长达70年的植树造林运动是右玉精神最集中的体现,54%的森林绿化覆盖率是右玉精神最具说服力的绿色载体。右玉造林绿化的艰苦创业实践,是绿色发展理念的生动实践。学习右玉精神,就是要学习尊重自然、保护自然、顺应自然,人与自然和谐相处的可持续发展理念;就是要学习积极改变生活方式、转变发展方式,持之以恒推进绿色事业向前迈进的生态文明建设理念。

(二)右玉精神的实践价值

(1)联系群众,抓好基层。右玉县最初绿色发展道路的制定就是第一任县委书记在乡村、在群众走访过程中发现了问题并找到了解决问题的办法。当植树造林、防风固沙的道路确定之后,又积极宣传、组织群众、联系群众,由干部牵头,带领广大群众一起干,激发群众力量。右玉县的发展过程深刻体现出"从群众中来,到群众中去"的思想原则,始终坚持问政于民、问需于民、问计于民,并且做到掌握情况到户、宣传教育到户、具体工作到户、解决问题到户,帮群众解决思想问题。增加了"向群众解释清楚"这一关键环节后,才能够"把党的正确主张变为群众的自觉行动",而这关键的一环正得益于右玉县长久以来良好的基层党组织建设。在新时代基层组织建设过程中,右玉县严格遵循以"三个导向"为抓手,加强组织设置标准化建设;以"三项机制"为抓手,加强工作机制标准化建设;以"三类特色"为抓手,加强场所建设标准化建设等手段,不断完善党联系群众的这一桥梁和纽带,增强党的工作的影响力、凝聚力和战斗力。

(2)完善制度,落实责任。空谈误国,实干兴邦,右玉精神与习近平总书记反复强调的要崇尚实干、狠抓落实的原则高度契合。2013年6月18日,习近平总书记在党的群众路线教育实践活动工作会议上强调,"有的抓工作不讲实效,不下功夫解决存在的矛盾和问题,难以给领导留下印象的事不做,形不成多大影响的事不做,工作汇报或年终总结看上去不漂亮的事不做,仪式一场接着一场,总结一份接着一份,评奖一个接着一个,最后都是'客里空'"(人民网,2016)。右玉县的树是一棵一棵人工种下的,可以说如果没有做到狠抓落实,便没有今日的绿树成荫,只会成为年年种、年年死的形象工程。在实践过程中,右玉深刻认识到要抓落实,没有成熟的管理机制和制度是不行的,必须要把任务层层分解、落实到人,使任务落实过程有布置、有检查、有评估、有奖惩。比如,右玉县在大规模植树运动中就建立起护林组织、签订护林公约、制定护林制度,同时成立专业病虫害防治机构,坚持领导要带头、责任要到人、权责要一致,让人人有任务、有动力、有压力。

(3)艰苦奋斗,久久为功。右玉县由于恶劣的自然环境和落后的经济基础限制,过去70年的发展过程可以说是艰苦卓绝、可歌可泣的抗争史。右玉领导干部和右玉人民在困难面前始终坚忍不拔,将正确的战略道路坚持到底,才实现右玉从谋生存到求发展再到宜居地的飞跃。新时代中国大部分区域已经有了一定的发展基础,这种艰苦奋斗的精神对不同层次的领导干部来说体现在不同的方面,它不仅仅是指物质上的要求,更主要的是精神层面的坚守。与此同时,行政领导干部要与时俱进、有创新精神,坚持因地制宜、因时制宜,但科学的战略、正确的方向决不能仅凭个人意志说断就断。正如习近平在党的第十八届中央委员会第五次全体会议上所指出的,"对过去既定的目标任务和行之有效的决策部署,都要继续坚持,扎实推进。决不能为了所谓的'政绩',一件事还没落实,又要朝令夕改。我们现在的所有工作,都是站在前人的肩膀上来进行的"(习近平,2015)。右玉的县委书记们就是咬定青山不放松,狠抓一条绿色道路,得到了群众的信赖与支持。对此,党的十九大报告也指出,"全党一定要保持艰苦奋斗、戒骄戒躁的作风,以时不我待、只争朝夕的精神,奋力走好新时代的长征路"。

(4)尊重科学,绿色创新。2017年10月18日,习近平在党的第十九次全国代表大会上提出,"世界每时每刻都在发生变化,中国也每时每刻都在发生变化,我们必须在理论上跟上时代,不断认识规律,不断推进理论创新、实践创新、制度创新、文化创新以及其他各方面创新"(习近平,2017)。右玉县的绿色发展道路正是一条切合自身实际的科学、创新发展道路。科学性和创新性也是支持右玉精神长盛不衰的活力源泉。从首任县委书记提出植树造林、防风固沙的绿色发展战略,到此后历任县委书记都是根据时代要求和实践经验,以科学严谨的态度和求真务实的精神,提出"穿靴、戴帽、扎腰带、贴封条"等规划,引进技术协助人才开发科学方法保证树苗成活率、培育适宜右玉栽种的新树种,摸索出树草结合、乔灌混植、以草护林、以林固沙等有效措施。学习右玉精神,就必须掌握科学、创新的理念及方法与举措,坚持学习且学以致用,在提高自身素质的同时提高工作效率。

五、习近平新时代中国特色社会主义思想指导下的生态社会主义创新发展

(一)生态社会主义的发展历程

生态社会主义在20世纪下半叶起源于绿色运动蓬勃发展的德国,它主张将生态学与社会主义原则相结合,用马克思主义解释并解决当代生态危机问题。其理论发展过程大致经历了三个历史阶段(杨丽,2019):

(1)兴起阶段。20世纪70年代,面对日益严重的生态自然危机,资本主义世界的绿色生态保护运动愈演愈烈,以鲁道夫·巴罗(Rudolf Bahro)和亚当·沙夫(Adam Schaff)为代表的共产党人开始尝试将生态保护原则与社会主义政治

运动相结合,主张生态人道主义,谋求"红色"和"绿色"的结合。

(2)繁荣阶段。20世纪80年代,威廉·莱易斯(William Leiss)、本·阿格尔(Ben Agger)和安德烈·高兹(Andre Gorz)等人从政治生态学的角度指出,生态危机是资本主义社会危机的总根源且资本主义的生产逻辑是生态危机的总根源。他们认为,资本主义生产方式追求利润最大化的内在逻辑天生内含着对生态环境的破坏,无法实现真正的可持续发展,而全球化又进一步加剧了生态危机的扩散和转移。

(3)深化阶段。20世纪90年代,在经历苏联解体和东欧剧变后乔治·拉比卡(George Labica)、瑞尼尔·格伦德曼(Reiner Grundmann)和大卫·佩珀(David Pepper)等,开始尝试用生态运动对马克思主义进行改造。佩珀提出,"生态社会主义是在彻底批判现行资本主义,也否定自称为'共产主义'的国家专制体制基础上,主张建立'一种真正的社会主义',它应该建立在这样一些原则的基础之上:'真正基础性的广泛民主、生产资料的共同所有制、面对社会需要而非市场交换和利润的生产、面向地方需要的地方化生产、结果的公平、社会与环境公正以及相互支持的社会—自然关系'"(唐超,2013)。

(二)生态社会主义的主要内容

虽然生态社会主义经历了几十年的变迁深化,流派林立,观点纷呈,但该理论体系下的基本主张均保持大体一致(刘琳,2015)。

(1)基于生态危机的资本主义制度批判。生态社会主义者从绿色的意识形态出发,对资本主义国家的资本主义生产方式、异化的消费方式和对发展中国家的生态殖民主义进行大力批判。他们承认资本主义制度所带来的大量物质财富和社会整体的现代化进步,但同时也严厉地指出这种物化的社会对人类本身精神发展和自然生态带来了破坏。高度的物质发展条件下,大量的抑郁、自杀等精神问题成为社会隐患;坚持利益最大化原则的资本主义剥削生产方式丝毫不顾及对生态环境带来的负的外部性,并毫不知耻地将生产、消费垃圾转移到落后国家,造成环境污染的全球扩张;过度的社会生产刺激了过度消费主义的流行,致使大量资源不必要的浪费、消耗。生态社会主义者认为资本主义制度就是生态危机的源头。

(2)重塑人与自然、人与社会和谐关系的生态观念。生态社会主义既反对以人类为中心的发展理念,也不赞同极端生态中心主义的片面观点。他们更希望寻求一条人与自然、人与社会、社会与自然和谐、共存的发展道路。"生态社会主义者强调未来的社会主义社会应是绿色的社会,在这样的社会中自然和生态先于一切,自然在人与自然的关系中居于中心位置,人类一切生产活动应该符合自然的法则"(刘挺,2016)。

(3)对绿色生态主义社会的构建。生态社会主义者对未来的理想社会在经济、政治、文化等方面都进行了独到的理论构建。他们认为,适度消费、量力而行的经济发展可以在保护生态环境的同时保持温和的经济增长,减少大肆生产带来的环境污染和资源消耗;基层民主的开放和保持社会公平正义的政治环境能够促进人的全面发展,减少目前资本主义制度下"人的异化"与"劳动的异化"的发生;绿色、和谐将成为主流的社会价值取向来取代资本主义社会的消费主义。

(三)生态社会主义构建下的绿色社会与右玉实践

(1)通过绿色、适度的发展模式打造人与自然的命运共同体。生态社会主义将人类与自然紧密联系在一起,认为自然为人类提供赖以生存的物质基础,而同时自然在人类的转化与互动过程中具有了一定的社会属性(甘霞、张江伟,2013)。右玉精神正是在探索人与自然和谐共处的绿色发展道路中所形成的。右玉人民通过植树造林恢复生态、积极重塑良好的自然基础,在保护环境的同时努力寻求脱贫致富的生态经济发展模式。在党的宗旨的引领下,历届领导干部坚持从绿色食品生态加工业和生态旅游业这些生态经济模式出发,通过将绿色运动与社会主义建设紧密结合,开辟出一条保护生态环境、避免生态危机的可持续发展道路,与生态社会主义的经济构想高度契合。

(2)通过基层民主政治制度建设打造绿色和谐的社会主义社会。基层组织、基层队伍、基本制度、基本能力的建设是党的工作和战斗力的基础。右玉县的绿色发展道路始终坚持"做好群众工作要有群众意识",在思想上尊重群众、感情上贴近群众、行动上服务群众,切实掌握思想政治工作方法,用群众喜闻乐见的方式开展绿色宣传教育。与此同时,右玉县委、县政府始终强调民意渠道的畅通,通过接待信访、设置爱心热线等方式,聆听和解决群众遇到的问题。组织群众积极参与民主选举、民主决策、民主管理、民主监督,在合理的范围内让群众广泛参与基层事务,保障群众的知情权、参与权和监督权。这一系列持之以恒的基层民主政治建设,将右玉县委、县政府和右玉人民紧密相连,促进右玉绿色发展道路具体事项的推动落实,让右玉精神深入人心。这与生态主义者主张关心底层劳动人民权益,建立新型的有广泛基层民主实践的政治体制的观点不谋而合(甘霞、张江伟,2013)。

（四）需要认识生态社会主义的局限性

生态社会主义是近年来西方最具有影响力的思潮之一，它具有鲜明的马克思主义色彩，为资本主义世界解决生态危机，构建全新绿色社会指出了新的思考方向，也为我国的生态文明建设提供了许多宝贵的借鉴思路，但在进行理论参考时必须要理性地分析、批判和吸收（金瑶梅，2013）。

一方面，生态社会主义诞生的现实基础与切入视角与中国特色社会主义不相符。生态社会主义是在西方高度工业化对自然环境大肆破坏的现实基础上，对生态危机根源的反思和批判。而我国作为较晚起步的发展中国家，更需要的是在以资本主义国家现状为前车之鉴的同时寻求破解之法的前瞻性、预防性视角。另一方面，生态社会主义者在表达对西方资本主义制度失望的同时，在其主张中表达了强烈的悲观主义和对资本主义制度全盘否定的极端性。与此同时，生态社会主义者所提出的社会变革往往停留在口号阶段而不顾现实，没有实际的制度、政党支持，具有强烈的乌托邦色彩。

（五）习近平生态文明思想的创新发展

在主持浙江工作期间，习近平就形成了以绿色为基调的生态文明思想，体现为以人为本、以人与自然和谐为核心的生态理念和以绿色为导向的生态发展观。党的十八大以来，以习近平同志为核心的党中央更加深刻地回答了为什么建设生态文明、建设什么样的生态文明、怎样建设生态文明的重大理论和实践问题，提出了一系列新理念、新思想、新战略，形成了习近平生态文明思想，成为习近平新时代中国特色社会主义思想的重要组成部分。

2013年9月7日，习近平在哈萨克斯坦纳扎尔巴耶夫大学回答学生问题时曾指出，"我们既要绿水青山，也要金山银山。宁要绿水青山，不要金山银山，而且绿水青山就是金山银山。"（人民日报，2013）这一生动形象的"两山"理论简明扼要地提出了止损、发展和创新三重境界，即不以生态环境为代价换取短期经济效益的增长，严格守住生态红线；全面按照五位一体战略推进、解放和发展生态生产力，推动生态经济、构建生态文明；坚持创新发展理念，"实现'生态技术''生态生产力'的根本性变革，推动生态社会新型生产关系的形成和文明的转型"（黄承梁，2018）。

习近平总书记多次在讲话中提到良好生态环境是最普惠的民生福祉，生态环境保护是功在当代、利在千秋的事业，山水林田湖草是生命共同体等绿色主张,这些与生态社会主义核心理念不谋而合。但不同的是,习近平生态文明思想是立足我国国情,从我国新时代中国特色社会主义建设实践出发,在党的领导和政府支持下,具有实际可操作性的绿色思想论断。习近平总书记针对生态文明思想及其相关战略落地提出严格要求,"生态环境是关系党的使命宗旨的重大政治问题""对造成生态环境损害负有责任的领导干部,必须严肃追责"(人民网,2018)。

2018年,习近平在全国生态环境保护大会上进一步针对"美丽中国"建设提出了"六项原则"和"五个体系"。"六项原则"即"坚持人与自然和谐共生""绿水青山就是金山银山""良好生态环境是最普惠的民生福祉""山水林田湖草是生命共同体""用最严格制度最严密法治保护生态环境"和"共谋全球生态文明建设"。"五个体系"即生态文化体系、生态经济体系、目标责任体系、生态文明制度体系和生态安全体系(新华社,2018)。黄承梁认为,"六项原则"的提出,与习近平关于生态文明建设的科学论断、思想内涵、内在逻辑相一致,具有深刻的思想性和指导性,"五个体系"则首次系统界定生态文明体系的基本框架,其中生态经济体系提供物质基础;生态文明制度体系提供制度保障;生态文化体系提供思想保证、精神动力和智力支持;目标责任体系和生态安全体系是生态文明建设的责任和动力,是底线和红线(新华网,2018)。

六、结语与展望

"右玉精神"是1949年以来右玉20任党政领导带领干部群众70年坚持不懈、"一张蓝图绘到底"、走绿色发展的战略道路,进而凝练成的宝贵精神财富。这条绿色发展道路,使得右玉这块昔日塞外的不毛之地,从存活到摆脱贫困再到迈向富而美。右玉精神的基础,是党为人民谋利益的组织宗旨、全心全意为人民服务的价值观和功在长远的干部政绩观,其过程符合高阶战略管理理论的原理和"使命—绿色资源—战略—群众—计划—执行—检查—处理"的复合过程,即MGSP-PDCA机制。右玉绿色战略所依赖的战略资源中,除了传统产业生态化和生态产业化以外,其绿色资源还包括了自然生态、历史文化和人文资源,后者又包括了本文中的"右玉精神",它使得右玉的绿色发展可以基于"旅游兴县"和"文化教育产业化"来进一步发展壮大。右玉精神在当代正发挥着丰富而重要的思想与实践价值。

现阶段的右玉绿色生态发展,坚持以"两山理论"和新的发展理念为引领,全面打响"生态右玉、西口新城"的品牌形象,提出提升绿水青山品质、共享金山银山成果的发展主题主线,大力实施脱贫攻坚、旅游兴县两大战略,更加突出改革创新、城乡统筹、生态升级、项目建设四大抓手,全力打造全国知名的生态文化旅游目的地、特色农畜产品供应地、清洁能源产业示范地,统筹推进经济、政治、文化、社会和生态文明建设,这一系列战略行动正是在习近平生态文明思想指导下的生态社会主义实践的创新发展。这一系列具有科学性、创新性的生态文明思想还将指导我国更多区域的生态文明建设,以实现美丽中国的整体发展和中华民族的伟大复兴。与此同时,习近平生态文明思想深化了对人类文明发展规律的认识,其作为可持续发展中国方案的理念将进一步为全球可持续发展贡献中国智慧。

参考文献

Barney J B. 1991. Firm resources and sustained competitive advantage[J]. Journal of Management, 17(1): 99-120.

Bryson J M. 1996. Strategic Planning for Public and Nonprofit Organization[M]. San Francisco: Jossey-Bass.

Carpenter M A, Geletkanycz M A, Sanders W G. 2004. Upper echelons research revisited: Antecedents, elements, and consequences of top management team composition[J]. Journal of Management, 30(6): 749-778.

Crossland C, Hambrick D C. 2011. Differences in managerial discretion across countries: How nation-level institutions affect the degree to which CEOs matter[J]. Strategic Management Journal, 32(8): 797-819.

Finkelstein S, Hambrick D C. 1996. Strategic leadership: Top executives and their effects on organizations[M]. St. Paul, MN: West Educational.

Hambrick D C, Finkelstein S. 1987. Managerial discretion: A bridge between polar views of organizational outcomes[J]. Research in Organizational Behavior, 9(4): 369-406.

Hambrick D C, Finkelstein S, Mooney A C. 2005. Executive job demands: New insights for explaining strategic decisions and leader behaviors[J]. Academy of Management Review, 30(3): 472-491.

Hambrick D C, Mason P A. 1984. Upper echelons: The organization as a reflection of its top managers[J]. Academy of Management Review, 9(2): 193-206.

Hambrick D C. 2007. Upper echelons theory: An update[J]. The Academy of Management Review, 32(2): 334-343.

Hart S L. 1995. A natural-resource-based view of the firm[J]. The Academy of Management Review, 20(4): 986-1014.

Hiebl M R W. 2014. Upper echelons theory in management accounting and control research[J]. Journal of Management Control, 24(3): 223-240.

Schwartz S H. 1994. Are there universal aspects in the content and structure of values?[J]. Journal of Social Issues, 50(4), 19-45.

Smith K G, Hitt M A. 2005. Great Minds in Management: The Process of Theory Development[M]. Oxford: Oxford University Press.

Waldman D, Javidan M, Varella P. 2004. Charismatic leadership at the strategic level: A new application of upper echelons theory[J]. The Leadership Quarterly, 15(3): 355-380.

Wang G, Holmes R M, Jr, Oh I-S, et al. 2015. Do CEOs matter to firm strategic actions and firm performance? A meta-analytic investigation based on upper echelons theory[J]. Personnel Psychology, 69(4): 775-862.

C. I. 巴纳德. 1997. 经理人员的职能[M]. 北京：中国社会科学出版社.

保罗·C. 纳特, 罗伯特·W. 巴可夫. 2001. 公共和第三部门组织的战略管理：领导手册[M]. 北京：中国人民大学出版社.

陈守明, 郑洪亮. 2009. 高阶理论的认知逻辑及其管理实践含意[J]. 经济论坛, 16: 4-6.

陈振明. 2011. 公共部门战略管理[M]. 北京：中国人民大学出版社.

甘霞, 张江伟. 2013. 生态社会主义视域下右玉模式的实践价值[J]. 山西农业大学学报（社会科学版）, 12(10): 977-980.

黄承梁. 2018. 习近平新时代生态文明建设思想的核心价值[EB/OL]. (2018-02-23)[2020-07-17]. http://theory.people.com.cn/n1/2018/0223/c40531-29830760.html.

霍小光, 华春雨. 2015. 真诚的交流 郑重的嘱托——习近平总书记与中央党校县委书记研修班学员座谈速写[N]. 解放军报, 2015-01-13(2).

金瑶梅. 2013. 论西方"生态社会主义"对构建中国特色社会主义生态理论的启示[J]. 当代国外马克思主义评论, 1: 230-242, 422-423.

李瑞丹. 2009. 创新过程 PDCA 循环运用初探[J]. 标准科学, 5: 71-73.

刘琳. 2015. 浅谈当代西方生态社会主义理论[J]. 决策与信息, 24: 27.

刘挺. 2016. 西方生态社会主义思想探析[J]. 河北能源职业技术学院学报, 16(03): 27-30.

彭玉鲸, 殷长建. 1999. "绿色资源"理论观与可持续发展[J]. 地质科技管理, 3: 12-17.

人民日报. 2013. 弘扬人民友谊 共同建设"丝绸之路经济带"：习近平在哈萨克斯坦纳扎尔巴耶夫大学发表重要演讲[N]. 2013-09-08(1).

人民网. 2016. 习近平总书记关于狠抓落实重要论述摘录（2012年11月—2016年7月）[EB/OL]. (2016-08-08)[2020-09-10]. http://cpc.people.com.cn/n1/2016/0808/c64094-28618582.html.

人民网. 2018. 习近平谈生态文明10大金句[EB/OL]. (2018-05-23)[2020-07-17]. http://politics.people.com.cn/n1/2018/0523/c1001-30006614.html.

唐超. 2013. 当代西方生态社会主义思想研究[D/OL]. 上海：复旦大学. [2020-08-26]. https://kns.cnki.net/KCMS/detail/detail.aspx?dbcode=CDFD&dbname=CDFDLAST2015&filename=1014442652.nh&uid=WEEvREcwSlJHSldSdmVqMDh6aS9uMTEzaTNUNmdEUFRsS0ZBclFSa0l5NDD0=$9A4hF_YAuvQ5obgVAqNKPCYcEjKensW4IQMovwHtwkF4VYPoHbKx

Jw!! &v = MTIwNTJGeXJsVUx2QlZGMjZHcmU4SE5mSnJaRWJQSVI4ZVgxTHV4WVM3RGgx
VDNxVHJXTTFGckNVUjdxZmIrUnA = .

习近平. 2011. 关键在于落实[EB/OL]. (2011-03-16)[2020-09-10]. http://www.gov.cn/ldhd/2011-03/16/content_1825728.htm.

习近平. 2015. 决不能为了所谓的"政绩"朝令夕改[EB/OL]. (2015-11-01)[2020-09-10]. https://news.qq.com/a/20151101/010496.htm.

习近平. 2017. 决胜全面建成小康社会 夺取新时代中国特色社会主义伟大胜利——在中国共产党第十九次全国代表大会上的报告[EB/OL]. (2017-10-18)[2020-09-10]. http://www.xinhuanet.com/politics/2017-10/27/c_1121867529.htm.

新华社. 2018. 习近平出席全国生态环境保护大会并发表重要讲话[EB/OL]. (2018-05-19)[2020-09-10]. http://www.gov.cn/xinwen/2018-05/19/content_5292116.htm.

新华网. 2018. 习近平生态文明思想引领"美丽中国"建设[EB/OL]. (2018-05-22)[2020-07-17]. http://www.xinhuanet.com/politics/xxjxs/2018-05/22/c_1122866707.htm.

新华网. 2018. 学习!听习近平讲什么是正确的政绩观[EB/OL]. (2018-07-25)[2020-09-10]. http://www.xinhuanet.com/politics/2018-07/25/c_1123176846.htm.

薛荣. 2018. 弘扬右玉精神 建设美丽山西[EB/OL]. (2018-04-10)[2020-09-10]. http://sx.people.com.cn/n2/2018/0410/c189130-31444394.html.

杨波. 2011. 零售业低碳化与促进中国低碳零售发展的政策选择——基于企业的自然资源基础观[J]. 财贸研究, 22(01):39-45.

杨锋梅, 曹明明, 邢兰芹. 2012. 生态脆弱区旅游景观格局研究及案例分析——以山西右玉县为例[J]. 西北大学学报(自然科学版), 3:494-498.

杨丽. 2019. 论生态社会主义及其对新时代生态文明建设的启示[J]. 新乡学院学报, 36(04):10-13.

殷鹏. 2018. 人民日报:树立"功成不必在我"的信念——学习习近平同志参加山东代表团审议时关于正确政绩观的重要论述[EB/OL]. (2018-03-15)[2020-09-10]. http://opinion.people.com.cn/n1/2018/0315/c1003-29868329.html.

右玉干部学院. 2018a. 干部党性修养案例读本:右玉精神的时代价值[M]. 北京:中共中央党校出版社.

右玉干部学院. 2018b. 右玉精神概论[M]. 北京:中国社会出版社.

张成福, 党秀云. 2007. 公共管理学(修订版)[M]. 北京:中国人民大学出版社.

张新平. 2000. 巴纳德组织理论研究[J]. 广西经济管理干部学院学报, 4:30-34.

赵艳红, 顾雯. 2016. 再用眼睛喻生态保护 看习近平的绿色发展观[EB/OL]. (2016-03-10)[2020-09-10]. http://www.xinhuanet.com/politics/2016lh/2016-03/10/c_128790510.htm.

中央党校(国家行政学院)党的建设教研部课题组. 2019. 党的领导视角下的"右玉精神":内涵与启示[EB/OL]. (2019-06-21)[2020-09-10]. http://www.qstheory.cn/llqikan/2019-06/21/c_1124655989.htm.

第十五章　互联网时代的国家竞争优势：修正波特钻石框架及中国应用前瞻*

> 在现代全球经济下，繁荣是一个国家自己的选择，竞争力的大小也不再由先天承继的自然条件所决定。如果一国选择了有利于生产率增长的政策、法律和制度，比如升级本国所有国民的能力，对各种专业化的基础设施进行投资，使商业运行更有效率，等等，则它就选择了繁荣。
> ——波特

> 未来十年，全球数字经济最重要的主题之一是数字基础设施的重构、切换与迁徙，以及基于新型数字基础设施的商业生态再造。
> ——阿里研究院

一、研究问题与文献回顾

自人类社会形成以来，竞争与合作就无处不在，人类文明史就是一部人类相互竞争与合作的历史，不同个体、族群、区域、国家之间多样化的竞争与合作相互交织，推动着人类社会不断向前发展。一直以来，国与国之间的经济竞争备受关注，如何创造或保持国家竞争优势成为政府部门和战略管理学术界关注的焦点（波特，2002；Ghemawat，2018）。实际上，在不同的历史时期，国家竞争优势的表现形式各不相同，农业文明时代的国家竞争优势往往依赖于土地面积、人口增长和农业生产率，进入工业文明以后，巨大的市场、贸易与产权制度、先进的科学技术成为国家竞争优势的核心所在。冷战结束之后，国际秩序中的多极化、全球化趋势越来越明显，产业分工、国际贸易、技术合作将各国利益紧密联系在一起。

---

* 原文系作者2018—2019年承担北京大学光华管理学院光华思想力课题"中国远望15年"子项目的一个阶段性研究成果，项目负责人为北京大学张国有教授。本次收录时增补了篇首引语，胡威为本文共同作者。

第十五章 互联网时代的国家竞争优势：修正波特钻石框架及中国应用前瞻

与此同时，电子计算机和信息技术的迅猛发展推动了互联网的快速普及，特别是 21 世纪全球新一轮技术革命和产业变革进程中，互联网与人工智能等在国家经济、文化、科技、社会、生态等领域发挥的作用越来越明显（Choi and Hoon，2009；泰普斯科特，2016；腾讯研究院等，2017）。在互联网时代，如何实现信息技术与经济社会诸多方面的深度融合发展从而凸显和构建国家竞争优势，成为战略管理领域的一个重要议题（钱颖一等，2016；周宏桥，2017）。对于中国这样的经济转型发展国家来说，如何在互联网时代有效凸显国家、区域或产业的竞争力进而取得区域乃至全球竞争优势，也是中国政府部门、产业政策制定者与战略管理学者都关注的重大理论与政策问题（黄群慧、贺俊，2013；常修泽，2013；赵刚，2017；魏际刚，2019）。

事实上，国内外文献中关于国家竞争优势的概念及内涵并没有形成统一的观点，不同时代、不同学科视角的国家竞争优势也有着不同的学术表达。1990 年，哈佛商学院迈克尔·波特（2002）教授提出了著名的国家竞争优势理论，从产业竞争角度系统地阐述了"国家因何而富强"这一重大理论问题，并指出国家竞争优势取决于产业竞争优势，而产业竞争优势又是由企业竞争战略及产业组织决定的，国家兴衰成败的关键在于能否在国际上取得经济竞争优势，其唯一意义就是提高生产力，进而满足人们不断提高的生活需求和财富要求。这一钻石框架模型为研究国家竞争优势和国际竞争力提供了基础性的方法指导。战略管理的其他一些著名学者如 Barney（1991）、Peteraf（1993）从企业层面发展了竞争优势的资源基础观，他们认为可持续竞争优势是一种高于正常收益的持续状态，它们往往来自企业所拥有的异质、稀缺、难模仿、难流动等的独特资源或要素。Stiglitz and Walsh（2002）则从理论上分析了一个国家经济增长的主要路径及体现国家竞争优势的发展过程，提出了绝对优势的概念，并认为国家竞争优势的主要来源是技术创新。另有一些学者认为，国家竞争优势就是国家为本国企业获取竞争能力、实现可持续发展而提供的发展空间，是支撑国家福利创造和正外部性经济效益的一种生产力优势（Aiginger，2006；Smit，2010）。在经济全球化背景下，国内学者关于国家竞争优势内涵的研究主要是围绕经济发展优势展开。李永发、徐松（2007）解析了中国国家竞争优势的主要来源，并认为政府行为、开放程度、劳动生产率和市场需求四个维度及其关联因素共同创造了中国国家竞争优势。康珂、倪鹏飞（2014）通过梳理国家竞争力方面的经典文献后认为，财富创造能力是国家竞争力的核心，也是国家竞争优势所在。

波特钻石框架自提出以来备受关注，被广泛应用于多层次的竞争力和竞争政策分析。Stone and Ranchhod（2006）基于波特钻石框架构建了国家竞争优势数量模型,并运用该模型分析了美国、英国及金砖国家各自的竞争优势。国内有关波特钻石框架的应用主要集中于产业分析领域。其中,顾国达、张正荣(2007)探讨了服务经济模式下波特钻石框架各要素的新内涵,通过梳理服务经济与国家竞争优势关系后认为,国家竞争优势的获得与维持取决于其服务经济的发展程度。王岚、盛斌(2011)将出口贸易视角下的中国国家竞争优势分解为内部供给能力和外部市场能力,实证检验二者的出口贸易贡献度后发现,外部市场能力是中国贸易竞争优势的主要依靠,而内部供给能力的作用还有较大提升空间。郭旭红、李玄煜(2016)以波特钻石框架为视角分析了产业竞争力的六个方面,提出战略性新兴产业必须以人力资本和技术创新为双引擎、以知识和技术为必要条件,提升产业竞争优势。

波特钻石框架的适用性或应用范围也引起一定争论,一些学者据此对其进行了修正和补充。Davies and Ellis(2000)指出,波特钻石框架在分析对象上将国家层面的贸易同行业层面的竞争相混淆,缺乏贸易和增长方面的经济学理论基础[①]。Lall(2001)认为,波特钻石框架没有给出提升竞争绩效的精确因果关系,也无法提供预测竞争优势的综合理论。Rugman and D'Cruz(1993)认为,波特钻石模型无法解释加拿大的国家竞争力来源,主要原因在于加拿大地广人稀、国内市场规模有限而对美国市场极为依赖,国家竞争优势在很大程度上取决于企业跨国经营能力,他们据此提出了基于美国—加拿大的"双钻石模型"。Cho(1994)根据韩国经济发展经验提出人的因素是国家竞争优势的核心来源,通过人力资源与物质要素结合提出"九要素模型",即通过本国人力资源创造出国家经济腾飞所需的物质要素。部分学者继续研究提出了一般化的"双钻石模型",包括如何将双钻石模型的适用性扩展到分析中小型国家的竞争优势(如韩国和新加坡),并将国家竞争力区分为宏观和微观两个层面(Moon, Alan and Alain, 1998; Delgado et al., 2012)。国内研究方面,芮明杰(2006)从产业发展角度出发,在波特钻石框架原有六个因素的基础上加入"知识吸收与创新能力"因子,以凸显国家参与国际产业分工的重要性。李琳(2007)在波特钻石模型和区域竞争力模型的基础上构建了高新区竞争力"七因素模型",该模型由六个基本因素和一个联结因素构成,六个基本因素通过联结因素(知识流动)构成相互关联的高新技术产业集群竞争力要素系统。张林、高安刚(2013)借助系统论的基本

[①] 国内的国际贸易界有研究者也据此批评国家钻石框架错误地将其核心基石建立在竞争优势而非比较优势之上,但本文作者认为,波特的框架是建立在动态战略观之上、整合式的、以政策设计为目的的,而建立在比较优势之上的国际贸易理论是静态观点、片段式、以科学解释贸易现象为目的的。参见王炜瀚(2010)的批评性意见。

原理提出了解释国家竞争优势的"S模型"理论,通过建立"要素—结构—环境—功能"的竞争力分析框架为提升国家竞争力(功能)提供思路参考。

综上所述,现有相关文献主要集中于波特钻石框架模型的实用性研究,包括在实际应用中对模型的修正和补充,以及根据研究背景、对象特征所做出的适应性改变。其中,就具体产业竞争优势的定性或定量研究较多,针对整个国家竞争优势的研究相对较少。而国家竞争优势是从全局、整体上研究单个国家的竞争力状况,包含了政治、经济、科技、文化竞争优势等多个层面,特别是在信息技术高度发达的互联网时代,国家竞争优势既可以来自有效把握互联网科技、云计算和人工智能技术带来的革命性机遇,又有赖于新时代国家继续挖掘其传统文化的战略资源优势,同时还有一国集中多种资源和政府力量助力国家产业或区域发展的推进等多重因素。本文将结合互联网时代的中国实际,对波特钻石框架进行适用性修正,以期为信息文明时代进一步构建和发挥国家竞争优势、为重点产业或区域取得国际竞争力提供新思路。

二、波特钻石框架的本质与理论背景

20世纪80年代到90年代,迈克尔·波特从产业组织、企业、国家三个层面系统地阐述了竞争力的来源问题,提出了著名的五力模型与三种一般竞争战略、企业价值链模型及国家竞争优势的钻石框架模型。波特钻石框架及其理论发展,是为了应对20世纪70年代以来美国在全球范围内遭遇的国际竞争力下降威胁——特别是日本和德国竞争力提升——的一个学术产物。事实上,美国里根政府在1985年聘任波特作为美国产业竞争力委员会主席,他开始组织包括9个国家约20位成员的国际化研究团队,对国家竞争力进行大规模的系统研究,包括在产业和国家层面的数十个案例研究及比较分析,进而提出了这一综合性理论框架(波特,2002)。正如波特在书中开篇明确指出,"以往对国家经济成功的解释,往往过于单纯化、简单化,并在遇到无数的例外情况时,仍然对这些过于单纯的说法深信不疑"(波特,2002:27),而他的这本著作就是要探讨环境(包括不同国家或地方政府等在内)对一个企业竞争优势的长期影响,更广义地说,是探讨"国家/组织之间,为什么有的能够蓬勃发展,有的则在竞争之途上败阵"(波特,2002:27)。他的目标是"**协助不得不放手一搏的企业与政府选择更好的战略、更有效地分配国家自然资源**",他(略感惊讶地)发现:"**如果企业缺少改善与创新的战略、缺乏竞争的意志、缺乏对所处国家环境的了解与改进之道,那么它就不可能达到最终的成功**(波特,2002:28)……**政府方面必须设定适当的目**

标并追求生产率,这是经济繁荣的两大柱石……政府最适当的角色是,推动并挑战产业升级,而非提供使产业逃避进步的'协助'"。他还明确地宣示:"当各国纷纷重新检讨经济结构之际,也正是选定适当竞争战略的良机。国家的经济繁荣不必借着剥削、压榨其他国家,因为各国可以在一个开放竞争与创新的世界中共存共荣。"(波特,2002:28)[①]显然,波特(2002)是利用其世界级战略管理学者的学养整合了国际贸易、企业战略、产业集聚与政府政策等多个与竞争力有关的关键因素而提出了一个以干预为目的的国家(或地区)竞争政策设计框架,并提出了国家竞争力发展的一般性四阶段理论,用以解释国家(地区)产业竞争力的兴衰根源及政策干预之路,它应该被视作一种目标宏大的入世式战略管理学术努力。正如著名战略管理学者Grant(1991)在该书出版后所评论的:波特的理论扩展了竞争战略的国际维度和动态性,具有广泛的涵盖性和重要的实践相关性,不过这些优点也带来了精确性与确定性的丧失、模糊性和预测力弱等多种代价。尽管如此,因为钻石框架模型对国家经济发展和国际贸易与投资、地区国际竞争与战略成长以及国际环境下企业竞争战略理论体系(企业—产业—国家环境)的完整贡献,波特得以攀至个人学术影响力顶峰,并得以在全球战略管理领域开山立派。自此以后,众多学者或政策制定者针对各自研究对象的不同情况,对波特钻石框架进行了多方位解读、修正和补充,形成了一套分析国家/地区/产业集群的竞争优势的理论体系、方法工具及政策框架(Huggins and Izushi,2015)。

具体来说,波特(2002)提出了两个核心命题:一是国家竞争力是由一系列产业竞争力构成的,产业竞争力钻石框架包括一国(地区)的生产要素、需求条件、相关产业与支持性产业、企业战略、企业结构与同业竞争、机会和政府六大重要因素,六大因素相互依赖、彼此互动,共同构成一个动态的产业竞争力体系。二是基于产业竞争力钻石框架的核心要素的不同和体系完备性,一个国家经济发展主要经历四个发展阶段,分别是要素驱动阶段、投资驱动阶段、创新驱动阶段和财富驱动阶段。前三个阶段是国家竞争优势发展的主要力量,通常会带来经济的繁荣,第四个阶段是经济上的转折点,有可能因此走下坡路[②]。

基于这两个核心命题,钻石框架体系在分析各国政府、国际和地区竞争力,

[①] 在2019年中美贸易摩擦激烈的时候,回顾波特的这一伟大断言尤其有益,它提示我们世界各国,尤其是中美两个大国,作为世界最大的两个经济体,都只构成人类命运共同体的一部分,在可预见的未来,以地球为载体的人类命运共同体只可能存在一个光明的未来,即"各国依靠开放竞争与创新而共存共荣",或者用费孝通的话说是"各美其美,美美与共"。

[②] 波特明确地指出,这四个发展阶段并不必然是线性、需依次经过的,如意大利就跳过了投资驱动阶段,而从要素驱动跳到了创新驱动。而在财富驱动阶段,经济迟早会走下坡路,但由于惯性,其后果显现往往有滞后,甚至几十年后才出现。参见波特(2002:550-553)。

第十五章 互联网时代的国家竞争优势:修正波特钻石框架及中国应用前瞻

评估经济体或产业竞争优势中发挥了重要的作用。就国家层面而言,波特钻石框架强调国家竞争力的唯一意义就是国家生产力及其持续增长。国家参与国际竞争的最终目标,就是要持续提高本国人民的生活水平,这一目标的实现取决于国家能否借助劳动、资本等资源要素及政策与制度环境不断提高生产力。提高生产力的首要任务在于认清竞争力的来源,实践中的国家竞争力是多元的,可划分为宏观的国家层面、中观产业层面和微观企业层面三个层次,产业是整合宏观和微观层次竞争力的关键,应当遵循"微观——中观——宏观"的逻辑思路来认识国家竞争优势,国家竞争优势取决于产业竞争优势,而产业竞争优势又是由企业竞争优势组合而成。

波特国家钻石框架产生于第二次世界大战以后主要资本主义国家的经济增长及全球化历史进程中,并随着相对稳定的国际竞争格局不断得以丰富和发展。20 世纪 70 年代以来,全球经济一体化趋势越来越明显,各国产业因分工合作需要而相继加入全球性产业行列,全球化竞争将是各国产业不得不正视的现实问题。相比国内竞争而言,企业参与国际竞争后会面临诸多差别(胡列曲,2004),包括国家间不同的资源要素禀赋、不同的劳动力成本、差异化的市场环境和法制环境等,充分了解所在产业结构、分析竞争对手并找到竞争优势来源才是企业应对国内和国际两方面竞争的根本出路。上升到国家层面,波特提出了若干核心问题,即成为有竞争优势的国家需具备哪些条件,而具备竞争优势的国家其汇率是否能促使本国产品价格在国际市场上具备竞争力,是否应当追求足够的贸易顺差,是否能提供充分的就业机会,以及是否能保持较低的单位劳动成本。在对美国、英国、日本、德国等十个发达经济体近百种产业进行归纳分析后,波特逐渐形成了国家竞争优势的核心理论和观点:国家竞争优势不是靠继承资源禀赋而来,而是来自产业创新与竞争战略升级,来自四大内生变量和两大外生变量构成的能形成竞争环境和创造竞争力的、动态的钻石框架系统(许晓茵,2004)。

值得强调的是,波特的国家钻石框架模型主要基于 1945 年以后至 80 年代的美、英、德、意、瑞等老牌资本主义工业化国家及日本、韩国和新加坡等新兴工业化经济的经验归纳,这一阶段是国际上政治环境相对稳定、经济全球化稳步推进、工业经济及工业文明仍然发挥重要作用的时代。虽然,从 1945 年计算机出现开始,人类经济可以看作进入了第三个文明——信息文明时代(周宏桥,2017),但直至 20 世纪 90 年代初中期,由于信息服务业、信息技术与知识经济尚未进入全面发展阶段,因而这一理论框架的社会经济背景是工业文明向信息文明过渡期的以发达经济为主要对象的理论概括。事实上,自 21 世纪 10 年代初中期,随着互联网和智能手机及3G、4G、5G等通信技术的发展,新一代以IT技术、移动互联网以及云计算、人工智能为代表的信息文明与知识经济正在蓬勃发展(芮明杰,2006;周宏桥,2017;腾讯研究院等,2017),来自中国、印度等新兴经济体的竞争力量正在快速发展,经济全球化发展也产生新的变化特点(格玛沃特,2010),因而,相关的国家与企业竞争优势的模型需要得到调整、更新乃至重大变革(张涛,2019),这正是本文讨论的国家竞争优势理论发展的重大社会经济和政治新背景。

三、互联网时代的技术机遇、需求主导及政府的战略作用

1. 互联网时代的全球化:"大笼子中"的半全球化

彻底的经济全球化是完全的全球融合,与之相对的则是完全孤立,而世界的真实情景处于二者之间,即全球化的不完全状态或半全球化特征(格玛沃特,2010)。自第二次世界大战后,全球经济一体化进程极大地提高了全球融合的程度,21世纪信息和通信技术的(ICT)[①]发展也极大地促进了全球融合的程度,但距离完全融合状态仍有较大差距,特别是2001年的"9·11"恐怖袭击爆发后,全球化和文明多样性的矛盾进一步激化。全球化的致命弱点在于,政府是每个国家的政府,市场却是全球性的,追求彻底的全球化可能会导致国家之间因价值观或发展理念不同而产生矛盾激化(格玛沃特,2010;张嵎喆、王俊沣,2013)。事实上,在20世纪90年代中期与波特合作研究印度产业竞争力的哈佛商学院印裔教授格玛沃特(2010)在21世纪中期根据他观察的国际环境真实状况提出了修正性的"半全球化观点"、国家差异"CAGE框架"(中文含义为"笼子")与国际化企业"3A战略"。这里所谓的国家差异"CAGE框架"是指,全球化中的不同国家或产业之间存在文化(culture)、行政(administration)、地理(geographic)、经济(economic)四个维度上的距离或差异[②],可以运用这一分析框架来发现差异、了解外来者劣势、对比外国竞争者、对比市场和运用距离修正市场规模等。国际化企业"3A战略"是指,在各国存在明显差异的条件下,国际化企业要综合运用适应(adaption)、集群(aggregation)和套利(arbitrage)的一套整合战略三角来最大

[①] ICT(information,communication,technology),即信息和通信技术,是电信服务、信息服务、IT服务及应用的有机结合,它能全面准确地反映支撑信息社会发展的通信方式,同时也反映了电信在信息时代职能和使命的演进。华为就是ICT中兴起的来自中国的代表性企业。

[②] CAGE框架在国家和行业层次上都可以运用,即行业不同会影响两国之间距离的重要性,或者说这种重要性会随行业不同而变化。参见格玛沃特(2010)第二章的讨论。

化地创造经济价值①。根据格玛沃特的观点,"半全球化"在未来数十年甚至更长时间会持续存在,可以运用 CAGE 差异分析和 3A 战略来补充国际竞争与行业分析,提升国际企业在国际竞争中的竞争力和可持续竞争优势。

本文作者赞同格玛沃特关于世界处于半全球化状态并且将持续数十年甚至长期存在的观点。事实上,作者认为,波特在 20 世纪 70、80 年代对于全球经济一体化的估计相对乐观,而对于国家之间的差异(如 CAGE 框架的多维差异)分析不足。不仅如此,作者认为,虽然 21 世纪以来,以互联网为代表的 ICT 技术的发展使得世界经济体之间的联系成本大幅下降,但以"L-CAGE 框架"为主要维度的国家差异将持续存在,并且将持续影响产业与企业的国际竞争力。这里所谓的"L-CAGE 框架",是在格玛沃特 CAGE("笼子")框架的基础上,附加了一个重要的语言(language)因素,因为,在互联网时代,语言的传播交流成本下降,而不同国家或民族的语言会极大地影响人们的思维模式、交流方式和国家文化,从而影响社会经济的发展和竞争力状况。因此,作者将未来的全球化,称为"语言笼子"中的半全球化,或"大笼子"②中的半全球化。

值得强调的是,在互联网时代的半全球化阶段,亦即"大笼子"中的半全球化阶段,国际贸易、全球资本流动均受到不同程度的限制,核心技术、人才及劳动力的跨国转移也面临着政策障碍和不确定性,如 2019 年中美贸易摩擦的状况。就发展中国家而言,既要适应全球市场的跨国整合,充分学习发达市场经济的技术与经验,又要充分把握"大笼子"中半全球化中不同国家有距离的文化、政策和经济体制,通过持续推进的技术创新和产业升级来塑造、保持或扩大本国的竞争优势③。

2. 互联网技术革命带来千年一遇的信息文明新机遇

以 ICT 技术为基础,以数据资产为核心,以数字化、网络化、智能化为主要特征的信息文明,摆脱了经济增长主要依靠大量物质投入和边际产出递减的传统发展模式,为发展中国家赶超发达国家提供了千载难逢的发展机会(曾鸣,2018;

---

① 3A 战略构成了一个市场全球化(适应与集群权衡)和生产全球化(利用套利来获得绝对经济优势)的三角形,可以根据 3A 战略三角的特点来区分企业全球化战略的特点或阶段,评价战略方案,提升国际企业全球化经济绩效。

② 因为 L 也是 Large(大)的首字母,为记忆方便,故将 L-CAGE 称为"大笼子"。

③ 国际著名华人管理学者陆亚东教授曾在 2011 年将以中国为代表的后发展经济中跨国企业模仿创新的经验概括为"China 框架",分别代表组合能力(combinative capability)、艰苦生存精神(hardship surviving)、商情能力(intelligence capability)、组织网络和联系能力(networking capability)和吸收能力(absorptive capability)五种主要能力。参见 Luo,Sun and Wang (2011)。

周宏桥,2017,2019)。从人类社会发展和文明形态演变的进程来看,农业文明和工业文明阶段的基本特征表现为物质的生产和再生产,借助于两次工业革命带来的生产技术变革和要素配置效率提升,人类完成了从农业文明到工业文明的过渡。信息文明阶段是随着电子计算机和互联网的发展和普及而形成的,超越了工业文明阶段的人类进步形态。信息文明阶段伴随着信息的大量生产、消费和传播,实现了生产生活各领域数字化、网络化、智能化的融合,大数据、云计算、物联网、区块链、人工智能等新兴业态的飞速发展和广泛应用,使得工业文明阶段国家之间因资本、技术、市场等差距而形成的发展鸿沟不再难以逾越(腾讯研究院等,2017)。事实上,中国的5G、电子支付、大数据和人工智能(AI)等产业已经开始接近或达到世界先进水平,具有了国际竞争力。大量的传统产业在新一轮的互联网与新技术革命的驱动下,正涌现出越来越多的变革和新发展机遇,智慧地球、智慧城市正成为现实,组织与企业的数字化转型正方兴未艾,智能商业和智能战略将成为未来大趋势(曾鸣,2018,2019)。

3. 以用户为中心的物联网、智能经济时代正在来临

从IT产业和互联网发展的技术周期来看,存在着每15年左右的一个技术周期(周宏桥,2017:189),即IT产业起步期后,1965年大型机革命(以IBM发展出第一台大型计算机为代表),1980年的PC革命,1995年互联网革命(以20世纪90年代中后期亚马逊、谷歌、腾讯、阿里巴巴等开始建立和应用互联网为代表),及2010年的"大智慧云"革命(大数据、智能终端、移动互联、云计算)。从技术发展看,2020—2035年可以称为"物联网"时代,它将是信息技术改天换地的大变革时期,以万物互联为主要特征;2035—2050年,人、机、物三网融合的"智能经济"时代将逐步形成(周宏桥,2017:190)。

在互联网革命后,IT技术的发展使得用户开始成为市场供需两方的主导力量,原来以生产者为主导的企业竞争战略理论(以产业组织为基础的波特五力模型等)开始让位于需求侧战略与商业模式创新理论的发展(Priem,Butler and Li,2012,2013),在企业战略理论的范式上也发生了从定位、资源基础观到动态能力、动态战略范式和复杂适应系统的转变(Teece,2007;Yoffie et al.,2015)。实际上,那些距离中国互联网企业实际操作较近的理论家已经敏锐地观察到新的战略理论范式的必要且重要,大力呼吁人们加入平台与生态战略(陈威如,2013;陈威如,2016;刘学,2017)、智能商业与智能战略的大潮流中(曾鸣,2018,2019)。

互联网革命后企业战略的经济学基础与传统经济学的差异在于需求主导、

场景驱动、体验价值和长尾效应,以及所谓的网络经济的三大定律。前一方面导致场景定位、个性化营销、产品/服务创新、超级 IP(知识产权)与大规模定制等纳入竞争战略体系(吴声,2015,2017);后一方面导致网络效应、平台经济与生态共同体构建、智能商业等成为战略竞争的核心武器(陈威如,2016;曾鸣,2019)。实际上,人们普遍认识到 21 世纪网络经济所催生的数字经济依赖于与传统不同的经济价值规律,这其中包括所谓的网络经济的三大定律:①梅特卡夫定律,即网络的价值总和与网络参与成员数目的平方成正比[①]。也就是说,加入一些成员可以显著增加所有成员的价值,在网络经济里较小努力可以得到大收获,大网络可以有巨大收获。②报酬递增定律,即网络的价值会随着成员数目的增加而急剧膨胀,而价值的膨胀又会吸引更多的成员加入,如此反复循环、自我强化,网络会奖赏成功者让它们更成功,因为它遵循报酬递增定律。③爆炸性成长定律,即网络组织在开始培养自身时成长是较小的,一旦建立网络组织后只需注入少量的才智即可得到巨幅的成长。正是基于这些网络效应和数字经济的新规律,人们才可以理解类似中国互联网支付、蚂蚁金服、滴滴出行和快手、抖音等行业或企业的快速增长与发展(曾鸣,2019)。

4. 互联网时代的政府——数字基础设施的提供者、促进者

互联网时代的数字基础设施同公路、桥梁等传统基础设施一样,是维护经济社会运转的重要载体,承担着信息社会多方面的基础功能,如信息传递、电子支付、云数据、云计算等,它们有力支撑了数字经济的平稳运行。中国政府在以打造"数字中国"为目标的基础设施建设过程中发挥了重要作用,但是核心基础设施和关键技术长期依赖发达国家尤其是美国的局面并没有得到实质性改观。就国家可持续发展和战略安全的角度而言,政府应当成为数字基础设施的提供者、促进者,从资本、技术、市场多个角度推动数字产业链的快速发展,包括芯片、存储器、服务器等硬件设施的研发攻关,以及操作系统、基础数据库等软件设施的开发合作,确保核心关键设备和技术的自主可控。同时积极为本国企业引进、消化、吸收发达国家的先进数字技术创造条件,通过推进国产替代计划致力于打造

---

① 罗伯特·梅特卡夫(Robert Metcalfe),1946 年出生于纽约,美国科技先驱,提出了梅特卡夫定律(Metcalfe's Law)。其内容是:网络的价值等于网络节点数的平方,网络的价值与联网的用户数的平方成正比。根据此定律,使用网络的人越多,网络产品变得越有价值,因而越能吸引更多的人来使用,最终提高整个网络的总价值。例如,一部电话或电脑没有任何价值,几部电话或电脑的价值也非常有限,成千上万部电话或电脑、手机组成的通信网络才把通信技术的价值极大化了。当一项技术已建立必要的用户规模,它的价值将会呈爆炸性增长。一项技术多快才能达到必要的用户规模,这取决于用户进入网络的代价,代价越低,达到必要用户规模的速度也越快,所以很多网络产品初期往往实行免费或低价政策。

优秀的数字基础设施自主品牌和数字知识产权专利,鼓励、引导更多企业参与本土化研发和本地化服务。

四、互联网时代基于中国情境对波特钻石框架的修正

1. 发展型政府在中国经济转型发展中的重要作用

政府在波特钻石框架中的作用,在于其对四大基础因素的影响,既包括对供给端的生产要素、要素配置状态以及需求端的购买条件、消费市场等的积极引导,也包括通过各种法律法规、政策手段影响企业的发展战略、竞争策略,进而影响产业布局、产业结构及相关产业的发展态势(波特,2002)。

发展型政府是中国经济发展与转型的政治保障和历史现实,也是财政分权与政治问责制度下的地方经济增长的核心推动力量(郁建兴、高翔,2018)[①]。改革开放以来,政治集权和财政分权两大制度安排塑造了中国各地政府政治上追求晋升和经济上追求独立的发展型特征:能够调动地方政府积极性、维系经济高增长的制度被认为是好的制度安排;中央政府将GDP增长情况作为考核地方政府官员政绩的重要参考指标,地方经济发展状况直接同当地官员的任免和晋升挂钩(周黎安,2007)。然而问题是,片面追求高增长忽视了民生与和谐,牺牲了公共利益,这一发展模式从长期来看不可持续,需要进行调适和转型。发展型政府的优势在于在经济转型发展过程中产生积极作为,同时又可以因势利导、适时调整。比如,在经济上引导产业升级和结构调整,推进工业化和城镇化,不断改善民生和增加就业、消除绝对贫困,实现绿色可持续发展(厉以宁,2013)。实际上,在社会经济发展的不同时期,"为增长而竞争"与"为和谐而竞争"都是中央政府激励地方官员的合理制度安排,只是二者分别适用于不同的发展阶段(陈钊、徐彤,2011),并且需要采取与之配合的官员问责与政治制度安排来产生整体性合意效果(郁建兴、高翔,2018)。

值得强调的是,在互联网时代,基于中央政策推动和地区经济发展竞争之中

---

① "发展型政府"的概念诞生于对日本、韩国和中国台湾地区的研究。所谓"发展型政府",意指通过产业政策推动经济成长的政府,这样的政府拥有一批具有强烈发展意愿的精英,他们不受社会力量或利益集团的左右,有能力自主地制定高瞻远瞩的发展战略,并最终将有限的资源动员起来通过产业政策的实施推动所管辖地区的产业发展和经济成长。之后,在国际比较政治经济学界,一大批学者将有关思路从东北亚拓展到其他地区和其他历史时期经济发展的研究,从而使发展型政府学派发展壮大,并将发展型政府进一步解读为对西方新古典主义或新自由主义发展模式的挑战,也就是将政府主导型发展视为有别于自由市场主导型的新发展模式。

的省市级政府可以在"互联网+"热潮中发挥重要的主导产业选择、数字基础设施建设和人才集聚等作用,甚至有可能借助独特的地理资源和要素优势,在一些新兴产业,如大数据与服务、云计算、智能物流、人工智能等领域取得领先地位。[1] 根据目前的经济社会情境,地方发展型政府可以采取的主要政策手段包括:①根据区域特点和优劣势,制定适合本区域的互联网主导产业或服务业发展规划;②利用园区规划和企业招商引资等措施扶持核心或龙头企业在本地发展;③利用土地、税收和人才等方面的优惠政策促进相关产业的生产要素在区域的集聚和发展;④在可能的情况下,政府作为产品的使用者,对互联网相关产业及产品需求(如电子政务等)进行政府采购,促进相关市场的启动和产业的发展壮大。

2. 巨大市场红利、平台型战略及人力资本多样性的影响

在互联网时代,新技术革命推动中国产业不断升级,波特钻石框架的基础要素也逐渐由低层次向高层次提升,各类生产要素多样化趋势明显,中国持续多年的基础设施建设和产业发展政策也为资本积累创造了良好的条件。事实上,中国教育体制改革过程中培养了大量各层面专业型人才,例如2018年全国高校毕业生达到820万,人力资本质量也显著提高,使得"人口红利"逐渐消退的大背景下"人才红利"逐步释放。

相对国际市场来看,中国新兴互联网产业和企业享受了非常重要的、巨大的市场红利,即总量众多的产品/服务需求、众多参与者构成的巨大网络价值和个性化服务体验价值等。这方面的典型例子,前有阿里巴巴的蚂蚁金服(余额宝)、腾讯微信的扩展,后有抖音、快手等短视频头部企业的发展。事实上,它们的日常活跃用户往往达到数亿人[2],进而使得其网络价值成几何级数放大或倍增。企业瞄准用户的特定刚性或高频需求,通过互联网和大数据与智能化寻找新的生产与营销模式,克服用户痛点,提升顾客价值,加快实现网络产品、服务的更新换代;个人则借助互联网实现消费的个性化、即时化,获取更便捷、更合意的消费体验;相关产业及支持产业也在产品的迭代和服务交付中得到更新与完善,形成新的产业生态与价值网络体系。在这个过程中,主导性互联网企业也在坚守战略准则、加快产品迭代和扩展市场需求中发展为规模巨大、充满活力的平台与生态型企业(陈威如,2016)。这方面的典型案例,包括阿里巴巴、腾讯等众多

---

[1] 这方面的一个典型案例是贵阳市最近十年来在大数据和存储等产业的快速发展,参见下文的分析。

[2] 活跃用户可以根据使用时间长度分为日活跃、周活跃或月活跃用户,它们分别需要在每天、每周或每月中使用该应用一次。

业务的发展,这些企业的市场价值也在全球获得认同(曾鸣,2019)。

事实上,在互联网时代,企业战略、结构和同业竞争仍然是产业竞争优势钻石框架的核心驱动因素和基石(陈威如,2016;曾鸣,2019),企业管理者和政策制定者应以市场为导向,以产品、服务为载体,实现以创新为支撑的竞争优势,才能够获取企业的持续发展。事实上,创新既是重要的国家战略也是必不可少的企业竞争战略,互联网时代的企业竞争,在互联网时代初期更多表现为创造和组织知识及智力资本能力的竞争,企业未来的收益潜力则更多依赖于企业质量和智力资本的规模,包括人力资本和结构资本(王珺,2000);而在移动互联网和物联网时代,企业竞争的深度和层面不断提高,将成为创造力和智能商业的竞争(曾鸣,2019)。

3. 中国传统文化和辩证整体思维方式的现代影响

当前传统文化在国民经济与社会发展中的作用进一步凸显,作为一项独特的战略资源,它的挖掘和提升对提高国家长期竞争力具有非常重要的影响。2014年5月4日,习近平总书记在与北京大学师生座谈时说:"中华优秀传统文化已经成为中华民族的基因,植根在中国人内心,潜移默化影响着中国人的思想方式和行为方式。"(习近平,2014a)同年9月24日,他在纪念孔子2565周年诞辰国际学术研讨会上指出,"优秀传统文化是一个国家、一个民族传承和发展的根本,如果丢掉了就割断了精神命脉""要努力实现传统文化的创造性转化、创新性发展,使之与现代文化相融相通"。(习近平,2014b)

在互联网时代,中华优秀文化传统特别是辩证整体思维已成为中华民族突出的竞争优势,是深厚地植根于中国人内心的文化软实力,它在世界经济和文化交流中可以提高国家竞争力和影响力,具有极强的开放性和包容性。事实上,早在20世纪80年代,一批有志于探求中国现代化道路的学者就对中国传统文化特别是中国思维方式的优长短弱进行了深刻的探讨与反思。例如,北京大学著名哲学家张岱年就认为,中国传统哲学思维方式具有:①辩证思维特征,即一方面强调整体观点,一方面又认为事物包含相互对立统一的两面;②中国传统思维重直觉,而分析方法不发达。"到15世纪,西方转入近代,西方近代哲学与近代实证科学相携并进,超迈前古,中国落后了。我们现在的任务是积极进行改革,赶上西方的步伐。我们要努力创建适合于新时代的中国新文化。在创建中国新文化的过程中,必须致力于思维方式的变革更新。"(张岱年等,1991:15-16)他提出的方向就是在坚持和发扬中国辩证思维优点的基础上,"大力学习西方的分析方法,致力于分析思维的精密化。同时,致力于辩证思维的条理化,实现辩证思维与分析思维的统一。"①(张岱年等,1991:17)事实上,包括庞朴、冯契、李泽厚等在内的众多中国当代哲学家和思想家也都认同此"扬弃"立场和基于辩证整体思维进行东西文化融合的观点。在管理学领域,陈明哲教授在2002年就撰文阐释中国式辩证思维在"超越悖论"方面的重要价值与意义(Chen,2002),他同时认为中国在哲学理念和实践经验方面有优势而西方在系统知识和工具化(器具)方面具有优势,因而,他在全球管理学界大力倡导东西文化双融(Chen,2014),并且认为其本质就是"矛盾的对立统一"或"阴阳辩证统一"(Chen and Miller,2010),并将其广泛地应用于诸如企业竞争—合作关系、东方(哲学理念)与西方(科学知识)的整合等方面(Chen and Miller,2010)。事实上,他本人在国际管理学界"竞争动态"理论的发展就是东西方文化融合创新并取得全球影响的典型范例(Chen,2016)。

在互联网时代的全球经济竞争中,这种以辩证整体思维为核心的文化双融有什么重要价值吗？必须指出,在波特提出钻石框架不久,就有一些对文化敏感的欧美管理学者提出国家文化对国家竞争力有重要作用,需要补充进该体系。事实上,关于这一主题的重要性,可以追溯到1980年荷兰管理学家霍夫斯泰德出版的专著《文化后果》(Hofstede,1980),在此书中他提出了权力距离、不确定规避、个人/集体主义、男性化/女性化、长期观点等因素的工作影响问题。在国际战略管理领域,除了前面所说的华人学者陈明哲(Chen,2002),印裔美国战略学者格玛沃特是另外一位较系统地处理国家文化和社会经济差异问题的学者,他所提出的"半全球化"观点和"CAGE框架"(格玛沃特,2010)较系统地探讨了国家差异及其战略应对这一主题,不过他的框架对文化差异的处理尚不够深入。近十年来,关注创新的华人独立学者周宏桥则从创新实务视角,系统地融合东西方的辩证系统思维方法,提出了一套适应21世纪信息文明时代、特别是从2010年开始的移动互联网时代的"半面创新"战略框架(周宏桥,2017),试图从历史和逻辑两方面回答"人类商业创新创造何以可能"的问题(周宏桥,2019)。从本质上看,"半全球化"与(东西)"文化双融"思维模式是高度一致的,并且符合东西融合的"辩证整体思维"偏向。本文作者认为,融合西方形式逻辑的更加条理化的中国辩证思维、直觉与整体思维,在未来的互联网时代特别是物联网时代的创新创造过程中,将会发挥非常重要的作用并产生重大价值,这是因为:①互联网时代的世界是一个整体联系和复杂动态的世界,对它的认识、改造和创设需要

---

① 张岱年还敏锐而正确地指出,"中国古典哲学的辩证法与西方哲学的辩证法,亦有不同之处。中国比较强调对立的交参与和谐;西方比较强调对立的斗争与转化。但是,肯定对立的统一还是共同的。"他因此认为应该坚持唯物主义辩证法,"致力于传统哲学辩证思维的提高与改进,致力于辩证思维的进一步条理化",参见张岱年等(1991:16)。

中国这种强大的辩证整体思维文化偏向来加以支撑(张岱年等,1991)。②互联网时代作为一种后工业化社会和知识经济时代,它与前工业时代有一定的相似性,而中国的辩证、直觉、整体思维偏向和"实用理性"在农业文明时代(直至1405年)已被证明有巨大的创造力和适用性,正如历史上无与伦比的"唐诗宋词",它也可以产生巨大的创造潜力(周宏桥,2017)。③在互联网时代,以阿里巴巴、华为为代表的一批以中国式辩证整体思维——阿里"太极"文化和华为"灰度哲学"——为底蕴、吸收西方文化精华的互联网或者ICT企业的全球崛起,也部分证实了在全球化竞争中这一"文化双融和半全球化"思维的巨大价值(马云,2014;任正非,2010)。④21世纪的互联网时代,是中国现代化发展的关键时期,全世界各国共同建设和共享一个和平与智慧地球的历史使命不会改变也不应改变,特别是最近十年以来,以习近平为领导核心的中国率先提出了"构建人类命运共同体"的号召与倡议,表明中华优秀传统文化不仅可以为中国参与国际竞争注入持久动力,同时也可以为全世界探索现代性发展提供一种新的可供参考的文明发展范式(孙国栋,2018)。

基于以上多方面的原因,考虑弘扬中华优秀传统文化必须同新时代经济发展相协调,同当代中国面临的国际挑战相适应,同中国现代化进程相促进,并根据未来中国成为创新强国的历史使命,我们认为中国传统文化也需要不断进行创造性转化和创新式发展。本文作者认为:在互联网时代的全球竞争力模型中,需要将国家深层文化或思维偏向作为一个重要的补充影响因素纳入修正的钻石框架模型中;基于中国情境和未来竞争要求,这一深层文化因素可以概括为"文化双融和半全球化思维"(见图15.1):它以中国式辩证、直觉、整体思维为基础,融合西方分析思维等偏向,形成了一种融竞争与合作、分析与综合、模仿与创新、全球化与本地化于一体的"执两用中型"哲学与文化特性。

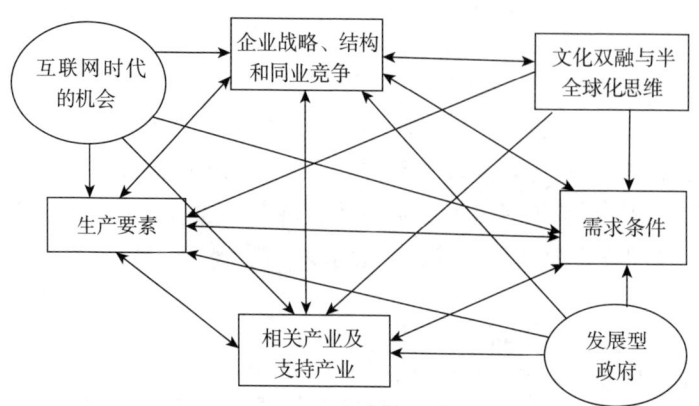

图15.1 互联网时代的国家竞争力:基于中国情境的修正波特钻石框架

4. 迈向一个新整合：文化加强型新钻石框架

波特钻石框架为各国政府和国际组织分析、评估国家区域或产业竞争力提供了重要的理论和工具，互联网时代中国国家竞争优势的基本逻辑仍然符合波特钻石框架模型，同时必须与中国实际相结合，形成独具特色的"中国钻石框架"及应用理论。为此，本文提出一个基于中国情境的整合的文化加强型钻石框架，如图 15.1 所示。它包括以下三类、七大要素：①中国巨大市场红利创造的需求条件，丰富的多层次的生产要素，创新引领的企业战略、结构和同业竞争，以及相关产业及支持产业等四大基础要素。②互联网时代的机会、发展型政府作为两大辅助要素。③以中国辩证整体思维为核心的"文化双融与半全球化思维"作为深层结构性文化加强型因素。包含以上七大要素（4+2+1）的修正型波特钻石框架，融入了互联网时代中国的典型政府特征、产业竞争新特点及全球战略思维的新变化，同时，国家竞争优势也不仅依赖于四大基础要素和"2+1"三个辅助要素本身水平的高低，更取决于基础要素内部的相互作用及其各自与辅助要素之间的互动程度。图 15.1 所示的七大要素在总体结构上形成了一种"文化加强型"（第七要素）的"钻石框架"，共同凸显互联网时代中国产业竞争优势的来源及其构成关系。

值得强调的是，图 15.1 中我们所强调的影响产业竞争力的国家文化因素（文化双融和半全球化思维），主要是指改革开放以来中国以辩证整体思维为核心的融学习与创新、全球与本土、竞争与合作、知行合一的"执两用中型"哲学思维方式或偏向。实际上，中国人的"长期导向""天人合一"和"实用理性"等文化特质（张岱年等，1991；黄光国，2013）也对拓展市场需要、制定长期性企业战略和发展产业竞争生态有重要的正面影响作用。例如，中国人长期浸染其中的"天人合一"就可以对环保与生态产业发展产生积极的影响，而其弊端"主客不分"则会对实证科学和精准知识生产带来负面影响（黄光国，2013）。因此，尽管它们在逻辑上都可以被纳入"变革更新的中国文化"这一更为包容的文化范畴之下，不过，在具体应用中，我们对于此文化范畴的核心内容、要素所蕴含的东西方文化的优长以及它们对其他钻石框架要素的影响等都要具体问题具体分析，以便获得更为精准和系统的判断与结论，从而更为有效地达成中国文化的现代性转化与创新发展效果（韦政通，2005）。此外，需要指出的一点是，在互联网时代的产业发展中，发展型政府在产业发展初期可能发挥了扶持主导企业、培育相关支持生产要素等作用，但从长期来看，产业竞争力的主导力量还应该是市场中的企业及支持产业,发展型政府在培育产业竞争力过程中应调整角色,逐步从直接扶持者变为间接政策引导者,从特惠型支持改变为普惠型支持,由发展型职能为主转变为服务型职能为主。

五、 修正波特钻石框架对中国的应用分析

根据分析的目的,图15.1所示的修正波特钻石框架可用于产业、区域、企业竞争力分析等多个层次,本文以下分别从深圳市、浙江省和贵州省相关产业层面进行典型案例的应用分析。

1. 深圳市互联网产业及其核心企业发展

作为全国科技创新城市,深圳已成为国内信息与通信技术及互联网产业发展最活跃、集聚效应最突出的地区之一。信息技术及互联网产业属于深圳市战略性新兴产业,在经济发展中的作用举足轻重。全市资本、人才等要素活跃程度较高,为信息产业发展提供了丰富生产要素,2018年常住人口净增49.83万人,金融业增加值3 067.21亿元,比上年增长3.6%(深圳市统计局、国家统计局深圳调查队,2019)。信息技术及互联网市场需求旺盛且规模不断扩大,相关及支持产业配套完善,企业积极参与产业链竞争。据统计,目前深圳市已建成互联网产业园区14个,2018年全市信息技术产业增加值4 772.02亿元,同比增长10.9%,占GDP总量的19.70%,从事信息与通信技术及互联网行业的市场主体超过10万家,对地区经济增长的贡献度超过30%。横向比较来看,深圳市软件产业增加值占全国的七分之一,信息及通信制造业增加值占全国近两成,互联网产业增加值占全国10%左右。

早在2009年,深圳市政府印发了《深圳互联网产业振兴发展规划(2009—2015年)》以及《深圳互联网产业振兴发展政策》,对智能制造、交通物流、电子商务、互联网+、金融科技等领域做了具体规划,每年安排5亿元财政资金用以扶持互联网企业发展,近年来支持举措不断加大(见表15.1)。对标国际先进城市和地区的做法为深圳赢得多个世界级产业优势,以计算机、通信和电子设备制造业为代表的信息科技企业走在国内同行前列,部分领域接近或超过国外领军企业,开放包容的城市环境孕育了大批诸如华为、中兴、腾讯、迅雷、金蝶、梦网科技等知名互联网企业。福布斯2017年发布的"中国创新能力城市排行榜"中深圳位列第一(不含港澳台地区),世界知识产权组织发布的全球创新指数显示深圳

近年来 PCT[①] 专利申请年增长率在全球热点创新区域集群中排名第二,领先硅谷。

表 15.1　近十年深圳市促进互联网产业发展重要政策举措

时间	重要举措
2009 年 12 月	《深圳互联网产业振兴发展规划(2009—2015 年)》 《深圳互联网产业振兴发展政策》
2011 年 8 月	深圳移动互联网产学研资联盟成立
2014 年 3 月	《深圳市人民政府关于支持互联网金融创新发展的指导意见》
2015 年 7 月	深圳市互联网金融协会成立
2018 年 6 月	《深圳市工业互联网发展行动计划(2018—2020 年)》 《深圳市关于加快工业互联网发展的若干措施》
2018 年 9 月	深圳市工业互联网产业联盟启动

观察深圳互联网产业的迅猛发展,可以发现其主要经验在于:①自 20 世纪 80 年代末以来中国通信设备和信息服务业的巨大市场需求给了深圳企业(如华为、中兴)充分的发展机会;②深圳作为改革开放特区吸引了大量的产业生产要素(如高技术人才、管理者和创业者)集聚特区;③深圳地方政府提前制定和颁布 3—5 年的产业发展规划或计划,设置互联网产业园区,并通过产业扶持资金、土地和税收政策优惠推动相关产业要素集聚和龙头企业发展;④众多互联网企业通过战略创新、激烈竞争和协同谋求共同发展;⑤深圳特区自 1992 年进一步扩大改革开放以来所弥漫的创业创新精神和敢想敢干的文化氛围;⑥21 世纪特别是 2010 年以来移动互联网及 ICT 新发展给互联网产业企业发展带来了新机会,例如给腾讯微信业务带来的历史性发展机遇。实际上,腾讯围绕微信和其他业务平台的巨大用户资源,正加紧在云计算、智能制造和人工智能等新领域实施开放创新战略,有望在不久就形成一个巨大的平台化互联网生态企业帝国(腾讯研究院等,2017)。

2. 浙江、贵州的数字经济及大数据产业发展

数字经济是主要以数字化知识和信息技术作为关键生产要素,以现代信息网络作为重要载体,以信息通信技术的有效使用作为效率提升和经济结构优化的重要推动力的一系列重要活动(马化腾等,2017)。2018 年 11 月,习近平主席

---

① PCT 为 *Patent Cooperation Treaty* 的缩写,指《专利合作条约》。

在给第五届世界互联网大会的贺信中提出,要加快数字经济发展,为世界经济发展增添新动能。以浙江、贵州为代表的区域经济体在互联网、大数据等战略性新兴产业带动下形成了新的经济增长极,赢得了新的竞争优势。

作为全国唯一一个信息经济示范区,浙江依托两化融合发展,信息技术对产业与经济的转型升级步伐不断加快,有力地促进了区域经济的创新驱动发展。随着数字化、网络化、智能化的步伐不断加快,浙江区域经济呈现以数字经济为主要特征的发展趋势。2018年,浙江省委经济工作会议提出,把发展数字经济作为浙江经济转型升级的"一号工程",同时充分发挥浙江数字经济的优势,努力争创国家数字经济示范省(兰建平,2018)。浙江聚集了数字经济所需的众多生产要素和需求条件,2018年全省数字经济总量达2.33万亿元,较上年增长19.26%,占全省GDP的41.25%,总量和占比分别居全国第4位和第5位(浙江省数字经济发展领导小组,2019)。浙江大力推进数字经济"一号工程",特别是在5G技术等全新领域提前布局,发布了关于推进5G产业发展的实施意见,如将实施500个智能制造应用示范项目,建设基于5G技术的"无人车间""无人工厂"等;相继建立5G联合创新中心、5G技术实验室、5G研究院等一批高能级科研平台载体,争创国家数字经济示范省。浙江移动5G发展一路先行先试,走在全国乃至全球前列,正在焕发勃勃生机。目前,浙江移动已实现杭州主要城区及主要科创产业园区超过500平方千米的5G覆盖;牵头成立的全国首个5G产业联盟,发展了以行业领军企业为代表的成员单位达78家,联合"五横十纵"面向媒体娱乐、智能制造、智慧医疗、智慧交通、智慧教育、智慧商贸、智慧城市、智慧金融、能源环保和智慧农业等重点垂直领域打造创新应用近百项;同时还在全国率先开展了5G友好客户招募活动,并在全省多地开放了5G体验区。接下来,浙江移动将全面实施"5G+"计划,推动浙江5G商用进程全面领先。除此之外,浙江已建成省级数字产业(信息经济)示范区40多个,数字经济特色小镇27个;孕育超千亿级企业1家,超百亿级独角兽企业20余家,上市数字企业67家。产业数字化转型成效显著,2018年新建数字化车间60个,无人工厂6家,新增工业机器人1.6万台,新增上云企业超12万家,上云企业累计达28万家(江胜蓝,2019)。除阿里巴巴、网易等龙头企业外,数字安防领域的海康威视、网络设备制造细分领域的均胜、富通、新华三、闻泰通讯,医疗服务平台领域的微医等行业领先企业成为引领数字经济发展和生产关系变革的主力军。浙江省政府为推进信息经济示范区建设先后出台了《关于加快发展信息经济的指导意见》《浙江省信息经济发展规划(2014—2020年)》《浙江省国家信息经济示范区建设实施方案》等政策举措,为建设数字浙江提供了有力支撑(张国有,2019)。浙江社会治理水平和政府服务能力在数字经济驱动下显著提升,"浙里办"App涵盖各类便民应用290个,互联网法院、数字政府建设走在全国前列,截至2018年年底,全省政务服务网注册用户超过2 000万,数据共享平台调用量累计达1.8亿次,居民总体满意度超过90%,"最多跑一次"改革初见成效(郁建兴、高翔,2018)。

大数据又称巨量(海量)数据,主要指资料量和规模巨大,需通过软硬件工具进行管理、存取、处理,从而帮助决策;大数据产业,指的是一切与大数据的生成与集聚、管理与组织、分析与挖掘、服务与应用等相关的经济活动的集合(李树先、刘静,2018)。就目前而言,大数据产业被很多人看好,其被誉为当今全球最有发展前景的战略性新兴产业之一。贵州省发展大数据产业得益于丰富的自然资源、低廉的水电等生产要素和生态环境优势,以及近年来不断强化的政府产业发展政策促进与制度保障。

从自然条件看,贵州省地处云贵高原东部,气候温和湿润,四季不甚分明,域内山多林多,全省绿化率在50%以上,夏季平均气温在16—24摄氏度,数据中心在这种凉爽气候下运行可以节电10%至30%;同时贵州地理结构稳定,又处于内陆区域,安全条件好,具有发展数据储存和数据计算的自然条件优势。贵州省有丰富的水电煤炭资源,电力价格便宜,而发展大数据储存、云计算与处理等需要消耗大量电力,贵州在这方面具有基本的要素低成本优势(张璐瑶、王爱华,2018)。根据分析,贵州省大数据产业除了和旅游业、农业和物流、电子商务、军工、电子基础产业结合外,预期未来将形成数据服务、数据探矿、数据材料、数据化学、数据制药等一系列战略性新兴产业(李树先、刘静,2018)。

在这个大背景下,贵州省大数据产业迅速起步。贵州省委、省政府决定将发展大数据产业作为贵州实现科学发展、转型发展、跨越发展的三大战略之一。2016年,贵州率先成立了全国首个国家大数据综合试验区,同时省政府成立全国首个大数据发展管理局,全省大数据企业从2013年的不足1 000家发展到2016年的9 500多家,企业数量年均增长率超过70%,产业规模近1 500亿元,增速远超地区生产总值(见表15.2)。大数据产业与工业、农业、服务业深度融合,资源开放共享,贵阳大数据交易所已在北京、上海、广东等12个省市设立交易服务分中心,可交易数据产品3 800多种,1 000余家会员累计成交额超过1亿元。随着三大通信商南方数据中心及苹果iCloud数据中心建成,包括华为、阿里巴巴、腾讯、百度、浪潮等全国互联网领军企业以及微软、戴尔、惠普、英特尔、甲骨文等世界知名企业也纷纷落户贵州,形成了以贵安新区的大数据中心产业为主体,依托贵阳保税区、高新区、经开区、中关村贵阳科技园,辐射遵义新蒲新区以及六盘水、安顺、毕节等大数据产业园区的全省大数据产业链互补共进的发展态势。近五年来,贵州省先后出台了《关于加快大数据产业发展应用若干政策的意见》《贵州大数据产业发展应用规划纲要(2014—2020)》《贵州省大数据发展应用促进条例》《贵安新区推进大数据产业发展三年计划(2015—2017)》《关于促进大数据云计算人工智能创新发展加快建设数字贵州的意见》等一系列政策文件,积极引进、培养大量高端人才和产业工人,推动省内外重点高校及科研院所与企业深度合作,定向培养和输送大数据人才。不过,值得注意的是,虽然贵州省在发展大数据产业方面取得了不少进展和成绩,但也存在不少问题:①多数企业的规模偏小,缺乏自有技术和核心业务,竞争力不强;②数据之间条块分割,尚未形成行业和政府数据开放共享;③各层次人才尤其是高端专业人才紧缺,制约了行业发展;④大数据与实体经济(包括工业互联网、智慧旅游、物流服务和现代精细化农业等)的深度融合仍然不够(张璐瑶、王爱华,2018;李胜,2019)。

表 15.2　近 5 年贵州省规模以上(企业)大数据相关产业发展情况　　　单位:%

年份	GDP 增速	增加值增速	投资增速
2014	10.8	20.7	42.7
2015	10.7	102.0	71.6
2016	10.5	66.6	47.5
2017	10.2	86.3	69.4
2018	9.1	11.2	49.7

数据来源:相应年度《贵州统计年鉴》。

综合贵州的实践经验和现状分析,可以发现贵州在大数据产业发展方面的主要特点如下:①省政府的产业发展规划、资金扶持与政策促进,形成先发优势;②自然资源和基本生产要素优良,具有成本优势;③产业发展机遇良好;④在高端技术人才、企业创新及竞争和方面还有较大提升空间;⑤未来与实体经济融合方面有较大市场潜力;⑥产业发展仍处于投资驱动阶段。相关要素的评级及与其他区域产业的对比见表 15.3。

表 15.3　中国互联网集聚区域产业竞争力的修正钻石框架评估

产业	生产要素条件	企业战略、产业结构与竞争	市场需求条件	支持产业与相关产业	互联网新机遇	政府扶持作用	创新创业文化氛围	发展阶段
深圳互联网产业	☆☆☆☆☆	☆☆☆☆☆	☆☆☆☆	☆☆☆☆	☆☆☆☆☆	☆☆☆☆	☆☆☆☆☆	创新驱动

（续表）

产业	生产要素条件	企业战略、产业结构与竞争	市场需求条件	支持产业与相关产业	互联网新机遇	政府扶持作用	创新创业文化氛围	发展阶段
浙江数字经济	☆☆☆☆	☆☆☆☆	☆☆☆☆	☆☆☆☆	☆☆☆☆☆	☆☆☆☆	☆☆☆☆	创新驱动
贵州大数据产业	☆☆☆	☆☆☆(☆)	☆☆☆	☆☆☆(☆)	☆☆☆☆	☆☆☆☆☆	☆☆☆(☆)	投资驱动
中关村信息科技与服务产业	☆☆☆☆	☆☆☆☆	☆☆☆☆	☆☆☆☆	☆☆☆☆	☆☆☆☆	☆☆☆☆	创新驱动

资料来源：对中关村评估可参见尹卫东、董小英等（2017）。

注：☆为初始状态评级；（☆）为政府作用附加评级。

六、若干进一步的讨论

1. 国家战略性新兴产业政策与区域竞争力发展

产业政策是政府推动经济转型升级、重塑国家竞争优势的基础性手段，战略性新兴产业主要涉及信息技术、高端制造、生物医药、新材料、新能源等领域，具有产业关联度高、知识技术密集、资源消耗较少、成长空间巨大的特点，不同时期的产业领域有所差别（魏际刚，2019）。实施战略性产业政策的主要目的在于从战略全局的角度引导社会资金投向、明确产业发展重点、提升长期国际竞争力，然而实际效果存在不确定性。一方面，产业政策本身是否必要存在争议：支持者的理论依据主要是赶超理论、市场失灵理论、后发优势理论、产业扶持理论等；反对者的理论依据主要是寻租理论、政府失灵理论、公共选择理论等（孙江超，2019）。这一争论的关键点在于，产业领域的发展到底是依靠政策规划引领更有效，还是通过市场自发选择更合理，如何在完善全局发展的同时发挥市场在配置资源中的基础性作用，如何根据经济发展阶段将产业政策与市场竞争政策有效配合（林毅夫，2017；朱富强，2017；魏际刚，2019）。另一方面，战略性新兴产业政策的重点实施必然挤占传统产业的发展空间，而且其投资收益周期相对较长，因此必须兼顾当前利益和长远利益，充分调动地方政府积极性优化产业结构模式，实现战略性新兴产业与地方优势产业的平衡发展（林毅夫，2017）。

从战略层面和宏观层面来看，中国改革开放四十多年的国家产业政策总体上是成功的，我国转型发展初中期阶段的产业政策在促进产业结构调整、规模扩张、产业升级、国际化等方面发挥了重要促进作用(魏际刚,2019)。然而我们也需要看到,全球化水平和全球技术供给已经有了质的跃升,新一轮科技革命与产业变革正在发生,为发展中国家和新兴国家提供了难得机遇,中国的发展已进入工业化中后期向后期迈进的阶段,产业结构处于全面调整和升级阶段,未来15年中国的产业政策要以建设现代化经济体系、推动产业由大变强、实现高质量发展等国家发展战略目标为指引,以改善营商环境为核心,结合对特定产业、领域、对象的结构性安排,消除产业发展中的制约因素,增强产业创新能力、国际竞争力和可持续发展能力,促进资源配置效率和社会福利水平的提升。考虑未来中国经济发展任务的变化,以及各省地区经济发展不平衡的现实,作者同意如下的观点:未来中国国家层面的产业政策调整应遵循"围绕国家发展战略,弥补市场缺陷,强化功能性政策,优化选择性政策,兼顾政策协调性,实现共赢国际化"等原则,谨慎地加以实施推进(魏际刚,2019)①;同时,各省或区域可以综合运用本文提出的"修正波特钻石框架",实事求是、因地制宜、因势利导地推进适合各区域的产业竞争优势,实现基于创新的产业升级和转型,防止"过早去工业化"等问题发生,推进各地区实现新型工业化、信息化和经济高质量发展的融合式创新发展(黄群慧、贺俊,2019)。

2. 互联网时代的政企关系及发展型政府角色的转变

互联网时代的政企关系应该以平等、规范、透明为基本原则,企业高效灵活,政府廉洁有为。在本文所发展的"修正波特钻石框架"中,发展型政府被赋予了一种非常重要的促进者和推动者角色。政府作为宏观政策的制定者要为各市场主体从生产端到需求端创造条件,规范企业的经营行为,企业则作为国家与产业竞争优势的微观主体,其战略选择和经营行为影响着国家竞争优势的积聚以及政府的经济政策导向。长期以来,我国各地区发展型政府习惯于通过产业规划、资金扶持、政策优惠或行政手段直接影响本地区的经济增长和企业的市场主体地位,这导致企业发展习惯于依赖低成本要素和粗放式成长,技术创新和核心技术积累不够。在未来的物联网、智联网或智能商业时代,企业平台战略、数据竞争和自身的研发及技术竞争力将对产业竞争优势发挥至关重要的作用,知识资本、智力资本和创造力将发挥越来越大的作用(曾鸣,2019)。新时代各产业的高质量发展和国家竞争优势的产生,要求政府从战略和全局角度发挥对整个产

---

① 魏际刚提出的建议包括明晰产业政策重点,完善实施、评估和调整机制;从全球产业格局变动考虑相关产业政策设计;推动市场机制的建设与完善;构建体系完整、规则合理、符合产业发展特点、前瞻性的监管体系等。参见魏际刚(2019)。

业链的引导能力,促进主导企业创新发展的组织协调作用,保障企业在产业政策引领下的市场主体地位,维护公平的市场竞争环境。政府需要思考的是如何围绕服务经济发展的大局与企业同步转型升级,构建互联网时代的新型政企关系,打破传统政府部门间的职能界限,转变角色定位并减少管理层级,朝着扁平化的服务型政府转变(郁建兴、高翔,2018)。事实上,在本文所研究的深圳、浙江和贵州三地互联网相关产业竞争力发展的过程中,深圳、浙江两地的企业起了主导作用,而贵州案例中地方政府则起了初始启动和主导性作用。随着互联网技术与数字经济的深度发展,各地政府都应该逐步减少其发展型政府角色,通过政府行政管理的"放管服改革"等走向有限、有效的服务型政府(汤敏,2018)。与此同时,各地政府应该加大电子政务力度和治理改革,减少不必要的管制和社会交易成本,提高政府运行效率和社会治理水平,做到透明、廉洁、合理、高效。

3. 政府对互联网平台企业的反垄断规制与监管责任

近年来,随着中国互联网平台企业数量和企业规模的不断扩大,线上线下快速融合,企业间的并购浪潮加剧了互联网行业竞争,引发了部分市场领域行业集中度过高、滥用市场支配地位等一系列问题,这对政府的反垄断和监管能力提出了新的挑战。基于互联网行业竞争的特点,反垄断法律法规的基本原理虽仍然适用,但相关的概念及边界的认定则需要不断调整和更新,比如传统制造业背景下对相关市场界定的规则已不适合互联网平台企业,原因在于:首先,互联网平台企业连接了商家、消费者等多类型用户,甚至还包括线下场景,市场边界和份额无法通过传统方式界定。其次,政府监管政策往往落后于互联网平台企业发展实际,条块分割的垂直化监管模式下,不同管理部门间缺乏沟通机制,各部门政策标准有可能相互抵触,无法应对互联网平台企业跨领域、跨地区、"互联网+"的融合发展需要(熊鸿儒,2019)。最后,需要注意的是,在政府监管中,针对互联网企业开拓新业务领域和商业模式创新做法,在很多情况下涉及传统产业的既得利益调整,政府可以在情况尚不明确时进行试验或试点,防止过早出台一些禁止政策从而扼杀新技术可能带来的经济创新,当然针对其中商业创新所涉及的公共安全等问题政府也要适时承担监管责任,但同时也要防止过度监管(周其仁,2015)。

4. 在信息文明时代坚守文化自信,以"文化双融"与"双创发展"促进中华文明的复兴

在信息技术高度发达和市场经济深入发展的今天,传统文化依然在潜移默化地影响着社会生产和生活的方方面面。"求木之长者,必固其根本;欲流之远者,必浚其泉源"。中国优秀传统文化来自历史、面向未来,是中国经济社会发展的灵魂支撑,构成了互联网时代中国国家竞争优势的精神根基。传承中华文化,绝不是简单复古,也不是盲目排外,而是古为今用、洋为中用,辩证取舍、推陈出新,摒弃消极因素,继承积极思想,"以古人之规矩,自己之生面",实现中华文化的创造性转化和创新性发展(韦政通,2005)。实际上,在互联网时代坚持中国优秀传统文化的创造性转化和创新性发展,必须在文化反思和文明对话的基础上实现有所创新、有所突破,使传统文化精华在当代互联网时代语境下转换生发(周宏桥,2017,2019)。为了达到此目标,作者认为要坚持以下三方面的基本观点:①客观认识传统文化优长基础上的"扬弃"是互联网时代中国文化双创发展的基础。一方面,我们要坚守文化自信立场,坚持中国文化的主体性,继承其优点,如辩证思维方式、实用理性、整体包容等;另一方面,要充分吸收西方文化的优点,如逻辑思维和工具理性、个人权利意识与自由平等法治观念等,从而在新时代的经济发展和国际竞争中推陈出新,不断发展。②互联网时代关键的文化理念是要重视人才和创意、创新、创业,显而易见,传统经济时代的创新是对生产要素的重组,互联网经济时代的创新是信息的重组、创意的扩散、智力资本的发挥和智能战略的拓展(厉以宁,2017;曾鸣,2019)。因此,文化双融的目的是更好地创新、创造,而不是被同化或丧失特色。事实上,互联网时代信息技术的发展为中国以汉字为基础的象形文字、关系取向及其文化创造提供了更好的支持,中国经济的发展也为发展传统文化创造了良好环境,政府可通过政策引导、财政帮扶、税收减免等措施推动中国文化事业和文化产业与经济现代化与信息化同步发展。③在互联网时代,随着中国国家经济实力的增长,国际竞争甚至大国之间严重的贸易战也可能持续相当长的一段时期,在这种"大笼子中"的半全球化外部环境下,中国要坚持内外部协调发展道路,在"只有一个地球"和"共建人类命运共同体"信仰下,坚持发扬奋斗精神和敢于斗争精神,全力解决中国人民美好生活需要与不平衡不充分的发展这个主要矛盾,在全面充分满足全体中国人民物质和精神需求的基础上,迎来中华文明在信息文明时代的伟大复兴。

七、结论与展望

波特的国家竞争优势理论对于产业、区域或企业参与国际竞争并取得竞争力具有重要的理论价值与政策意义。自该理论提出以来,国内外学者对其进行了不少修正及具体产业的应用研究,然而互联网时代国家层面的竞争优势呈现出不同于工业文明时代的新特征,需要从理论上重新梳理。本文基于波特钻石框架及中国文化情境提出了修正的波特钻石框架,解读了互联网时代波特钻石框架中的生产要素、需求条件、相关及支撑性产业、企业战略等基础要素以及信息文明的新机遇、发展型政府等辅助要素的重要作用,同时将创新创业环境、特别是文化双融与(半)全球化思维作为文化要素纳入钻石框架,形成独具特色的基于中国的修正波特钻石框架,并据此分析了深圳、浙江、贵州等数字经济和互联网技术相对发达地区的产业特点和竞争优势来源。

本文的研究主要集中于修正波特钻石框架及其应用,对具体的产业政策、产业竞争力及其与变革更新的中国文化之间的互动关系并未进行深入探讨。未来可就上述关系进行拓展研究:一是如何正确处理互联网时代的政府、企业与市场的关系,以实现有为政府和有效市场的动态平衡、增强产业政策的实施效果;二是如何规范互联网平台企业的经营行为,提高政府部门的监管能力;三是如何将中国优秀传统文化(如辩证整体思维)真正内化于企业的生产经营和人们的日常生活,充分挖掘传统文化在实现产业可持续发展和提升国家竞争优势中独特的战略潜能。

参考文献

Aiginger K. 2006. Competitiveness: From a dangerous obsession to a welfare creating ability with positive externalities[J]. Journal of Industry, Competition and Trade, 6(2): 161-177.

Barney J B. 1991. Firm resources and sustained competitive advantage[J]. Journal of Management, 17: 99-120.

Chen M, Miller D. 2010. West meets East: Toward an ambicultural approach to management[J]. Academy of Management Perspectives, 24(4), 17-24.

Chen M. 2002. Transcending paradox: The Chinese "middle way" perspective[J]. Asia Pacific Journal of Management, 19(2), 179-199.

Chen M. 2014. Becoming Ambicultural: A personal quest, and aspiration for organizations[J]. Academy of Management Review, 39(2), 119-137.

Chen M. 2016. Competitive dynamics: Eastern roots, western growth[J]. Cross Cultural & Strategic Management, 23(4), 510-530.

Cho D-S. 1994. A dynamic approach to international competitiveness: The case of Korea[J]. Asia pacific Business Review, 1(1): 17-36.

Choi C, Hoon Y M. 2009. The effect of the Internet on economic growth: Evidence from cross-country panel data[J]. Economics Letters, 105(1): 39-41.

Davies H, Ellis P. 2000. Porter's "competitive advantage of nations": Time for the final judgement? [J]. Journal of Management Studies, 37(8), 1189-1213.

Delgado M, Ketels C, Porter M E, et al. 2012. The determinants of national competitiveness[J]. NBER Working Papers, 18249.

Ghemawat P. 2003 Semiglobalization and international business strategy[J]. Journal of International Business Studies, 34(2): 138-52.

Ghemawat P. 2018. The New Global Road Map: Enduring Strategies for Turbulent Times[M]. Boston, MA: Harvard Business Review Press.

Grant R M. 1991. Porter's competitive advantage of nations: An assessment[J]. Strategic Management Journal, 12: 535-548.

Hofstede G. 1980. Culture's Consequences: International Differences in Work-related Values[M]. Newbury Park: SAGE Publications, Inc.

Huggins R, Izushi H. 2015. The competitive advantage of nations: Origins and journey[J]. Competitiveness Review, 25(5), 458-470.

Lall S. 2001. Competitiveness indices and developing countries: An economic evaluation of the global competitiveness[J]. World Development, 29(9): 1501-1525.

Luo Y, Sun J, Wang S L. 2011. Emerging economy copycats: capability, environment, and strategy[J]. Academy of Management Perspectives, 25 (2): 37-56.

Moon H C, Alan M R, Alain V. 1998. A Generalized double diamond approach to the global competitiveness of Korea and Singapore[J]. International Business Review, 7(2): 135-150.

Peteraf M A. 1993. The cornerstones of competitive advantage: A resource-based view [J]. Strategic Management Journal, 14(3): 179-191.

Pressman S. 1991. Book reviews: The competitive advantage of nations. [J]. Journal of Management, 17(1): 213-215.

Priem R L, Butler J E, Li S. 2013. Toward reimagining strategy research: Retrospection and prospection on the 2011 AMR Decade Award Article[J]. Academy of Management Review, 38(4): 471-489.

Priem R L, Li S, Carr J. 2012. Insights and new directions from demand-side approaches to technology innovation, entrepreneurship and strategic management research[J]. Journal of Management, 38: 346-374.

Rugman A M, D' Cruz R. 1993. The double diamond model of international competitiveness: The Canadian experience[J]. Management International Review, 33(2): 17-39.

Smit A J. 2010. The competitive advantage of nations: Is Porter's diamond framework a new theory that explains the international competitiveness of Countries? [J]. Southern African Business Review, 14(1): 105-130.

Stiglitz J E, Walsh C E. 2002. Economics (Third Edition) [M]. London: W. W. Norton & Company Ltd.

Stone H B J, Ranchhod, A. 2006. Competitive advantage of a nation in the global arena: A quantitative advancement to Porter's diamond applied to the UK, USA and BRIC Nations[J]. Strategic Change, 15(16): 283-294.

Teece D J. 2007. Explicating dynamic capabilities: The nature and microfoundations of (sustainable) enterprise performance[J]. Strategic Management Journal, 28, 1319-50.

Yoffie D B, Cusumano M A, Grove A, et al. 2015. Strategy Rules[M]. New York: HarperCollins Publishers.

C. K. 普拉哈拉德, M. S. 克里施南. 2009. 普拉哈拉德企业成功定律[M]. 北京: 中国人民大学出版社.

常修泽. 2013. 创新立国战略导论[J]. 上海大学学报(社会科学版), 5:10—26.

陈威如. 2013. 平台战略:正在席卷全球的商业模式革命[M]. 北京:中信出版社.

陈威如. 2016. 平台转型:企业再创巅峰的自我革命[M]. 北京:中信出版社.

陈钊, 徐彤. 2011. 走向"为和谐而竞争":晋升锦标赛下的中央和地方治理模式变迁[J]. 世界经济, 9:3-18.

冯契. 2015. 冯契文集(第二卷):逻辑思维的辩证法[M]. 上海:华东师范大学出版社.

顾国达, 张正荣. 2007. 服务经济与国家竞争优势——基于波特"钻石模型"的分析[J]. 浙江大学学报(人文社会科学版), 11:46-54.

郭旭红, 李玄煜. 2016. 新常态下我国战略性新兴产业竞争力的经济学分析——以波特"钻石模型"为视角[J]. 湖北社会科学, 12:84-89.

杭州网. 2019. 浙江抢抓5G技术新机遇,争创国家数字经济示范省[EB/OL]. (2019-07-01)[2020-07-17]. https://baijiahao.baidu.com/s?id=1637839845637922180&wfr=spider&for=pc.

胡剑波, 丁子格, 任亚运. 2015. 我国大数据产业竞争优势研究——基于修正的钻石模型[J]. 工业技术经济, 6:17-27.

胡列曲. 2004. 波特的竞争优势理论述评[J]. 经济问题探索, 12:21-23.

黄光国. 2013. "主/客对立"与"天人合一":管理学研究中的后现代智慧[J]. 管理学报, 10(7):937-948.

黄群慧, 贺俊. 2013. "第三次工业革命"与中国经济发展战略调整——技术经济范式转变的视角[J]. 中国工业经济, 1:5-18.

黄群慧, 贺俊. 2019. 未来30年中国工业化进程与产业变革的重大趋势[J]. 学习与探索, 8:102-110.

江胜蓝. 2019. 数字经济高质量发展的浙江实践[J]. 浙江经济, 10:40-41.

康珂, 倪鹏飞. 2014. 经典文献中的国家竞争力理论:一个文献综述[J]. 江淮论坛, 265(3):54-61.

兰建平. 2018. 以数字化引领浙江经济高质量发展——2018年数字经济回顾[J]. 浙江经济, 24:23-24.

李琳. 2007. 高新技术产业集群的高新区竞争力"七因素模型"[J]. 求索,8:15-17.

李胜. 2019. 贵州推动大数据与实体经济深度融合研究[J]. 贵州社会科学,8:138-144.

李树先,刘静. 2018. 贵州发展大数据产业的思考[J]. 信息技术与信息化,7:180-184.

李永发,徐松. 2007. 中国创造国家竞争优势的要素分析[J]. 经济问题探索,10:1-4.

厉以宁. 2013. 中国经济的双重转型之路[M]. 北京:中国人民大学出版社.

厉以宁. 2017. 创新驱动与观念转变[N]. 成都日报,2017-08-23(6).

林毅夫. 2017. 产业政策与我国经济的发展:新结构经济学的视角[J]. 复旦学报(社会科学版),2:148-153.

刘学. 2017. 重构平台与生态:谁能掌控未来[M]. 北京:北京大学出版社.

马化腾等. 2017. 数字经济:中国创新增长新动能[M]. 北京:中信出版社.

马云. 2014. 文化价值体系是公司生存的命脉[J]. 中国管理新视野,3:46-67.

迈克尔·波特. 2002. 国家竞争优势[M]. 北京:华夏出版社.

潘卡基·格玛沃特. 2010. 决胜于半全球化时代[M]. 北京:商务印书馆.

钱颖一等. 2016. 创新驱动中国:国家创新驱动发展战略解读及实践[M]. 北京:中国文史出版社.

任正非. 2010. 管理的灰度[J]. 商界评论,4:48-50.

芮明杰. 2006. 产业竞争力的"新钻石模型"[J]. 社会科学,4:68-73.

深圳市统计局,国家统计局深圳调查队. 2019. 深圳市2018年国民经济和社会发展统计公报[EB/OL]. (2019-04-19)[2020-07-17]. http://tjj.sz.gov.cn/zwgk/zfxxgkml/tjsj/tjgb/content/post_3084909.html.

孙国栋. 2018. 在传承中华优秀传统文化中树立文化自信[J]. 长春理工大学学报(社会科学版),3:80-83.

孙江超. 2019. 中国战略性新兴产业高端化发展的政策选择[J]. 广西社会科学,4:62-67.

汤敏. 2018. 下阶段"放管服"改革剑指何方?[EB/OL]. (2018-07-28)[2020-07-17]. http://opinion.people.com.cn/n1/2018/0728/c1003-30175682.html.

唐·泰普斯科特. 2016. 数据时代的经济学:对网络智能时代机遇和风险的再思考[M]. 北京:机械工业出版社.

腾讯研究院等. 2017. 人工智能:国家人工智能战略行动抓手[M]. 北京:中国人民大学出版社.

王珺. 2000. 知识经济中的政府角色:国家竞争优势创造[J]. 经济问题,5:10-13.

王岚,盛斌. 2011. 中国出口竞争优势的空间分解——内部供给能力和外部市场潜力[J]. 世界经济研究,2:27-31.

王炜瀚. 2010. 再论波特《国家竞争优势》的谬误[J]. 管理世界,10:167-168.

韦政通. 2005. 伦理思想的突破[M]. 北京:中国人民大学出版社.

魏际刚. 2019. 新时期中国产业政策调整思路[J]. 北京交通大学学报(社会科学版),2:1-8.

吴声. 2015. 场景革命[M]. 北京:机械工业出版社.

吴声. 2017. 新物种爆炸[M]. 北京:中信出版社.

习近平. 2014a. 青年要自觉践行社会主义核心价值观——在北京大学师生座谈会上的讲话[EB/OL]. (2014-05-05) [2020-08-26]. http://www.xinhuanet.com/politics/2014-05/05/c_1110528066_2.htm.

习近平. 2014b. 在纪念孔子诞辰2565周年国际学术研讨会上的讲话[EB/OL]. (2014-09-24) [2020-08-26]. http://www.xinhuanet.com/politics/2014-09/24/c_1112612018.htm.

习近平. 2019. 坚定文化自信,建设社会主义文化强国[J]. 求是,12:4-12.

熊鸿儒. 2019. 我国数字经济发展中的平台垄断及其治理策略[J]. 改革,7:52-61.

许晓茵. 2004. 双重双钻石模型及其在转型国家中的应用:兼评中国经济发展优势[J]. 世界经济情况,2:4-11.

尹卫东,董小英,胡燕妮,郭伟琼. 2017. 中关村模式:科技+资本双引擎驱动[M]. 北京:北京大学出版社.

郁建兴,高翔. 2018. 浙江省"最多跑一次"改革的基本经验与未来[J]. 浙江社会科学,4:76-85.

曾鸣. 2018. 智能商业[M]. 北京:中信出版社.

曾鸣. 2019. 智能战略[M]. 北京:中信出版社.

张岱年,成中英等. 1991. 中国思维偏向[M]. 北京:中国社会科学出版社.

张国有. 2019. 数字经济发展的地方政府意图与规划:浙江案例[C]. 北京:中国管理科学学会战略管理专委会学术会议.

张林,高安刚. 2013. 系统视角下的国家竞争力新模型研究[J]. 人文地理,4:96-102.

张璐瑶,王爱华. 2018. 贵州大数据产业发展现状分析[J]. 贵州大学学报(自然科学版),6:121-124.

张涛. 2019. 国家竞争优势的来源:知识生产、知识资本化和制造基础[J]. 探索与争鸣,7:136-146.

张嵎喆,王俊沣. 2013. 世界经济正处于半全球化时代[J]. 中国经济导刊,5:33-34.

赵刚. 2017. 国家创新战略与企业家精神[M]. 北京:中信出版社.

浙江省数字经济发展领导小组. 2019. 2018,浙江"一号工程"成效显著[J]. 信息化建设,6:40-41.

周宏桥. 2017. 半面创新[M]. 北京:机械工业出版社.

周宏桥. 2019. 创新的历史哲学:人类创新主脉及结构的演进逻辑[M]. 北京:机械工业出版社.

周黎安. 2007. 中国地方官员的晋升锦标赛模式研究[J]. 经济研究,7:36-50.

周其仁. 2015. 专车创新要闯既得利关[J]. 商界评论,11:32.

朱富强. 2017. 如何制定市场开放的产业政策—对林毅夫追赶型产业政策的拓展[J]. 教学与研究,3:22-32.

第十六章 迈向2035中国愿景：新发展理念驱动的经济现代化战略构想与核心政策*

某项改革的成败并非仅是由其具体的规律决定，更不是若干偶然因素所促成。至少在"目标是否正确""条件是否具备""操作是否得当"这三个问题上，有其共同的规律可以追寻，而对这种战略问题的研究绝不是对具体过程和具体经验教训的研究可以取代的。

当前，为了使中国的经济学在指导改革和建设中发挥更大的作用，我们不仅需要坚持马克思主义的基本原理，坚持社会经济前进的方向，更需要深入实际，探讨社会主义建设中遇到的新问题。这就是说，我们必须以马克思主义理论为指导，根据理论与实践相结合的原则进行创造性的研究工作，才能发现新问题，了解新问题出现的原因，才能对新问题做出科学的解释，并提出新的对策。这样才能发展马克思主义经济学。

——厉以宁

从十九大到二十大，是"两个一百年"奋斗目标的历史交汇期。我们既要全面建成小康社会、实现第一个百年奋斗目标，又要乘势而上、开启全面建设社会主义现代化国家新征程，向第二个百年奋斗目标进军。综合分析国际国内形势和我国发展条件，从2020年到本世纪中叶可以分两个阶段来安排。第一个阶段，从2020年到2035年，在全面建成小康社会的基础上，再奋斗15年，基本实现社会主义现代化……第二个阶段，从2035年到本世纪中叶，在基本实现现代化的基础上，再奋斗十五年，把我国建成富强民主文明和谐美丽的社会主义现代化强国。

——习近平

---

* 本文是2019年作者为北京大学兴华管理学院光华思想力课题"中国远望15年"和国家发改委"展望2035中国愿景"课题所撰写的研究报告。本次收录时增补了篇首引语，内容未做修改，胡威为本文的共同作者。

一、引言：中国经济现代化战略进入新阶段

中国现代化是一百多年以来一大批中国仁人志士的理想与梦想（梁启超 2011）。从戊戌变法、辛亥革命，到新文化运动、五四运动，再到中国共产党成立、中华人民共和国成立及随后的发展，中国政商学各界与文化精英为此进行了长期不懈的努力，取得了历史性的成就与进步，但也留下了不少历史教训（厉以宁，2016，2018）①。1979年改革开放以来，中国的经济持续快速增长，近四十年来国内生产总值保持约9.4%的年均增长率，人均国内生产总值年均增长率达到8.5%，分别超出世界平均水平6.5和7.1个百分点。特别是党的十八大以来，我国经济社会发展步入新阶段，经济结构战略性调整和产业转型升级稳步推进，新型城镇化质量显著提高，创新发展的活力不断涌现。至2018年年末，中国经济总量首次超过90万亿元，人均国内生产总值达到9 732美元；常住人口城镇化率跃升至59.58%，城乡结构进一步优化；6年来全国累计实现8 000多万人口的稳定脱贫，人民群众的获得感、幸福感不断增强，正朝着实现全面建成小康社会的目标迈进（国家统计局，2019）。改革开放40年来形成的中国发展道路，特别是经济发展道路，是中国上下各级思想改革和实践探索的集成，它得益于地方经济竞争及政府和市场的有效结合、出口导向的经济追赶战略、庞大的劳动力规模和制造业集群、持续推进的制度创新，以及相对稳定的政治与社会环境等重要因素（周黎安，2018；刘志彪，2013a，2013b；刘鹤，2008）。应该指出，相对稳定的政治与社会环境、持续的经济体制转型与制度创新是推进中国经济现代化建设的基本保障及重要基础（刘鹤，2008）。

然而，应当看到，改革开放前30年，中国以出口为导向的追赶型、粗放型经济增长模式虽然积累了庞大的经济总量，但也带来了一系列尖锐的经济和社会问题，迫切需要转变增长模式和改变发展战略（厉以宁，2013）。近十年来，随着2008年国际金融危机及逆全球化趋势抬头，支撑中国经济持续高速增长的诸多要素已经逐步弱化：一是生产要素成本全面上升，主要表现在土地、劳动力、能源、资金等方面的成本上升；二是经济增长驱动力不足，对投资、出口长期依赖带

---

① 厉以宁教授在2018年出版的《文化经济学》一书中，系统地梳理了中国新文化运动的历史和北京大学在中国新文化运动中的中心地位和重要作用，分析了1919年五四运动爆发后思想文化界的三种思想倾向和路线方向，阐述了文化启蒙和文化创新在历史及当代的重要价值与意义。参见厉以宁（2018）第三章的讨论。

来的是经济结构失衡、部分行业产能过剩,以及社会收入分配差距扩大;三是劳动力供给发生重大变化,表现为劳动力成本攀升、供给总量逐年下降,以及人口红利消失;四是能源资源缺口及生态环境压力加大,能源及自然资源消耗加剧,许多地区生态环境的承载力将达到或超过极限。因此,中国经济两位数增长态势已不可重复,粗放型经济发展模式和增长结构难以长期维系,必须转换发展动能,以新发展理念引领经济发展新常态,实现由高速增长向高质量发展的现代化战略转型(刘伟,2015)。

实际上,中国经济学界已经有不少学者提出了一系列改革现有经济发展模式的新战略方向与政策构想。例如,刘志彪认为,中国从改革开放到20世纪末、21世纪初的迅速发展,可以看作从贫困走向基本小康的第一轮追赶战略,2010年左右到2020年则可以看作从实现基本小康向全面高水平小康的第二轮追赶战略,十九大提出的实现现代化强国的两个阶段战略则可以分别看成赶超西方发达国家的第三轮和第四轮追赶。不过,第三轮追赶的目标与第一轮和第二轮有重要不同,它应该是以速度追赶转向全面追赶的均衡协调为目标,以创新型引领作为第一发展动力,在完善供给侧结构性改革和构建社会主义市场经济体制的基础上,进一步搞好农村振兴和区域协调发展,实现对外更大开放与开拓等(刘志彪,2018b)[①]。常修泽(2013)基于2050年力求"建成富强、民主、文明、和谐的社会主义现代化国家"的战略目标,以建成一个"现代化的创新国家"为核心追求("战略顶层"要求),在进一步分析化解中国作为加工大国主要矛盾的基础上,提出一个"创新立国"战略框架,它涵盖了国家、产业、企业三个层面在内的创新体系("三架横梁"),并指出它不仅涉及"技术自主创新",而且涉及"制度创新",包括创新型人才体制、创新型教育体制、知识产权保护制度及相关配套的经济体制等["四根(制度)立柱"]。"创新立国"战略背后的基础是其"中国第三波转型理论"。他认为,中国近代第一波转型是社会制度转型,即1949年建立新政府,建设"新民主主义社会";第二波转型是经济体制转型,即从1978年开始至今,改革仍然在攻坚的过程中;下一步中国面临着第三波转型,其内容可用20字概括——"经济转型,政治变革,社会共生,文明融合,天人合一"。第

[①] 刘志彪在讨论完善社会主义市场经济体制时强调,改革政府与市场关系是形成现代化经济体系的主线,主要措施一是深化国有企业改革,发展混合所有制经济,培育具有全球竞争力的世界一流企业;二是全面实施市场准入负面清单制度,废除妨碍统一市场和公平竞争的各种垄断规定和做法;三是创新和完善宏观调控,发挥国家发展规划的战略导向作用,健全财政、货币、产业、区域等经济政策协调机制。参见刘志彪(2018b)。

三波转型的基调为"告别边缘,告别隔阂。走向复兴,走向融合。兴而不肆,融而不阿"。①

综上所述,中国一批有远见的经济学者已经从近百年来中华民族复兴的历史视野和国家战略高度,对中国经济现代化战略进行了分析和展望,并提出创新引领型战略发展思路。不过,考虑到最近十年来全球政治经济发展的新形势、以互联网技术为代表的新技术革命发展趋势,党的十九大提出的2050年以前中国两阶段发展战略目标和新发展理念要求,以及经济现代化战略需要更为合宜的路径设定、政策配套与改革推进等情况,作者认为有必要从国家发展经济学理论、国家战略体系和政策设计等方面,系统地对未来15—30年的中国经济现代化战略进行更为深入的战略分析与谋划,以便我国能够抓住千年一遇的新技术革命战略机遇,牢筑国家发展的创新驱动与人力资本基础,在核心领域配置关键战略资源和核心政策,扬长避短,攻坚克难,在经济与社会全面改革开放的新发展阶段扎实有力地推动实现中华民族的复兴之梦。

二、 中国现代化战略与2035愿景

1. 中国现代化战略部署与两个一百年目标

1949年以来,我国对如何实现国家现代化进行了艰苦探索。1978年改革开放以后,社会经济发展步入快车道,现代化发展战略经历了多次制定、修正与更新,伴随时代的发展得到不断完善(马建堂,2018a)。在2017年党的十九大报告中,以习近平为核心的党中央在综合分析国际国内形势和我国发展条件后,提出从2020年到21世纪中叶,中国现代化可以分两个阶段来安排:第一个阶段从2020年到2035年,在全面建成小康社会的基础上,奋斗15年,基本实现社会主义现代化;第二个阶段从2035年到21世纪中叶,在基本实现现代化的基础上,再奋斗15年,把我国建成富强民主文明和谐美丽的社会主义现代化强国。到2035年基本实现社会主义现代化时,我国经济实力、科技实力将大幅跃升,跻身创新型国家前列;人民平等参与、平等发展权利得到充分保障,法治国家、法治政府、法治社会基本建成,各方面制度更加完善,国家治理体系和治理能力现代化基本实现;社会文明程度达到新的高度,国家文化软实力显著增强,中华文化影

---

① 常修泽的第三波转型理论是从民族复兴角度提出的整体转型战略,其中经济转型的战略基于其在研究国家十二五经济社会发展思路过程中完成的内部研究报告,该报告提出了"人本、绿色、创新、协调"八字方略。其中,创新发展战略与人本导向战略、绿色发展战略、协调(内外、产业、区域、城乡)发展战略共同组成国家新阶段的战略体系。参见常修泽(2013)。

响更加广泛深入;人民生活更为宽裕,中等收入群体比例明显提高,城乡区域发展差距和居民生活水平差距显著缩小,基本公共服务均等化基本实现,全体人民共同富裕迈出坚实步伐;现代社会治理格局基本形成,社会充满活力又和谐有序;生态环境根本好转,美丽中国目标基本实现(习近平,2017b)。

正如习近平同志在党的十九大报告中指出的,我国经济已由高速增长阶段转向高质量发展阶段,处在改革发展的攻关期。推动中国经济高质量发展的攻关期是一段较长的历史进程,将持续到2035年,伴随中国基本实现社会主义现代化。在经济由高速增长阶段转向高质量发展阶段,以习近平总书记为核心的党中央顺应时代和实践发展新变化、新要求,坚持以人民为中心,旗帜鲜明地提出要坚定不移地贯彻"创新、协调、绿色、开放、共享"的发展理念,并要求以新的发展理念来认识、把握和引领经济发展新常态,用新发展理念引领发展行动,以创新推动我国经济高质量发展,更好地满足人民日益增长的美好生活需要(习近平,2019a)。

2. 总体布局与五大发展理念

从全面建成小康社会到基本实现社会主义现代化,关键在于贯彻新发展理念,即培育以创新、协调、绿色、开放、共享为支柱的发展体系(杨宜勇,2017)。创新发展主要是解决发展动力问题,协调发展注重解决发展不平衡问题,绿色发展注重解决人与自然和谐问题,开放发展注重解决发展内外联动问题,共享发展注重解决社会公平正义问题(马建堂,2019)。

创新是引领发展的根本动力。要求我们必须不断强化国家创新能力建设,以创新培育经济发展新动能,打造经济发展新的增长极;培育和保护企业家精神,加大支持民营企业创新,鼓励自主研发特别是基础性研发,让更多企业主体参与创新创造,构建产学研深度融合的技术创新体系;通过加大政府教育投入培育更多的知识型、技能型、创新型劳动人才,弘扬劳模精神和工匠精神,实现从人口红利向人才红利转变;完善知识产权相关法律法规,为知识产权保护及应用保驾护航(常修泽,2013)。

协调是均衡发展的内在条件。要求我们必须把握国民经济发展的基本趋势,确保国家各部门经济在空间布局和质量数量上的比例关系合理、适度,生产、流通、分配、消费各环节互联互通;坚持国家宏观调控,发挥政府规划和产业政策的全局导向作用,使得中央与地方、东中西部地区、城乡之间协调发展。

绿色是可持续发展的必然要求。要求我们必须不断完善以绿色发展为导向的政策法规和体制机制,在全社会营造绿色环保的生产生活理念;加快推进清洁生产、清洁能源、节能环保等绿色低碳产业发展;积极引导民众形成绿色消费、绿色出行的生活方式,使绿色、低碳、共享的发展模式成为社会共识(厉以宁、傅帅雄和尹俊,2014)。

开放是全球化发展的基本趋势。开放也是改革的主要内容,不断深入发展的高水平开放格局将促使国内经济发展适时做出调整,并成为经济结构优化、产业转型升级的重要支撑。未来应推动形成全面开放新格局以助力高质量发展。

共享是社会公平正义的本质特征。应坚持改革发展的成果由全体人民共享,促进居民增收与经济发展同步、劳动报酬增长与劳动生产率提高同步,着力提高居民的劳动收入和财产性收入;建成全面覆盖、多层次、高水平的社会保障体系;借助再分配调节收入差距,促进基本公共服务均等化。

3. 抓住千载一遇的战略机遇,构建信息文明时代的国家竞争优势

在新发展理念引领下,中国经济社会发展的要素条件、动力源泉正发生前所未有的变革,致力于实现现代化的中国经济将由要素和投资驱动转向效率和创新驱动,国家创新活力和差异化竞争优势成为可持续发展及迈向2035的动力源泉。

哈佛大学战略学家迈克尔·波特教授关于国家产业竞争力的著作《国家竞争优势》中提出了国家竞争优势钻石框架模型,该模型提出了影响一个国家行业竞争力的六大要素,包括生产要素、需求条件、相关产业与支持性产业、企业战略与结构及同业竞争、机会和政府,这六大因素相互依赖,彼此互动,共同构成一个动态的产业竞争力系统(波特,2002)。国家钻石框架模型已成为各国政府和国际组织用以分析、评估国家或产业竞争优势的重要理论工具。

作为最大的发展中经济和世界第一人口大国,中国庞大的客户基数和市场规模造就了阿里巴巴、腾讯、百度、小米、美团、滴滴等一大批互联网应用企业的快速成长和激烈竞争,也推动了互联网人才、资本和新技术的供应及相关产业的快速发展(如物流快递、金融科技等领域)。近十年,随着信息文明时代数字经济和移动互联网、物联网和人工智能等的进一步发展及应用,生产及消费领域的网络化、数字化、智能化趋势越来越明显,在中国相继形成了消费互联网和产业互联网的巨大发展浪潮。其中,"互联网+"浪潮借助现代信息和互联网技术可以实现对传统产业和商业模式的改造、升级,"互联网+"浪潮则是互联网企业主动运用新技术整合传统业态和发展实体经济,为客户提供全场景的无时不在的产品/服务,最终实现消费O2O模式和智能生产体系的全面联通。与此同时,中国政府包括地方政府对区域内互联网产业的发展给予较高重视,从土地、人才、

税收政策等方面全力吸引互联网企业及相关生产要素集聚和发展,出现了浙江、深圳、贵州等一批数字化战略优先发展省市(张国有,2019)。实际上,中国发展互联网产业与数字经济还存在一个重要的文化传统或思维方式优势,因为中国基于汉字的语言体系促成了中国人的整体、综合、直觉、联系等思维偏向(张岱年等,1991),这与互联网时代信息文明所看重的系统、动态和非线性等思维方式比较接近;与此相反,西方所擅长的分析方法和机械性思维则与实证科学与传统工业文明更为契合(邝柏林,1991)。

从人类经济发展与创新历史来看,以计算机、互联网技术和人工智能为核心的信息文明,是人类社会继农业文明(1405年以前)、工业文明(1405—1945)之后的又一新文明时代(周宏桥,2019)①。信息文明时代尤其是进入移动互联网、物联网和智能互联时代以后,一些具有市场规模优势和丰富人才要素供给、政府强力推动和民族文化支持的国家——特别是中国——迎来了一个重大革命性战略机遇和弯道超车的机会,对中国人来说,这可以说是千年一遇的战略机遇期(周宏桥,2019)。显然,抓住信息文明时代科技革命与数字经济发展这一千年机遇,有利于中国构建并发挥国家竞争优势,提高国家自主创新能力和国际竞争力,实现新旧动能转换,全面提升中国经济发展的质量,促进经济与社会的全面现代化。

4. 中国经济现代化战略需要遵循的若干原则

根据两个100年战略目标和新发展理念,未来15年是中国基本达成现代化的关键时期。在中国现代化战略的设计和构想中,必须重视并遵循以下一些战略原则:①以两个100年为发展目标及愿景,以五位一体的战略布局和新发展理念驱动现代化战略(习近平,2019a)。②现代化战略发展需以解决人民日益增长的美好生活需要与不平衡、不充分发展这一中国特色社会主义新时代的主要矛盾作为核心战略任务,以发展和利用人力资本及构建创新引领型动力作为经济现代化战略之本。③经济现代化作为国家战略,必须体现在国家资源配置和关键承诺上,必须有发展规划、政策配套与重要指标监控及推动等(徐宪平,2018)。④经济现代化战略要在抓住信息文明时代革命性战略机遇的基础上,充分吸收借鉴其他发达市场经济国家在工业化、信息化过程中的经验及教训,合理

---

① 选择1405年作为工业文明时代的开始,是因为其后的西方大航海时代开启了全球贸易、西方思想解放运动和工业革命等浪潮;选择1945年作为信息文明时代的开始,是因为其后世界出现了第一台计算机,而互联网、智能手机等代表事物则要等到20世纪后期和21世纪初期才兴起。参见周宏桥(2019)第1章的讨论。

设定相关战略议程和关键措施(厉以宁,1993)。⑤在经济现代化战略过程中,需要围绕转型发展的一些重大社会经济问题和难题,攻坚克难,以改革推动转型发展,克服发展瓶颈,推动中国现代化战略的有效实施(厉以宁,2013a)。

三、 中国经济现代化战略架构

1. 国家现代化发展的目的与依靠

人是国家现代化发展的最终目的,也是现代化发展的依靠力量,国家发展的最高目标是实现社会人自由而全面的发展(厉以宁,1986,2018)①。新时代中国社会的主要矛盾已经转化为人民日益增长的美好生活需要同不平衡、不充分的发展之间的矛盾,中国的现代化发展就是为了更好地满足人民日益增长的美好生活需要。社会主要矛盾的历史演变往往与中国共产党人的初心与使命密切相关(郭华鸿、刘社欣,2019),习近平总书记多次在不同场合提到中国共产党人的初心和使命,强调始终不忘党因何而建、因何而兴,坚守全心全意为人民服务的宗旨(习近平,2019c)。党的十九大报告进一步指出中国共产党人的初心和使命就是为中国人民谋幸福,为中华民族谋复兴。通过国家现代化发展促进社会生产力极大发展和物质文化极大丰富,才能为人的自由而全面发展创造条件,最终实现人的本质回归。

在20世纪90年代,厉以宁在比较经济史研究中就明确指出:"(国家)现代化是一个经济、社会、政治、文化的持续发展的过程,而以经济发展过程作为其主要的内容。"(厉以宁,1993)②事实上,国家经济发展程度越高,就越有可能加大教育、医疗、科技、卫生等公共事业投入,才能更多地关注人民的社会文化生活及人的自身发展,从这个角度来讲,实现现代化应不断发展社会生产力,增加社会物质财富。但更深层次的意义在于,增加的社会物质财富应致力于破除阻碍人自身发展的物质和精神枷锁,不断满足人们的物质和文化生活需要,并使所有的劳动者平等地获取全面发展的权利和自由。实际上,在人人都享有生产要素而

---

① 厉以宁(2018:299)明确指出:"对任何一种制度,任何一个国家而言,都应当正确处理人和物之间的主从关系,应当是人支配物而不是物支配人。发展生产,增加GDP,让人们有更多的物质产品和精神产品,目的是为了人。"也正因为如此,厉以宁在20世纪80年代开始就把他的社会主义政治经济学体系建立在体制、目标、人三个依次上升的层次之上。参见厉以宁(1986)和厉以宁(2018:297—312)的讨论。

② 值得注意的是,厉以宁在该文中还从经济史研究的角度,探讨了中国现代化过程中经济体制改革与政治体制改革的次序和配合关系的几种典型观点,并明确指出:中国的现代化是社会主义的现代化,经济体制改革和政治体制改革必须以社会主义制度的完善与发展为目标,且需要慎重地选择对策。参见厉以宁(1993:59—60)。

又依靠对方提供生产要素或需要生产要素进行社会生产的经济中,如果不是所有人都有同等参与经济活动的机会,那就没有公平可言(厉以宁,1986)。

2. 财税体制、混合所有制与农村土地产权改革

实现经济现代化必须在贯彻创新、协调、绿色、开放、共享发展理念的基础上不断推进经济体制改革,为此国家先后出台了一系列全局性、突破性的经济体制改革举措。财税体制作为国家治理的基础和核心制度,在全面深化改革和推进国家治理能力现代化的过程中发挥着引领性作用(高培勇,2014),而混合所有制改革、农村土地产权改革及林权改革是盘活国有资本和集体资本、提高国民经济资本配置效率的重要突破口(厉以宁,2014b)。

2013年《中共中央关于全面深化改革若干重大问题的决定》指出:"财政是国家治理的基础和重要支柱,科学的财税体制是优化资源配置、维护市场统一、促进社会公平、实现国家长治久安的制度保障。必须完善立法、明确事权、改革税制、稳定税负、透明预算、提高效率,建立现代财政制度,发挥中央和地方两个积极性。"2014年6月,中共中央政治局审议通过《深化财税体制改革总体方案》,确定在预算管理制度改革、税收制度改革和财政体制改革三大方面推进财税体制改革。这一轮的财税体制改革之所以成为重点工程和基础工程,是因为它涉及全面深化改革中经济、政治、文化、社会、生态文明和党的建设等各个领域改革的联动。其中,作为国家治理的基础和重要支柱,财税体制安排体现并承载着政府与市场、政府与社会、中央与地方等方面的基本关系,深刻影响着经济、政治、文化、社会、生态文明和党的建设等领域的体制格局。因而,在国家治理的总棋局中,它是一个具有"牵一发而动全身"之效的要素。就财税体制改革目标和目前的状态来看,还存在不少问题,主要包括:虽然改革在一些具体领域(如预算管理法、具体税收改革等方面)取得一定成绩,但在发挥国家治理基础作用的多种体制改革的协调方面,如中央和地方的事权与支出责任划分、社会保障体制与预算管理、直接税比例增加与税收体制优化、重大改革方案的多方参与及论证等方面,都存在大量的改进空间(高培勇、汪德华,2017)。就发挥中央、地方两个积极性来说,自分税制改革以来,中国政府与企业、中央与地方的分配关系更加规范和统一,但也造成地方政府的财权弱化而事权增强的局面,导致地方财政短缺而过度依赖"土地财政"与中央转移支付。有专家甚至认为,中国长期存在"公共财政保政权运行、土地财政保建设"的二元财政格局,非常不利于国家长治久安(刘志彪、骆祖春,2014)。有资料显示,近年来中国地方财政收入的40%以上来自中央转移支付,地方财政自给率过低。而在发达国家,中央转移支付比

例一般较低,例如美国联邦政府转移支付只占州及地方财政收入的20%左右,且都是专项转移支付。未来需要大幅增加中央政府的直接财政支出,减少地方财政的直接支出以提高财政能力,同时赋予地方政府更多的税收权,因地制宜确定本地税收种类(林双林,2015)。值得指出的是,财税体制改革方案的设计及出台需要高度重视流程合法性,其中需要形成国家权威机构组织、多方利益相关者和专家学者参与及协商,最终通过法定机构审议的制度,因为财税体制改革能否真正让人们产生获得感,能否有效促进国家治理现代化进程,还要看其落地实施情况。而改革方案的真正落地,应是建立在公开透明、广泛参与的基础上,应鼓励事前充分发表意见进行博弈,而非方案出台之后的事后博弈(高培勇、汪德华,2017)。

在高质量发展阶段,国有资产改革有两个层次:一是国有资产配置机制的改革,二是国有企业本身制度改革及效率提高。前者是在国民经济宏观层面提升国有资本的资源配置效率,后者是在夯实国有资本有效运行的微观基础。与这两者都有关的一个重要战略举措,就是坚持混合所有制改革及完善法人治理机制(常修泽等,2017)。在混合所有制改革方面,可选择国企吸引优秀民营资本入股、国有资本有选择地进入民营企业以及增加企业员工持股等路径。其中,民营资本入股国有企业可使得股权更加多元化,借助民营资本的效率优势提升国企经营绩效,应鼓励民营企业积极参与国企增资扩股及其内部管理和改革重组(张好雨,2018);国有资本进入民营企业有助于提升国有资本配置效率,为民营资本创造平等参与市场竞争的环境,实现不同所有制相互促进;吸收企业核心员工如经营管理人员、科研人员和业务骨干持股,可以形成资本所有者和劳动者结合的利益共同体,符合21世纪知识经济时代人力资本参与企业价值分配的原理和人本主义潮流,有助于提高企业的运营效率和长期经营效益(常修泽等,2017)。

在中国乡村振兴和农业经济发展中,土地是最主要的资本要素之一,因此,土地确权是农村改革的最重要环节,并且应广泛包括承包地、宅基地、林地等多类型土地(厉以宁,2014a)。在农村土地及林地等产权改革方面,需要完善产权界定制度、产权配置制度、产权交易制度和产权保护制度四个方面的改革(常修泽,2018)。党的十九大报告中针对农村土地改革提出三权分置制度,即确立土地所有权、承包权、经营权三权分置,强调保持土地承包权长期不变,第二轮承包权到期后再延长30年,建立经营权流转的格局,对包括林权在内的自然资源的产权归属有了比较清晰的界定,能比较有效地推进农业及林业经营的组织化、规模化和长期化,提升农业和农村的现代化水平。因此,未来应积极推进农村土地产权界定和要素市场的自由流动,在不改变基本耕地性质、不破坏农村生态环境、兼顾农民承包权收益的前提下,支持并鼓励农村土地及林地实现组织化、规模化和多样化经营,发展现代农业经济和林业经济,促进农村和农业的可持续发展。

3. 国家人力资本、教育投入与创新体系建设

按照不同阶段经济发展驱动因素的不同,国家经济发展阶段可分为要素驱动、投资驱动、创新驱动和财富驱动四个阶段(波特,2002)。当前发达国家处于创新驱动发展阶段,我国尚处于投资驱动向创新驱动过渡阶段。在波特(2002)看来,经济全球化带来各国生产要素成本下降和技术差异缩小到一定程度后,国家之间的竞争优势将取决于产业自主创新能力及其支持要素体系。创新驱动既是重要的竞争战略,也是国家现代化战略的核心,因为:现代化发展的根本在于人的发展,解放生产力、实现国家的富强和繁荣是中国现代化之基;解放生产关系、实现经济的市场化和政治的民主化是中国现代化之源;而解放人的自身、实现中国人的自由、人权及其发展则是中国现代化之本(常修泽,2008)。

由投资驱动向创新驱动转变的中国现代化,离不开持续的人力资本积累和有效的知识生产,包括切实推进人才强国战略和创新立国策略,构建具有国际竞争力的人才结构体系及国家创新体系等(常修泽,2013)。一方面,需要加大人力资本投资,优化创新创业环境,营造崇尚知识、尊重劳动、勇于创造的社会氛围,通过政策引导劳动力及人才市场在地区间充分流动,提高全国范围内人力资本的配置效率;另一方面,要系统构建国家、产业、企业三层次创新体系,通过加大人力资本投资、知识产权保护和人本制度创新提升人力资本的数量、质量和作用效果(常修泽,2013)。同时,还应不断完善教育制度,始终把"发展教育、增强国民素质"作为第一国策,一个国家在不同时期可以有多个国策,但从长远发展来看教育应当首当其冲,因为教育和民众素质是决定中国可持续发展的基础性因素,通过教育可以实现国民优化、政府优化、规则优化等重要改进(张国有,2017)。因此,需要持续加大教育投入以强化知识生产和人力资本积累,注重创新型人力资本培养,提高全国人力资本的质量。

4. 国家自然与生态资本、社会与文化资本的双重强化

作为国家竞争优势和可持续发展的基础要素,自然与生态资本和社会与文化资本在国家现代化进程中的战略意义已经越来越明显。现代化发展必然是尊重自然、顺应自然、保护自然的发展,是人与自然和谐共生的发展,是既能创造符合人民美好生活需要的物质财富和精神财富、又能满足人们对高品质生态和居

住环境的期待的发展。构建自然与生态资本的关键在于切实贯彻习近平总书记生态文明思想,强化生态建设及绿色发展意识,构建全新的发展观、生产观和消费观,以最小的自然资源消耗和成本投入获得最大的经济效益和环境效益,制定包括清洁生产、绿色消费、污染控制、绿色税制在内的政策法规体系,以绿色环保制度和低碳发展宏观政策体系为人的全面发展提供生态环境保障(厉以宁等,2017)。

作为社会现象的文化不仅具有时代性,而且具有民族性,即民族的文化同时也是时代的文化(庞朴,1988)。文化资本是国家现代化发展宝贵的战略资源,就国家而言,它涉及文化产业、文化启蒙、文化自信、文化包容及文化创新等多方面重要内容(厉以宁,2018),同时它也是一个国家软实力的重要体现(约瑟夫·奈,2016)。作为一个有三千多年历史的文明古国,中国的现代化必然是传统与现代的统一,是文明继承与发展的统一,是文化传承与共享的统一(厉以宁,1993,2018)。作为中国现代化的重要基础,我们应该吸取中国近代百年以来的历史教训,反对否定传统的文化激进主义,在坚定文化自信、坚持"扬弃"的基础上实现中华传统文化与现代化的相互促进(陈来,2006)。2017年,中央出台《关于实施中华优秀传统文化传承发展工程的意见》,对于推动中华优秀传统文化的创造性转化和创新性发展具有重要指导意义;十九大报告也指出推动中华优秀传统文化创造性转化、创新性发展、不断铸就中华文化新辉煌是坚持社会主义核心价值观体系的重要内容。从国家现代化战略看,我们必须推进文化领域供给侧结构性改革,坚定文化自信,进一步解放和发展文化生产力,着力解决发展过程中不平衡、不充分问题,才能更好地满足人民日益增长的精神文化需求,创造具有中国特色的文化资本体系,提升国家的"软实力",促进国家长治久安和持续稳定发展。

5. 数字技术政策和新型土地政策作为高质量发展助推器

围绕现代化经济体系而构建的四大资本平台是转变经济发展方式、优化经济结构的有效支撑,它需要不断激发中国经济新的增长动能作为保障。实际上,中国经济进入中速增长期后增长动能主要来自三个方面:一是现有经济如何提升效率,二是以服务业为代表的一些行业还有较大增长潜力,三是前沿性创新带来的经济增长。为此,需要将既有的经济增长潜力加上新体制、新机制、新技术、新商业模式,才能将全面激发出的新动能转化为高质量发展意义上的新经济(刘世锦,2018)。本研究认为,新时代应以数字产业政策和新型土地政策作为两大政策抓手,加持国家四大资本平台,从而全面助推国民经济高质量发展。

在人类社会发展中,科技革命和产业革命相互促进,共同推动人类改造自然能力的提升。其中,蒸汽动力学革命催生了以蒸汽使用为主要特点、以纺织业为主导产业的第一次产业革命;电磁动力学革命催生了以电的普遍应用为重要特点的第二次产业革命;如今,以计算机、互联网、物联网、云计算、大数据、移动智能终端为代表的信息技术革命,使数据(数字)成为最重要的社会资源和生产要素,使数据获取、加工、计算、运用、存储等活动和过程较之于产品、服务本身的生产、流通、消费变得更为关键、更为重要和更为本质。随着这一进展的不断升级,人类社会迎来了数字经济这一崭新的经济形态(马建堂,2018b)。在这一过程中,数字技术革命使得全球范围内的需求和供给之间可以高效率、低时滞地得到连接与匹配,人们的各种个性化需求可以通过供应的网络化、智能化、平台化而得到高效率的感知与满足。因此,实体经济数字化是中国高质量发展的重要方向,也是我国未来15年"弯道超车"的重大战略机遇。因而,利用数字产业技术来加持实体经济、社会服务、政府管理和文化发展将成为我国未来数十年战略发展的一个重要助推器。这主要包括两方面的政策:一是数字技术产业化和发展"互联网+",如加大对互联网技术、云计算、人工智能等行业的促进和扶持力度,加大数字基础设施领域的投资、建设与完善;同时互联网企业加大对实体经济的渗透;另一方面,鼓励传统行业、部门和机构进行数字化转型,即发展所谓的"+互联网"。值得强调的是,这一数字产业政策不仅仅要鼓励互联网企业加持或改造传统实体经济,也不仅是要求用互联网相关技术改造经济发展的体制与机制(马建堂,2018b),它的有效利用还需要渗透到教育、政府管理、社会服务和文化建设等各个领域,即推动"数字化+"商务+教育+政务+医务+社会服务等各领域,全面助力中国的现代化进程。实际上,数字技术确已成为新的科技革命和产业变革中驱动创新和转型发展的重要力量,有数据显示2018年全国数字核心产业增加值达到5 548亿元,同比增长超过13%,由此形成的数字产业集群有利于改造提升传统产业,打造更高品质和高附加值的终端产品,培育新的比较优势,同时推动数字经济不断赋能公共服务领域,创新城市运行模式,促进政府治理现代化(潘家栋、包海波,2019)。

土地制度是中国政治经济制度的基础性安排。过去40多年,土地制度的独特安排与变革是中国经济高速增长与结构变革的发动机,由此形成的"以地谋发展模式"又成为拖累经济转型的重要制度性障碍。随着经济增长进入中高速增长平台,结构变革转向城乡互动,土地制度的不适应性凸显,必须深化土地制度改革,告别"以地谋发展"的传统粗放模式,以土地结构优化促进结构改革,以新型土地政策促进新型城镇化和城乡互融,以及促进经济的全面转型发展(刘守英,2017)。从历史上看,改革开放以来,我国土地政策一直处于适应城镇建设的不断调整中,国家现代化形成的产业集群和人口集聚带动城镇化快速发展和城市规模扩张。传统土地政策引致城市土地过度开发、土地市场化配置程度低、生态环境恶化等诸多问题。新时代的土地政策需着眼于科学合理的城市规划、产业布局和环境承载能力,统筹城乡土地政策的综合改革,体现政府、市场与农民多种力量结合的综合效果,促进新型城镇化与促进高质量发展的政策改革(王庆日、张志宏,2014)。实际上,随着我国经济发展进入高质量发展阶段,经济发展将更多依靠内生动力,创新成为引领发展的第一动力。土地资源作为一项重要的、我国拥有的优势经济要素,需要着力于促进城乡一体化制度改革、调整产业结构和产业升级、发展新型城镇等方面,应聚焦支持创新驱动战略实施,保障科研教育、新产业新业态、医疗卫生和创业创新等用地需求,支持推进新型城镇化、生态文明建设、美丽宜居乡村建设等,推进我国重要区域及流域经济带的全面协调发展(唐健、王庆日,2017)。

6. 以人力资本和创新为核心的全要素复合型经济现代化战略架构

中国经济要实现从大到强的伟大飞跃就必须建立现代化经济体系,更好地满足人民日益增长的美好生活需要,这也是党的十九大确立的战略构想,是中国经济体制运行的总体指向。就未来15年的发展要求来说,建立现代化经济体系就是要把供给侧结构性改革作为主攻方向,构筑、形成并不断强化中国经济发展的质量优势,实现健康良性的经济运行和发展。现代化经济体系是由社会经济活动各个环节、各个层面、各个领域的相互关系和内在联系构成的有机整体,它既是一个目标体系,也是一个不断变革的过程,体现了以新发展理念为支柱、四大资本平台为基础、以数字产业政策和新型土地政策为杠杆的国家经济现代化战略构架和发展愿景(见图16.1)。

如图16.1所示,在经济现代化战略架构的底座部分,来自国家财税体系与各种所有制企业投入的经济资本是国家经济发展的直接资本来源,也是国民经济第一、二、三产业发展的物质依靠。自然与生态资本既是国家经济发展依靠的自然资源的总和,也是民众生存和高质量生活环境必需的组成部分。人力与知识资本是创新驱动型经济发展的核心资源和关键要素,必须得到持续不断的发展与壮大。其总量不仅依赖于高中低各层次的人力资源的数量,而且主要依赖

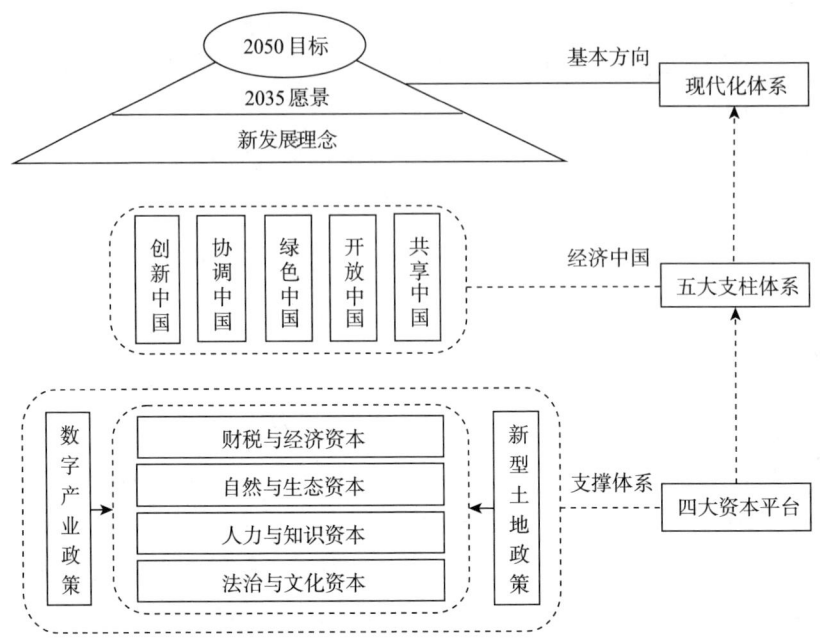

图 16.1　中国经济现代化战略架构

于各产业的中高层次人力资本①的培育与开发利用程度。在上述架构中,法治与文化资本指的是一个社会有序、高效运作所依赖的国家制度、法规、社会价值观和宗教伦理观念等的总和。法治和文化资本是一种无形的、非常重要的资本,它体现在某种社会组织之中、某些行为规则之上或某些观念之中,影响着一个社会的人力资本的增长和人力资本作用的发挥(厉以宁,2010:240—249)。同时,从数百年经济发展历史来看,一个国家的制度和文化资本相对于人力资本和物质资本来说是更为基础、更为重要的因素,它可以是一种生生不息的创造性力量的来源(韦伯,1987)。因此,我们把法治与文化资本置于图 16.1 的经济现代化战略架构地基的底层。

需要指出的是,在图 16.1 的架构底座中,我们把数字产业政策和新型土地政策作为对国家经济发展四大资本平台的加持因素,是指利用中国这两大经济

---

① 所谓中高层次的人力资本,可以从人们所从事职业工作的复杂程度和知识技能要求来加以区分和衡量。例如,在西欧工业化经济史研究中,学者可以根据需要把劳动力分为简单/体力劳动和复杂/非体力劳动(企业家、发明家和管理者等),或者分为工业家、管理者、科研人员或生产线工人等不同类型,并据此研究不同类型的人力资本在社会流动和工业化过程中的作用。实际上,西欧经济史研究中的一个重要结论就是工业化的进展依赖于人力资本作用的发挥,而人力资本作用得以发挥主要依靠制度激励和文化因素。参见厉以宁(2010)第四章的相关论述。

优势资源与政策导向可以对培育和利用四大类国家资本起到加速和放大的积极作用,它们一方面可以对四类资本平台的某个层次(如人力资本或生态资本)发挥作用,另一方面也可以起到促进四类资本融合、加固或放大的作用。

在图 16.1 所示的战略架构的支柱部分,我们将习近平在党的十九大提出的五大新发展理念——创新、协调、绿色、开放和共享——作为五个支柱,它们体现了中国基本实现现代化后中国经济的五个主要方面。在战略大厦的屋顶,是 2050 年中国复兴之梦想和 2035 年中国基本实现社会主义现代化的创新强国愿景,以及实现这些发展目标所要求的创新、协调、绿色、开放和共享"五位一体"的新发展理念。

四、 迈向 2035 中国愿景:关键指标设置与核心政策构想

1. 关键指标设置

实现 2035 年中国现代化战略愿景及构想,需要构造一系列代表性衡量指标,进而可通过表征新发展理念的指标体系的设定倒推出中国经济现代化过程中需要的发展路径和重要应对举措。在本研究中,指标选择主要遵循两个标准:一是是否能够充分体现创新、协调、绿色、开放和共享的新发展理念;二是通过多个维度描述 2035 年中国在经济增长、创新驱动、人力资本、绿色协调等方面的发展能否满足人民日益增长的美好生活需要。实际上,发展指标及指标体系不仅仅是对经济现代化结果的衡量,也深刻反映对发展路径的选择。

近期,一个以北京大学光华管理学院教师为核心的研究团队系统地分析了实现 2035 中国愿景的具体指标体系,其中对指标的衡量与评估主要进行了两方面考虑:一方面,采取国际比较方法,确定美国、英国、德国、法国、日本等主要发达国家实现与中国同等经济现代化程度时(以人均 GDP 水平为主要标准),所对应的经济和社会多方面的指标值和主要表现,以此为基准情形并结合中国发展的具体情况作为中国 2035 年指标值的预测基础。另一方面,遵循社会经济发展的基本规律,结合中国经济发展的基础条件、结构特征、驱动因素对推动经济深化发展的动能进行全面分析,并以人力资本为核心实现创新驱动的高质量可持续发展。这两方面的考虑,体现了从外向内和从内向外视角的结合,符合中国经济社会发展的内在逻辑,同时兼顾了主要发达国家在经济现代化发展过程中呈现的一般规律(见表 16.1)。

表 16.1　中国经济现代化战略的关键指标设置

类别	指标	2035 年	单位	说明
经济增长	人均国内生产总值	34 950	国际元[a]	以 2011 年不变价为基准[b]，GDP 年增长率在 4.0%—5.5%
	全要素生产率年均增速[c]	2.7—3.0	%	以 2018 年为基准情形
	人均资本存量	136 582	国际元	以 2011 年不变价为基准
创新驱动	国家研发强度	≥3.0	%	国家研发支出占 GDP 比重
	研发经费结构	≥12.0	%	国家基础研究支出占研发经费比重
	专利申请强度	10 000	个	每千亿国际元 GDP 对应的专利申请数量
	PCT 专利申请	140 000	个	
人力资本	政府教育支出强度	≥4.75	%	政府教育经费占 GDP 比重
	全国受高等教育人口比重	≥23.43	%	6 岁以上人口接受高等教育人口占比
	人均预期寿命	≥81.2	岁	基准情形
	国家医疗卫生支出强度	≥8.59	%	国家医疗卫生支出占 GDP 比重
绿色协调	城镇化率	70—80	%	城市人口占比，高值为乐观估计
	产业结构优化	≥65	%	第三产业增加值占比
	人口结构优化	≤23.29	%	65 岁以上老年人口占比
	消费结构优化	≥58	%	居民服务消费占总消费比重
	环境 PM2.5 量	≤37.87	微克/立方米	考虑不同地区的经济增速及环保要求设定标准
	单位 GDP 能耗	≤0.39	吨标煤/万元	
	人均碳排放量	≤12.26	吨/人	

资料来源：根据北京大学光华管理学院课题组（2019）研究报告整理汇总。

注：a."国际元"是指采用购买力平价而不是汇率的方法来确定的一种国际标准货币单位（对美国而言，国际元与美元相当于 1∶1 的估值）。b.这里采用 2011 年不变价为基准年，是为估算各发达国家达到 35 000 国际元的时间方便考虑，具体为美国（1988）、德国（1998）、法国（2001）、英国（2003）、日本（2004）。c.基准情形预测是 2035 年中国的全要素生产率水平达到美国的 65%，为此中国在 2015—2035 年全要素生产率的增速应该比美国同期增速高 1.95 个百分点。美国近年的全要素生产率增速已经降到 1%左右，如果这一增速在未来不发生结构性的变化，意味着中国全要素生产率的年均增速应该保持在 2.7%—3.0%的水平。

关于表16.1中设定的18个关键指标,有必要着重强调以下三点:

（1）全要素生产率（total factor productivity,TFP）及其提升是中国经济现代化的一个总体型创新监测指标。所谓全要素生产率,是指所有资源的开发利用效率,等同于一定时间内国民经济总产出与要素总投入的比值。全要素生产率的增长率并非是指所有要素的生产率的增长部分,而是指经济增长中不能归因于有形的生产要素的增长部分,它只能用来衡量除去有形生产要素以外的纯技术进步或是资源配置效率提升所引致的生产率增长。因此,全要素生产率增长率是指全部生产要素（包括资本、劳动、土地等）的投入量都不变时,生产量仍能增加的部分。一般认为,全要素生产率有三个来源,分别是效率改善（宏观上国家体制和政策的优化,以及微观上企业科学化管理水平的提升）、技术进步（各种科学技术的发展与应用）及规模效应（通过增大规模带来经济效益的提高）。由于各种体制机制原因,以及中国经济的转型发展特征,中国在2035年的全要素生产率达到美国的3/4被认为是相当好的一个期望目标（北京大学光华管理学院,2019）。

（2）表16.1中的核心指标并不都是政策着力点。这些指标主要是为了监测和推动经济现代化发展的多维度特性而设定的,每个指标在其所关注的领域并不是唯一的,也并非都是政策实施的着力点或抓手。其中,若干具有政策抓手性质的战略性指标可以作为我们实施现代化战略的政策着力点,如提高国家研发强度和国家财政性教育支出强度可以起到强化创新驱动和人力资本培育的作用;而另一些目标,主要是作为政策实施和调整可参照的监测指标,如老年人口占总人口比重和居民服务消费占总消费比重。

（3）针对表16.1中的一些关键政策指标,特别是国家研发强度、国家教育财政支出强度和国家医疗卫生支出强度的2035年目标设定,本研究认为表16.1中所引用的项目组提出的数字标准是比较保守的。为了突显本研究倡导的以人力资本为核心、创新驱动的中国经济现代化战略设计,作者认为这些关键指标需要高标准设定,其具体数值建议和依据将在本文政策构想部分进行详细论述。

2. 财税体制改革与扩展经济资本的核心政策构想

中国经济近四十年的高速发展为积累现代化需要的经济资本奠定了良好基础,充足的资本存量和多层次的人力资本——世界范围内大量的高中低技能的劳动力资源——为中国推进产业结构升级和就业结构转型提供了便利,新旧动能转换、城镇化进程中大量基础设施投资与建设也进一步为资本积累和创新发展带来了机会。此外,持续稳定增长的居民收入也带动了国内消费需求升级,据统计显示,目前全国居民人均可支配收入已从1978年的171元增加到2018年的28 228元,扣除物价因素后实际增长24.3倍,居民收入水平提高带来了消费升级,特别是信息文明时代随着互联网技术革新及应用的蓬勃发展,中国社会消费需求的多样化、个性化特征越来越明显,倒逼中国企业加快创新和产品更新换代步伐,充分利用互联网技术提供高附加值、定制化的产品和服务,实现经济的高质量发展。

中国财税体制改革的一项核心内容,是建立事权与财权划分适宜、财力协调、区域均衡的央地财政关系(高培勇、汪德华,2017)。其中,需要进一步理顺中央、地方的事权划分,按照事权责任划分确定与地方责任适宜的分税制,完善地方税体系和种类(刘志彪、骆祖春,2014);同时,中央需要根据各地财政支出标准与实际财政收入的差额确定对各地的一般转移支付标准,并逐年按一定增长率调整,逐步将大部分专项转移支付变为一般转移支付,充实地方预算,逐步减少地方政府对土地财政的依赖(林双林,2015)。此外,在税制改革中降低总体税负,且优化税收结构,包括税收收入与非税收入结构、直接税收入与间接税收入结构,核心在于降低间接税(尤其是增值税)占比并提高直接税占比,优化产业、行业税负结构,降低实体产业(包括农业)税负,在实体产业中以降低制造业税负为主;逐步调整法人与自然人税负的比例关系,降低法人税负,提高自然人(主要是高收入群体)的税负。还应进一步完善预算制度改革,财政预算先规范、后透明,加强预算立法和人大对预算的审查监督,推进预算绩效管理(刘志彪、骆祖春,2014)。

在扩展经济资本方面,应该加大国有资产管理体制改革力度,提升国有资产资源配置效率,并通过国有企业混合所有制改革提升企业活力和效率,在农村通过进一步推进农地和林地产权制度改革,扩展国民经济中可供投入的经济资本总量,提升资本投融资和运营效率(厉以宁,2014b)。

3. 提升自然与生态资本的核心政策构想

在高质量发展的新阶段,全国都要践行"青山绿水就是金山银山"的发展理念。为此,需要通过广泛的文化宣传,提升地方干部和群众坚持绿色环保的发展理念,动员更多的城乡居民自觉、主动地参加绿色经济和绿色环境的建设(厉以宁,2018)。在宏观管理层面,需要把"低碳发展"作为国民经济宏观管理的目标之一,以产业生态化、生态产业化促进区域可持续发展,大力发展低耗能、低排放的节能环保产业和现代服务业,鼓励并引导全社会形成简约适度、绿色低碳的生产生活方式(厉以宁等,2017)。在经济发展方式上,各级政府要跳出"发展就是拼资源、拼能源"的传统发展误区,摒弃以"末端治理"作为环境保护手段,把自然资源的有序开发和综合利用放在首位,严控高污染项目的立项审批,通过大力发展节能环保产业带动相关绿色产业链和生态产业集群发展,加快构建绿色技术成果转化推广机制,不断引领产业结构的绿色化、集约化、规模化,实现第一、二、三产业的低碳发展(厉以宁、傅帅雄、尹俊,2014)。

从国家财税体制上看,需要以绿色税制改革带动中国税制整体优化,促进国家可持续发展(武亚军,2005)。应充分借助财政、税收等政策手段和制度安排为绿色发展提供体制保障,以绿色税制改革带动中国税制整体优化。根据作者的一项研究,在改革开放的前三十多年中,中国经济增长的资源环境代价巨大,其中存在重要的制度性原因,绿色税制改革具有控制污染、改善资源利用效率、筹集资金及实现经济发展"多重红利"的潜力,在我国绿色税制改革的一个合理目标是使绿色税收占税收总额的9%—10%或者占GDP的2%,而现阶段与国际水平相比中国税制绿色度还比较低(1%左右)。税制绿化的主要措施在于提高和完善资源税、环境税及排污收费等税制体系,并且基于绿色税收的税制优化及收入中性的改革组合(可以弥补税制改革带来的税收收入的减少),使税制改革走向可持续发展的制度创新之路(武亚军,2008)①。

4. 推进国家研发与创新体系的核心政策构想

21世纪是知识经济的世纪,也是一个国家依靠创新竞争的世纪。要实现2050年目标和2035年中国愿景,实现经济现代化和伟大创新强国的目标,中国必须依靠长期的高强度的科技研发投入及对研发资金的有效利用。

研发强度是指研发支出占GDP的比重。作为一项重要发展指标,实证数据表明其与经济增长存在显著的正相关性。1996—2015年,全球、高收入国家、中国、法国、德国、日本、韩国、英国、美国,其研发强度与人均GDP的相关系数均为正,分别为0.779、0.551、0.976、0.071、0.947、0.888、0.950、0.380、0.693。其中,我国研发强度与人均GDP关联度是最高的(0.976)(北京大学光华管理学院研究报告,2019)。根据国际统计,我国2017年的研发强度为2.15%,明显低于OECD国家的平均水平2.37%、美国的2.79%、日本的3.21%和韩国的4.55%;而且OECD主要国家研发强度在近5年内保持相对稳定(见表16.2)。按人均水平来

---

① 为在转型发展中更好地促进长期可持续发展,我国绿色税制改革中可以根据宏观税负总体较高的现实,进一步优化绿色税制改革设计,不仅总体降税而且实现结构优化,从而更好地促进经济的创新、绿色、共享和持续发展。

看,2017年依据购买力平价调整的人均研发投入中国仅为356.8美元,而美国、日本、韩国分别达到1 666.5美元、1 348.8美元和1 768.4美元,OECD国家平均达到1 049.9美元(OECD,2019),中国仅为美日韩三国和OECD平均水平的大约1/3—1/5。

根据发达经济国家的基本经验及中国2035年愿景,作者认为,我国未来15年应该向发达经济国家学习,特别是向日本、韩国、瑞典、丹麦、美国等创新强国学习,不断提升研发强度并优化研发资金的结构和使用效率,以强力承诺推进中国的技术研发与创新能力,驱动经济实现高质量发展。据此,2035年中国研发强度的一个合意目标应该达到3.0%—4.5%之间,2025年的合意目标应该达到2.5%—2.8%以上[①]。

表16.2 主要OECD国家与中国的研发强度比较   单位:%

国家	年份						
	2005	2012	2013	2014	2015	2016	2017
丹麦	2.39	2.98	2.97	2.91	3.05	3.10	3.05
芬兰	3.33	3.42	3.29	3.17	2.89	2.74	2.76
法国	2.05	2.23	2.24	2.28	2.27	2.22	2.19
德国	2.43	2.87	2.82	2.87	2.91	2.92	3.04
日本	3.18	3.21	3.31	3.40	3.28	3.16	3.21
韩国	2.63	4.03	4.15	4.29	4.22	4.23	4.55
瑞典	3.38	3.28	3.30	3.14	3.26	3.27	3.40
英国	1.56	1.59	1.64	1.66	1.67	1.68	1.66
美国	2.52	2.68	2.71	2.72	2.72	2.76	2.79
中国	1.31	1.91	2.00	2.03	2.07	2.12	2.15
OECD	2.14	2.31	2.33	2.35	2.34	2.34	2.37

资料来源:根据OECD科技数据库文件摘编(2019)。

此处需要注意的是,研发分为研究和开发两个方面。其中,研究是为获得新的科技知识而从事的有计划、有创造性的调查、分析和实验活动,可分为基础研

[①] 这一合意目标的下限与北京大学光华管理学院课题组(2019)相同,与其不同的是,笔者认为中国可以在研发投入上更为激进一些,以日本、韩国和瑞典等国为师,在2035年将研发强度提升到4.0%甚至更高。

究和应用研究;开发是在开始商品生产或使用前将研究成果转化为一种新产品或工艺的系列活动。研发经费方面,如果按研发经费来源划分,则可分为来源于企业的资金、来源于政府的资金、其他来源资金的比重关系;如果按研发经费执行部门划分,则结构性指标可分为企业部门、政府部门、高等教育部门和其他部门的比重关系;如果按研究类型划分,则可分为基础研究、应用研究、试验研究的比重关系。根据国际比较分析,中国目前存在的一个重要问题就是基础研究经费过低,原创技术和原始创新动力不足(见表 16.3)。2017 年,中国基础研究经费占研发经费的比重仅为 5.5%,而近几年主要发达国家基本都在 10% 以上(见表 16.3),所以中国在未来应加大基础研究经费支持力度。我们认为中国 2035 年对基础研究的经费支持可以争取达到 12%,其中 2025 年争取达到 8.5%。

表 16.3 研发经费结构的国际性比较 单位:%

结构性指标		国家						
		中国	法国	德国	日本	韩国	英国	美国
按经费来源分	年份	2016	2014	2014	2015	2015	2015	2015
	来源于企业资金	76.1	55.7	65.8	78.0	74.5	48.4	64.2
	来源于政府资金	20.0	34.6	28.8	15.4	23.7	28.0	24.0
	其他来源资金	3.9	9.8	5.3	6.6	1.8	23.6	11.8
按执行部门分	年份	2017	2016	2015	2015	2015	2015	2015
	企业部门	77.6	65.1	67.7	78.5	77.5	65.7	71.5
	政府部门	13.8	13.1	14.9	7.9	11.7	6.8	11.2
	高等教育部门	7.2	20.3	17.4	12.3	9.1	25.6	13.2
	其他部门	1.4	1.5		1.3	1.6	1.9	4.1
按研究类型分	年份	2017	2014		2015	2015	2014	2015
	基础研究	5.5	25.2		12.5	17.2	16.9	17.2
	应用研究	10.5	38.9		20.8	20.8	43.3	19.4
	试验发展	84.0	35.9		66.7	61.9	39.8	63.4

资料来源:北京大学光华管理学院课题组(2019)。

5. 发展人力与知识资本的核心政策构想

迈向 2035 的中国必须具有与现代化发展相匹配的、具备足够知识与技能、身心健康的劳动力资源,这意味着持续足量的人力资本供给将是一个必要前提。因此,必须加大政府教育投入力度,深入推进"健康中国"建设,通过人力资本平台建设来强化对经济现代化的战略支撑(厉以宁,1986;北京大学光华管理学院项目组,2019)。

一定的受教育程度是人力资本的基本要素。教育是对人力资本投资的主要形式,它直接作用于提高劳动者的知识水平、劳动能力和生产技术等。从人力资本利用来看,劳动力配置必须与产业结构相适应,未来中国第一产业就业人口将持续向第二、三产业转移,这意味着需要加大教育投入和推进教育体系的结构性改革以与之相适应。政府的教育经费投入情况直接反映了一个国家对教育的重视程度,同时也是未来人力资本质量的间接反映。根据国家统计局的相关数据测算,2017年中国国家财政性教育经费占国内生产总值的比重为4.17%,2013—2017年基本维持在4%以上,政府教育经费虽有一定幅度增长但投入强度变化不大(见图16.2)。目前世界各国财政性教育经费支出占比的平均水平为7%左右,其中发达国家达到9%左右,这意味着中国仍需要继续加大政府的教育投入强度,一个可考虑的合意目标是2025年达到5.0%,2035年达到5.5%—6.0%。这一目标值较前述北京大学光华管理学院课题组的目标(2025年达到4.47%,2035年达到4.75%)更为激进,但作者认为这是必要的且是合意的。设定这一更高目标值主要是来自以下两方面的考虑:一是国际横向比较。主要OECD国家(包括英国、美国、荷兰、法国、加拿大、日本等市场经济国家),其国家公共教育经费占国民生产总值的比率在20世纪70年代末(1975—1977年)的平均值就已经达到了4.71%—5.35%(厉以宁,1987:29),目前世界很多发达国家也达到7%以上。二是最近数十年以来,随着中国经济的发展和教育市场化、产业化的推进,中国城镇居民家庭承担了大量的中小学生教育课外培训辅导费用,居民家庭负担日益沉重且社会效率不高。为此,一些教育学和教育政策研究者都呼吁国家承担更多的中小学基础教育活动开支,而不是把相关责任都推向家庭和市场,从而可能出现"教育的拉丁美洲化"(王蓉、田志磊,2018)①。由此,作者认为需要将国家教育支出强度这一指标从目前的4.2%左右逐步提升至2025年达到5.0%,以及2035年达到5.5%—6.0%。

---

① 所谓"教育的拉丁美洲化"是指这样一种教育格局:在人口收入差距显著的社会中,大量中高等收入的家长可能逃离公共教育体系而在私立部门中寻求更高水准的服务,公立学校特别是基础教育阶段的公立学校逐渐成为低劣质量教育机构的代名词。这将导致国家基础教育方面的很多不公平和低效率问题。参见王蓉、田志磊(2018:38-40)的论述。

第十六章 迈向 2035 中国愿景：新发展理念驱动的经济现代化战略构想与核心政策

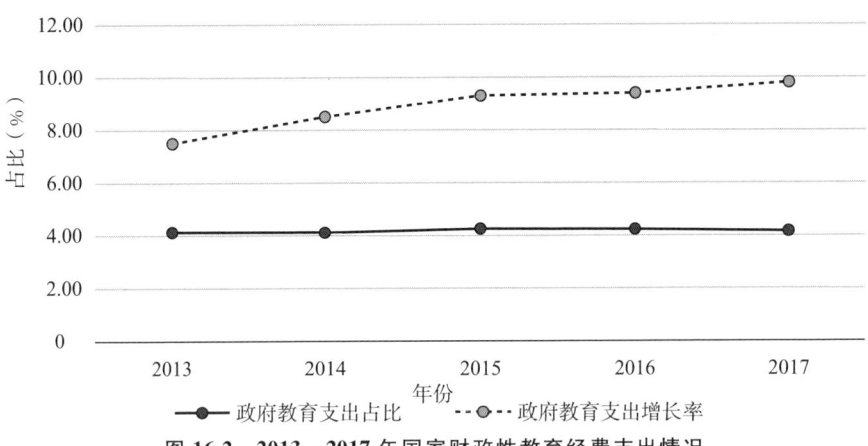

图 16.2　2013—2017 年国家财政性教育经费支出情况

资料来源：根据国家统计局数据测算。

健康的身体是人力资本的另一基本要素。国家对医疗卫生领域的重视程度与支出会直接影响居民的健康水平和预期寿命，近年来中国在积极发展经济的同时，同步增加了医疗卫生方面的投入，提高国家医疗科技水平。中国大健康行业规模不断扩大，2017 年大健康服务行业规模超过 6 万亿元。但从健康产业占比最大的医疗卫生行业来看，医疗卫生支出占 GDP 比重仅 6.2%，而同一时期美国的医疗卫生支出占 GDP 比重超过 17%，日本、法国、德国等国家也超过 10%，由此可见，中国医疗支出占比在国际上仍处于较低水平（见表 16.4）。从增长趋势来看，中国医疗卫生支出占比虽呈现增长趋势，但增速仍远小于发达国家，与发达国家的差距在拉大。因此，加大卫生健康领域支持力度仍有很大空间，必须坚定不移地继续深化医药卫生体制改革，建立优质高效的医疗卫生服务体系，2035 年力争将医疗卫生支出占 GDP 比重提高到 8.5%—9.0%。同时，考虑到中国正逐步进入老年社会这一现实挑战，国家在医疗卫生产业政策上应倡导健康文明的生活方式，坚持预防为主，推进医养结合，支持社会办医，大力发展健康老龄事业和相关产业。

表 16.4　中国及主要发达国家 2016—2017 年医疗支出占 GDP 比重

国家	2017 年人均 GDP（美元）	2016 年（%）	2017 年（%）
美国	60 302.80	17.1	17.2
德国	44 750.96	11.1	11.3
英国	40 109.06	9.8	9.6
法国	38 631.24	11.5	11.5

(续表)

国家	2017年人均GDP(美元)	2016年(%)	2017年(%)
日本	38 334.61	10.8	10.7
韩国	29 870.81	7.3	7.6
中国	8 752.43	6.2	6.2

资料来源:根据 OECD 数据库、《中国卫生健康统计年鉴》、北京大学光华管理学院课题组(2019)整理。

6. 夯实国家法治与文化资本,提升国民思维能力与文化创造力

国家现代化发展不单单依靠经济,文化软实力也占据重要地位(约瑟夫·奈,2016)。文化来自历史、面向未来,是经济社会发展的精神根基与灵魂支撑。习近平特别指出,无论哪一个国家、哪一个民族,如果不珍惜自己的思想文化,丢掉了思想文化这个灵魂,这个国家、这个民族是立不起来的(习近平,2014)。文明因交流而多彩,文明因互鉴而丰富,要坚持从本国、本民族实际出发,坚持取长补短、择善而从,讲求兼收并蓄,去粗取精、去伪存真。新时代更应当把中国优秀传统文化作为一项独特的战略资源,把中国优秀传统文化作为中华民族的根和魂,坚持创造性转化、创新性发展(习近平,2019b)。

中国传统文化是经济社会发展的根基,也是推进社会主义法治建设的基础。实际上,要对传统文化进行创造性转化和创新性发展,必须在坚持文化自信的基础上,对中西文化的特点及其优长短弱有具体而深入的理解,在此基础上才能真正自觉地进行跨文化交流、学习和融合,才能真正有效地将优秀传统文化变成中国现代化发展的一项独特战略资源(李泽厚,1980;刘长林,1991;朱康有,2019)。具体到中国的文化传统,它包含思维偏向、传统伦理价值观念、创造力特点及国民心理素质等四方面的内容(王元化,1994:2)。由此,我们可以从文化继承发展的视角提出以下一些核心构想:

(1)在坚持发挥中国整体、综合、辩证思维的基础上,学习吸收西方的分析思维方法,形成一个适应现代科学发展及信息文明时代的现代思维模式体系。大体上说,中国思维偏向整体、综合、直觉、意向等特征,擅长辩证思维,在分析思维方面较西方落后;同时,中国辩证法强调对立的交参与和谐,西方强调对立的斗争与转化(张岱年等,1991)。正因如此,在近代的中国,实证科学精神未得到大的发展,在工业化过程中落后于西方国家,但是,我们必须看到,在未来的信息和知识社会中,分析与综合相结合的辩证思维模式可以更好地适应未来社会的

发展,而这种辩证思维方法是中国的优势思维偏向。因而,从哲学上讲,我们应该致力于"辩证思维的条理化、分析思维的精密化",并让创造性思维得到昂扬发挥及发展(张岱年等,1991)。

(2) 以"扬弃"为方法,中国传统伦理价值观念可以而且应该在构建社会主义核心价值观以至中国现代化建设中发挥社会整合和秩序重建的作用(朱康有,2019;李泽厚,1980)。例如,传统儒家强调"仁义礼智信"等价值观念,倡导"大学之道,在明明德,在亲民,在止于至善",追求"修齐治平""内圣外王",这些"道义性"价值观念在现代中国社会尤其是经过 20 世纪 60、70 年代"文化大革命"和近几十年市场经济快速扩张之后,对现代中国社会的公民观念重塑、行为整合、社会秩序重建乃至国际交往与发展仍然具有重大的现代价值(朱康有,2019)。

(3) 中国要大力学习、吸收近代西方文艺复兴后形成的人权、平等和法治等价值观念,顺应工业化、现代化和互联网时代的发展潮流,在国家和社会层面实现现代经济与社会运作的法治文明建构(任剑涛,2001,2014)。这是因为,在 1919 年之前两千多年的时间中,中国传统的农业社会和封建社会形成了以儒家"仁学"为主体、儒法互补(治理结构)、儒道共济(心灵结构)的文化格局,这一社会心理结构与文化格局是适应传统农业社会和封建社会的一种架构(李泽厚,1980)①。从未来中国的现代化发展来看,我们要大力构建国家法治与文化资本、践行社会主义核心价值观和民主法治,必须坚持古为今用、推陈出新,突破中国传统农业社会之儒法互补(治理结构)、儒道共济(心灵结构)格局,顺应工业化和现代性的发展潮流,在国家和社会层面实现现代经济与社会运作的法治文明建构(任剑涛,2001)。实际上,"在市场经济的现代物化文明建设机制坐实之际,需要法治和责任制政府的制度文明对之进一步夯实。否则已经取得的经济体制改革成果,也可能毁于一旦……简而言之,以法治国是中国建构现代国家、突破已经取得的稳定国家机制的既有成就,也是成功建构现代国家的法治与责任制政府两根支柱的必须。这是中华文明依赖法治中国建构、寻求文明自我超越的重要契机,也是决定中华文明前途与命运的重大事务。"(任剑涛,2014)

---

① 在改革开放不久,李泽厚就明确地指出,"仁学"心理结构反映的要求人们重视现实的实用理性、重视人情、人生乐观精神等是值得发扬的重要价值,包含的"专制主义""禁欲主义"和"等级主义"等则需要克服和抛弃。他提醒人们:"这始终是中国走向工业化、现代化的严重障碍。不清醒地看到这个结构所具有的社会历史性的严重缺陷和弱点,不注意它给广大人民在心理上、观念上、习惯上所带来的深重印痕,将是一个巨大的错误。"参见李泽厚(1980:91-93)的论述。

7. 以数字产业政策为杠杆,推动国民经济中各产业数字化与管理现代化

当前,以"数字产业化、产业数字化"为特征的新一轮科技革命和产业变革正在加速演进,数字经济已然成为推动经济可持续发展的新动能(马建堂,2018b)。来自中国信息通信研究院的数据显示,2018年中国数字经济规模达31.3万亿元,占GDP比重达到34.8%。作为全球第二大经济体,数字经济在提升中国全要素生产率、传统农业和服务业数字化改造、制造业数字化转型、培育新经济模式等诸多方面仍有巨大潜力。因此,中国需要一整套适应数字经济发展的数字产业政策,包括:①鼓励以5G通信、互联网、云计算、人工智能等为代表的核心技术突破,加快前瞻性布局和前沿技术研发,建立以企业为主体、市场为导向、产学研深度融合的技术创新体系,同时,建议在国家层面制定和出台《国家数字技术产业促进实施法》。②逐步提升涉及社会公共利益的政务、交通、物流、医疗、教育、金融等行业的数字化水平,减少经济活动中的交易成本①。比如,浙江的"最多跑一次"改革,依托互联网和数字技术打通政府部门间的信息孤岛,大大提升了公共服务效率及企业和百姓的满意度。③提升数字经济的治理水平,以更加积极的姿态参与全球数字经济治理体系,适时制定和修改相关政策法规,使之既保护数字经济下新兴业态发展,又打击侵犯个人隐私与知识产权等违法行为(杨健,2017)。④积极参与全球数字治理协商与规则制定,确保全球范围内中国国家网络空间与信息安全(汪玉凯,2014;郝叶力,2016;秦安,2016)。

8. 以新型土地政策为杠杆,推动国家发展核心资本平台的转型升级

土地政策是中国城市化进程中的核心政策,事关国计民生和国家政治经济基础(文贯中,2014)。20世纪90年代以来,中国偏向于凝聚资本的"土地财政"是助推中国城市化的关键制度设计,为1994年分税制改革后地方政府的财政资金来源提供了重要渠道。土地财政的融资模式,使得中国高效地获取了城市化所必需的原始资本积累,确保中国经济成为开放和全球化中获利的一方(赵燕菁,2014)。然而,土地财政制度与相关土地政策也导致土地资源浪费、配置效率低下、金融风险加大、贫富分化加剧及严重的"城市化困局"等一系列问题(文贯

---

① 目前,中国社会经济中的多个领域仍存在着不少低效甚至无效的流程或管制安排,提高了社会经济运行的交易成本,而利用数字技术与电子化流程及制度改革可以大大减少此方面的社会成本,提升全要素生产率。例如,近一年来全国推进的高速公路不停车收费系统和拆除省界收费站就是交通领域的一项典型的数字化改进案例。

中,2014:22—37)。比如,与城镇化同步推进的因招商引资而不断扩展的经济开发区与产业园区,虽成效显著但后遗症巨大;"化地不化人"导致城乡二元体制未被破除等。新时代应尽快实施新型土地政策,包括以下重要方面:①通过农村土地制度改革,包括承包地、宅基地、林地等土地确权与产权改革,破解城乡二元体制,走出一条符合中国国情的新型城镇化道路(厉以宁,2013a)。②通过财税体制改革,提高地方政府的法定税收来源,包括稳妥修订及实施具有可持续税收来源的房产税等[①],从体制上减少地方政府对土地财政的依赖,变"城市售地"为"城市经营",变"一次性政府"为"长期政府"。③在城市化和城镇发展中,适时将土地政策改革与人力资本和科技资本相结合,在提高土地配置效率基础上继续发挥土地资源对高质量发展的推动作用,实现经济转型升级和区域均衡发展。目前,成都、深圳等地推进的城乡土地政策一体化改革实践,无论是集体建设用地流转、宅基地退出还是增减挂钩等方面均统筹了政府、市场、农民等多方利益相关者参与改革,全面地推进了城乡一体化和我国新型城镇化的发展(厉以宁、蒲宇飞,2010a,2010b;王庆日、张志宏,2014)。此外,一些教育资源丰富省份的大学城建设、自然与历史文化条件较好地区开发的文旅城市和特色小镇(彭泗清、童泽林,2018)、东莞华为松山湖新园区[②]等实践也为新型土地政策的试验与推进提供了有益的经验。

五、若干深层问题的进一步探讨

1. 产权改革、混合所有制与新公有化经济发展

现代产权制度是现代化经济体系的核心内容,完善社会主义市场经济体制需持续推进产权制度改革(厉以宁,2014a)。这里所谓的产权,不仅包括财产所有权,也包括经营权、承包权、控制权、收益权等一系列重要权益,同时,它也不仅仅限于财产物权,也包括知识产权、收益分红权等。近年来,随着市场经济的深入推进,中国产权改革领域的深层矛盾逐渐显现,主要表现为产权的界定及其边界模糊问题突出,尤其在国有企业、乡镇或村级集体企业中普遍存在,因土地使

[①] 为了破解"土地财政"困局,中国的税制改革中需要全面清理现有经济体制各环节存有的房地产税费,减少税费总量,优化税费结构(变一次性土地出让金缴费为长期持有缴费),并通过完善相关法律基础、缓解民众担心与减少不合理负担,从而得以谨慎稳妥推进。

[②] 该园区布局宏伟、生态优美、设计精美,园内建有精致的欧式建筑作为华为研发部门办公使用,此外还建有配套的生活区供企业员工日常居住使用。可以预期,以此园区为中心,未来可以形成一个异于大城市风格的科技创新小镇。

用权、技术转让权、商标权等多样化产权归属而形成的纠纷越来越多,进而引发产权流转不畅、产权保护不力等问题,导致国有资产流失、法人与个人财产被侵占现象时有发生。越来越多的实践表明,不论是国有企业、民营企业还是混合所有制企业,完善的现代产权制度都有利于激发经济活力并提高社会生产率,创造社会和谐红利(厉以宁,2014a)。实际上,市场经济条件下的新时代产权改革,应当包括产权界定、产权配置、产权运营(产权流转或交易)、产权保护等四个方面内容,每个方面都需要根据时代发展特征不断创新(常修泽,2004)。事实上,随着中国经济发展,新型公有制企业在国民经济中所占的比重也会越来越大。早在2004年,厉以宁就明确地指出:在社会主义市场经济条件下,所谓的新公有制企业,包括四种形式:①经过改制的、新的国家所有制企业;②由国家控股或国家参股的股份制企业,或称混合所有制企业;③没有国家投资的公众持股企业,包括工会、社团、社区或个人集资等集体所有企业,又称公众所有制或共有制企业;④公益性基金所有制企业(厉以宁,2004)。其中的③和④都可以称为共有制企业,其代表的经济可以称为共有制经济。从社会主义市场经济发展趋势看,上述的第二、三、四种类型,即混合所有制企业和共有制企业将在中国经济中发挥越来越大的作用。混合所有制企业是中国社会主义市场经济制度的一种重要实现形式[①],它较好地解决了国有经济与市场结合、国有企业政企不分、国有企业真正引入市场机制、"国进民退"和"国退民进"的长期纷争等难题,在未来15年中国竞争性产业发展中将发挥主要作用(厉以宁,2014b;常修泽等,2017)。最近数十年,中国建材集团公司的快速发展就是混合所有制发展的一个典型范例(宋志平,2019)。共有制企业——例如华为的员工持股制——是产权界定和运营方面的创新模式,属于社会化的财产组织形式,集中体现了筹集社会资本、快速组织生产力的优势,为中国建立现代产权制度提供了新思路和新方向。必须指出的是:"公众持股的企业在社会主义市场经济条件下是一种新公有制企业,即公众所有制企业……从动态的、发展的角度来观察,社会主义市场经济条件下的民营企业,只要规模扩大了,向公众持股的企业形式的演变将是不可阻挡的趋势……中国正在新公有化。"(厉以宁,2004:18-20)不限于此,可以预期,在新时代中国经济现代化发展中,多种形式的共有制经济也将得到更

[①] 2013年11月召开的党的十八届三中全会通过的《中共中央关于全面深化改革若干重大问题的决定》指出:"国有资本、集体资本、非公有资本等交叉持股、相互融合的混合所有制经济,是基本经济制度的重要实现形式。"作者认为,这一认识上的提高与突破,是对我国长期经济改革实践经验与教训的总结,是突破"非公即私""大公无私"等教条主义和极"左"思维的成果,也是社会主义初级阶段生产力发展的必然要求。

大的、迅猛的发展。

2. 传统文化、文化保守主义与中国现代化

现代化发展伴随经济、政治和文化的互动与演变,如何实现传统文化与现代化的相互促进、在传统农业社会基础上构建现代权利体系与文化意识,将是中国现代化发展的基础性命题。"一个国家只有最大限度地利用过去遗留下来的文化财富,才能使现代化的努力富有成效,也才能对现代化战略做出有益的选择,否则现代化可能是徒劳的",这是因为任何一种成功的现代化必然是传统与现代的统一(厉以宁,1993),是文化启蒙与文化创新的统一,是文化传承与文化包容的统一(厉以宁,2018)。关于传统与现代化的历史解释,争论的焦点在于现代化与历史是连续抑或断裂的问题(任剑涛,2001)。近代以来,中国现代化的思想和行动经历了"科技革新(1860年左右开始的洋务运动)——政治革命(1898年的戊戌变法和1911年的辛亥革命)——文化革新(1915—1923年的新文化运动)"三个历史过程,中国社会结构机体变迁的实践表明,光引进西方的科技、工艺和兴办实业是不能成功的,必须有政治体制(上层建筑)和观念文化(意识形态)上的改革并行来相辅相成、彼此配合,现代化才有成功可能(李泽厚,1987)。实际上,1915年开始的新文化运动提倡启蒙和对传统的激烈批判,其历史的推进、解放作用是众所公认的,而"五四"思潮把整个文化传统看成巨大的历史包袱,要传统文化对中国的落后负全责,以为只有经过简单激烈的决裂才能对中国面临的现实问题做出贡献,则带有明显的激进色彩(陈来,2006:63)。从学理上看,"五四"全盘反传统的思潮主要有两个失误:一是认为一切与富强的政治经济功效无直接关系的人文文化都没有价值;二是不能正确地了解近代文化中价值理性的意义,把西方特以战胜东方的文明因素(科学与民主)当成了西方文明的本质或全体。西方近代文明通过启蒙运动挣脱了基督教会的约束,通过科学、民主取得了长足进步,但西方文明之延续,西方社会作为一个整体的存在与发展,是与以基督教为形式的价值传统的连续性分不开的。基督教经过宗教改革和其他转化形式仍然是西方近代文明中不可或缺的要素。"五四"以来我们看西方,只看到近代民主与科学的进步,而没有认识到伦理—宗教传统的连续性,从而使我们对传统与现代、对文化发展的继承性与创新性,不能有全面的了解(陈来,2006:64)。事实上,基于中国社会曲折发展与自身的遭遇,王元化曾对"五四"以来的中国的文化激进主义进行了深刻的反思,挖掘了新文化运动中杜亚泉的"中西文化调和论"的合理价值,对"意图伦理""功利主义"和"激进情绪"及"庸俗进化观点"进行了深刻批判(王元化,2004)。正是基于历史

实践和学理反思,我们在现代化发展上提倡一种文化保守主义立场,即在坚持对中西方文化特质予以体察、辨识与"扬弃"基础上,使文化的继承、包容与发展相统一,实现传统文化的"创造性转化、创新性发展",这样才能真正从思想方法论和哲学高度开拓出中国现代化发展的新局面。

3. 中国经济、政治、文化改革的关系与次序问题

经济、政治与文化改革的关系与次序问题,一直是中国改革与发展过程中的一个关注焦点,其最终目标是中国在各个领域全面实现现代化,正如党的十八大报告提出的以人为本全面推进经济、政治、文化、社会、生态建设的全面协调可持续发展,十九大进一步提出新时代统筹推进"五位一体"总体布局的战略部署。然而,现实中的发展与改革涉及多方面关系的协调,需确保动态中的整体发展,但又不是绝对的同步推进。其中,经济改革和发展是政治体制改革的基础,政治体制改革又是经济改革发展顺利推进的保障;民主政治同样需要文化的充分发展作为支撑条件,政治体制的有效运作要求社会成员具备足够的自组织与协调能力,缺乏公民文化充分发育的民主政治将是"民粹主义"陷阱(萧功秦,2012);而文化变革和发展又依托于经济发展及其所带来的人的物质生存状况的改善,整个中国文化的发展前景都建立在经济变革这一基本前提之上,中国文化的变革必须同经济变革相适应,经济的更大变革也将带来更大程度的文化变革(李泽厚、王德胜,1994)。

基于世界与中国历史发展的经验及教训,作者认同如下的观点:后发展国家的现代化应采取一种温和渐进的改革观,即坚持改良而非革命,而且它认为,只有具有市场经济导向的稳定的权威存在,才有可能保持政治稳定;只有政治稳定,才能导致经济开放与繁荣;只要市场经济能发展起来,就会导致社会的分殊化与利益集团的多元化,而只有社会多元化,才会进而增强文化价值观的契约化意识与宽容精神,而所有上述这些因素的结合,才会使具有中国民族特色的民主政治有了社会、经济、政治与文化的支持条件。一言以蔽之,新权威——政治稳定——经济发展——社会多元化——公民契约意识——民主政治,这种内源性发展模式才可以引向真正的民主社会的来临(萧功秦,2010:172)。需要注意的是,在中国经济的转型发展中,坚持这样一种改良主义立场①,并非意味着不对

---

① 李泽厚提出的"经济发展——个人自由——社会公正——政治民主"四顺序论,就是一种政治改良主义立场;同时,他在文化上也持有相当程度的文化保守主义,主张对文化传统进行具体分析、在对传统儒家观念进行"扬弃"以及吸收现代西方人权、法治和理性精神(他所谓的公德)的基础上,让儒学去创造一个温暖的后现代文明的"新的内圣外王之道"。参见李泽厚(2019)的相关论述。

政治体制与文化意识形态进行改革,而是要注意改革的侧重点、节奏与配合关系,并且坚持"扬弃"的文化保守主义立场,在完成基本经济发展目标后,及时改革阻碍个人权利保障、限制中产阶层发育与公民意识培养的不良社会制度与文化观念,避免"救亡压倒启蒙"后遗症的泛滥,最终使中国社会实现一种以人为目的、有中国文化特色(情理交融的)、全面的现代性(李泽厚,2019)。

4. 文化交流、文明互鉴与中国伟大复兴之路

实现中国和平崛起和伟大复兴是中国现代化的内在要求,也是全球文化交流与文明互鉴过程中必须面对的议题。不同国家在文化交流与文明碰撞中,既要坚持自身特点和优势,又要主动引进学习外来成果,一个国家的复兴必然是独立发展和互鉴互促的双重结果,是全球化与本土化的统一(杜维明,2001;厉以宁,2018;李泽厚,2019)。因此,要求我们坚定文化自信,在继承优秀传统文化的基础上不断创新,创造具有中华民族特色的文化资本体系。中国现代化应该是建立在中国文化基础上的现代化,世界上不存在抽象的、普遍的文化,只有个别、具体的文化,每一种文化都是特定环境的产物,每一个国家的现代化都是成长于自身文化基础之上的(郑永年、胡淳,1986;任剑涛,2001)。同时,要求我们吸收异域文明精华,借鉴优秀外来文化及法治文明,顺应现代性的时代精神,不断丰富、拓展其内涵,赋予文化资本体系新的表现形式和时代内容,提高国家文化软实力,坚持开放、包容性文化发展,全面提升国家竞争力(萧功秦,2010)。

必须指出的是,中国的和平崛起与伟大复兴必定会遇到既有国际领导力量特别是美国的阻碍,"文明冲突论"也因此一度流行并成为某些人的信仰,然而,面对全人类只有一个地球的现实和全球文明冲突的警告,文明对话不仅是一个愿望,而且成为必需(杜维明,2001)。在新时代的全球化发展中,有效的文明对话和文明互鉴要求我们做到:①在思维方式上超越那种"非此即彼"的二分法,拥抱"中庸与三分"的辩证系统观(庞朴,2011)①——地球只有一个,人类命运共同体的认同必然意味着以中美为代表的东西方文明都只是其中不可或缺的组成部分,每种文化都有其优长与弱点,竞争与合作也必然是大国之间关系的两面。②人性、互惠性和信任是人类文明和文化之间有效交流的共同价值基础,对文明多样性的真正接受"可以使人们从由衷的宽容走向相互尊重,进而达到彼此之间的欣然肯定"(杜维明,2001)。③中华文明作为持续数千年的华夏文化积淀

---

① 这里的"中庸与三分"偏向于儒家的说法,"阴阳""中道"等则偏向于道家和佛家的说法。事实上,儒佛道都认同天人合一、万物同一的一分为三的思想。参见庞朴(2011)和周德义(2014)第七章的论述。

与结晶,应该而且可以对人类文明做出贡献,作为其主干的儒学深层结构可能而且应该通过创造性转化和转化性创造,为人类创生一个温暖的"情理交融"的后现代文明做出贡献(李泽厚,2019)。

六、 结语与展望

中国经济现代化战略致力于构建从全面小康社会到基本实现现代化、实现由中等收入阶段向中高等收入阶段过渡的基本图景,现代化所面临的重大发展问题是创新的动力所在,回应这些重大发展问题的理念就是习近平总书记提出的创新、协调、绿色、开放、共享的新发展理念,需要通过新发展理念引领现代化发展和创新。本文基于中国实现现代化两个一百年奋斗目标和新发展理念,提出了迈向2035年的经济现代化战略构想和国家愿景。从中国实际来看,现代化经济体系能够很好地满足人民日益增长的美好生活需要,是现代化战略的支柱体系,以财税与经济资本、自然与生态资本、人力与知识资本、法治与文化资本为基础的四大资本平台是现代化战略的基础体系,而数字产业政策和新型土地政策可以发挥杠杆效应和加持作用,从而巩固基础资本平台。

在核心政策层面,本文提出了以人力资本为核心的创新驱动的经济现代化发展政策构想,包括:①持续提高国家研发强度,使之由目前的2.2%提高到2025年的2.5%—2.8%,2035年达到3.0%—4.5%,并且加大其中的基础研究经费占研发经费的比重,使之从目前的5.5%提升到2025年8.5%、2035年达到12%。②继续加大政府公共教育的财政投入强度(教育公共支出占GDP比重),使之由目前的4.2%提高到2025年的5.0%,2035年达到5.5%—6.0%。③加大政府医疗卫生领域的财政投入强度,使之由目前的6.2%提高到2035年的8.5%—9.0%。以上资源配置型核心政策,需要产权制度与混合所有制改革、新型土地政策与绿色税制改革,以及国家法治与文化资本培育等重要改革加以支持和强化。

由于国家现代化战略涉及层面众多,本文的分析主要集中于中国经济现代化战略的关键指标、基础体系及核心政策,对产权与经济体制改革、现代化与传统文化、文明交流与互鉴等问题只做了初步探讨。未来可就上述关系问题进行拓展研究,一是围绕产权改革产生的新所有制模式(如混合所有制和共有制经济)研究其如何激发市场活力、更好服务于现代化战略;二是如何继承和发扬中国优秀传统文化,充分利用传统文化这一独特的战略资源使之与中国现代化发展相互促进;三是在全球化时代,传统文化(特别是儒家文化)能否在对外交流中不断自我丰富和推陈出新,真正成为助推中国国家现代化发展的优势力量。

第十六章　迈向2035中国愿景：新发展理念驱动的经济现代化战略构想与核心政策

参考文献

OECD［DB/OL］.［2020.06.04］. https://www.oecd-ilibrary.org/science-and-technology/data/oecd-science-technology-and-r-d-statistics_strd-data-en.

北京大学光华管理学院课题组. 2019. 2035年远景目标和2050年展望研究. 内部资料.

常修泽. 2004. 论建立与社会主义市场经济相适应的现代产权制度［J］. 宏观经济研究，1：20-25.

常修泽. 2008. 人本体制论：中国人的发展及体制安排研究［M］. 北京：中国经济出版社.

常修泽. 2013. 创新立国战略导论［J］. 上海大学学报（社会科学版），5：10-26.

常修泽. 2018. 紧紧抓住完善产权制度这个重点［J］. 中国战略性新兴产业，3：96.

常修泽等. 2017. 混合所有制经济新论［M］. 合肥：安徽人民出版社.

陈来. 2006. 传统与现代：人文主义的视界［M］. 北京：北京大学出版社.

杜维明. 2001. 全球化与多样性［M］//哈佛燕京学社. 全球化与文明对话. 南京：江苏教育出版社：75-105.

高培勇. 2014. 财税体制改革与国家治理现代化［M］. 北京：社会科学文献出版社.

高培勇，汪德华. 2017. 怎样评估本轮财税体制改革进程［J］. 新华月报，5：28-35.

郭华鸿，刘社欣. 2019. 试论中国共产党人的"初心"与社会主要矛盾的内在逻辑［J］. 思想政治教育，2：116-120.

国家统计局. 2019. 沧桑巨变七十载民族复兴铸辉煌——新中国成立70周年经济社会发展成就系列报告之一［R/OL］.（2019-07-05）［2020-06-04］. http://house.china.com.cn/home/view/1578920.htm.

哈佛燕京学社. 2004. 全球化与文明对话［M］. 南京：江苏教育出版社.

郝叶力. 2016. 网络世界的原则性与灵活性——三视角下网络主权的对立统一［J］. 汕头大学学报：人文社会科学版，32：9-14.

邝柏林. 1991. 中国传统思维方式在近代的变革［M］//张岱年，成中英等. 中国思维偏向. 北京：中国社会科学出版社：242-262.

李泽厚. 1980. 孔子再评价［J］. 中国社会科学，2：77-96.

李泽厚. 1987. 漫说"西体中用"［J］. 孔子研究，4：15-28.

李泽厚. 2019. 初拟儒学深层结构说（1996）［M］//李泽厚. 寻求中国现代性之路. 北京：东方出版社：267-281.

李泽厚，王德胜. 1994. 文化分层、文化重建及后现代问题的对话［J］. 学术月刊，11：88-95.

厉以宁. 1986. 体制·目标·人——经济学面临的挑战［M］. 哈尔滨：黑龙江人民出版社.

厉以宁. 1987.《教育投资在国民收入中的合理比例和教育投资经济效益分析》研究报告［J］. 中国高教研究，Z1：23-74.

厉以宁. 1993. 比较经济史研究与中国的现代化［J］. 社会科学战线，3：53-63.

厉以宁. 2004. 论新公有制企业[J]. 经济学动态,1:18-20.

厉以宁. 2010. 工业化和制度调整:西欧经济史研究[M]. 北京:商务印书馆.

厉以宁. 2013a. 中国经济双重转型之路[M]. 北京:中国人民大学出版社.

厉以宁. 2013b. 宏观调控不能替代改革[EB/OL]. (2013-09-27)[2020-08-26]. http://finance.sina.com.cn/china/20130927/041416865213.shtml.

厉以宁. 2014a. 谈谈产权改革的若干问题[J]. 新华文摘,3:46-47.

厉以宁. 2014b. 中国道路与混合所有制经济[M]. 北京:商务印书馆.

厉以宁. 2016. 新文化运动与西学东渐[N/OL]. 光明日报. (2016-05-04)[2020-06-05]. http://www.rmzxb.com.cn/c/2016-05-04/794615.shtml.

厉以宁. 2018. 文化经济学[M]. 北京:商务印书馆.

厉以宁,傅帅雄,尹俊. 2014. 经济低碳化[M]. 南京:江苏人民出版社.

厉以宁,蒲宇飞. 2010a. 成都模式的理论分析[J]. 经济研究参考,15:5-11.

厉以宁,蒲宇飞. 2010b. 成都模式的探索与实践[J]. 经济研究参考,15:11-17.

厉以宁,章铮. 1995. 环境经济学[M]. 北京:中国计划出版社.

厉以宁,朱善利,罗来军等. 2017. 低碳发展作为宏观经济目标的理论探讨:基于中国情形[J]. 管理世界,6:1-7.

梁启超. 2011. 中国近三百年学术史[M]. 北京:商务印书馆.

林双林. 2015. 健全地方财政收支平衡的政策体系[J]. 国家治理,3:9-13.

刘长林. 1991. 思维方式与中国文化的选择[M]//张岱年,成中英等. 中国思维偏向. 北京:中国社会科学出版社:1-6.

刘鹤. 2008. 没有画上句号的增长奇迹[M]//吴敬琏等. 中国经济50人看30年:回顾与分析. 北京:中国经济出版社:263-278.

刘世锦. 2018. 中国经济增长的平台、周期与新动能[J]. 新金融,4:4-9.

刘守英. 2017. 中国土地制度改革:上半程及下半程[J]. 国际经济评论,5:29-55.

刘伟. 2015. 关键是推动中国经济提质增效升级[J]. 求是,10:30-32.

刘志彪. 2013a. 战略理念与实现机制:中国的第二波经济全球化[J]. 学术月刊,1:88-96.

刘志彪. 2013b. 追赶战略下中国工业化的资本来源:影响与改革取向[J]. 学习与探索,1:77-82.

刘志彪. 2018a. 新时代实现创新引领性发展:关键问题和运行机制——学习十九大报告关于建设创新型国家的体会[J]. 中国地质大学学报,3:1-7.

刘志彪. 2018b. 均衡协调发展:新时代赶超战略的关键问题与政策取向[J]. 江苏行政学院学报,1:44-50.

刘志彪,骆祖春. 2014. 财税关系:全面深化改革的突破口和关键环节[J]. 学习与探索,8:75-80.

马建堂. 2018a. 中国发展战略的回顾与展望[J]. 管理世界,10:2-10页.

马建堂. 2018b. 数字经济:助推实体经济高质量发展[J]. 新经济导刊,6:10-12.

第十六章　迈向2035中国愿景：新发展理念驱动的经济现代化战略构想与核心政策

马建堂.2019.伟大的实践深邃的理论——学习习近平新时代中国特色社会主义经济思想的体会[J].管理世界,2:1-12.

马克斯·韦伯.1987.新教伦理与资本主义精神[M].北京:三联书店.

迈克尔·波特.2002.国家竞争优势[M].北京:华夏出版社.

潘家栋,包海波.2019.打造数字经济发展新高地[N/OL].浙江日报.(2019-07-22)[2020-06-05].https://hznews.hangzhou.com.cn/xinzheng/yaolan/content/2019-07/22/content_7231093.htm.

庞朴.1980."中庸"平议[J].中国社会科学,1:75-100.

庞朴.1988.近代以来中国人的文化认识历程——兼论文化的时代性与民族性[J].教学与研究,1:35-40.

庞朴.2011.中庸与三分[M]//庞朴.三生万物:庞朴自选集.北京:首都师范大学出版社:101-114.

彭泗清,童泽林.2018.用企业家精神来扶贫:丹寨万达小镇.北京大学管理案例研究中心内部资料.

秦安.2016."数字立国",亟待国家治理体系和治理能力网络化[J].中国信息安全,4:33-36.

任剑涛.2001.现代性、历史断裂与中国社会文化转型[J].厦门大学学报(哲学社会科学版),3:57-66.

任剑涛.2014.以法治国与中华文明的自我超越[J].马克思主义与现实,6:149-156.

宋志平.2019.问道管理[M].北京:中国财富出版社.

唐健,王庆日.2017.土地政策:贯彻发展新理念,持续创新在路上[N].中国国土资源报,2017.02.10(5).

汪玉凯.2014.网络安全与信息化发展进入新的历史阶段[J].中国信息安全,5:56-59.

王庆日,张志宏.2014.新型城镇化与农村土地政策改革[J].现代城市研究,8:20-24.

王蓉,田志磊.2018.迎接教育财政3.0时代[J].教育经济评论,1:26-46.

王曙光.中国论衡[M].北京:北京大学出版社.

王元化.1994.思辨随笔[M].上海:上海文艺出版社.

王元化.2004.记我的三次反思历程[M]//王元化.清园近作集.上海:文汇出版社:10-22页.

文贯中.2014.吾民无地:城市化、土地制度与户籍制度的内在逻辑[M].北京:东方出版社.

武亚军.2005.绿化中国税制若干理论与实证问题探讨[J].经济科学,1:77-90.

武亚军.2008.转型、绿色税制与可持续发展[J].中国地质大学学报(社会科学版),1:5-14.

习近平.2014.在纪念孔子诞辰2565周年国际学术研讨会上的讲话[EB/OL].(2014-09-24)[2020-06-05].http://www.xinhuanet.com/politics/2014-09/24/c_1112612018.htm.

习近平.2017a.习近平谈治国理政(第二卷)[M].北京:外文出版社.

习近平.2017b.决胜全面建成小康社会夺取新时代中国特色社会主义伟大胜利——在中国共产党第十九次全国代表大会上的报告[EB/OL].(2017.10.27)[2020.06.05].http://www.xinhuanet.com/2017-10/27/c_1121867529.htm.

习近平. 2019a. 深入理解新发展理念[J]. 求是,10:4-16.

习近平. 2019b. 坚定文化自信. 建设社会主义文化强国[J]. 求是,12:4-12.

习近平. 2019c. 在"不忘初心、牢记使命"主题教育工作会议上的讲话[J]. 求是,13:4-13.

萧功秦. 2010. 历史的眼睛[M]. 北京:东方出版中心.

萧功秦. 2012. 重建公民社会:中国现代化的路径之一[J]. 探索与争鸣,5:23-28.

徐宪平等. 2018. 国家发展战略与宏观政策[M]. 北京:北京大学出版社.

杨健. 2017. 数字经济与数字治理[J]. 科技中国,3:57-59.

杨宜勇. 2017. 如何建设现代化经济体系[J]. 人民论坛,11(上)特刊:74-77.

约瑟夫·奈. 2016. 美国世纪结束了吗[M]. 北京:北京联合出版公司.

张岱年,成中英等. 1991. 中国思维偏向[M]. 北京:中国社会科学出版社.

张国有. 2017. 将发展教育作为第一国策[J]. 人民论坛,6:60-63.

张国有. 2019. 数字经济发展的地方政府意图与规划:浙江案例[C]. 北京:中国管理科学学会战略管理专委会学术会议.

张好雨. 2018. 混合所有制改革路径选择问题探析[J]. 管理现代化,5:79-81.

张文木. 2018. 战略学札记[M]. 北京:海洋出版社.

赵刚. 2017. 国家创新战略与企业家精神[M]. 北京:中信出版社.

赵燕菁. 2014. 土地财政:历史、逻辑与抉择[J]. 城市发展研究,1:1-13.

赵燕菁. 2016. 国家信用与土地财政——面临转型的中国城市化[J]. 城市发展研究,23(12):1-21.

赵燕菁. 2019. 是"土地金融"还是"土地财政"?——改革的增长逻辑与新时期的转型风险[J]. 文化纵横,4:70-79.

郑永年,胡淳. 1986. 中国传统价值观与现代化问题[J]. 社会科学,9:13-15.

周德义. 2014. 我在何方:一分为三论[M]. 北京:中国社会科学出版社.

周宏桥. 2019. 创新的历史哲学:人类创新主脉及结构的演进逻辑[M]. 北京:机械工业出版社.

周黎安. 2018. "官场+市场"与中国增长故事[J]. 社会,2:1-45.

朱康有. 2019. 中国优秀传统文化与马克思主义[M]. 重庆:重庆出版社.

后　记

19世纪下半叶的法国印象派大师保罗·高更曾经用其一幅名画,回答了两千多年前古希腊哲学家苏格拉底的所谓人生哲学三大问题:我是谁?我从哪里来?我向哪里去?

2020年元旦,我坐在北京大学光华管理学院新楼的办公室里,看着桌上完成的16章书稿和前言,望着不远处巍峨耸立的博雅塔,回顾刚刚过去的2019年,我开始问自己同样的问题。实际上,我的追问还多了一个,即"如何才能到达那里"。我更愿意将这四个问题称为"战略四问":我们是谁?我们从哪里来?我们向哪里去?我们如何才能到达那里?

显然,这第四问是一个更加难以回答的问题,然而却是摆在我们每一个有追求的生命个体面前都必须回答的战略问题。

"战略四问"没有标准答案,只有永恒地追问。因为,每一位战略主体所面临的时空环境和战略形势都是不同的,每一位希望有所作为的奋斗者都只能全力拼搏、与时俱进,唯有如此才能在历史长河中留下自己的足迹。未名湖畔曾经走过了蔡元培、李大钊、梁漱溟、冯友兰、张岱年、陈岱孙、厉以宁、李泽厚等诸多大家,他们的人生追问与回答彼此不同,却都同样境界高远、意味深长:蔡元培的回答是"思想自由,兼容并包",李大钊的回答是"铁肩担道义,妙手著文章",冯友兰的回答是"阐旧邦以辅新命,极高明而道中庸",梁漱溟的回答是"从深处探索中国问题,向远处谋划中国出路",厉以宁的回答则是"文思未绝复何求,沉沙无意却成洲。一生治学当如此,只计耕耘莫问收"……

事实上,有五千年悠久历史和优秀文化传统的中华民族从来就不是缺乏战略思维与奋斗精神的民族,近代以来的北大更不缺"保我主权""振兴中华"的由衷呐喊。到如今人类信息文明与数字经济发展带来千年机遇、百年变局之际,作者真诚期盼中国大地上的无数奋斗者特别是企业家、战略家和学者们,从"照着讲"变为"接着讲",能够"一番求索志难移""守正创新不止步",携手并进、共同创造一个更加美好的中国,实现中华民族的伟大复兴。

武亚军
2020年1月1日
于博雅塔下